D1755266

ББК 60.5
С56

Составители

доктор философских наук, профессор *Давыдов Ю. Н.* (руководитель), *Ковалева М. С.*, кандидат философских наук *Филиппов А. Ф.*

Редакционная группа

кандидат философских наук *Кураев В. И.* (заведующий редакцией), кандидат философских наук *Бойцова О. Ю.*, кандидат философских наук *Жиброва И. И.*, кандидат философских наук *Носов Д. М.*

С56
Современная западная социология: Словарь.— М.: Политиздат, 1990.— 432 с.
ISBN 5—250—00355—9

Словарь представляет собой издание, не имеющее аналогов в советской социологической литературе. Он содержит около шестисот статей, посвященных основным школам, направлениям, концепциям и терминам западной социологии, статьи-персоналии, освещающие вклад наиболее известных ученых в развитие социологии. Авторы словаря — ведущие специалисты научных учреждений и учебных заведений.

Словарь может служить справочным пособием для научных работников, студентов и преподавателей, а также всех, интересующихся социологией.

С $\frac{0301040300-032}{079(02)-90}$ 65—91

ББК 60.5

Художник *О. А. Карелина*
Художественный редактор *А. Я. Гладышев*
Младший редактор *О. П. Осипова*
Технический редактор *Ю. А. Мухин*

ИБ № 7622

Сдано в набор 13.11.89. Подписано в печать 21.04.90. Формат 60×84^1/$_{16}$. Бумага книжно-журнальная офсетная. Гарнитура «Литературная». Печать офсетная. Усл. печ. л. 25,11. Усл. кр.-отт. 25,58. Уч.-изд. л. 39,66. Тираж 100 000 экз. Заказ № 5023. Цена 2 р. 30 к.

Политиздат. 125811, ГСП, Москва, А-47, Миусская пл., 7.

Типография издательства «Горьковская правда».
603006, г. Горький, ГСП-123, ул. Фигнер, 32.

ISBN 5—250—00355—9

© Составление Давыдова Ю. Н., Ковалевой М. С., Филиппова А. Ф.
Указатель имен Ковалевой М. С., 1990

Современная западная социология

словарь

Москва
Издательство
политической
литературы
1990

ОТ РЕДАКЦИИ

Словарь «Современная западная социология» включает статьи о важнейших теоретических ориентациях, направлениях и школах, наиболее крупных представителях и концепциях немарксистской западной социологии 19—20 веков, о терминологически-понятийном аппарате, которым она оперирует. Большое место в предлагаемом вниманию читателя издании занимают статьи, в совокупности представляющие в сжатом и систематизированном виде историю становления немарксистской социологии на Западе.

Вместе с тем объем издания вынудил составителей ограничиться историей и современным состоянием именно западной немарксистской социологии. История немарксистской социологии в России и других восточноевропейских странах, равно как и в странах Азии, Африки и Латинской Америки, осталась за рамками словаря и еще ждет соответствующей обработки. Не ставя перед собой задачу охватить историю социологии во всей полноте, авторы словаря пошли по пути сокращения сведений, относящихся к прошлому западной теоретической социологии, стремясь ограничиться теми, без которых не может быть понята *нынешняя проблематика*. Отсюда — известная асимметрия материала словаря, который дается тем детальнее, чем более значим он с учетом генезиса тех или иных *современных теорий*.

Ряд понятий и представлений, функционирующих в социологии, имеет социально-философские, политэкономические, культурологические корни. В связи с этим в словаре дается определенное представление и об этих специфических истоках современной социологической мысли Запада.

В словаре предпринята попытка преодолеть представление, согласно которому в социологии, как и в других науках о человеке, ровно столько науки, сколько в ней математики. Как начальный, так и современный этапы развития социологической науки, достаточно убедительно свидетельствуют о том, что социологическая теория немыслима без понятий и концепций, которые не поддаются математической редукции, но тем не менее представляются необходимыми для ее продуктивного развития (к ним относятся, например, понятия, лежащие на пересечении социологии и этики).

В словаре применяется единая система отсылок (отсылочными являются все слова, набранные курсивом) и ряд обычных для справочного издания сокращений (приводятся в начале словаря). Слово или слова, обозначающие название статьи, в тексте заменяются первой буквой (например, ВУЛЬГАРНЫЙ СОЦИОЛОГИЗМ — В. с.). Библиография дается в конце статьи в порядковой нумерации. В случае отсылки или цитирования внутри статьи источник дается под соответствующим порядковым номером библиографии в квадратных скобках, номер страницы дается в тех же скобках второй цифрой после запятой (например, [1, 385—389]).

Словарь, предлагаемый вниманию читателей, представляет собой продолжение — на новом, качественно более высоком уровне — той предварительной работы, которую его авторы предприняли, подготовив «Справочное пособие по истории немарксистской западной социологии» М., 1986 (под редакцией Г. В. Осипова и Ю. Н. Давыдова). В подготовке настоящего словаря принимали участие сотрудники сектора истории социологии Института социологии АН СССР под руководством доктора философских наук, профессора Ю. Н. Давыдова, а также специалисты-социологи из других научных учреждений страны; научно-организационная работа над словарем выполнена С. М. Митиной, научно-вспомогательная — В. Н. Фоминой.

СПИСОК СОКРАЩЕНИЙ

австр.	— австрийский	напр.	— например
амер.	— американский	нек-рый	— некоторый
англ.	— английский	нем.	— немецкий
бурж.	— буржуазный	об-во	— общество
в.	— век	обществ.	— общественный
вв.	— века	осн.	— основной
в наст. время	— в настоящее время	опред.	— определенный
внутр.	— внутренний	по мн.	— по мнению
г.	— год	проф.	— профессор
гг.	— годы	проч.	— прочее
гл. обр.	— главным образом	различ.	— различные
гос.	— государственный	рац.	— рациональный
гос-во	— государство	революц.	— революционный
греч.	— греческий	рез-т	— результат
др.	— другой	религ.	— религиозный
зап.	— западный	рус.	— русский
значит.	— значительный	совр.	— современный
европ.	— европейский	соотв.	— соответственный
естеств.	— естественный	социол.	— социологический
ин-т	— институт	т. зр.	— точка зрения
иск-во	— искусство	т. к.	— так как
исп.	— испанский	т. обр.	— таким образом
итал.	— итальянский	т. наз.	— так называемый
к-рый	— который	указ.	— указанный
кач.	— качественный	ун-т	— университет
кач-во	— качество	феод.	— феодальный
лат.	— латинский	филос.	— философский
лит-ра	— литература	франц.	— французский
леворадик.	— леворадикальный	хоз-во	— хозяйство
мн.	— многое	явл.	— является

ГОРОДА

К.	— Киев	Hamb.	— Hamburg
Л.	— Ленинград	Hidb.	— Heidelberg
М.	— Москва	L.	— London
М.— Л.	— Москва — Ленинград	Los Ang.	— Los Angeles
Новосиб.	— Новосибирск	Lpz.	— Leipzig
О.	— Одесса	Mass.	— Massachusets
Пб.	— Петербург	Mil.	— Milano
Пг.	— Петроград	Münch.	— München
СПб.	— Санкт-Петербург	N. Y.	— New York
Х.	— Харьков	Oxf.	— Oxford
B.	— Berlin	P.	— Paris
Brux.	— Bruxelles	S. F.	— San Francisco
Camb.	— Cambridge	Tüb.	— Tübingen
Chic.	— Chicago	Stuttg.	— Stuttgart
Cph.	— Copenhagen	W.	— Wien
Fr./M.	— Frankfurt am Main	Warsz.	— Warszawa
Gött.	— Göttingen	Z.	— Zürich
		Wash.	— Washington

А

АВТАРКИЯ (от греч. autarkia — независимость, самоудовлетворенность, довольство собой) — политика экономического, социального и культурного обособления страны, изоляции ее от международных, культурных, политических и экономических связей, от мирового рынка, международной кооперации. Идея А. была теоретически развита И. Г. Фихте в работе «Замкнутое торговое государство» (1800). В нем. социологии 20 в. принципы А. защищались *Шпанном*. А. была положена в основу экономической политики фашистских режимов в Италии и Германии. Нацистская политика А. была публично провозглашена Герингом в его речи в прусском ландтаге в 1936 г. и нашла свое воплощение в хозяйственных планах, направленных на подготовку Германии к войне. В нек-рых случаях А. может стать принципом экономической политики гос-в, освободившихся от колониальной зависимости, к-рые ставят перед собой задачу ускоренного экономического развития, однако в условиях совр. международного разделения труда и глобальных социальных, научных и культурных взаимосвязей она не может дать сколько-нибудь серьезного и долговременного эффекта.

А. П. Огурцов

АВТОРИТАРИЗМ (от лат. auctor — зачинатель, основатель, создатель, творец, автор, даритель и auctoritas — суждение, мнение, взгляд, решение, власть, право) — идеологическая квалификация (а) недемократических политических режимов и (б) соответствующих форм политического сознания на основе отношения к *авторитету* вообще и к авторитету власти в частности. В отдельных случаях может иметь место отождествление понятий А.— власти, основанной на к.-л. авторитете, не установленной путем демократической процедуры (авторитарная власть), и *тоталитаризма* — власти, не знающей никакого иного «авторитета», кроме внешнего принуждения, прямого насилия (тоталитарная власть), приводящей к анархистскому экстремизму, понимающему под борьбой с тоталитаризмом «тотальную войну» со всеми и всякими авторитетами. В социологию термин «А.» был введен теоретиками франкфуртской школы и означал тип сознания, отмеченный патологической, агрессивной приверженностью авторитету, свойственный представителям среднего класса. Согласно концепции франкфуртской школы неомарксизма, А. создавал социальную почву и питательную среду всех «фашистских» и «фашизоидных» режимов в 20 в. В работе *Адорно* «Авторитарная личность», призванной эмпирически обосновать эту концепцию, понятие «А.» раскрывается при помощи социально-психологического анализа соответствующего типа личности. Рассмотрение «переменных», к-рыми характеризуется этот тип личности («конвенционализм», «авторитарное подчинение», «авторитарная агрессия», «суеверие и стереотип» и т. д.), свидетельствует о том, что они получены не столько в рез-те эмпирического анализа, сколько на основе общих представлений о понятии «А.». Само это понятие Адорно образует по методу противоположения А. идеализированной «модели» нонконформистского сознания, связываемой в леворадик. кругах с образом художника-авангардиста, выступавшего с начала 20 в. в кач-ве «абсолютного врага» всякого авторитета и любых «конвенций». В 60-е гг. понятие «А.» использовалось в леворадик. социологии и публицистике; начиная с середины 70-х гг. оно подвергается социол. критике (особенно представителями неоконсервативной ориентации). Совр. зап. социологи, признавая, что это понятие в свое время было важным элементом теоретических построений ряда авторов, обращают внимание на необходимость соблюдать осторожность при его применении, особенно в эмпирических исследованиях. В последние годы возобладала т. зр., основанная на различении А. и тоталитарного типа сознания, с к-рым связывают появление фашистских тенденций в 20 в. (социологи права различают авторитарную власть, напр. власть монарха, сдерживаемую опред. ограничениями, и ничем не ограниченную тоталитарную власть).

Ю. Н. Давыдов

АВТОРИТАРНОЙ ЛИЧНОСТИ концепция — совокупность теоретических представлений об опред. типе личности, к-рый рассматривается как основа тоталитарных режимов в силу приписываемых ему черт, таких, как консервативность, агрессивность, жажда власти, ненависть к интеллигенции, к представителям др. этнических групп, стереотипность мышления, конформизм и т. д. А. л. концепция возникла первоначально в русле *неомарксизма франкфуртской школы* как одна из попыток исследовать социальную почву, благоприятствовавшую возникновению нацизма в Германии, а затем была ассимилирована леворадик. и леволиберальной социологией 60-х гг. Понятие «А. л.» было введено одним из основоположников неофрейдизма (близким франкфуртской школе) *Фроммом* и взято на вооружение такими теоретиками франкфуртской школы, как *Хоркхаймер, Адорно, Маркузе*. Генетически понятие «А. л.», к-рой противополагается личность нонконформистская, восходит к романтическому противопоставлению «гениального» художника и «косной» толпы: прототипом А. л. стал «человек толпы», названный уже в начале 20 в. «человеком массы», личностные кач-ва к-рого были подвергнуты «глубинно-психологическому» (*Фрейд*) и в то же время социол. анализу в духе неомарксистского «фрейдомарксизма». Возникнув в рез-те «наложения» фрейдовской концепции личности (социологически переосмысленной в духе неофрейдизма) на особенность развития сознания, формирующегося в условиях распадения традиционных, в частности семейных, связей, А. л. концепция окончательно оформляется как леворадик. вариант осмысления социально-психологических тенденций, облегчивших победу фашизма в ряде европ. стран. Сторонники этой концепции связали факт победы фашизма в Италии и нацизма в Германии с появлением опред. социально-психологических черт, вызванных распадением традиционных семейных связей (и соответствующим ослаблением «сверх-Я» в структуре личности), к-рые и были концептуализированы в итоге с помощью понятия «А. л.». Тем самым был явно гипертрофирован социально-психологический фактор возникновения фашизма, а неофрейдистская социальная психология получила «лево»-авангардистский оттенок. Согласно Фромму, связывавшему возникновение А. л. как с распадом патриархально-семейных связей, так и с омассовляющей урбанизацией совр. об-ва, А. л. страдает от невыносимого чувства свободы, одиночества, затерянности в сложных социальных образованиях. Эти негативные чувства обостряют в ней инстинкт самосохранения и жажду самоутверждения. Воля к самореализации личности, к-рая, по мнению Фромма, не может найти выхода в демократически ориентированной социальной деятельности, реализуется на путях авторитаризма с помощью самоидентификации личности с авторитетом группы, гос-ва, с харизматическим лидером; этот авторитет замещает у А. л. авторитет отца, утрачиваемый в распадающейся семьях. Наряду с Фроммом еще в 30-е гг. в разработку концепции А. л. включился Хоркхаймер; в 1936 г. под его редакцией была опубликована коллективная работа «Исследования авторитета и семьи», в к-рой, как писал впоследствии Адорно, «общая структура тоталитарного характера» уже описывается с помощью понятий этой концепции. Значит. шагом в разработке концепции А. л. стала выпущенная в 1950 г. Адорно (вместе с Э. Френкель-Брюнсвик, Д. Левинсоном и Р. Санфордом) книга «Авторитарная личность», где концепция А. л. не только развивалась теоретически, но и обосновывалась с помощью рез-тов конкретного эмпирического исследования. Использовав ряд разработанных методик выявления скрытых установок (напр., Р. Стагнера, Л. Терстоуна, Р. Ликерта и др.), Адорно и его соавторы повторили вывод Фромма и Хоркхаймера относительно существования авторитарного типа личности применительно к периоду, наступившему после разгрома фашизма. Этот тип личности, охарактеризованный как «фашизоидный», по-прежнему рассматривался в кач-ве массового, что позволяло расценивать либерально-демократические режимы послевоенного времени как «фашизоидные», т. е. несущие в себе постоянную угрозу фашизма. Согласно Адорно и его сотрудникам, политические установки А. л. заключаются в некритическом отношении к существующим порядкам и шаблонности мышления, проникнутого стереотипами пропаганды, ханжеством, презрением к бедным, в ориентации на власть и силу. В предисловии к этому исследованию Хоркхаймер писал об А. л. как новом «антропологическом» типе человека, возникшем в 20 в. В книге была предложена опред. типология А. л., включавшая конвенциональный, садистско-мазохистский, причудливый, меланхолический и манипулятивный типы [1]. Гипотеза Адорно и его сотрудников, отрабатывавшаяся на амер. материале, была использована *Эриксоном*, к-рый на основе обобщения данных интервьюирования нем. военнопленных пришел к выводу о существовании у них того же авторитарного синдрома. Однако то обстоятельство, что авторитарный синдром выражается в различ. идеологиях, послужило основанием для критики адорновской концепции А. л. и попыток свести проблему А. л. к проблеме догматизма. Серьезной и аргументированной критике подверглась и сама процедура конкретно-эмпирического исследования, в ходе к-рого верифицировалась эта теоретическая концепция. Главный вопрос заключался в том, действительно ли «авторитарные» черты принадлежат опред. типу личности, а не рассеиваются по всем существующим типам. Начатая в работе амер. исследователей Хаймена и Шители (1954) критика адорновской попытки как теоретического, так и конкретно-эмпирического обоснования А. л. концепции была углублена в книге нем. социолога К. Рогмана «Догматизм и авторитаризм» (1966). Однако, несмотря на вполне основательную и аргументированную критику, концепция А. л. разделялась мн. зап. социологами (гл. обр. леворадик. и леволиберальной ориентации) вплоть до середины 70-х гг. В русле этой концепции лежат идеи книг Маркузе «Эрос и цивилизация» (1955), «Одномерный человек» (1964) [2], очень популярных на Западе во второй половине 60-х гг. Вплоть до середины 70-х гг. можно говорить о влиянии этой социол. концепции и на др. сферы зап. культуры, включая лит-ру, театр и кинематограф.

Ю. Н. Давыдов, А. П. Огурцов

Лит.: 1) *Adorno Th. W. e. a.* The authoritarian personality. N. Y., 1950. 2) *Marcuse H.* One-dimensional man. Boston, 1964.

АВТОРИТЕТ (от лат. auctor — зачинатель, основатель, создатель, творец, автор, даритель; auctoritas — власть, влияние) — одна из осн. форм осуществления власти, основанной на общепризнанном влиянии к.-л. лица или организации в различ. сферах обществ. жизни. С помощью А. производится контроль над действиями людей (стимулирование одних действий, ограничение или запрещение др.) и их согласование как в общих, так и в индивидуальных интересах. От влияния А. отличается прямым характером воздействия на человеческую деятельность в форме директивы, приказа или распоряжения; от внешнего принуждения — тем, что исполнение приказа, основанного на А., предполагает уверенность исполнителя в его *легитимности*, а не сознание того, что за исполнением (неисполнением) приказа могут последовать поощрительные (репрессивные) акции приказывающего. Легитимность входит в само понятие «А.»: он всегда выступает в кач-ве так или иначе узаконенного воздействия, что в свою очередь предполагает — и в этом еще одно отличие А. от внешнего принуждения — опред. степень *социального порядка*. Эффективность А. во мн. определяется взаимодействием его с др. формами власти, что не исключает противоречий, существующих между ними. А. может быть усилен в том случае, если следование ему сопровождается вознаграждениями, обеспечиваемыми механизмами иной формы власти (напр., внешнего принуждения). Узаконение А., осуществляемое средствами принудительного контроля, может привести к возникновению А. принудительной власти, к-рая оказывается, т. обр., соперницей действительного А. и фактически подрывает его. В отличие от внешнего принуждения, опирающегося на постоянную возможность прямого применения силы (насилия), власть А. гарантируется иными способами. По *М. Веберу* [1], ее гарантами могут быть: 1) традиция; 2) рационально обоснованная законность *(легальность)*; 3) *харизма*. Соответственно в первом случае мы имеем традиционный способ легитимации, во втором — рационально-легальный, в третьем — харизматический. Узаконению подлежат все осн. элементы механизма образования А.: ин-ты, через к-рые он осуществляется, авторитетные роли «субъектов» А., утверждающих его своими действиями, способ провозглашения и структура самих авторитетных требований и распоряжений. В первом случае авторитетность всех этих элементов освящается ссылкой на их прямую преемственность с теми, что имели место в «незапамятном прошлом» (неподконтрольность истоков данной традиции критически-рациональной рефлексии также исполняет легитимирующую функцию); во втором — апелляцией к разумным основаниям каждого из них, их внутр. непротиворечивости, взаимной согласованности и т. д.; в третьем — общей верой в сверхъестеств. (священную) природу изначального источника А. Согласно *Шилзу*, продолжившему развитие веберовской концепции легитимации А., узаконение системы «ин-тов» А., способов принятия на себя обязательств «субъектами» А., процедуры провозглашения авторитетных норм или распоряжений осуществляются на основе веры в нек-рую прямую или косвенную их связь с высшей «легитимирующей властью», к-рой может считаться «воля бога», «завет» основателей династии, «воля народа», «естественное право» и т. д. По Шилзу, не только харизматический, но также традиционный и рационально-легальный способы узаконения А. покоятся на «вере в некую связь» со священным, т. е. харизматическим, источником. Вебер и совр. сторонники его концепции узаконения А. считают, что в такой легитимации нуждаются не только правящие («субъекты» А.), но и подданные («объекты» А.), исполнители распоряжений. Первые нуждаются в этом не только потому, что видят в ней один из источников упрочения своей власти, но и потому, что испытывают нужду в самооправдании — вере в то, что их действия и поведение явл. правомерными, соответствующими «высшей правде». Аналогичную нужду испытывают и их подданные, стремящиеся найти более высокий смысл в своих действиях, обусловленных авторитетными приказами и распоряжениями; отсюда проистекает их желание считать власть (и прежде всего власть А.) законной. В тех случаях, когда власть, апеллирующая к А., совершает акты несправедливости, можно фиксировать факт утраты законности А., а следовательно, и самого А. Утрата А. выступает как неизбежное следствие его неэффективности в деле поддержания социального порядка, во мн. определяемого мерой общепризнанной справедливости в распределении осн. социокультурных «благ». Власть А. отменяется «А. власти» как таковой, предстающей как принудительный контроль, опирающийся на ничем не ограниченное насилие. Если при этом социальный порядок все-таки поддерживается более или менее длительное время, оставаясь несправедливым по отношению к большинству членов об-ва, может вновь возникнуть стремление принудительной власти, опирающейся на продемонстрированную ею способность сохранять социальный порядок, к «самоузаконению» на основе А. А. власти начинает испытывать тяготение к тому, чтобы осветить себя властью А. В целом этот процесс предстает в глазах значит. части неомарксистски ориентированных зап. социологов 20 в. как переход от *авторитаризма* к *тоталитаризму* и обратно. Власть А. и «А. власти» (внешнего принуждения) весьма трудно отделить друг от друга. Напр., Шилз считает, что сделать это можно лишь «чисто теоретически», т. к. в эмпирии они выступают совместно, образуя разнообразные комбинации. Часто пошатнувшийся А. пытается найти себе опору во внешнем принуждении, а оно в свою очередь может нуждаться в А. «А. власти», опирающейся на одну лишь способность к принуждению, может сочетаться только с одним видом А.— харизматическим, апеллирующим к «сверхъестественным» свойствам «высшего субъекта» А., к-рый зачастую предстает в истории как олицетворение А. власти и власти А. одновременно. При рассмотрении традиционного и в особенности рационально-легального типов А. обнаруживаются противоречия между А. власти, опирающейся только на себя, и властью А., ограничивающего влияние этой власти. В этом случае апелляция к законному А. могла бы играть не только антитоталитарную, но и антиавторитарную роль. Осн. ориентации в подходе к анализу (а затем и к оценке) социальной функции А. различаются в зависимости от того, какой из выделенных Вебером «идеальных типов» А. принимается за наиболее соответствующий самому понятию «А.». Социологи, считающие таковым харизматический А., склонны рассматривать А. как рез-т чистого произвола, идущего рука об руку с произволом тоталитарной власти. Естественным следствием такого подхода к анализу (и оценке) социальной функции А. явл. вывод об органической связи всякого А. с политическим насилием, что предполагает необходимость разоблачения «всех и всяких» А. (как «идеологического камуфляжа») с целью создания «об-ва без А.», к-рое и считается «подлинно демократическим». Социологи, берущие в кач-ве «модели» рационально-легальный А., признают его необходимым элементом либерально-конституционной власти, за что подвергаются критике и со стороны консерваторов и со стороны леворадик. антиавторитаристов. Наконец, социологи, ориентирующиеся на традиционный А. как основополагающий, расходятся в оценке его социальной функции в зависимости от того, тяготеют ли они к консервативной или радикальной политической ориентации: консерваторы считают «традиционность» А. условием его «стабилизующей» функции в об-ве, радикалы, напротив, именно эту «традиционность» А. считают одним из важных тормозов на пути «обществ. прогресса».

Ю. Н. Давыдов

АДАПТАЦИЯ СОЦИАЛЬНАЯ—вид взаимодействия личности или социальной группы с социальной средой, в ходе к-рого согласовываются требования и ожидания его участников. Важнейший компонент А. с.— согласование самооценок и притязаний субъекта с его возможностями и с реальностью социальной среды, включающее как реальный уровень, так и потенциальные тенденции развития среды и субъекта. Понятие «А.с.» возникло в биологии для обозначения приспособления строения и функций организмов к условиям существования и привыкания к ним. В социологии развивалось представителями *органической школы* в ряду аналогий между об-вом и организмом. Позднее приобрело самостоятельное значение. В немарксистской социологии А. с., как правило, трактуется как пассивный процесс приспособления субъекта к требованиям об-ва, установление равновесия с социальными требованиями и запретами ценой жертв со стороны личности или группы. В ряде концепций (Ж. Пиаже, *Мертон*) А. с. понимается как двусторонний процесс и рез-т встречной активности субъекта и социальной среды.

Д. В. Ольшанский

АДОРНО (Adorno) **Визенгрунд-Адорно Теодор** (11.09.1903, Франкфурт-на-Майне — 6.08.1969, Фисп, Швейцария). Нем. социальный философ, социолог иск-ва (гл. обр. музыки) и лит-ры. Один из ведущих представителей *франкфуртской школы неомарксизма*. Сотрудник, а затем и соруководитель (совместно с *Хоркхаймером*) Франкфуртского ин-та социальных исследований. Свою теоретическую деятельность начинал как авангардистски ориентрованный музыкальный критик, теоретик и социолог музыки, углубленно интересующийся процессами «овеществления» и «фетишизации» в совр. музыке и ее восприятия слушателями. Постепенно перешел к анализу под этим углом зрения и др. областей иск-ва, лит-ры и философии, культуры вообще. Одна из важнейших работ А. «Диалектика просвещения» [1], написанная им совместно с Хоркхаймером, представляет собой программное изложение социальной философии неомарксизма и ее своеобразную философию истории, в свете к-рой эволюция человечества предстает как история «неудавшейся цивилизации»: усугубляющегося «отчуждения», вызванного «буржуазным» разумом, противопоставившим себя природе. Сознательно пародируя Гегеля, рассматривавшего мировую историю под углом зрения развития разума и свободы, А. трактует историю Запада как патологический процесс усугубляющегося безумия (разум, сошедший с ума в силу противостояния природе) и утраты индивидуальной свободы («фашизоидный» капитализм и откровенно бесчеловечный фашизм). В духе этих идей, развившихся на почве авангардистски-модернистских эстетических пристрастий, А. подвергает социально-филос. анализу совр. зап. музыку («Философия новой музыки», 1949), к-рая выступает у него как моделирование процесса «отчуждения» (обесчеловечивания вообще) человека, происходящего в условиях «позднего капитализма». В том же — «культурно-критическом»— духе выдержаны и др. его музыкально-социол. («Призмы. Критика культуры и общество», 1955; «Диссонансы. Музыка в управляемом мире», 1956), литературно-социол. («Заметки о литературе», т. I—III, 1958, 1961, 1965) и эстетико-социол. (прежде всего изданная уже посмертно «Эстетическая теория») работы. В них концепция А. предстает как леворадик. вариант элитарной концепции иск-ва. Неомарксистски-авангардистский метод «критики культуры» применяется А. также и при анализе совр. зап. философии и гносеологии в книге «Штудии о Гуссерле и феноменологических антиномиях» (1956), где предлагается социол. «метакритика» теории познания, разоблачающая процессы «фетишизации» на самых глубоких уровнях совр. теоретического знания. Специально социол. проблематика представлена у А. прежде всего в коллективном труде «Авторитарная личность» (1950), подготовленном под его руководством и при непосредственном участии. Двигаясь в русле идеи *авторитарной личности*, предложенной *Фроммом* и конкретизированной Хоркхаймером, А. вместе со своими сотрудниками пытается подтвердить ее на основании конкретно-социол. исследования. Но хотя эта работа получила широкую известность среди зап. социологов, общая ее оценка с т. зр. как концепции, положенной в ее основу, так и применённой в ней методики и техники оказалась в итоге скорее негативной. На протяжении 50-х гг. А. неоднократно выступает с докладами и статьями, посвященными критике методологии социологии в духе неомарксистской *критической теории;* в том же духе был выдержан и его доклад «О логике социальных наук», произнесенный на съезде зап.-германских социологов в 1961 г. Альтернативу критикуемой им методологии он предлагает в книге «Введение в социологию музыки» [2]. А. исходит из предположения о том, что всякое «систематическое» теоретическое построение, базирующееся на логическом приеме подведения индивидуального под всеобщее (прием генерализации), есть повторение (*Номотетический метод*) и, следовательно, «апологетика» реального процесса подавления уникального индивида «общественной тотальностью» в «позднекапиталистическом обществе». Утверждая в противоположность Гегелю, что целое «неистинно», А. подвергает критике системообразующую функцию теоретического понятия, противопоставляя ему в кач-ве «органона истины» эстетическое выражение [3]. Вульгарно-социол. (*Вульгарный социологизм*) ходы мысли А. были заимствованы в 60-е гг. «*новыми левыми*» с характерным для них «тотально» разоблачительным критицизмом. Хотя сам А. и поддержал это движение на первом его этапе, впоследствии он отмежевался от него как от нигилистического и экстремистского. Однако в леворадик. зап. социологии авторитет А. оставался высоким и после осуждения им политического экстремизма. Несколько пошатнулся он лишь во второй половине 70-х — 80-е гг.

Ю. Н. Давыдов

Соч.: 1) Dialektik der Aufklärung. Philosophische Fragmente. Amsterdam, 1947. 2) Einleitung in die Musiksoziologie. Zwölf theoretische Vorlesungen. Fr./M., 1962. 3) Negative Dialektik. Fr./M., 1966.

АКАДЕМИЧЕСКАЯ СОЦИОЛОГИЯ — направление в зап. социологии, представители к-рого концентрируют внимание на изучении базисных, фундаментальных проблем социального познания. А. с. с характерным для нее интересом к чисто познавательным вопросам отличается, с одной стороны, от прикладной социологии, связанной с изучением различ. практических задач, а с др.— от различ. социально-филос. теорий, представленных в наст. время теориями *индустриального об-ва* и *постиндустриального об-ва*, информационного об-ва и др., а также от концепций, имеющих ярко выраженную идеологическую ориентацию — консервативных, радик. и т. п. К А. с. относятся структурный функционализм (*функциональный подход в социологии*) и *неоэволюционизм*, теория социального действия, обмена социального концепция, символический интеракционизм, этнометодология и др. А. с. возникла в США в 30—40-е гг. нашего столетия в академической университетской среде, хотя исходные ее предпосылки были сформулированы гораздо раньше в трудах основоположников зап. социологии *Дюркгейма*, *М. Вебера* и др. Значит. воздействие на А. с. оказала неопозитивистская методология, ориентированная на модели развитых физических наук, в к-рых существует деление на прикладные и фундаментальные исследования. Осн. отличительной чертой А. с. явл. то, что главная задача социального познания усматривается в открытии и формулировке универсальных, независимых от времени и места закономерностей поведения человека и социальной организации. Поиск объективной истины объявляется главной ценностью научного познания. В рамках А. с. предлагаются различ. варианты решения этой фундаментальной задачи. Для сторонников структурного функционализма она конкретизируется в формулировке универсальных функциональных закономерностей или требований, призванных объяснить структурные механизмы сохранения устойчивости и стабильности любой социальной системы. В гуманистически ориентированных концепциях А. с. (*символическом интеракционизме*, *феноменологической социологии* и др.) на первое место выдвигается задача выяснения социально-психологической структуры социального взаимодействия, роли человеческой личности как творца социальной реальности. В позитивистски ориентированных концепциях, таких, напр., как в концепции социального обмена, подчеркивается решающая роль универсальных закономерностей человеческой природы — стремление к получению выгод и наград — для объяснения обществ. отношений и структур. Т. к. психобиологическая природа человека, по мн. сторонников этой концепции, неизменна, эти закономерности едины для всех времен и народов. Второй основополагающий принцип А. с.— это понимание социологии как науки, «свободной от ценностей», независимой от политических пристрастий и классовых оценок. В позитивистских версиях А. с. указ. положение выступает в виде требования отделения факта от его оценки; иными словами, социологу предписывается быть бесстрастным наблюдателем и регистратором изучаемых им явлений, если даже он их морально осуждает. Социологи позитивистского крыла настаивают на необходимости строгого разделения социальных ролей ученого и гражданина. Гражданская позиция социолога относится ко вненаучной сфере, где он волен поступать согласно своим морально-политическим убеждениям, но как исследователь социальных явлений он должен исключить из своих рассуждений и выводов любые идеологические оценки. В неопозитивистских вариантах А. с. требование «свободной от ценностей» науки несколько смягчается гуманистической их ориентацией, самим фактом обращения к изучению человека и его внутр. мира. Характерная для представителей А. с. отстраненность от изучения актуальных болевых вопросов обществ. жизни капиталистических стран нередко оправдывается ссылкой на несовершенство научного метода, к-рый пока еще не в состоянии обеспечить строгое и однозначное объяснение социальных событий. Третья характерная особенность А. с. связана с истолкованием взаимоотношений социальной науки и об-ва. При всех идейно-теоретических и методологических разногласиях между представителями различ. школ А. с. все они солидарны в том, что обществ. предназначение социологии — быть инструментом просвещения и образования различ. социальных групп и слоев об-ва. Разразившийся в конце 60-х — начале 70-х гг. кризис зап. социологии означал вместе с тем и кризис всей концепции А. с., не сумевшей, во-первых, создать эффективных моделей объяснения и предсказания социальных изменений и, во-вторых, интегрировать эмпирические и теоретические исследования. Кризисная ситуация поставила под сомнение правомерность основополагающих установок А. с., показав, в частности, иллюзорность попыток создания социальной науки, изолированной от обществ.-политических интересов. Реакцией на кризисное положение А. с. явилось исходящее от консервативных и технократически настроенных кругов зап. ученых требование о полном слиянии чистой науки и прикладных исследований (концепция постакадемической социологии — [5]), что должно поднять пошатнувшийся престиж социологии путем включения ее в исследование актуальных проблем НТР. Эта программа встречает возражения со стороны либерального большинства приверженцев А. с., к-рые считают, что реализация ее привела бы к полной утрате автономии социальной науки.

М. С. Комаров

Лит.: 1) *Американская социология. Перспективы, проблемы, методы.* М., 1972. 2) *Критика современной буржуазной теоретической социологии.* М., 1977. 3) *Тэрнер Дж. Структура социологической теории.* М., 1984. 4) *Ritzer G.* Sociology. A multiple paradigm science. Boston, 1976. 5) *Weinstein J.* Sociology-technology. Foundations of postacademic social science. N. Y., 1982.

АККУЛЬТУРАЦИЯ (acculturation— англ. неологизм от лат. ad — к и cultura — возделывание) — процесс взаимовлияния культур, а также результат этого влияния, заключающийся в восприятии одной из них (обычно менее развитой, хотя возможно и противоположное влияние) элементов др. культуры или возникновение новых культурных явлений. Впервые проблему А., рассматривая ее как «культурный контакт», начали изучать во второй половине 19 в. англ. этнографы. В конце 19 в. амер. этнограф У. Х. Хоумз, а затем и др. стали употреблять термин «А.» для обозначения процесса уподобления одной культуры др. *(Боас)* или передачи элементов одной культуры др. (У. Дж. МакДжи). Исследование А. в совр. значении этого слова началось в 20—30-х гг. в связи с изучением влияния «белой» амер. культуры на индейцев и черных американцев (М. *Мид*, М. Уилсон, А. Лессер, И. Шапера, Р. Лоуи, Л. Спайер, *Турнвальд*, *Малиновский*, М. Херсковиц, *Редфилд* и Р. Линтон). В ходе этих исследований были выделены донорская и реципиентная группы в культурном контакте, ведущем к «акцептации», «адаптации» или «реакции» (отвержению) элементов донорской культуры. Херсковиц обнаружил также, что реципиентная культура производит отбор элементов культуры в «культурном фокусе», адаптируя, отторгая или синкретизируя их. Линтон нашел, что «доминантное» об-во насильственным путем вызывает в подчиненном об-ве «прямое культурное изменение», в то время как неподчиненные об-ва свободно выбирают направление культурного развития. По мере расширения изучения процессов А. в наст. и историческое время в разных частях света и в разных об-вах, стоящих на разных ступенях развития, было обнаружено, что процессы А. в зависимости от этих факторов протекают по-разному (Дж. Форстер и Дж. Фелан), что процессы А. схожи с урбанизацией и методику исследования А. можно использовать не только для изучения межэтнических, но и социально-классовых отношений (Р. Билз). Мн. зап. этнографы применяют рез-ты своих исследований в области А. для составления программы облегчения усвоения европ. культуры колониальными народами и населением резерваций, иногда выступая за их насильственную ассимиляцию.

Н. Т. Кремлев

АКСИОЛОГИЯ (от греч. axia — ценность и logos — слово, понятие, учение) — учение о ценностях. Входит в кач-ве принципиально важной составляющей в структуру ряда философско-социол. концепций неокантиански-веберовской, феноменологически-интеракционистской и позитивистски-сциентистской ориентаций. В социологию проблематику ценностей ввел *М. Вебер*. Анализируя действия индивидов, Вебер исходил из неокантианской предпосылки, согласно к-рой каждый человеческий акт предстает осмысленным лишь в соотнесении с ценностями, в свете к-рых определяются нормы поведения людей и их цели. Эту связь Вебер прослеживал в ходе социол. анализа религии. Со временем в зап. социологии понятие «ценности» утрачивало свой смысл, выступая как средство формального соотнесения действий людей и функционирования социальных ин-тов. В этом направлении развивалась аксиологическая проблематика в амер. социологии. В работе «Польский крестьянин в Европе и Америке» (т. 1—5. 1918—1920) *Томас* и *Знанецкий*, давая чисто «операциональное» определение ценности, характеризовали ее в позитивистском духе — как «любой предмет, обладающий поддающимся определению содержанием и значением для членов какой-либо социальной группы» [1, 114]. Им принадлежит также определение ценностей как более или менее выявленных «правил поведения», с помощью к-рых «группа сохраняет, регулирует и распространяет соответствующие типы действия среди ее членов» [1, 133]. Если в первом определении игнорируется принципиальное различение между ценностью и ее «предметным» носителем, утверждаемое филос. А., то во втором — полностью устраняется различение между ценностью и «правилом». Дальнейшее развитие аксиологической проблематики в рамках амер. социологии обусловливалось противоречием между объективной природой ценностей и их зависимостью от субъекта и его оценочных суждений. В рамках «структурного функционализма» *Парсонса* проблематика А. предстала в крайне редуцированном виде, оказавшись замкнутой в пределах вопроса об интеграции в социальных системах. Парсонс рассматривал ценности как высшие принципы, на основе к-рых обеспечивается согласие *(консенсус)* как в малых обществ. группах, так и в об-ве в целом. Ценности, характеризуемые как «неэмпирические объекты», вызывающие «благоговейное отношение» [3, 367—383], сообщают соответствующие кач-ва апеллирующим к ним моральным нормам, придавая им общеобязательную значимость. У Парсонса вместе с тем оставалась необъясненной причина, по к-рой «неэмпирические объекты» приобретают свойства, обеспечивающие нормальное функционирование «системы об-ва» и «системы личности», нуждающееся, как и об-во, в нек-рых незыблемых точках опоры. На протяжении 70—80-х гг. в связи с возрастанием интереса социологов к этической проблематике аксиологическая теория получает дальнейшее развитие в социологии.

Ю. Н. Давыдов

Лит.: 1) *Беккер Г., Босков А.* Современная социологическая теория. М., 1961. 2) *Weber M.* Gesammelte Aufsätze zur Wissenschaftslehre. Tüb., 1951. 3) *Parsons T.* The Social System. Toronto; Ontario, 1966.

АЛЬБЕРТ (Albert) **Ханс** (08.02.1921, Кельн) — зап.-германский философ, социолог, экономист, один из ведущих представителей критического рационализма, проф. ун-та в Мангейме. В основе концепции А. лежит проблема связи познания и деятельности, проблема рациональности практики. Первоначально он стоял на дуалистических позициях, трактуя познание как анализ вероятностей, представляющий собой рац. сторону человеческой практики. Др. ее сторону представляет выбор, имеющий экзистенциальную природу, а потому принципиально не рационализируемый. Наука, стремящаяся рационально подойти к анализу ценностных проблем (социология, политология, политэкономия), понималась, следовательно, как идеология. Впоследствии под влиянием Поппера дуалистическая концепция практики оказывается радикально пересмотренной; А. находит возможности преодоления дихотомии познания и выбора, расширения границ рациональности. Познание, полагает он, само по себе пронизано выбором, явл. частью практики, а выбор зиждется на рац. основании. Поэтому проблема рациональности явл. «всеобщей проблемой методологии практики и не может быть ограничена сферой познания» [2, 19]. Т. обр., открывается возможность рац. исследования и критики буквально всех сфер деятельности, любого рода норм, оценок, решений. Для этого необходима выработка т. наз. принципов перехода— методов преодоления «пропастей», разделяющих нормативные системы, существующие в различ. областях познания и деятельности. Следствием (и одновременно орудием) такого преодоления явл. просвещение, открывающее возможность рац. социального управления.

Л. Г. Ионин

Соч.: 1) Traktat über kritische Vernunft. Tüb., 1975, 2) Kritische Vernunft u. menschliche Praxis. Stuttg., 1977. 3) Traktat über rationale Praxis Tüb., 1978.

АЛЬТЕРНАТИВНАЯ СОЦИОЛОГИЯ — направление, оформившееся в рамках леворад. мысли к концу 60-х гг. на фоне подъема молодежного и студенческого движения на Западе. А. с., возникшая в США (*Гоулднер*, Ч. Рейч, Т. Роззак) и широко распространившаяся в Зап. Европе, относится к разряду критических направлений, занимает промежуточное положение между философией культуры и эмпирической социологией. А. с. подвергает критике бурж. систему ценностей (утилитаристские, прагматические, потребительские ориентации) с позиций т. наз. движения «культурной реформации». Политической революции противопоставляет «революцию в сознании». Явл. альтернативой как *академической социологии*, так и *прикладной социологии*, к-рые играют служебную роль в системе структур управления и власти. Ортодоксальная социология изучает способы наиболее эффективного подключения личности к заданным социальным ролям, А. с., напротив, исследует конфликт между личностью и ее ролями, считая дистанцирование по отношению к ним необходимым для личностного самоутверждения. Ортодоксальная социология (имеется в виду в первую очередь структурно-функциональное направление) исследует процессы психологической адаптации и ценностной интеграции личности в рамках господствующих ин-тов и норм, А. с., напротив, считает дезадаптацию и дезинтеграцию — пограничные состояния личности — наиболее продуктивными с т. зр. сохранения духовной независимости. В этом отношении А. с. находится под влиянием философии экзистенциализма. А. с. значит. внимание уделяет проблемам *социализации* молодежи. Успешная социализация — это, с т. зр. А. с., не что иное, как растворение молодежи в среде «отцов». Смена парадигмы обществ. развития возможна лишь в той мере, в какой в процессе социализации имеют место сбои, связанные с отказом молодежи следовать сложившимся эталонам поведения. Апологетика «маргинальных групп» и состояний (дезадаптации, дезинтеграции, десоциализации) показывает близость А. с. *контркультуре.* Со второй половины 70-х гг. влияние А. с. ослабело, начался ее кризис. Из культуроцентричной, ориентированной на исследование общих ценностных сдвигов в массовом сознании она становится «социоцентричной», исследующей возможности альтернативных форм социального действия и обществ. организации. В политической области занимается анализом возможностей «прямой демократии», в организационно-управленческой сфере — противопоставлением прямых горизонтальных коммуникаций иерархическим вертикальным, неофициальных — официальным, малых форм — большим «аппаратам». В последние годы А. с. вырабатывает инструментарий, необходимый для оказания экспертных услуг различ. альтернативным движениям и гражданским инициативам. Открывается перспектива институтизации А. с. в рамках общедемократического движения на Западе и на этой основе — преодоления рецидивов контркультурного нигилизма и утопизма.

А. С. Панарин

Лит.: 1) *Huber J.* Wer soll das alles ändern? Die Alternativen der Alternativbewegung. B., 1981. 2) *Lacroix B.* L'Utopie communitaire: histoire sociale d'une revolte. R., 1981. 3) *Jeger D., Hervien B.* Les communautès pour, les temps difficiles: neo — ruraux ou nouveaux moines. P., 1983.

АЛЬТЕРНАТИВНЫЕ КУЛЬТУРЫ — сложные культурные образования, т. наз. новые культуры, противопоставляемые традиционной, господствующей в об-ве *культуре* в кач-ве более перспективной, спасительной альтернативы. В число А. к. могут входить нек-рые молодежные (напр., хиппи) и делинквентные *субкультуры,* враждебные культура и др. культурные образования. А. к. тесно связаны со все более распространяющимися на Западе в последней трети 20 в. альтернативными движениями, к-рые характеризуются антикапиталистическими и пацифистскими настроениями, критикой *демократии* и культурным пессимизмом *(Дарендорф),*

и к-рые представляют собой второй после «нового левого» этап непролетарского (мелкобуржуазного) протеста. Носители А. к. отказываются от вступления в любые институциализированные отношения, «выходят» из об-ва, объединяясь в небольшие жилищные общины и трудовые коллективы.

Н. Д. Саркитов

АМБИВАЛЕНТНОСТЬ (от лат. ambo — оба и valentia — сила) — противоречивый, двойственный — сосуществование в глубинной структуре личности противоположных, взаимоисключающих эмоциональных установок (напр., любви и ненависти) по отношению к к.-л. объекту или человеку, одна из к-рых оказывается при этом вытесненной в область бессознательного и оказывает действие, не осознаваемое данной личностью. В художественной литре это состояние описано и всесторонне проанализировано Ф. М. Достоевским. Сам термин «А.» введен в широкий научный оборот психиатром Э. Блейлером, к-рый видел в ней осн. характеристику психической жизни человека, страдающего раздвоением личности (шизофренией). Он вычленил три типа А.: 1) эмоциональную — позитивное и одновременно негативное чувство к к.-л. человеку (таково, по его мн., отношение родителей и детей), 2) волевую, выражающуюся в бесконечных колебаниях между противоположными решениями, непримиримом конфликте между ними, сопровождающимися подчас отказом от всякого решения, 3) интеллектуальную, выражающуюся в нанизывании противоречащих друг другу, взаимоисключающих идей, между к-рыми мечется мысль больного. Во всех трех случаях, по Блейлеру, А. является свидетельством распада личности. Расширяя смысл и область применения этого понятия в психологии, *Фрейд* рассматривал А. не только как сосуществование противоположных эмоциональных, волевых и интеллектуальных установок, но и как сосуществование в недрах одной и той же личности более «глубинных» побуждений (влечений) — активных и пассивных витальных импульсов: напр. к разрушению «объекта» (садизм) или самого себя (мазохизм). В конце концов эти влечения были сведены Фрейдом к двум разнонаправленным формам «инстинкта смерти» («Танатоса»). Инстинкт смерти и разрушения противопоставлялся жизнеутверждающему инстинкту жизни («Эросу»): противоположность этих двух фундаментальных инстинктов и обусловливает, по Фрейду, как изначальную А. человеческой психики, так и все последующие формы этой двусмысленности. Он видел в А. особенность инфантильной эмоциональной жизни, к-рая оказывается следствием зависимости ребенка от матери. Социол. интерпретация А. дана в работах *Мертона,* к-рый истолковывает ее с помощью понятий: социальная роль, статус, конфликт ролей. Считая источником психической А. социальную А., Мертон вычленяет ряд социальных типов А.: 1) связанную с множеством функций, придаваемых статусу личности (напр., экспрессивной и инструментальной); 2) обусловленную конфликтом между статусами (напр., конфликт статусов мужчины и женщины в семье и на производстве); 3) определяемую конфликтом между отдельными социальными ролями; 4) вытекающую из факта сосуществования в об-ве противоположных ценностей культуры среди членов об-ва; 5) обусловленную конфликтом между социальной структурой и системой культурных ценностей, т. е. конфликтом между предписываемыми культурой стремлениями и предоставляемыми социальной системой средствами для их осуществления; 6) имеющую своим источником существование опред. круга людей, живущих одновременно в нескольких об-вах (иммигранты) и ориентированных на различ. культурные ценности. Свою социол. теорию Мертон применил также к анализу конфликта норм, свойственных науке как социальному ин-ту. Практически это было, с одной стороны, социол. рациональной социол. расшифровки психоаналитической теории А., с др.— нек-рой психологизирующей зашифровкой той проблематики, к-рая была взята в более

чистом виде в социол. теориях конфликта *(Конфликта социального концепции).*

Ю. Н. Давыдов, А. П. Огурцов

АНАЛИЗ СОЦИАЛЬНЫХ СЕТЕЙ — направление в эмпирической социологии, представляющее собой разновидность структурного подхода. А. с. с. концентрирует внимание на описании и анализе возникающих в ходе социального взаимодействия и коммуникации связей (сетей) различной плотности и интенсивности, рассматриваемых в кач-ве структурных образований. Поведение личности или группы объясняется как производное от социальных сетей, элементами к-рых оно выступает. Метод А. с. с. получил широкое распространение при изучении процессов коммуникации в различ. социальных группах и развития научных школ в *науки социологии,* социологии межличностных отношений в городской среде, политических и международных процессов и т. д. Этот метод первоначально возник в британской социальной антропологии (работы Дж. Барнза, Э. Ботт, К. Митчела) как реакция на структурно-функциональный подход. Отталкиваясь от выдвинутого *Радклифф-Брауном* понимания социальной структуры как сети социальных отношений, сторонники метода А. с. с. сделали упор на разработке эмпирически проверяемых категорий социальной структуры. Сходным образом интерес к данному методу социологов в значит. мере был вызван кризисом структурного функционализма, понятийный аппарат к-рого в силу чрезмерной абстрактности не был пригоден к использованию в эмпирическом исследовании. Сторонники А. с. с. отвергли присущий структурному функционализму принцип нормативно-ценностной обусловленности поведения личности. В соответствии с требованием позитивистской методологии они настаивают на изучении объективно наблюдаемых форм поведения, в кач-ве к-рых признаются процессы социальной коммуникации. Использование этого подхода в социологии в опред. мере было связано с традицией *социометрии Морено,* к-рая у сторонников А. с. с. приобретает структуралистскую и бихевиористскую окраску в силу того, что в расчет не принимаются субъективно-психологические факторы, подчеркивается обусловленность человеческого поведения структурными образованиями, возникающими в ходе коммуникации. Ключевая роль при использовании метода А. с. с. отводится описанию морфологических характеристик, выражающих плотность, интенсивность и пространственную координацию социальных связей, что дает возможность выделять структурные единицы исследования («кусты», «блоки», «узлы») в системе социальных отношений. В изучении социальных сетей выделяются две осн. ориентации: 1) формально-математическая, сторонники к-рой (П. Холланд, Х. Уайт, С. Бурман и др.) используют математические методы анализа социальной структуры, в частности матричный метод, теорию графов и др.; 2) содержательная, представители к-рой (С. Берковитц, Б. Уллман, М. Грановеттер и др.) фокусируют внимание на интерпретации различ. типов социальных связей как микро-, так и макроуровня.

М. С. Комаров

Лит.: 1) *Веселкин Е. А.* Понятие социальной сети в британской социальной антропологии//Концепции зарубежной этнологии. М., 1976 2) *Leinhardt S.* (ed.) Social network: a developing paradigm. N. Y., 1977. 3) *Wellman B.* Network analysis: some basic principles//Sociological Theory. N. Y., 1983.

АНОМИЯ (от франц. anomie — буквально беззаконие, безнормность, от греч. а — отрицательная частица и nomos — закон) — такое состояние об-ва, в к-ром заметная часть его членов, зная о существовании обязывающих их норм, относится к ним негативно или равнодушно. Теорию А. ввел в социологию *Дюркгейм* как часть своей историко-эволюционной концепции, опиравшейся на противопоставление «традиционного» и совр. промышленного об-в. Проблема А. порождена переходным характером совр. эпохи, временным упадком моральной регуляции ее контрактно-экономических отношений. А.— продукт неполноты перехода от механической к органической солидарности, ибо объективная база последней — обществ. разделение труда — прогрессирует быстрее, чем находит моральную опору в коллективном сознании. Постоянно воспроизводится необходимое условие А.— расхождение между двумя рядами социально порождаемых явлений: потребностями, интересами и возможностями их удовлетворения. Предпосылкой цельной, неаномической личности, по Дюркгейму, явл. устойчивое и сплоченное об-во. При традиционных обществ. порядках человеческие способности и потребности обеспечивались относительно просто, т. к. соответствующее коллективное сознание удерживало их на низком уровне, препятствуя развитию «индивидуализма», освобождению «личности» и устанавливая строгие границы тому, чего законно мог добиваться индивид в данном обществ. положении. Иерархическое традиционное об-во (феодальное) было устойчивым, т. к. ставило разные цели разным социальным слоям и позволяло каждому ощущать свою жизнь осмысленной внутри узкого замкнутого слоя. Ход обществ. эволюции порождает двойственный процесс: увеличивает «индивидуацию» и одновременно подрывает силу коллективного надзора, твердые моральные границы, характерные для старого времени. Степень свободы личности от традиций, коллективных нравов и предрассудков, возможности личного выбора занятий и способов действия резко расширяются. Но относительно свободная нормативная структура промышленного об-ва больше не определяет жизнедеятельность людей и как бы с естеств. необходимостью и постоянно воспроизводит А. в смысле отсутствия твердых жизненных целей, норм и образцов поведения. Это ставит многих в неопред. социальное положение, лишает коллективной солидарности, чувства связи с конкретной группой и со всем об-вом, что ведет к росту в нем отклоняющегося и саморазрушительного поведения. Особой концентрации А. достигает в экономической жизни как сфере непрестанных перемен и личного расчета, где свободным рынком, конкуренцией и т. п. наиболее полно разбиты традиционные ограничения, но еще не окрепла новая мораль индивидуализма, адекватная совр. об-ву. В этой сфере А. из «патологического» стала почти что «нормальным» явлением. Одна из главных социально-исторических причин А.— уничтожение или утрата прежних функций ин-тами и группами, промежуточными между индивидом и гос-вом. Выявляется психологический парадокс: человек чувствует себя более защищенным и свободным в жесткой закрытой системе с малым выбором занятий и ограниченными возможностями социального продвижения, чем в условиях неопределенности, в подвижной открытой системе с универсальными нормами, формально равными для всех. Здесь истоки будущего массового «бегства от свободы». Тем не менее путь ослабления А.— не в искусственной реставрации патриархально-репрессивной дисциплины традиционных ин-тов, а в дальнейшем развитии либерального «морального индивидуализма» (отличаемого Дюркгеймом от «эгоистического индивидуализма» англ. экономистов и утилитаристов), новых профессиональных групп, свободных от средневековой замкнутости, но способных взять на себя функции нравственного контроля и защиты своих членов перед лицом гос-ва. С т. зр. теории человеческого поведения дюркгеймово понятие А. включает два аспекта: один относится к обеспеченности действия опред. целями, другой — к тому, насколько эти цели реализуемы (они могут быть ясны, но недоступны). Отсюда две разные линии теоретического применения понятия А. в совр. зап. социологии. Если в А. видят первый аспект (условно — «безнормность»), то рассуждают в контексте понятий «отчуждение», «социальная интеграция и дезинтеграция», «слабая социализация» и т. п. Второй аспект («конфликт норм в культуре») разработал *Мертон*, сделав важнейший после Дюркгейма вклад в теорию А. По Мертону, А.— результат несогласованности, конфликта между разными элементами ценностно-нормативной системы об-ва, между культурно предписанными всеобщими целями (напр., в США денежно-материальным успехом) и законными, институциональными средствами их достижения. А. возникает тогда, когда люди не могут достичь навязанных об-вом целей «нормальными», им же установленными средствами. При А., даже если существует понимание общих целей, отсутствует общее признание правовых и моральных способов действия, к-рые ведут к этим общим целям. Люди приспосабливаются к состоянию А. разными индивидуальными способами: либо конформизмом (подчиняющимся поведением), либо различ. видами *отклоняющегося поведения* (новаторство, ритуализм, уход от мира, мятеж), в к-рых отвергаются или цели, или средства, или то и др. вместе. Концепция Мертона открыла широкие возможности для объяснения конфликтов на базе разделения интересов в об-ве (в том числе классовых). Она нашла применение в социологии права, преступности и в др. практически важных областях.

А. Д. Ковалев

Лит.: 1) *Дюркгейм Э*. О разделении общественного труда. О., 1900. 2) *Дюркгейм*. Самоубийство. СПб., 1912. 3) *Мертон Р. К*. Социальная структура и аномия//Социология преступности/Б. С. Никифоров. М., 1966. С. 299—313.

АНТИПОЗИТИВИЗМ в социологии — направление в зап. социологии, характеризующееся негативной реакцией его представителей на опред. тенденции внутр. развития и институционализации социол. дисциплины, оцениваемые ими как рез-т влияния позитивистской методологии и позитивистских представлений о науке и научности. В зап. социологии существует несколько разновидностей А. В конце 19 в. А. выражался в критике подхода к построению социол. знания по модели биологических наук («организмическая» модель) и в отрицании возможности проецирования на предмет социологии дарвиновских представлений о «борьбе за существование» и «естеств. отборе». На этом этапе решающий импульс А. дали В. Виндельбанд, *Риккерт* и Дильтей, к-рые в противовес естеств.-научному «объяснению» культурно-исторической реальности предложили подход, предполагающий «понимание» смысла культурно-исторических явлений, образований и структур. Двигаясь в русле этой тенденции по пути создания *понимающей социологии*, М. Вебер выдвинул принцип *свободы от оценочных суждений* в социол. исследовании, приверженность к-рому он и его сторонники рассматривали как условие научности социологии, по их мн. не отличающейся в этом пункте от наук о природе; критика этого принципа вылилась в новую форму А., сложившуюся (гл. обр. в Германии) в первой трети 20 в. В США с социол. А. в 30—40-е гг. идентифицировалось движение по пути развития *понимающей социологии*, к к-рому в той или иной мере примыкали Блумер, Хьюз, Макайвер, *Мертон, Парсонс*, Редфилд, *Сорокин*, Беккер и Знанецкий, а 10—15 лет спустя начали возникать столь радик. формы А., что мн. из социологов, долгие годы считавшиеся антипозитивистами, предстали в кач-ве «позитивистов»; причем возникновение этих форм происходило не без влияния европ. А., явно опережавшего амер. в смысле «радикализма». По мере того как социология, отказываясь от следования «частным» методам тех или иных естеств. наук, вырабатывала собственные методы удостоверения объективности своего знания, обеспечивавшие его научность, антипозитивисты стали выступать не против правомерности использования в социологии тех или иных естеств.-научных методов, а против ее претензии на объективность и научность вообще. Предметом критики со стороны А., развивавшегося на почве неогегельянски ориентированной социологии, как «левого» (неомарксизм), так и «правого» толка (напр., *Фрайер* [2]), стало свойственное научному познанию ясное и отчетливое различение субъекта и объекта познания. Сторонники А. в социологии считали, что подобное различение справедливо лишь для наук о природе, поскольку в науках об об-ве субъект и объект познания один и тот же — обществ. человек; и следовательно, различать (а не отождествлять) в социол. познании субъект и объект,

стремясь к строгой объективности социального знания,— это и есть позитивизм, подлежащий критическому преодолению. С наибольшей последовательностью это направление А. было развито неомарксистами *франкфуртской школы*, к-рые сами в свою очередь исходили из нек-рых положений ранней книги *Лукача* «История и классовое сознание», подвергнутых впоследствии критике самим ее автором. Рассматривая «объективизирующую» тенденцию «традиционной науки» как рез-т и орудие «капиталистического отчуждения», а позитивизм как «идеологию» этого отчуждения (и соответственно «некритическую апологетику» бурж. об-ва), *Хоркхаймер, Адорно* и *Маркузе* отказывали социологии в какой бы то ни было степени адекватности постижения об-ва; за нею они оставляли одну лишь идеологически-апологетическую, но ни в коей мере не познавательную функцию. Позитивизмом, закрывшим для социологии путь познания об-ва, объявлялась при этом уже сама ее тенденция отправляться от фактов, двигаясь по пути их аналитического обобщения; поскольку же вся «фактичность» капиталистического об-ва считалась «насквозь пронизанной» буржуазностью, постольку понятие «позитивист» оказывалось тождественным понятию «буржуазный идеолог» и А. представлялся идентичным «антибуржуазности». Франкфуртская версия А., разработанная в 30-е гг. как «критическая теория общества» (отличная от социологии тем, что она не хочет быть наукой), была воспринята «критической» леворадик. социологией, сформировавшейся на Западе в период с конца 50-х — по начало 70-х гг. Важным моментом этого процесса, рез-том к-рого было «узаконение» А. в зап. социологии в кач-ве мировоззренческой и методологической тенденции одного из ее направлений, стал «спор о позитивизме», разгоревшийся в 1961 г. на съезде социологов ФРГ, где с осн. докладами («О логике социальных наук») выступили *Поппер* и Адорно [1]. В докладе Адорно были обобщены идеи франкфуртской версии А., с т. зр. к-рой позитивизм тождествен конформизму — приспособлению к бурж.-капиталистической «данности». Задачей же «критической теории», предложенной как последовательное выражение А., провозглашалось «спасение и восстановление» всего того, что не послушно бурж.-капиталистической «тотальности», противостоит ей или только еще образуется в кач-ве отрицающей ее силы. В начале 60-х гг. в борьбу против позитивизма в социальных науках активно включается более молодое поколение франкфуртцев, прежде всего *Хабермас*. В отличие от А. старших представителей франкфуртской школы, А. *Хабермаса* [3] отмечен тенденцией использовать антипозитивистскую аргументацию более совр. филос. течений, оказывавших возрастающее влияние на бурж. социологию,— феноменологии, экзистенциализма, герменевтики. Версия А., предложенная Хабермасом, с одной стороны, была несколько более умеренной, но, с др. стороны, претендовала на своеобразное объединение антипозитивистских тенденций на почве неомарксизма. Эта тенденция возобладала затем в рамках развивавшейся леворадик. социологии, в русле к-рой наряду с неомарксизмом значит. роль играли феноменологический, герменевтический и экзистенциалистский мотивы. С середины 70-х гг. проблема А. в социологии постепенно утрачивает свою актуальность.

Ю. Н. Давыдов

Лит.: 1) Adorno Th. W. u. a. Der Positivismusstreit in der deutschen Soziologie. Neuwied, 1970. 2) *Freyer H.* Soziologie als Wirklichkeitswissenschaft. Lpz.; B., 1930. 3) *Habermas J.* Zur Logik der Sozialwissenschaften. Materialien. Fr./M., 1970. 4) *Lukács D.* Geschichte und Klassenbewußtsein. Lpz.; B., 1923.

АНТИПРОИЗВОДИТЕЛЬНОСТИ

концепция — теория, отвергающая культ производительности, «экономоцентризм» и в той или иной мере «трудовую этику» (*Тоффлер*, Э. Шумахер, Горц и др.). Истоки концепции А. восходят к Платону и нек-рым средневековым идеям. В 19 в., несмотря на господство производительных и экономических императивов, антипроизводительные тенденции продолжали существовать у традиционалистов и нек-рых др. мыслителей (Прудон, Милль и др.). С конца 19 в. эти тенденции усиливаются в пессимистических, иррационалистских, антитехницистских, анархистских и нек-рых др. течениях. В послевоенные годы идеи А. связаны гл. обр. с леворадик. мыслью и нек-рыми формами идеологии *неоконсерватизма*. Концепция А. в известной степени близка концепции *нулевого роста*. Согласно ее осн. постулату, индустриальная эра подходит к концу, производительные императивы становятся анахронизмом, к-рые препятствуют развитию и процветанию человечества. Они должны уступить место экзистенциальным ценностям, свободе и свободному времени, заполненному различ. видами нетрудовой деятельности, творчеством, неформальными межличностными отношениями и т. п. Между тем большинство людей продолжают ждать, что экономический рост приведет к разрешению всех проблем. С т. зр. приверженцев А. к., такой взгляд, свидетельствующий о непонимании фундаментальных процессов современности, только усугубляет кризис. Они выступают против технократической и техницистской ориентации, предлагают различные варианты «альтернативных технологий», иногда основанных на микрокомпьютерной технике, иногда предполагающих возвращение к прошлому, к примитивным, но «здоровым» и экологически безопасным технологическим средствам. По их мн., крупные гос. формы должны уступить место самоуправленческим мелкообщинным структурам, а непосредственная демократия должна сменить бюрократическую заорганизованность и дирижизм совр. технологической цивилизации.

С. А. Эфиров

Лит.: 1) Социальные перспективы труда с точки зрения левоанархистской концепции «антипроизводительности»//Буржуазная социология на исходе XX в. М., 1986.

АНТРОПОЛОГИЧЕСКОЕ НАПРАВЛЕНИЕ в социологии — одно из влиятельных направлений зап.-германской социологии, отправляющееся от филос.-антропологического представления об изначальной биологической «недоста-

точности» человека по сравнению с др. животными, компенсируемой средствами культуры, имеющей, т. обр., чисто биологические истоки. Возникло в русле филос. антропологии; в кач-ве своих основоположников имеет представителей филос. антропологии: *Шелера* (он же ее создатель), *Плеснера, Фрайера, Гелена, Шельски* и др. В ряде пунктов смыкается с социальной антропологией, однако в отличие от нее А. н. ориентировано не на изучение ранних форм социокультурной организации об-ва, а на исследование настоящего и перспектив совр. об-ва. Отправной пункт А. н. в социологии — сравнение человека с животным, на основании к-рого делается вывод об «особом месте» человека в природе *(Шелер)*, о его «эксцентричности» *(Плеснер)* и «деятельностной сущности» *(Гелен)*. Под деятельностью понимается «культурополагающее», т. е. имеющее своим рез-том возникновение культуры, изменение природы, превращаемой т. обр. в жизненную среду, адекватную человеку, не обладающему в достаточной мере «естеств.» приспособленностью к природному окружению. Культура, согласно представлениям сторонников А. н., явл. «биологически необходимым процессом», поскольку человек вынужден «вводить в действие, в целях поддержания своей собственной сомнительной жизнеспособности, природу видоизмененную» [3, 18]. В понятие «заново сформированная природа» [3, 21] наряду с техникой и созданным с ее помощью предметным окружением человека представители А. н. включают «семью и брак», а также «социальные порядки». В социол. аспекте культура рассматривается как процесс «стабилизации» человека, к-рый в отличие от др. животных «не фиксирован» чисто природным образом (т. е. с помощью опред. структуры инстинктов), и «упорядочивания» его «избыточных» (не ограниченных чисто природными функциями) влечений. Главной социальной инстанцией, с помощью к-рой обеспечивается «стабилизация» человека, явл. обществ. «институт» (система таких ин-тов). К ним относятся: учреждения, законы и нормы, вносящие порядок в человеческое поведение, обеспечивающие его определенность и предсказуемость, без к-рых невозможно человеческое общение и соответственно об-во как условие и в то же время рез-т совместных человеческих действий в процессе установления хозяйственного, политического, религ. и др. порядков [3, 23—24, 70—77]. Понятие ин-та (на рубеже 50—60-х гг. оно оказалось в центре внимания представителей институционалистского направления в амер. социологии, к-рое активно развивал *Шилз*) акцентируется с помощью тесно сопряженного с ним понятия «разгрузка». «Стилизуя» посредством ин-тов опред. формы человеческого поведения, обеспечивая их «модельную образцовость» и общеобязательность, культура освобождает («разгружает») человека от необходимости каждый раз заново принимать существенно важные жизненные решения в действительно уникальных ситуациях. Поскольку ин-ты гарантируют привычную надежность основополагающих жизненных ориентаций, поведение освобождается от излишних рефлексий: в своих взаимных отношениях люди получают возможность автоматически следовать одной и той же форме поведения. Согласно Гелену, «институционально регулируемое поведение (чувства, мышление, ценности) следует рассматривать как восстановление — на гораздо более высоком уровне — утраченной (человеком) животной надежности инстинкта» [3, 68]. Среди ин-тов, образующих совр. цивилизацию, представители А. н. в социологии, начиная с Фрайера [2], особо выделяют высокотехнизированную индустрию. Этот «институт», как и все остальные, рассматривается ими как собственно человеческое порождение, в к-ром индивид должен «узнать» самого себя, свою сегодняшнюю «сущность» [1, 459]. Совр. техника выступает как «отчуждение» человека лишь в том случае, если она рассматривается с т. зр. устаревшего «образа человека», являющегося слепком со вчерашнего этапа развития его «сущности» (его ин-тов). Отправляясь от понятия ин-та, представители А. н. в социологии (в особенности Гелен и Шельски) критикуют совр. бурж. об-во, связывая нарастание в нем энтропийных («хаотических») тенденций, возвращающих человека к его «фундаментальной ненадежности» и «хаосу влечений», с разрушением традиционных ин-тов, господствовавших в зап. цивилизации на протяжении более двух тысячелетий. Концепции, разрабатываемые в рамках А. н., были восприняты теоретиками неомарксистски ориентированной леворадик. социологии, парадоксальным образом сочетавшими признание основополагающих идей А. н. с критикой институционализации. В 70-е гг., по мере утраты леворадик. социологией своих позиций, в ФРГ нарастает влияние А. н. в социологии со свойственным ему интересом к антропологическому аспекту социальных отношений и позитивной роли обществ. ин-тов.

Ю. Н. Давыдов

Лит.: 1) *Schelsky H.* Auf der Suche nach Wirklichkeit. Dusseldorf; Köln, 1965. 2) *Freyer H.* Gedanken zur Industriegesellschaft. Mainz, 1970. 3) *Gehlen A.* Antropologische Forschung. Zur Selbstbegegnung und Selbstentdeckung des Menschen. Reinbek bei Hamburg, 1977.

АНТРОПОЛОГИЯ КУЛЬТУРНАЯ — методологическая установка, сформировавшаяся в период становления совр. этнологии или социокультурной антропологии. А. к. получила развитие гл. обр. в США, где ее родоначальником был *Боас*. В отличие от *антропологии социальной* для А. к. было характерно большее внимание к духовным образованиям, чем к материальным артефактам и системам социальных отношений, в методологическом отношении акцент скорее на описательной, чем измерительной методике, больший историзм. Вместо рассмотрения социальной группы в статике как некоей констелляции в А. к. выдвигались на первый план вопросы динамики развития культуры, механизмы ее передачи через поколения. А. к. тяготела к таким дисциплинам, как география, история и технология первобытного об-ва. В наст. время социальная и А. к., как в теоретическом, так и в методологическом аспектах, слились. Сохраняется лишь традиционное для США предпочтение термина «А. к.» при наименовании кафедр, учебных курсов, научных журналов и т. п.

Л. А. Седов

АНТРОПОЛОГИЯ СОЦИАЛЬНАЯ (этнология) — раздел социологии, объектом изучения к-рого явл. примитивные и традиционные обществ. системы. Один из основоположников совр. А. с. *Боас* связывает формирование этой науки с именами древних авторов этнографических описаний (Геродота, Цезаря, Тацита, Ибн Батуты), с обобщающими идеями Ж.-Ж. Руссо, И. Шиллера и И.-Г. Гердера, с работами историка культуры Г. Клемма и социального историка Г. Вайца (19 в.). Становление А. с. как особой теоретической дисциплины со своим специфическим предметом и методологическим инструментарием произошло в борьбе с *эволюционизмом*, к-рую в начале 20 в. вела т. наз. «историческая школа» Боаса. Концептуальные основы этой школы состояли в выдвижении на первый план этнологических исследований культуры, в предпочтении индуктивных методов исследования, в идее уникальности культур и в отрицании идеи прогресса. Крупнейшим теоретиком, разработавшим филос.-исторические основы этой школы, был А. Кребер. Вплоть до второй мировой войны осн. чертой А. с. был холистический подход, согласно к-рому изучаемые об-ва рассматриваются как изолированные целостные феномены. В то же время были начаты кросс-культурные сопоставления отдельных ин-тов и структурных особенностей обществ. устройства (работы *Малиновского* и *Радклиффа-Брауна*). Радклифф-Браун, не без влияния идей *Дюркгейма* и не без пристрастия к органическим параллелям, утверждал необходимость изучения об-ва как системы регулярных взаимодействий индивидов, живущих в физической среде и воздействующих на нее с помощью орудий и при посредстве культуры. Важными для А. с. явл. работы амер. антрополога Л. Уайта, посвященные анализу культуры как научной категории, отражающей особую область действительности, к-рая присуща лишь человеческому об-ву и имеет свои собственные законы функционирования и развития. Уайт провозгласил символ исходным элементом для понимания природы человеческого поведения и цивилизации, сущностным признаком обществ. жизни в целом, к-рый дает ключ к пониманию истоков всех ее проявлений. Подобное понимание задач А. с. было характерно и для *Леви-Стросса*, к-рый настаивал на том, что она представляет собой семиотическую науку. В фундаментальном исследовании «Мифологичное» дан конкретный анализ первобытных форм культуры, к-рые он рассматривал как механизм разрешения осн. противоречий человеческого существования и обществ. организации. С т. зр. Леви-Стросса, эмпирическая человеческая реальность вообще не структурна, и поэтому в принципе нельзя построить структурную модель целостной социальной системы. Возможно лишь создать модели отдельных сторон этой системы, поддающихся структурированию и формализованному описанию. Однако и представители структурной антропологии предпринимали попытки построить общие модели, включающие свойства различ. частных моделей (М. Фортес). Законченный вид такого рода моделирование получило в системном функционализме *Парсонса* и его учеников. Определяя место антропологии в ряду наук о человеке, Парсонс писал, что «круг интересов антропологии, по-видимому, включает в себя аналитическое изучение явлений культуры, структурированных символически значимых систем, в которых и посредством которых ориентируются и направляются социальные системы и личности... Социальная антропология в основном изучает социальные структуры и процессы применительно к их культурным условиям и связям, и в особенности по традиции применительно к «простейшим обществам» [1, 362—363]. С т. зр. Парсонса, решающим параметром, отличающим примитивные об-ва от развитых, явл. степень их структурной дифференциации. В задачи А. с. входит и исследование процессов становления человеческого об-ва и культуры, дифференциации их от биологического контекста. Эти проблемы анализируются в трудах амер. антропологов И. А. Хеллоуэлла, П. Бохеннана, бельгийского исследователя Э. Вермирша и др. В 70-е гг. начался процесс слияния на теоретическом уровне А. с. и социологии и превращении их в единую науку о системах человеческого действия.

Л. А. Седов

Лит.: 1) Американская социология. М., 1972. 2) *Леви-Стросс К.* Структурная антропология. М., 1983. 3) *White L.* The science of culture. N. Y., 1949. 4) *Radcliffe-Brown A.* Structure and function in primitive society. L., 1952. 5) *Levi-Strauss K.* Mythologiques. P., 1964—1971.

АРЕНД (Arendt) **Ханна** (14.10.1902, Ганновер — 04.12.1975, Нью-Йорк) — нем.-амер. философ и политолог, ученица Ясперса, Хайдеггера, Бультмана, Гуссерля. Изучала философию и теологию в Марбурге, Гейдельберге и Фрайбурге, с 1933 г. в эмиграции в Париже, с 1941 г.— в Нью-Йорке, проф. Новой школы социальных исследований. В этот период близка позициям неомарксизма *(Франкфуртская школа)*. А. приобрела известность работами о происхождении и сущности тоталитаризма, в к-рых тоталитарные идеология и система господства (отличаемая от тирании, деспотии и диктатуры) прослеживались от их истоков в европ. культуре 18—19 вв. *Тоталитаризм,* по А.,— «вещь в себе», «конкретная универсалия», обладающая собственной формой и логикой. Характерные черты тоталитарной идеологии: расизм и антисемитизм, империализм, засилье бюрократии. Террористический характер тоталитарного режима — не рез-т прагматического расчета и выражение человеческой агрессивности, но «дедукция» из идеологии, не затрагивающая душевных глубин человека. Антропология А. оптимистична. Человеческая деятельность делится на три типа: труд, работа, активность. Труд присущ человеку наряду с животными (animal laborans) и диктуется биологической необходимостью продолжения жизни; в работе — в обработке и трансформации природы — человек (homo faber) создает собственный «надприродный» мир. Труд и работа — основа активности, которая «не физична», а обнаруживается лишь в рез-те феноменологического описания. Благодаря активности человек творит нечто принципиально новое. Универсальные определения существования — «рожденность» и «смертность». «Рожденность» реализуется в активности, «смертность» — в пассивности, «окостенении» индивида. В обществ. жизни «смертность» связана с тоталитаризмом, «рожденность» — с революцией, к-рая есть проявление активности, следовательно, глубоко антропологична. Революция — «перехват истории», выход из «приватности» труда и работы, это — «единственное политическое явление, которое сталкивает нас с началом», т. е. с «рожденностью». Взгляды А. носят либерально-гуманистический характер. Модель тоталитаризма вырабатывалась А. на основе анализа буржуазно-авторитарных режимов 20—30-х гг., и прежде всего нацистской Германии. В то же время представления о тоталитаризме были ею распространены на Советский Союз. Идеи А. сыграли важную роль в формировании совр. зап. политологии, в частности советологии, а ее антропологическая концепция — в становлении проблематики ряда отраслей социальной психологии, философии и социологии труда. Широкая публицистическая деятельность А. привлекала внимание к проблемам гуманизма.

Л. Г. Ионин

Соч.: 1) Human condition. Chic., 1958. 2) On revolution. L.-N. Y., 1963. 3) The origins of totalitarianism. N. Y., 1973.

АРИФМЕТИКА ПОЛИТИЧЕСКАЯ — в 17—18 вв. направление социальных исследований официальных данных о населении и проч. сведений по стране для целей обществ. администрирования, связанное прежде всего с именем Дж. Граунта (1620—1674). В истории статистики А. п. знаменует переход от простого описания обществ. явлений к наблюдению их порядка и последовательности, а также к сбору преимущественно количественной информации. Числовые, табличные выражения обществ. явлений использовались в рамках А. п. для предвидения еще неизвестных обществ. фактов (в смысле восполнения отсутствующей информации и в смысле прогнозирования будущего). Обследование населения Лондона по бюллетеням смертности с начала 17 в. привело Граунта к выводам о том, что поддерживается числовое равновесие рождающихся по полу (на 14 мальчиков приходится 13 девочек), что Лондон растет втрое быстрее, чем остальная Англия, и мн. др. Граунт построил первую таблицу смертности на основании возрастного распределения умерших, к-рой пользовались в демографических подсчетах и в социальном страховании вплоть до 19 в. Работы по А. п. У. Петти (1623—1687), автора этого термина, имели иную направленность — экономико-политической статистики. Известны его описания Ирландии и сравнительный анализ Великобритании, Голландии, Франции и др. европ. стран по экономическим показателям. Значит. вклад в А. п. внесли также Г. Кинг, Э. Галлей (о развитии научных исследований социальной информации в 19 в. см.: *Кетле, Гигиена социальная, Статистика моральная, Физика социальная, Бут*).

М. С. Ковалева

АРОН (Aron) **Раймон** (14.03.1905, Париж — 17.10.1983, Париж) — франц. социолог и публицист. С 1930 г.— проф. Кельнского, затем Берлинского ун-тов. После прихода к власти Гитлера вернулся во Францию, преподавал в Гаврском лицее, затем в Тулузском ун-те. В период второй мировой войны эмигрировал в Англию, где был главным редактором журнала «Франс либр», оппозиционного антифашистскому правительству де Голля. После войны сотрудничал в газетах «Комба», «Фигаро», еженедельнике «Экспресс». Проф. Сорбонны, затем заведующий кафедрой социологии в «Коллеж де Франс». С 1963 г.— член Франц. академии моральных и политических наук. Почетный доктор Гарвардского, Базельского, Брюссельского и др. ун-тов. В ранних работах А. находился под влиянием баденской школы неокантианства, отрицая закономерности обществ. развития, проповедуя крайний исторический релятивизм, граничащий с иррационализмом. Позднее отходит от крайностей релятивизма и априоризма, приближаясь к позиции *М. Вебера* с его теорией *«идеальных типов»* в историческом исследовании. В отношении социальной реальности релятивизм А. остался непреодоленным до конца жизни, несмотря на субъективное стремление выйти за его пределы. В работах по истории социологии А. отдавал предпочтение консервативным тенденциям (*Дюркгейм, Токвиль* и др.), пытался найти «альтернативу» историческому материализму. А.— один из авторов концепции деидеологизации. Он отрицал объективную историческую закономерность, диалектику взаимодействия производительных сил и производственных отношений, понятие обществ.-экономической формации. Объект социального исследования рассматривался им лишь как производное от субъективных моментов (мотивация, ценностные ориентации субъектов действия, т. зр. исследователя). Этот подход А. предлагал как новую, «неидеологическую» теорию об-ва, единственно верную, т. к. она изучает «то, что есть в действительности». А.— один из создателей теории единого *индустриального общества*. Ссылаясь на предсказания *Сен-Симона* о строительстве большой индустрии и на теорию *Конта* об универсальном индустриальном об-ве, А. писал, что в процессе промышленного строительства выкристаллизовывается единый тип об-ва, а советская и зап. системы явл. лишь его разновидностями, хотя имеют нек-рые формальные различия. Основой теории «индустриального общества» явл. концепция *детерминизма технологического*. У А. эта концепция носит противоречивый характер: пытаясь отмежеваться от ее крайностей, он одновременно выдвигает тезис о взаимодействии техники и об-ва; причем это взаимодействие он концептуализирует с помощью одной из версий теории факторов, настаивая на принципиальной невозможности выделить среди них объективно более «значимые». Понятие техники А. трактовал как воплощение рациональной деятельности человека, полностью игнорируя марксистское понятие труда. В последние годы в своей концепции индустриального об-ва. А. акцентировал момент отрицания социального прогресса, разрабатывая т. наз. «диалектику пессимизма». С одной стороны, утверждает он, прогресс науки и техники в 20 в. порождает опред. идеалы, с др.— делает невозможным их осуществление; этот факт приводит к массовому пессимизму, являющемуся осн. характеристикой обществ. сознания века. Драма цивилизации, по мн. А., состоит в противоречивости способов существования и идеалов демократического и индустриального об-ва. Индустриальное об-во требует жесткой дисциплины, иерархии, субординации, демократические же идеалы ориентируют на равенство, свободу, самоопределение личности. Дисгармония этих двух тенденций совр. цивилизации делает ее нестабильной.

С. М. Митина, А. С. Панарин

Соч.: 1) Le developpement de la société industrielle et la stratification sociale. P., 1956. 2) Démocratie et totalitarisme. P., 1965. 3) Essai sur les libertés. P., 1965.

АССОЦИАЦИЯ (от позднелат. assotiatia — соединение) — в совр. зап. социологии обозначение (а) рез-та межличностного взаимодействия людей, выливающегося в различ. формы человеческих сообществ, и (б) процесс такого взаимодействия, противоположный разъединению людей, диссоциации. У фон *Визе* А.— это фундаментальный процесс социального взаимодействия, охватывающий такие формы (стадии), как сближение, подражание, адаптация, объединение, тогда как диссоциацию характеризуют процессы разобщения, конфликта и т. д. Возможно, однако, и более узкое понимание А., когда она рассматривается как тип связей, присущий общине, в отличие от об-ва (*Тённис*). А. и диссоциации могут быть также представлены как две осн. формы социального действия (*Беккер*). В совр. зап. социологии преобладает трактовка А. как специфической социальной группы с опред. типом организации, к-рый характеризуется отсутствием институциализации контроля за поведением людей, стандартизации их действий, а также относительно небольшой ролью социальных санкций и т. д.

А. П. Огурцов

АТОМИЗАЦИЯ СОЦИАЛЬНАЯ (от греч. atomos — неделимый) — процесс углубляющегося обособления людей друг от друга, возникающего в связи с распадением непосредственно-личностных связей между ними и заменой их связями опосредствованными, безличными, принимающими форму «вещи» (напр., денег, товара и т. д.), а тем самым как бы отрываемых от индивидуальных особенностей их носителей и противопоставляемых им (*Отчуждение*). А. с. составляет социальное содержание перехода от т. наз. *традиционных об-в* (первобытной общины, рабовладельческого и феод.) к т. наз. совр. об-ву, т. е. капиталистическому об-ву, покоящемуся на «овеществленных» товарно-денежных отношениях как господствующих, обнаруживающих тенденцию проникать во все сферы межчеловеческих взаимоотношений, подчиняя их законам рыночной калькуляции. Классическим выражением этого процесса, постигнутого социально-философски на одной из ранних его стадий, была концепция *Гоббса*, согласно к-рой природа «так разобщает людей», что «естествен.» для них состоянием могла бы быть лишь война «всех против всех» [3, 115]. Позитивная, и даже идеализирующая, оценка «естественного состояния» людей, понятого как состояние их атомизации, отчетливо представлена у *Локка* и *Смита*. Эта т. зр., превращающая А. с. из опред. исторического рез-та в «естественную» предпосылку обществ. развития, была подвергнута критике в «Философии права» Гегеля, где А. с. рассматривается лишь как характеристика, причем поверхностная и неадекватная, одного из «моментов» обществ. существования индивида: его существования в «гражданском об-ве», взятого в отрыве от существования индивида в семье и гос-ве [2]; А. с. «гражданского об-ва» подвергает опред. отрицанию интеграцию индивида в семье лишь для того, чтобы самой в свою очередь быть подвергнутой отрицанию в гос-ве («отрицание отрицания»), где обособившиеся было моменты интегрируются вновь, но уже в «высшем синтезе». Подвергая гегелевскую концепцию радик. преобразованию в историко-материалистическом духе, Маркс связал А. с. «гражданского об-ва» с опред. (капиталистической) фазой обществ. эволюции человечества, обратив внимание на те социально-экономические процессы, к-рые подготавливали эту фазу уже в рамках «традиционного об-ва». С этой позиции он подверг критике иллюзию «больших и малых робинзонад», разделявшуюся англ. политэкономией, для к-рой «единичный и обособленный охотник и рыболов», принадлежащий, согласно Марксу, «к лишенным фантазии выдумкам XVIII века» [1, 17], выступает как исходный пункт теоретического анализа. В действительности же, подчеркивал Маркс, представление о некоем «робинзоне» как «атоме», отправляясь от к-рого можно представить себе и все об-во (в кач-ве совокупности подобных «атомов»),— это лишь предвосхищение того «гражданского общества», которое подготовлялось с XVI века и в XVIII веке сделало гигантские шаги на пути к своей зрелости. В этом обществе свободной конкуренции отдельный человек выступает освобожденным от природных связей и т. д., которые в прежние исторические эпохи делали его принадлежностью определенного ограниченного человеческого конгломерата» [1, 17]. «Лишь в XVIII веке, в «гражданском обществе», различные формы общественной связи выступают по отношению к отдельной личности как всего лишь средство для ее частных целей, как внешняя необходимость. Однако эпоха, порождающая эту точку зрения — точку зрения обособленного одиночки,— есть как раз эпоха наиболее развитых общественных (с этой точки зрения всеобщих) отношений» [1, 18]. В бурж. социологии 19—20 вв. А. с. (как и теоретические концепции, связанные с ее апологией) подвергалась критике Л. фон Штайном, *Тённисом*, О. Шпанном, Шпенглером, *Фрайером* и др.— т. е. прежде всего нем. социальными философами и социологами, тяготевшими либо к гегельянству, либо к «философии жизни», либо к сочетанию того и др. С начала 20-х гг. 20 в. с возникновением и развитием (на мировоззренческой почве «левого» неогегельянства) неомарксистской социальной философии и социологии *(Неомарксизм)* критика А. с. на Западе осуществляется также и в русле этой ориентации. Если до второй мировой войны в зап.-европ. социологии (в осн. в Германии) доминировала консервативно ориентированная критика А. с., то после войны и вплоть до середины 70-х гг. преобладает леворадик. ориентированная социол. критика А. с., имеющая неомарксистские идейные истоки. По мере нарастания стабилизационных тенденций в совр. зап. социологии критика А. с. ослабевает. Возрождение интереса к проблеме прав человека и соответственно ко всей проблематике *естественного права* сопровождается стремлением пересмотреть существующие оценки процессов социальной атомизации.

Ю. Н. Давыдов

Лит.: 1) *Маркс К.* Экономические рукописи 1857—1859 годов (Первоначальный вариант «Капитала»)//*Маркс К., Энгельс Ф.* Соч. М., 1968. Т. 46. Ч. I. 2) *Гегель.* Философия права. Соч. М.-Л., 1934. Т. VII. 3) *Гоббс Т.* Левиафан, или Материя, форма и власть государства церковного и гражданского. М., 1936.

АФФЕКТИВНОЕ ДЕЙСТВИЕ — действие, определяющей характеристикой к-рого явл. опред. эмоциональное состояние субъекта: захватившая его любовная страсть или ненависть, гнев или воодушевление, ужас или прилив отваги. Понятие «А. д.» было введено *М. Вебером* для определения выделенного им типа социального Д., к-рый наряду с целерациональным, ценностно-рациональным и традиционным типами входит в веберовскую типологию деятельности. В отличие от целерационального поведения и подобно ценностно-рациональному А. д. имеет свой смысл не в достижении к.-л. «внешней цели», а в определенности (в данном случае чисто эмоциональной) самого этого поведения, его характера, одушевляющей его «страсти» («аффекта»). Главное в таком Д.— стремление к немедленному (или максимально быстрому) удовлетворению страсти, владеющей индивидом: вожделения, стремления отомстить, желания «снять напряжение» и пр. По Веберу, такое поведение находится «на границе» осмысленного и сознательно ориентированного человеческого Д. Однако именно его «пограничный характер», обозначающий «предельный случай» реального человеческого поведения, к-рый никак не может быть предложен в кач-ве общеобязательного образца, позволяет Веберу теоретически сконструировать соответствующий *идеальный тип* социального Д. Он фиксирует меру его минимальной осмысленности, за к-рой Д. перестает быть социальным, человеческим.

Ю. Н. Давыдов

Б

БАЛАНДЬЕ (Balandier) **Жорж** (21.12.1920, Айевилле, Верхняя Сона) — франц. социолог, социальный антрополог, африканист. Руководитель исследований в Высшей школе практических исследований (с 1954), проф. социологии в Сорбонне (с 1962), заведующий лабораторией африканских социол. и географических исследований Национального центра научных исследований (с 1966), главный редактор журнала «Cahiers internationaux de sociologie». Б. сочетает изучение отдельных африканских об-в, стран, регионов с анализом проблем теоретической социологии и антропологии. В своих трудах он опирается на идеи Маркса, *Конта*, П.-Ж. Прудона. Среди современников наибольшее влияние на его исследования оказали концепции *Гурвича* и британской социальной антропологии. Следуя традиции дюркгеймовской школы, Б. включает этнологию в социологию, а антропологию рассматривает как сравнительную и кач. социологию. Он выступает против деления об-в на неподвижные, «неисторические» и исторические. Разрабатывая «динамистскую социологию», основанную на диалектике, Б. подчеркивает, что динамика, многомерность, противоречивость в той или иной форме характерны для всех об-в, включая «традиционные». Каждое об-во постоянно осуществляет выбор между возможными вариантами развития, между традицией и «мутацией»; оно постоянно творит, проектирует себя. Исследуя политику, Б. не ограничивает ее функцией принуждения, а рассматривает ее как стратегию об-ва и его отдельных систем. В связи с этим он обосновывает существование политики в племенных социальных образованиях, не обладающих гос. аппаратом. Исходя из своих теоретико-социол. представлений, Б. доказывает необходимость постоянного социального обновления, реформ, осуществляемых с участием широких слоев населения. Значение его исследований определяется вкладом в изучение развивающихся стран, стремлением преодолеть европоцентризм, вниманием к анализу динамики и противоречивости обществ. развития.

А. Б. Гофман

Соч.: 1) Anthropologie politique. 2-ème éd. P., 1969. 2) Sociologie actuelle de l'Afrique noire. 4-ème éd. P., 1982. 3) Afrique plurielle, Afrique actuelle. Hommage a G. B. P., 1986.

БАРНЗ (Barnes) **Гарри** (Хэрри) **Элмер** (15.06.1889, Нью-Йорк — 1968) — амер. социолог, историк культуры, публицист. Преподавал социологию, а также *пенологию* и криминологию в ряде ун-тов и колледжей США. Осн. область исследований — политические, экономические и культурные аспекты зап. цивилизации и обществ. мысли. Резко критиковал официозную («традиционную») историю с ее упором на изучение войн, правящих династий, политики за неспособность понять «основные каузальные факторы и процессы» в историческом развитии. Выдвигал концепцию «новой исторической науки» как более глубокого понимания генезиса и эволюции цивилизации, использующего достижения всех наук о человеке (географии человеческого об-ва, биологии, психологии, обществ. наук и др.). В 20-е гг. выступил с работой «Христианство в потемках» [2], к-рая явилась вариантом «демифологизации веры» с учетом данных науки, особенно астрономии. Рассматривал проблемы социального развития, отказываясь вслед за *Огборном* от понятия «развитие» в пользу термина «изменение». Б. испытал значит. влияние *Веблена* (идея отставания культуры от техники) и Огборна (гипотеза относительного отставания адаптивной культуры от материальной). С позиций либертаризма (формы апологетики свободного предпринимательства) с присущими тому морализмом и эсхатологизмом критиковал конформизм амер. обществ. мнения, финансовый капитал и «гос. капитализм», в том числе его «безжалостную агрессивную глобальную» внешнюю политику, уподобляя совр. мир сбывшимся «убийственным пророчествам», содержащимся в «1984» Оруэлла. Его утверждение о недопустимости риска жизнями американцев во внешнеполитических целях стало впоследствии типичным для массового сознания в США. Характерные для Б. профетические призывы к «культивации в общественной жизни информированного разума» сочетались у него с пренебрежением к методологии и строгим теоретическим доказательствам в социологии. Отмечая важность выделения Марксом и Энгельсом экономических отношений для понимания истории, Б. отождествлял марксизм с экономическим детерминизмом, рассматривая Маркса как продолжателя идей Л. фон Ранке. Б. утверждал, что Фейербах и Маркс основали экономическую школу понимания истории и тем самым открыли наиболее плодотворную эпоху в исторической науке. В кач-ве их последователей выделял *Самнера*, Эшли, Богарта и др.

В. П. Терин

Соч.: 1) Sociology and political theory. N. Y., 1924. 2) The twilight of christianity. N. Y., 1926. 3) A history of Western civilization (with David H. A.) N. Y., 1935. 4) Social thought from lore to science (with Becker H. P.). Boston, 1963.

БАРДТ (Bahrdt) **Ханс Пауль** (03. 12.1918, Дрезден) — зап.-германский социолог. В 1952 г. закончил Геттингенский ун-т, с 1958 г.— проф. Ганноверской высшей технической школы, с 1962 г.— Геттингенского ун-та. Социол. взгляды Б. сформировались под влиянием *М. Вебера*. Б. принадлежат работы по промышленной социологии и социологии знания, однако главной сферой научных интересов Б. явл. город, к-рый он рассматривает как важный источник обществ. прогресса. Б. развивает концепцию крупного совр. города как опред. противоречивого единства приватной и публичной сфер жизнедеятельности человека. По Б., приватность воплощается в доме, семье, малой социальной общности; публичность — в «улице», политических учреждениях, промышленных и торговых предприятиях и проч. Полярность этих сфер предполагает неполную включенность горожанина в территориальную общность, что обеспечивает ему личную независимость и политическую свободу. Т. обр., городская жизнь организуется по рыночному принципу, к-рый «гарантирует неограниченный выбор контактов каждого с каждым, открытость социальных возможностей для горожанина, во власти которого решать, с кем, когда, каким образом и как долго поддерживать эти контакты» [1, 40]. Б. обосновал идею «гуманного городского строительства», к-рая характеризует развитие городского самоуправления и некоммерческий подход к решению городских социальных проблем [2]. Концепция Б. дала импульс для широкой дискуссии по проблемам коммунальной демократии, территориального социального планирования. Она внесла значит. вклад в формирование «этоса большого города» в массовом сознании зап.-германского об-ва, явл. теоретической основой ряда социол. исследований.

А. Д. Боронников, О. Л. Лейбович

Соч.: 1) Moderne Großstadt. Münch., 1961. 2) Humaner Städtebau. Hamb., 1968.

БЕККЕР (Becker) **Говард Пол** (09.12.1899, Нью-Йорк — 08.06.1960, Мэдисон, Висконсин) — амер. социолог, представитель макросоциологической теории *социального действия*; историк культуры; работал в отделе стратегического обеспечения армии США, занимавшемся пропагандой, нацеленной на нацистскую Германию. С 1957 г.— проф. социологии в ун-те штата Висконсин. На Б. оказали большое влияние *Визе, М. Вебер, Парк* и *Дж. Мид*. В кач-ве главной задачи социологии Б. рассматривал систематическое наблюдение за «социальным процессом» как повседневным практическим воплощением социальных структур. В связи с этим выделял понятие социации — обоюдно активного социального взаимодействия (напр., ассоциации и диссоциации), сводящего воедино три системы деятельности: личность, социальные отношения и культуру, каждая из к-рых не только требует самостоятельного анализа, но и не редуцируема к др. Формы взаимодействия, по Б.,— конфликт, соревнование, сотрудничество. Особое значение уделял символической стороне социального взаимодействия. В этой связи в центр внимания социологии Б. ставил изучение нормативных ценностей как собственно человеческого элемента социального действия, определяющего его типологически. Поэтому оценка — это прежде всего не отражение социального процесса, а созидательная сторона формирования личности. Социальное действие осуществляется через социальные ситуации, понимание к-рых, по Б., требует выделения четырех «аналитических элементов»: социального объекта, социального метода, социального инструмента и социальной ответной реакции. Высшая роль социологии, по Б.,— предсказание событий и, если возможно, управление ими (отсюда он выводит необходимость для исследователя гуманистической целевой установки). Следуя М. Веберу, выделил четыре типа ситуаций социального действия: целесообразная рациональность (не ограничивающая выбора средств для достижения цели); санкционированная рациональность (характер целей определяет средства); традиционная нерациональность (когда средства явл. целями); аффективная нерациональность (когда различия между средствами и целями утрачиваются). Эта типология должна носить конструктивный характер: построение типов начинается с формулирования гипотезы о каузальных, сопутствующих и предварительных условиях существования изучаемого явления, затем следует его непосредственное исследование как культурной данности и, наконец, понимание его как «типового набора типовых личностей, процессов и структур». Конструируемые типы отличаются, по Б., от идеальных типов М. Вебера: их компоненты можно найти в действительности, а их взаимосвязи не должны противоречить данным эмпирического исследования и соответствующей ему научной теории, выступая тем самым в кач-ве стимула развития последней. Широкую известность в этой связи получила предложенная Б. типология священного (соединяющего традиционную нерациональность и санкционированную рациональность) и светского (характеризующегося через связь целесообразной рациональности и аффективной нерациональности).

В. П. Терин

Соч.: 1) Современная социологическая теория (в соавторстве с А. Босковым). М., 1961. 2) Through values to social interpretation: essays on social contexts, actions, types and prospects. Durham, 1950. 3) Social thought from lore to science (with Barnes H. E.). N. Y., 1961.

БЕЛЛ (Bell) **Даниел** (10.05.1919, Нью-Йорк) — амер. социолог, специалист в области истории обществ. мысли, политических течений и социального прогнозирования. В конце 30-х и в 40-е гг. Б. принимал активное участие в леворадик. движении, был сотрудником и одним из издателей журналов «New Leader» (1939—1944) и «Fortune» (1948—1958). В начале 50-х гг. перешел на позиции либерального реформизма. Вместе с *Ароном, Шилзом, Липсетом* и др. выступил поборником концепции деидеологизации. Название книги «Конец идеологии», противопоставлявшей науку идеологии и проповедовавшей «истощение левых идей и политических течений» в 20 в., стало нарицательным обозначением для конформистской тенденции в зап. социологии. Впоследствии под влиянием движения «новых левых» Б. вынужден был признать, что его предсказания «конца идеологии» не оправдались. Разработанная им концепция *постиндустриального об-ва* выдвинула Б. в число ведущих представителей социального прогнозирования на Западе. Согласно этой концепции НТР делает излишней социальную революцию [2], [3]. Отвергая к.-л. «односторонний детерминизм» из-за стремления свести движущие силы развития об-ва к одному источнику, Б. считает, что различ. сферы об-ва (технология, социальная структура, политика, культура и т. п.) самостоятельны и «разобщены» в том смысле, что каждая обладает независимой от др. логикой развития. Он отвергает материалистическое понимание истории как неоправданный монизм, а себя считает «постмарксистом». Теоретическим и методологическим обоснованием концепции «постиндустриального об-ва» служит «осевой принцип» интерпретации социальных явлений, позволяющий социологу в зависимости от поставленных перед собой познавательных задач конструировать различ. идеальные типы параллельно сосуществующих или сменяющих друг друга обществ. систем. Допуская относительную правомерность марксистского анализа обществ. развития сквозь призму собственности и выделение по этой «оси» феодализма, капитализма и социализма, Б. противопоставляет ему свою интерпретацию всемирной истории сквозь призму технологии и знания (доиндустриальное, индустриальное и постиндустриальное об-ва), как, по его мн., наиболее содержательную и плодотворную в научном отношении. Для эволюции взглядов Б. характерно, что постиндустриальное об-во, первоначально изображавшееся как технократическая утопия *(Технократия)*, постепенно превращается у него в новую стадию антагонистического об-ва, увековечивающего конфликты между управляющими и управляемыми и раздираемого новыми экономическими, социальными, политическими и культурными противоречиями. Называющий себя «социалистом в экономике, либералом в политике и консерватором в культуре», Б. явл. одним из наиболее видных представителей амер. неоконсерватизма, ведущим органом к-рого стал основанный им вместе с И. Кристолом и Д. Мойнихеном в 1955 г. журнал «The Public Interest».

Э. А. Араб-Оглы

Соч.: 1) The end of ideology. N. Y., 1960. 2) The cultural contradictions of capitalism. N. Y., 1976. 3) The coming of post-industrial society. A venture in social forecasting. N. Y., 1973.

БЕЛЛА́ (Bellah) **Роберт Н.** (р. 1927) — амер. социолог, проф. социологии и сравнительных исследований в департаменте социологии Калифорнийского ун-та, г. Беркли. Осн. труды посвящены проблемам социологии религии. В 60-е гг. активно занимался изучением вост. религий (Китай, Япония), в частности продолжая традиции *М. Вебера*, пытался определить роль этих религий в процессе индустриализации и модернизации об-ва. Отправляясь от идеи *Парсонса* о структурной дифференциации социальных ин-тов, Б. разработал схему эволюции религии, выделив пять осн. этапов, каждый из к-рых отличается от предыдущего «степенью дифференциации религиозных символов». «Примитивная религия» (первый этап) характерна для первобытного об-ва. Этой религии свойственно мифологическое нерасчлененное сознание, в к-ром естеств. еще не отделилось от сакрального. «Архаическую религию» (второй этап) отличает большая систематизация и дифференциация религ. сознания и культа. «Исторические религии» (третий этап) уже четко противопоставляют сферу мирского и священного. К историческим религиям Б. относит иудаизм, христианство, ислам. «Раннесовременная религия» (четвертый этап), получившая наиболее яркое выражение в протестантизме, «представляет собой определенный сдвиг в сторону потустороннего мира в качестве главной сферы религиозного действия. Спасения теперь надлежит искать не в той или иной сфере ухода от мира, а в гуще мирской деятельности» [1]. Совр. (пятый) этап эволюции религии характеризуется, по мн. Б., религ. плюрализмом. Религиозность все более индивидуализируется, выбор тех или иных религ. символов и представлений становится актом свободного решения каждого члена об-ва. Именно этот процесс индивидуализации религии трактуется Б. как процесс *секуляризации* [1]. Широкую известность завоевала концепция «гражданской религии», разработанная Б. в 60-е гг. Б. считает, что с момента возникновения США в этой стране существует религия, к-рая объединяет все население, независимо от конфессиональной принадлежности. Осн. ее признаками Б. считает веру в бога, в загробную жизнь, терпимость к любым религ. учениям, а также веру в то, что амер. нация «призвана богом выполнить особую историческую миссию». Эта религия существует наряду с христианскими конфессиями и иудаизмом, выполняя задачу «укрепления национальной солидарности» и утверждения общенациональных ценностей. Ее проявлениями Б. считает традиционные упоминания о боге в гос. актах (напр., в речах президентов, вступающих в должность, а также в нек-рых праздниках и ритуалах («День благодарения» и др.) [2, 68—193]. Вопрос о гражданской религии применительно к современности рассматривается в книге Б. «Разрушенный Завет» [3]. В ней дается исторический очерк развития духовной жизни в США, начиная с их образования. Автор критикует типичный для совр. Америки процесс эрозии традиционных духовных ценностей, вызванный, по его мн., погоней за прибылью вне каких бы то ни было нравственных и духовных идеалов. Посвящая особую главу идеям социализма, Б. утверждает, что для них нет почвы в совр. амер. об-ве. Нравственное и духовное возрождение амер. нации он связывает с «религиозным пробуждением», причем религии отводится главная роль в сохранении этических ценностей и идеалов.

Д. М. Угринович

Соч.: 1) Социология религии//Американская социология. М., 1972. 2) Beyond belief. N. Y., 1970. 3) The broken covenant. N. Y., 1975.

БЕНЕДИКТ (Benedict) **Рут Фултон** (05.06.1887, Нью-Йорк — 17.09.48, там же) — амер. культурантрополог, ученица *Боаса*, президент амер. антропологической ассоциации (1947), проф. Колумбийского ун-та (1948); поэт (псевдоним Анна Синглтон). Несколько лет жила в индейских племенах Сев. Америки. Организовала междисциплинарный исследовательский проект с привлечением представителей исследовательских дисциплин с целью выявления «транскультурных» принципов, ведущих к уменьшению национальной враждебности и этноцентризма. В своих трудах Б. обосновывала тезис об усилении роли сознания в эволюционном процессе, что требует «чувства открытости» по отношению к прошлому и будущему. В этом она оказалась предшественником концепций К. Уоддингтона и Дж. Хаксли. Известность Б. принесла книга «Стереотипы культуры» [1], где культура рассматривается как совокупность общих предписаний для личности, связанных с ее душевным складом и возможностями самораскрытия. В этой связи Б. подчеркивала, что набор типов поведения, задаваемых данным об-вом, ограничен. Заимствуя у Ф. Ницше понятия аполлоновского и дионисийского начал, Б. акцентировала внимание на изучении степеней взаимоизоляции различ. культур. Б. опиралась на идеи Боаса, противопоставлявшего подлинную историю культуры популярным в 18 и 19 вв. представлениям об однонаправленности обществ. прогресса и его развитии от простого к сложному. Б. подчеркивала неограниченность числа «конфигураций культуры», к-рая, однако, по ее мн., исключает этический релятивизм. Это положение использовалось Б. для обоснования принципа недопустимости расовой и этнической дискриминации и утверждения того, что война явл. не неизбежным порождением биологической природы человека, а смертельно угрожающим цивилизации продуктом культуры. В кач-ве доказательства этого Б. показывает, что война в принципе чуждое для нек-рых ранних форм обществ. жизни явление. Во время второй мировой войны Б. изучала японскую культуру с т. зр. анализа места и роли Японии в условиях всеобщего мира и сотрудничества. В связи с этим Б. разрабатывала — в отличие от принятого в антропологии полевого исследования — «методологию изучения культур на расстоянии» (анализ фильмов, пьес, произведений художественной лит-ры и др. «продуктов культуры»). Б. стремилась избегать узко ориентированных, строго формализованных методик, что стало созвучным критике эмпирического «специализма» амер. социол. мысли. После войны, используя ту же методологию, занималась сравнительным анализом культур Франции, Чехословакии, Польши, Сирии, Китая, дореволюционной России и вост.-европ. евреев.

В. П. Терин

Соч.: 1) Patterns of culture. Boston, 1934. 2) The Chrysanthemum and the sword. Camb; Mass., 1946. 3) Race: science and politics. N. Y., 1959.

БЕНТАМ (Bentham) **Иеремия** (15.02.1748, Лондон — 06.06.1832, там же) — англ. правовед и моралист, теоретический основоположник *утилитаризма*, идеолог буржуазии периода промышленного переворота в Англии. Закончил Оксфордский ун-т. Учение Б. о «разумном человеке» явл. вызовом левому крылу франц. Просвещения, в частности учению о *естеств. праве*. Вместо исследования вечной и неизменной сущности человека, проходящей в своем развитии целый ряд исторических стадий, как это было у просветителей, Б. фактически свел сущность человека к сущности буржуа. Маркс связывал появление теории Б. с победой капиталистического об-ва, в к-ром идея социальной эволюции из средства осуждения феодализма становится средством оправдания уже победившего капитализма. Условия этого об-ва предполагают, по Б., полное подчинение всех обществ. отношений «принципу полезности» — фетишистскому превращению экономического принципа. В соответствии с этим Б. в своем главном труде «Деонтология, или наука о морали» разработал систему бурж. этики, в к-рой проповедовалась тождественность интересов индивидов и об-ва в целом, сведенного им к сумме интересов индивидов. Стремление каждого заботиться только о себе, по мн. Б., приводит к «наибольшему счастью наибольшего числа людей». Выступая против теории *обществ. договора* Руссо, к-рая «возбуждает дух восстания», Б. признавал право гос-ва на подавление народных восстаний. В то же время, будучи идеологом *либерализма,* он выступал за свободную торговлю и расширение избирательного права.

В. М. Иванов

Соч.: 1) Избранные сочинения Иеремии Бентама. СПб., 1867.

БЕНЬЯМИН (Benjamin) **Вальтер** (15.07.1892, Берлин — 26.09.1940) — нем. критик, публицист и социолог иск-ва леворадик. ориентации; проделал эволюцию от еврейского мистицизма к *неомарксизму;* был близок к *франкфуртской школе,* хотя не связывал себя с нею организационно и сохранял критическое отношение к ней по ряду существенных теоретических вопросов; испытал опред. влияние эстетико-социол. воззрений Б. Брехта. Научная карьера Б. не состоялась: его дипломная работа «Происхождение немецкой трагедии» была признана неудовлетворительной, ранние литературоведческие произведения получили критическую оценку в академических кругах. Всю жизнь Б. вынужден был довольствоваться случайными литературными заработками, что наложило эссеистический отпечаток на стиль его теоретических работ. Среди неомарксистов 20—30-х гг. Б. отличал своеобразный пессимизм, к-рый он сам характеризовал как «левую меланхолию»: будучи приверженцем идеи пролетарской революции, он, однако, связывал ее не с образом «локомотива истории», а со стопкраном в этом поезде, за к-рый хватается человечество, чтобы предотвратить (или отдалить) катастрофу — конец мировой истории. Наибольшее влияние на неомарксистскую социальную философию и социологию иск-ва Б. оказал своей статьей «Произведение искусства в век его технической репродуцируемости», опубликованной в «Журнале социальных исследований» (№ 1 за 1936 г.) [1]. В ней он выдвинул идею, согласно к-рой технически репродуцируемое произведение иск-ва окончательно утрачивает «ауру», порывая связи как с религ. культом, так и с эстетским его обожествлением, и вступает в связь с политикой, превращаясь в орудие массовой политической борьбы за революционное низвержение капитализма. Эта идея, сближавшая Б. с Брехтом, диссонировала с пессимистическими представлениями франкфуртских теоретиков (в особенности его близкого друга *Адорно*) о массовом иск-ве и массовом сознании, к-рое представлялось им скорее «авторитарным» (*Авторитарной личности концепция*). Идею «сплошной» политизации иск-ва (прежде всего кинематографа), осуществляемую на базе его новой техники («производительных сил»), Б. противополагает тому, что он называл фашистской «эстетизацией политики». В связи с ростом популярности Б. в 60—70-е гг. возрастает интерес и к др. его работам — о Бодлере, о происхождении нем. трагедии и пр.

Ю. Н. Давыдов

Соч.: 1) Das Kunstwerk im Zeitalter seiner technischen Reproduzierbarkeit. Fr./M.; Suhrkamp, 1963.

БЕРГЕР (Berger) **Питер Людвиг** (17.03.1929, Вена) — амер. социолог, ведущий представитель феноменологической социологии знания, видный идеолог *неоконсерватизма*, директор ин-та экономической культуры Бостонского ун-та. Главные работы Б. посвящены разработке феноменологической социологии знания, социологии религии, теории модернизации и развития стран «третьего мира», проблемам лит-ры, семьи и т. д. Социология знания Б. в значит. степени обусловлена влиянием феноменологической социологии *Шюца, символического интеракционизма Д. Г. Мида,* социологической традиции *Дюркгейма* и *М. Вебера.* В ранних работах «Шум торжественных ассамблей» (1961) и «Двусмысленное видение» (1961) Б. в духе неоортодоксии критиковал институциональную религию, противопоставляя ее подлинной вере. Широкую известность в США и за их пределами получила книга «Введение в социологию» (1963), где была показана взаимосвязь между «человеком в об-ве» и «об-вом в человеке». Впоследствии идеи этой книги использовались Б. при разработке совместно с *Лукманом* феноменологической социологии знания в работе «Социальное конструирование реальности» (1966). Социология религии, являющаяся составной частью феноменологической социологии знания, наиболее полно изложена Б. в книге «Священная завеса» (1967), где, применяя разработанный им совместно с Лукманом понятийный аппарат, он стремится показать взаимосвязь между религией и конструированием человеком социальной реальности, проследить процесс секуляризации в исторической перспективе, понять роль и значение религии в совр. мире. Работа «Слухи об ангелах» (1969) была, по собственному выражению Б., «попыткой преодоления кризиса секуляризма изнутри» и возрождения веры в нашем безрелиг. мире, где о сверхъестеств. остались лишь слухи. Единственной возможностью выхода из кризиса Б. считает индуктивный подход к интерпретации религ. истин, восходящий к «теологии сознания» Ф. Шлейермахера. Этот подход представляет собой историко-феноменологический метод исследования религ. феноменов, позволяющий проследить традицию вплоть до первоначального опыта, уловить сущность этого опыта и сделать свой собственный выбор. Отправным пунктом этого метода явл. человеческий опыт, а не божественное откровение, а его цель — поиски сущности христианства, в конечном счете приводящие к усмотрению бога, т. е. к вере. Проблемы модернизации, социального изменения и развития рассматриваются Б. в работах: «Бездомное сознание» (1973), «Пирамиды жертв» (1975), «Лицом к современности» (1977), «Капиталистическая революция» (1986), «В поисках Восточно-Азиатской модели развития» (1988). В рез-те контакта с «третьим миром» Б. пришел к выводу о необходимости диалога с различ. религиями, что означало сдвиг «влево» по сравнению с его изначальной неоортодоксальной позицией. В то же время политические взгляды Б. эволюционировали «вправо», что выразилось в его переходе на позиции *неоконсерватизма*. В «Пирамидах жертв» (1975) Б. равным образом осуждал те способы модернизации, к-рые были реализованы в Китае времен «культурной революции» и в Бразилии в 60—70-е гг., как наиболее характерные примеры экспериментов в рамках социалистической и капиталистической моделей развития. Обе эти модели Б. считал в то время неприемлемыми с этической т. зр., поскольку они потребовали колоссальных жертв в настоящем ради предполагаемых целей в будущем. В «Капиталистической революции» (1986), явившейся итогом разрабатывавшейся на протяжении мн. лет теории модернизации, всякие сомнения относительно того, явл. ли благом для развития стран «третьего мира» капитализм и модернизация, у него отпадают и он становится активным защитником капиталистического пути развития.

Е. Д. Руткевич

Соч.: 1) The sacred canopy. N. Y., 1967. 2) The pyramids of sacrifice. N. Y., 1974. 3) The heretical imperative. N. Y., 1979. 4) The capitalist revolution. N. Y., 1986.

БЕРДЖЕСС (Burgess) **Эрнст** (16.05.1886, Тилбери, Онтарио, Канада — 27.12.1966, Чикаго), амер. социолог, один из основателей *Чикагской школы*, разработавший прикладной вариант социально-экологической теории для исследований города. Учился и преподавал в Чикагском ун-те; ученик *Парка, Томаса,* Д. Г. Мида; явл. представителем первого поколения амер. социологов, получивших докторскую степень в амер. ун-те, а не в Германии. С 1934 г.— Президент Амер. социол. об-ва. В рамках программы по изучению локальных сообществ в Чикаго и на основе социально-экологической теории выдвинул гипотезу «концентрических зон». «Зап. гипотеза» описывает механизм формирования социально неоднородных районов в процессе роста города и т. наз. «локальных сообществ» (*Социология города*). Осн. методом определения «зон» явл. картографирование. На основании разработанной им «Карты социальных исследований города Чикаго» (1923—1924) было выделено 75 «естественных зон» и более 3 тыс. локальных сообществ, к-рые затем исследовались методами включенного наблюдения, интервью, анализа документов. Значит. роль в проверке зональной гипотезы отводилась данным переписей населения. Проведенная Б. на основании переписей 1930 и 1934 гг. классификация районов Чикаго сохраняет свое практическое значение до сих пор. Б. внес значит. вклад в развитие социол. криминологии, сотрудничая в Ин-те по изучению подростков, а также в исследования брака, семьи и проблем социологии престарелых.

С. П. Баньковская

Соч.: 1) The growth of the city: on introduction to a research project. Chic., 1925. 2) (with Park R., E., McKenzie R. D.) The city. Chic., 1926.

БЕРНАРД (Bernard) **Лютер Ли** (29.10.1881, графство Рассел, Кентукки, США,—23.01.1951, Стейт-Колледж, Пенсильвания) — амер. социолог и социол. психолог (последователь психологической социологии Ч. Эллвуда), читал курсы социологии, социальной психологии и политической науки в ряде ун-тов США. В 1932 г.— президент Амер. социол. об-ва; один из организаторов журнала об-ва «American sociological review». Для Б. характерны соединение эмпирических исследований с теоретическими. В работе «Инстинкт» (1924) Б. показывает, что в совр. ему социологии представление о роли инстинкта доведено до абсурда. Эта работа способствовала отходу от биологизации обществ. жизни в зап. социол. и социопсихологических теориях и формированию новых подходов к решению проблемы соотношения биологического, психологического и социального. В рамках созданной им «социологии соадаптации» Б. рассматривал также соотношение природного (органического и неорганического) и культурного, что стимулировало разработку проблем *экологии социальной* концепции. Наряду с К. Боулдингом известен как представитель классической теории конфликта

(Конфликта социального концепции) в социологии. Б. занимался исследованием проблемы социального контроля, исследовал войну как социальный ин-т, специально занимался изучением латиноамер. социологии и ее исп. корней. Исследования Б. процесса формирования амер. обществ. мысли стимулировали обращение социологии США к своим национальным истокам.

В. П. Терин

Соч.: 1) The transition to an objective standard of social control. Chic., 1911. 2) Instinct. N. Y., 1926. 3) Social control in its sociological aspects. N. Y., 1939. 4) Origins of American sociology: the social science movement in the United States (with Bernard J.), N. Y., 1943.

БИОГРАФИЧЕСКИЙ МЕТОД — один из специфических методов анализа личных документов, при к-ром для решения к.-л. проблемы собирают и обобщают материалы, отражающие участие человека в тех или иных социальных событиях и его отношение к ним. На основе этих документов достигается также описание различ. социальных групп, вырабатываются нек-рые гипотезы о том или ином социальном явлении, осмысляются опред. социально-психологические процессы, совершающиеся в группе. Первыми классическими образцами использования Б. м. были работы У. Хили «Преступник» (1915) и «Душевные конфликты и неправильное поведение» (1917), в 20-е гг. Э. Т. Крейгер исследовал личные документы — письма, дневниковые записи и письменные исповеди. Б. м. теоретически разработан Томасом и Знанецким, к-рые в своей работе «Польский крестьянин в Европе и Америке» (1919) проанализировали корреспонденцию между семьями, уехавшими в США и оставшимися на родине, автобиографии эмигрантов для того, чтобы выяснить взаимодействие между культурными ценностями и установками личности, механизмы и процесс приспособления личности к новым социальным условиям. Хили в 1923 г. на ежегодном симпозиуме социологов провозгласил Б. м. лучшим способом восполнения учеными своего незнания человеческой личности, ее поведения и психической жизни. Узнать мотивацию социального поведения, утверждал он, возможно, только познав семейные обстоятельства, наследственность, образ жизни, социальные контакты человека. При различ. применении Б. м. его сторонники (кроме уже упомянутых следует назвать также *Лассуэлла*, Р. Ш. Каван, Г. Зорбо, *Кули*, *Мида*) сходились на том, что в формировании личности осн. значение имеют именно биографические факты — личные взаимоотношения с членами семьи и группы, переломные моменты жизни, наследственность, степень и характер подавления подсознательных инстинктов — биологического наследия, связывающего человека с породившей его природой. Подчеркивалось, что Б. м. способствует установлению плодотворного междисциплинарного сотрудничества в исследовании и разрешении социальных проблем. После бурного увлечения им в 20—30-х гг. (в США, напр., даже издавался для широкой публики специальный журнал) Б. м. уступил место более общему социально-психологическому подходу. Применение Б. м. связано со специфическим пониманием предмета социол. исследования, к-рое не может отвлечься от анализа установок, мотивов личности, от роли субъективных элементов в социальных процессах. С этим связаны как достоинства, так и недостатки Б. м.: отсутствие репрезентативности; субъективная окрашенность воспоминаний, незнание социального явления в целом.

А. П. Огурцов

БИРНБАУМ (Birnbaum) **Норман** (21.07.1926, Нью-Йорк) — амер. социолог леворадик. направления, стоял у истоков движения «новых левых», создания журнала «The New Left Review». Осн. сферы интереса: социальная теория, социология религии, социология политики. В духе т. наз. «критической социологии» Б. рассматривает состояние совр. капиталистического об-ва и всех его осн. социальных ин-тов как кризисное. Социальные науки и культура в опред. степени несут ответственность за сложившуюся ситуацию, ибо они способствовали распространению в зап. об-ве духа рационализированного утилитаризма, морального релятивизма, приведшего в свою очередь к дегуманизации личности, к отчуждению. Один из способов разрешения кризисной ситуации Б. видит в критической рефлексии, и особенно в критической социологии, наделяя ее способностью преобразовывать социальную действительность. С т. зр. Б., критический анализ должен затрагивать основы зап. об-ва, господствующие представления о природе человека, о всей человеческой культуре. Особое внимание Б. уделяет проблеме соотношения знания и власти, роли «знающей элиты». С т. зр. Б., взаимоотношения «знающей» и «властвующей» элит в значит. степени зависят от образовательного уровня последней. Б. констатирует, что обладание знанием в совр. об-ве не означает одновременно и обладание властью, роль интеллектуалов как критиков невелика, поскольку большая их часть находится на службе у бюрократии. Лишь меньшая часть творческой интеллигенции продолжает осуществлять функцию критической рефлексии.

В. Н. Фомина

Соч.: 1) Sociology and religion (with G. Leunzer). N. Y., 1960. 2) The crisis of industrial society. N. Y., 1968. 3) Toward a critical sociology. N. Y., 1971.

БИХЕВИОРИЗМ (от англ. behavior, behaviour — поведение) — одно из ведущих направлений в амер. психологии конца 19 — начала 20 в., буквально — наука о поведении. Нек-рые идеи и исследовательские приемы Б. оказали влияние на зап. социологию. В основе Б. лежит понимание поведения человека и животных как совокупности двигательных и сводимых к ним вербальных ответов (реакций) на воздействие внешней среды (стимулы). В радик. форме Б. сводил все обществ. явления и процессы к взаимодействию между стимулами (соответственно комплексами стимулов), воздействующими на человеческий организм, и реакциями этого организма. В кач-ве осн. механизмов, определяющих обществ. жизнь, рассматривались физиологические механизмы условных рефлексов. Принципиальным для Б. явл. отказ от признания любых внутр. психологических звеньев, опосредующих ответы человека, и сведение объяснений поведения к однозначной жесткой схеме «стимул-реакция» ($S \rightarrow R$). Б. сложился как рез-т экспериментальных исследований психики животных, схема к-рых была перенесена на человека. Методологическими предпосылками Б. стали принципы философии позитивизма, согласно к-рым наука должна описывать только непосредственно наблюдаемое. Отсюда осн. постулат Б.: психология должна изучать поведение, а не сознание. Последнее в принципе непосредственно не наблюдаемо. Поведение есть наблюдаемая совокупность реакций на набор фиксируемых стимулов. Родоначальником Б. считается Э. Торндайк. Программа Б. и сам термин впервые были предложены Дж. Б. Уотсоном. Значительное влияние на идеи Б. и экспериментальные методы оказали труды И. П. Павлова и В. М. Бехтерева. Согласно Б., при рождении у человека имеется нек-рое число врожденных «схем поведения» (дыхание, глотание и т. п.), над к-рыми в процессе научения надстраиваются более сложные навыки, вплоть до образования сложнейших «репертуаров поведения» (*Скиннер*). Научение основано на том, что успешная, результативная реакция и впредь имеет тенденцию к воспроизводству при аналогичных условиях и стимулах. В этом проявляется «закон эффекта». Закрепление реакций подчиняется «закону упражнения»: многократное повторение одних и тех же реакций в ответ на одни и те же стимулы автоматизирует эти реакции. Первоначальный выбор опред. реакции в ответ на то или иное воздействие идет путем проб и ошибок: поиск ответа осуществляется методом слепых проб, продолжающихся до тех пор, пока не будет найден верный ответ и не возникнет положительный эффект. Классическая форма Б. достигла расцвета в 20-е гг. На этот период приходится пик влияния Б. на идеи и методы зап. социологии. Впоследствии, по мере обнаружения таких его недостатков, как тенденция к упрощению человека и его поведения; игнорирование психики, ее социальной природы; постулирование тождества между жизнью животных и социальным бытием человека и т. д. Б. стал резко терять популярность. Попытки самообновления Б. породили *необихевиоризм*, а также общий термин «бихевиоральные науки», к-рый ныне, означая тенденцию к появлению сквозного интердисциплинарного комплекса, изучающего самые разные аспекты поведения, уже не несет идеологической нагрузки Б.

Д. В. Ольшанский

Лит.: 1) *Уотсон Дж. Б.* Бихевиоризм//Большая советская энциклопедия. Т. 6. М., 1927. 2) *Watson J. B.* Behaviorism. N. Y., 1925.

БЛАУ (Blau) **Питер Микаэл** (07.02.1918, Вена) — амер. социолог, проф. социологии Колумбийского ун-та, президент Амер. социол. ассоциации (1973—1974). В первых своих исследованиях, синтезируя идеи *М. Вебера* со структурно-функциональным подходом *(Функциональный подход в социологии)*, Б. предпринимает попытку определить источники структурных изменений в формальных организациях и тенденции развития бюрократических организаций в совр. капиталистическом об-ве [1]. Наряду с *Хомансом* считается одним из создателей *обмена социального концепции*, но концентрирует внимание не на изучении психологических мотивов межличностных отношений, как Хоманс, а стремится придать постулатам теории обмена в большей мере социол. ориентацию, комбинируя их с категориями структурного функционализма и теории конфликта *(Конфликта социального концепции)*. Придавая решающую роль в межличностных отношениях экономическим аспектам (награде, выгоде, пользе), он ставит задачу вывести из простейших форм социального обмена «мерджентные свойства» социальной структуры *(Структуры социальной концепции)*: ролевые отношения, власть и законность, коллективные ценности, взаимоотношения сложных социальных организаций [2]. Как эклектическая комбинация различ. социол. подходов, концепция Б. не сумела преодолеть присущий теории обмена в целом редукционизм и априорный характер исходных допущений, вместе с тем отразив свойственную совр. капиталистическому об-ву тенденцию усиления рационализации человеческих отношений. Б. является одним из крупнейших в США специалистов по изучению социальной структуры. В конце 60-х гг. под руководством Б. и О. Данкана проводилось крупнейшее в США изучение динамики социальной структуры, в ходе к-рого широко использовались математические методы и была сформулирована «базовая модель межпоколенной мобильности», в к-рой описывались факторы, влияющие на изменение социального статуса детей [3]. В работах 70-х гг. Б. уделяет первостепенное внимание созданию концепции эмпирического структурализма, в к-рой предпринимается попытка анализа осн. параметров социальной структуры исходя из эмпирически наблюдаемых и фиксируемых в эмпирическом исследовании признаков. Эта концепция противопоставляется Б. структурно-функциональной теории стратификации *(Стратификации социальной концепции)*, подчеркивающей определяющую роль в *дифференциации социальной* ценностно-нормативных образцов [4].

М. С. Комаров

Соч.: 1) The dynamic of bureaucracy. Chic., 1955. 2) Exchange and power in social life. N. Y., 1964. 3) The american occupational structure. N. Y., 1964. 4) Inequality and heterogenity. N. Y., 1977.

БЛЕЙЛОК (Blalock) **Губерт Морсе младший** (23.08.1926, Балтимор) — амер. социолог, проф. социологии Вашингтонского ун-та, президент Амер. социол. ассоциации (1978—1979). Б.— один из ведущих методологов *эмпирической социологии* США. Базируясь на неопозитивистской трактовке научного знания, считает главной задачей социального познания построение эмпирически проверяемых дедуктивных теорий по образцу физических наук *(Неопозитивизм в социологии)*. Выступая за математизацию социол. познания, он вместе с тем признает необходимость поэтапного перехода от вербализованных теорий через вспомогательные теоретические конструкции к полностью формализованным теориям. Методология трактуется Б. как совокупность формально-логических приемов, позволяющих создавать верифицируемую теорию. Соответственно этой трактовке методологии из ее сферы исключается широкий круг вопросов гносеологии, связанных с анализом исходных содержательных допущений. Для методологической платформы Б. характерно стремление смягчить требования строгого эмпиризма, имеющего значит. число сторонников в зап. социологии, чтобы преодолеть фрагментарность эмпирических исследований и определить методы их теоретической систематизации. Вместе с др. социологами позитивистско-эмпирической ориентации Б. признает решающую роль измерения и наблюдения в исследовании, но наряду с этим подчеркивает большое значение теоретического анализа и концептуализации, открывающих возможность построения теорий широкого масштаба [2]. Б. выступает против увлечения рационально-дедуктивными методами (пропагандируемыми, в частности, *Хомансом*), отдавая приоритет индуктивно-статистическим приемам с использованием каузального математического моделирования, пропаганде к-рого уделяет много внимания. Теории такого типа, по мн. Б., должны быть прежде всего «реальными», т. е. включать минимальное количество абстрактных положений. В то же время осн. понятия «больших» теорий должны определяться операционально, быть связанными с исследовательскими процедурами, с измерением, нахождением признаков и др., что позволит использовать математические каузальные модели. Преодоление кризисного состояния совр. социологии он видит на путях разработки единой для всех школ и направлений методологии формирования социол. знания, способной учитывать специфику социальной реальности, но в то же время ориентированной на модели развитых физических наук. Ключевая задача, по Б.,— построение «кумулятивной парадигмы» (теории крупномасштабных социальных процессов), к-рую следует постоянно совершенствовать как путем введения дополнительных переменных, так и путем постоянной сверки с материалами различ. эмпирических исследований [3].

М. С. Комаров

Соч.: 1) The theory construction. N. Y., 1965. 2) Conceptualisation and measurement in the social science. L., 1982. 3) Basic dilemmas in the social science. N. Y., 1984.

БЛУМЕР (Blumer) **Герберт** (07.03.1900, Сент-Луис, США) — амер. социолог и социальный психолог, представитель чикагской школы интеракционизма, основанной Дж. *Мидом*. В 1925—1952 гг. преподавал в Чикагском ун-те, с 1952 г.— в Калифорнийском ун-те (Беркли). Кроме трудов Мида, Б. опирался на работы интеракционистов первого поколения — Дж. Дьюи, *Кули, Томаса*. В соответствии с установками прагматизма он исходит из того, что значение объекта определяется не присущими ему свойствами, а его ролью в поведении. Объект, по Б.,— это прежде всего то, что он значит в ожидаемом и реальном социальном взаимодействии, устойчивость моделей к-рого делает их привычными, т. е. превращает в социальные ин-ты. Следуя Миду, Б. выделяет два уровня взаимодействия: символический (свойственный только человеку) и несимволический (свойственный всему живому). Усиление интереса к теории Мида (в частности, в связи с развитием *феноменологической социологии*) привлекло внимание и к работам Б., где действие (акт человеческого поведения) рассматривается как «диалог» импульсов и его социально значимых определений, что требует методологии, соединяющей собственно научные и «гуманистические» пути и приемы исследования, к-рые требуют «интимного знакомства» с изучаемой жизнью. Такой подход позволил Б. в опред. мере избавиться от содержательной бедности сциентистски ориентированной эмпирической социологии. Б. явился одним из пионеров проблематики *массового общества* в амер. социологии. Его понимание массы как элементарной спонтанно возникающей коллективной группировки сыграло большую роль как в концептуализации определений *массовой коммуникации*, так и в теоретической ориентации исследований массовых аудиторий. Анализ моды как механизма социального конформизма и контроля, предполагающего маргинальные слои, оказался созвучным проблематике социол. исследований массовых городских беспорядков и «молодежной революции» 60-х гг. Б. одним из первых социологов разглядел растущую актуальность проблем «черной» Америки, усиливающуюся боевитость черного городского пролетариата, вызываемую его численным ростом и относительным ухудшением условий жизни.

В. П. Терин

Соч.: 1) Movies and conduct (with Hauser Ph. M.). N. Y., 1933. 2) Movies, delinquency and crime. N. Y., 1933. 3) Symbolic interaction: perspective and method. New Jersey, 1969.

БЛУР (Bloor) **Дэвид** (р. 1942) — англ. социолог и психолог науки. Работает лектором Эдинбургского ун-та, входит в группу социологов, к-рые на рубеже 70-х гг. выступили инициаторами в разработке когнитивной социологии науки. Специалист в области социологии научного, в частности математического, знания. Б.— автор т. наз. «сильной программы» в социологии знания, целью к-рой явл. ликвидация барьеров на пути социол. изучения научного знания. Эта цель достигается путем релятивистской переинтерпретации науки, согласно к-рой наука в целом, включая содержание естеств.-научных теорий и математического знания, может рассматриваться как производное от социальных интересов и социального контекста развития знания в целом. С этой т. зр. методы социол. анализа науки ничем не отличаются от исследовательских подходов к таким феноменам культуры, как миф, религия, мораль. Учитывая, что тем самым автоматически снимается проблема адекватности научного знания объективной реальности, Б. вводит в программу принцип равносильности истинности и (или) ложности «верований», к к-рым относит и положения науки, а также утверждение, что и те и др. обусловлены одними и теми же причинами. Б. не отрицает объективности знания, но полагает, что объективность носит социальный характер и выражается в имперсональности, независимости от личных предпочтений субъекта. Объективность любого математического правила, по Б., явл. продуктом конвенции. Исследуя в этих концептуальных рамках различ. ситуации в истории науки, ставя в центр внимания «контекст открытия», Б. проводит прямые параллели между воззрениями на природу, с одной стороны, и политическими позициями, социальными интересами и взглядами на об-во — с др. Но поскольку этот социальный «контекст открытия» оказывается единственным детерминирующим фактором развития науки, то «сильная программа» ведет к абсолютизации его роли и служит источником вульгарного социологизма в объяснении природы науки.

В. Ж. Келле

Соч.: 1) Knowledge and imagery. L., 1976.

БОАС (Boas) **Франц** (09.07.1858, Минден, Германия,—21.12.1942, Нью-Йорк) — амер. этнограф, лингвист, антрополог, археолог, фольклорист и культуролог, проф. Колумбийского ун-та, основатель этнографической лингвистики, «исторической школы» амер. этнографии культуры и амер. фольклорного об-ва. «Историческая школа» Б. родилась в борьбе с *эволюционизмом*, и ее сторонники понимали историзм как эмпирическое описание, поскольку под влиянием *неокантианства* и *позитивизма* Б. считал, что «логический» метод исследований должен применяться в естеств. науках, а в истории, где он признавал лишь замещение элементов культуры или изменение их сочетания, требуется индивидуальный подход и пригоден лишь «эмпирический метод». Разделяя историческую науку на философию истории и историографию, он отрицал законы обществ. развития, возможность периодизации истории, критериев оценки прогресса и даже определения временной последовательности двух культур, отказывался от теоретических обобщений и отдавал предпочтение описанию явлений и накоплению фактов, рассматривая каждое историческое и культурное явление как уникальное. Вначале Б. подходил к культуре с позиций *диффузионизма,* отрывая ее от человека, выступал за изучение «культурных изменений» и «культурной динамики», к-рые понимались им как количественные изменения, возникающие в рез-те заимствования, но учитывал *аккультурацию* и влияние на культуру привнесенных элементов. Рассматривая культуру подобно слоеному пирогу, Б. и его ученики пытались, отделив от нее все заимствованное, выделить чистую культуру. Позднее Б. начал рассматривать культуру как целостную систему, обнаружив в ней внутр. изменения, уделял внимание психологии, часто становился на стихийно-материалистические позиции. Пересмотр теоретических позиций и неспособность обеспечить политиков рецептами бесконфликтной аккультурации социально отсталых народов США и колониальных народов вызвали кризис «исторической школы». Политические взгляды Б. были либеральны: он был членом мн. организаций, выступавших за демократические реформы, боролся за права угнетенных народов, разоблачал расизм и фашизм.

Н. Т. Кремлев

Соч.: 1) Ум первобытного человека. М.— Л., 1926. 2) Anthropology in modern life. N. Y., 1929. 3) Race, langage and culture. N. Y., 1940. 4) General anthropology. N. Y.— Boston, 1944.

БОКЛЬ (Buckle) **Генри Томас** (24.11. 1821, Ли, графство Кент,—29.05.1862, Дамаск) — англ. историк, социолог-позитивист, представитель географического направления в социологии. Испытал большое влияние *Конта.* Задумал обширную естеств.-научную историю человечества, но успел написать лишь два тома. Б. намеревался «поднять историю на один уровень с другими отраслями знания» [2, 4], определить неизменные законы, подобные законам природы, установленным естествознанием. Поэтому он критикует понимание истории как результата божественного предопределения или игры случая (в т. ч.— свободной воли исторических деятелей), выдвигает на передний план статистику, фиксирующую повторяющиеся явления в об-ве и требует зафиксировать причины, вызывающие одни и те же следствия. Б. устанавливает, что «все должно быть результатом двоякого действия: действия внешних явлений на дух человека и духа человеческого на внешние явления» [2, 9]. Среди внешних, физических причин — влияние климата, пищи, почвы и ландшафта. Пища вторична, т. к. зависит гл. обр. от почвы и климата. От них же целиком зависит первоначально «история богатства»: «почвой обусловливается вознаграждение, получаемое за данный итог труда, а климатом — энергия и постоянство самого труда» [2, 18]. Плодородная почва через избыток продовольствия увеличивает народонаселение, а это, по Б., ведет к уменьшению заработной платы каждого работника. На юге пища более дешева и требует меньших усилий для ее добывания. Отсюда — громадное население, нищета работников, чудовищное богатство правителей. Ландшафт, значение к-рого особенно подчеркивает Б., «действует на накопление и распределение умственного капитала» [2, 45]. Б. различает ландшафты, возбуждающие воображение (различ. виды «грозной природы»), и ландшафты, способствующие развитию рассудка, логической деятельности. Первый тип характерен для тропиков и прилегающих к ним регионов. Это — места возникновения всех древнейших цивилизаций, в к-рых преобладающее воздействие имели силы природы. Одни из них вызвали неравное распределение богатства, др.— «неравномерное распределение умственной деятельности, сосредоточив все внимание людей на предметах, воспламеняющих воображение. ...Вот почему, принимая всемирную историю за одно целое, мы находим, что в Европе преобладающим направлением было подчинение природы человеку, а вне Европы — подчинение человека природе» [2, 58]. Поэтому для понимания истории Европы надо больше уделять внимания не физическим условиям, а умственному развитию, позволяющему шаг за шагом подчинять природу человеку. Роль физических законов отступает перед значением законов «умственных», а эти последние можно изучить лишь по истории человечества. При этом Б. констатирует «неподвижное состояние нравственных истин» при прогрессирующем изменении «умственного фактора». Для Б. он и явл. «истинным двигателем», что «может быть доказано двумя различными путями: во-первых, тем, что если не нравственное начало движет цивилизацией, то остается приписать это действие одному умственному; а во-вторых, тем, что умственное начало проявляет такую способность все обхватывать, которая совершенно достаточно объясняет необыкновенные успехи, сделанные Европой в продолжении нескольких столетий» [2, 70—71]. Т. обр., применительно к Европе все сводится у Б. в конечном счете к однофакторной идеалистической модели. Нек-рое время его необычайная эрудиция, опора на статистику и естествознание, вера в прогресс содействовали большой популярности Б. (в т. ч. в России). Ныне он основательно забыт.

А. Ф. Филиппов

Соч.: 1) Этюды. СПб., 1867. 2) История цивилизации в Англии. СПб., 1895.

БОТТОМОР (Bottomore) **Томас Бартон** (08.04.1920, Ноттингем) — англ. социолог неомарксистской ориентации, член Британской (президент в 1969—1971 гг.) и Международной (президент в 1974—1978 гг.) ассоциаций социологов. Преподавал в Лондонской школе экономики и политических наук (1952—1964), ун-те Саймона Фрейзера в Канаде (1965—1967), с 1968 г. — в ун-те Сассекса. Б.— специалист в области теории классов совр. индустриально развитых стран Запада, к-рую рассматривает в более широком смысле как теорию социальной стратификации [1]. Б. придерживается принятого в зап. социологии принципиального деления социальной структуры на следующие формы: *каста, сословие,* социальный класс и статусная группа. Класс, в отличие от остальных форм, в большей степени явл., по Б., экономической группой. Считая буржуазию и рабочий класс осн. классами *индустриального об-ва,* Б. (наряду с др. зап. социологами) отмечает как особенность *постиндустриального об-ва* рост средних классов, к-рые занимают промежуточное положение между основными. Границы нового среднего класса и принадлежность к нему, по мн. Б., трудно определимы, но именно из его представителей формируется совр. элита (*Элиты теории*). Не являясь частью системы политической власти, элита (т. е. имеющие высокое положение в обществе, авторитет и проч., управляющие, ученые, инженеры, свободные интеллектуалы) обладает возможностью влияния на обществ. мнение и на социальную политику гос-ва [2]. Особое место в деятельности Б. занимает исследование марксизма. Будучи неомарксистом (*Неомарксизм*) либерального толка, Б. считает осн. задачей показать, что марксизм не противостоит социологии, как это было в пору становления последней в кач-ве академической дисциплины, что марксизм в совр. социологии — одна из крупнейших ее парадигм (*Парадигма в социологии*) [4]. Немало внимания Б. уделяет вопросам развития социологии и ее роли в совр. об-ве. По его мн., социология принципиально мультилинейная наука. Ее сегодняшнее состояние, характеризующееся возрастанием числа соперничающих теоретических схем и повышенным интересом к методологическим проблемам социального познания, Б. оценивает как второй «протест против позитивизма». Перспективы социологии Б. связывает с общекультурными изменениями, требующими осмысления, нового понятийного аппарата и т. д.

М. С. Ковалева

Соч.: 1) Class in modern society. N. Y., 1966. 2) Elites and society. N. Y., 1964. 3) Sociology and socialism. Brington, 1984.

БОУЛДИНГ (Boulding) **Кеннет Эварт** (18.01.1910, Ливерпуль) — социолог, экономист, писатель, специалист по общей теории систем. С 1937 г. живет в США, с 1968 г. работает в Колорадском ун-те. Первый президент «Общества по исследованию в области общей теории систем» (1954). Исходит из принципа изоморфизма всех мыслимых систем в природе и об-ве, из к-рого выводит необходимость создания общей теории систем как «скелета науки», на к-рый наращиваются «плоть и кровь отдельных дисциплин и отдельных предметов исследования в их движении к упорядочению и последовательно построенному телу знаний» [1]. Вводит понятие экологического взаимодействия как первоосновы понимания эволюционной перспективы человечества. Следуя Т. де Шардену, понимает человеческую историю как ноогенетическую эволюцию артефактов, создаваемых при наличии необходимых знаний, энергии, материалов. С этих позиций Б. развивает эволюционную экономику — подход к экономической и обществ. жизни на основе понятий экологического взаимодействия и мутации. Б. относится к интуиции и мистике как к инструментам исследования, связывая системный анализ с установками пацифизма, сложившегося под влиянием квакерского учения, идей Т. де Шардена о мистической роли науки, представлений о существенном возрастании в совр. истории роли «невидимого сообщества людей с просвещенным пониманием будущего», возвышающихся тем самым над своекорыстными политическими интересами. Главным показателем прогресса, согласно Б., явл. улучшение кач-ва жизни. В этой связи на первый план в его работах выдвигается задача обеспечения стабильного мира, решение к-рой требует формирования целостного взгляда на взаимосвязь всех процессов обществ. жизни в рамках системы «человек — общество — природа», понимания кризисного характера существования этой системы и соответственно разработки проблематики управленческого овладения кризисным развитием. Отсюда Б. выводит необходимость создания «всемирной единой экологической системы» и соответственно морального обновления человечества. Свое «эволюционное ви́дение» Б. противопоставляет любому монистическому взгляду на историю.

В. П. Терин

Соч.: 1) Общая теория систем — скелет науки//Исследования по общей теории систем. М., 1969. 2) A reconstruction of economics. N. Y., 1950. 3) The organizational revolution. Chic., 1953. 4) Conflict and defense. N. Y., 1963.

БРЕЙЗИГ (Breysig) **Курт** (05.07.1866, Позен (Познань) — 16.06.1940, Берлин) — нем. историк, социолог, философ. Ученик *Шмоллера*. Испытал влияние философии жизни *(Зиммель)* и филос. биологии Г. Дриша и Я. фон Икскюля. С 1892 г. — приват-доцент, с 1896 г. — экстраординарный и с 1923 г. — ординарный проф. Берлинского ун-та. От позитивистских исследований в духе школы Ранке Б. перешел, вдохновляясь идеями *Вико* и Гердера, к созданию универсальной философии истории. Исторический факт, по Б., следует постигать в самых широких по одновременному охвату и глубоких по историческим истокам зависимостях. Т. обр., подлинная история — лишь история человечества как «история образов действия», «форм человека» [2, VII]. Осн. идея Б. — «ступенчатое строение» мировой истории, в к-рой «пути развития всех народов и групп народов Земли идут в одинаковом или мало различающихся направлениях и... немногие различия, которые, как и почти во все времена, являет картина человечества, могут быть объяснены лишь различием в скорости развития, с какой отдельные части человечества прошли эти свои пути» [2, 65]. Среди ступеней истории Б. называет доисторическое время, древность, раннее и позднее средневековье, новое и новейшее время. Древность прошли все народы, средневековье — европ. и индийские, последние две стадии — лишь Европа. Т. обр., Б. — один из прямых предшественников *Шпенглера*, но, в отличие от него, осторожен в уподоблении развития исторической формы и биологического цикла. «Историческое становление» предполагает у Б. смену форм как бы по спирали: следующая ступень отрицает предыдущую и воспроизводит черты более ранней. Последовательно универсализуя историю, Б. соединил ее с естеств. историей через категорию самоподвижности — изначальной формы природного и человеческого бытия. На этом «монокосмическом» подходе базировалось его позднее исследование всемирной истории, к-рое Б. не завершил. Исток исторического развития, по Б.,— творческая личность, ее «витальная мощь». Но даже деяния немногих величайших личностей внесли в ход истории ничтожные изменения. Творческой силе личности противостоит сила инерции сообщества, к-рое противится новациям, далеко не всегда избирая их для подражания, составляющего основу для исторического становления. Разработкам Б. не хватало филос. строгости и оригинальности. Пик его влияния — 20-е гг.

А. Ф. Филиппов

Соч.: 1) Законы мировой истории//*Зомбарт В.* Социология. Л., б. г. С. 101—108. 2) Die Geschichte der Menschheit. Bd. 1. B., 1907. 3) Der Stufenbau und die Gesetze der Weltgeschichte. Stuttg. u. B., 1927. 4) Vom geschichtlichen Werden. Bd. 1—3 Stuttg. u. B., 1925—1927.

БУГЛЕ (Bouglé) **Селестен** (1870, Сен-Брие — 25.01.1940, Париж) — представитель школы *Дюркгейма*, проф. Тулузского и Парижского ун-тов, директор (с 1935) Высшей нормальной школы в Париже. Будучи в целом приверженцем взглядов Дюркгейма, он отказался от его антипсихологизма и в то же время продолжил дюркгеймовскую традицию критики биологизма в социологии: *социального дарвинизма, органицизма* и *расово-антропологической школы.* Б. испытал влияние *Зиммеля,* вслед за к-рым считал предметом социологии изучение «социальных форм, их причин и следствий». Принципы социол. формализма он попытался реализовать в работах «Уравнительные идеи» (1899) и «Этюды о кастовом режиме» (1908). Замысел обеих работ состоял в том, чтобы сопоставить эгалитарные тенденции в совр. зап. об-ве и иерархическую структуру индийской кастовой системы. Распространение идей равенства Б. объяснял такими факторами, как увеличение демографической плотности зап. об-в, усиление географической мобильности населения, усложнение и централизация социальных систем. В книге о кастах, оказавшей значит. влияние на последующее развитие исследований в этой области, Б. делает акцент на системе каст как целом, на кардинальных принципах, регулирующих кастовые отношения. Согласно Б., кастовая система обладает тремя характерными признаками: иерархией, оппозицией и наследственной специализацией в составляющих ее группах. Принимая активное участие в политической жизни, Б. критиковал пороки капитализма, выступал за демократизацию культуры, расширение доступа народных масс к образованию, предоставление избирательных прав женщинам. В целом в политическом плане он был либералом, сторонником умеренного этатизма и социальных реформ, основанных на научных рекомендациях.

А. Б. Гофман

Соч.: 1) Социальная наука в современной Германии. К.— Х., 1899. 2) Эгалитаризм (Идея равенства). О., 1904.

БУДОН (Boudon) **Раймон** (27.01.1934, Париж) — франц. социолог, проф. методологии социальных наук в Сорбонне и Женевском ун-те, руководитель Центра социол. исследований Национального центра научных исследований, проф. ун-та Рене Декарта в Париже, автор книг и статей по проблемам методологии, социологии, социальной мобильности, социальных изменений, социологии образования. Ученик и сотрудник *Лазарсфельда,* Б. в осн. придерживается позитивистского подхода к социальным фактам (*Позитивизм в социологии*). В области методологии рассматривает возможности и способы формализации эмпирических данных, построения статистически репрезентативных, математически точных моделей. Критически относится к осн. социол. направлениям, считая недостаточно разработанной их общетеоретическую часть, призывает к построению четкого и общего методологического аппарата, «языка» социологии. Спасение последней от «догматического» замыкания в каких бы то ни было системах он видит в «самокритике» социологии [1]. Б. анализирует социальные процессы, происходящие в индустриально развитых странах, особенно такие, к-рые могут угрожать стабильности обществ. укладов. В частности, его беспокоит неравенство шансов социального продвижения в «элитарных» и «неэлитарных» слоях населения. Он связывает это неравенство с неравенством доступа к образованию, особенно высшему. Причины неравноправного положения молодежи в сфере образования он лишь частично усматривает в классовой принадлежности. «Системный подход» в объяснении причинности явл., по Б., многофакторным: выстроенные им многочисленные и пространные формулы и таблицы каузальных зависимостей нередко подобраны произвольно, разнонаправлены. Выводы «социологии неравенства» Б. оптимистичны: большинство индустриальных об-в характеризуется, по его мн., медленным, но неуклонным уменьшением неравенства шансов получения образования. Вследствие соотв. реформ в этих об-вах уменьшается, как он полагает, и общая жесткость социальной стратификации, происходит «либерализация», «демократизация» всей социальной системы. Состояния социального кризиса, в т. ч. кризис образования, засилие олигархии, неудачу институциональных реформ Б. рассматривает как некие «парадоксальные эффекты», побочные продукты действий отдельных индивидов и групп внутри об-в [2].

С. М. Митина

Соч.: 1) La crise de la sociologie. Questions d'épistemologie sociologique. Genève, 1971. 2) Effets pervers et ordre social. P., 1977. 3) La place du désordre: Critique des théories du changement social. P., 1985.

БУРДЬЁ (Bourdieu) **Пьер** (10.08. 1930, Денгин) — франц. социолог, руководитель исследовательской группы «Социология образования и культуры» в парижской Высшей школе социальных наук, проф. Коллеж де Франс; начинал с эмпирических исследований в Алжире. Осн. труды посвящены социологии культуры, образования, иск-ва, социолингвистике и общим проблемам эпистемологии социальных наук. Социология Б. сформировалась под влиянием Маркса, М. Вебера. Осн. понятиями социол. теории Б. явл.: поле, habitus, «символическое насилие», «незнание». Об-во, по Б., представляет собой совокупность отношений, складывающихся в различ. поля, каждое из к-рых имеет специфические типы власти. Невозможна редукция одного поля к др. Habitus — это структурированное социальное отношение; совокупность схем интеграции и интериоризации различ. полей, система долговременных групповых и индивидуальных установок, ориентаций, функционирующих как матрицы восприятия, постановки целей, решения задач, действий. Habitus, структурируя восприятие, мышление и поведение, воспроизводит социально-культурные правила, «стили жизни» разных социальных групп. «Символическое насилие» — необходимая функция власти. Любая власть держится не только и не столько с помощью прямого насилия, сколько через признание ее *легитимной*. Власть осуществляет «символическое насилие», навязывая свою систему значений, иерархию ценностей, к-рые приобретают естеств., «само собой разумеющийся» характер. С помощью «символического насилия» производится трансформация восприятия, «кристаллизация» отношений «господство — подчинение». Легитимность власти предполагает «незнание», бессознательное принятие людьми господствующих ценностей и установок. Б. считает, что «незнание» есть искаженное, неполное, мистифицированное знание. Символическая власть возникает и функционирует при соучастии угнетаемых ею людей, т. к. они признают ее легитимный характер. «Структурная мистификация» включает в себя механизмы мистификации, к-рые не осознаются самими субъектами. Это не сознательный обман, поскольку обманываются и сами мистификаторы. Поэтому свобода субъекта, полагает Б., иллюзорна. Система категорий Б. должна объяснять воспроизводство оппозиции «господство — подчинение» в об-ве. На основании эмпирических исследований системы образования, социальной обусловленности суждений вкуса, Б. приходит к выводу о классовом характере культуры, иск-ва, образования. Классы понимаются Б. как группы, различающиеся не только своим положением в системе экономических отношений. Эти группы наделены собственным «стилем жизни», выражающим форму их приспособления к своему положению в социальной структуре, означающего у Б. борьбу различ. классов за власть. Конфронтация между классами приводит к появлению совокупности полей власти. Господствующий класс состоит из ряда групп, представляющих экономический, политический, религ., культурный «капитал», каждая из к-рых стремится мобилизовать поле власти в собственных интересах. Метод критики Б. др. филос. и социол. теорий (*Хайдеггера*, Л. Альтюссера) заключается в «разоблачении» места критикуемой теории в поле власти.

А. М. Руткевич

Соч.: 1) Sociologie de l'Algerie. P., 1959. 2) La Reproduction. Elements pour une theorie du système d'enseignement. P., 1970. 3) Choses dites. P., 1987.

БУТ (Booth) **Чарлз** (30.03.1840, Ливерпуль —23.11.1916, Уитвик) — англ. обществ. деятель, предприниматель и реформатор, исследователь проблем бедности, занятий и условий жизни в промышленном городе. Сыграл значит. роль в развитии эмпирических социол. исследований, переписей и обследований населения, один из предшественников течения, изучавшего экологию города. Разумные реформы, по Б., должны опираться на «истинную картину современного промышленного организма». Главное исследование, предпринятое Б. и его сотрудниками, «Жизнь и труд населения Лондона» в 17-ти томах, давало не только широкое статистическое описание «лондонского общества» в целом, но и кач. анализ условий жизни различ. его классов, связи бедности с занятостью, условиями труда и регулярностью дохода. Представление о социально-экономической организации города создавалось в осн. средствами демографических характеристик различ. профессиональных групп. Важное место в работе занимали статистический анализ отношения норм рождаемости и смертности к бедности и скученности населения, изучение религ. влияний. Б. одним из первых ввел социальные карты городских районов и улиц, где различ. цвета наглядно показывали распространение бедности и распределение классов и групп населения. Исследования Б. нашли широкий отклик в обществ. мнении Англии и способствовали принятию законодательных актов о минимуме зарплаты, пенсионном обеспечении и пособиях по безработице. Работы Б. продолжили традицию эмпирических социальных исследований бедности на новом витке индустриального развития (*Гигиена социальная, Статистика моральная*).

М. С. Ковалева

Соч.: 1) The life and Labour of the people in London. 17 Vols. L., 1903.

БЮРОКРАТИИ теории — в зап. социологии концепции «научного управления» об-вом, отражающие реальный процесс бюрократизации всех его сфер в период перехода от свободного предпринимательства к гос.-монополистическому капитализму. Начиная с М. Вебера, исследователи бюрократии Мертон, Бендикс, Ф. Селзник, *Гоулднер*, Крозье, *Липсет* и др. главное внимание уделяли анализу функций и структуры бюрократической организации, стремясь представить процесс бюрократизации как явление, характеризующееся внутренне присущей капиталистическому об-ву «рациональностью». Теоретические истоки совр. теории Б. восходят к *Сен-Симону*, к-рый первым обратил внимание на роль организации в развитии об-ва, считая, что в организациях будущего власть не должна передаваться по наследству, она будет сосредоточиваться в руках людей, обладающих специальными знаниями. Опред. вклад в теорию Б. внес *Конт*. Однако систематическое развитие проблематика Б. впервые получила у Вебера. В кач-ве осн. черты Б. как специфической формы организации совр. об-ва Вебер выделяет рациональность, считая бюрократическую рациональность воплощением рациональности капитализма вообще. С этим он связывает решающую роль, к-рую должны играть в бюрократической организации технические специалисты, пользующиеся научными методами работы. Согласно Веберу, бюрократическая организация характеризуется: а) эффективностью, к-рая достигается за счет строгого разделения обязанностей между членами организации, что дает возможность использовать высококвалифицированных специалистов на руководящих должностях; б) строгой иерархизацией власти, позволяющей вышестоящему должностному лицу осуществлять контроль за выполнением задания нижестоящими сотрудниками и т. д.; в) формально установленной и четко зафиксированной системой правил, обеспечивающих единообразие управленческой деятельности и применение общих инструкций к частным случаям в кратчайший срок; г) безличностью административной деятельности и эмоциональной нейтральностью отношений, складывающихся между функционерами организации, где каждый из них выступает не как индивид, а как носитель социальной власти, представитель опред. должности. Признавая эффективность Б., Вебер выражал опасение, что ее неизбежное повсеместное развитие приведет к подавлению индивидуальности, утрате ею личностного начала. В послевеберовский период происходит постепенный отход от «рациональной» модели Б. и переход к построению более реалистической модели, представляющей Б. как «естественную систему», включающую наряду с рациональными моментами — иррациональные, с формальными — неформальными, с эмоционально нейтральными — личностные и т. д. Гоулднер связывает этот подход с традицией, идущей еще от Конта, отмечавшего роль «стихийных», «естественных», «органических» тенденций в складывании социальных организаций. В числе совр. представителей этого подхода — Р. Майкелсон, Селзник, *Парсонс*, а также Мертон, применивший к анализу Б. понятие дисфункции. Наиболее распространенной дисфункцией бюрократической организации, по мн. Мертона, явл. перенос ее функционерами акцента с целей организации на ее средства, в результате чего средства (иерархизация власти, строгая дисциплина, неукоснительное следование правилам, инструкциям и т. д.) превращаются в самоцель. Сюда же относится возникновение наряду с рациональными иррациональных целей внутри бюрократической организации, замещение главных целей побочными и т. д. Одним из важнейших в теории Б. явл. вопрос об узаконении (легитимации) бюрократической власти. Решая вопрос об условиях порождения отличных друг от друга видов власти, Гоулднер пришел к выводу, что существуют два типа Б. — представительная, для к-рой, в частности, характерна власть, опирающаяся на знание и умение, и авторитарная, применяющая различ. санкции (наказания) для упрочения своей власти. Второй тип Б. возникает в связи с дисфункциями в бюрократической организации, когда повиновение превращается в самоцель, а власть узаконивается самим фактом пребывания в должности. В рамках теории Б. в зап. социологии рассматривается и более общая проблема соотношения Б. и демократии. Еще Вебер видел угрозу демократии со стороны Б., связывая ее с процессом «деперсонализации» индивидов в бюрократических организациях. Совр. представители теории Б. также отмечают эту угрозу, но тем не менее не видят перспективы развития без Б.

Ю. Н. Давыдов, В. Н. Фомина

В

ВАН ДЕН БЕРГЕ (Van den Berge) **Пьер Луи** (30.01.1933) — амер. социолог, социальный антрополог и африканист, проф. социологии Вашингтонского ун-та, активный сторонник и пропагандист социал-биологизма. Рассматривая социологию в кач-ве составной части *антропологии социальной*, а последнюю — как подраздел эволюционной биологии, В. полагает, что отставание социологии от естеств. наук может быть преодолено только посредством включения в нее данных биологических наук [1]. Критикуя совр. зап. социологию за *детерминизм культурный*, он подчеркивает определяющую роль врожденных, биологических предпосылок поведения человека в объяснении обществ. явлений. Экстраполируя на человеческое поведение отдельные положения этологии и зоопсихологии, В. утверждает, что все значит. явления обществ. жизни (военные конфликты, социальное неравенство, классовая борьба, преступность и др.) коренятся в биологических особенностях человеческой природы [2]. Аналогичным образом, по его мн., различ. социальные ин-ты (*Институт социальный*) — семья, политика, гос-во и др. непосредственно вырастают из биологической эволюции гоминидов, к-рая служит естеств. основой формирования человеческой культуры. По убеждению В., биолого-эволюционный подход к изучению обществ. явлений дает возможность «демистифицировать» социальный мир, раскрыть истинные истоки обществ. жизни. В действительности же биосоциальная теория В. преувеличивает значение природных факторов в ущерб социальным, игнорирует решающую роль трудовой деятельности в становлении человека и об-ва. В. присущ фаталистический взгляд на человеческую историю: он считает, что любые попытки изменить мир в лучшую сторону обречены на провал, т. к. существующий социальный порядок предопределен биологическими закономерностями. В. фактически выступает с консервативных политических позиций, придерживается антимарксистских взглядов.

М. С. Комаров

Соч.: 1) Bringing the paradigms of biology and social science//Sociobiology and human nature. S. F., 1978. 2) Man in society. A biosocial perspective. N. Y., 1975.

ВАХ (Wach) **Иоахим** (1898—1955) — нем. социолог, занимавшийся проблемами религии. В 1935 г. эмигрировал в США. С 1945 г. был проф. истории религии в ун-те г. Чикаго. Следуя за нем. теологом и религиоведом Р. Отто, В. утверждал, что конечным источником религии явл. непосредственная связь человеческой души с Абсолютом. Об-во лишь формирует внешние институциональные формы религии: церкви и др. религ. организации. Задачей социологии религии, по мнению В., явл. изучение религ. ин-тов и групп. В своих работах В. пытался дать формальную классификацию форм «религиозного опыта» и их внешнего выражения в религ. ин-тах. Наиболее известная его книга — «Социология религии».

Д. М. Угринович

Соч.: 1) Sociology of Religion. Chic., 1944.

ВЕБЕР (Weber) **Альфред** (30.07. 1868, Эрфурт — 2.05.1958, Гейдельберг) — нем. социальный философ, социолог и экономист. Проф. Пражского (1904—1907) и Гейдельбергского (с 1907) ун-тов. Научную деятельность начал как экономист [1], затем центр его интересов переместился в область социологии, истории и культуры («Идеи социологии государства и культуры», 1927). Находясь под влиянием идей Шпенглера, В. пытался создать науку об «историческом мире», позволяющую его современникам сориентироваться относительно своего настоящего и будущего. Но, в отличие от Шпенглера, В. считал, что это должна быть не философия, а социология истории. Подобно Шпенглеру В. разлагал мировую историю на ряд всемирно-исторических культур, к-рые, несмотря на свою уникальность, сходны в том отношении, что каждая переживает период молодости, зрелости и упадка. Однако, в отличие от Шпенглера, В. рассматривал «культуру» и «цивилизацию» не как две фазы развития культурно-исторических целостностей, но как два относительно самостоятельных аспекта каждой из них — собственно духовный (религия, философия, иск-во) и научно-технический. Кроме того он выделял еще и третий — специфически социальный аспект, толкуя социальность в духе, близком *антропологической ориентации* в социологии. Процесс развития каждой из выделяемых В. культурно-исторических целостностей представлялся как рез-т взаимодействия ее социол., цивилизационного и культурного факторов, каждый из к-рых играет «соопределяющую» роль в развитии двух др. Сами эти культурно-исторические целостности воплощаются, по В., в больших «телообразных жизненных единствах», к-рые он называет «народами в широком смысле слова»: они-то и явл. реальными носителями всемирно-исторического процесса, переходящего от одного такого единства исторической общности людей и их судьбы, складывающейся не без влияния опред. географических и климатических условий, к др., от др.— к третьему и т. д. В этих «единствах», к-рые В. толковал как «тотальность естественных человеческих сил, влечения и воли», социология видит «обществ. тела», несущие «всемирно-исторические культуры», стремясь выделить в этих «телах» типические тенденции формообразования и развития. Одна из осн. тенденций, роднящая все эти «обществ. тела», заключается в движении по пути ко все более крупным, прочным и зрелым *социальным порядкам*. Конечная стадия этого движения — оцепенение, старческое разложение этих «тел» или их «мировая экспансия», в к-рой исчезает собственная «телесная» определенность подобных «тотальностей», выливаясь в универсальный процесс общечеловеческого «свершения». По мн. В., социология, стремящаяся постичь этот процесс, должна постоянно иметь в виду взаимодействие «обществ. тела» с культурой, с одной стороны, и цивилизацией — с др., а также воздействие культуры и цивилизации друг на друга. Начиная с книги «История культуры» и кончая работой «Третий или четвертый человек» [4], В. все более определенно рассматривал в кач-ве цели своей социологии социол. анализ истории, предлагающий социальную структуру всемирно-исторических народов в кач-ве основополагающей схемы, отводя в ней опред. место «генерализующей» тенденции цивилизации, с одной стороны, и «индивидуализирующей» тенденции культуры — с др. Историческая культур-социология В. оказывается, т. обр., некрой формой онтологизации методологической антиномии *номотетического* и *идиографического* подходов. Социально-политические воззрения В. имеют определенно выраженный консервативный характер, что обусловило восприятие его идей нек-рыми из совр. социологов неоконсервативной ориентации. В стремлении таких социологов, как *Белл*, выделить в совр. капиталистическом об-ве относительно самостоятельные «оси» его развития (напр., «ось» культуры) чувствуется отголосок схематики В.

Ю. Н. Давыдов

Соч.: 1) Über den Standort der Industrien. Teil I. Münch., 1909. 2) Kulturgeschichte als Kultursoziologie. Münch., 1935. 3) Prinziplien der Geschichts und Kultursoziologie, Münch., 1951. 4) Der dritte oder der vierte Mensch. Münch., 1953.

ВЕБЕР (Weber) **Макс** (21.04.1864, Эрфурт — 14.06.1920, Мюнхен) — нем. социолог, социальный философ и историк; основоположник *понимающей социологии* и *теории социального действия*. Преподавал во Фрайбургском (1893—1896), Гейдельбергском (1896—1898, 1902—1919) и Мюнхенском (1919—1920) ун-тах. Начинал как исследователь в области экономической истории. Изучая вопрос о взаимоотношениях экономики с др. сферами человеческой деятельности — политикой, правом, религией и т. д., В. пришел к необходимости специально заняться социологией, разрабатывая ее гл. обр. как социологию экономического поведения людей. В рамках экономической истории В. занимался проблемой идентификации экономических явлений прошлого, теоретическое осмысление к-рых велось на основе анализа совр. капиталистического об-ва. В своих исследованиях В. широко использовал понятие *идеального типа*, сопоставление с к-рым позволяло выявить соотв. явления в неразвитых экономических формах исторического прошлого. В ряде работ («Объективность» ученого-обществоведа и социально-политическое познание», 1904, и др.) [1] В. подверг это понятие анализу с позиций общеметодологического подхода, рассматривая его в качестве важнейшего в социологии («О категориях понимающей социологии», 1913) [1,427—474]. В ходе методологического переосмысления первоначальной функции экономических понятий историческая политэкономия превращалась у В. в историческую социологию, в рамках к-рой он пытался выявить роль протестантской «хозяйственной этики» в генезисе зап.-европ. капитализма, а также связь хозяйственной жизни об-ва, материальных и идеальных интересов различ. социальных групп с религ. сознанием. Его работы сыграли значит. роль в становлении и развитии социологии религии как специальной области знания. В то же время идеи В. были подвергнуты критике (причем с различ. религ. и мировоззренческих позиций) в одних случаях за преувеличение «хозяйственной роли» религии вообще, в др. — за преувеличение роли протестантской «хозяйственной этики» в становлении зап.-европ. капитализма. Социальная философия, лежащая в основе исторической социологии В., наиболее отчетливое воплощение получила в работе «Протестантская этика и дух капитализма» (1904—1905). Главной идеей веберовской социальной философии явл. идея экономической рациональности, нашедшей свое последовательное выражение в совр. капиталистическом об-ве с его рациональной религией (протестантизм), рациональным правом и управлением (рациональная бюрократия), рациональным денежным обращением и т. д., обеспечивающими возможность максимально рационального поведения в хозяйственной сфере и позволяющими добиться предельной экономической эффективности. Эта тенденция, по В., проникает во все сферы межчеловеческих взаимоотношений и культуры. Дальнейшую разработку веберовская идея рациональности получает в связи с его концепцией рациональной бюрократии, представляющей собой, по его мн., высшее воплощение капиталистической рациональности («Хозяйство и общество», 1921) [2]. Мысль В. о прогрессирующей рационализации как неизбежной «судьбы Запада», социальным носителем к-рой явл. рациональная бюрократия, вступает в противоречие с его представлением о социально-экономических категориях как идеально-типических конструкциях, играющих исключительно эвристическую роль в социальном познании и не претендующих на роль категориального выражения объективных обществ. тенденций и закономерностей. Рациональность в конечном счете оказывается именно такой закономерностью, пробивающей себе дорогу вопреки воле и желанию людей, к-рым она грозит лишением индивидуальной свободы. В свете этой тенденции категория свободного *социального действия* индивида может оказаться чисто идеологическим, перевернутым, «эпифеноменальным» отражением реальности, к-рая движется в направлении прогрессирующего исключения всякой свободы индивида, да и самой человеческой индивидуальности вообще. В зап.-европ. социологии это обстоятельство нашло свое выражение в дальнейшем развитии категории социального действия (напр., у *Парсонса, Лумана, Хабермаса*), утрачивающей свое значение исходной и нередуцируемой к др., более фундаментальным категориям. Социология В. оказала решающее воздействие на зап. социологию 20 в. К середине 70-х гг. интерес к В., нараставший в русле различ., подчас диаметрально противоположных социол. устремлений и ориентаций, вылился в своеобразный «веберовский ренессанс», наложивший свой отпечаток на дальнейшее развитие зап. социологии.

Ю. Н. Давыдов

Соч.: 1) Gesammelte Aufsätze zur Wissenschaftslehre. Tüb., 1951. 2) Wirtschaft und Gesellschaft. Köln — B. (West), 1964. 3) Gesammelte Aufsätze zur Religionssoziologie. Bd. 1—3. Tüb., 1978—1986.

ВЕБЛЕН (Veblen) **Торстейн Бунд** (30.07.1857, Като, штат Висконсин, США — 03.08.1929, Пало Алто, штат Калифорния, США) — амер. социолог, экономист, социальный критик. Опред. влияние на формирование взглядов В. оказали Дж. Кларк, *Самнер*, Л. Лафлин, *Милль*, Кант, К. Маркс. Преподавал в ун-тах Чикаго, Миссури, Нью-Йорка. Представитель институциональной школы. В своих исследованиях В. сочетал исследование наст. состояния социальных явлений с эволюционно-генетическим анализом их прошлого на основе изучения исторических источников. Во мн. намерения и стиль работы В. аналогичны совр. исторической социологии. История человеческой цивилизации, по В., — это смена преобладающих в опред. периоды истории различ. социальных ин-тов, понимаемых им как общепринятые образцы поведения и привычки мышления. Первая стадия — доисторические времена первобытного об-ва; вторая — исторические времена «грабительского об-ва», включающего эпоху варварства (непосредственного военного насилия) и эпоху денежного об-ва (насилия, опосредованного товарно-денежными отношениями); последняя, в свою очередь, включает ремесленную и машинную ступени. В доисторические времена социальные ин-ты лишь зарождались и социальное регулирование осуществлялось на уровне инстинктов, среди к-рых В. называл главными родительский инстинкт, инстинкт мастерства и «праздного любопытства» (познания). Эти инстинкты сохраняют основополагающее значение и для др. эпох. Время машинной корпоративной индустрии характеризуется, по В., ин-тами «денежной конкуренции» и «показного потребления». В решении вопроса о механизме обществ. развития В. своеобразно сочетал распространенную в его время схему социального дарвинизма (*Дарвинизм социальный*), основанную на законах естеств. отбора, адаптации и борьбы за существование, с одной стороны, с концепциями опережающего технико-экономического развития и культурного отставания — с др. По его мн., двигателем развития об-ва явл. развитие экономики, промышленного производства, к-рое опережает развитие социальных ин-тов, норм социальной жизни и влечет за собой их изменения, а в конечном счете и смену. Осн. характеристика состояния об-ва в начале 20 в. — противостояние интересов индустрии и бизнеса. В преодолении этого противостояния авангардную роль, по В., призвана играть *технократия* — все специалисты и руководители производственного процесса, к-рые явл. носителями интересов развития производства, науки и техники, роста обществ. и индивидуального благосостояния в противовес частнособственническим, корыстным интересам бизнесменов. Технократы, по В., обладают достаточными знаниями и умением, чтобы приводить отстающие в своем развитии институциональные формы в соответствие с новейшими технологическими изменениями. Технократическая теория В. стала неотъемлемой частью совр. зап. социологии (*Индустриальное об-во*,

Постиндустриальное об-во, Стадий роста концепции, *Гэлбрейт, Белл, Ростоу, Тоффлер).* В.— один из создателей социол. концепции потребления. Индивидуальный акт приобретения к.-л. вещи представляет собой (особенно в «машинную эпоху») не столько экономический акт товарно-денежного обмена, сколько акт «показного потребления», демонстрирующего принадлежность индивида к опред. классу. Потребляемые индивидом вещи В. рассматривал как символы или показатели статуса потребителя. При массовом производстве товаров, не принадлежащих к числу необходимых, потребление индивида связано не с жизненной потребностью, а с соображениями поддержания или повышения опред. мнения о нем в глазах людей его круга. Такое понимание потребления и его роли в совр. социальных отношениях легло в основу создания концепции *об-ва потребления (Об-во изобилия, Благоденствия массовое об-во),* пороки к-рого В. обличал задолго до его реального становления.

М. С. Ковалева

Соч.: 1) Теория праздного класса. М., 1984. 2) Instinct of the workmanship and the state of the industrial arts. N. Y., 1914. 3) The engineers and the price system. N. Y., 1921.

ВЗАИМОДЕЙСТВИЕ СОЦИАЛЬНОЕ — центральное понятие ряда социол. теорий, в основе. к-рого лежит представление о том, что социальный деятель, индивид или об-во всегда находятся в физическом или мысленном окружении др. социальных деятелей и ведет себя сообразно этой социальной ситуации. Наиболее полную разработку проблема В. с. получила у *Хоманса* и *Парсонса.* Хоманс исследовал В. с. в терминах обмена действиями между «Деятелем» и «Другим», исходя из постулата, что в подобном взаимодействии каждая из сторон стремится максимизировать вознаграждение своих действий и минимизировать затраты. К числу важнейших вознаграждений он относит социальное одобрение. Взаимно вознаграждаемое В. с. имеет тенденцию к регулярности и перерастает во взаимоотношения на основе системы взаимных ожиданий. Нарушение ожиданий со стороны одного из участников взаимодействия влечет за собой фрустрацию и агрессивную реакцию, в к-рой сама агрессивность становится средством получения удовлетворения. Для «Другого» вознаграждающим его поведением может стать избегание провоцирования агрессии. Т. обр., каждый социальный деятель всегда находится в ситуации выбора как альтернативных вознаграждений, так и альтернативных способов получения одного и того же вознаграждения. Ситуация становится особенно сложной, если речь идет не о диаде, а о множестве действующих лиц. В этой ситуации особую регулирующую роль начинают играть общепринятые ценности и нормы; важным свойством человеческих отношений явл. также их тяготение к однородности, т. е. к такому положению, когда вся совокупность отношений между двумя деятелями носит либо вознаграждающий, либо наказующий характер. Эта тенденция описывается теорией психологического баланса (Ф. Хейдер, Л. Фестингер). Теория Парсонса ассимилировала «психологические законы» В. с., сформулированные Хомансом, отнеся их к самому общему уровню системы человеческого действия. Парсонс подчеркивает принципиальную неопределенность В.с. в условиях, когда каждый из деятелей стремится к осуществлению своих целей, и формулирует по крайней мере семь источников такой неопределенности. Во-первых, у деятелей могут существовать различ. символические представления объектов — отсюда проблема коммуникативного или символического порядка («общего языка»). Во-вторых, существует проблема временной упорядоченности действий множества участников В.с. В-третьих, деятели могут наделять символические представления объектов субъективными или противоречащими одно другому значениями, что порождает проблему смысла. Существует опасность, что деятели в своих интересах станут претендовать на обладание одними и теми же объектами, в рез-те чего возникает проблема дефицита ситуационных ресурсов, или проблема экономического порядка. Неопределенность возникает также как следствие возможности для каждого деятеля помешать другому в достижении его цели, поэтому существует проблема контроля над действиями других, или проблема политического порядка. Возможна неопределенность и из-за частичной противоречивости или несовместимости нормативных стандартов, т. е. проблема нормативного порядка. Наконец, конфликтующими, несовместимыми или взаимоисключающими могут оказаться мотивационные нужды деятелей, отсюда проблема мотивационного порядка. Система действия, по Парсонсу, и явл. механизмом уменьшения этих неопределенностей, хотя полное их устранение невозможно. В парсоновскую парадигму В. с. входят такие понятия, как мотивационная ориентация, удовлетворение и неудовлетворение потребностей, ролевые ожидания, установки, санкции, оценки и др., с помощью к-рых он пытается разрешить проблему *порядка социального;* однако его конструкция остается скорее описательной, нежели объяснительной.

Л. А. Седов

Лит.: 1) *Parsons T.* The social system. N. Y., 1951. 2) *Heider F.* The psychology of interpersonal relations. N. Y., 1958. 3) *Homans G.* Social behavior. N. Y., 1961.

ВЗАИМООБМЕНА ПАРАДИГМА — в общей теории действия *Парсонса* способ рассмотрения систем человеческого действия любого уровня — будь то индивид или такие сложные целостности, как социальная система или культура,— в терминах четырех функциональных подсистем *(Система действия)*, находящихся в отношениях обмена вырабатываемыми внутри этих подсистем ресурсами. К числу таких ресурсов, необходимых для совершения действия, Парсонс относит ценности, нормы, цели и средства, к-рые особым образом комбинируются при совершении действия. Поступление этих ресурсов из одной подсистемы в др. регулируется и контролируется с помощью циркулирующих в системе обобщенных *символических посредников*. В отличие от символических посредников, служащих средством обращения, ресурсы реально используются и потребляются в ходе совершения действия. Поступая из одной подсистемы в др., они выступают в роли факторов производства специфического для последней функционального ресурса. Парадигматический характер такого рода построений позволяет применять представления о взаимообменах для анализа социальных, культурных и психологических явлений самого различ. уровня. Напр., наука может интерпретироваться как адаптивная подсистема культуры, находящаяся в отношениях взаимообмена с др. ее подсистемами — иск-вом, правосознанием и моралью, религией и космологией. В свою очередь сама наука может аналитически члениться на связанные отношениями взаимообмена подсистемы. Предпринимаются попытки использовать В. п. в анализе личности. В. п. позволяет не столько разрешать, сколько находить и четко фиксировать проблемы взаимосвязи различ. феноменов человеческой реальности. Она служит своего рода картой этой реальности и компасом для ориентирования в ней, создавая необходимые предпосылки для создания полностью аналитических дедуктивных теорий или отдельных их фрагментов.

Л. А. Седов

Лит.: 1) *Parsons T., Smelser N.* Economy and society. N. Y.— L., 1956. 2) Explorations in general theory in social science. N. Y.— L., 1976. 3) *Parsons T.* Sociological theory and modern society. N. Y.— L., 1976.

ВИЗЕ (Wiese und Kaiserwaldau) **Леопольд фон** (02.12.1876, Глац — 11.01.1969, Кёльн) — нем. социолог, представитель т. наз. *формальной школы в социологии,* проф. в Ганновере (1908—1911), основатель (наряду с *Шелером*) и проф. (с 1919) Ин-та социальных наук Кёльнского ун-та, основатель и издатель (1921—1954) журнала по социологии и социальной психологии (с 1921 по 1934 г.— «Kölner Vierteljahreshefte für Soziologie», в 1948 г. возобновлен как «Kölner Zeitschrift für Soziologie und

Socialpsychologie»). В годы нацизма находился во «внутр. эмиграции». Впоследствии сыграл весьма значит. роль в восстановлении традиций бурж. социологии в ФРГ. Социология, согласно В., — эмпирико-аналитическая дисциплина, имеющая своим предметом «социальное» как совокупность процессов межчеловеческих взаимодействий и складывающихся на их основе социальных структур (отношений, групп, ин-тов различ. степени общности и устойчивости). Аналитическим основанием социологии явл. понятие социальной дистанции (*Дистанция социальная*), т. е. приближение или отдаление индивида по отношению к индивиду, группы по отношению к группе, группы по отношению к индивиду и т. д., к-рое выступает как сущностное определение социальных процессов. В работе по общей социологии [1] В. дал детальную классификацию социальных процессов и структур, носящую в большой степени формальный и абстрактно-схоластический характер. В вопросе о развитии об-ва В. придерживался скептической т. зр., признавая наличие изменений, но отрицая прогресс (исключение делалось лишь по отношению к технике). Социальные изменения локализуются в этической сфере: эпоха табу, эпоха морали, эпоха нравственности — современность [2]. Представления В. об об-ве и человеке синтезированы в его филос. антропологии, проникнутой религ. мотивами. В. оказал значит. влияние на развитие социологии в первую очередь как организатор и систематизатор науки. Его деятельность и его теоретическая концепция послужили связующим звеном между классическим и совр. периодами зап. социологии.

В. А. Кучава

Соч.: 1) System der allgemeinen Soziologie... B., 1955. 2) Wandel und Beständigkeit im sozialen Leben. B., 1964.

ВИКО (Vico) **Джамбаттиста** (23.06.1668, Неаполь — 23.01.1774, там же) — основоположник философии истории Нового времени. Его главный труд «Основания новой науки об общей природе наций» (1725) представляет собой амальгаму филос.-антропологической рефлексии («исторической метафизики человеческого рода»), исследований гносеологической специфики социального познания, обобщений социол. типа и культурологической герменевтики (интерпретация античной мифологии и гомеровского эпоса, зачатки сравнительно-исторического языкознания). В. стремился с поверхности исторического бытия выйти на уровень сущности и уловить постоянный закон исторических изменений — «Вечную Идеальную историю... соответственно которой протекают во времени все отдельные Истории Наций в их возникновении, движении вперед, состоянии, упадке и конце» [1]. «Новая наука» В. одновременно и теоретическая, поскольку ее предмет — «общая природа наций», и вместе с тем историческая, ибо, по его мн., во-первых, нужно учитывать «движение наций», и, во-вторых, чтобы теория приобрела достоверность, общую идею следует «посмотреть на фактах». В. в известной мере предвосхищает совр. постановку вопроса о соотношении истории и социологии. Вопрос этот приобрел особую актуальность в связи с кризисом «аналитической социологии». Еще ближе взгляды В. к популярной на Западе в 20 в. идее «социокультурной динамики». В. отмечает «три типа времен»: религ., героические (или «поэтические») и гражданские. Каждая из этих эпох имеет характер целостной формации со специфическими нравами, правоотношениями, особым «авторитетом власти» (в совр. социологии это называется «легитимацией»), формой правления, способом общения и мышления. Под «нравами» В. понимает не только мораль, но и экономику. Он видит связь между экономикой и политикой, а также решающее значение «борьбы сословий» в динамике политических форм. «Гражданский мир» с самого начала был основан «на двух вечных противоположных свойствах, вытекающих из природы вещей... Плебеи... стремятся изменить Государство, они всегда его и изменяют, а Благородные всегда стремятся сохранить его» [1]. В рез-те аристократия сменяется демократией («народной свободой»), к-рая со временем вырождается в анархию, и тогда наконец появляется монархия как единственное средство положить конец всеобщей распре. Пороки монархического правления приводят к разложению всей социальной организации, и человечество возвращается к исходному пункту своего развития, начиная цикл заново. Подчеркивая специфику различ. исторических эпох, В. осн. своей задачей считает обоснование идеи единства мировой истории, хочет найти (и в какой-то степени находит) существенное общее и повторяющееся в истории разных народов и стран. Именно этот смысл имеет его учение о «возвращении вещей человеческих». Правда, В. абсолютизирует повторяемость исторических событий, что связано с провиденциалистской схемой «движения наций». Наряду с общей концепцией социокультурных изменений у В. много интересных идей в области интерпретации различ. сфер культуры, в к-рых он ищет социально-историческую основу.

М. А. Киссель

Соч.: 1) Основания новой науки об общей природе наций. Л., 1940.

ВИРТ (Wirth) **Луис** (28.08.1897, Гемюндер, Германия — 03.05.1952, Буффало, Нью-Йорк, США) — амер. социолог, представитель *чикагской школы*. Президент Амер. социол. ассоциации (1947—1948 гг.), первый президент Международной социол. ассоциации (1949—1952 гг.). В конце 30-х годов, проводя исследования в рамках *городской социологии,* выдвинул понятие городского образа жизни. В своей концепции связал воедино характеристики пространственной и социальной организации крупного города (большая численность, высокая концентрация, социальная неоднородность населения) с характеристиками особого городского типа личности, к-рый формируется в этих условиях. Городской образ жизни противопоставлял традиционному укладу жизни сельской общины. Считал, что общение горожан носит поверхностный, формальный, анонимный характер. Личные связи (семейные, соседские, дружеские) в городской среде распадаются, социальная сплоченность и социальный контроль ослабляются и все это вместе взятое приводит к социальной дезорганизации, с одной стороны, и к сегментации личности, с др.: человек не может ни проявить себя как многогранная индивидуальность в общении с др., ни воспринять других в этом кач-ве (*Урбанизм и антиурбанизм*). В историю социологии В. вошел как основоположник изучения городского образа жизни. Проведенные в дальнейшем зап. социологами и психологами исследования не подтвердили выводов В. о распаде личных связей в крупном городе. Были подвергнуты критике и теоретические основания концепции — стремление рассматривать городской образ жизни как продукт города самого по себе, вне связи с развитием об-ва, социально-классовых отношений. Тем не менее, до сегодняшнего дня концепция городского образа жизни, выдвинутая В., продолжает оставаться одной из наиболее авторитетных и влиятельных в зап. социологии города.

О. Е. Трущенко

Соч.: 1) The Ghetto. Chic., 1928. 2) Urbanism as a way of life//The american journal of sociology, 1938, vol. 44, N 1.

ВЛАСТИ теории — концепции, предлагающие различ. варианты объяснения способности отдельной личности, группы людей, организации, партии, гос-ва навязать свою волю др. участникам социального взаимодействия и управлять их действиями насильственными или ненасильственными средствами и методами. Понятие «В». относится к числу основополагающих понятий политической теории и дает ключ к пониманию политических ин-тов, самой политики и гос-ва. Отношениям власти уделяли пристальное внимание уже античные мыслители — Платон, Аристотель и др.; к ним проявлял большой интерес *Макиавелли* и *Гоббс, Локк* и *Кант* и мн. др. философы и политические теоретики средневековья и Нового времени. Проблемы В. находятся в центре внимания совр. зап. политической социологии и политологии. Признавая ключевое значение В. в политике и политической теории, немарксистские социологи, как правило, игнорируют или отодвигают на задний план ее классовый характер, концентрируя осн. внимание на ее функциональных характеристиках. Существенный вклад в разработку теории В. внесли *Парето, Моска, Михельс* и др. Новую главу в социол. анализе В. открыл М. *Вебер*, к-рый понимал под В. любую возможность проводить внутри данных социальных отношений собственную волю даже вопреки сопротивлению независимо от того, на чем такая возможность основана. Большая заслуга в дальнейшем развитии теории В. принадлежит структурному функционализму. Подчеркивая ключевое значение В., *Парсонс* утверждал, что она занимает в анализе политических систем место, во мн. отношениях сходное с тем, к-рое занимают деньги в экономических системах. Функциональный подход получил конкретизацию в рамках «ролевой» концепции В., предложенной сторонниками плюралистической теории демократии и различ. вариантов демократического этатизма: В.— это способность или потенциальная возможность людей принимать решения, оказывающие влияние на действия др. людей. Считая В. атрибутом ролей в социальной системе, плюралисты и этатисты отмечают, что в совр. об-ве В., выполняющая функции контроля и руководства, немыслима без организационной и институциональной основы. При этом осн. внимание уделяется формам осуществления В., а вопрос о ее источниках зачастую отодвигается на задний план. Этот пробел пытается восполнить англ. политолог леворадик. ориентации Дж. Томпсон, утверждающий, что анализ феномена В. предполагает скрупулезное исследование взаимоотношений между действием, ин-тами и социальной структурой, поскольку те или иные аспекты В. проявляются на каждом из этих уровней. На уровне действия — это способность субъекта В. действовать в соответствии со своими интересами и целями, вмешиваться в ход событий и изменять его. На институциональном уровне В. означает способность предоставлять полномочия тем или иным группам людей или ин-там принимать решения и осуществлять их на практике. В свою очередь пределы этой конституциональной В. ограничиваются социальной структурой. Эти аспекты В., согласно Томпсону, следует отличать от категории господства, к-рая представляет собой особый уровень отношений, характеризующихся неравенством между классами, полами, расами, нациями и гос-вами.

К. С. Гаджиев

Лит.: 1) Американская социология: Перспективы, проблемы, методы. М., 1972. 2) *Weber M.* Wirtschaft und Gesellschaft. Tüb., 1956. 3) *Thompson G.* Language and ideology//The Sociological review. 1987. N. 3.

ВОЕННОЕ ОБЩЕСТВО — см. *Спенсер Г.*

ВОЛЬТМАН (Woltmann) **Людвиг** (18.02.1871, Золинген — 30.01.1907, Генуя) — нем. философ, социолог и публицист, по образованию — врач-окулист, основатель журнала «Politisch-Anthropologische Revue» (1902). Социально-филос. взгляды В. отличались крайним эклектизмом: он пытался объединить расово-антропологический детерминизм, *социальный дарвинизм*, кантианство и нек-рые идеи исторического материализма. В политико-практическом плане В. был приверженцем реформистского социализма, активно отстаивал идеи пангерманизма. Приписывая расово-антропологическим факторам главную роль в обществ. развитии, В. обосновывал решающее значение «тевтонского духа» в развитии европ. цивилизации, стремился доказать германское происхождение ряда видных деятелей истории и культуры Италии и Франции. Работы В. не отличались оригинальностью, вместе с тем они оказали влияние на идеологическое мифотворчество расизма, пангерманизма и национал-социализма.

А. Б. Гофман

Соч.: 1) Теория Дарвина и социализм. СПб., 1900. 2) Исторический материализм. Изложение и критика марксистского миросозерцания. СПб., 1901. 3) Политическая антропология. СПб., 1905.

ВОРМС (Worms) **Рене** (08.12.1869, Ренн — 12.02.1926, Париж) — франц. социолог и философ, основатель журнала «Revue internationale de sociologie» (1893), Международного ин-та социологии (1894) и Парижского социол. об-ва (1895). В. начинал как сторонник органицизма в социологии. В работе «Организм и общество» (1895) он проводил многочисленные аналогии между структурой и функциями человеческого об-ва и биологического организма, полагая, что об-ва и индивидуальные организмы, как части живой природы, подвержены общим законам развития. Однако на рубеже 19—20 вв. под влиянием энергичной критики органицизма со стороны коллег В. отказался от отождествления об-ва и организма, подчеркивая надорганическую и надындивидуальную сущность социальной реальности. В то же время вслед за *Тардом* он придавал особое значение психическим факторам обществ. развития. Социологию В. рассматривал как синтез отдельных социальных наук.

В историю франц. социологии В. вошел не столько своими теоретико-социол. трудами, сколько организационной и издательской деятельностью, активным развитием контактов между социологами разных стран.

А. Б. Гофман

Соч.: 1) Индуктивный метод в социологии. Казань, 1899. 2) Биологические принципы в социальной эволюции. К., 1913. 3) La sociologie, sa nature, son contenu, ses attaches. 2 éd. revê P., 1926.

ВРАЖДЕБНОЙ КУЛЬТУРЫ концепция — концепция, характеризующая деструктивные, разрушительные по отношению к совр. об-ву тенденции, нараставшие в культуре Запада на протяжении 20 в. и оформившиеся в итоге в опред. тип культуры. Термин «В. к.», принадлежащий амер. критику и публицисту Л. Триллингу, был введен в научный оборот социологами неоконсервативного направления (*Белл, Кристол, Нисбет*, М. Новак и др.) для характеристики социальных изменений, произошедших в сфере культуры в 60-х — первой половине 70-х гг. По их мн., они заключались в завоевании ключевых позиций в области «культурного производства» (телевидение, печать, радио, кино, театр, музеи и художественные выставки) леворадикально и гедонистически ориентированной интеллигенцией, враждебной протестантскому «духу капитализма» и направляющей развитие культуры в русло антикапитализма, без к.-л. конкретной альтернативы совр. об-ву. Это породило, согласно Беллу [4], расхождение «оси» развития культуры и «оси» экономического и научно-технического развития об-ва. По его мн., тип человека, формируемый В. к., оказался неприспособленным для использования в экономической, научно-технической, политической и административной сферах. Истоки концепции В. к. Белл и др. неоконсервативные авторы видят в авангардистски-модернистском иск-ве (дадаизм, сюрреализм, экспрессионизм и т. д.), утверждавшем себя на протяжении первой трети 20 в. в серии «бунтов», направленных против «бурж. об-ва», его иск-ва и культуры, положивших начало традиции *«контркультуры»*. В 20-е гг. *Ортега-и-Гассет* предложил толковать эту концепцию в кач-ве модели сознания «новой аристократии» — элиты, противостоящей «массе» и «массовому об-ву». Этим было положено начало ее интеграции — под общим названием модернизма — в структуре совр. зап. об-ва. В 60-е гг. новации и экстравагантность авангардистски-модернистского иск-ва стали настолько привычными, что перестали возмущать «массовую публику»; «индустрия культуры» превратила их в клише и шаблоны, подлежащие массовому тиражированию [2]. С др. стороны, концепция В. к. была воспринята идеологами движения «новых левых» интеллектуалов, выступавших с идеей «культурной революции» в духе Мао» против «культурного истеблишмента». Их лозунги «Культура — последний оплот буржуазии», «Культуру — на фонарь!» были использованы для идеологического оправдания «захвата власти» в системе массовых коммуникаций леворадикально, «контркультурно» настроенной интеллигенцией, в рез-те чего произошла институционализация В. к. Против такого рода «культурной революции» выступили (еще в 60-е гг.) неоконсервативно ориентированные сторонники «культурной контрреволюции», противопоставившие В. к. антиавангардистский и антимодернистский идеал традиционной (классической) культуры [1], [2], [3].

Ю. Н. Давыдов

Лит.: 1) *Давыдов Ю. Н.* Бегство от свободы. Философское мифотворчество и литературный авангард М., 1978. 2) Социология культуры. Инфантилизм как тип миросозерцания и социальная болезнь. М., 1980. 3) *Bell D.* The cultural contradiction of capitalism. N. Y., 1976.

ВУЛЬГАРНЫЙ СОЦИОЛОГИЗМ — а) в широком смысле — ошибочное (огрубленное, упрощенное и одностороннее) истолкование духовной жизни об-ва, идеального измерения человеческого существования вообще, являющееся рез-том стремления рассматривать социальную функцию каждого из духовных явлений в кач-ве единственно содержательной, единственно значимой, определяющей все остальные; б) в узком смысле — одностороннее истолкование марксистской теории обществ. сознания, когда последнее рассматривается безотносительно к проблеме его истинности или ложности, исключительно в аспекте его классово-идеологической функции, т. е. в кач-ве орудия борьбы обществ. классов (социальных слоев, групп и т. д.) за господство или просто выживание. (а) В. с., сопровождающий эволюцию зап. социологии едва ли не на всех этапах, возникает либо в связи с переоценкой, а то и абсолютизацией социологией своих собственных возможностей и методов исследования («пансоциологизм»), либо в связи с недостаточно четким размежеванием между социологией и иными областями научного знания об об-ве и его духовной жизни, напр. культурологией, эстетикой, искусствознанием и т. д. Особенно остро эти взаимосвязанные установки сказываются в периоды «бури и натиска» в социологии, когда вновь открытые ею или заимствованные из др. научных дисциплин способы анализа действительно дают нетривиальные рез-ты на почве социол. изучения об-ва, открывая здесь новые и, как кажется поначалу, безграничные перспективы аутентичного истолкования социальной реальности. Тенденции В. с., проявившиеся еще в прошлом веке при социол. изучении религии и этики, лит-ры и иск-ва (в особенности — по мере проникновения в исследование духовной жизни об-ва «брутального» ницшеанского биологизма и физиологизма), получают дальнейшее развитие на почве сближения социологии и культуррелятивистской социальной философии (Шпенглер и его последователи в области социологии религии и этики, науки и иск-ва). Элементы В. с. прослеживаются в социологии знания *Маннгейма;* нек-рые уступки В. с. можно отметить в социологии знания *Шелера,* хотя он и пытался найти противовесы шпенглеровскому культуррелятивизму. От Маннгейма унаследовал ряд ошибок вульгарно-социол. порядка известный социальный философ иск-ва *Хаузер.* (б) Редукционистскими (*Редукционизм социологический*) тенденциями вульгарно-социол. свойства отмечен также *неомарксизм,* в частности неомарксизм *франкфуртской школы.* В рамках неомарксизма франкфуртской школы общим источником проявления вульгарно-социол. ориентаций и связанных с ними ошибок оказался специфический «фрейдомарксизм», представляющий собой рез-т слияния категорий «экономически» истолкованного Маркса с биологизированными интуициями психоанализа. Заимствованные из разных теоретических областей понятия и представления утрачивали необходимую строгость и определенность, практически становясь метафорами, применение к-рых в ходе исследования явлений духовной жизни превращает последнее в род интеллектуальной романистики. В 60-х — начале 70-х гг. неомарксизм, получивший на Западе «второе дыхание» в связи с движением «новых левых», оказал значит. влияние на зап. социологию, в к-рой возникло особое направление — *критическая социология,* воспроизводящая, а отчасти и усугубляющая фрейдомарксистский В. с. франкфуртской школы. В атмосфере своеобразной «моды» на В. с., вызванный неомарксизмом и движением «*новых левых*», усиливаются соответствующие тенденции в социологии религии, иск-ва, науки. В рамках последней сложилась т. наз. когнитивная социология науки, в к-рой были реанимированы вульгарно-социол. ошибки 20-х гг. Однако начиная со второй половины 70-х гг. в зап. социологии углубляется критическое отношение к В. с., связанное с осознанием кач. специфики идеального измерения человеческого существования, не поддающейся социол. редукции. Предпринимаются попытки преодолеть ведущую к В. с. дихотомию «базисно-надстроечного» подхода к рассмотрению культуры, при к-ром явления духовного порядка оказываются «эпифеноменальными» — чистыми «отражениями» исторически меняющейся действительности, не имеющими собственных корней в бытии. В рамках начавшегося в 70-х гг. «веберовского ренессанса» перспектива преодоления подобной дихотомии, ведущей к представлению о духовной культуре как о чем-то иллюзорном, фиктивном (в лучшем случае как полезная фикция), намечается на путях разработки понятия избирательного сродства, предложенного *М. Вебером*. С т. зр. идеи избирательного сродства, существующего между явлениями духовного и материального порядка, ни первые не явл. отражением вторых, ни вторые — отражением первых; как те, так и др. представляют собой одинаково значимые факторы образования социокультурной действительности. Образуя неповторимо индивидуальные исторические констелляции, они обнаруживают изначальное родство, внутреннее тяготение друг к другу, свою взаимную сопряженность, в рамках к-рой представляют собой одинаково значимые «моменты», предстающие в нерасторжимом единстве.

Ю. Н. Давыдов

Г.

ГАЙГЕР (Geiger) **Теодор** (09.11. 1891. Мюнхен — 1952) — нем. социолог. Получил юридическое образование; с 1929 по 1933 г.— проф. в Брауншвайге; с 1933 по 1945 г. находился в эмиграции в Дании (проф. в Архусе); после возвращения явл. одним из ведущих социологов Зап. Германии. В понимании социальной реальности примыкал к феноменологической теории *Фиркандта*. Проделал эволюцию от социал-демократизма к критике социализма. Наибольший резонанс в зап. социологии получили его работы по проблемам *социальной стратификации*, классового сознания и социальной мобильности, социологии права и интеллигенции (включая проблематику идеологии). Еще до эмиграции Г. подверг критике первоначально им разделявшуюся «классическую» (марксистскую) концепцию рабочего класса и его роли в совр. социальных преобразованиях. Он был в числе социологов, противопоставивших концепцию рабочего класса проблематике «нового класса», к-рым считал служащих. Ему принадлежит идея «возможной связи» между неустойчивым положением этого класса, заинтересованного в упрочении своего социального положения и престижа, и нацистским движением. Г. активно работал над различением понятий «класс» и «сословие», обосновывал превращение в совр. условиях классовой дифференциации об-ва в профессиональную дифференциацию. Г. считал, что прежние межклассные напряжения смещаются в 20 в. по линии, пересекающей границы классов. Источником таких напряжений и конфликтов явл. противоположность интересов «солидарности производителей» (предпринимателей и рабочих), с одной стороны, и интересов потребителей — с др.; все большее значение, согласно Г., приобретают конфликты между местным населением и «пришлым» (эмигранты), а также конфликты между различ. этническими, религ. и др. группами [1]. Считая, что интеллигенцию нельзя определять ни через классовое (или сословное) положение, ни посредством классового сознания, Г. ставил во главу угла вопрос о ее социальной функции, к-рая состоит в создании новых культурных ценностей и идеологий, вкладе в общую рационализацию жизни, критике существующих ин-тов с целью ограничения притязаний власть имущих [2]. Г. отстаивал тезис, согласно к-рому мышление и идеология не обязательно связаны с социальным положением их носителей [3]; он отмечал особую роль идеологий в совр. массовом об-ве. По Г., атомизированное, характеризуемое безличностью и анонимностью отношений «массовое об-во» — миф, изобретение теоретиков; «массовость» — лишь один из аспектов жизни об-ва, где интимно-непосредственные и анонимно-дистанцированные отношения не исключают друг друга. Сфера проявления «массовости» — классовые, национальные и проч. движения. В них первичные, «общинные» ценности играют не свойственную им роль; «симпатия» вырождается в «пафос», формируется идеология. В др. аспекте идеология трактуется как теоретико-познавательное понятие, как «атеоретичное, проступающее в теории». Задача ученого, по мн. Г., путем рефлексии нейтрализовать этот фактор.

Отсюда следуют нормы научной этики: «ценностное воздержание», «аскетизм чувств» и т. п. В социально-политической сфере Г. рекомендовал всеобщее просвещение — «демократизацию разума», с тем чтобы место патетически-иррационального занял трезвомыслящий индивид, сознающий объективный характер социальных процессов и ограниченность человеческих возможностей. Начав как социал-демократ с деятельности по просвещению пролетариата и «формированию классового сознания», Г. пришел к либерально-реформистским взглядам, свойственным позитивистски ориентированному социальному мышлению.

Л. Г. Ионин

Соч.: 1) Die Klassengesellschaft im Schmelztiegel. Köln, 1949. 2) Aufbau und Stellung der Intelligenz in der Gesellschaft. Stuttg., 1949. 3) Ideologie und Wahrheit: eine soziologische Kritik des Denkens. Stuttg., 1953.

ГЕЛЕН (Gehlen) **Арнольд** (29.01.1904, Лейпциг — 30.01.1976, Гамбург) — нем. философ и социолог, один из основателей филос. антропологии как специальной дисциплины. Ученик Х. Дриша. Испытал влияние Шопенгауэра, Ницше, Н. Гартмана, феноменологии и др. Проф. в Лейпциге (с 1934), Кенигсберге (с 1938), Вене (с 1940), Шпейере (с 1947), Ахене (1962—1969). Антропологические взгляды Г. первоначально складывались в русле инспирированной философией жизни консервативной критики культуры. Наиболее полно они сформулированы в главном труде Г. «Человек. Его природа и место в мире» (1940) [1]. Филос. антропология, по его замыслу, должна свести воедино данные отдельных наук о человеке. Г. вслед за *Шелером* и *Плеснером* стремится выявить специфику положения в мире человека как особым образом организованного живого существа, но именно Г. отказывается от использования в исследовании человека «лестницы существ», сущностно отображающей ступенчатое строение органического мира («растение» — («зоофиты») — «животное» — «человек»). Г. подчеркивает своеобразие человеческой организации как взаимосвязанной системы функций. Следуя И. Г. Гердеру, Г. называет человека «недостаточным» существом. В отличие от животного, оно обделено полноценными инстинктами, т. е. не имеет устойчивых раздражителей вовне и столь же устойчивых реакций у себя; не пребывает от рождения в гармонии с природой, не находится во взаимосоответствии с «окружающим миром», т. е. сегментом мира как такового, специфически значимым именно для данного вида живых существ. Человек открыт всему миру. Отсутствие специфически значимого «окружающего мира» сопряжено с внутр. избытком побуждений у человека. Т. обр., на человека ложится непосильный груз выживания и самоопределения. Поэтому главным для него оказывается «разгрузка», дающая возможность более опосредованно, определенно относиться к окружающему и к себе самому. Избыток побуждений делает невозможной их одновременную реализацию. Реализация одних задерживает др. Возникает «самодистанцирование», позволяющее человеку, в отличие от непосредственной жизнедеятельности животных, не просто «жить», но «вести жизнь», планомерно и осмотрительно изменять своими действиями себя и окружающее. Действие как единство — осн. антропологическая характеристика человека. В действии нет дуализма процесса и рез-та, субъекта и объекта, души и плоти и т. п. Прогрессирующая разгрузка, понимаемая как деятельное самоосуществление, все больше высвобождает действие из ситуативной определенности, и на более высоком уровне необходимая функция выполняется «символическим» образом. Зрение берет на себя ведущую роль среди органов чувств, позволяя ориентироваться без непосредственного соприкосновения с вещами, язык еще больше удаляет от частностей ситуации. Действуя, человек создает культуру, к-рая принадлежит именно природе человека и не может быть «отмыслена» от нее. Действие, соотнесенное с др. действиями и «кооперированное» с ними, позволяет говорить о различ. типах «сообщества». Понятие действия позволяет перейти от «начальной антропологии» книги «Человек» к учению об ин-тах, т. е. фиксированных формах антропологической организации, к-рое наиболее полно изложено в работе «Первобытный человек и поздняя культура» (1956) [2]. Действие мотивировано целесообразностью, но его постоянное повторение может оказаться полезным и в ином отношении. Непредусмотренная целесообразность может своей объективной полезностью возбудить мотивы для дальнейшего стабилизирования полученного рез-та. Так, архаические ин-ты семьи, животноводства, земледелия и т. п.— непредусмотренный рез-т религ.-ритуального, изобразительного действия, удовлетворяющего фундаментальной потребности в поддержании стабильности мира через его ритуальное изображение-закрепление. Возникшие т. обр. ин-ты не только «разгружают» человека от опасностей, но и позволяют ему действовать инстинктоподобно, определяя его сознание и волю. Г. выделяет в истории три культурные эпохи: культура охотников, культура земледельцев и совр. индустриальная культура, возникшая около 200 лет назад. Следуя М. *Веберу*, он описывает прогрессирующую рационализацию ин-тов (ведущую роль, по Г., играет тут техника). Но при этом ин-ты все больше подчиняются имманентным законам; инстанции, соединяющей совокупное истолкование мира и нормирование поведения, как то было в архаическую эпоху, больше нет. Отсутствие взаимосогласования ин-тов между собой и с моральной жизнью человека означает для последнего тяжелый груз необходимости принимать решения по своему усмотрению. Вместе с прогрессирующим освобождением людей от опасностей, физического труда и т. п. это провоцирует развитие «современного субъективизма». Консервативная социальная критика полностью оформлена Г. в концепции «плюралистической этики» (книга «Мораль и гипермораль», 1969, [3]). Он постулирует наличие четырех не зависящих друг от друга источников морали, «этосов»: стремление к взаимности, «физиологические добродетели» (инстинктивное стремление к благополучию, переходящее в эвдемонизм), родовая (клановая) мораль братской любви, предельно выраженная в морали гуманности; институциональный этос. В ходе рационализации ин-тов, заставляющей их все больше полагаться на свой внутр. порядок и решать объективные проблемы, сообразуясь с давлением обстоятельств, клановая (гуманная) мораль универсализуется и вступает в конфликт с этосом политических ин-тов. Положение усугубляют интеллектуалы, скрывающие за проповедуемой моралью братства собственную жажду власти. В 70-е гг. Г. оказался ведущим идеологом *неоконсерватизма* в ФРГ, что вызвало новый интерес и к его теоретическим работам.

А. Ф. Филиппов

Соч.: 1) Der Mensch. Seine Natur u. seine Stellung in der Welt. Fr./M.— Bonn, 1962. 2) Urmensch u. Spätkultur. Fr./M.— Bonn, 1964. 3) Moral u. Hypermoral. Fr./M.— Bonn, 1969. 4) Gesamtausgabe. Bde. 1—4—7—. Fr./M., 1978—1983.

ГЕНЕРАЛИЗИРУЮЩИЙ МЕТОД В СОЦИОЛОГИИ — см. *Номотетический метод в социологии.*

ГЕНЕТИЧЕСКИЙ СТРУКТУРАЛИЗМ — концепция франц. социолога *Гольдмана,* представляющая собой разновидность классического структурального (*Структурализм*) метода исследования социокультурных явлений («гуманитарных фактов») с целью создать методологию, с помощью к-рой можно было бы анализировать одновременно и структуру, и генезис этих явлений. Конкретным материалом, на к-ром Гольдман отрабатывал метод Г. с., явились: философия Б. Паскаля, Д. Лукача и М. Хайдеггера, драматургия Ж. Расина, живопись М. Шагала, авангардистский театр Ж. Жене и др. произведения духовной культуры [2]. Г. с. стал у Гольдмана своеобразной разновидностью критики структуралистских социал-филос. концепций, поскольку сам С. характеризуется им как теория «формальных трансисторических структур», предлагающая человечеству «культуру, сосредоточенную на комбинации средств без всякого интереса к целям и ценностям» [3]. В противоположность понятию «структура» Г. с. выдвигает категорию «значимая динамическая структура». В то же время он заимствует у структуралистов прием скрупулезного имманентного анализа социокультурного явления (напр., художественного произведения) в его внутр. последовательности и взаимосвязанности элементов. Г. с. содержит требование описывать социокультурный контекст, породивший исследуемое произведение (или комплекс произведений), чего не ставили своей осн. задачей структуралисты. По замыслу Гольдмана, Г. с.— это «марксистский» «диалектико-материалистический» С., постоянно имеющий в поле зрения не только структуру, но и генезис исследуемого явления, как и его последующее развитие.

С. М. Митина

ГЕОГРАФИЧЕСКОЕ НАПРАВЛЕНИЕ в социологии — множество натуралистических теорий, признающих ведущим фактором социальных изменений или исходным пунктом социол. анализа обществ. бытия, порядка, организации географическую среду. Хотя трактовка последней как единственной детерминанты, однозначно направляющей эволюцию данного об-ва или культуры, встречается редко, для Г. н. обычна недооценка масштабов исторической деятельности человечества по преобразованию природной среды в культурную и потенциала изменений, заложенного во внутр. взаимодействии социальных и духовных факторов. Филос. опорой теорий Г. н., тяготевших к географическому детерминизму, т. е. к методологической установке, что психологические и культурные процессы однозначно определяются физическими факторами внешней среды, было механистическое миропонимание, физический монизм. В философии истории 18—19 вв. (*Монтескье*, К. Риттер, *Бокль*, Л. И. Мечников и др.) преимущественное внимание обращалось на роль географической среды (напр., длины береговой линии, особенностей речного половодья и т. д.) в формировании цивилизаций, в генезисе первых исторических форм общественности. Однако признавалось, что на высших ступенях цивилизации постепенно приобретают перевес умственные факторы.

А. Д. Ковалев

ГИГИЕНА СОЦИАЛЬНАЯ (социальная санитария) — направление эмпирических обследований в европ. странах в 19 в. Наиболее известные представители: Э. Чадуик (Англия), Л. Виллерме, А. Паран-Дюшатле (Франция), Р. Вирхов (Германия). Цели Г. с. заключались в том, чтобы, во-первых, восполнить недостатки официальной информации о положении городского трудящегося населения, возрастающего в период индустриализации и урбанизации, и, во-вторых, способствовать оздоровлению жизни неимущих слоев. Филантропическая деятельность социальных гигиенистов основывалась на идеале рационализации обществ. и частной жизни, медицинского обслуживания, гос. управления; на вере в возможность всеобщего процветания, достижимого по мере роста экономической эффективности об-ва. Их работы влияли на осуществление гос. реформ в области здравоохранения. Г. с. заложила основы медицинской гигиенической статистики, ввела в практику новые методы сбора информации — опросы, интервью, наблюдения и проч., делала первые попытки социального объяснения здоровья. Конечной причиной распространения заболеваний среди низших слоев признавались неудовлетворительные условия жизни и труда. Обществ. здоровье понималось как сумма здоровья всех членов об-ва. К концу 19 в. в области Г. с. получили распространение идеи социал-дарвинизма, евгеники, психологии, психиатрии. Объяснение данных медицинской статистики сводилось к наследственности и борьбе за существование, а обществ. здоровье стало пониматься как здоровье нации в целом. В социальной политике вместо цели улучшения жизни каждого человека и бедных слоев населения в первую очередь была сформулирована цель создания наилучших условий для воспроизводства здоровых членов об-ва, что означало переход на позиции, близкие к евгенике. Изменения претерпело и «медицинское» содержание работ по Г. с.: от борьбы против эпидемических заболеваний (тифа, холеры), туберкулеза и проч., за соблюдение элементарных санитарных условий в общест. учреждениях (тюрьмах, публичных домах, больницах и проч.) и пропаганды личной гигиены — к борьбе с венерическими заболеваниями, алкоголизмом, психическими и умственными дефектами. На последних в послевоенное время было сосредоточено осн. внимание. За последние 10 лет наметилось оживление интереса к «социальному» содержанию вопросов об-ществ. здоровья, связанное, напр., с осмыслением роли нормальной семьи в воспитании здорового поколения или с исследованием воздействия на молодежь массовой культуры.

М. С. Ковалева

Лит.: 1) История буржуазной социологии XIX — начала XX века. М., 1979. 2) *Jones G.* Social hygiene in twentieth century. L., 1986.

ГИДДИНГС (Giddings) **Франклин Генри** (23.03.1855, Коннектикут, США,— 11.06.1931, Нью-Йорк) — амер. социолог, президент Амер. социол. об-ва (1908). Первым в США получил должность «полного профессора» социологии в Колумбийском ун-те в 1894 г. В ранний период своей научной деятельности примыкал к *психологическому эволюционизму,* одному из течений психологической социологии конца 19 — начала 20 в. Как и др. представители этого направления, Г. стремился сочетать *органицизм Спенсера* с идеалистической интерпретацией обществ. жизни. Об-во, по мн. Г., есть физико-психический организм, особого рода организация, «представляющая отчасти продукт бессознательной эволюции, отчасти результат сознательного плана» [1]. Поэтому социол. анализ обществ. процессов должен сочетать в себе изучение объективно-природных и субъективно-психологических факторов. В трактовке Г. психологических оснований обществ. жизни сказалось влияние *Тарда*. Считая основополагающим элементом обществ. жизни «сознание рода» (т. е. коллективное сознание, обеспечивающее взаимопонимание и коммуникацию людей), Г. использовал это понятие наряду с термином «социальный разум» для характеристики общест. сознания. В концепции социальной структуры Г. выделяет три класса («жизненные классы», «классы личностей» и «социальные классы»); а для объяснения эволюции обществ. организации использует тезис о развитии социума от «зоогенической ассоциации» до совр. «демогенической ассоциации». Во второй период своей научной деятельности, начавшийся в 20-е гг., Г. становится одним из самых активных пропагандистов новых концепций позитивизма (Э. Мах, К. Пирсон, Б. Рассел) и статистического метода исследования, оказав заметное влияние на формирование *эмпирической социологии* США. Соответственно изменяется и его трактовка предмета социологии, к к-рому в это время он относит изучение «плюралистического поведения», истолковываемого в бихевиористском смысле — как совокупность реакций индивидов на стимулы среды [2].

М. С. Комаров

Соч.: 1) Основания социологии. СПб., 1988. 2) Studies in the theory of human society. N. Y., 1924.

ГИНСБЕРГ (Ginsberg) **Морис** (14.05.1889, Литва (?) — 31.08.1970, Лондон) — англ. социолог, ученик *Хобхауса.* Возглавлял отделение социологии в Лондонской школе экономики и политических наук с 1929 г. Крупный исследователь совр. ему европ. и амер. социологии. В предвоенные и военные годы был единственным проф. социологии в Британии, в 1955—1957 гг.— первым президентом Британской социол. ассоциации. Г. продолжал традицию синтеза социальной философии, моральной философии, социологии, социальной психологии и философии права. В центре интересов Г.— равновесие разумного и неразумного в социальной жизни. Исторический прогресс он, подобно Хобхаусу, связывал с возникновением и развитием способности человечества контролировать направление своих собственных социальных изменений. Постепенное развитие взаимосвязей между об-вами, по его мн., приведет к единству человечества. Отсюда особую роль в об-ве Г. отводит праву, знанию вообще и социол. знанию в частности. Для того чтобы служить во благо, знание должно иметь моральные основания. Соблюдение социальной справедливости и благонаправленности социального изменения возможно только при условии социальной ответственности каждого лица, каждой группы и каждого поколения. Социолог, как любой др. ученый, имеет, по мн. Г., двойную обязанность перед об-вом: исследовать истину ради нее самой и использовать знание для человеческого блага.

М. С. Ковалева

Соч.: 1) The psychology of society. L., 1922. 2) Evolution and progress. L., 1961. 3) On justice in society. L., 1965.

ГЛОК (Glock) **Чарлз** (р. 1919) — амер. социолог, долгое время был проф. Калифорнийского ун-та (США), руководителем Центра по изучению религии и об-ва. Начиная с конца 50-х гг. Г. разрабатывал проблемы методологии и методики эмпирических исследований религиозности, на основе к-рых выделил пять ее осн. измерений: 1) религ. опыт (виды мистических и экстатических состояний); 2) религ. вера (религ. мифы и догматы, в к-рые верят люди); 3) формы культового поведения: посещение богослужений, участие в исповеди и причастии, индивидуальные молитвы и т. п.; 4) уровень религ. информированности индивида, знание им осн. положений религ. вероучения; 5) степень мотивирующего воздействия религии на поведение личности и различ. сферы обществ. жизни. Наиболее подробная разработка этих проблем дана в книге, написанной совместно с Р. Старком [1].

Д. М. Угринович

Соч.: 1) *Stark R., Glock Ch.* American Piety: The Nature of Religious Commitment. Berkeley, 1968.

ГОББС (Hobbes) **Томас** (05.04.1588, Малмсбери — 04.12.1679, Хардуик) — англ. философ, представитель механистического материализма, продолжатель номиналистической традиции в философии. Взгляды Г. наиболее полно изложены в его философской трилогии «Основы философии»: «О теле» (1655), «О человеке» (1658), «О гражданине» (1642). Филос.-политические взгляды Г. сведены в его книге «Левиафан или материя, форма и власть государства церковного и гражданского» (1651). Социол. воззрения Г. связаны с его философией природы и человека. Мир, по Г., есть совокупность вещественных субстанций — тел. Человек занимает промежуточное положение между естеств. и искусственными телами: он явл. естеств. телом, но в кач-ве гражданина участвует в создании искусственного тела — гос-ва, «смертного бога», «Левиафана». В естеств., т. е. догос., состоянии люди равны друг другу физически и умственно. Равная способность к вожделению и захвату одних и тех же вещей ведет к непрестанной борьбе. Поэтому естеств. состояние — это война «всех против всех», ибо, даже если и нет битвы, «явно сказывается воля к борьбе путем сражения» (Левиафан. Гл. XIII). Здесь действует *естеств. право*, к-рое Г. трактует как свободу делать все для самосохранения, в т. ч. и посягать на чужую жизнь. Но антропологическое равенство не обеспечивает совершенного превосходства и никому не дает гарантий безопасности. Ее могло бы обеспечить исполнение предписаний естеств. разума, или естеств. закона, общее правило к-рого состоит в том, «что всякий человек должен добиваться мира, поскольку у него есть надежда достигнуть его, если же он не может его достигнуть, то он может использовать всякие средства, дающие преимущество на войне» (Левиафан. Гл. XIV). Отсюда следует свод естеств. законов, согласно к-рому для установления всеобщего мира разумно пойти на взаимное ограничение прав всех людей. Социальность тождественна гос.-политическому состоянию и создается путем договора (*Общественный договор*). Соблюдение договора гарантирует мир, т. е. безопасность. В безопасности нет страха нарушить договор. Поэтому в естеств. состоянии не действуют естеств. законы. Человек по природе не социален. Постоянное существование социальности гарантирует лишь то, что возникает не из взаимного перенесения друг на друга прав в договоре, но как условие возможности договора «трансцендентно» ему. «Это больше, чем согласие или единодушие. Это реальное единство, воплощенное в одном лице посредством соглашения, заключенного каждым человеком с каждым другим таким образом, как если бы каждый человек сказал каждому другому человеку: я уполномочиваю этого человека или это собрание лиц и передаю ему мое право управлять собой при том условии, что ты таким же образом передашь ему твое право и будешь санкционировать все его действия» (Левиафан. Гл. XVII). Возникающее т. обр. гос-во (демократическое, аристократическое или монархическое) ценно само по себе. Традиционное различение «правильных» и «неправильных» правлений неверно. Но Г. предпочитает монархию, к-рая обеспечивает непрерывность волеизъявления суверена, внутр. единство воли в гос-ве и ее единство с исполнительными органами. Суверен — не только верховный политический властитель, но и верховный судья в вопросах веры и всех иных суждений и мнений, могущих иметь значение для гос-ва. Задача суверена — сохранение и продление жизни «государственного тела», т. е. поддержание мира и безопасности. «Но под обеспечением безопасности подразумевается не одно лишь обеспечение безопасности голого существования, но также обеспечение за всяким человеком всех благ жизни, приобретенных им законным путем, безопасным и безвредным для государства» (Левиафан. Гл. XXX). А для этого надо укреплять и охранять абсолютную власть суверена. Социально-политические взгляды Г. внутренне противоречивы. Так, гарантии личного благополучия в гражданском состоянии противоречат неограниченному произволу суверена. Своекорыстное поведение, непосредственно безвредное для гос-ва, противоречит политическому единству. Признание права на борьбу за самосохранение вопреки воле суверена ограничило бы его могущество, что противоречит определению. Суверен заставляет повиноваться благодаря полномочному распоряжению жизнью граждан. Но угроза расправы со стороны суверена — не лучше естеств. состояния всеобщей войны в том, что касается безопасности. Эти противоречия в 17—18 вв. пытались разрешить *Локк* и *Руссо*. Отказ Г. от применения религ., моральных и т. п. оценок в рассуждениях о самодовлеющем политическом единстве и подчинение всех иных сфер этому единству сделали его в истории политической мысли почти столь же одиозной фигурой, как и Макиавелли. Образ гос-ва-«Левиафана» стал нарицательным для обозначения тоталитарных, антигуманных режимов. Интерес к Г. был очень велик и после завершения процесса становления социологии как науки. Специальные исследования о нем написали *Теннис, К. Шмитт, Шельски,* Л. Штраус. Особую известность получила формулировка «гоббсовой проблемы» у *Парсонса* в книге «Структура социального действия». Рассматривая подходы к проблеме социального порядка, Парсонс показывает, что теоретическая система Г.— это последовательный вариант концепции утилитаризма, исходящего из предпосылки об атомизации социальных деятелей, их рациональном поведении при выборе средств для осуществления целей и в условиях отсутствия иерархии и взаимосвязи целей. Достижение целей, понимаемых как нормативный элемент действия, Парсонс называет «нормативным порядком». Статистическую повторяемость действий — фактическим порядком. Исходный пункт утилитаризма — индивидуальное достижение целей. Но, как показывает Г., из этого следует состояние войны, т. е. недостижение целей, хаос. Т. обр., нормативного порядка тут нет. Но и фактический порядок должен оказаться внутр. нестабильным. Приняв указанные предпосылки, проблему порядка решить нельзя. Парсонс убежден в наличии иерархии целей, в нормативном ограничении произвольности выбора целей как непременном моменте любого социального действия. *Дарендорф* снова возвращается к этой проблеме. Он противопоставляет подход Парсонса (вместе с Руссо) подходу *Миллса* (вместе с Г.) к проблеме социальной интеграции. Признавая правомерность обоих, он усматривает больше плодотворности во втором, т. е. в концепции принудительной интеграции. В последние годы т. зр. Парсонса на «гоббсову проблему» в социологии заново развил и обосновал со ссылками на Г. и совр. утилитаристов зап.-германский социолог Р. Мюнх.

А. Ф. Филиппов

Соч.: 1) Избранные произведения. Т. 1—2. М., 1964. 2) Философские основания учения о гражданине. М., 1974.

ГОБИНО (Gobineau) **Жозеф Артюр де** (14.07.1816, Виль-Авре — 13.10.1882, Турин) — франц. социальный философ, писатель, ориенталист-любитель и дипломат; в 60—70-х гг. посол Франции в Иране, Греции, Бразилии, Швеции. Один из первых пророков неминуемой гибели западной цивилизации. Это осн. мысль его главного труда «О неравенстве человеческих рас». Г. предложил радик. биологическое объяснение исторического процесса. Главный фактор цивилизации — «чистота расы», к-рую, однако, никогда не удается сохранить надолго. Отсюда и недолговечность расцвета цивилизации. «Этнические смеси» разрушают единство стиля жизни и приводят к «вырождению человека», а вместе с этим и к распаду всей социальной структуры. Г. постулирует неизменную «иерархию рас»: негры всецело чувственны и неспособны к рациональному самоконтролю, желтая раса проникнута утилитаризмом и потому ей неведомы героические порывы и высокие достижения. Единственной «исторической расой» явл. белая. Она «первоначально владела монополией на красоту, ум и силу» [2]. Где бы и когда бы ни возникала цивилизация (Г. считает, что их было десять), в ее рождении обязательно принимала участие «белая кровь». Но и белая раса внутри себя неоднородна, она представлена тремя вариациями: «хамиты», «семиты» и «яфетиды». Первые две разновидности оказались менее жизнестойки и быстро смешались с черной расой, из яфетидов Г. превозносит «семейство арийцев», с к-рым он связывает все лучшее, что есть на Земле. Это прирожденная «раса владык», физически наиболее сильная и привлекательная, ей свойственны исключительная энергия, бесстрашие и созидательный гений. Сознавая свою уникальность, арийцы, считал Г., заботились о сохранении чистоты породы, следствием чего была жесткая иерархия социальной жизни (напр., кастовый строй Древней Индии). Несовместимость расового объяснения истории с многочисленными и разнообразными фактами Г. мало смущала. Так, в «Истории персов» (1869) он выдвигает «чудовищной ложью» традиционную версию греко-персидских войн, поскольку «арийцы» Дария и Ксеркса не могли быть хуже «семитизированных греков». Драматическая пенталогия «Ренессанс» (1877) проникнута тем же мотивом неизбежности декаданса ввиду ухудшения человеческой породы. Исторический произвол Г. достигает апогея в книге «История Оттара Ярла и его потомства» (1879). Это полуфантастическая генеалогия рода Г., к-рую ему угодно было вести от «норвежского пирата», упоминаемого в норвежских хрониках под 843 г. В опубликованной посмертно поэме «Амадис» Г. пытался возродить героический рыцарский эпос, возможно под влиянием Р. Вагнера, с к-рым сблизился в последние годы жизни. Уже при своем появлении расовая концепция Г. была подвергнута убедительной критике выдающимся политическим мыслителем *Токвилем* и известным философом и ученым-ориенталистом Э. Ренаном. Г. во мн. предвосхитил концепцию Ницше. В 20 в. его идеи способствовали формированию и распространению идеологии нацизма.

М. А. Киссель

Соч.: 1) La Renaissance. P., 1877. 2) Essai sur l'inégalité des races humaines. P., 1884.

ГОЛЬДМА́Н (Goldmann) **Люсьен** (20.07.1913, Бухарест — 09.10.1970, Париж) — франц. социолог, основоположник *генетического структурализма*. Руководил Центром национальных научных исследований в парижской Высшей практической школе, возглавлял Социол. центр при Брюссельском ун-те.

В период второй мировой войны, эмигрировав из Франции в Швейцарию, сотрудничал с Ж. Пиаже, у к-рого позаимствовал элементы генетической эпистемологии (выделение т. наз. операциональных структур в человеческой психике, признание решающей роли процессов социализации в формировании структуры личности и т. д.). Своими учителями Г. считал также Канта, К. Маркса, *Фрейда* и *Лукача*. В ранних работах «Человеческая общность и универсум по Канту» (1945), «Гуманитарные науки и философия» (1952) Г. изложил принципы генетического структурализма. В трактате «Скрытый бог» [1] он произвёл сравнительный анализ двух социокультурных структур — философии Б. Паскаля и драматургии Ж. Расина, объясняя их внутр. сходство близостью обоих к мировоззрению янсенизма. Культурологические исследования Г. ценны конкретными наблюдениями в связи с отдельными произведениями. Однако объяснение генезиса изучаемых художественных и социальных структур неизменно остаётся вульгарно-социол. (*Вульгарный социологизм*), что обесценивает практику структурно-генетического анализа явлений культуры. Зап. социологи указывают на отсутствие у Г. структуралистского профессионализма и на противоречивость его «генетических» деклараций. Несмотря на плодотворность замысла Г. (попытка диалектико-материалистической «коррекции» традиционного франц. структурализма), его теория осталась противоречивой и эклектичной. В последних работах Г. часто выступал с критикой социальной практики как совр. капиталистического об-в, выдвигал утопическую программу «гуманизации» социализма посредством внушения людям необходимости возрождения утраченного «подлинного» (аутентичного) взаимоотношения с миром вещей и друг с другом. Его позиция все более приближалась к раннехайдеггеровской концепции человека, что нашло свое отражение в неоконченной монографии Г. «Лукач и Хайдеггер».

С. М. Митина

Соч.: 1) Le Dieu caché. P., 1955.

ГОРОДСКАЯ СОЦИОЛОГИЯ — отрасль социол. знания, изучающая социальные процессы, формы и ин-ты урбанизации в их связи с развитием об-ва в целом. Проблематика и круг исследований Г. с. явл. в наст. время предметом широкой дискуссии в социол. лит-ре. Теоретические основы немарксистской Г. с. заложены в трудах *М. Вебера* (анализ города в контексте исторического развития об-ва, его экономического строя, культуры и политических ин-тов), *Тенниса* (противополагание городских и сельских форм обществ. жизни) и *Зиммеля* (выделение нек-рых характерных черт городской культуры). Г. с. выделилась в особую отрасль социол. науки в США в рамках чикагской, или экологической, школы (1918—1939), основателями к-рой были *Парк*, Э. Берджесс. Социологи экологической школы видели в городе естеств. социальную лабораторию, в к-рой посредством эмпирических методов возможно изучать «человеческую природу» и содержание обществ. жизни. Задачи школы концентрировались внимание на двух направлениях: на создании генеральной теории об-ва и на проведении интенсивных конкретных исследований, описывающих в деталях различ. социальные процессы, происходящие в городе, в неразрывной связи с их пространственными характеристиками. Городская общность рассматривалась в виде сложной мозаики различ. социальных групп, каждая из к-рых претендовала на опред. территориальную зону. Пространственная организация города была представлена в виде концентрических зон, каждая из к-рых принадлежала особой социальной группе. Изменение в соотношении сил между группами приводило к очередному переделу городской территории. Осн. предмет изучения составляли миграционные процессы, межэтнические отношения и явления социальной дезорганизации об-ва. Методы Г. с.— сбор статистической информации, картографирование, интервью и включенное наблюдение. В наст. время пространственный анализ города применяется для изучения социальной сегрегации различ. обществ. слоев и этнических групп в городах Зап. Европы и США. В рамках *чикагской школы* созданы предпосылки для возникновения урбанистической концепции *Вирта*. По мн. Вирта, численность, плотность и неоднородность населения находят свое выражение в особой городской культуре, к-рая характеризуется: преобладанием анонимных, деловых, кратковременных, частичных и поверхностных контактов в межличностном общении; снижением значимости территориальных общностей; затуханием соседних связей; уменьшением роли семьи; многообразием культурных стереотипов; неустойчивостью социального статуса горожанина, повышением его социальной мобильности; ослаблением влияния традиций в регулировании поведения личности. Концепция урбанизма включала в себя противополагание городского образа жизни культуре т. наз. «примитивных общин», описанных в том же методологическом ключе Р. Редфилдом. В 40—50-х гг. 20 в. концепция урбанизма приобрела статус парадигмы в исследовании городских проблем как в США, так и в странах Зап. Европы (*Шомбар де Лов* (Франция), У. Герлин, Н. Шмидт-Реленберг (ФРГ) и др.). Концепция урбанизма определяла и направление исследования городских общин (*Кениг* (ФРГ), Р. Ледрю (Франция). В 60-е гг. концепция урбанизма была подвергнута критике в социол. лит-ре. Осн. тезисы критики следующие: Вирт описал не культуру города, а культуру капиталистического об-ва (М. Кастельс, Ж. Ложкин); образ жизни есть функция социального положения и жизненного цикла человека, а не системы поселения (Х. Гэнс); ряд положений урбанизма не обоснован эмпирически (Р. Пипер). В 70-е гг. на основе критики урбанизма сложилась т. наз. «новая городская социология» (М. Кастельс, Р. Э. Пел, М. Харлоу и др.). Теоретический фундамент «новой городской социологии» образуют по преимуществу структуралистские интерпретации марксизма и концепция господства (М. *Вебер*). Так, Р. Пел разрабатывает менеджерскую модель города, в к-рой главная роль принадлежит системе бюрократического управления

и ее носителям, занимающим, по мн. автора, независимую, надклассовую позицию. М. Кастельс описывает город как пространственное воплощение различ. социальных отношений (экономических, политических, идеологических). Содержание и развитие города зависит от изменений в структуре капитала и силы сопротивления рабочего класса. Конкретные исследования, проведенные в странах Зап. Европы и США в русле нового направления, касаются условий воспроизводства рабочей силы в городах, деятельности бюрократических структур, жилищной ситуации и городских движений протеста. Особое внимание уделяется изучению социально-территориальных последствий массового применения новых технологий.

Лейбович О. Л.

Лит.: 1) *Яницкий О. Н.* Урбанизация и социальные противоречия капитализма. М., 1975. 2) Classic essays and the culture of cities. N. Y., 1969. 3) City, class and capital. N. Y., 1982. 4) Krise und Konflikte in der Großstadt im entwickelten Kapitalismus. Texte zu eine «New Urban Sociology». Basel, 1985.

ГОРЦ (Gorz) **Андре.** Псевдоним, наст. имя теоретика ХОРСТ Жерар (09.02.1923, Вена) — леворадик. социолог. С 1946 г. живет и работает в Париже. Сотрудник левых газет и журналов, где печатается и под др. псевдонимом (Боске Мишель). Известность к нему пришла в середине 60-х гг. с выходом в свет его книг, посвященных вопросам обновления стратегии демократического движения. Для Г. характерны резкие повороты в движении мысли, смена идейных ориентаций: в 60-е гг. он стоит на левосоциалистических позициях и пытается преодолеть «разрыв» между «реформой» и «революцией», в начале 70-х приходит к анархо-либертарному отрицанию ценностей зап.-europ. цивилизации, а с середины 70-х гг. — к более умеренным либерально-либертарным установкам. В своем анализе Г. опирался на социально-экономическое учение Маркса, произвольно увязывая его с унаследованной от Сартра концепцией свободы как бунта личности против «вязкого» существования, а также с традицией иррационально-романтического антитехницизма, как она выражена теоретиками *франкфуртской школы*. В итоге идейных блужданий Г. пришел к выводу, что критику капиталистических отношений следует расширить до критики всей «индустриальной» цивилизации. Г. доказывал, что осн. проблемами современности являются не материальные, а экзистенциальные проблемы «угнетенной индивидуальности». Источник этой «угнетенности» кроется в отчужденном положении производителя в производственном процессе, что определяет и его отчуждение положение в об-ве. Первопричину *отчуждения* Г. усматривает не в отношениях капиталистической эксплуатации, а в самом индустриальном способе производства, сохраняющем отчуждение труженика независимо от того или иного обществ. устройства. Отчуждение есть следствие социального разделения труда; личность подавляют иерархические структуры, возникающие в процессе любой развитой производственной деятельности и выступающие как отношения господства — подчинения во всех сферах обществ. жизни. По Г., индустриальная технология навязывает определенное разделение труда, к-рое требует субординации, иерархии, деспотизма. Вся система власти совр. капиталистического об-ва покоится на данном разделении труда, поэтому она не только не создает материальной базы социализма, но явл. для него осн. преградой. Г. доказывал, что перевод зап.-европ. об-ва на социалистические рельсы требует не просто завоевания власти левыми силами, но и замены нынешних производительных сил принципиально иными технологическими средствами, не требующими разделения труда, позволяющими установить отношения братства и добровольного сотрудничества. Поэтому в центре внимания Г.— вопросы такой альтернативной стратегии левых сил, к-рая обеспечивала бы возможность достижения «полноты» индивида, его «неотчужденности» в трудовом процессе и обществ. жизни. С этой т. зр. Г. рассматривал лозунги «самоуправления», «другого» образа жизни, «автономии» труженика, «новой модели» обществ. развития. Содержательно раскрывая их, Г. одним из первых обратил внимание на рост духовно-личностных потребностей и ожиданий труженика. Г. считается одним из теоретиков зап. экологической мысли. Обратившись к задачам защиты окружающей среды, он связал их с задачами защиты самого человека как ее составной части. Во имя этих задач он призывает к отказу от господствующей экономической рациональности, одновременно порабощающей индивида и расхищающей ресурсы планеты, к разумному ограничению роста производства и потребления. Разработки Г. высоко оцениваются сторонниками новых социальных движений, они популярны в левых кругах Зап. Европы.

С. Г. Айвазова

Соч.: 1) Réforme et révolution. P., 1969. 2) Critique de la division du travail. P., 1973. 3) Adieux au prolétariat! P., 1980. 4) Les chemins du paradis. Agonie du capital. P., 1983.

ГОСПОДСТВО — понятие зап. социологии, характеризующее осуществление власти, к-рое принимает институциональные формы и предполагает расчленение об-ва на господствующие и подчиненные группы, а также выделение и обособление особого управленческого аппарата. Наиболее развитая социол. теория Г. принадлежит М. *Веберу*. Различая власть и Г. и считая, что первая предшествует Г. и не во всех случаях приобретает его характеристики, Вебер дал социологически обоснованную типологию форм Г., конкретизирующую его концепцию *социального действия*. По определению Вебера, Г. означает вероятность того, что приказания встретят повиновение у опред. группы людей. Легитимное (законное) Г. не может ограничиваться фактом политической или экономической реализации власти, оно нуждается в вере в ее законность. Вебер различает три типа такого Г.: 1) рациональный, основывающийся на осознанном убеждении в законности установленных порядков и в правомочности опред. органов, призванных осуществлять власть; 2) традиционный, покоящийся на привычном, чаще всего нерефлексированном убеждении в святости издавна принятых традиций и в законности представляемых ими прерогатив власти; 3) харизматический, коренящийся в личной преданности человеку, по инициативе к-рого установлен данный порядок, основанный на вере в его особые отношения с богом, историческое предназначение. Это понимание Г. до сих пор остается доминирующим в совр. зап. социологии.

А. П. Огурцов

ГОСУДАРСТВО ВСЕОБЩЕГО БЛАГОДЕНСТВИЯ — концепция социально-экономического развития капиталистического об-ва. Наибольший расцвет получила в конце 50-х — начале 60-х гг. Согласно этой концепции, капиталистическое об-во в силу значит. роста технологических преобразований, экономического развития, организации управления предприятиями способно обеспечить для всех своих членов относительно высокий уровень жизни. Автором концепции Г. в. б. считается амер. экономист *Гэлбрейт;* среди ее приверженцев — Р. Харрод, А. Кросленд, Дж. Стречи (Великобритания), А. Биттелман (США) и др. С т. зр. представителей этой концепции, совр. капиталистическое гос-во, являясь нейтральной «надклассовой» силой, отражает интересы всех слоев об-ва, оно перераспределяет доход в пользу трудящихся, уничтожает социальное неравенство, т. е. осуществляет принцип справедливого распределения и обеспечения каждого члена об-ва. Опираясь на теорию Д. М. Кейнса, обосновавшего необходимость активного вмешательства буржуазного гос-ва в экономическую жизнь об-ва, идеологи концепции Г. в. б. делают упор на смешанную экономику, сочетание частного и государственного секторов. В начале 80-х гг. концепция Г. в. б. была подвергнута существенной критике со стороны неоконсерваторов. В противоположность концепции Г. в. б. представители *неоконсерватизма* сделали упор на активизацию частного сектора в экономике, обосновывая требование ограничить вмешательство гос-ва в экономическую сферу. По их мн., социальные программы приверженцев концепции Г. в. б. отнимают средства, необходимые для дальнейшего промышленного развития

об-ва, вызывая тем самым спад в экономике. Кроме того, выдвигались обвинения в разрушении веры людей в собственные силы, в формировании у них психологии иждивенчества, в ограничении частной инициативы.

В. Н. Фомина

Лит.: 1) *Boadway R., Bruce N.* Welfare economics. N. Y., 1984. 2) *Graham H.* Health of welfare. L., 1985. 3) Law, rights and welfare state/Sampford C. J., Galligan D. J. L., 1986.

ГОУЛДНЕР (Gouldner) **Алвин** (29.07.1920, Нью-Йорк — 15.12.1980, Сан-Луис, Миссури) — амер. социолог, виднейший представитель *альтернативной социологии.* В 50-е гг. был сторонником структурно-функционального направления в социологии, занимался исследованием бюрократических организаций. Осн. заслугой Г. в исследовании промышленной *бюрократии* явился анализ действия системы безличных правил, существующих в этих организациях. Он пришел к выводу, что эта система способствует уменьшению напряженности в работе группы. При выведении системы из равновесия в ней начинают действовать специальные внутр. правила, направленные на восстановление равновесия, но при этом значительно возрастает строгость контроля за работой всей группы. Это в свою очередь ведет к увеличению напряженности в работе и, следовательно, опять вызывает нарушение равновесия системы. Анализ этой дисфункциональности сыграл опред. роль в развитии теории бюрократии. В 60—70-е гг. Г. отходит от структурно-функционального направления и выступает с резкой критикой всей совр. зап. социологии, и особенно структурного функционализма *Парсонса.* На дальнейшее формирование взглядов Г. существенное влияние оказали идеи Маркса, *неомарксизма, франкфуртской школы* и др. идеологов левого движения. В 70-е гг. Г. выступил с концепцией т. наз. «критически-рефлексивной» социологии. С его т. зр., капиталистическое об-во находится в кризисном состоянии, поэтому осн. задача социолога заключается в выявлении с помощью «критической рефлексии» причин этого кризиса и поисках путей его преодоления. Самые глубокие причины кризиса зап. об-ва Г. видел в деперсонализации человека, в разрушении целостного взгляда на мир, в антиномически-противоречивом отношении между знанием и властью. Преувеличивая значение социального познания, Г. утверждал, что, наделенное критическим элементом, оно способно стать главным фактором трансформации социального бытия. Одной из важнейших для концепции Г. явл. проблема соотношения знания и идеологии, сформулированная им как проблема объективности социального познания [1], [3]. Критикуя все существующие социол. подходы, в т. ч. и марксистский, за идеологичность, Г. попытался «освободить» от нее свою «критически-рефлексивную» социологию. В последние годы жизни Г. в духе леворадик. ориентации развивал концепцию интеллигенции как нового класса [2]. Он выделил в социальной структуре совр. зап. об-ва три класса: старая буржуазия, или денежный класс капиталистов, пролетариат и появившийся новый класс интеллигенции. Осн. характеристики нового класса: обладание культурным капиталом (для Г. культура является таким же капиталом, как собственность на средства производства или денежная собственность) и культура критического дискурса (некая специфическая речевая общность). Новый класс Г. подразделял на две различ. социальные группы: научно-техническую интеллигенцию и интеллектуалов (гуманитарную интеллигенцию). Подвергнув тотальной критике зап. об-во, он усмотрел реальную силу, способную осуществить революционное изменение об-ва, в новом классе. Именно на интеллектуалов Г. возлагал надежды, связанные с будущим обществ. развития. Эта теория до сих пор оказывает в зап. социологии влияние на представления о социальной структуре.

В. Н. Фомина

Соч.: 1) Dialectics of ideology and technology. N. Y., 1976. 2) The future of intellectuals and the rise of the new class N. Y., 1979. 3) The two marxsism: contradictions and anomalis in the development of theory. N. Y., 1980.

ГРУППОВОЙ ДИНАМИКИ теория — направление в микросоциологии и социальной психологии, включающее ряд дополняющих друг друга концепций, объясняющих функционирование малых социальных групп, законы формирования и развития их структур, взаимоотношения образующих их индивидов между собой, а также с др. группами и социальными ин-тами. Главный постулат Г. д. т. состоит в том, что единственной действительной социальной реальностью, непосредственно данной исследователю, признаются индивиды, составляющие малые группы и вступающие в их рамках в различ. отношения. Термин «Г. д.» введен в конце 1930-х гг. *Левиным* для обозначения области социальных наук, изучающей эту реальность. Исходные принципы Г. д. т.: малые группы могут быть представлены как целостные образования; законы, характеризующие процессы в малых группах, могут экстраполироваться, описывая динамику более крупных социальных единиц. Важнейшие исследования в рамках Г. д. т. касаются природы групповых связей, отношений внутри группы, влияния групповых стандартов на индивидуальное поведение, динамики власти и подчинения, структуры власти, стилей лидерства, процессов принятия групповых решений, конформизма и группового давления, социальных установок и др. Сегодня в понятие «Г. д. т.» входят разные непротиворечащие друг другу концепции. Это теории социального поля (Левин, М. Дейч, Дж. Картрайт, Р. Липит); социального взаимодействия (Р. Ф. Бейлз, У. Ф. Уайт, *Хоманс*); социальных систем (Т. М. Ньюком, Р. М. Стогдилл); статики и построения формальных моделей (Р. Р. Буш, Г. А. Саймон, Дж. Френч, Дж. К. Хемфилл); *социометрия* (Е. Ф. Богатта, Г. Линдсей, *Морено*); отдельные аспекты психоаналитических теорий (У. Р. Бион); ряд теорий общепсихологического плана (Д. Креч, Р. С. Кретчфилд, Л. Фестингер) и др. Влияние Г. д. т. на совр. зап. микросоциологию и социальную психологию было исключительно велико, однако недостатки (абсолютизация роли малых групп, экстраполяция полученных в частных экспериментах данных на все социальное поведение, наконец, безудержно возрастающий плюрализм концепций, причисляемых к Г. д. т. постепенно снижают объяснительную силу и соответственно ограничивают продуктивность Г. д. т.

Д. В. Ольшанский

ГУМПЛОВИЧ (Gumplowicz) **Людвиг** (09.03.1838, Краков — 19.08.1909, Грац) — польско-австр. социолог и правовед, проф. ун-та в Граце, представитель социального дарвинизма. Согласно Г., социология — филос. основа всех социальных наук. Несмотря на отрицательное отношение к биологическим аналогиям, присущим *органицизму,* он объяснял социальные явления с позиций *натурализма,* рассматривая человеческую историю как «естественный процесс», а социальные законы — как простую разновидность законов природы. Отсюда фатализм и фетишизация исторической необходимости в концепциях Г. Предмет социологии, по Г.,— исследование социальных групп и их взаимоотношений; этим она отличается от философии истории, исследующей все человечество. Будучи приверженцем *социол. реализма,* он трактовал социальную группу как надындивидуальную реальность, целиком и полностью определяющую поведение индивидов. Взаимоотношения между группами Г. характеризовал как постоянную и беспощадную борьбу, определяющую социальную жизнь в целом. В историческом развитии первоначальная борьба между ордами (т. е. группами, объединенными физико-антропологическими и этническими признаками), в рез-те к-рой возникает гос-во, в дальнейшем сменяется борьбой, с одной стороны, между гос-вами, с др.— внутри гос-в: между группами, классами, сословиями, политическими партиями. Осн. причинами социальных конфликтов Г. объявлял экономические мотивы, стремление к удовлетворению материальных потребностей, интерпретируя социальные явления в духе вульгарного материализма. В то же время человеческие расы он трактовал гл. обр. как социокультурное, а не биологическое явление. В работе «Расовая борьба» (1883) он ввел понятие *«этноцентризм»,* впоследствии

разрабатывавшееся *Самнером* и вошедшее в понятийный аппарат социологии, социальной психологии и этнографии. Кроме того, позитивное значение работ Г. связано с его вниманием к роли социальных групп и межгрупповых конфликтов в становлении и развитии различ. социальных ин-тов. Однако вульгаризованная трактовка роли конфликта как осн. и универсального фактора социального развития, а также натурализм и вульгарный материализм, присущие концепциям Г., отвергаются в большинстве совр. социол. теорий.

А. Б. Гофман

Соч.: 1) Социология и политика. М., 1895. 2) Основы социологии. СПб., 1899. 3) Социологические очерки. О., 1899.

ГУРВИЧ (Gurvitch) **Георгий Давыдович** (Жорж) (02.11.1894, Новороссийск — 10.12.1965, Париж) — франц. социолог и философ. Вначале преподавал в Томском и Петроградском ун-тах, в 1920 г. эмигрировал, затем работал в ун-тах Праги, Бордо и Страсбурга, а с 1948 г. возглавлял кафедру социологии в Сорбонне. Г. был основателем и руководителем Центра социол. исследований (с 1946) и Лаборатории социологии познания и морали во Франции, Международной ассоциации социологов франкоязычных стран, журнала «Cahiers internationaux de sociologie» (с 1946). Его труды посвящены гл. обр. проблемам истории философии и социологии, общей теории и методологии социол. знания, социологии морали, права, познания. Теоретико-социол. воззрения Г. сформировались в рез-те критического анализа и стремления к интеграции самых различ. направлений филос.-социол. мысли: теорий нем. классической философии, Маркса, *Прудона,* школы *Дюркгейма, М. Вебера* и др. В своих работах Г. подверг резкой критике формализм и эмпиризм совр. ему академической социологии, противопоставив ей социологию, основанную на диалектике, истолкованной в духе релятивизма. В кач-ве метатеоретического основания социологии он провозгласил «диалектический гиперэмпиризм», или «эмпирико-реалистическую диалектику». В методологическом плане эта ориентация означает отказ от к.-л. заранее принятой филос. позиции, в онтологическом плане — интерпретацию человеческого опыта как бесконечно разнообразного и непрерывно обновляющегося в своей основе. Согласно Г., социология вместе с исторической наукой призвана осуществлять интеграцию различ. наук о человеке. В отличие от большинства частных социальных наук, пользующихся систематизирующим и аналитическим методами, а также истории и этнографии, применяющих индивидуализирующий метод, социология использует метод «качественной и дискретной типологии». Предмет социологии, по Г., — «целостные социальные явления» (понятие, заимствованное у *Мосса*), исследуемые на всех уровнях и во всех аспектах, как структурных, так и бесструктурных. Выступая против интерпретации об-ва как совокупности неподвижных структур и ин-тов, Г. доказывал, что социальная реальность обладает «вулканическим» элементом, явл. рез-том коллективного творчества и волевых усилий. Ее «вертикальный срез» представляет собой подвижную иерархию «глубинных уровней» (от эколого-демографической основы до «коллективных умонастроений и психических актов»). В своем «горизонтальном» членении социальная реальность делится на три группы типов: 1) микросоциальные типы (изучаемые микросоциологией); 2) типы частных социальных групп; 3) типы социальных классов и глобальных об-в (изучаемые макросоциологией). При этом Г. подчеркивал преобладающее значение глобальных об-в в сравнении с микросоциальными типами. Г. обращал внимание на опасность технобюрократических тенденций в обществ. развитии и отмечал необходимость социальной революции в капиталистических странах. Он участвовал в движении за мир и в деятельности об-ва «Франция—СССР». Альтернативой капитализму и технобюрократии Г. считал «плюралистский коллективизм», основанный на самоуправлении народа. Для концепций Г. характерны сочетание призывов к конкретности и историзму, с одной стороны, и увлечение абстрактными формально-теоретическими конструкциями — с др. Его теории оказали опред. влияние на становление леворадик. социологии, развитие теоретической социологии во Франции (*Баландье, Турен*), социологии права и социологии познания.

А. Б. Гофман

Соч.: 1) «Правда воли монаршей» Феофана Прокоповича и ее западноевропейские источники. Юрьев, 1915. 2) Dialectique et sociologie. P., 1962. 3) La vocation actuelle de la sociologie, t. I—II. 4-éme éd. P., 1968.

ГЭЛБРЕЙТ (Galbraith) **Джон Кеннет** (15.10.1908, Айона-стейшн, Канада) — амер. экономист, социальный мыслитель, дипломат, литератор, обществ. деятель. Проф. экономики Гарвардского ун-та. Существенное влияние на формирование взглядов Г. оказали А. Маршалл, Дж. М. Кейнс, *Веблен, Зомбарт*. Г., продолжая традицию амер. институционной школы экономики, стремился создать экономическую теорию, учитывающую воздействие на экономику политики, гос-ва и др. *социальных ин-тов*. Последовательно проводил критику неоклассической школы бурж. экономической науки, к-рая отводит ведущую роль в экономической системе рынку и свободной конкуренции. Отстаивал необходимость планирующего гос. воздействия на экономическое развитие в условиях крупного корпоративного производства и научно-технического прогресса. Раскрывает место и роль крупнокорпоративного хоз-ва на различ. этапах развития совр. амер. об-ва [1], [2], [3]. Приверженность в 50—60-е гг. концепции об-ва изобилия [4], в к-рой производства и экономика подчинялись цели создания изобилия дешевых товаров для массового потребителя, сменилась у Г. концепцией нового индустриального об-ва [1]. В его представлении это об-во характеризуется реально осуществленным в крупных производственных корпорациях переходом к *технократии* — власти технокструктуры. При этом кач-во жизни потребителей признается второстепенным по отношению к процветанию производства как такового; развитие производства понимается как осн. задача об-ва. В рез-те этого, по Г., достигается гармония обществ. целей и целей корпораций. Г. пытается преодолеть крайности технократизма, признавая, что цели об-ва и корпораций расходятся. По его мн., рассчитывать в деле утверждения обществ. интересов можно только на гос-во [2]. Анализируя ин-т власти, Г. выделил три типа власти, характерные для традиционного, капиталистического и совр. об-в: заслуженная, компенсирующая и регулирующая власть. Этим видам власти соответствуют: в кач-ве осн. форм воздействия с целью подчинения — наказание, вознаграждение и убеждение; в кач-ве осн. источников власти — личность, собственность, организация. Г.— последовательный сторонник *конвергенции теории*.

М. С. Ковалева

Соч.: 1) Новое индустриальное общество. М., 1969. 2) Экономические теории и цели общества. М., 1979. 3) The affluent society. Harmondsworth, 1968. 4) The anatomy of power. L., 1984.

ГЮЙО (Guyau) **Жан Мари** (28.10.1854, Лаваль — 31.03.1888, Ментон) — франц. философ и социолог. Социальная философия Г. построена на основе идей Фулье, *Конта,* Паскаля и англ. утилитаристов 19 века. У последних он заимствовал учение о мировой симпатии и роли «сердца» в обществ. жизни. Центральное понятие социологии Г.— жизнь. Своей высшей интенсивности она достигает в социуме как «синергия» (сотрудничество); для того чтобы ее упрочить, нужно вызвать социальную симпатию, а это, с т. зр. Г.,— задача иск-ва. Если собственная цель иск-ва — это немедленное осуществление в воображении всех наших мечтаний об идеальной жизни, не подчиняющейся никакому закону, кроме интенсивности и гармонии, то художественный гений — это крайне интенсивная форма симпатии и социальности, удовлетворяющаяся только в создании нового мира «живых существ». Индивидуум, у Г.,— интегральная часть социального целого, представляющего из себя свободно узаконенное собрание и основанного на гармонии целого и идее высшего блага. Социальное чувство, по Г.,— это сложные феномены, происходящие по большей части от притяжения и отталкивания нервных систем, и их проявления можно описать и предсказать с той же точностью, что и движения астрономических тел. Поэтому Г. полагал, что уже в 19 в. социология, включающая в себя мораль и эстетику, станет «более сложной астрономией». Религия для Г.— это мистическая, или мифическая социология, поскольку в ней человек противопоставляет об-ву другое, сверхкосмическое об-во, с к-рым он находится в общении путем мыслей и поступков. Идеи Г., бывшие одной из первых попыток построения *социологии искусства,* оказали влияние на Ш. Лало, Д. Лукача и *Гольдмана.*

А. Г. Вашестов

Соч.: 1) Собр. соч. Т. 1—5. СПб., 1898—1901.

Д

ДАРВИНИЗМ СОЦИАЛЬНЫЙ — биологизаторские течения конца 19 — начала 20 в. в обществ. науках, пытавшиеся свести законы развития об-ва к биологическим закономерностям естеств. отбора, выживания наиболее приспособленных, к установкам теорий инстинкта, наследственности и т. п. Центральная идея Д. с.— попытка доказать, что в основании социальной структуры лежат природные способности человека. Любое социол. положение не должно противоречить естеств.-научным законам, управляющим человеческой природой. Но конкретный состав законов и их понимание не были неизменными в Д. с. и определялись не столько развитием биологии как науки, сколько социально-политическими симпатиями и устремлениями представителей этого направления. Это порождало противоречивое многообразие его версий, к-рые использовались для поддержки широчайшего спектра политических идей — от воинствующего консерватизма до анархизма и социализма. Еще до Дарвина Т. Мальтус и консервативные идеологи использовали тезис о «борьбе за существование» для обоснования принципов и объяснения механизма сохранения социальной иерархии путем правильного распределения в ней «наиболее приспособленных», т. е. для защиты теории об-ва, основанной на идее естеств. равновесия. Среди сторонников Д. с. немало представителей либеральных концепций. Дарвинизм использовался для защиты принципов индивидуализма и конкуренции, стихийности в обществ. развитии и свободного от гос. вмешательства рыночного капитализма (*Спенсер, Самнер* и др.). Спенсер приписал экономической конкуренции ту роль, какую естеств. отбор играет в теории Дарвина. Идеи Дарвина о зачатках обществ. инстинкта у животных, об эволюционной полезности морального поведения и альтруистических кач-в как средств поддержания социальной солидарности (необходимого условия выживания рода) послужили основой др. либерального течения в рамках Д. с.— т. наз. «эволюционной этики» (в Англии: Л. Стефен, Э. Эванс, У. Клиффорд, У. Беджгот, *Хобхаус* и др.: в России сходные идеи развивал П. Кропоткин). По сути, это была социология, объединяемая задачей объяснить происхождение принципов и привычек нравственного поведения группы их полезностью для ее единения и выживания. Теоретически этот комплекс идей тяготел к спенсеровскому либеральному варианту органицизма. Средством измерения обществ. полезности морали (общечеловеческий аспект) и нравственности (групповой корпоративный аспект) стали потребности социального организма, а не утилитаристское исчисление своекорыстных интересов, сталкивающихся на свободном рынке. Это подразумевало историческое и социол. исследование роли морали, а также отрицание абсолютных кодексов нравственности, применимых в каждом историческом об-ве. Прогресс нравственности стал социальным эквивалентом процесса естеств. отбора, «научно» доказывающего, что мораль не только желательна, но и необходима. Вместо экономической «приспособленности» мерой эволюционной ценности у этой ветви Д. с. стала моральная и интеллектуальная «приспособленность», соответственно к-рой мыслилась и новая социальная иерархия. Среди защитников либеральной демократии в Д. с. Беджгот особенно подчеркивал культурный, а не индивидуальный характер отбора из социальных вариаций, к числу к-рых относились также новые технологии, открытия, новые политические ин-ты и т. п. Только об-ва, допускающие известную степень интеллектуальной свободы, открывают путь социальным вариациям — материалу, из к-рого черпает эволюция, к-рая и возможна только благодаря расширению сферы морального выбора, не подлежащей вмешательству гос-ва. Эти построения имели целью доказать, что отбор по критерию социальной полезности демократических ин-тов и соответствующей политической практики — гарантия эволюционного прогресса и что либеральный взгляд на мир как на группу мирно соревнующихся гос-в обоснован. Физическая борьба за выживание понимается как явление, характерное только для примитивных об-в и вытесняемое на поздних стадиях эволюции культурным соревнованием, а право — как высочайшее выражение морального инстинкта человечества, а тем самым и эволюционного развития. Идеи моральной эволюции использовало также социалистическое течение в Д. с. (итальянец Э. Ферри «Социализм и позитивная наука» (1894), англ. социал-реформист Р. Макдональд, фабианцы и др.). Это направление подчеркивало относительность понятия «выживание наиболее приспособленных» и его зависимость от характера социума: в эксплуататорском об-ве к числу «наиболее приспособленных» принадлежал бы самый хищный эгоист, социализм же как будущее об-во высшей морали и рациональности должен вести к тому, что «наиболее приспособленными» окажутся морально лучшие люди, причем не обязательно из «высших» классов. Особо подчеркивается, что этого рез-та нельзя достичь путем грубой природной «борьбы за существование». Самые реакционные варианты Д. с. связаны с расизмом (*Вольтман* — Германия, Ж. Лапуж — Франция и др.). Эти концепции искали прямую связь физических черт рас с культурными и нравственными различиями между ними, пытаясь доказать, будто расовое и классовое неравенство порождены природными, а не социальными законами. Но и в этом пункте Д. с. не однозначен. В Англии основатель евгеники Ф. Гальтон использовал идею разделения об-ва на «приспособленных» и «неприспособленных» для атаки на аристократические привилегии. С его т. зр., аристократия, имея высокий социальный статус по рождению, а не по личным достоинствам, поощряет развитие праздного и «непродуктивного» типа человека. Инстинктивистское течение в Д. с. считало расу и нацию продуктом и некоего духовного единства и коллективной исторической памяти. Концепция инстинкта охватывала и «групповой разум» (У. Мак-Дугалл), в к-ром инстинкт в ходе эволюции облагорожен интеллектом, и феномены «толпы», «орды» и проч. (У. Троттер, *Лебон*, Г. Уоллес и др.). Либералы видели в понятии инстинкта лишь средство смягчения чрезмерно рационалистических, утилитарных теорий социального действия. В осн. же понимание инстинкта как выражения иррационального в коллективном поведении в Д. с. было основой для рассуждений о роли расовых различий, об иррациональном в цивилизации и в социальной эволюции, для критики демократии — как наиболее благоприятной среды для проявления инстинктов. В наст. время по сравнению с концом 19 — началом 20 в. влияние идей Д. с. существенно снизилось. Тем не менее мн. идеи Д. с. (как, напр., идеи социокультурной адаптации, отбора и др.) имеют не только исторический интерес. Они живут в функционализме, *социобиологии,* сравнительной этологии.

А. Д. Ковалев

Лит.: 1) История буржуазной социологии XIX — начала XX в. М., 1979. Гл. 4. 2) *Hofstadter R.* Social darwinism in american thought. N. Y., 1959. 3) *Jones G.* Social darwinism & english thought. Brighton (Sussex), 1980.

ДАРЕНДОРФ (Dahrendorf) **Ральф** (01.04.1929, Гамбург) — нем. социолог и политический деятель. В 1958—1967 гг.— проф. ун-тов Гамбурга, Тюбингена, Констанца. В 1968—1974 гг.— член федерального правления СвДП.

С 1974 г.— директор Лондонской школы экономики и политических наук. С 1982 г.— председатель правления Фонда Фридриха Наумана (СвДП). Д.— один из осн. представителей концепций *конфликта социального,* резкий критик «односторонних», «утопических» концепций социального равновесия (гл. обр. функционалистских). Под влиянием позитивизма Д. определяет социологию как «опытную науку, которая озабочена тем, чтобы открыть социальный мир нашему пониманию при помощи предложений, относительно правильности или ложности которых могут дать обязательное решение систематические наблюдения» [3, 373]. В поведении людей такое наблюдение быстро установит вмешательство «досадного факта» — об-ва. Социология как раз и занимается поведением людей в точке пересечения об-ва и отдельного человека. Об-во при этом понимается в смысле, близком зиммелевскому: как любой вид социальной связи, от самой узкой до самой обширной, а также в смысле *референтной группы.* В каждой группе, каждом об-ве люди выступают как носители опред. позиций. «Но позиционная структура общества получает жизнь лишь благодаря тому, что мы, поскольку мы есть нечто, всегда делаем что-то определенное, или, точнее, что всякая социальная позиция не только помещает нас в поле иных позиций, но и в горизонт более или менее специфических ожиданий нашего действования. Каждой позиции принадлежит социальная роль, т. е. множество способов поведения, заданных носителю позиции в определенном обществе» [4, 99]. Личные желания и мнения окружающих не столь важны. «Социальные роли суть принуждение отдельного человека, все равно, переживается ли оно им как оковы его частных желаний или как опора, дающая гарантии. ...Чтобы мы не уклонялись от этой обязательности,— об этом заботится система социальных санкций, т. е. значимых поощрений конформного и наказаний отклоняющегося поведения» [4, 36, 100]. Т. обр., принудительный характер нормирования поведения явл. важнейшим признаком социальных групп, к-рые Д. именует «принудительно координированными ассоциациями». Но кроме следования норм есть еще их производство, истолкование и осуществление санкций. Послушное следование устоявшимся нормам может дать лучшие шансы на социальное продвижение к высшим позициям, дающим полномочия на нормополагание, истолкование норм и применение санкций против ненормативного поведения. Это аналогично власти законодательной, юрисдикции и власти исполнительной. Совокупность данных полномочий (но гл. обр. право нормополагания) означает наличие господства. Наличие господства и подчинения ведет к конфликту, к-рый порождается теми же структурами, что и интеграция. Под конфликтом Д. понимает «все структурно произведенные отношения противоположности норм и ожиданий, институтов и групп» [2, 125]. Отсюда — определение классов, к-рые, по Д., «суть конфликтующие социальные группы, основание определения которых (и вместе с тем differentia specifica) состоит в участии в господстве или исключении из него внутри любых сфер господства» [1, 139]. Если один облик об-ва показывают нам концепции стратификации, интеграции, равновесия, то др.— концепция господства и конфликта. Признавая резоны первого подхода, Д. почти исключительно сосредоточивается на втором как более универсальном и плодотворном. Он различает конфликты между различ. ожиданиями применительно к одной роли (ожидания бывают ожиданиями строгого долженствования, нестрогого долженствования и возможности поведения), между ролями, внутри социальных групп, между группами, конфликты на уровне всего об-ва и конфликты между странами. Ранжируя конфликты (конфликт противников одного ранга, конфликт противников, находящихся в отношении подчинения одного др. в важном аспекте, конфликт целого и части), Д. получает 15 их типов. Подробно рассматриваются возможности «канализирования» и регулирования конфликтов, к-рые тем острее, чем более затруднена социальная мобильность, т. е. продвижение к иным статусным позициям, чем унаследованные людьми. Отсюда вытекает либеральная программа высокомобильного об-ва, признающего конфликты, придающего им более формальный характер, регулирующего их протекание. Об-во, избегающее неравномерного распределения нормативных полномочий, было бы застывшим. Неравенство есть условие свободы, а возможность мирного сосуществования и конфликта одних и тех же людей в разных ролях для Д. предпочтительнее нацеленных на установление всеобщего равенства социальных революций. Помимо того, «человек социологический», т. е. конформный по отношению к нормам,— это научно-эвристическая фикция. Но она может сыграть роковую роль при использовании достижений социологии для социальной манипуляции. Поэтому либеральный политик берет в Д. верх над социологом. Последние 20 лет он выпускает почти исключительно политические сочинения.

А. Ф. Филиппов

Соч.: 1) Soziale Klassen und Klassenkonflikt in der industriellen Gesellschaft. Stuttg., 1957. 2) Gesellschaft und Freiheit. Münch., 1961. 3) Pfade aus Utopia. Münch., 1967. 4) Homo Sociologicus. Opladen, 1973.

ДЕГУМАНИЗАЦИЯ ИСКУССТВА — понятие, введенное в научный оборот *Ортега-и-Гассетом,* под к-рым понимается процесс устранения из произведения иск-ва того, что он считал, пользуясь терминологией Ницше, «слишком человеческим», ориентированным на обычный способ восприятия, предполагающий воспроизведение жизни «в формах самой жизни». Оно широко применяется как при эстетическом, так и при социол. анализе авангардистски-модернистских течений иск-ва 20 в. В наст. время толкуется двумя диаметрально противоположными способами в зависимости от положительной или отрицательной оценки соответствующих процессов и тенденций в иск-ве 20 в. Источником истинно эстетического восприятия, в отличие от «обыденного», явл., согласно концепции Д. и., не то, что воспроизводится в произведении, а то, *как* оно воспроизводится, точнее: конфликт, разрыв между этими «что» и «как». Этот факт и был гипертрофирован «новым», по терминологии Ортеги, авангардистски-модернистским иск-вом, стремящимся извлечь максимум эстетического наслаждения из процесса преодоления этого «что» — объекта, заимствованного из жизни, с помощью «как» — фантазии «нового художника», последовательно преодолевающего в своем произведении все «человеческие» (непосредственно явленные «обычному» восприятию) свойства эстетически преобразуемой им действительности. Подлинное «эстетическое освоение» реальности, к-рое, согласно концепции Д. и., доступно лишь немногим приверженцам «нового иск-ва», оказывается, т. обр., последовательным «обесчеловечиванием», «расчеловечиванием» живой жизни, лишением ее присущих ей форм: эстетическое и гуманно-человеческое оказываются на противоположных полюсах. В рамках ортегианской концепции, отразившей первые, хотя и решающие шаги авангардистски-модернистского иск-ва 20 в., предполагалось сохранение каких-то остатков исходной, обыденно-человеческой реальности. Однако последующее развитие как самого этого иск-ва, так и концепции Д. и. вело к полному устранению «второго полюса» из «эстетической реальности». Критика концепции Д. и., изначально вдохновляющаяся идеалами человечности иск-ва, не всегда, однако, оставалась свободной от крайностей, свидетельствующих о негативной зависимости от критикуемого объекта. В противоположность идее условности иск-ва, гипертрофируемой у Ортеги, зачастую выдвигался тезис о его «безусловности», хотя, как известно, иск-ву вовсе не свойственно прямо отождествлять свои образы с формами воспроизводимой им жизни.

Ю. Н. Давыдов

ДЕЙСТВИЕ СОЦИАЛЬНОЕ — простейшая единица социальной деятельности; понятие, введенное в социологию *М. Вебером* для обозначения действия индивида, направленного на разрешение жизненных проблем и противоречий и сознательно ориентированного на ответное поведение людей. Согласно Веберу, осн. признаком социальности Д. явл. субъективное осмысление индивидом возможных вариантов поведения людей, вступающих с ним во взаимодействие. Сознательную ориентацию субъекта Д. на ответную реакцию на его поведение со стороны др. участников взаимодействия Вебер определял с помощью понятия «ожидание». Д., не содержащее такого «ожидания», а также импульсивное Д., по Веберу, не явл. Д. с. (Д., совершаемое человеком в толпе в рез-те неосознанного «подражания» или «заражения» общим настроением, явл., по его мн., предметом изучения не социологии, а психологии). При этом Вебер признавал, что провести четкую границу между осознанной и неосознанной ориентацией индивида на поведение людей можно лишь теоретически, рассматривая понятие Д. с. в кач-ве *идеального типа*, модели целенаправленного Д. индивида, предполагающего возможную реакцию окружающих. Согласно своей теории, Вебер выделял следующие типы Д. с.: *целерациональное действие, ценностно-рациональное действие, аффективное действие, традиционное действие*, классификация к-рых основана на учете меры и степени рациональности в Д. Акцент на сознательности Д. с. позволял Веберу определять Д. индивида в кач-ве причины Д. др. людей. Это отличало его подход от позиций *Лебона* и *Тарда*, а также от концепций социол. ориентаций, рассматривающих человека как следствие социальных процессов, но не как их причину (*Конт, Спенсер, Дюркгейм*, др. сторонники *социол. реализма*). Дальнейшее развитие веберовская концепция Д. с. получила у *Парсонса*, к-рый включил ее в общую теорию социального поведения людей. Он считал Д. с. элементом «системы человеческого действия», в к-рой понятие «действие» сближается с понятием «поведение». «Сознательность» Д. рассматривалась Парсонсом как следствие опред. работы механизма человеческого сознания, ставящего сознательное в зависимость от «бессознательного» [1]. Ориентация индивида на Д. др. людей была поставлена в зависимость от механизмов «институционализации» ценностей и «образцов» культуры, превращающихся в принудительные «нормы» поведения. «Общая система человеческого действия», включающая «социальную систему», «систему личности» и «систему культуры», предстала как «система детерминаций», превращающих субъект Д. с. из активной причины опред. социальных процессов в пассивное следствие механизмов (социальных, социокультурных, глубинно-психологических), обусловливающих человеческое поведение. В тех случаях, когда Парсонс переходил от «системного» (структурно-функционального) объяснения Д. с. к его «понимающему» истолкованию, он вступал в противоречие с общим методологическим принципом своего теоретического построения, в рамках к-рого он «интегрировал» понятие «Д. с.». Понятие «Д. с.» играет основополагающую роль в социол. концепции франц. социолога *Турена*, трактующего его как Д., совершаемое при создании материальных и нематериальных ценностей в процессе коллективного труда. Для обозначения субъекта Д. Турен вводит понятие «исторический субъект», понимаемое как «структура социальных отношений труда» [3, 95]. «Идея исторического субъекта... связана с трудом, а не с концепцией человека, еще меньше с психологическим понятием» [там же]. Турен видит в Д. с. не только отклик на опред. ситуацию, он подчеркивает смыслообразующий и новаторский характер Д. с., благодаря к-рому создаются новые социальные связи, ин-ты и т. п. Согласно Турену, отчуждение, конфликт классов, бюрократические отношения, возникающие в процессе трудовой деятельности, явл. Д. с. Дальнейшее развитие понятие «Д. с.» получило в социол. концепциях *Знанецкого*, Р. Макайвера, *Беккера, Хабермаса*.

Ю. Н. Давыдов, В. Н. Фомина

Лит.: 1) *Parsons T*. The social system. N. Y.VL., 1951. 2) *Weber M*. Soziologische Grundbegriffe// *Weber M*. Gesammelte Aufsätze zur Wissenschaftslehre. Tüb., 1951. 3) Towards a sociology of action//Positivism and sociology. L., 1974.

ДЕМОГРАФИЯ (от греч. demos — народ и grapho — пишу) — наука о населении, изучающая его численность, состав, структуру, распределение по территории, а также их изменения во времени. Термин «Д.» появился в 1855 г. в названии книги франц. ученого А. Гийяра «Элементы статистики человека, или сравнительная демография», к-рый первым дал определение науки Д. как совокупности математических знаний о населении, его движении, физическом, умственном и духовном состояниях. В 19 в. встречались и др. обозначения: демология (X. Энгель), плетология (В. Лексис), *физика социальная (Кетле)*. Как систематическое эмпирическое изучение населения возникла в середине 17 в. Ее основателем считается Дж. Граунт (1620—1674). Население как источник богатства или бедности нации стало предметом внимания экономистов (П. Буагильбер, Р. Кантильон, В. Корсбум, *Смит, Мальтус*), философов (Мирабо), позднее статистиков (Й. П. Зюсмильх, М. Моо, Г. Рюмелин). Однако, самостоятельной наукой Д. становится лишь в 20—30-е гг. 20 в., в это время создаются специфические методы анализа, язык науки, демографические исследовательские центры, штат профессиональных демографов. С начала 20 в. определилось два подхода к трактовке науки Д.: в узком и широком смысле. В узком смысле Д., или статистика населения, изучает состав, структуру населения по полу, возрасту, занятиям и т. д. (статическая Д.) и его движение, определяемое рождениями, смертями, перемещениями (динамическая Д.). Эта т. зр. популярна во Франции, Италии, России. В Германии трактуют Д. в расширительном смысле как систему наук о населении (О. Мост, Фон Фрикс), изучающих кроме статистики населения теорию населения (открытие общих законов развития населения) и политику населения в ее количественном и кач. аспектах. В наст. время для обозначения Д. в узком смысле обычно в англоязычной лит-ре используют термин «формальная Д.» (Г. Ванш, М. Термоут), во франкоязычной — «демографический анализ» (Л. Энри). Демографический анализ имеет целью разделить факторы, от к-рых зависят наблюдаемые процессы, и выделить явление в «чистом» виде [4, 20]. В широком аспекте Д. изучает количественные и кач. детерминанты рождаемости, смертности, миграции, влияние широкого круга социальных, экономических, биологических, политических, медицинских характеристик, законодательства на демографические процессы (X. Шрайок, Д. Сикгель), а также совокупность социально-экономических проблем, связанных с демографическими процессами: население и ресурсы, депопуляция, планирование семьи, приживаемость мигрантов, евгеника, урбанизация, трудовые ресурсы, перераспределение доходов и др. [2, 2]. Большинство амер. ученых для обозначения области демографических исследований в широком смысле пользуются термином «система знаний о населении» (population studies), за пределами США и в ООН шире в обращении термин «Д.». С конца 50-х гг. широкое развитие на Западе, особенно в США, получила «социальная Д.» (Р. Хаузер, О. Данкан, Л. Бампасс, Р. Фридмен, Р. Бюлатас и др.). Область ее исследований включает: (1) изучение недемографических детерминант демографических процессов, например формирование и изменение репродуктивных установок, их место в процессе принятия решения относительно рождения ребенка (Л. Бекмен, Р. Бюлатас, Д. Жаккар, X. Лейбенстейн, П. Хесс и др.); (2) изучение системы ценностей человека и места в ней потребности иметь детей, соотношение этой потребности с затратами на ее удовлетворение (Д. Фоусетт, Л. Хоффман, Т. Эспеншейд, Ф. Арнольд и др.); (3) изучение влияния демографических переменных (различий в детности, матримональном состоянии, причинах смертности и т. д.) на недемографические характеристики (социальный статус семьи, успешное продвижение по службе); (4) применение методов демографического анализа для изучения различ. социальных процессов, напр. методики построения таблиц дожития с целью анализа продолжительности пребывания в опред. образовательном, профессиональном статусах (Р. Хаузер, Д. Фитерман).

С. В. Адамец

Лит.: 1) *Rabinowicz L.* Le probleme de la population en France. P., 1929., 2) *Shryock H., Sic-*

gel J. The methods and materials of demography. V. 1. U. S. Departement of Commerc, 1975. 3) Social demography. N. Y.—S. F., 1975.

ДЕМОКРАТИЯ (от греч. demos — народ и kràtos — власть) — форма гос. устройства, при к-ром осуществляется правление народа. Античные авторы (Платон, Аристотель, Геродот) рассматривали эту форму правления как такую полисную организацию, в к-рой свободные граждане имеют равные права. Значит. развитие идея подзаконности всех и вся — граждан, гос. и обществ. организаций получила в концепции де *Токвиля* (1805—1859), наиболее влиятельной в совр. зап. социально-политических исследованиях. Токвиль понимает под Д. не только определенную форму организации об-ва, но и соотв. процесс, происходящий в об-ве. Филос. основа Д.— соотношение свободы и равенства как социально-политических ценностей, реальное воплощение к-рых происходит в соотв. гос. ин-тах Д.— прямых или представительных. Последние наиболее полное развитие получают в правовом гос-ве, к-рое характеризуется следующими признаками: (1) обладает верховной властью. Однако (2) эта власть имеет свою границу и не распространяется на неотчуждаемые права личности, охраняющие не только жизнь человека, но и его свободу от возможных бюрократических злоупотреблений. Гарантией прав граждан является (3) разделение функций власти — законодательной, исполнительной и судебной; (4) децентрализация в социально-экономической и культурной сферах (теория «институциональной инфраструктуры» органов власти). При этом защиту прав граждан берут на себя демократические ассоциации — гражданские и политические. Они становятся посредниками между центральной властью и различ. слоями об-ва, представляя интересы последних, отстаивают неотчуждаемое право граждан на независимость и свободную инициативу. Осуществлению прав человека служат также (5) свобода печати и (6) суд присяжных — школа правильного применения свободы, воплощение права, при к-ром граждане приобретают опыт политического участия в жизни об-ва. Согласно совр. теоретикам Д. (*Шумпетеру*, У. Ростоу и др.), все эти черты развитой Д. наполняются реальным содержанием только при условии активного участия масс в политической жизни. Однако реальное воплощение этого положения существенно затруднено концентрацией экономической власти в руках «властвующей элиты», создающей «олигархическую модель» власти и политики. В совр. зап. социологии эта концепция реализуется в исследованиях участия граждан в многообразных политических отношениях (*Политическая социология*, *Права социология*, *Партии политические*).

В. И. Шамшурин

ДЕПРИВАЦИЯ (от лат. deprivatio — потеря, лишение) — термин, введенный в социологию С. А. Стауффером. Первоначальное его значение — лишение духовного лица бенефиция (т. е. доходной должности) — связано с организационной практикой католической церкви. Отсюда термин был заимствован психологией, в к-рой Д. означает сенсорную недостаточность. В социологии Д. (правильнее: «относительная депривация») — один из факторов развития социальных групп и обществ. организаций, к-рый субъективно проявляется как чувство недовольства, испытываемое группой по отношению к своему наст. состоянию, а объективно — как стремление данной группы достигнуть уровня др. группы, более развитой или более благополучной в социальном отношении.

В. В. Сапов

ДЕРИВАЦИИ КОНЦЕПЦИЯ — см. *Парето В.*

ДЕТЕРМИНИЗМ КУЛЬТУРНЫЙ — распространенная в зап. социологии концепция, согласно к-рой культура рассматривается как относительно автономное образование, независимое от др. сфер обществ. жизни и играющее решающую роль в обществ. развитии. Д. к. характеризуется, как правило, чрезмерно широким толкованием понятия культуры, под к-рой обычно понимается совокупность разделяемых большинством членов об-ва ценностей и значений, включающих в свое содержание фундаментальные обществ. идеи и принципы, верования, обычаи, традиции и т. п. В зап. социологии Д. к. ведет свое начало от работ *М. Вебера* по социологии религии, в к-рых он анализировал развитие об-ва в зависимости от господствующих в нем религ. ценностей. На формирование совр. Д. к. также оказала влияние школа культурной антропологии, представители к-рой (Л. Уайт, А. Кардинер, *М. Мид*) изучали примитивные об-ва как культурные системы, регулируемые обычаями и традициями. В новейших версиях Д. к. определяющее влияние культуры на жизнедеятельность об-ва истолковывается по аналогии с биологической эволюцией: «культурный код» (символы и ценности) уподобляется генетическому коду. Считается, что, подобно последнему, он предопределяет программу поведения обществ. организации. Одной из наиболее разработанных в зап. *культуры социологии* явл. концепция *Парсонса,* базирующаяся на системном анализе явлений. Культура рассматривается как совокупность идей, значений и символов, занимающих высшее место в иерархии «кибернетического контроля» над поведением социальной системы и личности. Решающая роль культуры в организации обществ. жизни объясняется тем, что она содержит в себе «символические ресурсы общества», определяет границы нормативной системы (социальных ин-тов) и ее изменения, а через это и поведение индивидов, выполнение ими ролей, их структуру экспектаций. В этой кибернетической иерархии контроля существует и обратная связь от индивида к культурной системе, поскольку предшествующие культуре уровни организации системы человеческого действия обеспечивают ее энергетическими ресурсами. Осн. компонентом культуры мн. зап. социологи считают религ. ценности, ибо они «соотносят человека с конечными условиями его существования» [3]. С позиций Д. к. развитие об-ва представляется как последовательная реализация первоначально заложенных в культурной матрице идей и ценностей. Так, согласно Парсонсу, социально-экономическое и духовное развитие Европы может быть представлено в виде процесса последовательной реализации (через различ. этапы структурной дифференциации различных подсистем) фундаментальных христианских ценностей, т. е. в виде процесса их институционализации в культуре, политике, экономике и др. Критики Д. к. отмечают, что его осн. недостаток заключается в том, что он абсолютизирует роль отдельных элементов обществ. сознания в истории.

Л. А. Седов

Лит.: 1) Маркарян Э. С. Теория культуры и современная наука. М., 1983. 2) *Bellah R.* Beyond beliefs. N. Y., 1971. 3) *Parsons T.* Action theory and the human condition. N. Y., 1978. 4) *Robertson R.* Meaning and change. N. Y., 1978.

ДЕТЕРМИНИЗМ ТЕХНОЛОГИЧЕСКИЙ — совокупность представлений, объединенных постулатом об определяющей роли техники в обществ. развитии. Согласно Д. т., созданная и создаваемая человеческим разумом и руками техническая цивилизация обладает независимостью от человека и об-ва. При этом техника искусственно обособляется от социальных отношений, ставится в один ряд с явлениями природы и рассматривается как надсоциальная и надчеловеческая «данность», обладающая своими собственными законами и подчиняющаяся имманентной логике развития (т. е. в кач-ве независимой переменной). В кач-ве сущностного проявления автономии техники постулируется ее способность к саморазвитию, понимаемая как возможность безграничного совершенствования всех ее параметров. Предполагается, что техническое развитие разворачивается по единой прогрессирующей линии от худшего к лучшему, где сегодняшнее состояние техники и появляющиеся сегодня инновации целиком определены вчерашним состоянием, а завтрашнее столь же однозначно определяется сегодняшним. С т. зр. Д. т., независимость от воли человека технического прогресса предполагает опережающее и доминирующее воздействие техники на индустрию и, следовательно, на все индустриальное об-во, так что научно-технические достижения неизбежно влекут за собой модификации социальной и культурной жизни (*Веблен, Огборн, Культурное отставание*). Подобная абсолютизация роли средств производства ведет к тому, что социальное признается производным от технического. Т. обр., Д. т. предполагает не только то, что техника — особый, независимый от человека мир, что она беспредельно развивается по своим законам, но и то, что она господствует над человеком и об-вом, диктуя им свою волю и определяя их перспективы. Человеку остается выбор: или приспосабливаться к миру техники, уповая на всесилие и гуманность саморазвивающейся рациональности, или протестовать против него, бежать от него, в ожидании неизбежной гибели всего живого под гнетом машинной цивилизации. В соответствии с этой альтернативой в истории философии и социологии на протяжении более ста лет прослеживаются два глобальных направления — *техницизм и антитехницизм*, к-рые, по сути, разделяют общую предпосылку Д. т.— обожествление и мифологизацию техники, а различаются лишь оценкой — оптимистической или пессимистической — логических выводов, вытекающих из него. В соответствии с этими предпосылками в рамках Д. т. решается вопрос о роли ученого-новатора, изобретателя, техника в широком смысле слова: предполагается, что он «не изобретает» инновации, а находит их, актуализируя потенциальное бытие техники, заложенное в логике развития технического Разума. Роль техника сводится к роли медиума, осуществляющего трансцендентную волю этого Разума. У техников, выступающих в качестве носителей всесильной технической рациональности, возникает неукротимая воля к власти, апеллирующая к силе знания и техники. Этот ход мысли выливается в концепции *технократии* или, наоборот, антитехнократизма (*Неомарксизм, Контркультура*). Из Д. т. вытекает соотв. отношение к природе. Подчиняя жизнь об-ва интересам постоянного обновления технико-экономической сферы, к-рое требует увеличивающихся затрат финансов, сырья, машин, энергии, воды и т. д.,

идеология Д. т. узаконивает завоевательно-потребительское неконтролируемое использование среды обитания, природы. Реализация абсолютистских представлений Д. т. в практической жизнедеятельности привела сегодня человечество к необратимой ситуации глобального *риска технологического*. В зап. социологии Д. т. в большей или меньшей степени присущ теориям социальных изменений, *культурного отставания: информационного об-ва* концепциям; теориям *индустриального об-ва, постиндустриального об-ва и «об-ва изобилия»*, *об-ва потребления*, технократического, технотронного и компьютеризированного об-ва (*Компьютеризация*).

М. С. Ковалева

Лит.: 1) *Титаренко Л. Г.* «Технократический детерминизм»: концепции, идеологические функции. Минск, 1981; 2) Новая технократическая волна на Западе. М., 1986.

ДИАЛЕКТИКА НЕГАТИВНАЯ — см. *Негативная диалектика*.

ДИАЛЕКТИЧЕСКАЯ СОЦИОЛОГИЯ — антипозитивистское направление в зап. теоретической социологии, акцентирующее диалектическое взаимодействие социальных структур, рез-том к-рого явл. социальные изменения. Одно из основополагающих ответвлений Д. с.— *франкфуртская школа*. Уже в 30-е гг. *Хоркхаймер* выступил с критикой как метафизической односторонности гегелевской философии истории, так и «дурной единичности» позитивистского социол. эмпиризма. Не найдя решения этой антиномии, Хоркхаймер и его сторонники склонялись к негативно-критической ориентации на тотальную критику бурж. социологии. Гиперкритическая направленность проявилась в работе Хоркхаймера и *Адорно* «Диалектика просвещения» (1947), в к-рой они выступают не только против бурж. социологии, но и против «просвещения» вообще: «просвещение» в их трактовке явл. универсализированным веберовским «принципом рациональности» (*М. Вебер*), последний, в свою очередь, толкуется как выражение отчуждения. *Фромм* и *Маркузе* связали это понимание диалектики с фрейдистскими категориями, превратив ее в социологизированный вариант диалектики отчужденного сознания и нерационализируемого бессознательного. Во Франции крупнейшим представителем Д. с. был *Гурвич*. «Диалектический гиперэмпиризм» (или «эмпирико-реалистическая диалектика») Гурвича содержит в себе резкое отрицание философии Гегеля, к-рый, по его мн., выделяет из диалектической триады (тезис — антитезис — синтез) лишь последний элемент, что равнозначно «смертному приговору диалектике». Подлинная диалектика, утверждает Гурвич, должна быть «непримиримой», полностью отрицающей всякую стабилизацию внутри социальных структур. Природа исключается им из поля действия законов диалектики. С этой позиции он подвергает критике все предшествующие концепции диалектики социального, в т. ч. марксову (правда считая последнюю наиболее приемлемой). «Диалектический гиперэмпиризм», по Гурвичу,— это не подход к фактам социальной реальности как к выхваченным из целостности и тем самым умерщвленным, деформированным явлениям, пригодным лишь для иллюстрации заранее заданных теорий, а открытие с помощью диалектического метода бесконечно разнообразного опыта, основополагающие рамки к-рого беспрерывно обновляются. Влияние Гурвича сказалось на таких вариантах Д. с., как концепция антагонизма социального и индивидуального, выдвинутая Ж.-П. Сартром в работе «Критика диалектического разума» и генетический структурализм *Гольдмана*. Тенденции к «диалектизации» амер. социологии, в к-рой наиболее сильной была традиция структурного функционализма (*Функциональный подход*), связаны с амер. периодом деятельности франкфуртской школы и ее влиянием на молодых социологов США. В отличие от функционалистов, сторонники амер. Д. с. не считают структуру социума («повседневной реальности») неизменной. Допускается возможность «проблемных ситуаций», неразрешимых в рамках старых структур. Социальное изменение рассматривается как фактор, равноценный по своему значению «социальному порядку». В категориальный аппарат социологии вводятся этически окрашенные категории гуманизма, ответственности, свободы выбора и т. д. В отличие от «критической теории» франкфуртской школы представители амер. Д. с. (Р. Аппельбом, Д. Уоллс и др.) делают упор не на эмансипаторской функции социологии, а на разработке «альтернативной методологии», опирающейся на диалектику. Они призывают изучать об-во как изменяющуюся социальную реальность, к-рую следует брать в целостности и противоречивости образующих ее социальных отношений. При этом главное внимание уделяется анализу процессов производства и воспроизводства социальной формации. Еще одно направление Д. с. развивается в русле академической социологии, отдельные представители к-рой (Р. Фридрихс, Дж. Ритцер) усматривают в диалектике методологическую основу для создания «интегративной парадигмы», способной объединить противоборствующие школы и концепции. Однако диалектика при этом понимается как формальный набор принципов мышления, позволяющий синтезировать различ. подходы к изучению социальной реальности. Так, напр., Дж. Ритцер считает, что существующая в зап. социологии поляризация микро- и макроконцепций (*Макро- и микросоциология*), а также противопоставление субъективистских и объективистских теорий могут быть преодолены на путях использования диалектических принципов познания, к-рые разрабатывали К. Маркс, *М. Вебер*, *Зиммель* и Гурвич.

М. С. Комаров, С. М. Митина

Лит.: 1) Буржуазная социология на исходе XX века. М., 1986. 2) *Horkheimer M., Adorno Th. W.* Dialektik der Aufklärung. Fr./M., 1969. 3) *Marcuse H.* Reason and revolution. N. Y., 1941. 4) *Gurvich G.* Dialectique et sociologie. P., 1962.

ДИЛЬТЕЙ (Dilthey) **Вильгельм** (19.11.1833, Бибрих-на-Рейне — 01.10.1911, Зайс-на-Шлерне) — нем. историк культуры и социальный философ. Представитель «философии жизни», создатель т. наз. «понимающей психологии», послужившей толчком к созданию *понимающей социологии*. Филос. воззрения

Д. формировались под влиянием, с одной стороны, нем. романтизма и идеализма, особенно гегелевского (внимание к миру субъекта и интерес к истории); с др.— англо-франц. позитивизма (*Милль, Конт*: антиметафизическая установка и метод психологизма как анализ непосредственных данных сознания). Центральным у Д. является понятие жизни, к-рую он толкует не биологически, а культурно-исторически. Задача философии как «науки о духе» — понять жизнь из нее самой, т. е. из ее временности (Zeitlichkeit) и историчности (Geschichtlichkeit). В связи с этим Д. разрабатывает метод «понимания» как непосредственного постижения нек-рой душевно-духовной целостности (целостного переживания). Понимание, интуитивное проникновение одной «жизни» в другую Д. противопоставляет методу объяснения, к-рый применяется в естеств. науках, имеющих дело с внешним опытом и конструирующих свой предмет с помощью рассудка. В более ранних работах Д. опирается на метод интроспекции (самонаблюдения) и разрабатывает теорию «сопереживания», «вживания», «вчувствования» как средства интерпретации культуры прошлого. Во второй период своей деятельности Д. стремится преодолеть психологизм интроспективного метода. «Внутренний опыт, при котором я углубляюсь в свои собственные состояния, никогда не даст мне возможности осознать свою индивидуальность. Только в сравнении себя с другими я познаю индивидуальное во мне: я сознаю только то, что во мне отличается от другого» [1, 318]. Д. предвосхищает неогегельянство, рассматривая культуру прошлого как «застывшую жизнь», «объективированный дух». Полемизируя с Ф. Ницше, к-рый путем непрерывного самоисследования пытался постигнуть сущность жизни, Д. заявляет: «Человек познает себя только в истории, а не посредством интроспекции» [2, 279]. Однако к гегелевскому панлогизму Д. тоже относится отрицательно: в противоположность Гегелю у него остается романтическая склонность к признанию «последней тайны» жизни, к к-рой интерпретатор может только приближаться, но не постигать ее до конца. Но, отвергнув гегелевский Абсолют, Д. не в силах справиться с проблемой объективности, общезначимости исторического знания. «Возможность постигнуть другого — одна из самых глубоких теоретико-познавательных проблем. Как может индивидуальность сделать предметом общезначимого объективного познания чувственно данное обнаружение чужой индивидуальной жизни?» [1, 333]. Пытаясь разрешить эту проблему, Д. разрабатывает вслед за романтиками и Ф. Шлейермахером метод герменевтики, в к-рой он видит иск-во понимания письменно фиксированных проявлений жизни. Вслед за романтиками Д. сближает историческое познание с иск-вом, ибо рассматривает целостность исторических образований сквозь призму целостности исторической личности. Д. оказал большое влияние на развитие зап. философии и социологии 20 в.: на экзистенциализм, филос. герменевтику, *историческую социологию*, особенно на *Зиммеля* и отчасти *М. Вебера.*

П. П. Гайденко

Соч.: 1) Gesammelte Schriften. Lpz.— B., 1924. 2) Gesammelte Schriften. Lpz.— B., 1942.

ДИНАМИКА СОЦИАЛЬНАЯ — см. *Конт О.*

ДИСКУРС — вид речевой *коммуникации,* ориентированной на обсуждение и обоснование любых значимых аспектов действий, мнений и высказываний ее участников. Д. мыслится как возможность критически дистанцироваться от социальной реальности и утвердить ее принципы не на позитивистском приятии существующих норм и ценностей и не на притязаниях единичного субъекта, но на рациональном непредвзятом обсуждении. Понятие «Д.» использовал в начале 70-х гг. 20 в. *Хабермас* в работе «Подготовительные замечания к теории коммуникативной компетенции». Хабермас опирался на концепцию речевых актов Дж. Серля. Цель его состояла в обнаружении имманентных общению масштабов оценки и критики всего, что претендует в нем на значимость. Такие масштабы он находит в общих структурах языка. Через язык может быть обсуждено все, что фигурирует в речевом общении. Языковые выражения предполагаются и при молчаливом социальном взаимодействии. Наконец, сами структуры языка могут стать темой обсуждения опять-таки лишь через язык. Обычное общение происходит привычным образом и его значимые аспекты «наивно предполагаются» участниками. Д. же обычно позволяет сделать явными ценности, нормы и правила социальной жизни. Д. требует, чтобы все мотивы действий его участников были аннулированы, кроме готовности к совместному достижению взаимопонимания. При этом соотв. речевые акты как раз и служат для того, чтобы выражать отличие сущего от должного, сущности от явления, бытия от видимости и — в рез-те — подлинного (истинного) от ложного (вводящего в заблуждение) *консенсуса* участников коммуникации. Однако тут возникает логический круг: подлинный консенсус достижим лишь разумными («компетентными») участниками диалога, но сама разумность есть также предмет обсуждения и удостоверяется подлинным консенсусом. Выход из этого круга Хабермас усматривает в допущении в процессе Д. «идеальной речевой ситуации», при к-рой нет не только внешнего давления на процесс коммуникации, но и внутр., порождаемого ее собственными структурами. Концепция Д. получила широкую известность, открыла возможности контакта с представителями лингвистической философии, социологии *жизненного мира*, критического рационализма. Ее использует в своей концепции «нового класса» Гоулднер. «Культуру критического Д.» он рассматривает как особую характеристику этого класса (т. е. «интеллектуалов»). Согласно Гоулднеру, Д. носит идеологический характер, т. к. входит в общую идеологию *интеллектуалов,* объединяющую их в социальную общность с особой, только им присущей речевой общностью. Как и у Хабермаса, Д. предполагает опред. грамматику, принятые, зафиксированные и узаконенные правила построения речи, точную оценку значений, отрефлектированность и разработанность речи и действий на основе этих правил, без использования авторитета и социального положения говорящего. Исключается автоматическое следование традиции, «императивным законам науки» или навязанным силой предписаниям. Речь, содержащая четко закрепленные и определенные понятия, стандартизированная и стилизованная, построенная в соответствии с принципами объяснения, принятыми в Д., становится теоретизированной, автономной и безличной. Отсюда вытекает автономия как одна из целей и один из способов существования *нового класса.* Автономия Д. есть лишь часть общей автономии, к к-рой стремится выйти этот класс. Часто понятию «Д.» придают прагматический операциональный смысл (напр., А. Гидденс, *Фуко*).

А. Ф. Филиппов, В. Н. Фомина

ДИСТАНЦИЯ СОЦИАЛЬНАЯ — понятие, характеризующее степень близости или отчужденности социальных групп и лиц. Д. с. не тождественна пространственной, географической Д., хотя может выражаться в специфических формах расселения этнических групп (напр., гетто и др.), элит (кварталы богачей, высшего чиновничества и др.). В зап. социологии анализ Д. с. был впервые осуществлен *Зиммелем, Парком* и *Бёрджессом,* фон *Визе* трактует Д. с. как одно из главных понятий своей социол. концепции. Возрастание Д. с. между индивидом и социальным образованием явл. для него критерием расчленения социальных образований на массу, группу и абстрактный коллектив. В социол. изучении малых групп была выявлена взаимозависимость между Д. с., взаимодействием, симпатиями и антипатиями лиц. Согласно *Хомансу,* сплоченность группы тем больше, чем меньше Д. с. В социально-психологических исследованиях малых групп понятие «Д. с.» применяется для социометрического измерения симпатий и антипатий членов групп. В связи с этим были предложены различ. шкалы для измерения установок испытуемого по отношению к группе (шкалы Э. Богардуса, Л. Терстоуна и др.). Понятие

«Д. с.» тесно связано с изучением взаимоотношений классов, групп, слоев. Можно расчленить внешнюю и внутр. Д. с.; первая из них характеризуется Д. между нациями, классами, социальными группами, вторая же относится к Д. между членами группы. Необходимо разграничить вертикальную и горизонтальную Д. с. Если горизонтальная Д. с. выражает степень социального расстояния между группами, находящимися на одном уровне обществ. иерархии, то вертикальная характеризует различия между классами, группами, занимающими различ. место в социальной иерархии. Д. с. находит свое воплощение в различиях рангов, власти, престижа, авторитета. В патриархально-традиционных об-вах и при феодализме существует жестко фиксируемая Д. с. между кастами, сословиями, профессиональными группами. Д. с. проявляется как в сознании — в установках людей по отношению к членам др. социальной или этнической группы, так и в объективных характеристиках — в различиях способов жизни национальных меньшинств, в типах расселения, организации образования (раздельное обучение юношей и девушек, сегрегация в обучении и т. д.). Социальные ин-ты различаются между собой по способу осуществления Д. с., степени ее силы и т. д.

А. П. Огурцов

ДИСФУНКЦИЯ — см. *Функциональный подход в социологии.*

ДИФФЕРЕНЦИАЦИЯ СОЦИАЛЬНАЯ — понятие, впервые примененное *Спенсером* для описания универсального для обществ. эволюции процесса появления функционально специализированных ин-тов и разделения труда. *Дюркгейм* связывал дифференциацию функций в об-ве с ростом плотности населения и интенсивности межличностных и межгрупповых контактов. *М. Вебер* видел в Д. с. следствие процесса рационализации ценностей, норм и отношений между людьми. Термин «Д.» часто то употребляется как синоним слова «различие» и применяется для классификации ролей, статусов, ин-тов и организаций по различ. критериям. С. Норт сформулировал четыре главных критерия Д. с.: по функции, по рангу, по культуре и по интересам. Таксономической трактовке понятия «Д. с.» противостоит концепции Д. с., созданная теоретиками социологии действия и сторонниками системного подхода (*Парсонс, Этциони* и др.), к-рые рассматривали Д. с. не только как наличное состояние социальной структуры, но и как процесс, ведущий к возникновению деятельностей, ролей и групп, специализированных на выполнении отдельных функций, необходимых для самосохранения социальной системы. Проводится строгое различение уровней, на к-рых происходит процесс Д. с.,— уровень об-ва в целом, уровень его подсистем, уровень групп и т. д. Исходным явл. тезис, что любая социальная система может существовать только в том случае, если в ней выполняются опред. жизненно важные функции: адаптация к среде, постановка целей, регулирование внутр. конфликтов (интеграция) и т. д. Эти функции могут осуществляться более или менее специализированными ин-тами, и в соответствии с этим социальные системы явл. в большей или меньшей мере дифференцированными. По мере Д. с. действия становятся все более специализированными, личные и родственные связи уступают место безличным вещным отношениям между людьми, регулируемым с помощью обобщенных *символических посредников.* В подобных условиях степень Д. с. играет роль центральной переменной, к-рая характеризует состояние системы в целом и от к-рой зависят др. сферы обществ. жизни. В большинстве новейших исследований источник развития Д. с. усматривается в появлении у системы новой цели. От степени дифференцированности системы зависит вероятность появлений в ней нововведений. Так, например, С. Эйзенштадт показал, что возможность появления нового в политической и религ. сферах тем выше, чем больше они отделились друг от друга. Понятием «Д. с.» широко пользуются сторонники теории модернизации, такие, как Ф. Риггс, к-рый усматривает в «диффракции» (так он называет Д.) наиболее общую переменную в экономическом, политическом, социальном и административном развитии. Мн. исследователи отмечают как положительные последствия Д. с. (увеличение адаптационной способности об-ва, более широкие возможности для развития личности), так и негативные (отчуждение, утрата системой устойчивости, появление специфических источников напряженности). Эти стороны процесса Д. с. рассмотрены в работах зап.-германского социолога Д. Рюшемейера и амер. социолога Р. Баума. Предпринимаются попытки углубить и детализировать парсоновскую модель дифференциации систем человеческого действия, выявить механизмы этого эволюционного процесса. Так, нем. социолог Н. Луман связывает проблемы Д. с. с фундаментальным свойством любого человеческого взаимодействия — т. наз. «контингенцией», к-рое ведет к появлению и все большей дифференциации коммуникативных символических средств.

Л. А. Седов

ДИФФУЗИОНИЗМ (от лат. diffusio — разлитие, просачивание) — направление в социальной антропологии и этнографии, культурологии, археологии, социологии, полагающее основой общественного. развития процессы заимствования и распространения культуры из одних центров в др. Д. складывался в начале 20 в. как реакция на крайности эндогенистского *эволюционизма*, объяснявшего развитие об-в исключительно их внутр. свойствами и законами роста по обязательным стадиям органической эволюции. Д., напротив, предпочитал экзогенистские теории и сделал центральными проблемы культурных нововведений как рез-тов внешних влияний и каналов, по к-рым эти влияния передаются и внедряются в данную социокультурную единицу. В поле зрения Д. в первую очередь такие средства распространения чужой культуры, как завоевания, торговля, колонизация и миграции, добровольное подражание, и лишь на втором плане — внутрисистемные факторы развития. Д. смягчал влиятельные тогда социал-дарвинистские и биоэволюционные уподобления об-в

конкурирующим организмам, вытесняющим друг друга. Диффузия культуры, не имеющая аналога в биологической эволюции, подразумевает сотрудничество между об-вами, способность исторических «конкурентов» учиться друг у друга. Из социол. теорий предшественниками Д. были теории подражания (*Тард*, У. Беджгот и др.), сводившие обществ. развитие к последовательности изобретений и заимствований. Можно выделить три осн. варианта Д.: (1) «инвазионизм» (от англ. invasion — вторжение), к-рый рассматривал крупные социокультурные изменения как последствия вторжения в изучаемую культуру племен и мигрантов, принесших более высокий уровень культуры и техники; (2) теории культурного центра (Э. Смит и др.), изображающие процесс распространения культуры в виде последовательных волн рассеяния своего рода миссионерских элит из общей колыбели цивилизации, на роль к-рой, напр., выдвигали Шумер или Древний Египет. Чем дальше от центра происхождения изучаемая область, тем более размыты и вырождены в ней черты первоначальной цивилизации. Эти теории в ряде моментов сходны с совр. европоцентристскими теориями *модернизации* развивающихся стран; (3) теория культурных кругов или областей (Ф. Гребнер, *Фробениус* и др.). Этот вариант Д. предполагал такое решение спора с эволюционизмом, к-рое включало схемы последнего в объяснения исторических процессов. Для совр. зап. социологии характерно стремление ввести Д. и эволюционизм в общие теоретические рамки, объединить их положения, когда-то казавшиеся противоположными. Подходы Д. сохраняют значение для более частных тем: объяснений *модернизации* с помощью культурных контактов, процессов внедрения конкретных хозяйственных или научных нововведений, процессов *аккультурации* иммигрантов и т. д. Одна из близких старому Д. задач совр. зап. социологии и антропологии — сравнительное исследование культурных черт с целью установить, какие из них легче проникают в иные культурные миры, степень независимости изобретений и *инноваций*, а также пути усвоения новых черт чужими культурами.

А. Д. Ковалев

Лит.: 1) *Токарев С. А.* История зарубежной этнографии. М., 1978. 2) *Smith A. D.* The concept of social change. L., 1973.

ДОСУГА СОЦИОЛОГИЯ — отрасль социологии, изучающая поведение индивидов и групп в свободное время, способы удовлетворения потребностей в отдыхе (рекреации), развлечении, общении, развитии личности, а также функционирование учреждений досуговых услуг, «индустрии досуга». В содержательном плане изучаются эволюция и особенности совр. досуга, его соотношение с трудом, социальной структурой, семьей, стадиями жизненного цикла и способами проживания (урбанизацией), роли досуга в формировании совр. образа жизни. Большинство исследователей под досугом, или свободным временем (в зап. социологии практически эти понятия слились), понимают время, свободное от оплаченного труда и непреложных обязанностей (ухода за собой и окружающими). Совр. досуг, несмотря на его различие в разных социальных группах, рассматривается как досуг нового типа, как продукт индустриализма и урбанизма. НТП вызвал рост· производительности труда и подъем жизненного уровня населения, что позволило сократить время необходимого труда и значительно увеличить объем свободного времени. Произошла концентрация досуга в конце рабочего дня, рабочей недели, в отпуске, что помимо др. причин, вызвало новое явление — сильную досуговую миграцию (отпускную и конца недели). Условия проживания в городе привели к ослаблению общинных связей, к росту социальной и духовной автономии личности и одновременно усилили процессы массовизации потребления, культуры, что отразилось на формах досуга. Такая экономическая функция досуга, как отдых после труда и подготовка к труду, как утверждают зап. социологи, перестала быть главной, важнее — потребление товаров и услуг, обеспечивающее воспроизводственный цикл. Социальные функции досуга связываются с общением и воспроизводством социальной структуры через свойственные различ. социальным группам типы и образцы досугового поведения. Отмечается возросшая ценность досуга как сферы потребления культуры и культуротворчества. Проблемными с т. зр. Д. с. обычно считаются группы молодежи с отклоняющимся поведением; семейные женщины, занятые в обществ. производстве и испытывающие острый дефицит свободного времени; группы пенсионеров, или люди «третьего возраста», к-рые предъявляют специфические требования к досугу. Сохраняется традиция рассматривать досуг и по классовым группам, хотя последние выделяются иначе, чем в марксизме. Возникновение Д. с. связывается с работой *Веблена*, «Теория праздного класса». Наибольший вклад в разработку экономического обоснования и определения классовой сущности свободного времени внес К. Маркс в «Капитале». Эмпирические исследования досуга начались в 20—30-е гг. сначала в рамках др. массовых обследований (напр., работа супругов Линд «Средний город», 1925—1929, 1935), затем в кач-ве самостоятельных исследований (Ландберг и др. «Городской досуг», 1934). Этому способствовало введение 8-часового рабочего дня, а в нек-рых странах (как, напр., во Франции в 1936 г.) — 40-часовой рабочей недели, двух выходных дней в неделю и двухнедельных отпусков, резко увеличивших объем свободного времени. Поток исследований досуга нарастал после второй мировой войны во всех странах. Появились обобщающие работы типа «Досуг в Америке» М. Каплана (1960), «Досуг» К. Робертса (1970), «Досуг и общество в Британии» М. А. Смита (1973) и др. Во Франции с 1949—1951 гг. началось изучение феномена вакансий, к-рое с 1961 г. стало постоянным и репрезентативным для страны. Культурная досуговая практика изучалась в связи с бурным развитием телевидения и др. средств массовой коммуникации. В 1964—1965 гг. в рамках изучения бюджетов времени было проведено сравнительное международное обследование городского населения 13 стран (включая США и СССР), в т. ч. по использованию свободного времени [1]. С 1969 г. издается международный журнал «Общество и досуг» — до 1976 г. в Праге, затем в Квебеке (Канада). Теоретическое осмысление досуга в период накопления эмпирических данных (поскольку речь шла о факторах, влияющих на поведение) происходило в категориях социологии труда, социологии личности, семьи и т. д. и в рамках соответствующих концепций *Фридмана, Беккера, Рисмена* и т. д. Завершение формирований Д. с. как самостоятельной отрасли социол. науки отразилось в публикациях типа «Социология досуга» С. Р. Паркера (1976), «Эмпирическая социология досуга» *Дюмазедье* (1974). Рассмотрение досуга как социального ин-та потребовало макроподхода, и он был осуществлен авторами концепций *постиндустриального об-ва*, *об-ва потребления*, теории «*массовой культуры*» и наиболее полно воплотился в идее «цивилизации досуга» (Дюмазедье, *Фурастье*), согласно к-рой досуг, начиная с нек-рого уровня экономического развития, приобретает все большую автономию от труда и становится самодовлеющей ценностью. Развернулась дискуссия вокруг термина «цивилизация досуга» и времени ее наступления. Большинство исследователей, признавая особую роль досуга в совр. об-ве, предпочитают, однако, подобно С. Паркеру, говорить лишь об об-ве с развитым досугом. На протяжении 80-х гг. тема «Труд — досуг» не теряет своей актуальности, поскольку «микропроцессорная революция» вносит изменения и в труд, и в досуг. Зап. социологами предлагается также концепция «революции избираемого времени», согласно к-рой об-во должно изменить характер использования и рабочего и свободного времени. Сегодня оба они дегуманизированы, задача же состоит в том, чтобы распространить на все социальное время принципы избирательности и свободы использования.

Э. М. Коржева

Лит.: 1) *Веблен Т.* Теория праздного класса. М., 1986. 2) *Karlan M.* Leisure: theory and police. N. Y.—L., 1975. 3) *Parker S.* Leisure &work. L., 1983. 4) *Rojek Ch.* Capitalism & leisure theory. L.— N.—Y., 1985

ДРАКЕР (Drucker) **Питер Ф.** (19.11. 1909, Вена) — амер. экономист, социолог, публицист, специалист в области проблем управления. В 1931 г. получил ученую степень доктора юриспруденции во Франкфурте; в 1937 г. эмигрировал в США, где был экономическим и финансовым консультантом крупнейших корпораций; с 1942 по 1949 г.— проф. философии и политики в Беннингтонском колледже, в 1950—1970 гг.— проф. в Высшей школе бизнеса при Нью-Йоркском ун-те, с 1972 г.— проф. социальных наук в Клермонт-колледже (Калифорния); почетный доктор мн. зарубежных ун-тов. Д. заявил о себе как ведущий теоретик т. наз. «эмпирической школы». в *индустр. социологии*, к-рая претендует на синтез «классической школы» *менеджмента* с доктриной «*человеческих отношений*». Для этого направления характерен сдвиг научной проблематики от организации рабочего места (*Тейлоризм*) и исследования социальной (неформальной) организации предприятия (*Мэйо*) к изучению управленческой структуры корпорации как обществ. ин-та, социальных последствий механизации и автоматизации производства, места и роли менеджера в совр. об-ве, классовой структуре капиталистического об-ва. Стремление соединить абстрактно-филос. обобщения с управленческими рекомендациями, максимально приближенными к нуждам практики, обусловило довольно эклектичную методологическую позицию «эмпирической школы». Этому отвечает и идейно-теоретическая платформа Д., к-рую он назвал «политической экологией». Согласно его т. зр., человека следует представлять как единство обществ., экономических и политических отношений, к-рые в совокупности образуют его социальную природу. Люди как носители опред. ценностей и ролей должны анализироваться социологом в контексте ин-тов, в к-рые они включены, и связанных с ними идей и действий. Сохранение динамичного, противоречивого равновесия между элементами такой системы осуществляется через целесообразный и управляемый процесс социальных нововведений. «Политическая экология», если она принимается в кач-ве социальной программы деятельности, требует от человека, особенно руководителя, принятия опред. ответственности перед об-вом. Осн. ин-том, в полной мере реализующим эти программные установки, выступает, по мн. Д., деловое предпринимательство. Он считает, что крупные корпорации, хотя численно они составляют меньшинство, тем не менее явл. идейными и социальными лидерами об-ва, т. е. выступают его представительным типом, в наибольшей степени выражающим об-ществ. идеалы, помыслы и чаяния граждан. Если на раннем этапе понятие «менеджмент» Д. относил только к сфере бизнеса, то позже (в 70-е гг.) — он применяет его также к неделовым организациям (здравоохранение, образование, наука и др.). Для Д. характерен «менеджериальный редукционизм»: сведение проблем совр. развития к проблеме управления об-вом, понимаемого аналогично крупной корпорации. Совр. об-во, по Д.,— это плюралистическое «общество организаций», все большее число членов к-рых становятся менеджерами и «профессионалами знания». Отсюда выводится ведущая роль в совр. жизни менеджмента, к-рый — в противоположность своекорыстной *технократии*,— связывая своей деятельностью все социальные ин-ты воедино, должен идти дальше непосредственной выгоды, делая человеческую жизнь плодотворной и формируя новое кач-во жизни об-ва и экономики, общины и индивида. В этой связи Д. формулирует «этику благоразумия» — своего рода категорический императив «общества организаций», Д. призывает ограничить произвол в деятельности организаций, к-рый может обернуться для человечества катастрофическими последствиями. Д. критикует социологов, к-рые изучают не столько об-во в целом, сколько его отдельные ин-ты. Совр. остроскризисный этап развития об-ва по аналогии с концепциями *Маклуэна* определяется Д. через понятие «глобальный торговый центр», обслуживаемый электронными средствами связи, ЭВМ и др. «технологическими продолжениями» человека. Отсюда Д. выводит необходимость для США, как ведущей технической и технологической силы современности, проявлять сдержанность и мудрость в международных делах, стремиться ограничить присущие совр. миру противоречия до размера поддающихся регулированию «малых конфликтов». Д. противопоставляет свои идеи марксизму. Д. известен своими работами по сравнительному исследованию культур, в к-рых он, выступая против политэкономического редукционизма, пытается вывести присущую каждой изучаемой культуре (напр., европ., японской, китайской) «формулу успеха».

А. И. Кравченко

Соч.: 1) The unseen revolution. N. Y., 1976. 2) The changing world of the executive. N. Y., 1982.

ДЮВЕРЖЕ Морис (Duverger) (05.06.1917, Ангулем) — франц. социолог, проф. политической социологии Сорбонны (с 1955), руководитель Центра сравнительного анализа политических систем, член Академии наук и искусств (США). Политическую социологию рассматривает как науку о власти, изучающую отношения «управляющих» и «управляемых» в любых человеческих общностях [1]. Ее осн. задачей считает выявление «двуличия власти», поскольку политика представляет собой борьбу между индивидами и группами за власть, к-рой победители пользуются в ущерб побежденным, и одновременно — усилия по построению социального порядка, выгодного всем [1]. С этих позиций рассматривает политическую систему совр. капитализма как «двуликого Януса», т. е. как противоречивое единство аутентичной демократии и власти владельцев капитала (этот дуализм, по его мн., составляет глубинную основу зап. системы). Понимание системы Д. заимствует у *Парсонса* и Ж. Пиаже. Устранение «императива прибыли», порождающего осн. противоречие капитализма — между увеличением количества продуктов и деградацией кач-ва жизни — может быть достигнуто путем перехода к «демократическому социализму» [2]. Д. критикует представления об отсутствии классов при капитализме; бюрократизацию политической жизни, способствующую персонализации власти; имущественное неравенство, к-рое тем не менее, по его мн., заметно развивается в направлении к относительному выравниванию условий жизни. Д. ставит под сомнение применимость «западной демократии и плюрализма» в др. странах совр. мира. Еще в конце 60-х гг. он утверждал, что противоречия между богатыми странами и «странами-пролетариями» более значимы, чем между зап. и социалистическими странами. Работы Д. широко известны на Западе. Он неоднократно консультировал ряд правительств бурж. стран по вопросам конституционного права и избирательной борьбы.

В. П. Терин

Соч.: 1) La Sociologie politique. P., 1967. 2) La sustème politique francais. P., 1985.

ДЮВИНЬО (Duvignaud) **Жан Оже** (22.02.1921, Ла Рошель) — франц. социолог. писатель. В 1954—1958 ассистент *Гурвича* в Сорбонне, в 1960 проф. в Тунисе, с 1965 преподаватель, с 1969 проф. в Туре (отделение социологии). Ныне проф. ун-та «Париж VIII» директор института социологии иск-ва; редактор журнала «La Scarabeé international». Свой творческий путь Д. начинал с исследований социальной роли театрального иск-ва [1], переросших в работу над *социологией искусства* в целом [2], и наконец, в разработку социологии воображаемого. Социальный мир, по Д., это стихия вечного становления, в к-ром человек играет активную, созидательную роль. Для своей социол. концепции Д. заимствует эстетический принцип Кроче (воображение — центральная функция человека). Поэтому и осн. социол. дисциплиной у Д. становится социология творения воображаемого. Неудачи всех прежних попыток подобной социологии, считает Д., связаны с такими предрассудками, как поиски сущности иск-ва, верой в платоновскую идею имманентности иск-ва

божественному и сближением творчества с религией. Отказавшись от них, надо обратиться к исследованию значения художественного творчества. Осн. задача социолога иск-ва, по Д.,— выработать группу соответствующих операциональных понятий. Решая эту задачу, Д. разрабатывает следующие понятия: (1) «драмы», или социальной игры, как воображаемого замещения обществ. отношений; (2) «полемического знака», или способа разрешения социальных проблем, предложенного художником в своих произведениях; (3) «синтеза классификаций космического мира и социального порядка», или поиска алгоритмов, по к-рым художник в своих произведениях применяет природу и об-во; (4) *«аномии»*, или социального хаоса, стимулирующего художника создавать модели новых обществ. отношений и т. д.

А. Г. Вашестов

Соч.: 1) Sociologie du théâtre, les ombres collectives. P. 1965. 2) Sociologie de l'art. P. 1969. 3) Heresie et subversion. Essais sur l'anomie. P. 1986.

ДЮМАЗЕДЬЕ (Dumazedier) **Жофр Роже** (30.12.1915, Таверни) — франц. социолог. Окончил Парижский и Германский ун-ты. С 1952 г. ведет научную и преподавательскую работу в Центре научных исследований в кач-ве проф. Института социальных наук о труде; с 1962 г.— проф. Сорбонны, позднее — ун-та Р. Декарта, руководитель группы в национальном Центре научных исследований и группы по социологии досуга в Центре социол. исследований, сотрудничает в Центре по изучению урбанизма. Активно занимается обществ. деятельностью: основатель фонда «Народ и культура», председатель постоянного комитета по исследованию досуга и моделей культурного поведения в Международной социол. ассоциации и др. Первые научные публикации относятся к 50-м гг. Это «Новый взгляд на Олимпийские игры» (в соавт., 1952); «Досуг в повседневной жизни» (с Ж. Фридманом, 1954); «Телевидение и народное образование» (в соавт., 1955); «Труд и досуг» (в «Трактате по социологии труда», 1962). Помимо общих проблем досуга, изучал также проблемы: «Досуг и кино», «Распространение книги и чтения в современном мире». Руководил рядом крупных эмпирических исследований, из к-рых следует особо отметить исследование, обобщающее развитие городского досуга за периоды 1900—1957 и 1957—1964 гг. [2], и исследование об использовании досугового пространства [3]. Эмпирические исследования и их теоретический анализ [1]; [4] привели Д. к мысли, что досуг, или свободное время, в жизни совр. жителя развитых стран незначительно уступает рабочему времени и имеет тенденцию возрастать; а по ценности, предпочитаемости, привлекательности — превзошел труд (мн. люди предпочитают меньше зарабатывать, но иметь больше свободного времени). Как сфера жизнедеятельности об-ва досуг также занял значит. место, вызвал развитие целых отраслей экономики, досуговой инфраструктуры. Совр. досуг не явл., как прежде, «приложением» к труду — отдыхом от него и подготовкой к нему. Самоценный, самодостаточный характер досуга сделал его «независимой переменной». Автономизация досуга, изменение жизненных ориентаций на досуг, особенно у молодежи, — свидетельство коренных изменений в образе жизни, наступления «цивилизации досуга». В отличие от *Фурастье*, Д. отстаивает т. зр., что «цивилизация досуга» уже наступила. Идея «цивилизации досуга», фиксирующая кач. изменения в досуге, получила значит. распространение в зап. социологии.

Э. М. Коржева

Соч. 1) Vers une civilisation du loisir. P., ed. du Seuil, 1962. 2) Le loisir et la ville. Loisir et culture. P., 1966. 3) Espace et loisir dans la société française. P., 1967. 4) Sociologie empirique du loisir. P., 1974.

ДЮРКГЕЙМ (Durkheim) **Эмиль** (15.04.1858, Эпиналь — 15.11.1917, Париж) — франц. социолог и философ, создатель т. наз. франц. социол. школы. Основатель и издатель журнала «Социологический ежегодник» (1896—1913). С его именем связана институционализация социологии во Франции, особенно в Бордоском и Парижском ун-тах. Являясь продолжателем позитивистской контовской традиции в социологии, Д. руководствовался образцами естеств. наук, утверждая принципы эмпирической обоснованности, точности и доказательности теоретических положений. К числу общих условий, необходимых для превращения социологии в самостоятельную науку, Д. относил наличие особого предмета и соотв. метода. Этим предметом явл., согласно Д., особая реальность, к-рой не занималась до сих пор ни одна из существующих наук. Ее основу составляют социальные факты, не сводимые ни к экономическим, ни к психологическим, ни к физическим и т. п. фактам действительности и обладающие рядом самостоятельных характеристик. Их главные признаки — объективное, независимое от индивида существование и способность оказывать на индивида давление; принудительная сила. Т. обр., регулируется поведение индивида в об-ве, к-рое в осн. определяется не индивидуальными причинами и факторами, а совокупностью социальных фактов, толкающих индивида на те или иные поступки. Д. подразделял социальные факты на морфологические, составляющие «материальный субстрат» об-ва (плотность населения, физическая и моральная, под к-рой Д. подразумевал частоту контактов или интенсивность общения между индивидами; наличие путей сообщения; характер поселений и т. п.), и духовные, нематериальные факты («коллективные представления», составляющие в совокупности коллективное или общее сознание). Д. гл. обр. исследовал роль коллективного сознания, его различ. формы (религию, мораль, право), нередко гипертрофируя их действительные социальные функции. Теоретико-методологической концепцией, на базе к-рой развивалась вся система взглядов Д., был т. наз. *социологизм* (одна из разновидностей социол. реализма), утверждающий в противоположность *номинализу* и базирующимся на нем индивидуалистическим концепциям принцип специфичности и автономности социальной реальности. Опираясь на этот принцип, Д. наделял об-во чертами физического и морального превосходства над индивидами, а впоследствии отождествлял его с богом. Отвергая биологический и психологический редукционизм, Д. требовал объяснять «социальное социальным», что означало обязательность применения социол. метода для всех обществ. наук. Признание независимого от субъекта существования социальных фактов и рассмотрение их в кач-ве «вещей», к-рые нужно исследовать объективными методами, означало, по Д., следование принципам естеств. («позитивных») наук. Социол. теоретико-методологическая концепция Д. была направлена против психологизма *Тарда* с его индивидуалистическим номинализмом и социальным атомизмом (*Атомизация социальная*). Концепция Д. давала возможность обосновать идею обществ. *солидарности*, к-рой было посвящено, по существу, все его творчество. Вопрос о том, каковы те связи, к-рые объединяют людей друг с другом, конкретизировался как определение природы и функций социальной солидарности в совр. «развитом» об-ве в отличие от примитивных или традиционных об-в, как объяснение исторического перехода от одной обществ. формы к др. Отталкиваясь от типичной для социологии 19 в. идеи конструирования двух *идеальных типов* об-ва, между к-рыми существует историческая преемственность, Д. строил дихотомию об-в с механической и органической солидарностью как двух звеньев единой эволюционной цепи. Механическая солидарность доминировала в архаическом об-ве и была основана на неразвитости и сходстве индивидов и их обществ. функций. Органическая солидарность, по Д., характерна для совр. об-в и основана на разделении труда. Обмен человеческой деятельностью, ее продуктами предполагает зависимость членов об-ва друг от друга. Поскольку каждый из них несовершенен в отдельности, функцией обществ. разделения труда явл. интегрирование индивидов, обеспечение единства социального организма, формирование чувства солидарности. Д. рассматривает солидарность как высший моральный принцип, высшую универсальную ценность.

Отсюда, согласно Д., морально и само разделение труда. Антагонизм труда и капитала, моральный и экономический кризисы капиталистического об-ва Д. считал отклонением от нормы, рез-том недостаточной отрегулированности отношений между главными классами об-ва, к-рое в целом якобы сохранило свойственное предшествующим эпохам единство, спаянность, целостность. Разделение труда, по Д., тот механизм, к-рый в совр. об-ве, в значит. степени утратившем цементирующую силу общего, коллективного сознания, создает желаемую обществ. связь, солидарность между классами, компенсирующую ущерб, вызванный узкой специализацией. Д. развивал идею создания профессиональных корпораций — новых органов обществ. солидарности. Они должны были выполнять широкий круг обществ. функций, от производственных до культурных и моральных, вырабатывая и внедряя в жизнь новые нормы, регулирующие отношения между трудом и капиталом, способствующие развитию личности и преодолению кризиса капиталистического об-ва. По мысли Д., т. обр. в об-ве будут смягчены антагонистические отношения, ликвидирована аномия. Решающую роль в деле социальной интеграции Д. отводил идеалам и верованиям (коллективным представлениям), видя в них главные компоненты религии и морали (нередко их отождествляя). Пытаясь модернизировать традиционные религ. представления, Д. развил концепцию религии без бога. Объективно существующую реальность, к-рая явл. причиной, объектом и целью религ. верований и обрядов, он усматривал в об-ве. В религии, согласно Д., как в фокусе отразились те аспекты об-ва, к-рые считаются священными. Отсюда почти безграничное влияние религии на культуру, личность, а также на осн. закономерности человеческого мышления. Представляя религию как систему всех верований и практик, санкционированных об-вом и обязательных для всех его членов, Д. значит. расширил рамки привычного понимания религии, включив системы верований, отличающихся по своему содержанию от традиционных, но выполняющих аналогичные обществ. функции, главная из к-рых — создавать и укреплять солидарность. Побочным продуктом социол. анализа религии явл. анализ содержания человеческого сознания, происхождения осн. человеческих способностей: логической классификации и создания общих понятий (концептов). Эти способности объяснялись Д. как порождение социальной жизни, религ. по своей форме и содержанию. Д. ярко описал крайние проявления кризиса бурж. об-ва. Далекий от материалистического понимания причин кризиса, он видел их в отставании культуры от далеко продвинутой экономики, в несовершенстве моральных норм, не соответствующих новым условиям, в ослаблении авторитета традиционной дисциплины. Отсюда возможность преодоления кризиса он видел в сознательном введении новых норм, регулирующих поведение членов об-ва. Общественно-политическая позиция Д. характеризовалась активным стремлением способствовать моральному и социальному возрождению Франции. Он выступал против монархическо-клерикальной реакции, боролся за секуляризацию школьного и университетского образования. Д. признавал большое обществ. значение социалистического движения, но идеи научного социализма Маркса не принял. Главное место в его социально-политической программе отводилось реформам. Д. оказал значит. влияние на развитие обществ. наук во Франции. В наст. время Д. явл. признанным классиком зап. социологии. Его концепции легли в основу формирования теоретического фундамента зап. социологии, в частности структурного функционализма.

Е. В. Осипова

Соч.: 1) Метод социологии. К.—X., 1899. 2) О разделении общественного труда. О., 1900. 3) Самоубийство. Социологический этюд. СПб., 1912. 4) Les formes élémentaires de la vie religieuse. P., 1912.

ДЮРКГЕЙМОВСКАЯ СОЦИОЛОГИЧЕСКАЯ ШКОЛА (др. название — Французская социологическая школа) — направление во франц. социологии, основанное *Дюркгеймом* и объединенное вокруг журнала «L'Année sociologique» (I серия журнала — 1898—1913 гг., II серия — 1925—1927 гг.). В статьях и монографиях, принадлежавших гл. обр. сотрудникам журнала, в рецензиях (занимавших большую часть его объема) отстаивались принципы позитивистской социологии, сформулированные главой школы. Материал в журнале распределялся по следующим рубрикам, отражавшим взгляд Дюркгейма на внутр. дифференциацию социол. знания: 1) общая социология; 2) социология религии; 3) юридическая социология; 4) социология морали; 5) социальная морфология; 6) разное. Осн. место занимала рубрика «Социология религии». Хотя не все сотрудники школы были ортодоксальными дюркгеймианцами, школа отличалась относительно высокой степенью интеграции, основанной на общности теоретических воззрений, активной работе в журнале, разделении труда и специализации в опред. предметных областях, научном авторитете Дюркгейма, дружеских связях и т. д. Существенную роль в интеграции школы сыграла и близость теоретических воззрений ее участников, объединенных идеями бурж. либерализма и социализма реформистского толка, а также характерными для Франции периода Третьей республики антиклерикальными позициями, верой в науку и ее социально-преобразующую роль, лозунгом солидаризма, направленным на мирное устранение классовых антагонизмов. Коллективная форма научной работы, характерная для школы Дюркгейма, была новым явлением по франц. университетской системе. Благодаря деятельности школы институционализация социологии во франц. системе образования произошла в дюркгеймовском варианте, несмотря на существование в это время конкурирующих направлений в академической социологии Франции: католической социологии, школы *Ле Пле*, органицистского и психологического направлений, объединенных вокруг журнала «Revue internationale de Sociologies» (с 1893). Ядро школы среди социологов составляли

Мосс (возглавивший школу после смерти ее основателя), *Бугле,* Ж. Дави, П. Лапи, П. Фоконне, *Хальбвакс.* Поскольку Дюркгейм и его последователи мыслили социологию как «систему, корпус социальных наук», к участию в школе были привлечены видные экономисты (Ф. Симиан и др.), правоведы (Э. Леви, Ж. Рей, П. Ювелен и др.), лингвисты (А. Мейе, Ф. Брюно, Ж. Вандриес), историки культуры (М. Гране и др.), этнологи и т. д. Как более или менее единое целое Д. с. ш. просуществовала до начала второй мировой войны. В выходящей с 1949 г. III серии журнала характерные черты школы утрачены, а дюркгеймовская социол. традиция сосуществует наряду с др. В последние годы в зап. истории социологии внимание исследователей все больше сосредоточивается не только на изучении научного наследия Дюркгейма, но и на деятельности созданной им школы, а также отдельных ее представителей.

А. Б. Гофман

Лит.: 1) История буржуазной социологии первой половины XX в. М., 1979. 2) *Clark T.* Prophets and Patrons: the French university and the emergence of the social sciences. Camb. (Mass.). 1973. 3) The sociological Domain. The Durkheimians and the founding of French sociology. Ed. by Besnard P. Camb.— P., 1983.

Е

ЕДИНИЧНОЕ ДЕЙСТВИЕ — в системном функционализме *Парсонса* простейшая элементарная система действия, служащая отправным пунктом для конструирования аналитической теории человеческого действия, применимой к системам любой степени сложности. Парсонс исходит из необходимости рассматривать человеческое действие в его двойственности, определяемой тем, что деятель и ситуация находятся в динамическом соотношении. Е. д. определяется как объективными свойствами ситуации, так и субъективной целевой установкой деятеля, к-рая зависит от его мотивационных нужд, от нормативных стандартов, явно или неявно принимаемых для данного типа действии, и от представлений о желаемом значении объекта, на к-рый направлено действие, и о способности деятеля достичь своей цели. Действие направляется и структурируется в соответствии с комбинацией «выборов» или «решений», предпринимаемых деятелем по отношению к указ. компонентам. Уже элементарное Е. д., по утверждению Парсонса, представляет собой систему действия, компоненты к-рой организованы т. обр., чтобы минимизировать неопределенность, изначально существующую в отношениях между деятелем и ситуацией, и обеспечить достижение по крайней мере нек-рых целей. Система должна обладать механизмами, стабилизирующими ориентации деятелей и обеспечивающими надежность и предсказуемость их действий в отношении ситуации. Это обстоятельство образует ось «внешнее — внутреннее», по к-рой дифференцируются проблемы, стоящие перед системой действия, и в т. ч. перед Е. д. как ее элементарной разновидностью. Вторая ось образуется дифференциацией проблем на инструментальные, т. е. имеющие значение средств достижения цели, и консуматорные, т. е. связанные непосредственно с удовлетворением, полученным в рез-те достижения цели. На пересечении этих осей аналитически получаются четыре функциональные проблемы системы действия — адаптации, целедостижения, интеграции и воспроизводства структуры,— решение к-рых обеспечивается специализированными подсистемами.

Л. А. Седов

ЕСТЕСТВЕННОЕ ПРАВО — одна из древнейших идей в истории правовой и социальной мысли, формулирующая представление о неизменных принципах социальной регуляции, к-рые следуют из структуры миропорядка, природы социума или природы человека. Многозначность самой идеи и неустойчивость терминологии привели к тому, что в разные эпохи этому понятию придавался различ. смысл, а среди наиболее распространенных терминов наряду с собственно Е. п. бытовали такие выражения, как «право природы», «закон природы», «естеств. закон» и др. Затруднена и типология Е. п., ибо способы его толкования меняются в зависимости от того, что считается естеств. и что — правым, как трактуются «неизменность» и «обязательность». В самой общей и первой по времени формулировке Е. п. представляет собой высшее божественное установление («Тот высший, тот единственный закон»,— говорит Антигона у Софокла), к-рое служит мерилом правильности или неправильности не только отдельных человеческих поступков, но и правовых норм гос-ва. В более узком смысле о Е. п. можно говорить, только начиная с противопоставления природы как «естеств.» «искусственному». Такое разделение того, что «по природе», и того, что «по закону», обычно возводят к софистам. Развитые концепции Е. п. создали Платон и Аристотель. Платон приложил много усилий, чтобы вписать «подлинные» принципы регуляции человеческой жизни в общий строй бытия, исходя из иерархии способностей души. Высшим потенциям души соответствуют высшие вечные законы, к-рые поддаются априорной дедукции, и «справедливость» оказывается принципом распределения прав и обязанностей в совершенном гос-ве. Е. п. выступает у него и в кач-ве критерия для критики существующих порядков и установлений, и как программа социального преобразования. Первоначально Платон был уверен в возможности такого преобразования («Государство»); позже («Политик») он говорит о неосуществимости в реальности вечного закона, ставит под сомнение способность обычных граждан к познанию его (они должны лишь подчиняться закону писаному), резервируя эту способность лишь за совершенным гос. деятелем. Аристотель в толковании Е. п. ориентирован не на общий этически-онтологический закон, а на то, что признается справедливым и несправедливым всеми народами, «если даже между ними нет никакой связи и никакого соглашения относительно этого» (Риторика, 1373 b, 2—8). Однако природные вещи изменчивы и точно так же может быть изменчиво Е. п.: «Для богов, во всяком случае, [изменчивость], видимо, исключена, а для нас хотя и возможно нечто правое от природы, все это, однако, изменчиво, и вместе с тем одно существует от природы, другое — не от природы» (Никомахова Этика, 1134 b, 28—32). У Аристотеля справедливое имеет место в общении людей преимущественно внутри полиса, что сводило на нет элементы универсалистского подхода к Е. п. Стоики первыми попытались последовательно развить такой универсализм, осмысливая ситуацию, при к-рой очевидная непрочность всех традиционных полисных установлений, отсутствие нерушимых гарантий личного статуса не приводили бы к распаду социальности. Онтологическое обоснование дополнялось имманентно-социол.: «Все, что ты видишь, в чем заключено и божественное и человеческое,— едино: мы — только члены огромного тела. Природа, из одного и того же нас сотворившая и к одному предназначившая, родила нас братьями. Она вложила в нас взаимную любовь, сделала нас общительными, она установила, что правильно и справедливо... мы родились, чтобы жить вместе» (*Сенека*. Письма к Луциллию, ХСУ, 52—53). Универсальный этически-правовой закон естествен, ибо явл. принципом сохранения социальности как части мирового целого, в к-ром позитивное взаимодействие людей только и может обеспечить их индивидуальное существование. В таких универсальных формулировках Е. п. легко вписывалось в систему кодифицируемого римского права в период поздней Империи, а впоследствии и всех его производных. Универсальные принципы общежития не имеют конкретного позитивного наполнения, ибо это означало бы привязку к месту и времени. В самой общей форме они сводятся к тому, что каждый должен делать для другого то, что он желает для себя, и не делать того, чего он для себя не желает. В таком виде Е. п. отождествляется с христианским Законом и Евангелием, причем указывается, что божественные законы неизменны и остаются таковыми естеств. образом, а человеческие законы различаются между собой, «ибо каждому народу угодны свои», и поддерживаются благодаря обычаям (см.: Corpus iuris canonici. Decretum Gratiani. Distinctio 1). Фома Аквинский дополняет эту схему еще одной ступенью. Выше «естеств. закона» он помещает «вечный закон», т. е. «высший порядок, существующий в Боге», мерой участия в к-ром определяется и мера зависимости от этого «высшего разума» иных законов. Согласно этому вечному закону, к-рый не может быть до конца постигнут людьми, исключая разве «тех блаженных, кто сущностно созерцает Бога», в миропорядке, покоящемся на божественном разуме, определено место всякой твари. В принципе мог быть создан иной мир и иной порядок. Но создан все-таки данный, и в нем значимы предписания Е. п. Однако не все частности могут регулироваться через Е. п. Поэтому требуются и писаные законы позитивного права. А из общего согласия людей (рассуждая так, как это делал уже Аристотель) можно заключать о «праве народов». Принципиальное изменение акцентов такой трактовки совершил Г. Гроций (17 в.), подразделивший все право на Е. п. и волеустановленное, причем в последнее включаются и веления божественной воли. «Право естественное есть предписание здравого разума, коим то или иное действие, в зависимости от его соответствия или противоречия самой разумной природе, признается либо морально позорным, либо морально необходимым; а следовательно, такое действие или воспрещено, или же предписано самим богом, создателем природы» (О праве войны и мира. I, I, X.I). Тем не менее в этом своем последнем кач-ве оно отнюдь не произвольно: «Естественное право... столь незыблемо, что не может быть изменено даже самим богом» (Там же. I, I, X.5). Постигаемое разумом однозначно, а природа существующего неподвластна богу. Поэтому рационалистическая дедукция приобретает столь важное значение. Одновременно Гроций подчеркивает социальное значение права: к природе человека относится «стремление к спокойному и руководимому собственным разумом общению человека с себе подобными» (Там же. Пролегомены, VI), «благоразумная соразмерность в безвозмездном распределении между отдельными людьми и обществами причитающихся им благ с оказанием предпочтения... поскольку это сообразно с действиями каждого и природой каждой вещи» (Там же. Пролегомены, X). Переход к сугубо социол. понятию Е. п. стал возможен только тогда, когда идея совокупного миропорядка потеряла значение. В социальных учениях Нового времени впервые становится возможно исследовать индивидуальные права человека безотносительно к тому, вступил ли он в общение. Появляется понятие индивидуальных Е. п., основанное на взаимосвязанных формулировках права самосохранения: (1) человек как природное тело имеет право на чисто физическое самосохранение; (2) для этого ему служит здравый («правый») разум, возможный лишь при интенсивном самосознании, требующем сохранения достоинства и чести; (3) как природное тело, наделенное разумом, он способен на целесообразные действия (труд) и имеет право на их рез-ты; (4) поскольку, как таковые, люди все совершенно одинаковы, ни один из них не имеет больше прав, чем др. (неравный социальный статус в принципе неестествен); (5) социальность перестает быть сама собой разумеющейся, поэтому индивидуальные права (естественно присущие человеку в досоциальном состоянии), в социальном состоянии должны быть гарантированы (естеств. становится взаимное соблюдение прав, договоренность об их ненарушении) — отсюда формулы о необходимости мира, понятие обществ. соглашения (*Общественный договор*), акцентирование святости договора. С разной степенью отчетливости эти элементы присутствуют в концепциях *Гоббса, Монтескье, Локка, Руссо*. Чем более радикализировалась идея равного права на самосохранение, на индивидуальное определение способа жизни (при условии ненарушения равных прав др. людей), на свободное (и обусловленное взаимными договорными обязательствами) вхождение в соглашение с др. индивидами как членами об-ва и на равное политическое участие в обществ. жизни, тем более Е. п. выступало в кач-ве негативного критерия наличной ситуации и наполнялось революционным содержанием в духе формул классических бурж. революций. Как радик. нормативный критерий Е. п. присутствовало во многих теориях утопического социализма и коммунизма, а в менее радик. форме (но тоже как нормативный критерий) перекочевало в учения Канта и Фихте. На переломе 19—20 вв. оно реанимировалось неокантианцами (Р. Штаммлером, Г. Когеном и др.) в рамках концепций этического социализма. Однако во всех этих случаях идея Е. п. уже не играла роль решающего аргумента. Умеренно-онтологическая тенденция рассмотрения Е. п. как инварианта того, что есть, а не того, что должно быть, в разной форме присутствовала у таких теоретиков, как Лейбниц, Пуфендорф, Х. Вольф и Гегель. В социологии идея Е. п. держалась до тех пор, пока понятие об общих принципах социальности хотя бы в главных чертах могло совпадать с понятием об общих принципах этики. Одними из последних крупных теоретиков тут были *Спенсер* и *Теннис*. М. *Вебер* подробно анализировал и критиковал идею Е. п. в своей книге «Хозяйство и общество» [4, 497—503]. Нек-рое оживление в исследованиях проблемы Е. п. наблюдалось в течение нескольких десятилетий после второй мировой войны.

А. Ф. Филиппов

Лит.: 1) *Гроций Г.* О праве войны и мира. М., 1956. 2) *Сенека Л. А.* Нравственные письма к Луцилию. М., 1977. 3) *Tönnies F.* Einführung in die Soziologie. Stuttg., 1965. 4) *Weber M.* Wirtschaft und Gesellschaft. Tüb., 1985. См. также лит-ру к статьям: Гоббс, Локк, Монтескье, Руссо.

Ж

ЖИЗНЕННЫЙ МИР (нем. Lebenswelt) — введенное Э. Гуссерлем понятие, обозначающее совокупность всех возможных или действительных горизонтов опыта человеческой жизни. Единственно реальный, данный в ощущении Ж. м. противопоставляется миру естеств.-научных и математических абстракций, к-рые генетически связаны (но генезис этот забыт) с «допредикативным» опытом Ж. м. Изучение Ж. м. должно послужить средством связывания научной картины мира с потребностями повседневной человеческой деятельности. В социальной феноменологии *Шюца* под Ж. м. понимается вся совокупность интерсубъективно разделяемого опыта повседневной жизни, включающего в себя восприятие как природных объектов, так и др. человеческих существ, материальных и символических продуктов человеческой деятельности. Ж. м. опред. образом структурирован. Ядро его составляет т. наз. базисное знание, основанное на знании собственного тела и зафиксированном в сознании, органах чувств и двигательном аппарате (автоматизированном) знании стандартных ситуаций деятельности. Наряду с базисным знанием и применительно к каждой конкретной ситуации деятельности формируется структура релевантностей, обнаруживающая (с большей или меньшей степенью ясности) зоны реальности, имеющие отношение к решению данной проблемы. Кроме того, также применительно к конкретным ситуациям происходит типологическое структурирование предметной и символической среды деятельности: по мере удаления от проблемного «центра» объекты и явления воспринимаются как все более и более типические, т. е. лишенные уникальности, своеобразия. Каждая ситуация в рамках Ж. м. оказывается единством трех типов структур: базисного знания, структуры релевантностей и структуры типов. Типизация в Ж. м. не явл. сознательным, методическим процессом, но осуществляется на основе бессознательных «идеализаций». Последние служат практическим (употребляемым в ходе практической деятельности) орудием реализации интерсубъективного понимания. Формальному структурированию Ж. м. сопутствует его разделение на ряд «конечных смысловых сфер», каждая из к-рых обладает собственной «логикой», собственным стилем восприятия и мышления: сфера иск-ва, науки, фантазии, религии и т. п. «Высшей реальностью» обладает сфера повседневной жизни, к-рая и становится преимущественно предметом изучения в *феноменологической социологии*.

Л. Г. Ионин

Лит.: 1) *Husserl E.* Die Krisis der europäischen Wissenschaften und transzendentale Phänomenologie (Husserliana. Bd. VI) Haag, 1956. 2) *Schutz A.* Collected Papers I. The problem of social reality. Hague, 1962. 3) *Schutz A., Luckman Th.* Structures of the life-world. Evanston (Illinois), 1974.

ЖУВЕНЕЛЬ (Jouvenel) **дез Юрсен Бертран де** (31.10.1903, Париж — 01.03.1987, Париж) — франц. экономист, социолог, футуролог. Явл. президентом франц. футурологического об-ва «Футурибль» (1967—1974) и президентом-основателем Всемирной федерации исследований будущего (1973), членом Римского клуба. Ж.— автор научных и публицистических трудов по перспективным социально-экономическим проблемам, написанных с позиций либерального реформизма; один из первых методологов исследования будущего на Западе. Выдвинул концепцию «возможного будущего», не детерминированного научно-техническим прогрессом и социально-экономическими условиями, а «изобретаемого» людьми. С этих позиций выступал против концепций «технократического оптимизма» и «экологического пессимизма» в *исследованиях будущего*.

И. В. Бестужев-Лада

Соч.: 1) Raisons de craindre, raisons d'espérer. V. 1—2. P., 1948. 2) The ethics of redistribution. Camb., 1951. 3) Du pouvoir. Histoire naturelle de sa croissance. P., 1972.

З

ЗЕРКАЛЬНОГО «Я» теория — одна из первых социол. и социально-психологических концепций личности, исходившая не из внутр. характеристик человека, а из признания решающей роли взаимодействия индивидов. Развита и систематизирована Дж. *Мидом*. В ее истоках идея У. Джемса о «социальном Я» человека, к-рая сводилась к тому, каким признают данного человека окружающие. Человек имеет столько «социальных Я», сколько существует лиц и групп, о мнении к-рых он заботится. Развивая эти взгляды, *Кули* считал признаком истинно социального существа способность выделять себя из группы и осознавать свое «Я». Обязательным условием этого явл. общение с др. людьми и усвоение их мнений о себе. Не существует чувства «Я» без соотв. ему чувств «Мы», «Он» или «Они». Сознательные действия всегда социальны; они означают для человека соотнесение своих действий с теми представлениями о его «Я», к-рые складываются у др. людей. Др. люди — это те зеркала, в к-рых формируется образ «Я» человека. Личность же представляет собой совокупность психических реакций человека на мнения о нем окружающих. Его собственное «Я» — воспринятое зеркальное отражение, сумма тех впечатлений, к-рые, как ему кажется, он производит на окружающих. «Я» включает: 1) представления о том, «каким я кажусь другому человеку»; 2) представление о том, «как этот другой оценивает мой образ»; 3) вытекающее из этого специфическое «чувство «Я» вроде гордости или унижения («самоуважение»). Все это складывается в «чувство личной определенности» человека — «зеркальное «Я» (looking glass self). «Я» выступает синтезом социального и индивидуального в человеке, гарантом и одновременно итогом его «интеракций» с социальной средой. Об-во раскрывается индивиду в виде социальных аспектов его собственной личности, оно практически не существует за пределами сознания индивида. Тем самым понятие «Я» при всей его имманентной социальности в З. «Я» т. есть лишь продукт воображения. Дж. Мид ввел понятие «стадий» формирования «Я» — стадий принятия роли другого, других, «обобщенного другого», к-рые он рассматривал в кач-ве этапов превращения индивида в рефлексирующее социальное «Я», выработки навыков отношения к самому себе как к социальному объекту. З. «Я» т. возникла в русле имманентно-идеалистических филос. традиций. З. «Я» т. абсолютизировала роль межличностного общения в малых группах. Социальное взаимодействие, в к-ром формируется обладающая самосознанием личность, оказалось в З. «Я» т. оторванным от предметной деятельности и взаимоотношений с социальной системой, в к-рую входит малая группа.

Д. В. Ольшанский

Лит.: 1) *Кон И. С.* Социология личности. М., 1967. 2) *Cooley C. N.* Human nature and the social order. N. Y., 1902. 3) *Mead C. H.* Mind self and sociaty. Chic., 1934.

ЗИЛЬБЕРМАН (Silbermann) **Альфонс** (11.08.1909, Кельн) — нем. социолог, доктор юриспруденции. С 1970 проф. социологии массовых коммуникаций и социологии иск-ва в Кельнском ун-те, с 1975 г. проф. Сорбонны. «Эмпирическая социология искусства» [3] — первая попытка построить *социологию искусства* как эмпирическую дисциплину на чисто социол. фундаменте при последовательном размежевании с социол. эстетической и социальной историей иск-ва. Предмет этой автономной научной области — художественное переживание. Социология иск-ва строится, по З., на эмпирическом наблюдении социальных фактов, в рез-те наблюдения выводятся обобщения, оформляемые в общую объясняющую теорию. Художественный процесс исследуется в его тотальности, т. е. как взаимодействие и взаимозависимость художников, произведений иск-ва и публики. З. описывает и анализирует социальное положение художников вне зависимости от того, работают ли они в группе или самостоятельно, талантливы они или бездарны. При исследовании художественного произведения он акцентирует внимание на социально-художественной действенности последнего. Если даже в высшей степени совершенное произведение этой действенностью не обладает, то социологом оно, с т. зр. З., изучаться не должно. Целями социологии иск-ва,по З., явл.: (1) исследование методами структурно-функционального анализа динамического характера иск-ва как социального явления; (2) фундирование традиционных путей приближения к пониманию произведений иск-ва; (3) развитие законов предсказания тех или иных художественных явлений. Вышеизложенные принципы нашли у З. свое приложение и в *музыки социологии,* и в *литературы социологии:* Его идеи развивают работы А. Моля, В. Нуца, Ю. Шарфшвердта и *Турна.*

А. Г. Вашестов

Соч.: 1) Die Prinzipien der Musiksoziologie. Z., 1957. 2) Empirische Kunstsoziologie. Stuttg. 1973. 3) Einfürung in den Literatursoziologie. Stuttg. 1981.

ЗИММЕЛЬ (Simmel) Георг (01.03.1858, Берлин — 26.09.1918, Страсбург) — нем. философ и социолог, один из главных представителей поздней философии жизни, основоположник т. наз. формальной социологии. С 1901 г.— экстраординарный проф. Берлинского, с 1914 г.— проф. Страсбургского ун-та; автор более 30 книг, посвященных философии культуры, социологии, этике, эстетике, истории философии. Различают три этапа духовной эволюции З. Первый — натуралистический — связан с воздействием на З. прагматизма, социал-дарвинизма и спенсеровского эволюционизма с характерным для него принципом дифференциации, применявшимся в кач-ве универсального орудия при анализе развития в любой сфере природы, об-ва и культуры. Второй этап — неокантианский, отличающийся отнесением ценностей и культуры к сфере, лежащей по ту сторону природной каузальности, и пониманием деятельности гуманитария как «трансцендентального формотворчества». Источник творчества — личность с ее априорно заданным способом видения. В соответствии с формами видения возникают различ. «миры» культуры: религия, философия, наука, иск-во и др.— каждый со своеобразной внутр. организацией, собственной уникальной «логикой». Третий этап определяется разработкой идеи жизни. Жизнь реализуется в самоограничении посредством ею же самою созидаемых форм. На витальном уровне эта форма и граница — смерть; смерть не приходит извне, жизнь несет ее в себе. На «трансвитальном» уровне жизнь превозмогает собственную самоограниченность, образуя «более-жизнь» (Mehr-Leben) и «более-чем-жизнь» (Mehr-als-Leben) — относительно устойчивые образования, порожденные жизнью и противостоящие ей в ее вечной текучести и изменчивости. «Более-жизнь» и «более-чем-жизнь» представляют собой формы культуры. На этом пути философия жизни превращается в философию культуры. З. дает общую схему развития культуры: бесконечное порождение жизнью новых культурных форм, к-рые окостеневают, становясь тормозом ее (жизни) дальнейшего развития, а потому «сносятся» ею и заменяются новыми формами, обреченными пережить ту же судьбу. В этом движении воплощается целый ряд конфликтов:

содержания и формы, «души» и «духа», «субъективной» и «объективной» культур. В осознании неизбывности этих конфликтов состоит «трагедия культуры». Характерной чертой совр. ему этапа развития культуры З. считал борьбу жизни против принципа формы вообще, т. е. против культуры как таковой. «Формальная» социология — интегральная часть общефилос. и культурфилос. концепции З. Ее осн. понятия — «содержание» (исторически обусловленные цели, мотивы, побуждения человеческих взаимодействий) и «форма» (универсальный способ воплощения и реализации исторически изменчивых содержаний). В совокупности взаимодействий (форма плюс «наполняющее» ее содержание) реализуется об-во. Задача «чистой» социологии — изучение и классификация форм, задача «филос.» социологии — прослеживание исторических судеб этих форм в связи с их культурно обусловленным содержанием. З. дал анализ и критику культуры совр. ему капиталистического образа жизни в его внутренне противоречивых тенденциях: чем более формализуются социальные и культурные образования, тем более отчужденным от них оказывается индивид как таковой, воплощающий в своем творческом, «душевном» существе глубинные движения самой жизни. Отчуждение оказывается равнозначным свободе и единственным регулятором морального поведения становится «индивидуальный закон» — своего рода уникальное личностное априори, определяющее жизнь и поведение индивида и знаменующее собой (наряду с созданием культурных форм) способность жизни к творчеству и художественной «саморегуляции». З. испытал глубокое влияние Маркса, что прослеживается как в его диалектике развития и смены культурных форм (напоминающей марксову диалектику производительных сил и производственных отношений), так и в его трактовке отчуждения. Однако иррационалистическая трактовка жизни вела его к отрицанию исторического материализма и стремлению определить формы экономического развития как разновидности культурных форм. Это предопределило релятивизм и иррационализм его филос. и социол. концепции в целом. З. явл. одним из основоположников совр. социологии. Т. наз. *формальная школа в социологии (Фирканд, Визе)* представляла собой рез-т освоения и развития нек-рых идей З. То же относится к совр. социологии конфликта *(конфликта социального концепции)*. З. дал множество ценных идей для социол. анализа города, религии, познания и т. д. Собственно филос. идеи З. через посредство Лукача, Блоха и др. оказали значит. воздействие на формирование культуркритической позиции совр. неомарксизма, а также нашли отражение в филос. антропологии (Ландман, *Плеснер*, Ротхакер и др.).

Л. Г. Ионин

Соч.: 1) Philosophie des Geldes. Lpz., 1900. 2) Soziologie Lpz., 1908. 3) Schriften zur Soziologie. Fr./M., 1983.

ЗНАНЕЦКИЙ (Znaniecki) **Флориан** (Витольд) (15.01.1882, Святники, Польша — 23.03.1958, Урбана, США) — польский философ и социолог, один из гл. представителей т. наз. гуманистического направления в социологии 20 в. Многократно выезжал в США для чтения лекций в ун-тах. Свою научную деятельность начал с попытки обоснования филос. положения о том, что основой бытия явл. ценности, к-рые создают культурный мир, познаваемый науками о культуре, в том числе социологией. Социол. взгляды З. формировались под влиянием антипозитивистской традиции (*Дильтей, неокантианство*, М. *Вебер*), а также амер. прагматизма и эмпиризма. Считая, что предметом социологии явл. социальные системы, из к-рых состоит социальная действительность, З. различал четыре осн. рода социальных систем: социальные действия, социальные отношения, социальные личности, социальные группы. З. выдвинул требование учета социологом т. наз. человеческого коэффициента. Первоначально этот принцип рассматривался как онтологический, а затем как методологический, т. е. как требование принимать во внимание т. зр. индивидов, участвующих в социальной ситуации, их понимание ее, сопряженное с выделением значимого для них аспекта ситуации. В более широком плане это было требование рассматривать социальные явления как рез-т сознательной деятельности людей. Подчеркивая роль субъекта, З. в то же время считал социологию номотетической, т. е. формулирующей законы на основе индуктивного метода сбора данных. Основой для обобщений могут служить только эмпирические данные, притом позволяющие наилучшим образом учитывать человеческий коэффициент. Таков метод личных документов (*биографический метод*), впервые примененный З. в написанном им совместном с *Томасом* произведении «Польский крестьянин в Европе и Америке». Личные документы (письма, биографии, дневники, воспоминания и т. п.) обеспечивали, согласно З., учет субъективной т. зр. исследуемых, а также объективность, т. е. их интерпретацию компетентным исследователем. Наряду с общей социологией З. занимался специальными областями социол. исследований (*знания социология*, воспитания, города). Научная и педагогическая деятельность З. оказала влияние на польскую социологию первой половины в., а также на развитие амер. социологии. Мн. понятия и положения его социологии были впоследствии интегрированы структурным функционализмом (*функциональный подход в социологии*) и др. школами амер. социологии.

Е. В. Осипова

ЗНАНИЯ СОЦИОЛОГИИ концепции — концепции, в основе к-рых лежит представление о социальной зависимости, механизмах и функциях знаний, исследуемых с применением социол. методов. Многочисленные теоретики З. с., изучавшие различ. сферы познавательной жизни об-ва (филос. системы, религ. убеждения, идеи, категории мышления, идеологию), фиксируя зависимость процессов познания от обществ. жизни (способа производства, исторической ситуации, структуры власти), в то же время по-разному, иногда взаимоисключающим образом, интерпретировали связь между познанием и социальными структурами, рассматривая ее как каузальную, функциональную, символическую и т. д. З. с. имеет большую предысторию (напр., учения Ф. Бэкона об идолах, Дестют де Траси об идеологии). Однако лишь с осознанием специфики социол. подхода формируются теоретические и эмпирические исследования в области З. с. Особый вклад в развитие этого процесса внес марксизм, оказавший воздействие на концептуализацию З. с. Дискуссия о взаимоотношении базиса и надстройки, об идеологии, развернутая среди марксистов в начале 20 в., обострила противоборство позитивистских и антипозитивистских тенденций в зап. З. с. Полемика с позитивистской трактовкой З. с. привела ряд мыслителей (О. Бауэра, М. Адлера и др.) к идее синтеза марксизма с неокантианством. Согласно Бауэру, З. с. должна интерпретировать духовные явления как имманентные продукты социальной жизни. Признавая, что конкретные типы бытия человека в мире выражаются в опред. видах сознания, а миропонимание каждого человека зависит от способа его труда, Бауэр ищет выход из социол. релятивизма в допущении нек-рых абсолютных идеальных феноменов. Эта тенденция представлена в работах Адлера, к-рый подчеркивает необходимость трансцендентального обоснования социологии именно потому, что индивидуальное сознание явл. социальным: социальное составляет априорное начало в индивидуальном сознании. В связи с этим Адлер проводит различие между З. с. и социологией познания: З. с. анализирует связь сознания с обществ. бытием, явл. частью и фундаментом критики познания; социология познания фиксирует обусловленность исторических форм познания сферой деятельности социальных ин-тов. Неокантианская интерпретация социологии познания была подвергнута критике с позиций гегельянства. Лукач в книге «История и классовое сознание» (1923), с к-рой на Западе связывают возникновение неомарксизма, усматривал в пролетариате гегелевский абсолютный субъект-объект, интерпретируя классовое сознание как осознание классом своего исторического положения. Осн. характеристика мышления — фетишизм, возникающий в рез-те разрыва субъекта и объекта познания. Антиномии бурж. сознания явл. выражением антагонистических противоречий бурж. об-ва, отражением структуры реальности, создаваемой капитализмом. В отличие от ложного (фетишистского) бурж. сознания, оторванного от истинных корней бытия, объединяющего субъект и объект, классовое сознание пролетариата адекватно отражает действительность, а его реализация оказывается моментом революции, действия, ведь сам пролетариат, по Лукачу, есть воплощенное единство субъекта и объекта социального творчества. В русле подобного толкования проблемы взаимоотношения субъекта и объекта познания развили свою концепцию З. с. теоретики *франкфуртской школы*. В кач-ве субъекта адекватного познания у них выступает не пролетариат, а «критическая» (леворадик.) интеллигенция. Теоретической базой для исследований в области социологии познания стал также социологизм Дюркгейма. Дюркгейм показал связь нек-рых форм сознания с типами социальной деятельности, обусловленность категорий мышления опред. социальными структурами. М. Вебер в ряде работ дал социол. анализ связи религ. сознания с хозяйственной жизнью об-ва («хозяйственным этосом»). Согласно Веберу, зап. капитализм обязан своим происхождением протестантскому религ.-этическому комплексу. *Шелер* [1], представитель антропологической школы, проводил различие между социологией культуры и «реальной социологией», рассматривая З. с. как часть «социологии культуры». «Реальные» факторы (раса, географическое положение, демографическое состояние об-ва, структура власти, производство), согласно Шелеру, не детерминируют идеальных факторов, не меняют их внутр. содержания, к-рое относится к царству абсолютных ценностей и истин, а лишь создают условия для их исторической реализации. Тем не менее концепция Шелера была подвергнута критике *Маннгеймом* именно за «натурализм» и преувеличение роли реально-социол. факторов. Маннгейм видит задачу З. с. в том, чтобы обосновать функционирование мышления в обществ. жизни и политике в кач-ве инструмента коллективного действия. *Сорокин,* продолжая традиции культурной морфологии, различал культуру и социальность, связывая тип и природу культуры не с социальным базисом, а с нек-рыми глубинно-мировоззренческими представлениями относительно природы реальности, потребностей и способов их удовлетворения. В соответствии с этим он вычленял три типа мышления: 1) идеационный, где истинная реальность рассматривается как нематериальное и вечное бытие, а фундаментальные потребности представляются как духовные, в стремлении удовлетворить к-рые индивид аскетически минимизирует физические потребности; 2) чувственный, где подлинная реальность рассматривается как то, что дано органам чувств, а фундаментальные потребности предстают как физические, стремление к полному удовлетворению к-рых достигается не через внутр. самоутверждение, самоконцентрацию, а посредством изменения внешнего мира; 3) идеалистический, к-рый оказывается синтезом первых двух. Этим трем типам культур соответствуют разные системы З. и критерии истинности. Напр., В. Штарк, проводя резкое различие между теорией идеологии и З. с., полагает, что З. с. имеет дело с формированием специфического мировоззрения, в то время как учение об идеологии — с деформациями этого мировоззрения. Ссылаясь на Шелера, он утверждает, что существует нек-рая социально априорная, аксиологическая система, с позиции к-рой ученый рассматривает тот или иной объект. А. Шелтинг, продолжая традицию различения уровней культуры и цивилизации в духе А. *Вебера,* считает, что З., характерное для уровня цивилизации, позитивно и объективно, источники его развития имманентны, и социально детерминирован лишь выбор проблем. З. же, связанное с уровнем культуры, обусловлено целостной структурой личности и включает в себя интеллектуальный, эмоциональный и волевой моменты. З. с., по Шелтингу, относится ко второму типу З., к-рый он, в отличие от «фактуального» знания, называет идеями. Ограничивая задачу З. с. исследованием деятельности ученого внутри опред. социальных ин-тов, *Знанецкий* опирался на тезис, согласно к-рому З.— это объективно-всеобщий рез-т, обособившийся от социального бытия, а потому не может быть социологии этого общезначимого культурного феномена. З. с., по Знанецкому, должна ограничиться анализом социальных отношений и роли ученых, т. е. тех, кто формирует, сохраняет и передает знание. Амер. социологию 40—50-х гг. характеризует интерес к эмпирическим исследованиям в области З. с., к анализу функционирования социальных ин-тов, внутри к-рых формируются опред. духовные явления, к изучению средств распространения продуктов культуры, механизмов их усвоения людьми. Ориентированная на эмпирическое изучение культурной жизни амер. З. с. стала отправным пунктом для исследований в области эмпирической социологии науки, социологии иск-ва, социологии культуры, социологии массовых коммуникаций, социологии обществ. мнения и т. д. По мн. *Мертона,* амер. социология занимается в осн. социол. изучением обществ. мнения, а не знания. В 60-е гг. в амер. социологии возрастает интерес к теоретическим проблемам З. с. (К. Вольф, И. Горовиц, *Бергер, Лукман, Блур*), к обобщенному анализу социальных проблем познания; этот процесс продолжается и в 70-е гг. В течение второй половины 20 в. в ходе развития З. с. обнаружилась тенденция к выделению в самостоятельные сферы исследования теории идеологии, представшей в виде критики идеологии (*Поппер,* Х. Альберт, Э. Топич и др.), и «социологии социологии», появившейся в рез-те «поиска имплицитных идеологий» в самой социологии. Развитие этого направления в социологии связывают с именами К. Вольфа, П. Барана, Р. Фридрихса («Социология социологии», 1970),

Миллса, И. Горовица («Философия, наука и социология знания», 1961).

А. П. Огурцов

Лит.: 1) *Scheler M.* Wissensformen und die Gesellschaft. B. , 1926. 2) *Horkheimer M.* Ein neuer Ideologiebegriff//Archiv für die Geschichte des Socialismus und Arbeiterbewegung. Lpz., 1930. Hit. I.

ЗОМБАРТ (Sombart) **Вернер** (14.01. 1863, Эрмслебен, Гарц,— 19.05.1941, Берлин) — нем. экономист, социолог, историк культуры. Проф. ун-тов — в Бреслау (Вроцлав) с 1890 г., в Берлине — с 1904 г. Ученик Г. Шмоллера, один из основоположников теории «организованного капитализма». З. был весьма чуток к социальной проблематике, интерпретируя марксистскую постановку вопросов с позиций катедер-социализма. Впоследствии, полностью отойдя от марксизма, пытался дать новое антропологическое и социол. обоснование политэкономии [3], [4]. З. трактовал социологию в духе М. *Вебера,* используя мотивы *неокантианства,* феноменологии, философии жизни, фрейдизма. Разделял социологию на две дисциплины: «философскую» (любая постановка вопросов спекулятивного, внеопытного характера) и «научную» (собственно социология как опытная наука, использующая данные истории как эмпирический материал). В свою очередь «научная» социология делилась на психологическую (или европ.) и «ноологическую» (нем.). Если первая из них относится к естеств. наукам и преследует цели каузального объяснения, то вторая — «духовно-научная», «понимающая» дисциплина и объяснения в ее рамках — рациональные, «имманентные». З. дал ряд интересных очерков характера и мировоззрения осн. классов совр. об-ва — буржуазии и пролетариата [1], [2]. Его труды сыграли значит. роль в развитии социального и рабочего движения в России. В 30-е гг. З. перешел на иррационалистические позиции.

Л. Г. Ионин

Соч.: 1) Пролетариат. М., 1907. 2) Буржуа. М., 1924. 3) Nationalökonomie und Soziologie. Jena, 1930. 4) Vom Menschen. B., 1938.

ИДЕАЛЬНЫЙ ТИП — теоретическая конструкция (понятие или система понятий), представляющая опред. аспект (процесс, момент, связь и т. д.) социальной реальности в индивидуальном своеобразии, логической непротиворечивости и рациональной правильности. Цель, достигаемая с помощью И. т.,— предложить «чисто логическую» модель подлежащего исследованию аспекта социальной реальности, к-рая, с одной стороны, способствовала бы более четкому вычленению (артикуляции) этого аспекта, а с др.— служила бы своеобразным «эталоном», посредством сопоставления с к-рым можно было бы судить о мере удаления или, наоборот, приближения к нему исследуемой эмпирической реальности. Концепция И. т. (как и сам этот термин) принадлежит М. *Веберу,* конкретизировавшему с ее помощью мысль *Риккерта* о том, что объект исторических наук («наук о культуре») конструируется по принципу *отнесения к ценности.* Принимая вслед за Риккертом в кач-ве бытия лишь эмпирическую реальность, подчиняющуюся закону причинности, а не требованиям логики, Вебер считал, что пункты расхождения этой реальности с И. т. следует рассматривать как «места» действия эмпирически фиксируемых причин, требующих научно-социол. изучения. Он подчеркивал, что сам по себе И. т. не дает знания о соотв. процессах и связях социальной реальности, не явл. ее более или менее адекватным воспроизведением. И. т. представляет собой лишь чисто методическое средство, вспомогательный инструмент постижения действительности, к-рое осуществляется на путях эмпирического исследования конкретных причин тех или иных социальных явлений, тенденций [2]. Роль вспомогательного средства социального познания И. т. выполняет именно потому, что он не только не «отражает» реальность, но радикально противостоит ей, представляя собой нечто принципиально от нее отличающееся, находящееся в ином измерении — измерении небытия. Конструируется И. т. так же, как продукт теоретического воображения — утопия: путем «мысленного доведения» опред. элементов «до их полного выражения», посредством соединения множества «дискретно и диффузно» существующих единичных явлений в «едином образе», где они достигают «предела» своей логической взаимосогласованности. Идеально-типическая конструкция отвечает на вопрос, каким бы был социальный процесс и фактические обстоятельства его протекания, если бы они целиком и полностью отвечали своему принципу (правилу), своей логически непротиворечивой схеме. Сравнивая утопию логически возможного протекания подлежащих изучению социальных процессов с тем, как эти процессы совершаются в действительности, можно, согласно Веберу, выяснить не только степень отклонения действительного от возможного и фактического от должного, но и причины, обусловливающие это отклонение в реальной жизни. В кач-ве такого рода утопии И. т. не может рассматриваться даже как гипотеза, т. к. он в принципе неподтверждаем, как и неопровергаем, эмпирическим исследованием: это лишь указание на направление образования гипотез — «гипотеза гипотез» [3, 76]. Вместе с тем, будучи «причастным» к эмпирическому исследованию хотя бы в кач-ве вспомогательного средства познания, И. т. нек-рым образом связывает ценностно-нормативную и эмпирически-бытийную сферы человеческой культуры. Эмпирическое знание не получило бы своего применения, если бы оно не располагало арсеналом самых разнообразных И. т. Со времени возникновения науки этот арсенал пополняют, по Веберу, «догматические дисциплины», к-рые преследуют важные «нормативно-практические цели» (напр., теория права, теоретическая политэкономия и т. д.) и обеспечивают эмпирические науки, если не готовыми И. т., то по крайней мере прообразами для создания таковых. Аналогичным образом, согласно Веберу, сопрягаются в структуре И. т. аксиологические и собственно логические аспекты познания. Первым обусловлен познавательный интерес к опред. явлениям, процессам, связям социальной реальности, воплощаемый в И. т., к-рый оказывается своеобразным «проектором» опред. ценности («ценностной идеи») на «ценностно нейтральную» эмпирическую реальность. Вторым обусловлен сам процесс теоретического выделения этих явлений, связей. Вместе с тем попытки представить дело так, будто в логических утопиях выражено «подлинное» содержание, «сущность» социально-исторической реальности, а также утвердить И. т. в кач-ве «объективно значимого», а потому «долженствующего быть», Вебер рассматривал как опасный (не только теоретически, но и практически, политически) рез-т «смешения теории и истории», «гипостазирования "идей"» [1, 146—158]. Несмотря на свою ограниченность, теория И. т. явл. одной из первых в зап.-европ. социологии попыток осмысления специфики методологии социол. исследования.

Ю. Н. Давыдов.

Лит.: 1) *Freyer H.* Soziologie als Wirklichkeitswissenschaft. Logische Grundlegungen des System der Soziologie. Lpz., 1930. 2) *Weber M.* Gesammelte Aufsätze zur Wissenschaftslehre. Tüb., 1951. 3) *Weiss J.* Max Webers Grundlegung der Soziologie. Münch., 1975.

ИДИОГРАФИЧЕСКИЙ МЕТОД (от греч. idios — особенный, своеобразный, странный, необычный, неслыханный и grapho — пишу) — способ познания, целью к-рого явл. изображение объекта как единого уникального целого. Логико-теоретическое обоснование И. м. получил у неокантианцев баденской школы неокантианства, гл. обр. у *Риккерта* [1], [2]. В рамках неокантианской методологии И. м.— один из логических полюсов, второй представлен номотетическим, или *генерализующим, методом,* причем в реальном исследовании предполагается сосуществование обоих методов при доминировании одного из них. Хотя, по Риккерту, оба эти метода применимы как в математическом естествознании, так и в исторических науках, И. м. доминирует именно в исторических науках, под к-рыми понимаются науки о возникновении принципиально нового как в природе, так и в об-ве. Главную особенность И. м. неокантианцы баденской школы видят в постижении индивидуального в его однократности, уникальности и неповторимости. Речь идет об индивидуальности объекта, взятого именно в его целостности, а не в его частях, поскольку целое не совпадает с суммой его частей. Рез-ты исследования, осуществляемого с помощью И. м., могут и должны резюмироваться в понятиях, имеющих индивидуальное, а не всеобщее содержание, какое дает применение генерализующего метода. В противоположность иррационалистам баденцы подчеркивают рациональный характер процедуры исследования, осуществляемой с помощью И. м.: индивидуальное, уникальное, исторически однократное вполне постижимо логическими средствами (к-рые и объединяются под эгидой И. м., так что здесь нет необходимости апеллировать ни к иррациональной интуиции, ни к «вчувствованию», ни к «вживанию» и т. д.). Особо акцентируется необходимость в установлении причинных связей, сопрягающих в рамках уникального и неповторимого единства целое и его части. Утверждая, что апелляция к причинности не только не противоречит общетеоретическим предпосылкам И. м., но выражает их существо, Риккерт пишет: «Причинные связи, если они вообще обладают эмпирической реальностью, суть части индивидуальной действительности, ибо кроме индивидуальной эмпирической действительности нет никакой другой действительности» [2, 39]. Подчеркивая рационально-логический характер осуществляемого в рамках И. м. исследования, Риккерт дает понять, что этот метод в такой же мере отвечает требованию научности, как и метод генерализующий. Он утверждает, что цель его учения об И. м.— обосновать научный статус исторических наук, а тем самым опровергнуть «мысль о противоположности науки и истории» [1, 11], к-рая дает основание таким авторам, как, напр., Лампрехт и *Тённис*, считать, что история «не есть настоящая наука» [2, 10]. Однако для того, чтобы доказать научность исследований, руководствующихся И. м., недостаточно обосновать внутр. необходимость исследуемого объекта как данного «индивидуального целого», причинным образом связанного со своими частями. Для этого нужно также доказать и общезначимость выделяемого т. обр. уникально-неповторимого единства. Это доказательство осуществляется Риккертом с помощью понятия *отнесения к ценности*. Если общезначимость (а следовательно, и объективность) понятий, вырабатываемых с помощью генерализующего метода, обеспечивается тем, что выделяется общее, объединяющее различ. явления, то в рамках И. м. эта общезначимость обеспечивается отнесением к той или иной ценности. Индивидуальный объект, выделенный среди бесконечного множества др. и превращенный т. обр. в предмет осмысления, получает свою общезначимость, не теряя при этом своей уникальности и неповторимости лишь потому, что он выбран именно в свете опред. общезначимых ценностей как имеющий опред. смысл. Индивидуальность, воссоздаваемая на основе И. м.,— совершенно иная, чем та, к-рой она отмечена в «эмпирической действительности», взятой до ее представления в свете опред. ценностей.

Как подчеркивает Риккерт, с логической т. зр. чисто теоретическое отнесение к ценности, удостоверяющее общезначимость индивидуального объекта, принципиально отличается от акта оценки, а потому «ничуть не противоречит» научному познанию. Исследователь, руководствующийся И. м., лишь выясняет в этом теоретическом акте, имеет ли индивидуальность объекта к.-л. значение для ценностей, к к-рым он ее относит, а если имеет, то благодаря чему. Отнесение к ценности позволяет отличить индивидуальность, значимую в данном контексте, от той, что не имеет значения, отделив тем самым существенное от несущественного. Хотя Риккерт подчеркивал, что, во-первых, И. м. и генерализирующий метод различаются лишь по своей логической структуре, а в реальном исследовании всегда сплетены друг с другом и, во-вторых, оба эти метода находят свое применение как в естеств., так и в гуманитарных науках, его концепция была использована для решительного противопоставления естеств.-научного и гуманитарного знаний, т. е. в целях, к-рые принципиально отличались от его собственных. Концепция И. м., имеющая чисто логическую природу, была объединена в ряде случаев с концепцией «понимания» В. Дильтея, разработанной в рез-те содержательного, предметного противопоставления «наук о духе», включающих «духовно структурируемую» реальность, естеств. наукам, имеющим дело с «внешней» природой (противопоставление, логическую правомерность к-рого неокантианцы решительно отвергали). Отсюда возник целый ряд методологических недоразумений, характерных, напр., для амер. социологии, где рез-ты идиографического исследования рассматривались подчас как следствие «низкого уровня абстракции» [3, 239], в силу чего И. м. представал как «недоразвитый» генерализирующий метод. Реакцией на такую недооценку логических возможностей И. м. оказывалось, как правило, его истолкование в иррационалистическом духе, что означало утверждение его «ненаучности». Все это, однако, не мешало широко использовать этот метод в *исторической социологии*. Осн. проблемой, к-рую обнажило, но к-рую так и не могло решить неокантианство, была и до сих пор остается в совр. зап. социологии проблема логического перехода от одного метода к др., от исследования общего к исследованию уникального, от изучения повторяющегося к анализу неповторимого, от принципа структуры к принципу развития, предполагающего появление нового.

Ю. Н. Давыдов

Лит.: 1) *Риккерт Г.* Границы естественнонаучного образования понятий. Логическое введение в исторические науки. СПб., 1903. 2) *Риккерт Г.* Философия истории. СПб., 1908. 3) *Беккер Г., Босков А.* Современная социологическая теория. М., 1961.

ИЕРАРХИЯ (греч. hierarhia; hieros — священный и arché — власть) — термин, употребленный в середине 5 в. Псевдо-Дионисием Ареопагитом для характеристики организации христианской церкви; в этом значении употреблялся до середины 19 в. В социологии понятие «И.» претерпело опред. эволюцию. *Конт* и *Спенсер* употребляли его гл. обр. для характеристики феод. об-ва. М. *Вебер* в разработанной им концепции бюрократии рассматривал И. как такое обществ. устройство, для к-рого характерны безличность, рациональность, строжайшая регламентированность, ограниченность ответственности. Функционалистская концепция социальной стратификации (*Дюркгейм, Парсонс* и др.) существование И. социальных слоев выводит из необходимости обществ. разделения функций между ними. Апология обществ. И. находит свое выражение в теориях элиты (*Парето, Маннгейм, Гэлбрейт* и др.). С появлением в 20 в. общей теории систем и кибернетики понятие «И.» приобрело общенаучное значение и стало применяться при описании любых системных объектов для характеристики упорядоченных взаимодействий между различн. уровнями системы. В социологии понятие «И.» стало употребляться для характеристики «вертикальной» дифференциации функций между различн. уровнями социального управления.

Вместе с тем наметился опред. возврат к первоначальным, в сущности биологизаторским, концепциям обществ. И. с той разницей, что наличие И. в об-ве теперь не выводится из изначального неравенства людей (как это делали Конт и Спенсер, а задолго до них Платон), а провозглашается вечным атрибутом жизни как таковой. Одна из характеристик живого, по словам К. Гробстейна, состоит в И. структур и функционального контроля. Этот иерархический принцип охватывает все ступени, начиная с атомных и молекулярных явлений и кончая взаимоотношениями в человеческом об-ве. Большинство зап. социол. концепций И. так или иначе направлено против марксистской теории классов. Отрицая монистическое объяснение обществ. явлений, зап. социологи проводят классификацию иерархических слоев об-ва по разным основаниям, чем и объясняется наличие в совр. зап. социологии множества специальных исследований, посвященных И. престижа, И. власти и контроля, И. личностей.

В. В. Сапов

ИНВАЙРОНМЕТАЛЛИСТСКАЯ СОЦИОЛОГИЯ — см. *Экологии социальной концепции*.

ИНДИВИДУАЛИЗИРУЮЩИЙ МЕТОД — см. *Идиографический метод*.

ИНДУСТРИАЛИЗАЦИЯ (от лат. industria — усердие, деятельность) — социальный процесс, к-рый характеризует превращение аграрных (аграрно-индустриальных) стран в индустриальные (индустриально-аграрные) путем создания крупной машинной промышленности, что приводит к преобладанию промышленного производства во всем народном хоз-ве, высокому техническому вооружению труда, повышению его производительности, изменениям в профессиональной структуре населения, росту городов, созданию крупных промышленных центров. Термин «И.» был введен Сен-Симоном. В совр. зап. социологии процесс И. анализируется под различ. углами зрения. Так, М. *Вебер* считает, что И. связана с процессом машинизации и рационализации. Но осн. тенденцией ныне явл. стремление заместить И. понятием «*модернизация*», к-рая должна охватить изменение не только технических компонентов, но и социальных норм и ин-тов, образцов поведения, социально-психологических феноменов.

К. Г. Мяло

ИНДУСТРИАЛЬНАЯ СОЦИОЛОГИЯ — прикладная отрасль социальных наук в США, представители к-рой занимаются изучением трудовых отношений людей на предприятии и разработкой практических рекомендаций по увеличению эффективности производства (*Инженерия социальная*). Теоретико-методологическим фундаментом И. с. служат *тейлоризм*, концепции *Мэйо*, Д. Макгрегора, Ф. Херцберга и др. Конкретные социальные исследования, к-рые проводятся в рамках И. с., касаются не только отдельного рабочего места (теория «обогащения труда»), но и всей системы управления (*Менеджмент*).

А. И. Кравченко

ИНДУСТРИАЛЬНОЕ (промышленное) **ОБЩЕСТВО** — одна из двух осн. (наряду с «капиталистическим об-вом») категорий, в к-рых зап. социологи анализируют происхождение и природу совр. «развитых» об-в и обобщают характер преобразований, отделяющих их от «традиционных» (родо-племенных и феод.) об-в. Термин «И. о.» ввел *Сен-Симон*, начав теоретическую линию, к-рую продолжали Конт, Спенсер, Дюркгейм и др. вплоть до широкого распространения теории И. о. в США и Зап. Европе 1950—1960-х гг. (*Дарендорф, Арон, Ростоу, Белл*, А. Турен и др.). С т. зр. совр. теоретиков И. о., капитализм — лишь его ранняя, переходная форма, ограниченная об-вами Европы 19 и начала 20 в., в то время как «индустриальное производство — не просто преходящий гость в истории, но, вероятно, останется с нами в том или ином виде навсегда» [1, 40]. Поэтому понятие «И. о.», с т. зр. сторонников теории И. о., как более объемное следует предпочесть понятию «капиталистическое об-во». Последнее — это об-во, где индустриальное производство как преобладающая форма экономической организации находится в частных руках, где предприниматель сразу и собственник, и главный субъект управления трудовым процессом и работниками. Но это совпадение собственности и управления временно. С ростом масштабов индустрии собственность на капитал впредь не гарантирует контроля над системами власти и авторитета на предприятиях. Промышленное производство, по крайней мере в экономически ведущих фирмах-гигантах, начинают контролировать менеджеры-администраторы. Здесь теории И. о. смыкаются с технократическими концепциями А. Берла [3] и др. В число сторонников теорий И. о. можно зачислить социологов, разделяющих хотя бы нек-рые из следующих основоположений: (1) самые значит. исторические изменения в совр. мире связаны с переходом от «традиционных» аграрных об-в к «индустриальным», основанным на машинном производстве, фабричной организации и дисциплине труда, национальной системе хоз-ва со свободной торговлей и общим рынком. Поэтому понятие «И. о.» тесно связано с теорией *модернизации* как ведущей концепцией обществ. развития в совр. зап. социологии; (2) существует опред. «логика индустриализации», к-рая ведет об-ва к увеличению сходства (конвергенции) в осн. ин-тах, как бы ни различались они первоначально. Чем выше индустриализированы об-ва, тем больше тяготеют они к единообразию индустриального порядка [6]; (3) переход от «традиционного» к И. о.— это прогрессивное движение в истории, ассоциируемое с разрушением традиционных наследственных привилегий, провозглашением равных гражданских прав и демократизацией обществ.-политической жизни. В И. о. жесткие сословные перегородки исчезают и благодаря росту *мобильности социальной*, на базе широкой доступности образования начинает преобладать равенство возможностей. Общая тенденция развития совр. И. о.— это прогрессирующее устранение «внешних», социальных по происхождению, неравенств. Остаются «внутр. неравенства», производные от генетических различий в способностях; (4) классовые разделения и отношения были острыми и служили главным источником конфликтов и напряжений на ранних фазах новорожденного И. о. Эти напряжения слабели по мере правовой «институциализации классового конфликта», становления общепринятых форм трудовых соглашений и коллективных договоров вместе с распространением на все население политических гражданских прав (права голосовать и создавать политические партии). Конфликты и напряжения в И. о. имеют тенденцию уравновешиваться; (5) существенным элементом перехода от традиционного к И. о. явл. укрепление национального либерально-демократического гос-ва. Развитием системы идей И. о. стали теории «постиндустриального об-ва» [4], [5].

А. Д. Ковалев

Лит.: 1) *Dahrendorf R.* Class and class conflict in industrial society. Stanford, 1959. 2) *Bendix R.* Nation-building and citizenship. N. Y., 1964. 3) *Berle A. A., Means C. C.* The modern corporation and private property. N. Y., 1968. 4) *Touraine A.* The post-industrial society. N. Y., 1971 5) *Bell D.* The coming of post-industrial society. N. Y., 1973. 6) *Kerr C. et al.* Industrialism and industrial man. Harmondsmorth, 1973.

ИННОВАЦИИ (англ. innovation — нововведение) — внедрение новых форм организации труда и управления, охватывающее не только отдельное предприятие, но и их совокупность, отрасль. Наиболее широко термин «И.» распространен в амер. менеджменте. Потребность в социальных И., в отличие от технических и технологических И., возникла в конце 19 — начале 20 в. Речь идет об изобретении и внедрении новых форм стимулирования и мотивации трудовой деятельности, о разделении труда, об организации управления, а также о первых попытках осмыслить методологию внедрения нового, т. е. преодолении психологического сопротивления людей нововведениям. Пионерами в этом деле в зап. социологии считают Г. Эмерсона и Ф. Тейлора. В совр. менеджменте считается, что предприятие должно производить только то, что купит рынок, а раньше полагали, что отдел сбыта должен продавать то, что производит фирма. Ориентация на покупателя, а не на производителя получила распространение в амер. менеджменте еще до первой мировой войны и буквально преобразила его [1, 62]. Амер. фирмы стали ориентироваться на маркетинг, быстро и чутко реагировать на его изменения, приспосабливать управленческие структуры под новые задачи, внедрять прогрессивные формы организации труда. Последовательной и теоретически оформленной концепции И. в амер. социологии не существует. В наст. время широко распространены всевозможные методы «обогащения труда» и «гуманизации труда» (ротация, расширение заданий, гибкий график работы, функциональная музыка, автономные группы и бригады и т. д.). В принципе любое социально-экономическое нововведение (пока оно еще не получило массового, т. е. серийного, распространения) в области организации труда и управления можно считать И. В последние годы появилась особая разновидность предпринимательства — рисковое, или венчурное; оно характерно преимущественно для мелких фирм, обосновавшихся в наукоемких областях и занимающихся созданием и распространением новой технологии, т. е. технических И. Попытку концептуального осмысления И. предпринял *Дракер*. Он полагает, что И. обладают измерением экономическим (ценой) и социальным (ценностью). Найти новое применение старым продуктам — это все равно, что создать новый рынок или изобрести новый продукт, т. е. осуществить И. [1, 66]. Изобретение паровой машины — это не только техническое изобретение, но еще и революционная социальная И., к-рая ведет к механизации производства и облегчению труда, повышению профессионализма рабочих и жизненного уровня населения, активизации банковских кредитов и экономики в целом. В конечном счете И. означают изменение привычного образа жизни и образа мыслей, внесение подвижности в законченный экономический порядок, более высокий уровень неопределенности и риска, а стало быть, предприимчивости и творчества.

А. И. Кравченко

Лит.: 1) *Drucker P.* Management tasks, responsibilities, practices. L., 1979. 2) *Drucker P.* New forms of work organization. Geneva, 1979.

ИНСТИНКТИВИЗМ в социологии — направление, пытавшееся объяснять социальные явления и процессы посредством обращения к биологической природе человека. Близкие этому идеи прослеживаются у разных авторов на протяжении истории науки. Концептуально направление оформилось на рубеже 19—20 вв. Его стержнем стала теория инстинктов социального поведения У. Мак-Дугалла, главная идея к-рой заключается в том, что причиной социального поведения признаются врожденные инстинкты, выражающие стремление к цели как общее кач-во, объединяющее человека и животных. В противовес *бихевиоризму* Мак-Дугалл создал «целевую», или «гормическую» (от греч. «гормэ» — стремление, желание, порыв), концепцию поведения. Согласно ей, организм наделен витальной энергией, проявляющейся в гормэ — движущей силе интуитивного характера и реализующейся в действии инстинктов. Набор инстинктов человека связан с психофизическим предрасположением — наличием наследственно закрепленных каналов для разрядки нервной энергии. Действие инстинкта включает аффективную (рецептивную), центральную (эмоциональную) и афферентную (двигательную) части. Их внутр. выражение — неосознанные эмоции, влияющие на сознание и детерминирующие поведение. Человек обладает следующими осн. парами связанных между собой инстинктов и эмоций: инстинкт борьбы связан с гневом и страхом; бегства — с чувством самосохранения; воспроизведения рода — с ревностью и женской робостью; приобретения — с чувством собственности; строительства — с чувством созидания; стадный инстинкт — с чувством принадлежности и т. д. Из этих инстинктов Мак-Дугалл выводит осн. социальные ин-ты (семья, торговля и др.) и процессы (напр., войны). Наибольшее значение придается стадному инстинкту, удерживающему людей вместе и лежащему в основе большинства социальных ин-тов. Следствия этого инстинкта — рост городов, коллективный характер труда, досуга, массовые сборища и т. п. Др. видный представитель И., *Лебон,* доказывал, что в силу волевой неразвитости и низкого интеллектуального уровня больших масс людей («толп») ими правят бессознательные инстинкты, проявляющиеся именно тогда, когда человек попадает в такую большую массу. В толпе снижается уровень интеллекта, падают ответственность, самостоятельность и критичность, исчезает личность как таковая. Лебон отвергал социализм и идею революционного преобразования об-ва, объявляя и то и др. порождением инстинкта разрушения. Приверженцы И. по-разному трактуют не только содержание, но и число «базовых инстинктов»: Мак-Дугалл называл вначале 11, потом 14, затем 18 осн. инстинктов; У. Джемс насчитывал их 38; Фрейд свел их к двум осн. К 1924 г. насчитывалось суммарно 15 789 отдельных инстинктов, «укрупнявшихся» до 6131 «базового», что, разумеется, не только снижало объяснительную силу И., но и подрывало доверие к нему. Кроме того, интерпретация социального поведения как врожденного стремления к цели узаконивала роль иррациональных, бессознательных влечений в кач-ве движущих сил не только индивида, но и об-ва в целом, что было чревато опасными выводами политического порядка. В последние годы в зап. науке вновь появились признаки оживления идей И., в частности в рамках «этологических» и «социобиологических» объяснений социального поведения и обществ. жизни.

Д. В. Ольшанский

Лит.: 1) *Мак-Дугалл В.* Основные проблемы социальной психологии. М., 1916. 2) *Ярошевский М. Г.* История психологии. М., 1976.

ИНСТИТУТ (от лат. institutum — установление) **социальный** — понятие, используемое в большинстве зап. социол. теорий (наиболее широко — в *структурном функционализме*) и обозначающее устойчивый комплекс формальных и неформальных правил, принципов, норм, установок, регулирующих различ. сферы человеческой деятельности и организующих их в систему ролей и статусов, образующих социальную систему. Социальный И. следует отличать от конкретных организаций и социальных групп. Так, понятие «И. моногамной семьи» подразумевает не отдельную семью, а комплекс норм, реализующийся в бесчисленном множестве семей опред. вида. По той мере, в какой в ин-тах об-ва воплощены его ценности, а институциональные роли в свою очередь интернализованы в мотивационной структуре членов этого об-ва, можно судить о степени интеграции данной обществ. системы, о совпадении интересов об-ва в целом и частных интересов составляющих его индивидов. В структурном функционализме рассматриваются идеальные модели полностью институционализированных социальных систем, представляющие собой аналитическую абстракцию. В любом реальном об-ве существует известная доля аномического, т. е. не подчиняющегося нормативному порядку, поведения (*Аномия*). В зависимости от сферы действия и их функции И. подразделяются на реляционные, определяющие ролевую структуру об-ва по самым различ. критериям — от пола и возраста до вида занятий и способностей; регулятивные, определяющие допустимые рамки независимых по отношению к нормам об-ва действий во имя личных целей и санкции, карающие за выход за эти рамки (сюда относятся все механизмы *контроля социального*); культурные, связанные с идеологией, религией, иск-вом и т. п., и интегративные, связанные с социальными ролями, ответственными за обеспечение интересов социальной общности как целого. Развитие социальной системы сводимо к эволюции обществ. И. Источниками такой эволюции могут быть как эндогенные, т. е. находящиеся внутри самой институциональной системы, так и экзогенные факторы. Среди экзогенных факторов важнейшими явл. воздействия на социальную систему со стороны культурной и личностной систем. Изменения И. под влиянием изменений в культуре связаны прежде всего с накоплением человечеством новых знаний, а также с изменениями в ценностных ориентациях. Среди последних наиболее устойчивым консервативным элементом явл. способы оценки реальности, образующие «мироощущение» данной культурной общности, к-рые влияют решающим образом на характер И. С др. стороны, среди И. об-ва имеются такие, к-рые играют значит. роль в формировании этого мироощущения,— это в первую очередь И. семьи. Воздействия на И. со стороны личности подразумевают всякого рода новаторскую деятельность человека, возможную потому, что человеческая личность не исчерпывается интернализованной в ней системой социальных ролей и институционализированных ценностей. Эндогенные изменения И. происходят гл. обр. вследствие того, что тот или иной И. перестает эффективным образом обслуживать цели или интересы опред. социальных коллективов и групп. В таких случаях происходит переорганизация этих коллективов, часто выражающаяся в их *дифференциации* на более специализированные в функциональном отношении единицы. Это в свою очередь требует перестройки соотв. И. Эти новые дифференцированные структуры действуют на основе иных, более обобщенных и универсальных, институциональных норм, нежели прежние производственно-родственные единицы. Речь идет «о повышении и усложнении стандартов нормативного контроля в более дифференцированной системе по сравнению с менее дифференцированной». История эволюции социальных И. есть история постепенного превращения И. традиционного типа в И. совр. Традиционные И. характеризуются, прежде всего, аскриптивностью и партикуляризмом, т. е. основываются на жестко предписанных ритуалом и обычаем правилах поведения и на родственных связях. Род, большесемейная община явл. доминирующими И. первобытного об-ва. Уже на ранних этапах развития человеческого об-ва появлялись И., регулирующие отношения между большеродственными коллективами и потому не полностью погруженные в кровнородственный контекст и традиционную «заданность». Это — политические И., И. экономического обмена, в функционировании к-рых аскриптивные критерии все более уступают место достиженческим. В ходе своего развития И. становятся все более специализированными по функции; нек-рые из них занимают в системе И. положение господствующих. В развитых об-вах новейшего времени И., воплощающие достиженческий ценностный комплекс, получают все более широкое развитие. В число доминирующих попадают И. науки и массового высшего образования, к-рые обеспечивают интернализацию ценностей компетентности, независимости, личной ответственности и рациональности, без присутствия к-рых в мотивационной структуре личности невозможно функционирование совр. И. Отличительной чертой И. новейшего времени явл. также их относительно большая независимость от системы моральных предписаний; выбор способов поведения и приятие или неприятие тех или иных И. становится предметом более свободного нравственного и эмоционального выбора индивидов. Соответственно увеличивается степень аномичности обществ. систем и происходит «расконформирование» личности, часто трактуемое как отчуждение.

Л. А. Седов

ИНСТИТУЦИОНАЛЬНАЯ СОЦИОЛОГИЯ — направление в совр. зап. социологии, изучающее устойчивые формы организации и регулирования обществ. жизни. К представителям И. с. относятся *Липсет,* Дж. Э. *Ландберг,* Бендикс, *Блау,* Б. Мур, *Дюверже, Миллс* и др. Различ. теоретико-методологические ориентации, к-рых придерживаются сторонники И. с., основываются на нек-рой общей посылке. Социальное поведение людей изучается в тесной связи с существующей системой социальных нормативных актов и ин-тов, необходимость возникновения и функционирования к-рых приравнивается к естеств.-исторической закономерности. Социальные ин-ты, с т. зр. И. с., предполагают сознательно регулируемую и организованную форму деятельности массы людей, воспроизведение повторяющихся и наиболее устойчивых образцов поведения, привычек, традиций, передающихся из поколения в поколение. Каждый социальный ин-т, входящий в опред. социальную структуру, организуется для выполнения тех или иных общественно значимых (напр., выживание, материальное благополучие, социальная стабильность) целей и функций. Как правило, фундаментом или базисной системой социального ин-та служит совокупность материальных средств, социально закрепленных и легитимированных санкций, конституционализированный порядок выполнения тех или иных действий, поведенческих актов, поступков. Понятие социального ин-та пришло в социологию из юридических наук, где оно обозначало комплекс юридических норм, регулирующих социально-правовые отношения (ин-т наследования, собственности, семьи и брака). В социологии понятие ин-та приобрело расширительный смысл и обозначает различ. спектр социально регулируемого и организованного поведения людей. У *Веблена* обществ. развитие понималось, напр. как смена преобладающих в те или иные периоды истории различ. социальных ин-тов. При этом они истолковывались как общепринятые образцы поведения и привычки мышления. Социальными ин-тами у Веблена назывались «денежная конкуренция», «показное потребление». В И. с. социальный ин-т выполняет такие функции, как: (1) воспроизводство членов об-ва; (2) *социализацию* (различ. формы передачи индивиду социально значимых норм и ценностей); (3) производство и распределение; (4) соблюдение порядка и поддержание морального климата. Рассматривая об-во как совокупность социальных ин-тов, институционалисты считают предметом социологии исторически сформировавшиеся конкретные обществ. уклады, представляющие опред. совокупность социальных ин-тов. С их т. зр., социальные отношения, являющиеся продуктом сознательной деятельности людей, отчуждаются от индивидов и превращаются во «внешнюю» реальность, существующую объективно и независимо от них. Каждый ин-т соответствует интересам конкретной соц. группы и служит удовлетворению ее интересов (как, напр., профсоюзы или частный бизнес). Именно этим и определяются, согласно И. с., конфликтные стремления др. групп, чьи интересы попираются интересами данной социальной группы. Факторами, к-рые вызывают появление социальных ин-тов, объявляются в И. с. не условия материальной жизни, а чувства, идеи, обычаи, традиции и т. д.

Г. В. Осипов, А. И. Кравченко

Лит.: 1) *Селигмен Б.* Основные течения современной экономической мысли. М., 1968. 2) *Clark J. M.* Economic institutions and human welfare. N. Y., 1957.

ИНТЕГРАЦИИ СОЦИАЛЬНОЙ концепции (от лат. integratio — восполнение, восстановление; integer — целый) — различ. теоретические построения в социологии, пользующиеся относящимся к теории систем понятием интеграции, к-рое означает состояние связанности отдельных дифференцированных частей в целое и процесс, ведущий к такому состоянию. Это понятие пришло в социальные науки из математики, физики и биологии. Понятие «И. с.» подразумевает наличие упорядоченного бесконфликтного отношения между социальными деятелями (индивидами, организациями, гос-вами и т. д.). Несколько отличный смысл имеет понятие «интеграция социальной системы», к-рое означает упорядоченную и бесконфликтную связь между частями социальной системы, т. е. между ин-тами и нормативными стандартами. Взгляды на степень и механизм интеграции социальных систем претерпели сложную эволюцию. Для философов-утилитаристов (*Гоббс, Локк* и т. д.) было характерно представление об об-ве как агрегате автономных единиц, действующих на основе произвольных эгоистических интересов. *Дюркгейм,*
М. *Вебер, Парето* установили наличие интеграции социальной системы на базе общих для всех ее членов ценностей и норм. Представители функционалистской антропологии (*Малиновский, Радклифф-Браун,* Клакхон довели идею И. с. до представления о полной интеграции об-ва. *Парсонс* ввел понятия нормативной и ценностной И. с. в свою четырехфункциональную парадигму рассмотрения социальных систем, показав, что функция И. с. обеспечивает деятельностью специализированных подсистем. По мысли Парсонса, проблемы И. с. возрастают по мере дифференциации и усложнения систем действия. Соответственно для обеспечения стабильности и дальнейшего развития системы необходимо развитие механизмов И. с. В совр. об-ве интеграционные проблемы решаются с помощью таких механизмов, как универсалистская правовая система, добровольные ассоциации, расширение прав и привилегий членов сообщества, повышение уровня обобщенности *символических посредников.* Теоретики нефункционалистских направлений (*Бендикс, Гоулднер*) часто критикуют функционалистов за преувеличение возможной степени интеграции социальной системы, утверждая, что эмпирически высокий уровень интеграции недостижим и практически вреден, т. к. лишает социальную систему подвижности и гибкости. Большое место проблемы И. с. занимают в работах теоретиков организации. В частности, *Этциони* показывает, что такие организации, как тюрьмы, армейские части и т. п., не явл. социальными системами, т. к. интегрируются на основе принуждения. Собственно же нормативные связи в них образуются между узниками, рядовыми военнослужащими и т. д., образующими свои «социальные субсистемы».

Л. А. Седов

Лит.: 1) *Дюркгейм Э.* О разделении общественного труда. О., 1900. 2) *Smelser N.* Social change in the industrial revolution. Chic., 1959. 3) *Etzioni A.* A comparative analysis of complex ogranizations. N. Y., 1961. 4) *Parsons T.* The system of modern societies. Englewood Cliffs, 1971.

ИНТЕГРАЦИЯ социальная (от лат. integratio — восполнение) — понятие, характеризующее: совокупность процессов, благодаря к-рым происходит сцепление разнородных взаимодействующих элементов в социальную общность, целое, систему; формы поддержания социальными группами опред. устойчивости и равновесия обществ. отношений; способность социальной системы или ее частей к сопротивлению разрушительным факторам, к самосохранению перед лицом внутр. и внешних напряжений, затруднений, противоречий. И. с. как проблема общей теории социокультурных систем, исследующая условия и показатели сплоченности, минимально необходимой для существования и деятельности любой обществ. группы, заняла важное место в зап. социологии с 50-х гг. 20 в. (особенно после работ *Парсонса*). Смысл И. с. каждый раз уточняется в контексте др. социол. понятий, обслуживающих сходные задачи, социальная связь, порядок, система, солидарность и т. п. Если общее понятие социальной связи охватывает все существующие обществ. отношения, включая конфликты людей с ролями и нормами обществ. порядка (*аномию*, отчуждение и т. п.), то И. с. отражает момент согласия, динамическое состояние координации, известной гармонии отношений и процессов в социальной группе любого масштаба. И. с. рассматривают как процесс, тесно связанный с др. процессами типа *социализации, аккультурации*, ассимиляции и т. п., и как некий рез-т этих процессов. Всякая И. с. (как и ее противоположность — дезинтеграция) относительна и не полна, но известная степень ее мыслится необходимым условием функционирования социокультурной системы. Однако попытки определить главные признаки достижения необходимого уровня И. с. приводят обычно к повторению формулировок необходимых условий существования и функционирования социокультурной системы вообще. Это, разумеется, переносит в исследования И. с. все сложности и противоречия социол. анализа «больших систем». Любые определения И. с. не универсальны, учитывают очень немногие из элементов, функционирующих в социуме. Типологии И. с. зависят от способов расчленения социокультурной системы и от анализа отношений между ее элементами. Следуя принятому амер. социологией делению обществ. системы на культурную и социальную подсистемы, различают, напр., четыре класса И. с.: (1) культурную — выражающую согласованность между культурными стандартами, нормами и образцами поведения, внутр. связность отдельных подсистем символов; (2) нормативную — говорящую о координации между культурными стандартами (нормами) и поведением людей, т. е. таком состоянии, в к-ром осн. нормы культурной подсистемы «институциализированы» в элементах, составляющих социальную подсистему, в частности в действиях индивидов; (3) коммуникативную — основанную на обмене культурными смыслами, информацией и показывающую степень охвата ими всего об-ва или группы; (4) функциональную — основанную на вытекающих из обществ. разделения труда взаимозависимости и обмене услугами между людьми. Каждый вид И. с. имеет свои подвиды. Системные подходы к И. с. связаны с давней социол. традицией. Так, «механическая» и «органическая» солидарность *Дюркгейма* — это, по сути, два полярных типа И. с. Описание органической солидарности, соединяющей культурно неоднородных и взаимозависимых индивидов и такие же группы, почти полностью перешло в совр. трактовку функциональной интеграции. Механическая солидарность (предполагающая адекватное отображение культурных образцов «коллективного сознания» отдельными членами об-ва, подобно тому как молекулы твердого тела сохраняют его осн. свойства) представляет собой, по данной выше типологии, сочетание культурной и нормативной И. с. Системные подходы синтезируют обе ведущие в истории социологии линии понимания природы социальной связи вообще и И. с. в частности: социально-психологическую, подчеркивающую значение чувства солидарности, связи с др., идентификации с «Мы-группой», противопоставляемой «Они-группе» и т. п., и объективистскую, выдвигающую на первый план материально-функциональные стороны человеческого общения, стихийно складывающуюся в процессе коллективной трудовой деятельности совокупность обществ. отношений, независимых от внутр. психических состояний соединенных индивидов. Общепринятой и цельной концепции И. с. в зап. социологии до сих пор не создано.

А. Д. Ковалев

Лит.: 1) *Щепаньский Я.* Элементарные понятия социологии. М., 1969. 2) *Parsons T.* The social system Galencoe, 1951. 3) *Landecker W. S.* Types of integration and their measurement//The language of social research/Ed. by P. Lazarsfeld. M. Rosenberg. N. Y., 1962. 4) *Jacher W.* Zagadnienie integracji systemu spolecznego. Warshz., 1976.

ИНФАНТИЛИЗМ СОЦИАЛЬНЫЙ — понятие, характеризующее разрыв между биологическим и социокультурным взрослением молодежи в индустриально развитых странах Запада, свидетельствующий о нарушении механизма социализированного включения молодого поколения в жизнь взрослых, к-рое предполагает принятие им на себя новых обязанностей и обязательств. И. с. заключается в нежелании опред. части молодежи, достигшей возраста, когда она могла бы выполнять социокультурные функции, считающиеся в совр. об-ве функциями взрослых, совершить этот кач. переход и приобщиться к трудовой и обществ.-политической жизни, обзавестись семьей и т. д. Отсюда «промежуточное состояние» инфантильности, когда человек, уже достигший биологической зрелости, по-прежнему стремится сохранить свой «подростковый» статус. Эта позиция, получившая свое выражение в идеологии контркультуры, закрепляется в молодежной субкультуре, формирующейся как протест против «культуры взрослых».

Ю. Н. Давыдов

ИСКУССТВА СОЦИОЛОГИЯ — см. *Социологии искусства теории.*

ИССЛЕДОВАНИЕ БУДУЩЕГО (исследования будущностей) — направление научных исследований в зап. философии, социологии, политэкономии и др. науках, охватывающее общие долгосрочные перспективы будущего Земли и человечества. Термин «И. б.» пришел на смену менее строгому понятию «футурология» в конце 60-х — начале 70-х гг., когда на Западе выявилась несостоятельность попыток сконструировать «науку о будущем» за счет прогностических (предсказательных) функций существующих научных дисциплин и когда началось развитие этих функций сообразно особенностям каждой дисциплины. В советской литре термин «И. б.» употребляется редко, распадаясь на два общепринятых ныне понятия: «прогностика» (теория разработки прогнозов) и «прогнозирование» (практика разработки прогнозов). И. б. имеет длительную предысторию, связанную с эволюцией религ. эсхатологии, социальной утопии и философии истории. Возникновение научного предвидения, связанного с марксизмом, вызвало во второй половине 19 — начале 20 в. появление ряда специальных работ о будущем Земли и человечества. Открытый в 20-е гг. советскими учеными эффективный способ И. б.— выявление назревающих проблем методами экстраполяции в будущее наблюдаемых тенденций («генетический прогноз») и определение возможных путей решения такого рода проблем методами экспертизы («телеологический прогноз») — не получил практического применения и вплоть до недавнего времени оставался неизвестным мировой научной общественности. Он был заново открыт амер. учеными в конце 50-х гг. при научных разработках космической программы «Аполлон» (только «генетический» прогноз получил название «поискового», «телеологический» — «нормативного», а в дополнение к методам экстраполяции и экспертизы был предложен широкий набор методов моделирования). В совокупности оба подхода стали называться «технологическим прогнозированием», к-рое продемонстрировало чрезвычайно высокую эффективность при обосновании решений в сфере управления, что привело в 60-е гг. к «буму прогнозов» —

появлению сотен исследовательских центров, занятых разработкой научно-технических, социально-экономических и военно-политических технологических прогнозов. В 60-е гг. на Западе были предприняты попытки использовать методологический инструментарий технологического прогнозирования для исследования общих перспектив дальнейшего развития человеческого об-ва с позиций открытого противостояния научному коммунизму. Вскоре в И. б. выделилось несколько течений: бурж.-апологетическое, реформистское, леворадик. и др. Первое, поначалу преобладавшее, опиралось преимущественно на теории индустриализма (*Индустриальная социология*), доказывая жизнеспособность капитализма, возможность его модернизации (З. Бжезинский, *Кан, Гэлбрейт, Арон*, Б. де *Жувенель, Фурастье*); представители второго (*Белл, Тоффлер*, Ф. Бааде, Р. Юнгк, Ф. Полак, Галтунг) обосновали необходимость конвергенции капитализма с социализмом; в третьем звучали голоса о неизбежности катастрофы зап. цивилизации перед лицом НТР (К. Ясперс, А. Уоскоу и др.). В начале 70-х гг. на передний план выдвинулось течение, выступившее с концепцией неизбежности глобальной катастрофы при существующих тенденциях развития об-ва. Ведущее влияние в этом течении приобрел *Римский клуб*, по инициативе к-рого развернулось глобальное моделирование перспектив развития человечества на основе использования ЭВМ, в рез-те чего сложилось новое направление исследований — «глобалистика». К середине 70-х гг. указ. течение разделилось на два: представители одного, получившие название «экологические пессимисты» (Дж. Форрестер, супруги Медоуз, *Хейлбронер*), трактуют перспективы человечества с позиций неомальтузианства; сторонники др., «технологические оптимисты» (Кан, Тоффлер, М. Месарович, Э. Ласло, В. Феркисс, Э. Пестель, К. Фримен, И. Кайя, Г. Линнеман, А. Эррера, Дж. Нейсбитт), пытаются доказать возможность избежать катастрофы путем оптимизации гос.-монополистического капитализма. С конца 70-х — начала 80-х гг. И. б. на Западе постепенно теряет прежнее влияние на мировую общественность под напором идеологии *неоконсерватизма*, к-рая требует решать глобальные проблемы современности не путем каких-то долгосрочных программ на основе еще более долгосрочных прогнозов, а путем чисто рыночных механизмов, способных помочь преодолеть трудности, стоящие перед человечеством. Однако такого рода концепции подвергаются критике, в т. ч. и с позиций И. б. Специалисты в области И. б. объединены в ряд международных научных об-в (Всемирная федерация исследований будущего, Общество мира будущего, ассоциация «Футурибль» и др.), к-рые проводят конгрессы, конференции, симпозиумы, издают журналы («Футурист», «Фьючерз», «Футурибль», «Анализен унд прогнозен» и т. д.).

И. В. Бестужев-Лада

Лит.: 1) *Янч Э.* Прогнозирование научно-технического прогресса. М., 1974. 2) *Шахназаров Г. Х.* Социализм и будущее. М., 1983. 3) *Печчеи А.* Человеческие качества. М., 1985. 4) *Cornich E. a. o.* The study of the future. Wash., 1977.

ИССЛЕДОВАНИЕ ДЕЙСТВИЯ (англ. action research) — тип социального исследования, объектом к-рого явл. человеческие действия в малых социальных группах. До опред. времени практиковалось гл. обр. в педагогике. В начале 50-х гг. 20 в. в разработку социол. теории И. д. внесли существенный вклад А. Керл и М. Аргайл. Социологически ориентированные И. д. направлены обычно на совершенствование организационных структур, групповых отношений, трудовой мотивации и адресованы либо владельцам предприятий, либо менеджерам. Специфическое отличие И. д. составляют два взаимообусловленных момента: (1) равноценная ориентация на достижение как познавательных, так и социально-практических результатов; (2) тесная коммуникативная связь исследователей с исследуемыми, переходящая иногда во взаимное научение и в нек-рых случаях призванная превратить объект исследования в субъект исследования. Проблематичность И. д. с теоретической т. зр. заключается в его социально-экспериментальном характере: требование доказать, что И. д. выявило социогенные детерминанты действий, к-рые могут быть воспроизведены в др. социальном пространстве и времени, и что активное вмешательство ученого в объект исследования не лишает последнее научного характера, рассматривается как необходимое, но едва ли выполнимое.

А. Н. Малинкин

ИСТОРИЦИЗМ — термин, употребляемый в нек-рых концепциях зап. философии истории, социальной философии и социологии, напр., у Б. Кроче, К. Поппера и др. Согласно Попперу, И.— теоретико-методологическая концепция, истоки к-рой содержатся в учениях Гераклита, Платона, Аристотеля. В Новое время крупнейшими представителями И., по его мн., были Гегель и Маркс. Гл. задача И.— исторические предсказания; осн. его черты — *эссенциализм, холизм,* вера в существование незыблемых законов истории и в фатальный характер обществ. развития в прошлом, настоящем и будущем. По мн. Поппера, все эти сущностные особенности И. несовместимы с подлинной научностью. Футурологические «пророчества» невозможны уже в силу того, что историческое развитие зависит гл. обр. от роста знаний, к-рый непредсказуем. Применительно к социально-историческому процессу можно говорить не о законах в собственном смысле слова, а разве что о некоторых «тенденциях». Попытка придать им статус исторических закономерностей и на этом основании предсказывать будущее развития об-ва, согласно Попперу, неизбежно ведет к слепой вере в авторитеты, к элиминации критического подхода, к догматизму и в конечном счете к тоталитаризму, к крайним формам регламентации человеческого поведения. В рез-те становится невозможным «рациональное» обсуждение и разумное решение социальных вопросов. Попперовская концепция И. стала предметом острой полемики в зап. социологии и философии истории.

С. А. Эфиров

ИСТОРИЧЕСКАЯ СОЦИОЛОГИЯ — направление в совр. зап. социологии, изучающее исторический процесс развития об-в, социальных систем, ин-тов и явлений, а также разрабатывающее специальные социол. теории исторического развития, социол. методы анализа исторических данных. Оформилось во второй половине 20 в. благодаря усилиям *Беккера,* Г. Э. *Барнза,* В. Канмана, Бендикса, *Уоллерстайна,* П. Флоры и др. Возникновение И. с. восходит прежде всего к трудам тех представителей философии истории 18 в., к-рые стремились исследовать законы социального развития на конкретном историческом материале (*Вико, Монтескье,* Вольтера, Кондорсе, И.-Г. Гердера и др.). Ряд теоретических положений совр. И. с. заимствуется у бурж. историков, конструировавших теории социального развития (Ф. К. фон Савиньи, К. Ф. Эйхгорна, Б. Г. Нибура, Л. фон Ранке в Германии; Л. Бурдо, П. Лакомба, Ш. Ланглуа, Г. Моно во Франции и др.). Становлению И. с. способствовал сравнительно-исторический метод, разработанный в рамках социальной антропологии *Морганом,* М. М. Ковалевским, *Тайлором,* Ю. Липпертом и др. В самой социологии тенденция к историзму присутствовала с момента ее зарождения (напр., в трудах *Конта, Спенсера, Дюркгейма*). В социол. теориях 19 в. преобладали глобальные историко-эволюционные схемы, принципиально не допускавшие проверки на эмпирическом уровне. Преодолеть этот разрыв стремились *Теннис* и М. *Вебер.* Теннис определял направление социального развития европ. культуры в двух идеально-типических понятиях: от общины к об-ву. Само понятие идеального типа было разработано М. Вебером, к-рого принято считать одним из зачинателей совр. бурж. И. с. Его метод основан на использовании таких типизаций личности, социальных процессов и культур, к-рые в действительности встречаются не в чистой, а в смешанной форме, но к-рые в эвристических целях рассматриваются так, как если бы они существовали в чистом виде. Идеальные типы служили М. Веберу в кач-ве инструмента для овладения эмпирическими данными в процессе сравнительно-исторического социол. исследования. Углубляя интенции М. Вебера, И. с. разрабатывал также А. *Вебер,* для к-рого И. с. была социол. конкретизированной, построенной на основе эмпирического анализа исторического материала философией истории, или социологией исторического процесса. В совр. И. с. нет единого представления о целях и задачах данного направления. Можно выделить три взаимосвязанных подхода. Первый касается социол. концепций, разрабатываемых для описания и анализа исторических данных, а также для решения проблем в том случае, когда нужен более высокий уровень обобщений, чем обычно применяют историки, т. е. при необходимости выявления социальных закономерностей с помощью социол. анализа исторического развития (*Знанецкий, Томас,* Е. Б. Бальтцель, Р. Хеберле, В. Канман и др.). Так, Канман считает целью И. с. изучение истории развития социальных отношений, закономерности к-рых можно выявить только на историческом материале. Сопоставление и анализ различ. фактов исторической действительности позволит, с его т. зр., создать теорию социального развития. Но в своих сравнительных исследованиях он не идет дальше идеально-типической типологизации исследуемых явлений. Зап.-германский социолог П. Флора определяет И. с. как анализ длительного периода обществ. развития, уделяя осн. внимание структурным изменениям в об-ве, количественному изучению *модернизации,* к-рая интерпретируется им как длительный процесс роста или как глубинное изменение структуры социальной системы. Для второго подхода характерно использование исторических данных для иллюстрации или проверки тех или иных социол. концепций, а также в целях построения др. модифицированных теорий (Беккер, Барнз, Уоллерстайн, А. Босков и др.). Беккер и Барнз считали, что целью И. с. явл. конкретное сравнительное исследование различ. культур. Примером данного подхода явл. построение теории генезиса капитализма Уоллерстайна, в к-рой он использует исторические данные для ее иллюстрации и подтверждения. Ряд авторов (напр., амер. социологи X. Мариампольски и Д. С. Хаджес) считают, что И. с. представляет собой не столько теорию, сколько комплекс методов анализа исторического развития об-ва. На сегодняшний день на Западе не существует общей теории И. с. и мн. авторы предпочитают применению одной теории использование нескольких теорий, считая, что т. обр., можно избежать тирании единого принципа объяснения социальных явлений (Канман), что сознательное использование парных концепций поможет избежать их случайного применения (Бендикс). Опред. распространение в И. с. имеют в наст. время циклические теории (напр., «конфликтный цикл» *Зиммеля,* «экологическое преемствование» *Парка,* «цикл расовых отношений» Богардуса и др.). Начиная с 60-х гг. зап. социологи все чаще обращаются к теории Маркса, истолкованной, как правило, в духе *неомарксизма,* пытаясь использовать отдельные ее положения для обоснования своих историко-социол. концепций. В совр. бурж. И. с. важное место занимают прикладные историко-социол. исследования, результаты к-рых часто используются в процессе принятия политических решений (напр., работы Г. Беста, В. фон Гиппеля, X. Матцерата, исследования модернизации Г.-У. Вейлера, В. Цапфа, Д. Гримма в ФРГ, Д. Аптера, А. Гершенкрона, С. П. Хантингтона и др. в США).

В. В. Кудинов

Лит.: 1) *Becker H. P.* and *Barnes H. E.* Social thought from lore to science. 3.V. N. Y.; Dover, 1961. 2) Sociology and history. Theory and research/W. Cahnman and A. Boskoff. L., 1964. 3) *Bendix R.* Embattled reason. Essays on social knowledge. N. Y., 1970. 4) *Wehler H.-U.* Geschichte als Historische Sozialwissenschaft. Fr/M., 1973. 5) *Flora P.* Modernisierungsforschung. Zur empirischen Analyse der gesellschaftlichen Entwickung. Opladen. 1974. 6) *Walterstein J. M.* The modern world-system. N. Y., 1980.

ИСТОРИЧЕСКИЙ МЕТОД В СОЦИОЛОГИИ — см. *Сравнительно-исторический метод.*

Й

ЙИНГЕР (Yinger) **Милтон** (р. 1916) — амер. социолог, представитель функционализма в социологии религии. Длительное время работал проф. Оберлин-колледжа в штате Огайо, США. Наиболее подробно его понимание религии изложено в книге «Научное изучение религии». Религия определяется Й. как система верований и действий, посредством к-рых группа людей решает высшие проблемы своей жизни: существование смерти, зла, страданий, вины и т. п. Религия, по Й., есть средство для «релятивации» человеческих несчастий и страданий, интерпретируемых как элементы высшего блага. Такой подход к религии, выводящий ее из антропологической природы человека, приводит Й. к выводу о вечности религии, ее присутствии в сознании любого человека. Следуя за *Мертоном,* Й. пытается избежать односторонности функционализма, анализируя не только интегрирующую функцию религии, но и ее роль в социальных конфликтах и социальных изменениях. Й. утверждает, что положение религии в совр. об-ве изменилось. Признавая не только церковные формы религиозности, он приходит к выводу, что религия будет существовать в любом об-ве и в разных формах.

Д. Н. Угринович

Соч.: 1) The scientific study of religion. N. Y., 1970.

К

КАЗНЕВ (Cazeneuve) **Жан** (17.05.1915, Уссель) — франц. социолог. Изучал в Высшей нормальной школе и в Парижском ун-те социологию, антропологию, психологию, историю, преподавал в Александрийском ун-те (Египет) (1948—1950), был одним из руководителей, а затем директором исследовательского коллектива при Национальном центре научных исследований. В 1966 г. в кач-ве преемника *Гурвича* стал заведующим кафедры социологии в Сорбонне. Президент мн. национальных и международных ассоциаций. В 1973 г. избран членом Франц. академии моральных и политических прав. В социологии К. явл. последователем *Мосса* и Гурвича, частично разделяет концепцию *символического интеракционизма;* в своих исследованиях пытается за внешним разнообразием объективно воспринимаемых «институционализированных» феноменов выявить те скрытые силы, к-рые движут обществ. развитием. Ряд трудов К. посвящен проблемам *социологии знания,* особенно анализу ее этико-психологических аспектов. Его концепция развития цивилизации и прогресса оптимистична. Он полагает, что хотя социальная эволюция происходит не прямолинейно (возможны остановки и даже движение вспять), однако в целом возрастающая осведомленность и стремление к независимости постепенно повышают у человечества «чувство ответственности» и движут об-во к «идеалу», понимаемому К. как построение такой социальной организации, в к-рой «каждый участвовал бы соответственно способностям, заслугам и желаниям, а не только происхождению» [3, 220, 232]. В деле построения такого об-ва большие надежды он возлагает на *массовые коммуникации,* долженствующие уничтожить элитарность и отчуждение.

С. М. Митина

Соч.: 1) Sociologie de Marcel Mauss. P., 1968. 2) Dix grand notions de la sociologie. P., 1976. 3) La raison d'etre. P., 1981.

КАН (Kahn) **Герман** (15.02.1922, Бейонн, Нью-Джерси,— 07.07.1983, Кротон-на-Гудзоне, Нью-Йорк) — амер. социолог и футуролог. В 1948—1961 гг. занимался вопросами военной стратегии в исследовательском центре РЭНД-корпорейшен, выполняющем заказы Пентагона и военных концернов. С 1961 г. К.— основатель и директор Гудзоновского исследовательского ин-та, разрабатывающего долгосрочные научно-технические, социально-экономические и военно-политические прогнозы по заказам правительства и финансово-промышленных корпораций. Получил одиозную известность после публикации книг «О термоядерной войне» (1960), «Мысли о немыслимом» (1962) и «Об эскалации: метафоры и сценарии» (1965), где оправдывал возможность применения ядерного оружия в будущей мировой войне. С середины 60-х гг. представлял течение «технологического оптимизма» в зап. футурологии (*Исследование будущего*). В книгах «Год 2000» (1967), «Грядущее. Размышления о 70-х и 80-х гг.» (1972), «Следующие 200 лет» (1976), «Экономическое развитие мира» (1979), «Грядущий бум» (1982), «У Земли достаточно ресурсов» (1984) и др., написанных совместно с сотрудниками Гудзоновского ин-та, а также в многочисленных статьях, докладах, интервью К. доказывал возможность решения глобальных проблем современности на основе использования новейших достижений науки и техники преимущественно в рамках деятельности многонациональных корпораций под политической эгидой США. Он был последовательным сторонником концепции *постиндустриального общества*. Для специалистов труды К. представляют интерес с т. зр. имеющейся в них методики разработки прогнозов (многофакторные модели, прогнозные сценарии и т. п.), а также содержащегося фактического материала.

И. В. Бестужев-Лада

Соч.: 1) The year 2000. N. Y.-L., 1967. 2) The next 2000 years. A scenario for America and the world. N. Y., 1976. 3) Thinking about unthinkable. N. Y., 1984.

КАПИТАЛИЗМА концепции — научные теории, объясняющие закономерности возникновения и функционирования обществ. формации, основанной на частной собственности класса буржуазии на средства производства, эксплуатации наемных рабочих, лишенных средств производства и вынужденных продавать свою рабочую силу. В совр. зап. социологии и экономике наибольший вклад в разработку К. к. внесли, в частности, М. *Вебер, Веблен, Зомбарт,* Ф. Визер, *Гэлбрейт,* Дж. Б. Кларк, Дж. Кейнс, *Конт,* Дж. Коммонс, *Парето,* Г. Минз, *Смит, Милль, Шумпетер* и др. Теоретико-методологические основания К. к. заложили Смит, М. Вебер, Веблен. Для Вебера К. означал рациональность в наиболее концентрированном виде. Осн. факторами генезиса К., по Веберу, явл. не материальные, а духовные, напр., протестантская религия. Кальвинистское учение проповедует неустанный упорный труд, аскетическое поведение, благоразумие, к-рые ведут к накоплению капитала, развитию торговли и предпринимательской деятельности. В историческом развитии К. Вебер выделяет несколько стадий и типов: политический К., К. парий, фискальный К. и совр. промышленный К., характерными чертами к-рого явл. фабричное производство и использование наемных рабочих. Высокая степень рациональности капиталистической системы означает навязывание принудительных норм деятельности, обезличивание и рутинизацию повседневного труда. Развитие процессов рационализации неизбежно ведет к усилению роли бюрократических структур управления. С критикой тезиса Вебера о влиянии кальвинистской религии на становление К. как несогласующегося с историческими фактами выступил Л. Брентано. К. объяснялся им с т. зр. структуры рынка и трудового законодательства. У. К. Бюхера эволюция К. проходила через три стадии: семейного хоз-ва, городского хоз-ва и национальной экономики. К. к. подкреплялась у него анализом обширных сведений из области этнографии и антропологии. К., с т. зр. Бюхера, начинается только на высшей и последней стадии, когда производство товаров начало выходить за пределы города, охватывая национальный рынок. Согласно же Зомбарту, всякая плодотворная К. к. должна исходить из жизни духа. Европейский К. развивал характерные черты человеческого мышления и поведения, напр., стремление к конкуренции и достижению успеха, благоразумие и коммерческий расчет, жажду обогащения, наконец. Хотя духовное и культурное начало К. рациональны, как рациональны в своем отдельном проявлении и поступки индивидов, К. как система носит иррациональный характер. С одной стороны, децентрализация рынка, наличие системы прав, закрепленных в законах, и общепринятых моральных норм требуют развития *либерализма* и индивидуальной свободы. С др.— положение, при к-ром большинство управляется и контролируется меньшинством, неизбежно оборачивается *авторитаризмом*. Функционирование капиталистического предприятия, по Зомбарту, приобретает самостоятельный характер, не зависящий от тех людей, к-рые его основали. Термин «предприятие» явл. полезным инструментом экономического и социол. анализа, отражающего объективную реальность, однако у Зомбарта он превращается всего лишь в мысленную конструкцию, существующую над и помимо материального мира. Позднее концепцию капиталистического предприятия или корпорации как самостоятельного социального ин-та, имеющего надындивидуальную природу, развивал в своих работах *Дракер*. Кроме представителей исторической школы, взгляды к-рых были рассмотрены выше, известный вклад в развитие К. к. внесли также сторонники институциональной школы. Веблен много внимания уделял критическому анализу состояния капиталистического об-ва, делая упор на изучение техники и привычки к труду. Борьбу за существование он рассматривал как борьбу за доходы и долю в прибавочном продукте об-ва. В его модели К. своекорыстие играет столь же важную роль, как и в концепции Рикардо. Он признавал наличие эксплуатации, вытекающей из стремления захватить возможно большую долю материального излишка, производимого об-вом. Человечество, согласно Веблену, прошло стадии ранней и поздней дикости, хищного и полумирного варварства, а затем ремесленной и промышленной стадии. К., или совр. «денежное об-во», порождены случайным соединением таких факторов, как раса, развитие науки и техники, дух скептицизма и свободные ин-ты. Веблен обобщил эмпирический материал не только о раннем, но и о позднем К.— о переплетающихся директоратах, холдинг-компаниях, и разводнении (распылении) акционерного капитала. На основании этого он пришел к выводу, что совр. сфера финансов, их корпораций представляет собой своего рода феодальный строй, при к-ром не участвующий в производстве магнат промышленности присваивает наибольшую долю его рез-тов. Парето, считая экономику прежде всего социальной наукой, рассматривал капиталистическое об-во через анализ борьбы социальных групп, мотивов и ценностей. Развивая нек-рые идеи *Макиавелли,* он делил капиталистическое об-во на массы и правителей, а источник его развития видел в борьбе между группировками *элиты* за обладание властью. Разрабатывая экономическое обоснование К., Парето выдвинул концепцию «максимальной полезности», к-рая может быть реализована лишь в условиях свободной конкуренции, — концепцию равновесия между потребностями людей и ограниченными возможностями их удовлетворения. Наиболее значительный вклад он внес в анализ проблемы распределения доходов, открытое им соотношение доходов именуется «законом Парето». В концепции Шумпетера К. прогрессирует благодаря непрерывным нововведениям и изобретениям. Эти понятия — не тождественны, изобретение явл. технологическим фактором, а нововведение (*Инновации*) — категорией предпринимательской деятельности, т. е. представляет собой экономический и социальный феномен. В нововведении участвуют широкие массы людей, в рез-те чего изменяются решающие факторы экономики. Осн. факторами, усиливающими активность капиталистической экономики, Шумпетер считал изменения во вкусах людей, в методах производства и доставки товаров. И хотя до сих пор К. технически функционировал вполне успешно, в будущем он, по мн. Шумпетера, споткнется на своих внутр. противоречиях. Причины гибели К., по Шумпетеру, кроются не в экономике, а в образе мыслей людей, определяющих его культурную надстройку. Все позднейшие социол. учения имели дело гл. обр. с новейшей стадией К., империализмом и назывались уже не К. к., а учением о *постиндустриальном обществе,* посткапиталистическом об-ве и т. п.

Г. В. Осипов, А. И. Кравченко

Лит.: 1) *Селигмен Б.*. Основные течения современной экономической мысли. М., 1968. 2) *Veblen T.* The theory of business enterprise. N. Y., 1904. 3) *Tawney R. H.* Religion and the rise of capitalism. N. Y., 1926. 4) *Weber M.* General economic history. N. Y., 1950. 5) *Sombart W.* The jews and modern capitalism. N. Y., 1951.

КАЧЕСТВА ЖИЗНИ теории — направление в амер. и зап.-европ. социологии, возникшее в середине 60-х гг. 20 в. в США на базе расширения понятия социальных индикаторов (*Индикатор социальный*). Совр. К. ж. т. ассимилировали социально-филос. идеи *неопозитивизма, неомарксизма*, экзистенциализма, а также «радикального эмпиризма»; политико-идеологические концепции нормативно-мотивационной роли идеологии в формировании приоритетных целей социальной политики реформистского характера. Среди буржуазных обществоведов вопрос о содержании и структуре понятия «К. ж.» остается дискуссионным. Одни трактуют его как тождественное либо противоположное понятиям уровня, стиля или образа жизни; др. сводят к иным содержательным областям — кач-ву окружающей среды, уровню стрессовых ситуаций и др. К началу 70-х гг. в К. ж. т. на первый план выдвигаются глобальное моделирование, по теории и методам близкое к эконометрике, и концепция «ощущаемого качества жизни», связанная в первую очередь с исследовательской деятельностью А. Кампбелла и др. в США. В рамках последнего направления изучаются социально-психологические механизмы, опосредующие реальное удовлетворение потребностей людей,— ценностные «фильтры» с синхронными и диахронными эталонами сравнения; компенсаторные модели с широким кругом факторов социального, психологического, а порой и психиатрического характера; когнитивный и аффективный компоненты благополучия. В наст. время разработка К. ж. т. связана с именами Ф. Конверса, У. Роджерса, Ф. Андруза, Л. Милбрейта в США; А. Мак-Кеннела, С. Райта в Великобритании; А. Михелоса в Канаде. Ряд исследователей работают в Австралии, Испании, Норвегии и мн. др. странах. С 1974 г. издается международный журнал «Social Indicators Research», посвященный исследованиям кач-ва жизни. К. ж. т. широко используются в деятельности национальных и международных социально-политических организаций (ЮНЕСКО и др.).

И. Ю. Петрушина

КЕРЕР (Kehrer) **Гюнтер** (р. 1939) — зап.-германский социолог, проф. социологии религии в Тюбингенском ун-те (ФРГ). В 60-е гг. изучал отношение к религии рабочего класса ФРГ [1]. Пришел к выводу, что среди рабочих наблюдается прогрессирующая *секуляризация*. В дальнейшем К. посвятил ряд работ общим проблемам социологии религии [2]. В отличие от мн. зап. социологов, К. уделяет значит. внимание проблемам социальной детерминации мировоззрения, в частности отношению к религии различ. слоев и групп. В последних работах К. исследует социальные предпосылки нецерковной религиозности, а также влияние семейных отношений на религиозность.

Д. М. Угринович

Соч.: 1) Das religiose Bewusstsein des Industriearbeiters. B., 1962. 2) Eine empirische Studie. Münch., 1966. 3) Religionssoziologie. B., 1968.

КЕТЛЕ (Quételet) **Ламбер Адольф Жак** (22.02.1796, Гент — 17.02.1874, Брюссель) — франко-бельгийский ученый-математик, естествоиспытатель, один из крупнейших статистиков 19 в., создатель математических (в частности, вероятностных) методов обработки социальной информации; инициатор создания национальных статистических об-в в Англии и Франции, Международной статистической ассоциации, одну из задач к-рой видел в мировом распространении унифицированных методик, показателей. Одновременно с *Контом* К. создал свою *социальную физику* — науку об обществ. жизни [1], к-рая подобно др. формам природы управляется законами помимо воли человека. В отличие от Конта, считавшего, что методами этой науки должны быть методы естеств. наук (*Позитивизм в социологии*), К. развил концепцию специфического метода науки об об-ве — статистического. По мн. К., специфичность и неповторимость составляют основополагающую характеристику явлений этой области исследований. По изучению одного факта нельзя судить о ряде фактов, кажущихся однородными; необходим статистический анализ возможно большего кол-ва данных. К. пришел к идее создания новой науки об об-ве, отталкиваясь от традиции социальных эмпирических обследований (*Арифметика политическая, Статистика моральная, Гигиена*

5 Современная западная социология

социальная), подняв их на кач. новый уровень. С именем К. в истории науки связан переход социальной статистики от сбора и количественного описания данных к установлению постоянных корреляций показателей, или статистических закономерностей. Выявленные им с помощью математического вероятностного анализа постоянные соотношения показателей К. трактовал как объективные социальные законы. Так, из статистического факта устойчивых числовых корреляций между видами преступлений, полом, происхождением, возрастом, местом проживания и т. д. преступника К. делал вывод о том, что опред. число и опред. виды преступлений сопровождают об-во с необходимостью закона природы. Описание об-ва в целом достигается, по мн. К., с помощью обнаружения характеристик «среднего человека». Человек понимался при этом не в кач-ве конкретной личности, а как член об-ва, как звено в статистической последовательности. Искусственная единица «среднего человека» (нечто от среднего арифметического или центра тяжести) означала среднестатистический показатель осн. физических и моральных кач-в данной нации. Высоко оценивая богатство статистических материалов и методик К., К. Маркс отмечал, что социол. объяснение установленных им статистических связей ему не удавалось в связи с тем, что оно проводилось с позиций механистического детерминизма, а его концепция «среднего человека» родственна метафизическим концепциям универсальной человеческой природы.

М. С. Ковалева

Соч.: 1) Социальная физика или опыт исследования о развитии человеческих способностей. К., 1911.

КЁНИГ (König) **Рене** (05.07.1906, Магдебург) — нем. социолог, проф. в Цюрихе (с 1947) и Кёльне (с 1949), один из основателей Международной социол. ассоциации, издатель (с 1955) «Кёльнского журнала по социологии и социальной психологии» («Kölner Zeitschrift für Soziologie und Sozialpsychologie»), издатель словарей по социологии и руководств по эмпирическому социол. исследованию. Область осн. интереса К.— эмпирическое изучение социальных ин-тов, базирующееся на структурно-функциональном подходе к социальной реальности. При этом значит. место в творчестве К. занимает и теоретическая полемика в целях обоснования такого подхода, и усиленный (особенно в последние годы) интерес к истории социологии.

А. Ф. Филиппов

КЛИКА (от франц. сligue — шайка, банда) — понятие, употребляемое в зап. социологии для обозначения первичной группы, члены к-рой объединены тесными неформальными связями, взаимными симпатиями, непосредственностью общения, общностью интересов, чувств, стремлений (как правило, не имеет оценочного характера). К.— это группа соратников. Она рассматривается или с т. зр. межличностных взаимодействий, или как структурный элемент общины, классовой или стратификационной системы. В кач-ве одного из видов первичных групп К. рассматривал *Кули*. Понятие «К.» употребляется в *социальной психологии*, в частности в *социометрии*, где трактуется как «группа предпочтения»; а также в *обмена социального* концепции *Хоманса*, к-рый рассматривал К. как подгруппу, характеризуемую более частыми взаимодействиями в рамках социальной группы. Иногда понятие «К.» употребляется в кач-ве синонима понятия «банда», в обыденном языке, в публицистике имеет уничижительный смысл и применяется в отношении групп людей, тесно сплоченных между собой ради достижения любыми средствами опред. рода неблаговидных, корыстных целей. Существуют дворовые, финансовые, управленческие и др. К. Термин «К.» употребляется, в частности, в отношении правящих групп, незаконно захвативших власть или обладающих ею без правовых, демократических оснований.

С. А. Эфиров

КОГНИТИВНАЯ СОЦИОЛОГИЯ НАУКИ — см. *Науки социология*.

КОЛЛЕКТИВНЫЕ ПРЕДСТАВЛЕНИЯ — см. *Дюркгейм Э.*

КОЛЛЕКТИВНОГО ПОВЕДЕНИЯ теории — социально-психологические и социол. концепции, предметом исследования к-рых явл. массовые, спонтанные реакции людей на критические («пограничные») ситуации, возникающие объективно и внезапно. К таким ситуациям наравне со стихийными бедствиями относят войны, революции и т. п. Осн. характеристикой такой ситуации явл. ее непредсказуемость, непривычность, новизна. Незнакомая ситуация порождает в «массе» подозрительность, повышенную напряженность и как следствие — деморализацию, разрыв групповых связей, панику. Паника — классический пример для К. п. Ее возникновению предшествует «короткая стадия неподвижности», когда люди пытаются отреагировать на незнакомую ситуацию, не понимая ее значения, и действуют «гротескно несоответствующим ей образом». Затем наступает период поиска выхода и лихорадочной «активности ради активности» (Р. Тернер). Паника — коллективное отступление от групповых норм и целей к приватизации. С др. стороны, в разобщенной толпе начинают действовать свои закономерности: усреднение личности («Толпа стоит за среднего «простого» человека в его самом бессмысленном виде» — Росс); насилие толпы приобретает «оргиастический характер» (Э. Фэрис) и выражается в «спонтанной интерстимуляции», поступки людей, вовлеченных в акции коллективного поведения, неизбежно становятся иррациональными и в ситуациях напряженности сопровождаются истерической верой в харизматического лидера или же необъяснимой враждебностью в отношении предполагаемых виновников (Н. Смелсер). Паника, однако, не возникает, если есть достаточно надежные выходы из кризисной ситуации или выхода нет вообще. Наиболее вероятная ситуация, порождающая панику,— ограничение выходов (*«Массы» теории, Подражания теории, Психологическое направление в социологии*).

С. П. Баньковская

Лит.: 1) *Quarantelli E. L.* The nature and conditions of panic//Amer. J. of Sociol. V. 60. 1954. 2) *Smelser N. J.* Theory of collective behavior. N. Y., 1963. 3) *Turner R. N.* Collective behavior// Handbook of Modern Sociology/Ed. bu R. E. Faris. Ghic., 1964.

КОММУНИКАЦИЯ (лат. communicatio от communicare — делать общим, сообщать, беседовать, связывать) — понятие, обозначающее: (1) средства связи любых объектов материального и духовного мира; (2) общение, передачу информации от человека к человеку; (3) общение и обмен информацией в об-ве (социальная К.). Термин «К.» появляется в научной лит-ре в начале 20 в. Социальная К. рассматривалась в контексте общетеоретических построений *бихевиоризма* (основой К. явл. не язык как система, а непосредственные речевые сигналы, манипулируя к-рыми можно воспитать человека любого склада — Д. Уотсон, *символического интеракционизма* (социальная структура есть рез-т стабилизации процессов межличностного общения, а социальное развитие — процесс развития коммуникативных форм — Дж. Г. *Мид*), персонализма (К. есть внутр. метафизическая способность личности открывать в себе чувство другого), экзистенциализма. После второй мировой войны оформились два осн. подхода к изучению К.: рационалистический и иррационалистический. Первый представлен концепциями технологического детерминизма, наиболее влиятельной из к-рых явл. теория *информационного об-ва* (*Белл*, Бжезинский), рассматривающая средства информации в кач-ве единственного стимула и источника социального развития (информация понимается здесь очень широко, как основа культуры и всех культурных ценностей). Второй подход представлен *понимающей социологией*, утверждающей, что осн. рез-том К. явл. понимание человеком др. человека, т. е. взаимное понимание. Выделяются два типа социального действия: действие, не имеющее своей целью К., и действие, совершаемое с целью К., т. е. сознательно использующее знаки (*Шюц*). В наст. время подавляющая часть эмпирических исследований К. осуществляется в рамках социологии массовой К.

Н. Д. Саркитов

КОМПЬЮТЕРИЗАЦИЯ — процесс широкого внедрения компьютерной техники в социальную жизнь индустриально развитых стран, начавшийся с конца 70-х гг. 20 в. Можно выделить три направления концептуального осмысления социального содержания этого процесса, отраженные в лит-ре с различ. степенью полноты учеными разных специальностей (социологами, юристами, компьютерщиками, профессиональными политиками и др.): концепции «компьютерной революции»; восприятие К. как средства преодоления последствий эпохи *индустриального об-ва;* исследования риска К. Рассуждения о революционизирующем потенциале компьютерной техники четвертого и в основном пятого, будущего, поколений строятся на основе анализа кач. изменений, происшедших на рубеже 70—80-х гг. внутри этой технологии и в технологии коммуникаций: миниатюризация, переход на микропроцессорные схемы (что привело к резкому увеличению скорости производимых операций), промышленный выпуск типовых блоков, программ, данных, терминалов (что в свою очередь привело к их значит. удешевлению), унификация трансляторов (следствием чего стало упрощение перевода задания на машинный язык). Кроме того, появились новые коммуникативные средства связи (стекловолокно), и развилась спутниковая ретрансляция. Эти технологические инновации сделали возможным появление синтетических информационно-коммуникативных устройств. Распространение и развитие таких устройств, объединяющих компьютер, книгу, кабельную и спутниковую связь и различ. виды терминалов, получило название телематики или К. Компьютер из устройства, выполняющего одну функцию — вычисления или обработки данных (отсюда первоначальное тождество компьютера и калькулятора), превратился в уникальное полифункциональное средство общения. Первое направление интерпретации этих достижений научно-технического прогресса вполне соответствует духу техницизма: К., по мн. его представителей (Дж. Мартин, *Белл, Тоффлер,* С. Нора, Понятовский и мн. др.), затрагивает все области жизни индивида и об-ва в целом. Ее воздействие на об-во гораздо глубже, чем было в свое время воздействие электрификации и строительства железных дорог, к-рые сформировали ныне устаревшую эпоху индустриального об-ва. С их т. зр., К. создаст экологически чистое, гармоническое, гуманизированное об-во знания (*Постиндустриальное общество*), информационное, программированное и т. п. [1], не имеющее границ для развития культурной и интеллектуальной деятельности человека. Вместо ценностей производства-потребления техника нового поколения, или, по выражению Тоффлера, техника «третьей волны», выдвигает на первый план ценности человеческого самосовершенствования. Конкретные предвосхищения этого нового об-ва ученые видят в развитии безбумажных технологий (в сфере делопроизводства, банковских, почтовых услуг и проч.); в децентрализации производства; в К. быта, к-рая создает новые условия для интеллектуального труда, образования, досуга (доступ к информации национальных банков данных; компьютерное чтение лит-ры, редактирование и размножение рукописей; неограниченный выбор развлекательных программ, игр и др.); в новшествах обществ. здравоохранения (компьютерные диагностические центры и др.). В отличие от техницистских теорий развития (*Детерминизм технологический*), второе направление, компьютерная футурология, как правило, этизирует, очеловечивает новейшую информационную технику. Нек-рые исследователи (С. Нора, Г. Саймон, Дж. Сандерс и др.) отходят от постулата техницистско-технократической идеологии об «этической нейтральности» техники. Напротив, любая новая технология, по их мн., приносит с собой столько же нравственных и социальных проблем, сколько технических и производственных (*Неотехнократизм*). В связи с этим все большее признание получает концепция независимой оценки нововведений с т. зр. интересов личности, об-ва, сохранения природы и проч. Компьютерные системы рассматриваются как первейшее средство экспертизы, необходимой для управления тотальным технологическим риском (*Риск технологический*). Иными словами, совр. неотехницисты свои гуманистические расчеты ответственного выбора новых технологий опять-таки доверяют технике. Третье направление, к-рое по своему характеру можно назвать критико-аналитическим, в осмыслении социального содержания К. не разделяет оптимизма первых двух. Его представители утверждают, что эта сложнейшая технология сама явл. источником риска. Во-первых, с появлением крупных компьютерных систем (типа банковских или почтовых) в 70-е гг. появился новый тип преступности — компьютерный [2]: от озорства и мелкого хулиганства до хищений в особо крупных размерах (Дж. Ван-Дьюн, О. Биквей). Централизация информации, узость круга создателей (т. наз. архитекторов) компьютерных систем и управляющих последними порождает угрозу создания сверхбюрократизированных корпоративных групп, к-рые могут в борьбе за власть избрать путь тоталитаризма. К. полицейского ведомства влечет за собой уникальные возможности использования компьютеров в социально репрессивных целях, к-рые могут привести к полной потере гуманистического права личности на тайну частной жизни. Небезопасна К. и в отношении здоровья людей — рост вероятности профессиональных заболеваний у рабочих и обслуживающего персонала (химических отравлений, рака, аллергии); необычайное распространение психических заболеваний, основывающихся на компьютерной фобии (Дж. Саймонс [4]). Кроме того, компьютерные комплексы обладают значит. долей непредсказуемости: их создатели и пользователи в принципе не могут обладать всей информацией о работающей системе. Социальная мысль, подчеркивают приверженцы критически-аналитического науковедения, в очередной раз находится перед дилеммой, связанной с техническим прогрессом: что такое компьютер — «монстр или мессия»?

М. С. Ковалева

Лит.: 1) Новая технократическая волна на Западе. М., 1986. 2) *Батурин Ю. М.* Право и политика в компьютерном круге. Буржуазная демократия и «электронная диктатура». М., 1987. 3) *Nora S., Minc A.* The computerization of society. Camb. (Mass.); L., 1980. 4) *Simons G.* Silicon shock: The menace of computer invasion. Oxf.; N. Y., 1985. 5) *Van duyn J.* The human factor in computer crime. Princeton (New Jersey), 1985.

КОНВЕРГЕНЦИИ теория (от лат. convergo — сближаюсь, схожусь) — одна из осн. концепций совр. зап. социологии, политэкономии и политологии, усматривающая в обществ. развитии совр. эпохи преобладающую тенденцию к сближению двух социальных систем — капитализма и социализма с их последующим синтезом в «смешанном об-ве», сочетающем в себе положительные черты и свойства каждой из них. Термин «конвергенция» заимствован зап. идеологами из биологии, где обозначает приобретение относительно далекими по происхождению организмами сходных анатомических форм в процессе эволюции благодаря обитанию в одинаковой среде. К. т. разрабатывали *Сорокин, Гэлбрейт, Ростоу* (США), *Фурастье* и Ф. Перру (Франция), Я. Тинберген (Нидерланды), *Шельски,* О. Флехтгейм (ФРГ). Она получила распространение в зап. обществ. мысли в 50—60-е гг. К. т. включает широкий диапазон филос., социол., экономических и политических взглядов и футурологических прогнозов от бурж.-реформистских и социал-демократических стремлений совершенствования гос.-монополистического регулирования социально-экономических процессов до концепций «ассимиляции» двух систем посредством «либерализации», «плюрализма» и т. п. (З. Бжезинский, Р. Хантингтон, К. Менерт, Э. Гелнер и др.). Вместе с тем среди зап. интеллигенции получила распространение идея т. наз. негативной конвергенции (*Хейлбронер, Маркузе, Хабермас* и др.), согласно к-рой обе социальные системы усваивают друг у друга не столько положительные, сколько отрицательные элементы каждой, что ведет к «кризису совр. индустриальной цивилизации» в целом. Сторонники К. т., в том числе представители *Римского клуба,* обосновывают ее ссылками на объективную тенденцию к интернационализации экономической, политической и культурной деятельности в совр. эпоху, на всемирный характер НТР, на настоятельную необходимость в совместном решении общечеловеческих глобальных проблем и т. п.

Э. А. Араб-Оглы

КОНСЕНСУС (от лат. consensus — согласие, единодушие, соучастие, согласованность) — наличие между двумя или более индивидами единства взглядов и сходных ориентаций в к.-л. отношении. В социол. смысле К.— это согласие значимого большинства людей любого сообщества относительно наиболее важных аспектов его социального порядка, выраженное в действиях. Та или иная степень согласия в мнениях и согласованности в действиях необходима для любой формы социального общения, любой социальной организации. На связь между проблематикой коллективной жизни людей и К. указывал *Конт.* Так или иначе эту связь фиксировали, начиная с *Локка* [1], едва ли не все социальные мыслители, принимавшие идею обществ. договора. Однако вплоть до начала 19 в. социол. механизм К. не был предметом специального анализа, т. к. в поле зрения социальных мыслителей находились скорее когнитивные и психологические факторы образования К., резюмируемые в просветительском тезисе: «Мнения правят миром». Одной из первых попыток такого анализа оказалась гегелевская постановка вопроса о механизме обеспечения взаимного «признания» людьми друг друга, к-рый и явл. наиболее общим условием возможности существования об-ва. Этот подход, учитывающий вероятность принудительного К., решительно противостоял взглядам франц. просветителей, согласно к-рым К. представляет собой рационально осознанную солидарность, понимаемую как органическое свойство «нормальной» социальной жизни людей. Эти взгляды разделялись франц. социологами, в том числе *Дюркгеймом* и его последователями. М. *Вебер,* следуя гегелевской традиции, стремился понять К. не как атрибут «нормального» («идеального») состояния об-ва, но как его неотъемлемую характеристику, коль скоро оно существует и не распадается, а следовательно, обладает элементарным «порядком». Он решительно противопоставлял К. солидарности, поскольку поведение, основанное на К., не исключает борьбу интересов, конфликт разнонаправленных тенденций и т. д. В соответствии с этим Вебер стремился придать более четкий социол. смысл понятию «К.», отделяя его от соседствующих с ним понятий. По Веберу, К.— это объективно существующая вероятность того, что, несмотря на отсутствие предварительной договоренности, участники той или иной формы взаимодействия достигнут согласия. При таком понимании К. как поведение, основанное на «согласии», отличается от поведения, основанного на «договоре», ибо К., по Веберу, должен иметь место до «договора»: сначала К., а потом «договор», но не наоборот. Полемизируя со сторонниками психологического толкования К., Вебер утверждал, что «эмпирически значимый» К. может быть вызван самыми разнообразными мотивами, целями и внутр. состояниями участников взаимодействия, отмечая при этом, что особую значимость имеют не психические переживания индивидов, а их сознательная ориентация на К. и действие, основанное на нем. Эта т. зр. противостояла психологическому толкованию К. в духе *Тарда* и *Лебона.* В амер. социологии проблематика К. анализировалась *Кули* и *Мидом.* После второй мировой войны нек-рые амер. социологи, напр. Л. Вирт, рассматривали исследование К. как «главную задачу» социологии, одним из аспектов к-рой явл. изучение влияния групповой жизни на поведение людей. Такая оценка значимости К. стимулировала дальнейшие исследования в США, гл. обр. в обл. эмпирически ориентированной социальной психологии (Ф. Хайдер, Т. Ньюком и др.). В этот период понятие К. конкретизируется и детализируется, выделяются его новые аспекты. *Шилз* рассматривает проблематику К. в макросоциол. контексте взаимоотношения центра и периферии социальных систем [3], связывая ее с вопросом уважения к центру системы, включающей личность, роли, ин-ты, верования и нормы. Он считает, что К. как «состояние аффективной солидарности» по вопросам общего порядка (распределение авторитета, дохода, престижа) может быть достигнут и между «секторами социальной системы», находящимися в «диссенсусе» (отсутствии согласия) друг с другом по частным вопросам. При этом общий К., для к-рого согласие по всем, даже существенным, вопросам не явл. обязательным, будет сохраняться до тех пор, пока разногласия частного порядка не разрастутся до степени, разрушающей «аффективный элемент» солидарности. Отмечая значение К. как необходимого компонента «макросоциального порядка», способствующего установлению сотрудничества людей в решении общих задач системы, Шилз в то же время учитывает, что это не единственный фактор обеспечения «порядка» и его важность вовсе не предполагает «полного» К. Ассимиляции граждан в единый К., распространяющийся на все об-во, препятствуют внутренне «относительно солидарные» субсистемы классов, этнических групп, религ. общностей и т. д. Ее исключают противоречия, существующие между людьми, принадлежащими к центральной институциональной и культурной системе, и представителями «периферий» (согласно Шилзу, каждое об-во состоит из центра и периферии). «Полный» К. оказывается практически невозможным для всех «больших об-в» (включая массовое) в силу органической «недостаточности» коммуникативных процессов, связывающих центр и периферию. Тем не менее обычно все об-ва располагают «достаточным» К. в течение длительного периода, характеризующегося отсутствием гражданских войн и революций, к-рые свидетельствуют о радик. нарушении К. В периоды нормального развития об-ва на его макроуровне мн. процессы совершаются вне К., что не исключает его сохранение по отношению к явлениям, протекающим на микроуровне малых групп. В 60—70-е гг. проблематика К. разрабатывается, с одной стороны, в рамках неомарксистской социальной философии, занимая значит. место в теоретических построениях *Хабермаса*, а с др.— в русле феноменологически ориентированной социологии, отправляющейся от идей нем. социального философа *Шюца*, связавшего веберовскую концепцию К. с концепцией интерсубъективности нем. философа Э. Гуссерля.

Ю. Н. Давыдов

Лит.: 1) *Локк Д.* Избранные философские произведения: В 2-х т. М., 1980. Т. 2. 2) *Weber M.* Gesammelte Aufsätze zur Wissenschaftslehre. Tüb., 1951. 3) *Shils E. A.* Center and Periphery: Essays in Macrosociology. Chic., L. 1975.

КОНСЕНСУС ОМНИУМ — см. *Конт О.*; *Традиционализм*.

КОНСЕРВАТИЗМ (от лат. conservare — сохранять, охранять, заботиться о сохранении) — политическая идеология, ориентирующаяся на сохранение и поддержание исторически сформировавшихся форм гос. и обществ. жизни, в первую очередь морально-правовых ее оснований, воплощенных в нации, религии, браке, семье, собственности. Впервые термин «К.» употребил французский писатель Шатобриан для обозначения феод.-аристократической идеологии периода Великой французской революции. Важнейшими теоретиками К. конца 18 — начала 19 в. были А. Мюллер, А. Мозер, Ф. Новалис, Ф. Шталь в Германии, Бёрк, У. Вордсворт, С. Кольридж в Англии, де Местр, Ф. Ламенне, Бональд и др. во Франции, выступившие против рационалистических идей Просвещения, ставших знаменем революции и широко распространившихся по Европе. К. традиционно противостоит социализму и *либерализму*. Первому — по причине характерных для социализма революционных устремлений, второму — по причине свойственного либерализму рационалистического пафоса, естественно перерастающего в критику традиционных, объективно сложившихся порядков. В отличие от либерализма и социализма, К. не имеет устойчивого идейного ядра и принимает разные формы в разные исторические периоды. Консервативные установки, как правило, начинают кристаллизоваться в периоды исторических поворотов, резких социальных изменений, когда обществ. сознание, сосредоточиваясь на прошлом, начинает отличать его от настоящего. Политически осознающему себя, рационально обосновываемому К. предшествует, согласно т. зр. ряда авторов, «естественный К.» как общечеловеческая душевная склонность держаться за прошлое и опасаться нововведений. *Маннгейм* [3] именует такой естеств. К. традиционализмом. Политический К. следует отличать от реакции и стремления к реставрации. Реакционер борется с настоящим с целью возврата к предыдущему этапу, в то время как консерватор стремится сохранить status quo. По мере развития социальной ситуации консервативные установки могут преобразовываться в реакционные и обретать определенный преобразующий потенциал. Отсюда — парадоксальный лозунг «консервативной революции»: создать то, что достойно сохранения, т. е. свергнуть нынешнее, рационально измышленное и искусственно созданное, и очистить почву для того, что могло бы «расти» и формироваться «органически». Цель «консервативной революции» — в будущем восстановить прошлое. В наст. время консервативные настроения на Западе вылились в форму *неоконсерватизма*, явл. реакцией на либерально-реформистские тенденции предшествовавших десятилетий. Можно выделить структурный и ценностный типы К. Структурный К. делает упор на сохранение существующих политических и социальных структур, ценностный К., не отказываясь от структурных преобразований, желает в то же время сохранить господствующие социальные ценности. Относительно новым социальным явлением, характерным для периода бурного научно-технического развития, явл. т. наз. технократический К. Его сторонники принимают технические и социальные последствия НТП, но отказываются принимать его политические выводы. Упор делается на техническую рациональность, воплощенную в требованиях экспертов в противоположность потребностям демократизации политики. Гос-во при таком подходе отделяется от масс, и управление целиком отдается в руки профессионалов. В ряде случаев технократический К. соединяется с традиционными представлениями о желательности сохранения «органически» сложившихся социальных форм, что ведет к формированию т. наз. «консервативного синдрома».

Л. Г. Ионин

Лит.: 1) *Mohler A.* Die konservative revolution. Stuttg., 1968. 2) *O'Sullivan N.* Conservatism. L., 1975. 3) *Greifenhagen M.* Das Dilemma des Konservatismus in Deutschland. Münch., 1976.

КОНСТРУИРОВАННЫЙ ТИП — понятие, предназначенное для теоретического анализа и интерпретации социальных и культурных изменений. Введено в социологию *Беккером.* К. т.— это искусственно создаваемая исследователем абстракция, предполагающая целенаправленный отбор и комбинацию ряда критериев, имеющих эмпирические референты [1]. Связь К. т. с социальной реальностью явл. достаточно сложной. Будучи теоретической абстракцией, он не претендует на описание реальных явлений. Последние служат всего лишь отправной точкой для формирования теоретического понятия, к-рое абстрагируется от мн. деталей реальности и намеренно абсолютизирует, доводит до крайности ее отдельные признаки и черты. Примерами К. т. могут служить «народное и городское общество» *(Редфилд),* «священное и светское» *(Беккер),* «идейный, чувственный и идеалистический» типы культур *(Сорокин),* «типовые переменные действия» *(Парсонс)* и др. Сторонники конструктивной типологии (Редфилд, У. Гуд, Сорокин, Р. Роуз, П. Уинч, Парсонс, Дж. Маккини и др.), получившей распространение в 30—50-х гг., противопоставляли ее эмпирической, индуктивно-статистической типологии, пропагандируемой приверженцами неопозитивистской методологии и враждебно относящейся к любой форме теоретического знания. Методология К. т. рассматривалась ее защитниками как продолжение и дальнейшее развитие классической теоретической традиции, представители к-рой разрабатывали различ. приемы концептуальной деятельности (идеализация, абстракция, схематизация и др.) для более глубокого понимания социальной действительности. Таковы, напр., понятия «органической и механической солидарности» *(Дюркгейм)*, «общности и общества» *(Теннис)*, классификации социальных форм *(Зиммель)*. Ближайшим источником К. т. являлась концепция идеальных типов М. *Вебера*. Разработанная Беккером методология К. т. обладает рядом особенностей, отразивших новый этап развития зап. социологии. Во-первых, в ней предпринимается попытка уточнить связи между теоретической абстракцией, представленной К. т., и эмпирической реальностью. Беккер считал, что исходным пунктом для формирования К. т. должно служить изучение «отдельных случаев» (case study), тогда как Вебер, напротив, разрывал эту связь, называя идеальный тип «утопией». Во-вторых, чтобы усилить познавательные функции К. т., в частности способность предсказывать новые явления и открывать возможность их измерения, он предлагал рассматривать дихотомические К. т. в кач-ве крайних полюсов континуума соотв. шкалы. Шкалирование признаков К. т. в свою очередь требовало дальнейшего изучения явлений (здесь наряду с изучением исторических источников он подчеркивал важную роль полевых исследований), определения различных подтипов в исходной типологии. Сторонники конструктивной типологии абсолютизировали ее познавательные возможности: рассматривая К. т. как переходный мостик от эмпирии к построению систематической теории, они в ряде случаев склонны были отождествлять К. т. с теорией, приписывая ему несвойственные ему функции объяснения и предсказания. В 60-е и последующие годы интерес к К. т. заметно снижается, что объясняется, с одной стороны, ослаблением внимания к социол. изучению истории, где прежде этот метод был популярен, а с др.— распространением методологии конструирования теорий, происходившей под влиянием неопозитивистской философии науки. В наст. время методология К. т. продолжает в трансформированном виде существовать как один из приемов построения теоретической типологии, продолжающей играть заметную роль в традиционном социол. анализе.

М. С. Комаров

Лит.: 1) *Беккер Г., Босков А.* Современная социологическая теория. М., 1961. 2) *McKinney J.* Constructive typology. N. Y., 1965.

КОНТ (Comte) **Огюст** (19.01.1798, Монпелье — 05.09.1857, Париж) — франц. философ. социолог, методолог и популяризатор науки, основатель школы позитивизма и социальный реформатор, предложивший теократическую утопию на основе «позитивной религии человечества». К. ввел в употребление сам термин «социология», имея в виду научное изучение явлений обществ. жизни в диахроническом и синхроническом аспектах, в отличие от умозрительных конструкций традиционной философии истории, исторической фактографии и разрозненных эмпирических обобщений политико-юридической мысли. Идея «социальной физики» восходит к 17 в., а в первой четверти 19 в. ее особенно пропагандировал *Сен-Симон*, секретарем и соавтором к-рого нек-рое время был К. Но никто до К. не сумел развить эту идею с такой полнотой, систематичностью и обоснованностью. «Социальная физика», или социология, не предполагает, по К., сведения обществ. явлений к физическим; специфика социального учтена им в рамках «позитивного синтеза» — своеобразной энциклопедии научного знания, в основании к-рой лежит тщательно разработанная классификация наук, сохраняющая известное значение и до наст. времени. Система наук, по К., представляет собой иерархию, выражающую в логической форме исторический процесс развития знания от простого к сложному, от низшего к высшему, от общего к специфическому. Каждая последующая ступень в развитии знания — наука более высокого порядка — подразумевает предыдущую как свою необходимую предпосылку, к-рая, однако, недостаточна для объяснения специфического содержания науки более высокого ранга. «Иерархия основных наук» выглядит так: математика—астрономия — физика—химия—биология (тоже термин К.) — социология. Из общей схемы следует, что социология основывается на законах биологии и без них невозможна, но имеет «сверх того нечто своеобразное, видоизменяющее влияние этих законов и вытекающее из взаимодействия индивидов друг на друга. Это взаимодействие особенно осложняется в человеческом роде вследствие воздействия каждого поколения на последующее». Это положение взято из «Курса позитивной философии» К., первый том к-рого вышел в 1830 г. Такая постановка вопроса была новаторской, как и требование к социологии изучать законы наблюдаемых явлений, а не искать трансцендентных причин; основывать достоверность своих выводов на фактах в их связи, а не на филос. интерпретации смысла истории. Следовательно, специфика социол. подхода к обществ. жизни состоит в том, что он представляет собой теоретическое исследование законов социальных явлений с помощью общенаучного метода, а не филос. рефлексии. В своей совокупности обществ. явления, по К., образуют организм. Эта идея К. предвосхитила установки методологии структурно-функционального анализа. Решая проблему личности, К. подчеркивает существование у человека наряду с «эгоистически-личностным» также «социального» инстинкта и считает, что семья, а не индивидуум образует ту простейшую целостность, сумма к-рых образует об-во [2]. Социальная связь носит в известной степени внешний характер, потому что в ее возникновении главную роль играет материальная необходимость, воплощающаяся в таких ин-тах, как промышленность, торговля, армия и т. п. В различении семейной и социальной связи намечена позднейшая дихотомия «общины» и «об-ва (Теннис), «органической и механической солидарности» (Дюркгейм) и др. Природа социальной связи есть главный вопрос «социальной статики», к-рая имеет своим предметом взаимоотношение сохраняющихся при всех исторических условиях элементов социального организма. Здесь у К. на передний план выходит понятие «система», к-рое до сих пор остается одним из центральных в социологии. У К. оно органически связано с идеей эволюции. К. претендовал на то, что открыл «теоретический закон двойной эволюции», социальной и интеллектуальной одновременно. Речь идет о т. наз. «законе трех стадий» исторического развития, согласно к-рому «...все наши мысли необходимо проходят три сменяющих друг друга состояния: сначала теологическое состояние, где открыто господствуют спонтанно возникающие фикции, не имеющие доказательств; затем метафизическое состояние с привычным преобладанием абстракций или сущностей, принимаемых за реальность; и, наконец, позитивное состояние, неизменно основывающееся на точной оценке внешней реальности» [1]. Каждое из этих трех состояний образует основу всей социальной организации и пронизывает все стороны обществ. жизни. Так, теологическое состояние умов приводит к военно-авторитарному режиму, поскольку представление о богах ассоциируется с представлением о героях, от к-рых ведут родословную племенные вожди, а затем и аристократия возникающих гос-в. Своего завершения теологическая стадия достигает в «католическом и феодальном режиме». Считая биологию фундаментом социологии, К. объяснял механизм индивидуальной мотивации «инстинктивными импульсами», сочетания к-рых образуют «чувства». Помимо уже названных, К. упоминал еще инстинкты: «военный», «производительный», «изобретательский» и т. д. Столь разнообразный строй чувствований, часто противоречивых, нуждается в «гармонизации», чтобы социальная система не распалась. Эту функцию в истории об-ва и выполнял «теологический синтез», последней исторической формой к-рого был христианский монотеизм. Однако какова бы ни была прочность теологического порядка вещей, его неумолимо расшатывает социальный прогресс, в к-ром развитие человеческого интеллекта идет рука об руку с ростом технических усовершенствований ремесла, торговли и мореплавания. По мере развития интеллекта пробуждается критицизм, подрывающий религ. убеждения, образующие жизненный нерв всего социального порядка. Вместе с падением веры начинается распад социальных связей. Это разложение достигает апогея в период революционных кризисов, к-рые К. считает совершенно необходимыми для развития об-ва. Тогда и наступает «метафизическая эпоха», для к-рой характерно господство разрушительных воззрений, ибо абстракции метафизического разума противопоставляются исторически сложившейся реальности и приводят к возмущению существующим социальным порядком. Наследием революции явл. «анархия умов», с к-рой и призван покончить «позитивный синтез» научного знания. Средоточием этого синтеза явл. социология. Она теоретически обосновывает органическую связь «порядка» и «прогресса» и тем самым кладет конец бесплодным препирательствам «анархистов», не признающих порядка, и «ретроградов», отвергающих прогресс. В этом же направлении идет весь ход исторической эволюции с 13 в. (К. принимал во внимание лишь историю ведущих европ. народов, к-рые именовал «элитой человечества»). Направление этой эволюции определяется неуклонным нарастанием элементов нового «промышленного и мирного общества». Наиболее характерная черта совр. эпохи — преобладающее влияние промышленности на все обществ. процессы. Эти положения К. систематизировали и дополнили значит. фактическим материалом идеи *Тюрго*, Кондорсе, Сен-Симона. В середине 40-х гг. во взглядах К. происходит перелом. Он решает «расширить» социологию за счет «субъективного метода» и превратить ее в «практическую науку» преобразования об-ва на основе «социолатрии» — культа человечества как единого «Великого существа». К. утверждает, что взятый сам по себе человек — лишь «зоологический вид», его «истинная природа раскрывается только в Человечестве» как огромном организме, составленном из совокупности ушедших, ныне живущих и будущих поколений людей. Выход в свет «Системы позитивной политики, или Трактата о социологии, устанавливающего религию Человечества» шокировал многих и вызвал раскол среди последователей К. Попытка создать «позитивную религию» свидетельствует о крахе просветительских иллюзий К., искавшего и не нашедшего реальной силы для осуществления социального переустройства. По К., самое совершенное изложение «системы наук» не способно ничего изменить в реальной жизни, ибо народ не состоит из одних ученых, да и сами ученые не могут прийти к единству. Поэтому необходим «второй теологический синтез» как духовная опора нового об-ва. Дальнейшая эволюция социальной мысли показала, что богостроительство К. не было случайным эпизодом. Его «вторая социология» может служить прообразом т. наз. «гуманистической социологии» экзистенциально-феноменологического типа, ныне популярной на Западе.

М. А. Киссель

Соч.: 1) Système de politique positive. P., 1851. 2) Cours de philosophie positive. P., 1908.

КОНТРКУЛЬТУРА — (а) понятие, используемое в совр. социологии для обозначения социально-культурных установок, противостоящих фундаментальным принципам, господствующим в зап. культуре; (б) молодежная субкультура, в к-рой наиболее резко выражается неприятие молодым поколением совр. зап. культуры («культуры отцов»), освящаемого ею образа жизни и формируемого ею типа личности; ее элементами явл.: «наркотическая культура»; «восточная мистика» и оккультизм; сексуально-«революционная» «мистика тела». Термин «К.» принадлежит амер. социологу Т. Роззаку [2], к-рый подобно Ч. Рейчу [3], попытался представить в виде нек-рого мировоззренческого целого разнообразные идейные тенденции 60-х гг. («новая левая» социология Миллса и фрейдо-марксизм *Маркузе;* «гештальт-терапевтический анархизм» П. Гудмена и «апокалипсический мистицизм» Н. Брауна; «дзен-буддистская психотерапия» А. Уотса и «оккультный нарциссизм» Т. Лири), объединенные гипертрофированным неприятием зап. культуры. Истоки К. ее идеологи видят в мистических тенденциях Запада и Востока, оккультизме, романтической традиции в иск-ве, художественном авангарде и модернизме 20 в., психоанализе Фрейда, в романах Г. Гессе, Кафки и Беккета с их идеей «тотального разрушения» зап. рациональности [3]. В социокультурной области для сторонников К. характерно отрицание индивидуально-личностного принципа зап. культуры, имеющее своим следствием культивирование безличного, коллективно-анонимного начала, на основе к-рого осуществляется последовательная деиндивидуализация и обезличивание человека; неприятие принципа самотождественности человеческого «я»; отказ от традиционно-христианского ригоризма в области брачно-семейных отношений и интимизации эротической сферы; отрицание протестантской этики индивидуального труда и личной ответственности, возведение в культ бесцельного времяпрепровождения [1]. Оформившаяся на излете антикапиталистического движения 60-х гг. и впитавшая в себя все связанные с ним тенденции «метафизически-гедонистического» отрицания «капиталистической цивилизации» и «буржуазного разума», К. оказалась в конечном счете «моделью» идеологии и поведения тех социальных слоев, и прежде всего молодежи индустриально развитых стран, к-рые оказались отчужденными от об-ва *(Инфантилизм социальный).*

Ю. Н. Давыдов.

Лит.: 1) *Давыдов Ю. Н., Роднянская И. Б.* Социология контркультуры (Инфантилизм как тип миросозерцания и социальная болезнь). М., 1980. 2) *Roszak Th.* The making of counter-culture: Reflections on the technocratic society and its youthful opposition. N. Y., 1969. 3) *Reich Ch.* The greening of America. N. Y., 1970.

КОНТРОЛЬ СОЦИАЛЬНЫЙ — термин, введенный в научный оборот франц. социологом и криминологом *Тардом,* к-рый первоначально рассматривал его как средство возвращения преступника к обществ. деятельности. В дальнейшем, расширив объем понятия, Тард стал понимать К. с. как один из факторов «социализации» личности. Теорию К. с. разработали независимо друг от друга амер. социологи *Росс* и *Парк* (оба — под сильным влиянием Тарда). Согласно Россу, К. с.— целенаправленное влияние об-ва на поведение индивида в целях обеспечения «здорового» социального порядка. Последний зависит от того, какой тип индивидов наиболее распространен в данном об-ве (Росс выделяет зап.-европ., амер., славянский, индусский и т. п. типы), явл. продуктом длительного исторического развития и возможен лишь на основе частной собственности. Парк понимает К. с. как средство, обеспечивающее опред. соотношение между социальными силами и человеческой природой. Он выделяет три формы К. с.: 1) элементарные (в осн. принудительные) санкции, 2) обществ. мнение, 3) социальные ин-ты. Развернутую теорию К. с. создал Р. А. Лапьер, рассматривающий К. с. как средство, обеспечивающее процесс усвоения индивидом культуры и передачу ее от поколения к поколению. На индивидуальном уровне К. с. выполняет роль посредника между индивидом и конкретной ситуацией. Лапьер приходит к выводу, что существует три универсальных механизма К. с., действующих в различ. типах об-ва: 1) физические санкции (наказание индивида за нарушение групповых норм), 2) экономические санкции («провокация», «запугивание», «штраф»), 3) административные санкции. В совр. зап. социологии существует несколько классификаций форм, методов и целей К. с. по разным основаниям. Различают гибкий, жесткий, слабый К. с.; формальный и неформальный; групповой и универсальный и т. п. Общей чертой, присущей бурж. теориям К. с., явл. отрицание его классового характера.

В. В. Сапов

КОНФЕССИОНАЛЬНАЯ СОЦИОЛОГИЯ — направление религ. мысли, связанное с созданием теории об-ва на базе традиционных христианских представлений о человеке и его месте в мире, к-рые, как правило, дополняются принятием опред. положений ведущих бурж. социол. учений нашего столетия. К. с. оформляется в 20 в. в рамках различ. католических и протестантских филос. школ, отвечая общей для них потребности диалога с современностью путем осмысления сложных реалий обществ. жизни. Среди ее осн. теоретиков неотомисты А. Клозе, Ж. Ладрие, Ж. Маритен, И. Месснер, М. Мюллер, К. Ранер и др., а также сторонники различ. модернистских концепций. Популярны воззрения протестантских авторов: Г. Ваганяна, Д. Кобба, Х. Кокса, Ю. Мольтмана, В. Панненберга и др. Для К. с. на нынешнем этапе ее эволюции характерна апелляция к идеям *антропологического направления в социологии*, герменевтики, *неомарксизма*. Осн. черта их построений состоит в стремлении вывести необходимость становления об-ва из неизменных антропологических кач-в личности, находящейся в контакте с божественным абсолютом. К числу главных априорных констант человеческого бытия сторонники К. с. обычно относят: объективность, т. е. действие сообразно с логикой вещей, коммуникацию с себеподобными и с богом, постоянное самопревосхождение — трансцендирование, открытость по отношению к миру культуры и абсолюту. В конечном итоге становление социокультурной сферы представляется итогом взаимосвязи человека и творца мироздания. Созидая себя и социальную реальность, человек, согласно сторонникам К. с., творит и систему обществ. ин-тов. Неотомист М. Мюллер, напр., определяет ин-т как «наблюдаемый образ совместной жизни» [1]. Заимствуя понимание социального ин-та в антропологической социологии, он полагает, что этот «формообраз человечески свободной совместной жизни» нужен для покорения природного окружения и самосовершенствования человека. Им выделяются две группы ин-тов: функционально-инструментальные и репрезентативно-символические. Институализация, согласно К. с., задает специфическую надприродность социокультурного мира. Отличительной чертой К. с. явл. стремление ее представителей указать на извечный религиозно-нравственный фундамент обществ. жизни, наличие в ней нормативных моральных принципов, призванных регулировать совместную жизнедеятельность людей в экономической, социально-политической и духовной сферах. Этот момент в особенности очевиден в сочинениях неотомистов, разрабатывающих целую сеть принципов социально-этического плана, к-рым надлежит вести об-во по пути «общего блага» [2]. На совр. этапе эволюции К. с. в рядах ее представителей — как католиков, так и протестантов — возникает тенденция к созданию религ.-критической теории об-ва. Опираясь на взгляды теоретиков *франкфуртской школы*, они призывают к фундаментальной критике сложившихся в истории человечества обществ. структур. Точкой отсчета при этом служит обращение к «абсолютной надежде», питаемой христианским вероучением и демонстрирующей ограниченность всех мирских достижений человечества. Среди сторонников К. с., критикующих современность и «внутримирские утопии» будущего, имеются приверженцы консервативной, христианско-либеральной и леворадик. ориентации, объединенные верой в значимость религ.-нравственных ценностей для судеб совр. об-ва и культуры.

Б. Л. Губман

Лит.: 1) *Müller M*. Philosophische Anthropologie Freiburg; Münch., 1974. 2) *Klose A*. Die Katholische Soziallehre. Ihr Anspruch, ihre Aktualität. W.: Köln, 1979. 3) *Pannenberg W*. Anthropologie in theologischer Perspektive. Cött., 1983.

КОНФЛИКТА СОЦИАЛЬНОГО концепции

— концепции, признающие К. с. решающим или одним из важнейших факторов социального развития. *Спенсер*, рассматривая К. с. с позиций социал-дарвинизма, считал его неизбежным явлением в истории человеческого об-ва и стимулом социального развития. Примерно так же рассматривали К. с. М. *Вебер*, называвший его «борьбой», Ратценхофер, *Гумплович, Самнер, Тённис, Уорд, Веблен,* А. Р. Росс, *Смолл, Кули, Гиддингс, Боттомор, Левин,* У. Мур. *Зиммель,* называя К. с. «спором», считал его психологически обусловленным явлением и одной из форм социализации. *Визе,* отвергая дарвинистский подход к К. с. как проявлению естеств. отбора, выдвинул идею их регуляции через дружеское соглашение или с помощью социальных ин-тов. Один из основателей *чикагской школы* социальной экологии, *Парк,* включил К. с. в число четырех осн. видов социального взаимодействия наряду с соревнованием, приспособлением и ассимиляцией. С его т. зр., соревнование, являющееся социальной формой борьбы за существование, будучи осознанным, превращается в К. с., к-рый благодаря ассимиляции призван привести к прочным взаимным контактам и сотрудничеству и способствовать лучшему приспособлению. Т. обр., предпочтение во взаимоотношениях между людьми им отдается не К. с., а социальному спокойствию. Приблизительно такой же т. зр. придерживается *Берджесс* и др. сторонники школы социальной экологии. Собственно К. с. к. появились лишь в 50-е гг. Амер. социолог Козер определяет К с. как идеологическое явление, отражающее устремления и чувства социальных групп или индивидов в борьбе за объективные цели: власть, изменение статуса, перераспределение доходов, переоценку ценностей и т. п.,— считает, что каждое об-во содержит нек-рые элементы напряжения и потенциального К. с., и рассматривает его как важнейший элемент социального взаимодействия, к-рый способствует разрушению или укреплению социальных связей. Если в «ригидных» (закрытых) об-вах К. с. разделяют об-во на две враждебные группы, или два «враждебных класса», подрывают основы коллективного «согласия», грозят разрушением социальных связей и самой обществ. системы через революционное насилие, то в «открытых», «плюралистических» об-вах им дается выход, а социальные ин-ты оберегают обществ. согласие. Ценность конфликтов состоит в том, что они предотвращают окостенение социальной системы, открывают дорогу *инновациям* [1]. Дарендорф, называя свою общесоциол. концепцию «теорией конфликта», противопоставляет ее как марксистской теории классов, так и концепциям социального согласия. К. с. он считает результатом сопротивления существующим во всяком об-ве отношениям господства и подчинения. Подавление К. с., по Дарендорфу, ведет к его обострению, а «рациональная регуляция» — к «контролируемой эволюции». Хотя причины конфликтов неустранимы, «либеральное» об-во может улаживать их на уровне конкуренции между индивидами, группами и классами [2]. Обычно сторонники К. с. к. трактуют причины социальных конфликтов односторонне, не углубляясь в социально-экономический анализ обществ. системы. *Турен* объясняет К. с. психологическими причинами. По *Боулдингу,* Л. Крайсбергу, Крозье и др., К. с. заключаются в противоборстве групп, преследующих несовместимые цели. *Белл* считает, что классовая борьба, как наиболее острая форма К. с., ведется из-за перераспределения доходов. Несмотря на то что К. с. признается одним из главных двигателей социального прогресса, в паре с ним выступают «согласие», «стабильность», «порядок», «спокойствие» и т. п. При этом согласие считается нормальным состоянием об-ва, конфликт — временным. В целом для приверженцев К. с. к. характерно рассмотрение конфликтов как неантагонистических противоречий, убеждение в возможности их регуляции.

Н. Т. Кремлев

Лит.: 1) *Coser L. A.* The functions of social conflict. Glencoe (Illinoes), 1956. 2) *Dahrendorf R.* Socialen und Klassen-Konflikt in der industriellen Gesellschaft. Stuttg., 1957. 3) *George V., Wilding P.* Ideology and social welfare. L.; Boston, 1976. 4) *Strasser H.* The normative structure of sociology: Conservative and emancipatory themes in social thought. L., 1976.

КОНФОРМИЗМ СОЦИАЛЬНЫЙ (от лат. conformis — подобный, сходный, сообразный) — некритическое принятие и следование господствующим мнениям и стандартам, стереотипам массового сознания, традициям, авторитетам, принципам, установкам и пропагандистским клише. К. с. включает в себя такие черты, как отсутствие индивидуальности, стандартность, манипулируемость, консерватизм и т. п. В его формировании (в зависимости от обстоятельств) решающую роль могут играть страх, пропаганда, фанатичная вера в обладание высшей и единственной истиной, императивы внутригрупповой солидарности, бездумное следование общепринятым стандартам. Отчуждение, рабскую зависимость от властей или обществ. стереотипов и предрассудков конформист может воспринимать как вынужденное или как естеств., должное даже единственно возможное или «высшее» состояние. К. с.— фундаментальная социально-психологическая основа *авторитаризма* и *тоталитаризма*, к-рые стремятся создать «монолитное единство» граждан. Однако К. с. играет существенную роль и в социальных системах, основанных на плюралистических принципах *(Плюрализм)*. Тип обезличенного обывателя формируется здесь посредством обществ. и группового давления, подчинения стереотипам массового сознания. Проблема К. с. исследовалась различ. социол. школами, особенно психоаналитической и леворадик. *Фрейд* изучал такие механизмы формирования К. с., как насилие, устрашение, национальный и социальный нарциссизм, идентификация с вождем и правящими группами, сексуальное подавление и др. *Райх* видел причину универсального К. с. в консервативной структуре характеров, формируемой посредством сексуального подавления существующей формой семьи и через нее репрессивными социальными системами. Автоматический конформизм, согласно *Хорни* и *Фромму*,— одно из убежищ, куда человек бежит от одиночества, страха и свободы. Различ. формы К. с. воплощаются в *авторитарной личности* и *одномерном человеке* (Фромм, Хоркхаймер, Адорно, Маркузе и др.). Первый из этих типов трактовался как опора фашистских режимов; второй — как тип, характерный для совр. индустриальной, потребительской цивилизации. Еще один из конформистских типов, порождаемых этой цивилизацией,— «извне-ориентированная личность», исследовавшаяся *Рисменом*. В зап. социологии анализируются и др. подобные или близкие названным конформистские типы, напр. «массовый человек», «человек организации» и т. п. Особенно часто предметом изучения становятся такие проблемы, как влияние бюрократической организации, массового об-ва, авторитарных и тоталитарных режимов на формирование К. с. *(Аренд, Миллс, У. Уайт* и др.). Анализируются различия между двумя формами К. с.: «жесткой», распространяющейся на все стороны обществ. жизни, директивно насаждаемой, догматической тоталитарной формой, и «мягкой» — гораздо менее политизированной, «необязательной», но связанной с весьма мощными механизмами формирования конформности либеральной формой. Процессу формирования конформности в отношении групповых ценностей, норм, поведенческих стереотипов в процессе социализации индивида уделяется значит. внимание в *социальной психологии* и нек-рых социол. концепциях, напр. в структурном функционализме. Однако следует сказать, что, хотя понятия «конформность» и «К. с.» тесно связаны, они далеко не тождественны.

С. А. Эфиров

КРИЗИСНОЕ СОЗНАНИЕ — сознание, основывающееся на постулате о радик. несостоятельности зап. об-ва, зап. культуры и цивилизации вообще. У истоков К. с. стояли композитор и мыслитель Р. Вагнер с идеей «гибели богов» индивидуалистической зап. культуры и Ницше с идеей «декаданса» зап. культуры, выразившегося в ее «рационализации». Свое развитие и популяризацию эти идеи получили в концепциях *Шпенглера* («закат Европы»), *Хайдеггера* («забвение бытия»), Г. Марселя с его пессимистическим представлением о «конце человека». В *неомарксизме*, пытавшемся соединить ницшеански-вагнеровский, а отчасти и экзистенциалистский комплекс идей с выводами «классического марксизма» об исторической исчерпанности капиталистической формации, К. с. нашло свое выражение в тезисе о «поражении» зап. культуры и «неудаче» зап. цивилизации (*Хоркхаймер, Адорно*). Эта тенденция преобладала в 10—20-х гг. (гл. обр. в Европе) и 60-х — первой половине 70-х гг. 20 в. (как в Зап. Европе, так и в США), оттеснив на «периферию» обществ. сознания противостоящую ей *стабилизационную тенденцию*, к-рая доминировала в обществ. сознании Запада в 30—40-е гг., и с конца 70-х гг. вновь выступила на передний план. В теоретической социологии К. с., рождающееся из концепции глобального кризиса об-ва и его культуры, с неизбежностью приходит к той или иной версии «кризиса» социологии, предполагающего необходимость радикального пересмотра ее оснований. Причем эта идея, выдвигаемая, как правило, представителями «оппозиционных» направлений (напр., неомарксизма, *феноменологической социологии*, экзистенциальной социологии и т. п.), в конце концов ассимилируется и теоретиками «традиционных» социол. ориентаций. В связи с этим в теоретической социологии происходит общее смещение акцентов: от «деидеологизации» социологии к «гипердеидеологизму»; от озабоченности проблемами методики и техники к социально-филос. проблемам, к вопросу о «вненаучных предпосылках социологии» и ее «онтологических допущениях».

Ю. Н. Давыдов

Лит.: 1) Буржуазная социология на исходе XX века (критика новейших тенденций). М., 1986. 2) Неомарксизм и проблемы социологии культуры. М., 1980. 3) *Давыдов Ю. Н.* Критика социально-философских воззрений Франкфуртской школы. М., 1977. 4) *Gouldner A.* The comming crisis of vestern sociology. N. Y.— L., 1970.

КРИТИЧЕСКАЯ СОЦИОЛОГИЯ — см. *«Критическая теория»*.

«КРИТИЧЕСКАЯ ТЕОРИЯ» («критическая теория общества») — название, данное идеологами франкфуртской школы своей версии неомарксизма; используется для характеристики неомарксистской социальной философии и социологии вообще. Название «К. т. о.» предложено *Маркузе*, а термин «К. т.» введен Хоркхаймером, к-рый в статье «Традиционная и критическая теория» [2] охарактеризовал осн. ее черты, противопоставив «К. т.» всей предшествующей науке. В кач-ве представителей критикуемой Хоркхаймером «традиционной теории» фигурирует *М. Вебер* и *Маннгейм*. Осн. упрек со стороны «К. т.» в адрес «традиционной теории», выдвигаемый неомарксистами, заключается в том, что, по их мн., социология ошибочно предполагает существование познавательной ситуации, когда могут противопоставляться «мысленно сформулированное значение» и исследуемые «обстоятельства дела»; теоретические представления и «чистое» восприятие обстоятельств. Эта т. зр., базирующаяся на противопоставлении субъекта и объекта в процессе социального познания, квалифицируется Хоркхаймером как совершенно «некритическая», поскольку она не учитывает того, что об-во представляет собой тождество субъекта и объекта, а их разрыв — это исторически условное и преходящее выражение «капиталистического отчуждения», к-рое «идеологизируется» в «традиционной теории» и «буржуазном» принципе научности. Требования К. т., сформулированные Хоркхаймером в противоположность «традиционной теории», сводятся к следующему: а) осознание ограниченности любой специализированной деятельности, в т. ч. познавательной, учитывая, что любая деятельность лишь часть целостного исторического «праксиса», внутри к-рого она возникает и в нем «снимается»; б) исследование в кач-ве предмета социальных наук всей системы взаимоотношений об-ва и природы, входящей в понятие «праксис»; в) рассмотрение в кач-ве познающего субъекта не обособленного индивида, а «обществ. человека»; признание того, что для «обществ. субъекта» познаваемый предмет уже не представляет собой нечто «внешнее», «объективное», а явл. продуктом его деятельности. Согласно Хоркхаймеру, предмет может представать как нечто «объективное» лишь в рамках бурж. формы сознания, раздваивающей «тотальность праксиса» на обособленные друг от друга «субъект» и «объект». Независимо от того, к какому варианту «снятия» противоположности субъекта и объекта — «фрейдо-марксистскому» (Фромм) или «хайдеггер-марксистскому» (Маркузе) и т. д. — тяготеет тот или иной теоретик франкфуртской школы, этот комплекс исходных «лево»-неогегельянских представлений сохраняется. Первоначально представители «К. т.» решительно противополагали ее как философии истории, так и социологии, однако позже предприняли ряд шагов, способствовавших превращению «К. т.» в своеобразную философию истории [3, 5], стали более активно обращаться к данным конкретных социол. исследований [1]. Эта тенденция облегчила сближение «К. т.» с «традиционной» социологией, установление компромисса между ними, следствием чего и было возникновение *критической социологии*. По мере того как критическая социология вбирала в себя постулаты «К. т.», стремясь сохранить при этом статус социол. науки, необходимость обособленного существования «К. т.» постепенно отпадала. Нек-рые аргументы «К. т.», направленные против «овеществляющего объективизма» традиционных социол. методов познания, в защиту тезиса о необходимости «преодоления отчуждения» субъекта социол. познания от его объекта, воспроизводятся в феноменологической и экзистенциалистской социологии, что дает основание для объединения их вместе с «К. т.» в рамках одной и той же «гуманизирующей» социол. ориентации. Поскольку «К. т.» оказалась связанной с судьбой критической леворадик. социологии, она начала утрачивать свое влияние во второй половине 70-х гг. (в первую очередь в США) по мере общего спада леворадик. тенденций в зап. социологии.

Ю. Н. Давыдов.

Лит.: 1) *Luckács G.* Geschichte und Klassenbewusstsein. B., 1923. 2) *Horkheimer M.* Traditionelle und Kritische Theorie//Zeitschrift für Sozialforschung. 1937. Jg. VI N 1. 3) *Marcuse G.* Philosophie und kritische Theorie//Zeitschrift für Sozialforschung. 1937. Jg. VI. N 2. 4) *Horkheimer M., Adorno Th. W.* Dialektik der Aufklärung. Philosophische Fragmente. Amsterdam, 1947. 5) *Marcuse H.* Eros and civilisation. Boston, 1955.

КРУГОВОРОТА ИСТОРИЧЕСКОГО теории — собирательное обозначение для распространенных в истории обществ. мысли представлений и концепций, согласно к-рым об-во в целом либо его отдельные сферы (политическая жизнь, культура и др.) движутся в своем развитии по замкнутому кругу с постоянным возвращением к исходному состоянию и последующими новыми циклами возрождения и упадка. Такого рода взгляды сложились еще в древнем мире у мн. философов и историков, напр. у Аристотеля, Полибия, Сыма Цяня, стремившихся усмотреть опред. порядок, естеств. ритм, закономерность, смысл в хаосе исторических событий по аналогии с круговоротом веществ в природе, сменой времен года, биологическими циклами и т. п. К. и. т. были направлены против примитивных линейных интерпретаций истории, изображавших ее как постепенное удаление человечества от мифического «золотого века», либо как его провиденциальное движение к грядущему искуплению. До возникновения теории обществ. прогресса в 18 в. К. и. т. преобладали в светской интерпретации истории и пытались выявить некоторую «естественную» повторяемость в смене династий и форм гос. правления, в расцвете и упадке материальной и духовной культуры, в изменении исторической роли отдельных народов и т. п. В зависимости от того, рассматривалось ли данное состояние об-ва как преддверие его очередного возрождения или неминуемого упадка, они носили либо оптимистический, либо пессимистический характер. Взгляды мн. представителей К. и. т. (Ибн Хальдуна, *Макиавелли, Вико,* Ш. Фурье и др.) были относительно прогрессивными для своего времени. В конце 19 и особенно в 20 в. К. и. т. приобрели реакционный характер, направленный против идеи социального прогресса. Членение мировой истории во временно́м аспекте на повторяющиеся циклы от варварства (феодализма) к цивилизации (античности и капитализму) и к новому варварству, якобы ожидающему человечество в обозримом будущем, как правило, сочеталось с членением ее в пространственном аспекте на замкнутые, независимые друг от друга и взаимно враждебные культурно-исторические типы, на локальные культуры (*Шпенглер*), региональные несовместимые друг с другом цивилизации (*Тойнби*), суперсистемы (*Сорокин*) и т. п.

Э. А. Араб-Оглы

КУЛИ (Cooley) **Чарльз Хортон** (17.08.1864, Энн Эрбор, Мичиган,— 08.05.1929, там же) — амер. социолог, социальный психолог, автор *«зеркального Я» теории,* один из основоположников теории *малых групп.* Получил образование и преподавал в Мичиганском ун-те. Общетеоретическими источниками социол. концепции К. послужили: философия Гёте, Эмерсона; функциональная психология У. Джемса; социология *Конта, Спенсера, Шеффле, Гумпловича, Тарда, Уорда, Гидингса.* Основы социол. теории К. изложены в трилогии «Человеческая природа и социальный порядок» (1902), «Социальная организация» (1909), «Социальный процесс» (1918), а также в работе «Социологическая теория и социальное исследование» (1930). В основе социол. теории К. лежат социальный органицизм и признание основополагающей роли сознания в формировании социальных процессов. Называя себя монистом, К. рассматривал об-во, социальные группы и индивида как единый живой организм. Но органицизм К. далек от биологических аналогий; его холизм основан на ментальной природе социального организма — «сверх-Я», «большом сознании». «Социальное» и «индивидуальное» — две стороны ментальной целостности, личность и об-во едины как части общего целого. В этом единстве «социальное» лишь кумулятивный аспект целостности, а «индивидуальное» — ее дискретный аспект. К. не дает однозначного определения этой целостности, обозначая ее метафизической категорией «человеческая жизнь». Приобщение индивидуальных ментальных процессов к «большому сознанию» — это и есть социальный процесс, к-рый К. понимает как социализацию индивидуального сознания, основываясь на социальной психологии У. Джемса. Социализация индивидуального сознания начинается в первичной группе (семья, соседская община), где есть непосредственный психологический контакт. Оно развивается от инстинктивного «самоощущения» («selffeeling»), в к-ром «Я» — это «эмоции», «возбуждения», до социальных чувств (любви, уважения, сочувствия и др.). При этом К. не различает строго чувства и рассудок. Сознание сводится здесь к различным «умонастроениям» («feeling states»), взаимосвязь к-рых осуществляется разумным началом — движущей силой социальных процессов. Рез-том социализации явл. «образы», или «представления» («imaginations»). В «представлениях» «самоощущения» индивида ассоциируются с общепринятыми символами и становятся в рез-те «социальными чувствами». «Социальные чувства», по К.,— это основа социальной организации и социального контроля. Потенциальная разумная природа индивидуального «Я» приобретает социальное кач-во лишь в коммуникации, межличностном общении внутри первичной группы. Усваиваемые индивидом представления о своем «Я», к-рые возникают в сознании «других», К. называет «представлениями представлений» («imaginations of imaginations»). Они признаются в кач-ве социального факта и явл. осн. предметом социологии К. «Социальное» на микроуровне сводится к индивидуальному психологическому опыту, а на макроуровне выступает как посредник, координирующий функционирование частей целостного разумного организма — «человеческой жизни». Ее функционирование в коммуникации подчеркивает ее социальный характер; содержанием ее явл. сумма индивидуального опыта и опыта первичных групп. «Человеческая жизнь» постоянно изменяется, эволюционирует, и представить ее можно, лишь описывая отдельные социальные факты. Объект социол. анализа, устанавливающего социальные факты, — опыт первичной группы, синтезирующий в себе индивидуальное и общее сознание. Первичную группу и об-во связывает идеал «морального сообщества» — доминирующего социального представления относительно самых общих вопросов изменения и развития. Этот идеал требует расширения демократии, коммуникации, гуманизации и социальных реформ эволюционного характера. В методологии социального исследования К. отдает предпочтение интроспективным методам, признавая за точными, метрическими процедурами лишь вспомогательную роль. Социология К. повлияла на развитие интеракционистских концепций, на развитие социально-психологических теорий, а также на теории, соединяющие элементы органицизма и интеракционизма (*Чикагская школа социальной экологии*). Идея К. о «представлениях представления» способствовала формированию понятия «определение ситуации» у *Томаса*; к представлениям К. о роли сознания в обществ. жизни часто обращался Дж. Г. *Мид*.

С. П. Баньковская

Соч.: 1) Human nature and social order. N. Y., 1962.

КУЛЬТУРА (от лат. cultura — возделывание, воспитание, образование) — совокупность способов и приемов человеческой деятельности (как материальной, так и духовной), объективированных в предметных, материальных носителях (средствах труда, знаках) и передаваемых последующим поколениям. Термин «К.» в его совр. значении возник сравнительно недавно. Первоначально этим словом обозначали способы обработки земли. Мыслители 18 в., отождествляя К. с формами духовного и политического саморазвития об-ва и человека, приступили к разработке своеобразной теории К. Что такое К.? Как она возникла? В чем ее связь с историей? Эти вопросы получили различную аранжировку в натуралистической и идеалистической трактовках К. Натуралисты усматривали истоки данного феномена в «естеств.» природе человека. Идеалисты видели назначение К. в нравственном развитии человека, в достижении им морального состояния. В Германии 18 в. К. как средоточию духовных, моральных и эстетических ценностей противопоставляется «цивилизация» как нечто утилитарно-внешнее, вторичное для человека. Понятие «цивилизация», введенное энциклопедистами, ассоциируется с концепцией прогресса, эволюционным развитием народов на началах «разума», с торжеством «универсализма». Формирование антитезы «цивилизация — К.» происходило параллельно переходу нем. Просвещения в романтизм. Во второй половине 19 в. в нем. обществ.-филос. мысли под цивилизацией стали понимать деятельность, направленную на улучшение социального устройства, а под К.— усилия, сопряженные с внутр. усовершенствованием человеческой личности. В контексте социол. изучения К. в 18—19 вв. возникают новые вопросы. Каковы закономерности развития К.? Чем объяснить разрывы в поступательном движении исторических эпох? Отчего угасают и почему возрождаются отдельные духовные компоненты, сущностные характеристики К.? Европ. обществ. мысль обнаружила широкий спектр подходов к историко-культурной динамике. Но при всем богатстве своих оттенков преимущественное внимание она уделяла идее продленности, континуальности самого процесса. Так, философия истории Гердера пыталась вобрать в себя всю органику мира. Развитие К. в монументальной системе Гердера мыслилось как грандиозное развертывание общей системы, в к-рой не исчезают никакие духовные накопления. Гердеровский принцип органически-циклического развития был не единственным воплощением идеи плавной эволюции культурного процесса. Др. пример такой установки — кантовско-фихтевский принцип бесконечного поступательного движения, где сущность новой К. постигается как идеал, как завершение предшествующих духовных приобретений. Даже романтики, остро переживавшие уникальность творящейся действительности, исходили из обобщенного образа истории, из громадной традиции культурной истории, из идей циклического бытия. Ф. Шлегель, напр., полагает, что главное в К.— это процесс восхождения, схождения в единый центр различ. тенденций. 20 в. внес в осмысление культурного процесса ноты напряженного драматизма, трагического ощущения невосполнимых утрат. Наиболее последовательно идея прерывности К. воплощена в концепции *Шпенглера*. Социологи стали рассматривать исторические эпохи как существующие параллельно, К. воспринимались как загерметизированные организмы. Одновременно изучение К. развивалось в рамках антропологии и этнографии. Огромный историко-культурный материал использовал в своих работах К. Ясперс, к-рый констатировал наличие различ., принципиально несоизмеримых культур. В наши дни традиционные для социологии проблемы — сущность К., связь К. и цивилизации, соотношение природы и К.— дополняются новыми. Обсуждаются такие вопросы, как роль традиции в передаче совокупного духовного опыта, диалог и конфликт К., воздействие К. на социально-исторический процесс, пути совр. глобализации К. Определяя понятие «К.», совр. исследователи, как правило, отождествляют ее с совокупностью норм, ценностей и идеалов, выполняющих функцию социальной ориентации в конкретном об-ве. Такой подход позволяет выявить происхождение норм и духовных стандартов, конституирующих К. Традиционная бурж. социология постулировала, что К. надстраивается над естеств.-природным началом и в этом кач-ве противостоит ему. К., стало быть, сковывает природные потенции человека. В совр. зап. социологии связи между антропологическим и собственно культурным рассматриваются как живые, многомерные и взаимозависимые (*Культуры социология*).

П. С. Гуревич

Лит.: 1) Проблемы философии культуры. Опыт историко-материалистического анализа. М., 1984. 2) Философия и культура. XVII Всемирный конгресс: проблемы, дискуссии, суждения. М., 1987. 3) *White L. A.* The science of culture. N. Y., 1949.

КУЛЬТУРНАЯ АНТРОПОЛОГИЯ — см. *Антропология культурная*.

КУЛЬТУРНОЕ ОТСТАВАНИЕ — интервал между временными точками развития различ. сфер или элементов культуры в тот или иной период. Одним из вариантов идеи К. о. явл. концепция *Огборна*, к-рый считает, что «различные части современной культуры изменяются не с одинаковой скоростью; одни части изменяются значительно быстрее других, а поскольку существует корреляция и взаимозависимость частей, быстрые изменения в одной части нашей культуры требуют приспособления через изменения различных коррелированных частей культуры» [1, 200—201]. Огборн проводит мысль о том, что материальная культура развивается относительно быстрее, чем нематериальная («адаптивная»). Он видит осн. причины К. о. в: 1) малом количестве изобретений в адаптивной культуре; 2) препятствиях адаптивным изменениям; 3) опосредованности контакта между адаптивной и материальной культурами; 4) связи адаптивной культуры с др. элементами культуры; 5) сопротивлении адаптации, вызываемом оценками группы, ее ориентациями и проч. Теория К. о., развитая Огборном, встретила критику со стороны мн. амер. социологов, к-рые показали неправомерность противопоставления материальной и нематериальной культуры, раскрыли присущий этой теории *технологический детерминизм*. Концепция К. о. явл. одним из аспектов сложной проблемы социальной дезорганизации и социального изменения.

А. П. Огурцов

Лит.: 1) Ogburn W. T. Social change. N. Y., 1950.

КУЛЬТУРНО - ИСТОРИЧЕСКАЯ ШКОЛА — группа теорий в зап. культурологии, этнографии и археологии, для к-рой характерно рассмотрение исторического развития культуры как пространственного перемещения отдельных ее элементов из нескольких центров — «культурных кругов». К.-и. ш. возникла как альтернатива *эволюционизму*. Подобно фрейбургской (баденской) школе *неокантианства*, рассматривавшей явления культуры как единичные и неповторимые, К.-и. ш. считает, что каждый элемент культуры возникает однажды, в одном месте, независимо от воли человека. В вопросе о возможности изменений в культуре сторонники К.-и. ш. стоят на позициях *диффузионизма*. Методологические принципы К.-и. ш. впервые были изложены нем. этнографом Ф. Гребнером [2], к-рый, называя свой метод «историческим», считал, что каждое явление культуры уникально, может возникнуть только в одном центре и распространяется диффузным путем в др. регионы. Гребнер не искал ответа на вопрос о происхождении культур, рассматривая их как извечные и неизменные. Группируя элементы культуры по их сходству и территориальному распространению, он вычленял культурные круги безотносительно к конкретным народам, отрывая культуру от ее создателей и носителей. Гребнер полагал, что развитие можно свести к распространению отдельных элементов из одного культурного круга в др. путем заимствования, к перемещению самого круга благодаря миграции или к наложению культурных кругов, вызывающих взаимовлияния двух культур и иногда возникновение третьей. Устанавливая иерархию кругов и их родство по сходству отдельных элементов и используя картографический метод, но не углубляясь в историю, Гребнер выделил во всем мире чуть больше десятка культурных кругов [3], сосредоточив их в одной области земного шара, но ни один из них не отражал реального расположения культур. Австр. лингвист и этнограф В. Шмидт, вычленяя культурные круги, перестал опираться на территориальный принцип. В отличие от Гребнера, он выдвигал на первое место при их конструировании духовную культуру и строил свою универсальную схему развития культур по эволюционному принципу. Шмидт сделал главной целью своих исследований доказательство теории прамонотеизма, т. е. извечности единобожия. Этой цели он посвятил 12-томное сочинение [4], где, стремясь отыскать идею бога-творца у народов с первобытными религ. представлениями и объясняя различ. формы религии у разных народов влиянием др. культур и предпочтением тех или иных вариантов веры в единого бога. Последователи Шмидта, группировавшиеся вокруг издававшегося им с 1906 г. журнала «Антропос»,— В. Копперс, значительно отходивший от теории культурных кругов и уделявший большое место изучению хоз-ва при исследовании первобытного об-ва, П. Шебеста, М. Гузинде, Л. Голомб, ставший после смерти Шмидта во главе венской школы Й. Генкель и др.— пытались подтвердить идеи изначальности и всеобщности монотеизма, но безуспешно. Элементы культурно-исторической теории, в т. ч. и понятие «культурный круг», встречаются в нем. *исторической социологии*, напр. в социологии истории и культуры А. *Вебера*. В модифицированном виде теория культурных кругов перекочевала в археологию германоязычных стран. Ею широко пользовались австр. археологи О. Менгин, Х. Юнкер, М. Битака [5], зап.-германский археолог И. Хофманн, называющая культурный круг «культурной областью» [6]. Отвергая диалектику внутр. развития культуры, они рассматривают каждый этапно новый элемент культуры как привнесенный из др. культурного круга путем проникновения носителей культуры этого др. круга, а значит. изменения в культуре рассматривают как свидетельство смены этноса (хотя совпадение культуры и этноса — крайне редкий случай).

Н. Т. Кремлев

Лит.: 1) *Левин М. Г., Токарев С. А.* «Культурно-историческая школа» на новом этапе//Советская этнография. Т. 4. М.— Л., 1953. 2) *Graebner F.* Meihode der Ethnologie. Hidb., 1911. 3) *Graebner F.* Das Welibild der Primitiven. Bd. 1. Münch., 1924. 4) *Schmidt W.* Der Ursprung der Gottesidee. Bd. 1—12. Freiburg, Aschendorf. 1912—1955. 5) *Bietak M.* Ausgrabungen in Sayala-Nubien... 1961—1965: Denkmäaler der C-Gruppe und der pan-graber-Kultur. W., 1966. 6) *Hofmann I.* Die Kulturen des Niltals von Aswan bis Sennar. Hamb., 1967.

КУЛЬТУРЫ СОЦИОЛОГИЯ — течение «понимающей», или «интерпретативной», социологии, возникшее гл. обр. в Зап. Германии и во Франции в 70-е гг. (Ф.-Х. Тенбрук, В. Липп, А, Хаан. *Турн, Ю. Штагль, М. Р. Лепсиус, Й. Вайс, Бурдье* и др.) как реакция на теоретико-методологическую ограниченность позитивистской социологии (прежде всего структурного функционализма и *символического интеракционизма*) с ее неспособностью к анализу сложных форм социальной жизни — процессов, идущих в сфере интеллектуальной и духовной жизни, иск-ве, религии, наднауке и проч. Для исследователей, принадлежащих к этому направлению, характерно (в отличие от этнографической описательности культурантропологов, структуралистских или функционалистских методов) внимание к традициям и опыту «наук о духе», филос. антропологии, опора на методологические принципы М. *Вебера* (на его идею «социологии как эмпирической науки о культуре») и *Зиммеля* (на учение о динамике культурных объективаций), а также активное обращение к работам *Маннгейма* и Н. Элиаса. «Задача социологии культуры заключается в том, чтобы соизмерять коллективные уровни смысловых конструкций, значимых в отношении систем действия, с определенными общественными условиями, раскрывать их собственную динамику, а также указывать, что они сами по себе суть «социальные факты»... Социология культуры обращает внимание прежде всего на аспекты, конституирующие каждый феномен социального, а именно: смысловые комплексы, на которые ориентируется любое социальное действие. Ее функция — устанавливать и систематически истолковывать эти взаимосвязи» [3]. Используя методологию и методику *знания социологии,* социологии идеологии, этнометодологии, К. с. стремится к социол. интерпретации историко-культурного материала, накопленного смежными дисциплинами, с целью изучить воздействие идей на группообразование, социальную стратификацию (*Стратификации социальной концепции*), процессы институционализации и социальные движения, характер и скорость социокультурной дифференциации, а также особенности протекания крупномасштабных социальных процессов — секуляризацию и рационализацию, формирование специфического этоса автономного и самоответственного индивида и проч. Осн. трудности связаны с методологическими проблемами типологического анализа культурного материала — с отсутствием последовательных разработок таксономических единиц исследования культуры, к-рые были бы гарантированы от опасности редукционизма и монофакторного детерминизма. В отличие от сравнительно простых способов описательной работы этнологов или исследователей модернизации, задающих аналитическую «целостность» изучаемым «культурам» и «цивилизациям», а затем определяющих функции в ней тех или иных установлений, *ритуалов социальных,* мифов, К. с. ориентирована на выявление генезиса и исторических трансформаций различ. культурных форм. Стремясь при этом удержать социол. специфику «культуры» (в сопоставлении с «природой» и «повседневностью»), идеально-ценностные, «культивирующие» компоненты, создающие напряжение в системах мотивации, нормативной регуляции, социологи культуры раскрывают различ. антропологические конструкции, лежащие в основе функционирования социальных ин-тов и образований. Однако эти разработки пока еще не вышли из стадии первоначальной постановки вопроса и отдельных эмпирических иллюстративных изысканий. Систематическое решение этих исследовательских проектов видится представителям К. с. в переходе на иной уровень теоретико-методологического анализа и создании типологии сложных форм действия — замкнутых, игровых, самодостаточных или рефлексивных структур, не могущих быть разложенными на простые поведенческие элементы или акты, с к-рыми социология привыкла иметь дело (*Целерациональное действие, Ценностно-рациональное действие, Традиционное действие, Аффективное действие*). Будучи развернутыми, эти новые теоретические единицы дали бы возможность корректного аналитического соединения разнородных смысловых и социальных структур, что позволило бы прослеживать воздействие изменений или инноваций в системах культуры на разнородные социальные системы.

Л. Д. Гудков

Лит.: 1) Schwerpunkt: Kultursoziologie//Kölner Zeitschrift für Soziologie und Sozialpsychologie. 1979. 31. Jg. H. 3. 2) Aspekte der Kultursoziologie. Aufsätze zur Soziologie, Philosophie, Antropologie und Geschichte der Kultur//J. Stagl (Hrsg.). B., 1982. 3) Kultur und Gesellschaft//Kölner Zeitschrift für Soziologie und Sozialpsychologie. SH. 27. Opladen, 1986.

КУЛЬТУРНЫХ КРУГОВ ТЕОРИЯ — см. *Диффузионизм; Культурно-историческая школа.*

КУН (Kuhn) **Томас** (р. 1922, США) — историк и теоретик науки, своими работами стимулировавший процесс превращения совр. зап. философии науки в историческую социологию науки. Учился на физическом факультете в Гарварде, с 1958 г.— проф. истории науки; в наст. время — проф. отделения философии и лингвистики Массачусетского технологического ин-та. Один из редакторов «Международного словаря научных биографий». Наибольшую известность приобрела его книга «Структура научных революций» [1], в к-рой выражены осн. моменты его филос.-социол. концепции развития науки. Своей популярностью эта книга обязана прежде всего понятию «научная революция», созвучному настроениям зап. интеллигенции в 60-е гг., т. к. в нем явно просматривается модель политической революции, инкорпорированная в теоретический анализ развития науки и способствовавшая превращению его в социол. анализ. Это понятие с самого начала задавалось не столько как логико-теоретическое, сколько как социально-психологическое или социол. понятие, что предусматривало «отказ научного сообщества от той или иной освященной веками научной теории в пользу другой теории, несовместимой с прежней» [1, 22]. Акцент делался на поведении опред. социокультурной группы — «научного сообщества» — в ситуации логической несовместимости двух теорий («старой» и «новой»), предполагающей, следовательно, не последовательное логическое рассуждение, а психо-«логический» или социо-«логический» выбор. Научные революции оказывались тем самым выражением разрыва логической последовательности развития «нормальной науки» и последующего «скачка», потребовавшего нелогичного (оппоненты К. называют его «иррациональным») способа поведения «научного сообщества», напоминающего обращение в новую веру [2, 21, 93]. Т. обр., была радикально поставлена под вопрос концепция «логической реконструкции» истории развития науки, господствовавшая в неопозитивистской философии науки. Благодаря К. и его последователям, в сознании историков и теоретиков науки получила права гражданства идея, долгое время пробивавшая себе дорогу лишь на периферии филос.-теоретического исследования науки (гл. обр. в *неомарксизме*) — идея поиска внетеоретических детерминант развития научного знания, что вызвало кризис философии науки, оказавшейся под угрозой «снятия» ее в социологии науки, выступающей как эмпирическая дисциплина.

Ю. Н. Давыдов

Соч.: 1) Структура научных революций. М., 1975. 2) *Lakatos J.* Falsification and the Metodology of Scientific Research Programmes//Lakatos J. Musgrave A. (eds.). Criticism and the growth of knowiedge. Cambridge University Press. 1970.

Л

ЛАЗАРСФЕЛЬД (Lazarsfeld) **Пол Феликс** (13.02.1901, Вена — 31.08.1976, Нью-Йорк) — амер. социолог позитивистского направления, продолжал традицию, идущую от *Кетле*. Л.— участник крупнейших эмпирических исследований, проводимых в США по анализу роли средств массовых коммуникаций в формировании обществ. мнения. В 40-е гг. Л. совместно со С. Стауффером и Л. Гутманом провел исследование по изменению социальных установок амер. солдат [1]. С т. зр. Л., методология есть прежде всего деятельность, связанная с критическим анализом и оценкой методов и процедур социолог. исследования, выявлением смысла и значений используемых понятий, обнаружением научного содержания социолог. теорий. Осн. критерием истинности научного знания, в полном соответствии с неопозитивистской позицией, у Л. выступает принцип верификации. Большое внимание Л. уделял разработке количественных методов и основам их применения в социальных науках, поскольку, с его т. зр., их внедрение помогает преодолевать «барьеры, существующие между различными дисциплинами социальных наук». Он особо выделял — как наиболее плодотворный — метод шкалирования, считая осн. задачей эмпирической социологии поиски «все более утонченной техники разработки шкал и их комбинирования во все более сложные взаимозависимости». Л. впервые ввел в методику социол. исследований ряд новых методов, как, напр., панельный метод, к-рый он впервые использовал при обработке рез-тов избирательной кампании 1940 г. в США, и латентный анализ. Л.— сторонник концепции деидеологизации, выступал за отделение науки от идеологии, за развитие «чистой», свободной от ценностных суждений социальной науки.

В. Н. Фомина

Соч.: 1) Studies in social phychology in world war II. Vol. IV. Princeton, 1950. 2) *Lazarsfeld P. F. et all.* The people's choice. N. Y., 1969. 3) Qualitative analysis. Historical and critical essays. Boston, 1972.

ЛАССУЭЛЛ (Lasswell) **Гарольд Дуайт** (13.02.1902, Доннелсон, Иллинойс,— 18.12.1978, Нью-Хейвен, Коннектикут) — амер. политолог, представитель бихевиористского (*Бихевиоризм*) подхода к политической науке. С влиянием *чикагской школы* социологии связаны многолетние усилия Л. по созданию единой интегрированной политической науки, ориентированной гл. обр. не на «библиотечные», а на полевые исследования, преодолевающей внутр. институциональную разобщенность и сопряженной с потребностями политической практики. В этой связи Л. разрабатывает проблемы функционального подхода к политике (напр., большое распространение получила предложенная Л. схема анализа принятия политических решений); использует методы социальной психологии, психоанализа и психиатрии в изучении политического поведения и пропаганды; выявляет роль *массовых коммуникаций* в оформлении, распространении и воспроизводстве символики политической власти. Л. одним из первых исследует проблему количественного контент-анализа политической (в т. ч. и массовой) коммуникации; предлагает ставшую классической в социологии массовой коммуникации формулировку, согласно к-рой «акт коммуникации» рассматривается по мере ответа на вопрос: «КТО — сообщает ЧТО — по какому КАНАЛУ — КОМУ — с каким ЭФФЕКТОМ?» Согласно Л., все науки являются политическими, поскольку они позволяют понять процесс осуществления политики или поставляют данные, необходимые для принятия рациональных политических решений. Политическую науку в широком смысле следует рассматривать как орган самопознания и самосовершенствования человечества в процессе общекосмической эволюции. На совр. этапе человеческой истории, когда под действием технологических революций резко возрастает взаимозависимость всех форм обществ. жизни и в рез-те освоения космического пространства человечество соотносит себя с миром в целом, начиная на практике относиться к себе как к единому организму, первоочередное значение, по Л., приобретает создание международного правового порядка, способного служить утверждению человеческого достоинства. Л. подчеркивает ключевое значение понимания общения людей как «открытого форума для постоянного обсуждения вопросов взаимной терпимости и доступа к основным ценностям жизни». В этой связи новое звучание приобретают традиционные для Л. исследования «элит» и «гарнизонного гос-ва» (понятие введено в 1937 г.). Выявляя «властвующие (правящие) элиты» (т. е. политически наиболее влиятельные группы об-ва), Л. указывает на опасность утверждения в совр. мире господства идеи «гарнизонного гос-ва», т. е. об-ва, наиболее мощной группой к-рого явл. специалисты по осуществлению насилия, использующие совр. технические возможности осуществления власти. Противоположностью «гарнизонного гос-ва» явл. об-во, в к-ром ведущая роль принадлежит деловым кругам; промежуточные формы — «государство, управляемое аппаратом партийной пропаганды»; «государство партийной бюрократии»; различ. сочетания монополий партийной и рыночной власти. Защита прав человека от посягательств «правящих элит» требует, согласно Л., как международных действий, напр. усиления роли ученых в выявлении общих интересов человечества, координации технологического развития, отказа от идеологической конфронтации при решении международных проблем, так и изменений внутри социальной системы.

В. П. Терин

Соч.: 1) Propaganda technique in the world war. L.; N. Y., 1927. 2) Propaganda, communication and public order (with Smith B. L., Casey R. D.). Princeton, 1946. 3) The analysis of political behavior. L., 1947.

ЛЕ БРА (Le Bras) **Габриель** (1891—1970) — франц. социолог, проф. социологии религии в Сорбонне, основатель журнала «Архивы социологии религии», автор книги «Этюды религиозной социологии». Для изучения религиозности населения Л. Б. впервые применил эмпирические поведенческие индикаторы: посещения месс, причащения и т. п. Эта методика была использована его сотрудниками при составлении карты религиозности населения Франции, в основу к-рой была положена частота посещения воскресных месс в различ. регионах страны. Методологию Л. Б. отличает, с одной стороны, открытая приверженность католицизму, а с др. — односторонний подход к изучению религиозности, проявившийся в том, что он ограничивался исследованиями только внешних признаков культового поведения, без учета его мотивов, к-рые в отдельных случаях могут быть и нерелиг.

Д. М. Угринович

Соч.: 1) Etudes de Sociologie Religieuse. P., 1956.

ЛЕ ПЛЕ (Le Play) **Фредерик Пьер Гийом** (11.04.1806, Ла-Ривьер-Сен-Совер, Кальвадос,— 05.04.1882, Париж) — франц. социолог, политический деятель, горный инженер, проф. Политехнической школы в Париже. В объяснении социальных явлений придавал ведущее значение технологическим и географическим факторам, с одной стороны, морально-религ.— с др. Л. П. был сторонником социального неравенства, выступал против революций и всеобщего избирательного права. Главным фактором социальной жизни считал семью, основанную на власти отца и традиционной религ. морали. Л. П. различал три типа семьи: патриархальную, в к-рой дети, состоящие в браке, продолжают жить под главенством родителей; нестабильную (совр. нуклеарную семью); коренную, в к-рой один из женатых сыновей остается в отцовской семье, а остальные получают опред. долю наследства. Понятие коренной семьи продолжает использоваться в совр. исторической демографии. Особое значение Л. П. придавал сбору социальных фактов. Осн. социол. работа Л. П.— «Европейские рабочие» [2] содержит рез-ты монографического изучения рабочих семей, их бюджетов как выражения уровня и образа жизни. Факты, изложенные в этой работе, до сих пор сохраняют свое значение для изучения положения рабочего класса. Программа социального переустройства («социальная реформа») Л. П. была сугубо консервативной и состояла в возрождении и укреплении архаических социальных ин-тов: традиционных форм семьи, законов о наследовании, препятствующих дроблению имущества и т. д. Отношения между рабочими и предпринимателями Л. П. предлагал строить на принципах патронатства, по образцу отношений между помещиками и зависимыми крестьянами. После смерти Л. П. созданная им школа раскололась на школу «социальной реформы», продолжавшую гл. обр. его реформаторские начинания, и школу «социальной науки» (А. де Турвиль, П. Бюро и др.), настроенную более позитивистски и стремившуюся применять и совершенствовать методы, разработанные учителем. Работы Л. П. оказали влияние на развитие таких направлений, как географический и технологический детерминизм, католическая социология. В царской России пропагандистом консервативных воззрений Л. П. был реакционный политический деятель и правовед К. П. Победоносцев. Значение Л. П. для совр. социологии определяется его эмпирическими исследованиями семей и их образа жизни, а также разработкой методики изучения социальных фактов, в частности монографического метода.

А. Б. Гофман

Соч.: 1) Основная конституция человеческого рода. М., 1897. 2) Les ouvriers européens. 2-ème éd. en 6 v. P., 1877—1879.

ЛЕБОН (Le Bon) **Гюстав** (07.05.1841, Ножан-ле-Ротру — 15.12.1931, Париж) — франц. социолог, социальный психолог и публицист; занимался также вопросами антропологии, археологии, естествознания. Вслед за *Гобино* отстаивал концепцию расового детерминизма, подчеркивая иерархический характер расового деления и особую значимость расовой принадлежности в развитии цивилизации. Л. считал, что решающую роль в социальных процессах играют не разум, а эмоции. С позиций аристократизма он выступал против всех форм социального равенства и демократии, стремясь доказать, что все достижения цивилизации — рез-т деятельности *элиты*. Л.— автор одной из первых концепций *массового общества*: отождествляя массу с толпой, он пророчил наступление «эры масс» и следующий за этим упадок цивилизации. В рез-те промышленной революции, роста городов и средств массовой коммуникации совр. жизнь, по Л., все больше определяется поведением толп, к-рые всегда представляют собой слепую, разрушительную силу. В толпе индивиды утрачивают чувство ответственности и оказываются во власти иррациональных чувств, догматизма, нетерпимости, всемогущества, т. к. ими управляет закон «духовного единства толпы». Важнейшую роль в обществ. развитии Л. приписывал идеям, навязываемым массам немногими лидерами путем утверждения, повторения и заражения. Революции он считал проявлением массовой истерии.

А. Б. Гофман

Соч.: 1) Эволюция цивилизации. О., 1895. 2) Психология народов и масс. СПб., 1896. 3) Психология социализма. 2-е изд. СПб., 1908.

ЛЕВИ-БРЮЛЬ (Lévy-Brühl) **Люсьен** (10.04.1857, Париж – 13.03.1939, там же) - франц. философ-позитивист, психолог, социолог, этнограф, испытал влияние школы *Дюркгейма*. Полемизируя с *Тайлором* и др. эволюционистами, Л.-Б. полагал, что различ. социальным структурам свойствен специфический тип мышления. Л.-Б. утверждал, что над мышлением в «низших об-вах» довлеют «коллективные представления», отражающиеся в обычаях, обрядах, религии, мифологии, языке, социальных ин-тах и т. д. Обнаружив, что логика первобытных людей отличается от логики совр. человека, он назвал мышление членов первобытного коллектива «мистическим», или «дологическим» (prélogique), поскольку оно не подчиняется четырем осн. законам формальной логики, зато подвластно закону «партиципации», в соответствии с к-рым все предметы и явления обладают свойством «единосущности», т. е. могут быть одновременно самим собой и чем-то иным и существовать в разных временны́х и пространственных измерениях. Что же касается индивидуального мышления первобытного человека, то Л.-Б., отмечая, что в его основе лежит практический опыт, признавал за ним все законы совр. логики, а также способность к развитию, зависящую от роста знаний. Вместе с тем он находил, что дологическое мышление проявляется в таких сферах совр. обществ. жизни, как религия, мораль и т. д. Концепция Л.-Б. оказала влияние на юнгианское «глубинно-психологическое» направление в психоаналитической школе, к-рое выводило архетипы «коллективного бессознательного» из «первобытного мышления». Ее влияние сказывается также в социологии *Шелера* и *Гурвича*.

Н. Т. Кремлев

Соч.: 1) Первобытное мышление. М., 1930. 2) Сверхъестественное в первобытном мышлении. М., 1937. 3) Les fonctions mentales dans les sociétés inférieures. P., 1922. 4) La mythologie primitive. P., 1935.

ЛЕВИ-СТРОСС (Lévi-Strauss) **Клод** (28.11.1908, Брюссель) — франц. этнограф и социолог, один из осн. представителей франц. *структурализма*. Член Франц. академии (с 1973). Испытал влияние франц. социол. школы и амер. *антропологии культурной*. Осн. объект исследования — первобытные об-ва, преимущественно Южн. и отчасти Сев. Америки. Главный концептуальный акцент в творчестве Л.-С. — анализ структур мышления и социальной жизни, не зависящих от индивидуального сознания и выбора. При этом значение понятия «культура» у Л.-С. близко понятию «об-во» у его предшественников из франц. социол. школы; вслед за *Моссом* и *Дюркгеймом* Л.-С. считает разум «скорее продуктом, чем причиной культурной эволюции» [2, 60]. Культура как универсальный атрибут человеческого бытия обладает примерно одинаковым набором признаков в различ. об-вах. Цель исследования социальных и культурных структур Л.-С. видит в «обнаружении законов порядка, лежащих в основе разнообразия верований и институтов» [2, 62]. Анализируя правила брака, терминологию родства, принципы построения первобытных классификаций природного и социального миров, ритуалы, тотемизм, мифы, маски как знаковые системы особого рода, Л.-С. выявляет за видимым разнообразием социальных установлений общие схемы и возможности обмена (товарами, женщинами, информацией) и преодолевает тем самым антиномию между постулируемым единством бытия и множественностью форм, в к-рых мы его постигаем. В методике этого анализа Л.-С. опирается на опыт совр. структурной лингвистики как наиболее научно развитой области гуманитарного исследования, отдавая предпочтение синхронным (т. е. неизменным) отношениям перед диахронными (т. е. изменяющимися в истории). Анализируя социальные явления с помощью приемов структурной фонологии, он выявляет значение бинарных оппозиций (сырое — вареное, гниющее — нетленное, природное — культурное и др.) в мифе. С помощью тех же приемов Л.-С. построил абстрактно-математическую модель возможных типов брака и семьи. В основу типологии совр. об-в Л.-С. кладет следующие признаки: удаленности друг от друга в пространстве, во времени, а также одновременно и в пространстве, и во времени. Критерии кумулятивистского типа он считает применимыми только при сопоставлении об-в, соотнесенных во времени, в истории, причем сама история мыслится не как протяженная, а как дискретная — как последовательность сменяющихся во времени социальных состояний. Соотношение между сосуществующими в пространстве совр. об-вами — индустриально развитыми и «примитивными» — названо соотношением «горячих» и «холодных» об-в: первые стремятся производить и потреблять как можно больше энергии и информации, а вторые ограничиваются устойчивым воспроизводством простых и скудных условий существования. Однако человека нового и древнего, развитого и «примитивного» объединяют всеобщие законы культуры, законы функционирования человеческого разума. Л.-С. выдвигает концепцию «нового гуманизма», не знающего сословных и расовых ограничений. Основу такого гуманизма составляет «сверхрационализм», предполагающий единство чувственного и рационального и опирающийся на «логику чувственных качеств» как прообраз совр. науки. Интеллектуальный пафос концепции Л.-С.— обнаружение единства физических, физиологических, психологических и социальных закономерностей (и в этом смысл провозглашаемой Л.-С. «редукции культуры к природе»). Несмотря на универсалистские претензии, предлагаемый Л.-С. подход оказывается наиболее эффективным как раз в объяснении и классификации отдельных деталей социального бытия (так, изучение формы ритуальных масок помогает уточнить стадии производственно-технологического развития этнической общности — наличие у нее меднолитейного производства и проч.).

Н. С. Автономова

Соч.: 1) Anthropologie structurale deux. P., 1973. 2) Le regard éloigne. P., 1983.

ЛЕВИН (Lewin) **Курт** (09.09.1890, Познань — 12.02.1947, Ньютон, США) — нем. и амер. психолог, социопсихолог, один из создателей *групповой динамики* теории. В период учебы в ун-тах Фрейбурга, Мюнхена и Берлина сформировался как психолог в рамках школы гештальтпсихологии. В 1914 г. получил докторскую степень; преподаватель, затем проф. Берлинского ун-та. В 1933 г. эмигрировал в США, где преподавал в Стенфордском и Корнельском ун-тах. С 1945 г. был директором исследовательского центра групповой динамики при Массачусетском технологическом ин-те. Наибольший вклад внес в экспериментальное изучение воли, аффектов, проблем личности, социальной психологии *малых групп*. В основе взглядов на личность и ее социальное поведение у Л. лежит заимствованное из физики понятие «поле». Это «психологическое единство» личности и ее окружения образуется потребностями человека и валентностью (значимостью) окружающих людей и предметов, связанной с оценкой их возможности способствовать или препятствовать удовлетворению потребностей. Социальное поведение (отражение событий, происходящих в «поле», перемещение из одной его области в другую под влиянием валентности объектов, изменение самой структуры поля) описывалось Л. в понятиях топологии и векторного передвижения. В концепции поля сказалось стремление перестроить социально-психологические представления по образцу точных наук, прежде всего физики.

Д. В. Ольшанский

Соч.: 1) A dynamic theory of personality. N. Y., 1935. 2) Principles of topological psychology. N. Y.— L., 1936. 3) Field theory in social science. N. Y., 1951.

ЛЕГИТИМНОСТЬ (от лат. legitimus — согласный с законами, законный, правомерный, надлежащий, должный, правильный) — юридический термин, применяемый в социологии для характеристики *социального порядка*, обладающего престижем, в силу к-рого он диктует обязательные требования и устанавливает образцы поведения. В специфически социол. смысле термин «Л.» введен *М. Вебером* для отличия «эмпирической» Л. социального порядка, связываемой с его фактической значимостью для людей и проявляющейся в их поведении, от нормативной Л., характеризующейся формальным соответствием социального порядка законам страны (легальностью) [3]. Л. явл. не столько свойством самого социального порядка, сколько свойством совокупности фактических представлений о нем, отправляясь от к-рых люди ведут себя опред. образом, тем самым признавая его и сообщая силу соотв. законам. Поведение, основанное на Л., Вебер отличает от «простого единообразия» социального поведения, опирающегося на обычай или сочетание интересов. Порядок, представляющийся индивиду законным, содержит свое высшее требование («максиму») в самом себе, не нуждаясь во «внешнем» обосновании. По Веберу, содержание социальных отношений можно назвать «порядком», обладающим Л., в том случае, когда поведение людей ориентируется на отчетливо определяемые «максимы», имеющие практическую значимость для индивидов, считающих их обязательными и непреложными. Порядок, утверждающий собственную значимость на вере в его Л., по мн. Вебера, обладает большей устойчивостью по сравнению с порядком, основанным на одних лишь целерациональных мотивах (*Целерациональное действие*), или порядком, базирующимся только на обычае, привычке к опред. поведению (*Традиционное действие*). Л. социального порядка, выражающаяся в «значимости» его норм, требований и образцов поведения, может сохраняться в отдельных случаях и при их нарушении, если нарушители оказываются вынужденными скрывать свои проступки или преступления; сам факт необходимости для преступников скрывать свои поступки, нарушающие социальный порядок, свидетельствует о том, что он по-прежнему «значим» в кач-ве легитимного, задающего норму поведения. Л. социального порядка может быть гарантирована как внешне, так и внутренне. Внутренне она гарантируется аффективным (*Аффективное действие*), ценностно-рациональным (*Ценностно-рациональное действие*) и религ. образом. В первом случае имеется в виду чисто эмоциональная приверженность данному порядку; во втором — уверенность в его непреложности как выражении безусловных ценностей; в третьем — вера в то, что от сохранения данного порядка зависит высшее благо и спасение людей. Внешние гарантии Л. бывают условными и правовыми. Первые гарантируют Л. социального порядка уверенностью в том, что любое отклонение от него натолкнется на порицание внутри опред. круга людей, для к-рых он считается значимым и законным; вторые — наличием специальной группы людей, исполняющих функцию охраны порядка посредством применения силы. Веберовская концепция Л. была использована представителями зап.-европ. социологии 20 в. Его идеи развивались в социологии права, социологии политики [2]. В США проблематика Л. разрабатывалась в социологии *Парсонса*. Свое понимание проблемы Л. в социологии политики изложил Липсет, рассматривавший связь между Л. и эффективностью политической системы. В 60-е — первой половине 70-х гг. проблема «кризиса Л.» занимала большое место в неомарксистской социальной философии, напр. в работах *Хабермаса* [4], к-рый проблематику легитимации сводил к вопросу о критическом обществ. обсуждении ценностей, узаконивающих социальный порядок, с целью более эффективного приспособления сознания индивидов к изменяющемуся бытию.

Ю. Н. Давыдов

Лит.: 1) Американская социология. М., 1972. 2) *Schmitt C.* Legalität und Legitimität. Münch., 1932. 3) *Weber M.* Gesammelte Aufsätze zur Wissenschaftslehre. Tüb., 1951. 4) *Hebermas J.* Legitimationsprobleme im Spätkapitalismus. Fr./M., 1973.

ЛЕГАЛЬНОСТЬ (от лат. legalis — правовой, юридический) — термин, заимствованный *М. Вебером* из правоведения и социологически переосмысленный для обозначения одной из форм узаконения социального порядка (*Легитимность*); характеристика рационального типа господства, выделенного Вебером наряду с двумя др. типами: традиционным и харизматическим (*Харизма*). Л.— это способ узаконения социального порядка (соотв., порядка господства), к-рый покоится на вере в юридически констатируемую «правильность» его основоположений, гарантируемую их соответствием требованиям разума: отсюда его рациональность. Осн. инструментом осуществления легального господства Вебер считал особый тип бюрократии — формально-рациональную бюрократию,— к-рой он противополагал как бюрократии традиционного, так и бюрократии харизматического типа. Однако, по его мн., именно рациональная бюрократия обнаруживает формализм, органически присущий принципу Л., в силу чего последняя, как правило, оказывается недостаточной для узаконения социального порядка (и соотв., типа господства) и нуждается в поддержке др. способов узаконения — традиционном и харизматическом. Идеи, выдвинутые Вебером, активно обсуждались в социологии 20 в. (напр., К. Шмиттом, специально занимавшимся проблемой соотношения Л. и легитимности, и *Хабермасом*).

Ю. Н. Давыдов

ЛИБЕРАЛИЗМ (от лат. liberalis — касающийся свободы, присущий свободному человеку) — (1) образ мышления и деятельности, умонастроение, для к-рого характерна независимость по отношению к традициям, привычкам, догмам, стремление и способность к активному самоопределению в мире; (2) совокупность идейно-политических учений, политических и экономических программ, ставящих целью ликвидацию или смягчение различных форм гос. и обществ. принуждения по отношению к индивиду. В обоих случаях речь идет об идеях, восходящих к периоду бурж. революций 17—18 вв. и получивших широкое распространение в 19 в., когда в ряде зап.-европ. стран возникли либеральные партии с соотв. программами. В мировоззренческом смысле Л. соответствуют свобода от групповых, классовых, националистических и т. д. предрассудков, космополитизм, терпимость, гуманизм, индивидуализм, демократизм, подчеркивание самоценности личности. В политической области Л. основывается на признании прав человека, разделения законодательной и исполнительной власти, свободе выбора занятий, свободе конкуренции. Политический Л. коренится в политико-социол. учениях эпохи Просвещения (учение об обществ. договоре, догос. «естеств.» состоянии человека, о «врожденных» человеческих правах), подытоженных в политической философии *Локка*, с одной стороны, в этике и правовой философии Канта — с др. Л. усвоил кантовскую идею нравственно свободной личности, независимой от насилия со стороны др. людей и в то же время несущей бремя моральной ответственности. Поэтому свобода индивида и его социальная ответственность неразрывны. Такому пониманию индивида соответствует идея правового гос-ва, воплощающего в себе вышеназванные политические принципы. В экономической области Л. требует отмены регламентаций и ограничений со стороны гос. власти, простора для частной инициативы, создания максимально свободных условий развертывания частного предпринимательства. Идеи экономического Л., высказываемые еще физиократами, наиболее полно воплотились в классической англ. политэкономии (*Смит*). В основе последней лежало почерпнутое из ньютоновской картины мира представление о том, что свободное взаимодействие индивидуумов как «обществ. атомов» с необходимостью приведет к установлению некоего равновесного состояния об-ва, к-рое в конечном счете окажется на пользу всем и каждому. Сформулированные в 19 в. в трудах *Бентама, Милля, Спенсера* мировоззренческие, политические и экономические принципы Л. обнаружили свою несовместимость в политическом отношении с идеями *консерватизма*, подчеркивавшего важность надындивидуальных ценностей «общинного» существования и первичность традиционно сложившихся «органически выросших» жизненных форм, а в экономическом отношении — с идеями социализма, предполагавшего необходимость централизации хозяйственной жизни и гос. управления ею в соответствии с провозглашенными целями об-ва. Новейшее развитие привело к возникновению нео-Л.— доктрины, сохраняющей верность принципам демократии, свободной конкуренции, частного предпринимательства, но полагающей, что они не смогут достичь успеха автоматически, а требуют постоянного вмешательства гос-ва, создающего благоприятные условия для их реализации. Нео-Л.— попытка приспособить либеральные принципы к совр. социальной действительности. В истории социологии Л. представлен в концепциях Спенсера, раннего *Зиммеля, Визе, Гайгера* и др. В совр. социологии и социальной философии принципы Л. воплощены в концепциях Поппера, Ф. фон Хайека, *Альберта* и др. В теоретико-методологическом смысле для них характерны рационализм, индивидуализм, эволюционизм. В политическом — антитоталитаризм, антиэтатизм и соответственно защита неотъемлемых прав и свобод личности. Так же как традиционные, новые версии Л. играют роль идеологического обоснования бурж. демократии, в основном в деятельности либеральных партий. В то же время идеи Поппера активно используются в идеологии зап.-германской социал-демократии. Совр. Л. свойственны наряду с антифашистскими антикоммунистические устремления, проистекающие как из его теоретических предпосылок, так и из неправомерного отождествления исторически преходящих реальностей становления социализма с его сущностными чертами.

Л. Г. Ионин

Лит.: 1) *Wiese L. von.* Liberalismus in Vergangenheit und Zukunft. Lpz., 1917. 2) *Popper K.* The open society and its enemies. Vol. I—II. L., 1942. 3) *Manning D.* Liberalism. L., 1976. 4) *Hayek F. von.* Law. legislation, liberty. L., 1982.

ЛИДЕРСТВА теории — исследуют один из механизмов групповой интеграции, объединяющий действия группы вокруг индивида или опред. части группы, к-рые играют роль руководителя. Тип Л. связан с природой обществ. строя, характером группы и конкретно-исторической ситуацией. Проблема Л. привлекала к себе внимание на протяжении веков. Геродот, Плутарх и др. античные историки ставили в центр исторических повествований действия выдающихся лидеров — монархов, полководцев. Н. Макиавелли рисовал образ лидера-государя, к-рый любыми средствами достигает политических целей. Волюнтаристское понимание Л. в бурж. обществоведении развивали Т. Карлейль, Р. Эмерсон. Для Ницше стремление к Л.— проявление «творческого инстинкта» человека; лидер вправе третировать мораль — оружие слабых. Для *Тарда* подражание последователей лидеру — осн. закон социальной жизни. По *Фрейду*, подавленное либидо может переходить в стремление к Л. Массы нуждаются в лидере, аналогичном авторитарному отцу семейства. По А. Адлеру, стремление к Л.— компенсация чувства неполноценности личности. Мн. исследования Л. опираются на типологию авторитета, разработанную М. *Вебером* (Л. традиционное, бюрократическое, харизматическое). В совр. бурж. социологии проблема Л. обычно переводится в план эмпирических исследований в малых группах, выявляющих психологические и социально-психологические аспекты Л. Наиболее распространены в совр. зап. социологии концепции Л. в малых группах — «теория черт» (Л.— феномен, рождаемый специфическими чертами лидера), «ситуационная теория» (Л.— функция ситуации), теория определяющей роли последователей (Л.— функция от ожиданий ведомых, принимающих или отвергающих лидера), реляционная теория, требующая учитывать при исследовании Л. как черты лидера и специфические условия, в к-рых он действует, так и характер группы и ее членов. Изучение Л. направлено на разработку методов эффективного Л. и отбора лидеров. Созданы психометрические и социометрические тесты и методики (*Левин, Морено,* Г. Дженнингс), применение к-рых дает опред. рез-ты. По стилю различают авторитарное Л., предполагающее единоличное направляющее воздействие, и демократическое Л., вовлекающее членов группы в управление ее деятельностью. Различают формальное Л., связанное с установленными правилами назначения руководителя и функциональными отношениями, и неформальное Л., возникающее на основе личных взаимоотношений участников. Эти типы Л. либо дополняют друг друга в лице авторитетного лидера, либо вступают в конфликт, причем в этом случае эффективность организации снижается. Особое значение имеет проблема политического Л. В бурж. социологии получили распространение эмпирические исследования политического Л., но отсутствует его научная теория. Нередко рез-ты исследований Л. в малых группах экстраполируются на все об-во, при этом из поля зрения социолога выпадают классовые отношения.

Г. К. Ашин

Лит.: 1) Руководство и лидерство. Л., 1973. 2) *Ашин Г. К.* Критика современных буржуазных концепций лидерства. М., 1978. 3) Stogdill R. Handbook of leadership. N. Y.— L., 1974. 4) Political leadership in industrialized societies/Ed. by L. Edinger. N. Y., 1976.

ЛИПСЕТ (Lipset) **Сеймур Мартин** (18.03.1922, Нью-Йорк) — амер. социолог функционалистского направления. Осн. труды посвящены социологии политики. Президент Амер. ассоциации политических наук, вице-президент по социальным наукам Амер. академии искусств и наук (1974—1978), член Национальной академии наук и Национальной академии образования США. Лауреат премий Макайвера и Гюннара Мюрдала и медали Таунзенда Харриса. На формирование взглядов Л. существенное влияние оказали идеи М. *Вебера* (особенно о формах власти и легитимности), а также взгляды *Мертона* и *Лазарсфельда*. Осн. проблема исследований Л.— демократия в совр. мире. На основе анализа рез-тов выборов и опросов обществ. мнения Л. попытался выявить условия, причины и силы, поддерживающие как про-, так и антидемократические движения. Исследовав демократию США, историю политической системы страны, он пришел к выводу, что здесь, как и во многих др. странах, в период своего формирования власть была узаконена посредством *харизмы*. Л. уделял большое внимание проблеме *легитимности* в совр. об-вах, утверждая, что стабильность любого гос. строя полностью зависит от его законности и эффективности. Законность, с т. зр. Л., носит оценочный характер, что связано со способностью системы формировать и поддерживать у масс убеждение в том, что функционирование существующих политических ин-тов явл. наилучшим. Эффективность, по его мн., преимущественно «инструментальна» и означает удовлетворенность процессом управления социальной системой. Значит. часть научной деятельности Л. посвящена исследованию интеллектуальных элит, их роли в функционировании власти, соотношению властвующей и интеллектуальной элит. Вместе с *Шилзом* и *Беллом* разрабатывал концепцию деидеологизации, провозгласившей крах идеологии из-за полной утраты ею идейной состоятельности и значимости к середине 20 столетия. Впоследствии Л. признал ошибочность этой концепции.

В. Н. Фомина

Соч.: 1) Political man. Garden City, 1960. 2) The first new nation: The United States in historical comparative perspective. N. Y., 1963. 3) Social mobility in industrial society (with Bendix A.). N. Y., 1966.

ЛИТЕРАТУРЫ СОЦИОЛОГИЯ (лат. lit(t)eratura, дословно — написанное, от lit(t)era — буква) — социол. концепции, изучающие лит-ру как словесное иск-во письменной объективации образцов социального взаимодействия. Драматический принцип изображения героев позволяет ознакомиться с разнообразными формами социального поведения, мышления, чувствования (обобщенными образами «значимых других» и мотивацией их действий), существующими в об-ве, зафиксировать нормы одобряемого или отвергаемого достижения желаемых целей и благ. Тем самым лит-ра как особый социальный ин-т воспроизводит не только признанные в об-ве нормы и ценности, но и идеологически санкционированные представления о социальной стратификации, социальном порядке, групповых особенностях образа жизни. С т. зр. Л. с., в этой своей символическо-коммуникативной функции лит-ра явл. рез-том исторического процесса социокультурной дифференциации, отделения светских рациональных форм культуры от канонизированных традиций, или религ. ритуалом сакральных систем значений и ценностей и механизмов их трансляции (Р. Гримм, А. Хаан, Х.-Р. Яусс). Общие истоки и смысл проблематики изучения лит-ры заданы филос. представлениями о литре как «выражении» или «отражении» духа времени, об-ва и т. п., сложившимися к началу 19 в. (де Бональд, Ж. де Сталь, *Тэн*, Гегель и др.). Итогом социол. рационализации этих взглядов к середине 30-х гг. 20 в. стали концепции лит-ры как «отражения об-ва», как «средства социального контроля», как «средства воздействия» на социальную жизнь посредством предъявления идеальных моделей действия. Первые социол. исследования были приложением социол. методов описания к решению традиционно литературоведческих задач (т. наз. «социол. метод в литературоведении»), долженствующих компенсировать недостаток данных о среде формирования писателей и факторах влияния на творческие процессы. Предметом изучения явл. сферы, из к-рых заимствовались основания для каузальных детерминаций литературных феноменов. Выросшие из этого первые контент-аналитические исследования впрямую сопоставляли литературную действительность с социальной, поскольку при этом постулировалась идентичность ценностей, норм, мотивов, поведенческих стандартов литературных героев, писателей и об-ва, базирующаяся на том, что лит-ра функционирует в едином со своими читателями интеллектуальном универсуме. Но и позднее контент-анализ не вышел за рамки обобщающих тематических описаний социальных явлений — социальной патологии, меньшинств, феноменов социального изменения (урбанизации, индустриализации и т. п.), социальных типажей («маргинала», «молодежи», «предпринимателя» и проч.), представленных в прозе отдельных авторов или целого периода. Однако методологическая непроработанность таксономических единиц для анализа содержания, оборачивающаяся невозможностью отделить собственно культурные моменты от социальных, приводила к отождествлению литературной динамики с социальной. И типологические, и контент-аналитические работы представляли собой статичные, вневременные изложения или разработки социальных проблем и тем в лит-ре, вследствие чего исследователи вынуждены были интерпретировать лит-ру по аналогии с функционированием средств *массовой коммуникации* (*Лазарсфельд*, К. Берельсон и др.). Лишь с конца 50-х — начала 60-х гг. встал вопрос о собственной теории Л. с., о принципах анализа литературного материала. Наиболее влиятельными и распространенными с этого времени стали методологические подходы структурализма, *структурного функционализма, символического интеракционизма*, социологии знания и идеологии (*Гольдман, Бурдье*, В. Каволис, Х. Фюген, Х. Данкан, *Зильберман*, Г. Виленборг, Л. Лоуэнталь, Г. Крисманский и др.). В соответствии с этими концепциями в кач-ве осн. функции лит-ры стало рассматриваться воспроизводство и нормативное поддержание смысловых структур различ. социальных систем действия. Проблемное поле Л. с. в этот период составили исследования социальной организации лит-ры: ролей писателя, критика, литературоведа и их культурно-исторического генезиса; стандартов вкуса у различ. категорий читающей публики; функции посредующих социальных образований — библиотеки (и ее разновидностей), книжного магазина, клуба, журнала, салона, а также механизмов и систем социального контроля — цензуры, премий, источников поддержки, условий признания и отвержения авторов, критериев оригинальности и эпигонства, циркуляций творческих элит и литературной борьбы различ. групп, особенностей идеологического воздействия лит-ры, включая и процессы социализации посредством лит-ры. Помимо этого, Л. с. систематически изучала складывание осн. литературных канонов и динамику авторитетов (состав «образцовых» авторов — «классиков»), характер восприятия новых произведений и оценку наиболее популярных жанров, массовой поэтики, взаимосвязь литературных и идеологических конструкций (К. Розенгрен, Р. Гримм, П. Карштедт). С конца 70-х гг. становится ощутимым влияние феноменологии *Шюца* и *этнометодологии*, а также культурологически ориентированной рецептивной эстетики, опирающейся на идею «внутритекстового читателя» как авторской адресации текста опред. группе читательской публики. Под их непосредственным влиянием была поставлена одна из важнейших задач Л. с.— изучение процессов смыслообразования (проблема инновации), что позволило перейти от вопросов представленности в художественных текстах социальных напряжений, ценностей, норм, социальных стереотипов и т. п. к исследованию социол. средствами собственно литературной динамики, т. е. анализу творчества как такового.

Л. Д. Гудков

ЛИЧНОСТИ социологические концепции — собирательное понятие, объединяющее целый ряд достаточно различ. теорий, признающих человеческую личность специфическим образованием, непосредственно выводимым из тех или иных социальных факторов. Такая трактовка проблемы ведет к рассмотрению личности как объекта исключительно социол., и никакого др., анализа. Корни данной позиции уходят глубоко в историю и встречаются у мн. авторов. В развитом виде Л. с. к. оформились во второй половине 19 — начале 20 в. К ним относятся ныне *зеркального «Я» теория,* ролевая теория, отдельные ветви *необихевиоризма* в социологии, теории референтной группы, установки и нек-рые др. В зеркального «Я» теории *(Кули, Дж. Мид)* Л. рассматривалась как функция, производное от полностью социально обусловленного «Я» человека. Стержень личности, самосознание,— не что иное, как рез-т социального взаимодействия, в ходе к-рого индивид обучился смотреть на себя как на объект, глазами др. людей. Тем самым Л. трактовалась как объективное кач-во, приобретаемое человеком в процессе социальной жизни. Близкие взгляды отстаивались сторонниками ролевой теории (Р. Линтон, *Морено, Парсонс* и др.): Л. есть функция от той совокупности социальных ролей, к-рые исполняет индивид в об-ве. Поскольку роли связаны с пребыванием человека в социальных группах, то Л. тем самым есть производное от совокупности тех групп, в к-рые включен индивид. Социализируясь, он усваивает экспектации ролевого поведения, выучивает способы их исполнения и, т. обр., становится Л. Общая мысль о том, что Л. есть рез-т научения человека правилам жизни и поведения в об-ве («социального состояния» человека), наиболее последовательно была выражена в необихе-

виоризме, к-рый трактовал Л. как простую совокупность социально приемлемых ответов на совокупность социальных стимулов. Допускалось, что Л. может быть связана с нек-рыми промежуточными переменными несоциологического характера, однако они не признавались предметом подлинно научного анализа. В теориях установки социальной Л. рассматривалась как рез-т тех подчас неосознанных установок, к-рые формирует об-во самим фактом постоянного повседневного воздействия («давления») на индивида. Накапливая разнообразные установки, человек привыкает быть Л. У него складывается принципиальная установка на то, чтобы быть Л. Ряд ответвлений Л. с. к. связан с подходом к Л. как к совокупности социальных потребностей и ориентаций, формируемых об-вом. Развиваясь, об-во порождает новые разнообразные потребности, за счет к-рых идет развитие Л. Потребности могут задаваться как об-вом в целом, так и отдельными социальными группами, к к-рым хочет принадлежать и к-рые предпочитает индивид. За счет этого существует вариабельность Л. Диалектика развития взглядов на Л. идет по пути преодоления упрощающих Л. схем к ее системному пониманию, к-рое, не абсолютизируя, включало бы рациональные элементы максимально большого числа социол. концепций Л.

Д. В. Ольшанский

Лит.: 1) *Кон И. С.* Социология личности. М., 1967. 2) *Шибутани Т.* Социальная психология. М., 1969.

ЛОГИЧЕСКОЕ ДЕЙСТВИЕ — см. *Парето В.*

ЛОГИКО-ЭКСПЕРИМЕНТАЛЬНЫЙ МЕТОД — см. *Парето В.*

ЛОКК (Locke) **Джон** (29.08.1632 — 28.10.1704, Уайт) — англ. философ-просветитель, основоположник социально-политической доктрины *либерализма*. В основе социальной философии Л. лежат идеи *«естеств. права»* и *«обществ. договора»,* согласовывающиеся с его теорией познания (отрицание врожденных идей, постулирование опытной природы знания). Политическая теория Л., изложенная в «Двух трактатах о государственном правлении», направлена против патриархального абсолютизма и рассматривает социально-политический процесс как развитие человеческого общежития от естеств. состояния до гражданского об-ва и самоуправления. В естеств. состоянии люди свободны и равны между собой и перед Богом. Здесь свобода — это не анархия, а «естеств. право» следовать законам природы, данным Богом. Исполнительная власть естеств. закона воплощена в каждом индивиде, к-рый подчиняется разумным соображениям о самосохранении. Следование разумным естеств. законам позволяет достичь согласия при сохранении индивидуальной свободы. Это согласие — основа «обществ. договора», по к-рому законодательная, исполнительная и «федеративная» власть передается правительству и осуществляется раздельно. Осн. целью правительства явл. защита естеств. права граждан на жизнь, свободу и собственность. Для перехода из естеств. состояния к обществ. ключевое значение имеет собственность. Каждый человек явл. собственником прежде всего своей жизни, а следовательно, и собственником средств жизнеобеспечения, осн. из к-рых явл. его труд. Человек имеет право и на то, «что он смешивает со своим трудом», т. е. право на собственность, к-рая принадлежит ему законно, если изъята из общего достояния без ущерба для др. К возможности такого изъятия в действительности Л., однако, относился скептически. Отношение каждого человека к гос-ву и правительству, к-рым — в отличие от гоббсовского «обществ. договора», устанавливающего суверенную власть правителя,— передается лишь часть всех его прав, определяется отношением человека к собственности: чем больше собственности, тем больше политических прав, но тем больше и обязанностей перед гос-вом, охраняющим эту собственность. Несоблюдение правительством правил «обществ. договора» (гл. обр. неприкосновенности собственности, гарантирующей индивидуальную свободу) делает его незаконным и дает право подданным на сопротивление. Однако сопротивление также ограничивается разумными пределами и заканчивается с установлением прочного политического баланса. Л. считал конституционную, парламентскую монархию (совр. ему реформы В. Оранского) наиболее оптимальной формой такого баланса и отрицал абсолютный (врожденный, божественный) политический приоритет королевской власти. Всеобщий закон нравственности, по Л., должен иметь основание, причем не во врожденных идеях и не в ограниченном человеческом разуме, но в Божественном откровении. Представление о Боге, по его мн., человек получает, лишь исследуя его творения с помощью разума. Такое представление у каждого глубоко индивидуально и уникально. Отсюда следует, что невозможно установить в действительности единых норм морали и требовать единообразия в решении вопросов совести и вероисповедания. Поэтому веротерпимость — одно из условий «обществ. договора» и законного правления. Приверженность тем или иным нормам морали и их прочность зависит скорее от привычки. Сочетание эмпиризма с деизмом у Л. осуществляется на основе скептицизма. Скептический провиденциализм у Л. подчеркивает роль случайности в человеческом понимании и оценке действительности, уникальность индивидуального мировоззрения и объясняет развитие и изменчивость моральных представлений, зависящих во мн. от индивидуального опыта, деятельности и ее рез-та — пользы. Польза есть конечная цель всякой деятельности; труд ради труда есть нечто неестественное. Свобода воли, по Л., — это следование нравственности, критерием к-рой выступает разум. Филос. и социально-политические идеи Л. имели значит. влияние на развитие сенсуализма франц. материалистов, субъективного идеализма Беркли, скептицизма Юма. Этические и политические взгляды Л. были во мн. восприняты Дж. Толандом, *Монтескье,* отразились в политических декларациях амер. и франц. буржуазии. революций.

С. П. Баньковская

Соч.: 1) Избранные философские произведения. М., 1960.

ЛУКМАН (Luckmann) **Томас** (14.10. 1927, Есенице, Югославия) — проф. социологии ун-та в Констанце (ФРГ), ученик и последователь *Шюца*, ведущий представитель феноменологической *знания социологии*. После смерти Шюца реализовал задуманный тем проект книги «Структуры жизненного мира». Подобно Шюцу, филос. обоснование социальных наук и возможность выхода из переживаемого совр. наукой кризиса Л. видел в феноменологии жизненного мира. По замыслу Л., феноменология жизненного мира должна была стать «универсальной социальной наукой», «матрицей» всех социальных наук, способной с помощью метаязыка дать описание универсальных структур жизненного мира. Это необходимо для того, чтобы человек и его жизненный мир заняли в научной космологии соотв. место, утраченное ими со времен Галилея. В 1966 г. Л. опубликовал совместный с амер. социологом Бергером труд «Социальное конструирование реальности», в к-ром разрабатывается феноменологическая версия социологии знания. Эта версия противопоставляется авторами всей предшествующей социологии знания, предметом к-рой было теоретическое знание. Последнее, по мн. авторов, не только не исчерпывает всего запаса знания, существующего в об-ве, но и играет далеко не главную роль в жизни большинства людей, поэтому «ядром» социологии знания должно быть обыденное, дотеоретическое знание, к-рым человек оперирует в своей повседневной жизни. Теория Бергера и Л. связана с анализом «социального конструирования реальности», ее предметом явл. процессы и механизмы, с помощью к-рых происходит возникновение, функционирование и распространение знания в об-ве. Использование феноменологического анализа в кач-ве метода освещения знания «реальности повседневной жизни» позволяет социологам воздерживаться от причинных и генетических гипотез, а также от утверждений относительно онтологического статуса анализируемых феноменов. Социальная реальность предстает в их концепции в кач-ве феномена «жизненного мира», как нечто непосредственно данное сознанию индивидов, существующее в их «коллективных представлениях» и конструируемое интерсубъективным человеческим сознанием. При этом снимается кач. различие между социальной реальностью как объективной реальностью, существующей независимо от сознания людей, и социальной реальностью как обществ. сознанием. Осн. работа Л. по социологии религии «Проблема религии в современном обществе» была написана в 1963 г. Центральным понятием его концепции религии явл. «трансцендирование» (выход за пределы биологического существования человека), понимаемое им в духе идей филос. антропологии (*Шелер, Плеснер, Гелен*) как процесс конструирования смыслового универсума. Трансцендирование, согласно Л., неотъемлемая сторона человеческой жизни, наиболее ярко проявляющаяся в религиозности. Религиозность — кач-во самой природы человека, неизменно присутствующее в ней во все времена. Меняются лишь формы ее проявления, к-рые Л. связывает с социальными изменениями, происходящими в данном об-ве. Л. был одним из первых социологов религии, обративших внимание на то, что при упадке «церковно-ориентированной религии» внецерковная религиозность может сохраняться и даже возрастать. Так как сакрализация мира, по его убеждению, необходима неспособному жить без опыта трансценденции человеку, то последний вынужден создавать в совр. секуляризованном об-ве свою собственную «приватную» религию. По мн. Л., именно эта возникающая на основе различ. религий и культов «невидимая религия» гарантирует человеку «автономию» и возможность «самореализации». Л. занимался также разработкой социологии языка, рассматривая влияние языка на сознание, обыденную жизнь и конституирование социальных структур.

Е. Д. Руткевич

Соч.: 1) The social construction of reality (with P. Berger). N. Y., 1966. 2) The invisible religion. N. Y., 1967. 3) The structures of the livesworld (with A. Schutz) Evanston, 1973. 4) The phenomenotogy and sociology. N. Y., 1978.

ЛУМАН (Luhmann) **Никлас** (08.12.1927, Люнебург) — нем. (ФРГ) социолог-теоретик, ведущий представитель системного и *функционального подхода в социологии*; ординарный проф. общей социологии и социологии права в Билефельдском ун-те (с 1968). Испытал влияние и ассимилировал существенные аспекты концепций *Парсонса*, *Гелена*, феноменологии и кибернетики. Начиная с первых методологических работ, содержащих программу «радикализованного функционализма», Л. решительно борется с элементами любого рода *телеологии* и «онтологической метафизики» в социологии. Для Л. нет ни самодостаточного бытия, ни самоценного смысла. Все может быть иначе («контингентно»). Т. обр., нет традиционной расшифровки функциональности как «полезности», «целесообразности» и т. п. Функция оказывается «регулятивной смысловой схемой» сравнения контингентного и поиска функциональных эквивалентов. Область сопоставления указывает системная теория. В центр исследования Л. ставит отношение «система — окружающий мир», где функционально эквивалентные способы решения возникающих проблем получают общую точку отсчета. Система отграничена от окружающего мира как область меньшей «комплексности» от области большей «комплексности». «Комплексность» — не онтологическое свойство, а соотносительная характеристика системы и окружающего мира, зависящая от кол-ва элементов, возможных между ними связей, состояний, совместимых с опред. структурой, избирательности в соотнесении и др. Решение проблемы комплексности называется редукцией. По Л., редукция комплексности в психических и социальных системах носит смысловой характер. Предмет социологии — социальные системы. Смысловой выбор характеризуется тем, что за избранным всегда как бы просвечивает неизбранное, определенность достигается через отличенность от иного. Смысл имеет три измерения: предметное, временное и социальное. Самотождественность предмета — в отличии от др. предметов. Самотождественность настоящего — в различении горизонтов прошлого и будущего. Смысл социальности (и социальность смысла) — в непременной импликации «другого Я» при любом индивидуальном смыслополагании. Взаимодифференциация трех измерений — один из рез-тов эволюции. Простейшие социальные системы — «интеракции» — образуются через взаимосогласование (а не благодаря общим культурным нормам, как считал Парсонс) действий и переживаний присутствующих участников общения. Принципиально иной тип социальной системы — об-во, охватывающее все действия, достижимые для соотнесения друг с другом в коммуникации. Действие (понимаемое как «событие» в системе) есть подлинный элемент социальной системы, оно производится и воспроизводится в ней в соотнесении (коммуникации) с др. действиями-событиями. Человек как целостная личность не входит ни в одну систему, а явл. составляющей окружающего мира, комплексность к-рого представляет проблему для системы. Это становится особенно очевидно при эволюции и дифференциации социальных систем, удалении от непосредственного межличностного общения и автономизации крупных систем при нарастающей абстрактности об-ва как такового. В прошлом приоритет политики позволял об-ву самоинтерпретироваться («тематизировать себя») как гос-во. Затем то же произошло с приоритетом экономики. Ныне об-во не более, чем предельная возможность повсеместного социального взаимодействия («мировое об-во»). Автономизировавшиеся системы — «политика», «хозяйство», «наука», «религия», «право» — самопроизводятся («аутопойесис»), их элементы соотнесены исключительно друг с другом («самореференция»), что делает их непрозрачными друг для друга и осложняет взаимосогласование и совместное оперирование («взаимопроникновение»). Но точно так же как любой элемент становится элементом лишь в самосоотнесении и самоотличении от иного, так и самотождественность системы обеспечивается через самосоотнесение с иным («рефлексия»).

Для этого разрабатываются специальные «рефлексивные механизмы», «органы рефлексии» и т. п., одновременно повышающие чувствительность системы к окружающему миру и неспособность воспринимать его помимо специфических системных критериев. Поэтому внутрисистемное общение гарантировано «символически обобщенными средствами коммуникации» («власть» в политике, «истина» в науке, «вера» в религии, «любовь» в семье), а межсистемное — затруднено. Описанное состояние совр. об-ва Л. рассматривает как не-необходимый рез-т не-необходимо протекающей эволюции. Механизмы эволюции («изменчивость», «отбор», «стабилизация») и ее осн. этапы (переход об-ва от «сегментарной» дифференциации к «стратификации», а затем — к «функциональной» дифференциации) описаны в более традиционном ключе, чем все остальное. В целом системно-социол. словарь Л. все более широко используется в зап.-германской социологии, признанным лидером к-рой он явл. наряду с *Хабермасом* уже более 10 лет.

А. Ф. Филиппов

Соч.: 1) Soziologische Aufklärung. Bde. 1—3. Opladen, 1970—1984. 2) Gesellschaftsstruktur u. Semanti., Bde. 1—2. Fr./M., 1981—1982. 3) Soziale Systeme. Fr./M., 1984.

М

МАКИАВЕЛЛИ (Machiavelli) **Никколо** (03.05.1469, Флоренция — 22.06.1527, там же) — итал. гос. деятель, писатель, историк, классик политической мысли Нового времени. Осн. теоретические труды — «Государь», «Рассуждение о первой декаде Тита Ливия», «Искусство войны» — написаны после падения Флорентийской республики, когда М. был отстранен от политической деятельности. М. первый стал рассматривать политику как автономную сферу человеческой деятельности, в к-рой существуют «естеств. причины» и «полезные правила», позволяющие «учитывать свои возможности», чтобы «предвидеть заранее» ход событий и принять необходимые меры. Эта рационально-практическая установка в сфере политики решительно порывала с теологическим морализированием средневековья и намного опережала свое время. По М., высшее правило политики и главная ее проблема — найти тот образ действий, к-рый соответствует характеру времени и специфическим обстоятельствам в момент принятия решения. Вот почему политика не сводится к простому усвоению общих предписаний, «тут нельзя говорить отвлеченно, ибо все меняется в зависимости от обстоятельств». Людям свойственно действовать по природной склонности своего характера и темперамента, один достигает цели «осторожностью и терпением», другой — «натиском и внезапностью», но оба неизменно терпят крах, когда условия требуют изменения манеры поведения, а человек остается по прежнем способе действия, ранее приносившем успех. Подготовка политического деятеля требует не только изучения истории, прежде всего античности (М. был человеком эпохи Ренессанса, боготворившим античную культуру), но и знания совр. жизни, постоянного наблюдения и размышления по поводу новых событий и действующих лиц на «авансцене» истории. Анализ нового исторического опыта и делает М. глубоко оригинальным мыслителем, а не эпигоном Аристотеля и Полибия, у к-рых он взял классификацию осн. форм правления (монархия, аристократия и демократия) и учение о вырождении каждой из этих форм в свою противоположность. Своеобразие М. как политического мыслителя состоит в том, что ни одну из этих форм он не считал совершенной и пригодной во всех обстоятельствах. В этом, по-видимому, разгадка кажущегося противоречия в его взглядах, когда в «Государе» он славит сильную личность властителя, непреклонно стремящегося к высокой гос. цели, а в «Рассуждении на первую декаду Тита Ливия» совершенно недвусмысленно выказывает симпатии к республике. Главный герой «Рассуждения...» — народ, к-рый «много превосходит государей и в добродетели, и в славе. А если государи превосходят народ в умении давать законы, образовывать гражданскую жизнь, устанавливать новый строй и новые учреждения, то народ столь же превосходит их в умении сохранять учрежденный строй» [1]. М. тяжело переживал беды родной страны, к-рую рвали на части крупнейшие «хищники» Европы — Франция и Испания, видел гибельность междуусобных распрей мелких итал. гос-в. Его учение было теорией «нового гос-ва» — гос-ва объединенной Италии. Под этим углом зрения в «Государе» обстоятельно анализируется политическая практика Ч. Борджа, к-рый с помощью расчетливого вероломства и хладнокровной жестокости присоединял к своему небольшому владению одну территорию за др., пока случай и собственная ошибка не привели к его падению. Размышляя над его действиями, М. выдвинул знаменитый тезис, что политик должен соединять в себе черты льва и лисицы: лисицы — чтобы избежать расставленных капканов; льва — чтобы сокрушить противника в открытом бою. М. не был сторонником принципиального аморализма в политике, каким его часто представляли люди, действовавшие по его рецептам (напр., Фридрих II Прусский в сочинении «Анти-Макиавелли»), но считал, что в чрезвычайных обстоятельствах, когда «народ развращен», нужны и чрезвычайные меры. «Государь» — только один из факторов политической ситуации, в к-рую входят еще «народ», «знать» и «войско». Главным препятствием к объединению страны М. считал знать, по отношению к к-рой репрессии в опред. пределах неизбежны. Этот ход мыслей М. не рез-т его личной «злокозненности», а обобщение практики образования абсолютистских монархий. Но главным условием политического успеха М. считает «доблесть» (virtù), а не низость души, и апофеозом доблести заканчивается «Государь». Влияние идей М. на развитие политических учений было весьма значит. В наше время это влияние особенно заметно у *Парето, Моски* и *Михельса*.

М. А. Киссель

Соч.: 1) Избранные сочинения. М., 1982.

МАКЛУЭН (McLuhan) **Герберт Маршалл** (21.07.1911, Эдмонтон, Канада,— 31.12.1980, Торонто) — канадский социолог и культуролог, публицист. Взгляды М. сложились под влиянием Х. Инниса, *Мамфорда*, П. Т. де Шардена. В центре внимания М.— развитие культуры как совокупности «средств общения», формирующих людей, их сознание. Смена исторических эпох определяется, по М., переворотами в развитии культуры, когда на первый план в жизни об-ва выдвигается новое «средство общения», к-рое, будучи «технологическим продолжением» человека, оказывает на него всестороннее обратное влияние. Так, эпоха «племенного человека» характеризовалась ограничением общения рамками устной речи, восприятие определялось «сообщающими все сразу» слухом и тактильностью, что обусловливало полное и непосредственное вовлечение человека в действие, шарообразность картины мира, слитность человека и об-ва, мифологическую цельность мышления. Отправной точкой и прототипом эпохи «типографского и индустриального человека» явилось изобретение в 15 в. И. Гутенбергом печатного станка. Распространение европ. способа книгопечатания привело, по М., к торжеству визуального восприятия, когда линейная перспектива приобрела статус естеств. взгляда на вещи; к формированию национальных языков и гос-в, промышленной революции, разобщению людей быстро растущей узкой производственной специализацией, крайним формам рационализма и индивидуализма. В совр. эпоху «нового племенного человека» электричество «продолжает» центральную нервную систему до образования «глобального объятия», упраздняющего пространство и время на нашей планете, формируется «глобальная деревня», обеспечивающая максимальное несогласие по всем вопросам. Чтобы избежать хаоса и гибели, человечеству необходимо стремиться к повседневному управлению своим развитием. Особое место при этом М. отводит ЭВМ и средствам массовой коммуникации. В мире разномасштабной и разноплановой «электронной информации» человек принуждается думать не «линейно-последовательно», а «мозаично», через интервалы, посредством «резонанса», возбуждающего всемирное даже в тривиальном; соотношение органов чувств меняется в пользу слуха и тактильности; осн. структурирующим принципом сознания снова становится миф как надежный способ удержать цельность восприятия в бурно обновляющемся мире, конечной фазой развития к-рого должно стать техническое воспроизведение сознания, когда творческий процесс будет коллективно и корпоративно охватывать все человечество в целом. Центральное значение в выявлении людьми кардинальной общности своих интересов М. отводит формирующемуся экологическому мышлению, появившемуся с запуском первого спутника, когда Земля впервые оказалась в пределах окружения, созданного человеком (по его словам, «тогда кончилась Природа и родилась Экология» [1, 49]). Для развития социол. мысли на Западе стимулирующую роль сыграл «глобально-электронный» активизм М., с позиций к-рого он критиковал позитивистски ориентированную социологию за мировоззренческое мелкотемье, преклонение перед социальной статикой, бесплотно-абстрактный академизм, неумение выделить влияние развития «средств общения» на изменение способов мышления и обществ. организации.

В. П. Терин

Соч.: 1) At the moment of sputnik//Journal of communication. 1974. № 1.

МАКРО- и **МИКРОСОЦИОЛОГИЯ** — области социол. знания, ориентированные соответственно на изучение крупномасштабных социальных явлений (наций, гос-в, социальных ин-тов и организаций, классов, социальных групп и др.) и сферы непосредственного социального взаимодействия (межличностных отношений и процессов социальной коммуникации в группах, сферы повседневной реальности, отдельных узких проблем и т. д.). В совр. зап. социологии к макросоциологии принято относить преимущественно теоретические концепции, такие, как *структурный функционализм, неоэволюционизм в социологии, неомарксизм,* структурализм. Микросоциология представлена концепциями, в большей мере связанными с проведением эмпирических исследований, имеющих различ. идейные и методологические основания. К ним относятся как позитивистски ориентированные концепции (*обмена социального* концепция, *анализ социальных сетей* и др.), так и антипозитивистские по своему духу исследовательские ориентации (*символический интеракционизм, этнометодология, феноменологическая социология* и др.). С момента становления бурж. социологии на всем протяжении 19 в. и вплоть до 20-х гг. 20 в. в ней господствовала макросоциол. ориентация. Формирование микросоциологии как самостоятельной области начинается примерно с 30-х гг. Этот процесс в значит. степени был стимулирован широким развертыванием эмпирических исследований. Резкое размежевание на микро- и макросоциологию произошло в конце 60-х гг. Оно было вызвано в первую очередь неспособностью господствовавшего прежде структурного функционализма интегрировать теории различ. уровня общности. Реакцией на кризис структурного функционализма явилось возникновение альтернативных концепций, мн. из к-рых стремились переместить фокус исследования на непосредственно наблюдаемые явления обществ. жизни. Осн. разногласия между сторонниками микро- и макросоциологии касаются следующих проблем. Первая связана с пониманием предмета исследования и уровня обобщения. Представители макросоциологии рассматривают в кач-ве предмета социол. познания об-во и его структурные образования, подчеркивают кач. своеобразие социальных явлений, их несводимость к социально-психологическому уровню. Различ. микроявления и процессы (поведение личности, межличностные отношения и т. п.) рассматриваются под углом зрения проявления закономерностей макроуровня; всякая попытка сведения социального к психологическому уровню расценивается как отступление от ведущей социол. традиции, как свидетельство психологического редукционизма и субъективизма. В свою очередь их оппоненты настаивают на приоритетном изучении области непосредственно наблюдаемого социального взаимодействия, механизмов коммуникации, интерпретации сферы повседневной реальности и т. п. Этот уровень признается сторонниками микросоциологии единственным реально существующим и фундаментальным, а макросоциальные явления рассматриваются как неправомерные абстракции, реальность к-рых нельзя эмпирически доказать. Вторая область конфликта между представителями микро- и макросоциологии относится к характеру используемых понятий и принципов формирования социол. знания. Сторонникам первой ориентации присуще стремление использовать эмпирически обоснованные понятия и принципы, особенно категорично на этом настаивают представители позитивистской ветви. С этой т. зр., понятия и положения широкомасштабных теорий расцениваются как пустые абстракции, их авторы обвиняются в неправомерной реификации (опредмечивании, овеществлении) социальных структур, а единственной реальностью признаются или непосредственно наблюдаемое поведение индивидов (теория социального обмена, анализ социальных сетей, или сфера сознания индивида (этнометодология и феноменология). Защитники микросоциологии делают упор на использовании различ. рода экспериментальных процедур и ограничиваются изучением явлений небольшого масштаба. С середины 70-х гг. предпринимаются попытки интеграции этих двух направлений.

М. С. Комаров

Лит.: 1) *Андреева Г. М.* О соотношении микро- и макросоциологии//Вопросы философии. 1970. № 7. 2) *Kemeny J.* Perspectives on the micro-macro distinction//Sociological Review. 1976. V. 24. N. 4.

МАЛИНОВСКИЙ (Malinowski) **Бронислав Каспер** (07.04.1884, Краков — 16.05.1942, Нью-Хейвен, США) — этнограф, глава функционалистского крыла англ. «социальной антропологии» (*Функциональный подход в социологии*). Осн. полевые исследования в Меланезии (о-ва Тробриан, Новая Гвинея и др.). Интересы: вопросы экономики, пола, семейной жизни, родственных отношений, индивидуальной психологии (в 20-е гг. с т. зр. психоанализа, позже М. его противник), теория культуры, первобытного права, религии, этики, магии и «науки», этнографическая теория языка. Исходный пункт в становлении взглядов М.— оппозиция эволюционистским и диффузионистским теориям культуры, а также «атомистическому» изучению культурных черт вне социального контекста как, напр., в амер. культурантропологии (*Боас* и др.). Но перенос акцента с конструирования эволюционных стадий на «полный и ясный анализ культурной реальности» [3, 26], т. е. на систему социальных процессов, в наст. времени означал, по сути, не разрыв с эволюционизмом, а возрождение мотивов *организицма* внутри его же. Ввиду неспособности членов «примитивного» (дописьменного) об-ва рационально объяснить свои обычаи и ин-ты, предлагалось рассматривать это об-во как сравнимую с организмом естеств. адаптивную систему, где за поверхностью явлений надо было увидеть, какую функциональную роль играет каждая ее часть относительно необходимых условий существования об-ва и потребностей его членов. «Функциональный взгляд на культуру настаивает на принципе, что в каждом типе цивилизации любой обычай, материальный объект, идея и верование исполняют некую жизненную функцию, должны решить какую-то задачу, представляют собой необходимую часть внутри работающего целого» [1, 133]. Осн. единица функционального анализа у М.— ин-т культуры (напр., магии, религии и т. п.), объединяющий более или менее сложную совокупность родственных культурных признаков. Функциональное объяснение строилось на интуитивном выделении осн. потребностей и существенных зависимостей в изучаемой культуре. М. пытался связать осн. биологические (первичные) потребности человека с разнообразием социокультурных условностей (артефактов) и вторичных потребностей, порождаемых самой культурой. Это разнообразие, полагал М., можно упростить и упорядочить, если рассматривать культурные вариации как своего рода «мелизмы» на осн. темы добывания пищи, крова, обороны и воспроизводства. Культура выступает и как некий инструмент удовлетворения осн. потребностей человека и как совокупность артефактов, организованных традицией. Различия между культурами проявляются в закрепляемых ими способах удовлетворения потребностей и в характере передаваемых от поколения к поколению вторичных потребностей. Несмотря на то что М. выводил культуру из человеческих потребностей, на деле он отдавал предпочтение культурной традиции как осн. факту, формирующему индивида, его специфические нужды и умения. Наибольшую критику на М. всегда навлекало то, что позже *Мертон* назвал «постулатом универсальной функциональности»: упрощающая исходная предпосылка, будто «все элементы культуры, если эта концепция (функционалистская социальная антропология.— *Ред.*) верна, должны быть работающими, функционирующими, активными, действенными» [2, 625]. Иными словами, что всякое явление или событие, существующее внутри описываемой системы, в каком-то отношении будет благоприятно для нее. Обычно в этом постулате видят две стороны: (1) методологическое допущение, что для каждого действия и ин-та существует функция или функции; (2) содержательное утверждение о характере существующих об-в, что они не содержат нефункциональных элементов. Первое положение признается совр. методологами науки хотя и «нефальсифицируемым» (по Попперу), но эвристически полезным, ибо оно ориентирует на поиск побочных эффектов и неочевидных связей одних ин-тов, обычаев, родов деятельности в данном об-ве с др., побуждает ставить интересные вопросы. Второе чаще всего отвергают, ибо оно подразумевает нереалистическую и малопригодную для большинства исследовательских целей модель работы (функционирования) об-ва как гармонично интегрированного, идеально связного и стабильного целого с внутр. саморегуляцией, охватывающей весь обществ. организм. М. повлиял на общую теорию социол. функционализма (особенно в США) своими идеями об интегральности каждой культуры, о сложных взаимосвязях между об-вом, культурой и индивидом, поисками корней культуры в потребностях и способностях индивида

как ее носителя. Но мн. историки науки ценят М. как блестящего полевого исследователя, для к-рого «поле» — исходный пункт и цель в себе. «Функционализм» М. до сих пор привлекает эмпирически настроенные умы своей нацеленностью на объяснения, к-рые требуют только известных и наблюдаемых фактов, добытых прямым исследованием из первых рук, и обходятся без исторических догадок.

А. Д. Ковалев

Соч.: 1) Anthropology//Encyclopedia Britannica. 1926. 2) Culture//Encyclopedia of the social sciences. 1931. 3) A scientific theory of culture and other essays. N. Y., 1969.

МАЛКЕЙ (Mulkay) **Майкл** (р. 1936) — англ. социолог науки, проф. Йоркского ун-та. В конце 60-х гг. выступил с критикой нормативной концепции науки *Мертона*. М. доказывал, что не нормы научного этоса, а когнитивные структуры и специальные методики определяют социальное поведение ученых. Сами эти нормы наполняются реальным содержанием лишь в терминах научного знания и научной практики. Руководствуясь установками когнитивной социологии науки, М. в 70-е гг. осуществлял ряд конкретных исследований, посвященных анализу соотношения научных достижений с их социальным контекстом. В конце 70-х гг. в обстановке роста субъективистских тенденций в области социальных исследований науки М. перешел на более радик. позиции, допускающие использование социол. методов для анализа самого содержания научного знания, что было несовместимо со «стандартной концепцией» науки и лишало последнюю ее особого по сравнению с др. явлениями культуры «эпистемологического статуса». Тем самым наука полностью ставилась в зависимость от субъекта научной деятельности и социальных условий ее развития. Последние, по мнению М., определяют все предпосылки знания: характер наблюдений, интерпретацию фактов, оценку научных утверждений и принципы методологии. Само научное знание трактуется в духе абсолютного релятивизма. В последние годы М. развивает программу «дискурс-анализа», согласно к-рой реконструировать реальный путь развития науки невозможно.

В. Ж. Келле

Соч.: 1) Наука и социология знания. М., 1983. 2) Открывая ящик Пандоры: Социологический анализ высказываний ученых (в соавторстве с Гильбертом Дж. Н.). М., 1987. 3) The Social process of innovation. 1972.

МАЛЫХ ГРУПП теории — направление экспериментального анализа в рамках микросоциологии и социальной психологии. Основатели — *Морено, Левин, Гурвич, Мэйо* и др. Активные исследования М. г. начались в первые годы 20 в. и достигли наибольшего расцвета к 30-м гг. Осн. теоретические предпосылки исследований М. г. сводились к тому, что М. г. явл. главным объектом социологии; их изучение — единственной возможностью реализации собственно научного, экспериментального подхода в социологии, а рез-ты этих исследований могут экстраполироваться на все более крупные социальные общности. Исследования М. г. подразделяются по разным основаниям. Наиболее известная классификация — в соответствии с тем, какими методами проводятся исследования. С этой т. зр., они включают социометрическое направление (*Социометрия*), исходящее из необходимости количественного измерения тех межличностных отношений симпатии и антипатии, к-рые образуют неформальную структуру отношений в М. г.; направление, вытекающее из теории *групповой динамики*, ставящей акцент на кач. анализе и лабораторном моделировании отношений внутри группы, динамики власти и подчинения, стилей лидерства и т. д; психотерапевтическое направление, исходящее из идеи игрового, «спонтанного» моделирования межличностных отношений (К. Роджерс) и др. В последнее время деление исследований М. г. по традиционным методическим направлениям сменяется подразделением по тем функциональным процессам, к-рые в наибольшей степени интересуют исследователей: направление изучения лидерства; «самораскрытия» индивидов; общения с др. людьми; механизмов принятия решений в группе; коммуникативных (интерактивных) связей и процессов; социально-психологической перцепции и др. Исследования М. г. носят прикладной характер. Они включают вопросы управления в М. г., особенности взаимоотношений между руководителем и подчиненными, проблемы оптимизации социально-психологического климата, общения, воспитания и образования, коррекции отклоняющегося поведения, социально-психологической помощи при нек-рых психических расстройствах и т. п. Исследования М. г. чрезвычайно развиты в совр. прагматически ориентированной зап. социологии и социальной психологии. Недостатки М. г. т.— слабость теоретического и методологического обоснования исследований, абсолютизация роли М. г., некорректный перенос данных отдельных лабораторных и выборочных экспериментов на все социальное поведение и законы социального развития в целом.

Д. В. Ольшанский

Лит.: 1) *Коломинский Я. Л.* Психология взаимоотношений в малых группах. Минск, 1976. 2) *Десев Л.* Психология малых групп. М., 1979. 3) *McDavid I. W., Harart H.* Social psychology: individuals, groups, societies. N. Y., 1968.

МАЛЬТУС (Malthus) **Томас Роберт** (17.02.1766, Рукери, близ Гилфорда,— 23.12.1834, близ Бата) — англ. экономист, идеолог обуржуазившейся земельной аристократии, один из основателей вульгарной политэкономии, священник англиканской церкви; был проф. кафедры совр. истории и политической экономии в колледже Ост-Индской компании близ Хартфорда. Осн. труд М.— «Опыт о законе народонаселения, или Изложение прошедшего и настоящего действия этого закона на благоденствие человеческого рода». В этом произведении М. выдвинул положение о существовании вечного закона убывающей производительности последовательных затрат, или,— применительно к сельскому хоз-ву — закона убывающего плодородия почвы. Суть закона, по М., в том, что если рост народонаселения происходит в геометрической прогрессии, то рост жизненных средств — в арифметической, что приводит к превышению численности населения над объемом жизненных благ, к-рый ликвидируется в рез-те распространения эпидемий, голода и войн. М. рассматривает все социальные процессы в об-ве с т. зр. «недопотребления». Согласно этой т. зр., при капитализме производится такое количество товаров, к-рое не может быть реализовано в силу недостаточного совокупного спроса рабочих и капиталистов. В силу слишком высокой производительности труда об-ву не требуются излишние рабочие. В то же время, считал М., для потребления произведенного продукта об-во нуждается в постоянном возрастании численности непроизводительных потребителей, т. е. землевладельцев, их прислужников, офицеров, т. наз. «третьих лиц».

В. М. Иванов

Соч.: 1) Опыт о законе народонаселения... СПб. 1868. 2) Principles of political economy. N. Y., 1964.

МАМФОРД (Mumford) **Льюис** (19.10.1895, Флашинг, Нью-Йорк) — амер. философ и социолог. Автор значительного числа книг и статей, касающихся широкого спектра проблем социологии, политики, экономики, религии, морали, культуры, истории и теории иск-ва и техники, архитектуры и т. д. Его главные работы делятся на три группы: 1) социол. анализ амер. культуры и иск-ва; 2) социология урбанизации; 3) теоретико-социол. анализ фундаментальных проблем развития культуры и об-ва. Важнейшая линия в трудах М.— критический анализ бурж. об-ва, порабощающего человека, лишающего его индивидуальности. Особый упор в критике М. делает на технократическую сущность капитализма *(Технократия)*. С момента возникновения последнего, т. е. с началом промышленной революции, развитие техники обернулось технократизацией об-ва, человека и человеческих отношений. Человек стал своего рода «перемещенным лицом» в созданном им самим мире. Все время возрастающий разрыв между уровнями технологии и нравственности привел к ситуации господства «Мегамашины» — предельно рационализированной и бюрократизированной надындивидуальной социальности. Гуманизм и социальная справедливость пали, по М., жертвами технического прогресса и «интеллектуального империализма». Безличностная организация уже не просто подавляет, а подменяет собой человека. Прогресс стал особого рода божеством, наука и техника — своеобразной религией, а ученые — сословием новых жрецов. Выход из сложившейся ситуации М. видит в эстетизации технократического об-ва, и прежде всего — в эстетизации техники, в возвращении ей истинно человеческого смысла и содержания. М. призывает не ускорять НТП, к-рый в этом случае станет неуправляемым, а попытаться соединить его с ценностями нравственного порядка, вернуться к ситуации отношений человека и техники, характерной, напр., для средневековья, «золотого века» человечества по мн. М. Техника и технология должны служить человеку и выражать собственно человеческие ценности. Один из путей такого служения — «интегративный дизайн», разработанный М. способ соединения иск-ва и массового технологического производства, объединения техники и человека. Такой идеал М. видел, напр., в «органичной архитектуре» Ф. Л. Райта. Эстетическая утопия подобного рода при экстраполяции на об-во в целом вела к особого рода неогуманистическим социол. проектам «возрождения жизни». Технократическая в целом концепция М. оказалась неогуманистической этико-эстетической утопией, призывающей к соединению несовместимого. Сила социальной критики в его трудах не подкрепляется соотв. уровнем конструктивных программ. Это противоречие отразилось и на политических взглядах М., часто менявшихся на протяжении его долгой жизни.

Д. В. Ольшанский, Н. Г. Ярлыкова

Соч.: 1) Technics and civilization. N. Y., 1934. 2) The condition of man. N. Y., 1944. 3) The myth of the machine. N. Y., 1967—1970.

МАННГЕЙМ (Mannheim) **Карл** (27.03.1893, Будапешт — 09.01.1947, Лондон) — нем. философ и социолог, один из создателей *знания социологии*. Учился в ун-тах Будапешта, Фрайбурга, Гейдельберга, Парижа. Взгляды М. формировались под влиянием идей Д. Лукача, Б. Залоша, Э. Ласка, *Риккерта*, Э. Гуссерля, М. *Вебера*, *Шеле-*

ра — в традициях неокантианства, феноменологии, марксизма (в трактовке раннего Д. Лукача). После падения Венгерской советской республики (1919) эмигрировал в Германию. С 1925 г.— приват-доцент философии Гейдельбергского ун-та, с 1929 г.— проф. социологии и национальной экономики на кафедре Ф. Оппенгеймера во Франкфурте. С 1933 г., эмигрировав в Великобританию, читал лекции по социологии в Лондонской школе экономики и политической науки, с 1941 г.— в Ин-те образования при Лондонском ун-те, где в 1945 г. стал проф. педагогики. Незадолго до смерти — руководитель отдела ЮНЕСКО. Явл. инициатором и редактором «Международной библиотеки по социологии и социальной реконструкции», способствовал конституированию социологии как учебной дисциплины в Англии. В первый, «нем.», период. наиболее продуктивный с творческой т. зр., М. занимался проблемами интерпретации «духовных образований», теорией познания сначала в русле философии культуры (Seele und Kultur. Budapest, 1918) и гносеологизма (Die Strukturanalyse der Erkenntnistheorie. B., 1922), затем разработал собственную филос.-социол. методологию — социологию познания, или социологию мышления (Historismus. 1924; Das Problem einer Sociologie des Wissens. 1925; Ideologische und soziologische Interpretation der geistigen Gebilde. 1926). В дальнейших работах М. углублял свою социол. методологию, развивая ее категориальный аппарат на конкретном социально-историческом материале — исследует генезис консервативного стиля мышления в Германии, феномен поколенческого единства, проблемы конкуренции в духовной сфере, сущность идеологии и утопического сознания. Во второй, «англ.», период занимался гл. обр. популяризацией социологии познания, развивал ее идеи в сфере теории культуры, культурной и образовательной политики. Заимствовав марксистское положение о зависимости обществ. сознания от обществ. бытия и социальной обусловленности познания, М. вслед за Шелером полагал, что обществ. бытие не сводится только к «экономическим отношениям производства». «Социальное бытие», по М.,— это исторический жизненный процесс, естественно порождающий из себя в разные эпохи разные «центры систематизации» — реальные жизненные доминанты, к-рые могут носить не только экономический, но и, как напр., в средние века, религ. или иной характер, определяя стиль эпохи. В рамках опред. эпохи могут существовать различ. социальные «констелляции» — естественно исторически сложившиеся расстановки социально-классовых позиций и сил. Последние обусловливают существование различ. «стилей мышления», или «мыслительных позиций». Специфическая задача социологии познания — соотнести «духовные образования» с социальными позициями их носителей. Это соотнесение выявляет, сколь различ. образом может представляться одна и та же ситуация наблюдателям, находящимся в различ. позициях. Поэтому социология познания, считает М., должна отбросить «метафизическую иллюзию о внеисторическом субъекте социального познания», выхваченном из социального контекста, мыслящего якобы с «точки зрения вечности», и признать тот факт, что различ. положение познавательных субъектов в социально-историческом пространстве и времени обусловливает «релятивность» их познания — односторонность их познавательных «перспектив», относительную ложность их т. зр. (*Историцизм*). Если правящий класс выдает свою идеемыслительную «перспективу» за единственно истинную и пытается обосновать ее, как таковую, теоретически, то налицо, по М., «духовное образование», к-рое называется «идеологией». Любая «идеология», по М.,— это апология существующего строя, теоретизированные взгляды класса, добившегося господства и заинтересованного в сохранении статус-кво. «Идеологиям» всегда противостоят «утопии», как правило недостаточно теоретизированные, эмоционально окрашенные «духовные образования», порожденные сознанием оппозиционных, угнетенных классов, слоев, групп, стремящихся к социальному реваншу, а потому столь же субъективно-пристрастные, как и «идеологии». По существу «утопии» ничем не отличаются от «идеологий», поскольку также стремятся выдать «часть за целое» — свою одностороннюю правоту за абсолютно истинную т. зр. С приходом к власти ранее угнетенных слоев «утопии» автоматически превращаются в «идеологии». Называя свою социол. методологию «реляционизмом», М. пытается доказать, что она не тождественна историческо-социол. релятивизму. По М., существует особая социальная группа, потенциально способная вырваться из порочного круга «связанности бытием»,— творческая, «свободно парящая» интеллигенция. С интеллигенцией М. связывал надежды на сохранение демократий в эпоху «массовых об-в», подверженных опасности установления тоталитарного режима фашистского типа. Идеи М. оказали большое влияние на социол. мысль Запада. Хотя у М. не было продолжателей, безоговорочно принявших его социол. методологию, конкретные историческо-социол. исследования М. признаны классическими (*Историческая социология*).

А. Н. Малинкин

Соч.: 1) Ideologie une Utopie. Bonn, 1929. 2) Diagnosis of our time: Wartime essays of a sociologist. L., 1943. 3) Freedom, pawer and democratic planning. L., 1950. 4) Wissenssociologie. Auswahl aus dem Werk. B. und Newied, 1964.

МАРГИНАЛЬНАЯ ЛИЧНОСТЬ (от лат. margo — край) — понятие, употребляемое в зап. социологии для выделения и анализа специфических, противопоставляемых общественно-нормальным, отношений «социальный субъект— социальная общность». Категория М. л. введена амер. социологом *Р. Парком* во второй половине 20-х гг. 20 в. для обозначения социально-психологических последствий неадаптации мигрантов (иммигрантов) к требованиям урбанизма как образа жизни. Как самостоятельная социол. концепция М. л. разрабатывается в 30-е гг. Э. Стоунквистом с сугубо культурологических позиций: стремясь интегрировать в «доминирующую группу» об-ва, члены «подчиненных групп» (например этнические меньшинства) приобщаются к ее культурным стандартам; формирующиеся таким путем «культурные гибриды» неизбежно оказываются в «маргинальной» ситуации — на краю как доминирующей группы, никогда их полностью не «принимающей», так и группы происхождения, отторгающей их как отступников. М. л. по происхождению — расовый гибрид, культурная самоидентификация к-рого объективно не может быть целостной, однозначной. Стоунквист считал, что в зависимости от обстоятельств М. л. может играть роль лидера социально-политических, националистических по своему характеру движений или же влачить существование вечного изгоя. В совр. немарксистской социологии сосуществуют две осн. т. зр. на социальную сущность М. л. Зап.-европ., в частности, франц., исследования маргинального типа личности, уделяя опред. внимание его поведенческим особенностям — девиации, пассивности (или же, напротив, агрессивности), аморальности и т. д. — проявляющимся на уровне межиндивидуальных отношений, ориентируются на изучение объективных социальных предпосылок формирования данного типа личности. Так, Ж. Кланфер отмечает маргинализирующий фактор «исключения» национальным об-вом своих членов, вне зависимости от того, соответствуют или нет их ценностные установки и поведение универсальным нормам и ценностям. Осн. предпосылка маргинальности («одиночества», утраты индивидом социальных связей), по Кланферу,— бедность, тесно связанная с безработицей. В амер. социологии сохраняются традиции номиналистического подхода к проблеме М. л. с выраженной ее психологизацией. «Маргинальная личность — индивид, к-рый, интериоризировав многие ценности двух или более конфликтующих социокультурных систем, типически испытывает дискомфортные чувства и часто проявляет поведение, превращающее его в своего рода анафему для всех систем» [1, 193].

В. И. Поляков

Лит.: 1. Dictionary of modern sociology. Totowa, New Jersey. 1969. 2. *Kluzfer J.* L'eclusion sociale. Etude de la marginalité dans les sociétés occidentales. P., 1965.

МАРГИНАЛЬНОСТЬ — см. *Маргинальная личность*.

МАРКУЗЕ (Marcuse) **Герберт** (19.07.1898, Берлин — 29.07.1979, Штарнберг) — нем.-амер. философ и социолог, представитель *франкфуртской школы неомарксизма;* работал во Франкфуртском ин-те социальных исследований. С 1934 г. жил и работал в США; в годы войны сотрудничал с информационными органами амер. разведки, занимаясь антифашистской контрпропагандой, в 50-е гг.— с Русским ин-том при Колумбийском ун-те и Русским центром при Гарвардском ун-те в кач-ве эксперта по «советскому марксизму». В 1954—1965 гг.— проф. Брандейского, с 1965 г.— Калифорнийского ун-та. Филос.-социол. эволюция М. протекала под влиянием «левого» марксизма, интерпретируемого в духе неогегельянства 20-х гг. Под руководством одного из основоположников нем. экзистенциальной философии, Хайдеггера, М. занимался проблематикой «историчности», истолковывая на основе собственной версии «хайдеггер-марксизма» философию Гегеля [1], а также ранние работы Маркса (статьи М.: «К феноменологии исторического материализма» (1928); «О конкретной философии» (1929); «Трансцендентальный марксизм» (1930); «Новые источники к обоснованию исторического материализма. Интерпретация впервые опубликованных рукописей Маркса» (1932). Во второй половине 30-х гг. М. довольно абстрактно изложил свою версию *критической теории* — «критическую теорию об-ва», близкую предложенной *Хоркхаймером*. Идею о «преодолении философии» М. развернул в книге «Разум и революция» (1941) [2]. М. пытался обосновать идею «преодоления философии» на основе редукции диалектики к понятиям политической экономии. В 50-е гг. в связи с общим увлечением фрейдомарксистской версией *неофрейдизма*, характерным для франкфуртской школы в целом, М. дополняет «политэкономическую» редукцию логико-диалектических понятий «глубинно-психологической». На этой основе он превращает свою критическую теорию об-ва в нечто вроде лево-фрейдистской философии истории вообще и социальной философии совр. «индустриального об-ва» в частности. В противоположность праворадикалистски ориентированным представителям *антропологического направления* в нем. социальной философии и социологии, оказавшим решающее влияние на франкфуртцев, М. выстраивает леворадик. версию теории «индустриального об-ва», опираясь на «фрейдомарксистские» предпосылки, впервые сформулированные «левыми» сюрреалистами (А. Бретон). Согласно М., совр. «индустриальное», или «позднекапиталистическое», об-во обеспечивает лояльность своих «функционеров» (им же подавляемых и угнетаемых), формируя у них соотв. «структуру влечений» (понятие *Шелера*), «витальных потребностей», не выходящих за социокультурные рамки этого об-ва. Поэтому, по мн. М., революция против такого об-ва могла бы быть успешной лишь в том случае, если бы она затрагивала «антропологическую структуру» человеческих потребностей: социальная революция превратилась бы в «антропологическую», прежде всего сексуальную, поскольку основой всех влечений здесь в духе Фрейда считаются сексуальные влечения [3]. Переведя т. обр. свою критическую теорию об-ва на филос.-антропологический язык фрейдомарксистских категорий, М. затем на протяжении всего последующего периода пытался решить один и тот же вопрос: как возможна революция в «позднекапиталистическом об-ве», создавшем у своих функционеров полностью соотв. ему — «одномерную» — структуру влечений. Эту проблему, становившуюся все более насущной по мере нарастания на Западе в 60-х гг. обществ. подъема, М. решает в работах «Одномерный человек» (1964) [4], «Эссе об освобождении» (1969) [5] и др. Осн. надежды в этой связи М. возлагает: на уровне антропологическом — на изначальные эротические влечения, подавленные «индустриальным об-вом», т. е. на «сексуальную революцию»; на уровне культурном — на авангардистское (прежде всего сюрреалистическое) иск-во, выражающее бунт этих влечений против «репрессивной культуры» «позднебурж. об-ва»; на уровне собственно социальном — на обществ. группы людей (молодежь, люмпены, национальные меньшинства, население стран «третьего мира»), еще не интегрированных совр. «индустриальным об-вом», не сумевшим развить у них соотв. — «репрессивную»— «структуру влечений». Этот комплекс идей обеспечил М. огромную популярность во второй половине 60-х гг. среди «новых левых» экстремистов, ставивших своей целью «тотальную революционную войну» против «позднекапиталистического об-ва», его «репрессивной культуры» и его *авторитарной личности*». Однако, увидев, к чему приводит его идея «Великого Отказа» на практике (аморализм, нигилизм и терроризм), М. все решительнее отмежевывается от левых экстремистов, внеся опред. коррективы в свою концепцию («Контрреволюция и бунт», 1972), после чего его влияние в левых кругах, в частности на леворадик. социологию, резко упало и затем продолжало падать на всем протяжении 70-х гг.

Ю. Н. Давыдов

Соч.: 1) Hegels Ontologie und die Grundlegung einer Theorie der Geschichtlichkeit. Fr./M., 1932. 2) Reason and revolution. Hegel and rise of social theory. L., 1941. 3) Eros and civilisation. Boston, 1955. 4) One-dimensional man. Boston, 1964. 5) Essay on liberation. Boston, 1969.

МАРТИН (Martin) **Дэвид** (р. 1929)— проф. социологии в Лондонской высшей школе экономики и политических наук. Активно занимается проблемами социологии религии. В 1967 г. опубликовал книгу «Социология религии в Англии» [1], в к-рой дал сводку социол. данных, касающихся динамики религиозности в Великобритании. Взгляды М. на *секуляризацию* претерпели опред. эволюцию. Если в книге «Религиозное и секулярное» [2] М. вообще отрицал правомерность понятия «секуляризация», то в вышедшей в конце 70-х гг. работе «Общая теория секуляризации» [3] он пытается дать объяснение этому феномену, признавая его наличие как в ряде капиталистических, так и в социалистических странах. Наличие или отсутствие секуляризации М. пытается объяснить, исходя из трех критериев. Первый критерий — господствующая в данной стране религия. М. считает, что католицизм и православие создают почву для секуляризации, в то время как протестантизм, основанный на плюрализме конфессий, препятствует ей. Второй критерий — наличие или отсутствие религ. монополии, к-рая, по мн. М., способствует развитию секулярных тенденций, в то время как ситуация религ. плюрализма обеспечивает сохранение религиозности. Третий критерий — наличие или отсутствие факторов, способствующих национальной консолидации и укрепляющих существующую в стране религию. В соответствии с данными критериями М. создает «модели» секуляризации, при этом США изображаются в наименьшей мере секуляризованной страной.

Д. М. Угринович

Соч.: 1) A Sociology of English Religion. L., 1967. 2) The Religious and the Secular. N. Y., 1969. 3) A General Theory of Secularization N. Y.— L., 1979.

МАСЛОУ (Maslow) **Абрахам** (01.04.1908, Нью-Йорк — 08.06.1970. Пало , Альто, Калифорния) — амер. психолог, один из лидеров т. наз. гуманистической психологии; известен как создатель иерархической теории потребностей. М. классифицировал потребности, разделив их на базисные (потребность в пище, безопасности, позитивной самооценке и др.) и производные, или мета-потребности (в справедливости, благополучии, порядке и единстве социальной жизни). По М., базисные потребности человека постоянны, а производные — изменяются. Мета-потребности ценностно равны друг другу и поэтому не имеют иерархии. Напротив, базисные потребности располагаются, согласно принципу иерархии, в восходящем порядке от «низших» материальных до «высших» духовных: (1) физиологические и сексуальные потребности — в воспроизводстве людей, пище, дыхании, физических движениях, одежде, жилище, отдыхе и т. д.; (2) экзистенциальные потребности — потребность в безопасности своего существования, уверенность в завтрашнем дне, стабильность условий жизнедеятельности, потребность в опред. постоянстве и регулярности окружающего человека социума, а в сфере труда — в гарантированной занятости, страховании от несчастных случаев и т. д.; (3) социальные потребности — в привязанности, принадлежности к коллективу, общении, заботе о др. и внимании к себе, участии в совместной трудовой деятельности; (4) престижные потребности — в уважении со стороны «значимых других», служебном росте, статусе, престиже, признании и высокой оценке; (5) наконец, духовные потребности — потребности в самовыражении через творчество. Базисные потребности представляют собой мотивационные переменные, к-рые филогенетически, т. е. по мере взросления человека, и онтогенетически, т. е. по мере их реализации в кач-ве необходимых условий социального бытия индивида, следуют друг за другом. Первые два типа потребностей в своей иерархии М. называл первичными (врожденными), три остальных — вторичными (приобретенными). При этом процесс возвышения потребностей выглядит как замена первичных (низших) вторичными (высшими). Согласно принципу иерархии, потребности каждого нового уровня становятся актуальными (насущными, требующими удовлетворения) для индивида лишь после того, как удовлетворены предыдущие запросы. Поэтому принцип иерархии называют также принципом доминанты (господствующей в данный момент потребности). М. считал, что само удовлетворение не выступает мотиватором поведения человека: голод движет человеком, пока он не удовлетворен. Очевидно, что сила воздействия потребности (ее потенциал) есть функция от степени ее удовлетворения. Кроме того, интенсивность потребности определяется ее местом в общей иерархии. Для проверки эмпирической обоснованности теории М. проведены сотни конкретных исследований, но ни одно из них прямого подтверждения идеи не дало. Отчасти и сам М. осознавал значит. ограничения своей теории, поскольку в реальности действия человека явл. результирующей не одной, а одновременно нескольких потребностей. Хотя эта теория и подвергалась впоследствии широкой критике, но благодаря своим универсальным объяснительным возможностям послужила основой для мн. совр. моделей мотивации труда и нашла применение в целом ряде организационных нововведений (напр., в проектах «обогащения труда»). Идеи М., оставаясь по преимуществу теоретической конструкцией, объясняющей поведение индивида «пост-фактум», все еще широко применяются в промышленности как средство улучшения стиля руководства.

А. И. Кравченко

Соч.: 1) Theory of human motivation//Psychology Review. July. 1934. P. 370—396. 2) Motivation and personality. N. Y., 1970.

«МАССОВАЯ КУЛЬТУРА» — понятие, характеризующее особенности производства культурных ценностей в совр. индустриальном об-ве, рассчитанное на массовое потребление, т. е. подчиненное ему как своей цели (массовое производство культуры при этом понимается по аналогии с поточно-конвейерной индустрией). Массовой культура явл. как по месту (ее потребитель — это «все люди», независимо от страны проживания, в предельном случае — все члены об-ва, все человечество), так и по времени (производство М. к. осуществляется постоянно, изо дня в день). В совр. зап. социологии наиболее распространено сциентистское, натуралистически-вещное понимание М. к. как культуры повседневной жизни, производимой для восприятия массовым сознанием, непосредственно и достоверно представляемой прежде всего деятельностью средств *массовой коммуникации,* а потому в принципе не нуждающейся в филос., «глубинной» верификации. Исследования проблематики М. к., рассматриваемой т. обр., осуществляется методами эмпирического исследования массовой коммуникации, где на месте изделия М. к. оказываются сообщения средств массовой коммуникации, а на месте потребителя — массовая аудитория. Взаимодействие этих двух составных частей бытия М. к. устанавливается в социол. исследовании через анализ рез-та («эффекта») массовой коммуникации. В апологетических концепциях (*Шилз, Л. Уайт*), М. к. рассматривается как в целом удовлетворительная форма демократизации совр. об-ва (с соотв. ростом жизненного уровня, образования). Оптимистическим взглядам на М. к. противостоят различ. направления критического анализа, тесно связанного с проблематикой *массового об-ва*. Среди предшественников и авторов этой критики — Местр, Э. По, *Токвиль*, Ш. Бодлер, Ф. Ницше, *Милль*, Х. Ортега-и-Гассет, *Шпенглер, Адорно*, А. Лефевр, *Фромм, Рисмен, Маркузе, Миллс*, Х. Энценсбергер и др. В рамках этого направления М. к. рассматривается как выражение громадной концентрации политической и социально-экономической власти в руках правящих элит, цинично эксплуатирующих культурные запросы масс, как предельное выражение духовной несвободы, стандартизации и унификации личности, как средство ее отчуждения и угнетения; как показатель распада отношений личной и общинной зависимости и кризиса традиционных демократических ценностей. Демонизм, приписываемый при этом М. к., объясняется ее вездесущим умением сводить любое явление подлинной, высокой культуры до усредненного, содержательно выхолощенного потакания неразвитым вкусам, до иллюстрации «извечной истинности» провозглашаемых ею вульгарных сентенций. Толчок развитию проблематики М. к. дало проявление контркультуры и революции в области средств связи и информации.

В. П. Терин.

Лит.: 1) *McLuhan M.* Culture is our business. N. Y., 1970. 2) Culture, society and the media/Gurevitch M. et al. L., 1982. 3) Literary taste, culture and mass communication. V. l. Culture and mass culture/Davidson P. et al. Camb., 1983.

МАССОВОГО ОБЩЕСТВА теории — социол. и филос.-исторические концепции, претендующие на описание и объяснение социальных и личностных отношений совр. об-ва с т. зр. возрастания роли народных масс в истории, причем рассматривающие этот процесс как преимущественно негативный, как патологию об-ва. «Массовой» именуют социальную структуру, в к-рой человек нивелируется, становясь безликим элементом социальной машины, подогнанным под ее потребности, ощущает себя жертвой обезличенного социального процесса. Истоки М. о. т.— в консервативно-романтической критике капитализма со стороны классов, утративших свои сословные привилегии и оплакивающих патриархальный жизненный уклад (Бёрк, де Местр, консервативные романтики Германии и Франции 19 в.). Непосредственными предшественниками М. о. т. были Ницше, утверждавший, что отныне главную роль играет масса (а она преклоняется перед всем заурядным), а также *Лебон* и *Тард*, разработавшие концепцию психологии масс (*«Массы» теории*). Первым целостным вариантом М. о. т. был ее «аристократический», или консервативный, вариант, получивший наиболее законченное выражение в книге Х. Ортеги-и-Гассета «Восстание масс». «Неблагодарные» массы вместо того, чтобы следовать за элитой (для Ортеги это — обществ. норматив), рвутся к власти, хотя не обладают способностью управлять, пытаются вытеснить элиту из ее традиционных областей — политики и культуры, что явл. причиной катаклизмов 20 в. В 40—60-е гг. возникает либерально-критический (*Маннгейм, Рисмен*) и леворадик. (*Миллс*) варианты М. о. т., к-рые приобрели значит. популярность в широких кругах зап. интеллигенции. Острие их критики направлено против бюрократизации, централизации власти, усиления контроля над личностью, свойственного гос.-монополистической организации, отчуждения, атомизации, конформизации людей. В 60—70-е гг. амер. социологи *Белл, Шилз* объявляют М. о. т. «неоправданно-критическими», дисфункциональными по отношению к существующей системе и пытаются переконструировать их, направив в русло официальной бурж. идеологии. Шилз подчеркивает интеграцию народных масс в системе социальных ин-тов «массового об-ва»; посредством массовых коммуникаций они усваивают нормы и ценности, создаваемые элитой, и об-во движется по пути преодоления социальных антагонизмов (тогда как в действительности они воспроизводятся в новых, как правило более острых, формах). Для М. о. т.

характерно стремление осмыслить включение масс в структуру производства, потребления, культурной жизни совр. капиталистического об-ва. Однако определения «массового об-ва» расплывчаты и нарочито широки: под них стремятся подвести и капиталистические, и социалистические страны, часто они носят откровенно антикоммунистический характер. М. о. т. глубоко пессимистичны. В них отразился крах либеральных иллюзий периода капитализма свободной конкуренции, крах идеалов Просвещения с их «наивной» верой в разум, свободное развитие личности, отступившими перед гос.-монополистической действительностью. М. о. т.— это философия кризиса, констатирующая расстройство бурж. социального организма, его аномию.

Г. К. Ашин

Лит.: 1) *Ашин Г. К.* Доктрина «массового общества». М., 1971. 2) *Ортега-и-Гассет X.* Восстание масс//Вопросы философии. 1989. № 3, 4. 3) *Kornhauser W.* The politics of mass society. L., 1960. 4) *Giner S.* Mass society. L., 1976.

МАССОВОЙ КОММУНИКАЦИИ исследования

— анализ общения, осуществляемого путем применения средств М. к. (прежде всего прессы, радио, телевидения). Первоначально развивается как часть общесоциол. теории. В кач-ве примера можно назвать анализ М. *Вебером* прессы как «капиталистического предприятия»; понимание *Парком, Кули,* У. Липпманом М. к. как общения членов массы — возникающей на волне индустриализации и урбанизации «коллективной группировки», объект интересов членов к-рой лежит вне широкого разнообразия локальных групп и культур, к к-рым они принадлежат [1]. М. к. изображается как общение индивидов в пределах большого города, страны или даже мира в целом, когда они оказываются вырваны из привычных условий взаимодействия и действуют независимо от социальных ролей, определяемых их положением в об-ве. Начиная с 20-х гг. теории М. к. начинают испытывать все большее влияние эмпирических исследований. В условиях борьбы за массовые аудитории точное знание их реакции на сообщения средств М. к. оказывается необходимым орудием торговой и политической конкуренции, что выражается в широком распространении прикладных исследований, с позиций к-рых строится и теория М. к. Наиболее известный теоретический подход к М. к., соотв. эмпирически очевидному пониманию ее природы, отражен в предложенной в 1948 г. формулировке *Лассуэлла,* где определение М. к. становится ясным по мере ответа на вопросы «КТО говорит — ЧТО сообщает — по какому КАНАЛУ — КОМУ — с каким ЭФФЕКТОМ?» [2]. В соответствии с этой формулировкой, ставшей схемой для построения учебных курсов и хрестоматий по М. к., изучается коммуникатор (инстанция, организующая и контролирующая М. к.), сообщения М. к. (контент-анализ), средства М. к., аудитория (ее количественно описываемые социальные и социально-психологические характеристики), рез-ты М. к. (изменение сознания аудитории). Новый этап в развитии теории М. к. связан с осознанием того, что представления, согласно к-рым влияние средств М. к. определяется их прямым воздействием на аудиторию, носят упрощенный характер. В 1940 г. *Лазарсфельдом,* Б. Берельсоном и Г. Годэ было установлено наличие «двуступенчатого потока коммуникации». Это означает, что идеи часто распространяются от средств М. к. к «лидерам мнения», в большинстве своем неформальным, а от них — к их менее активным последователям. Выявление роли межличностного взаимодействия в распространении М. к. получило название «повторное открытие первичной группы» (понятие «первичная группа» ввел Кули еще в 1909 г.). В русле выявления зависимости М. к. от более широкого социального окружения развиваются теории «диффузии инноваций», «обратной связи» от аудитории к коммуникатору (схема Дж. Райли, Ф. Балль). Активно изучаются социальные функции М. к. Существующие концепции места и роли М. к. в об-ве многовариантны. Одни из них рассматривают М. к. как выражение концентрации политической власти при капитализме *(Миллс)*, другие — как способ обеспечения духовного контроля (Лазарсфельд, *Мертон*), третьи — как решающую сферу борьбы империализма за обеспечение своего духовного господства в совр. мире (Х. Шиллер). Особое место среди них занимают теории *Маклуэна* и А. Моля, рассматривающие М. к. и создаваемую ими культуру как новый этап социального общения.

В. П. Терин

Лит.: 1) *Blumer H.* The mass, the public and public opinion//*Berelson B., Ianowitz M.* Reader in public opinion and communication. N. Y., 1950. 2) *Lasswell H.* The structure and fuction of communication in society//*Sohramm W.* Mass communications. Urbana, Illinoes, 1960. 3) Sociology of mass communications/McQuail D. L., 1976. 4) *Balle F.* Médias et société. P., 1980.

«МАССЫ» теории — в бурж. социологии и социальной психологии концепции, претендующие на объяснение поведения человеческих множеств, как правило непрочных и случайных (в отличие от групп и классов), члены к-рых объединены лишь присутствием в одном месте в одно время и взаимодействие между к-рыми имеет характер взаимного усиления эмоций, взаимного заражения и т. п. (напр., толпа зевак во время уличного инцидента). Особое внимание при этом обращается на поведение больших скоплений людей, исчисляемых порой миллионами, на поведение массы в чрезвычайных обстоятельствах (паника, массовый экстаз и т. п.). Понятие «М.» в этом контексте является прототипичным по отношению к *массового об-ва* теориям, к-рые можно рассматривать как перенос понятия «М.» на об-во в целом, как описание функционирования об-ва по способу поведения М. М. т. создаются в ответ на потребность описания двух социальных тенденций, с особой силой проявившихся в 20 в., причем действующих не в чистом виде, а имеющих свои контртенденции. Первая из них — возрастание роли народных масс в историческом развитии (и антипод этой тенденции — формирование консервативной массы, в к-рой ищет опору эксплуататорское меньшинство). Вторая — рост классовой поляризации, обострение социальных антагонизмов (и ее продукт, превращенная форма и одновременно контртенденция — дестратификация, т. е. сближение социальных групп и слоев). Обе тенденции обусловлены сдвигами в социальной структуре об-ва, ломкой старых, традиционных дифференциаций, порожденных прежде всего НТР. Объективно М. т. направлены прежде всего против революционных движений масс, рассматриваемых как «буйство толпы», сокрушающей ценности культуры. Понимание категории «М.» в бурж. социологии крайне неопределенно из-за огромной пестроты в толковании этого понятия. В различ. трактовках М. понимается: (1) как толпа; (2) как публика; (3) как гетерогенная аудитория, противостоящая классу и относительно гомогенным группам; (4) как уровень некомпетентности, как снижение цивилизации; (5) как продукт машинной техники; (6) как «сверхорганизованное» *(Маннгейм)* бюрократизированное об-во, где господствует тенденция к униформизму, отчуждению [4, 22—25]. Вместе с тем имеется опред. общность методологических установок и исходных принципов М. т.: стремление исключить из социол. анализа классовые отношения, отношения собственности, ограничить его интерперсональными отношениями, перевести в русло частных эмпирических исследований, психологического редукционизма. По своему происхождению понятие «М.» в бурж. социологии прежде всего социально-психологический термин. Он выработан в ходе эмпирических наблюдений над непосредственно обозримыми множествами индивидов (поведением толпы на улице, публики в театре и т. д.). В каждом случае обращало на себя внимание возникновение некоторой психической общности, заставляющей людей вести себя иначе, чем в случае, если бы они действовали изолированно, и нередко примитивизирующей их поведение. В дальнейшем эта эмпирическая констатация превращается в абстрактную модель, к-рая прилагается к самым различ. сферам обществ. отношений, к человеческим множествам, уже не являющимся непосредственно обозримыми, напр. к «народным М.», революционным массовым движениям. Термин «М.» заимствован из языка аристократической критики прогрессивных изменений 17—19 вв. Бёрк, де Местр именовали пугающую их историческую силу «толпой», «М.». У *Лебона* моделью явл. толпа, рассматриваемая как психологический феномен, возникающий при непосредственном взаимодействии индивидов независимо от их социального положения, национальности, профессии, случайности повода, вызвавшего ее образование. В толпе образуется социально-психологическое («духовное») единство — «душа толпы», она проникается опред. общими чувствами, взаимовнушение дает ей колоссальное увеличение энергии, в толпе глушится, исчезает сознательная личность. Хотя Лебон допускает существование «героических масс», он считает, что чаще в толпе берут верх низменные страсти. Для Ортеги-и-Гассета М.— «усередненная, худшая» часть людей. Модель М. как толпы не явл. общепризнанной; в ряде социол. концепций обращается внимание на то, что эта модель находится в противоречии с эмпирически фиксируемыми тенденциями совр. капиталистического об-ва — ростом атомизации, некоммуникабельности, отчуждения; моделью М. видится не толпа, а публика, активистского участника толпы сменяет зритель. Напр., *Тард* требовал «перестать смешивать толпу и публику», в первой люди физически сплочены, во второй — рассеяны, первая «гораздо более нетерпима», вторая — более пассивна. Отсюда Тард делал вывод о желательности замены толпы публикой. Позднее *Парк* исследовал различие между М. как толпой, условием образования к-рой явл. непосредственное взаимодействие индивидов, и публикой, у к-рой такое взаимодействие может отсутствовать. Г. Блумер считает главными характеристиками (как аудитории) анонимность и изолированность ее членов, слабое взаимодействие между ними, случайность их социального происхождения и положения, отсутствие организованности. «Толпа одиноких» (*Рисмен*) — лапидарная характеристика М. в системе совр. об-ва: люди чувствуют себя отчужденными от него, от др. людей, отношения между ними проявляются в форме недоверия, во враждебности. В совр. зап. социологии имеются концепции, к-рые пытаются связать М. т. с отношениями классов (чаще «страт»). Для Э. Ледерера, *Арендт* М.— продукт дестратификации, своего рода «антикласс». Для У. Корнхаузера масса — «агрегат людей, в котором не различаются группы или индивидуумы» [3, 14].

Г. К. Ашин

Лит.: 1) *Лебон Г.* Психология народов и масс. СПб., 1896. 2) *Ашин Г. К.* Доктрина «массового общества». М., 1971. 3) *Kornhauser W.* The politics of mass Society. N. Y., 1960. 4) *Bell D.* The end of ideology. N. Y., 1965. 5) *Anders G.* Die Antiquiertheit des Menschen. Münch., 1984.

МЕНЕДЖМЕНТ (от англ. management — управление) — многозначный термин, обозначающий: (1) социальный и экономический ин-т, влияющий на предпринимательскую деятельность, образ жизни и сферу политики совр. зап. об-ва; (2) совокупность лиц, занятых управленческим трудом в сфере частного и обществ. бизнеса; (3) научную дисциплину, изучающую технико-организационные и социальные аспекты управления обществ. производством. В последнем случае он совпадает с индустриальной социологией, социологией управления и отчасти с прикладной социологией, к-рые также изучают управленческие структуры, систему и механизм межличностных отношений, стимулирование и мотивацию трудовой деятельности, организационное поведение. М. ставит своей целью сформулировать и применить на практике всеобщие принципы управления, пригодные для любой человеческой организации. К ним относятся определение целей и задач управления, разработка конкретных мероприятий по их достижению, разделение задач на отдельные виды операций, распределение работ, координация взаимодействия различ. подразделений внутри организации, совершенствование формальной иерархической структуры, оптимизация процессов принятия решений и *коммуникаций*, а также поиск адекватной мотивации деятельности, эффективных стилей руководства, социальной ответственности и др. вопросов, к-рые становятся предметом социол. исследования. В бурж. науке управления принято выделять два уровня знания. Первый представлен теориями социального управления: *«революции менеджеров»*, *«социальной ответственности бизнеса»*, *«промышленной демократии»*, *«человеческих отношений»*, *«постиндустриального об-ва»* и др. В методологическом плане они явл. не чем иным, как частью более общих политико-экономических и социально-филос. концепций, объясняющих механизм функционирования капитализма. Второй уровень знания — прикладные теории организации и управления — более конкретен, он обеспечивает научно-методическую базу для выработки практических рекомендаций по рационализации труда и совершенствованию управления (напр., групповых или бригадных форм труда), анализа и обоснования решений, применения новейших приемов социально-психологического воздействия на поведение рабочих и служащих. Характерная черта М.— плюрализм методологических установок. Разработка концептуального аппарата ведется без строгой ориентации на общую теорию. Хорошо поставленная система эмпирических исследований и инновационных экспериментов дает опред. методические преимущества, к-рые, однако, нейтрализуются теоретической «обезглавленностью» научного поиска в целом. Неудивительно поэтому, что в М. наряду с концепциями, отражающими совр. уровень знания, существуют и идеи начала века. Хронологически история М. начинается с движения за «научный менеджмент», во главе к-рого стояла группа передовых амер. инженеров конца 19— начала 20 в. К ним относят Ф. Тейлора (*Тейлоризм*), Г. Гантта, Ф. Гилбретта, С. Томпсона, Г. Эмерсона и др. В центре их внимания стояли вопросы повышения производительности труда и улаживания социальных отношений на предприятии. Предлагались конкретные рекомендации по улучшению структуры управления, стандартизации инструментов, оборудования и технологических процессов, разрабатывались и внедрялись «побудительные» системы оплаты и мотивации труда, укрепления дисциплины, повышения ответственности, методы обучения рабочих и руководителей. Благодаря усилиям сторонников «научного менеджмента» в первой четверти 20 в. амер. промышленность сделала существенный шаг вперед в плане организации и управления. Начинается процесс институционализации и обществ. признания М.: появляются профессиональные консультанты и специальные службы, издаются периодические журналы и научные монографии, открываются курсы в колледжах, проводятся семинары и затрачиваются огромные суммы на научные исследования. М. становится сферой большой политики. Начиная с известных хоторнских экспериментов, заложивших методологические основы доктрины «человеческих отношений», М. переориентируется на социально-психологическую проблематику. Теоретический фундамент совр. М. заложен трудами *Маслоу*, *Мэйо*, *Дракера*, Д. Макгрегора, Ф. Херцберга и Р. Лайкерта, к-рые послужили исходной точкой для практических разработок в области «гуманизации» и «обогащения труда», автономных групп и новых форм организации труда.

А. И. Кравченко

Лит.: 1) Гвишиани Д. М. Организация и управление. М., 1972. 2) *Кравченко А. И.* Социология труда в XX веке: Историко-критический очерк. М., 1987.

МЕРИТОКРАТИЯ (от лат. meritus — достойный и греч. kratos — власть), букв.— власть, основанная на заслугах. Термин введен в употребление англ. социологом М. Янгом в противоположность понятиям «аристократия» и «демократия». В антиутопии «Возвышение меритократии: 1870—2033» (1958) он сатирически изображал грядущий приход к власти и последующий крах новой олигархии, оправдывающей свое господство тем, что она состоит из интеллектуально наиболее одаренных и энергичных личностей, рекрутируемых из всех слоев об-ва. Представители неоконсервативного направления в зап. обществ. мысли, особенно в США (*Белл*, З. Бжезинский, М. Платнер и др.), придали, однако, этому термину позитивное содержание и сконструировали социол. и политическую концепцию М., направленную против идеи социального равенства и призванную оправдать политические и экономические привилегии «новой интеллектуальной элиты», с их т. зр., вносящей наибольший вклад в благосостояние всего об-ва. Эта концепция представляет собой модернизацию традиционных *элиты теорий*.

Э. А. Араб-Оглы

МЕРЛО-ПОНТИ (Merleau-Ponty) **Морис** (14.03.1908, Рошфор-сюр-Мер — 04.05.1961, Париж) — франц. философ экзистенциально-феноменологической ориентации, близкий к *неомарксизму*, один из основоположников феноменологического направления в социологии (*Феноменологическая социология*). Окончил Высшую нормальную школу. Преемник Ж.-П. Сартра в лицее Кондорсе (1944), преподавал философию в ун-те Лиона (1945—1949), в Сорбонне, в Высшей нормальной школе и в Коллеж де Франс (с 1953). Социально-филос. концепция М.-П. сложилась в ходе переосмысления феноменологии Гуссерля в антиидеалистическом, «реалистическом» духе с последующим переводом гуссерлевских понятий на язык неомарксистской «философии практики», отправляющейся от ранних работ Лукача. Представителей совр. феноменологической социологии больше всего привлекали (и привлекают) в социальной философии М.-П.: а) идея «социального конструирования» мира, осуществляемого в ходе межчеловеческого взаимодействия (включая связанные с нею релятивистские аберрации); б) понимание человека как существа, вырабатывающего «значения», наделяющего ими «свой мир» и действующего на этой основе «внутримирским» образом [1]; в) ориентация на учет как «внешних» (эмпирически фиксируемых), так и «внутренних» (феноменологически-удостоверяемых) аспектов человеческого существования. М.-П. одним из первых наметил ту перспективу слияния неомарксистской социальной философии и феноменологической социологии, к-рая с логической необходимостью привела в своем развитии к *социол. радикализму*. На фоне реакции на эту тенденцию, наметившуюся с конца 70-х гг., концепция М.-П. воспринимается двояким образом: одними — как перспектива дальнейшего распредмечивания социологии, т. е. утраты объективных определений ее предмета, др.— как перспектива возврата от субъективизма в социологии к поиску этих определений на путях акцентирования «телесного» аспекта межчеловеческих коммуникаций.

Ю. Н. Давыдов

Соч.: 1) Phénomenologie de la Perception. Sens et non-sens. P., 1948. 2) Die Abenteuer der Dialektik. Fr./M., 1964. 3) The primacy of Perception. Chic., 1964.

МЕРТОН (Merton) **Роберт Кинг** (05.07.1910, Филадельфия) — амер. социолог, почетный профессор Колумбийского ун-та, президент Амер. социол. ассоциации (1957). Внес значит. вклад в разработку и формирование ряда осн. областей академической социологии: теории и методологии структурного функционализма, социологии науки, изучения социальной структуры, бюрократии, социальной дезорганизации и др. Выступая продолжателем классической традиции бурж. социологии (М. *Вебер*, *Дюркгейм*), М. независимо от своих учителей *Сорокина* и *Парсонса*, много сделавших для популяризации в США европ. теоретической социологии, ищет самостоятельный путь ее соединения с установившимся в США стандартом эмпирического исследования. Первой работой такого рода явилась написанная в 1938 г. монография «Наука, техника и общество Англии XVII в.», носившая историко-социол. характер. Отталкиваясь от идеи М. Вебера о решающей роли религ. ценностей в развитии европ. капитализма и науки, М. показал, что осн. ценности господствующей в Англии 17 в. пуританской религ. морали (полезность, рационализм, индивидуализм и др.) оказали стимулирующее воздействие на научные открытия видных англ. ученых той эпохи. Развивая эти идеи в последующих работах [5], М. формулирует основы социол. анализа науки как особого социального ин-та с присущими ему ценностно-нормативными регулятивами. Этот обязательный для науки комплекс ценностей и норм включает в себя четыре основополагающих «институциональных императива»: «универсализм», «общность», «бескорыстность» и «организованный скептицизм». Мертоновский подход стимулировал большое число исследований в области социологии науки, сыграв важную роль в формировании ее как самостоятельной области исследования. В период 40-х гг. М. активно занимается прикладными социальными исследованиями в области средств массовой коммуникации (*Массовой коммуникации исследования*), межличностных отношений, социологии медицины и др. Деятельность М. на посту содиректора (вместе с *Лазарсфельдом*) Бюро прикладных исследований Колумбийского ун-та во мн. способствовала росту авторитета эмпирической социологии, олицетворяя собой «единство теории и метода» в рамках амер. социологии. Большую популярность принесла М. программа создания теорий среднего уровня, к-рую он выдвинул в 1948 г. в противовес пропагандируемой Парсонсом стратегии построения «всеохватывающей теории» структурного функционализма. Созданная М. в тот период «парадигма» функционального анализа, концентрирующая в себе систему понятий и принципов этого подхода [3], как раз и должна была служить методологической базой формирования теорий среднего уровня. В отличие от Парсонса, уделявшего осн. внимание анализу механизмов поддержания «социального порядка», М. сосредоточил усилия на изучении дисфункциональных явлений, возникающих вследствие напряжений и противоречий в социальной структуре. Пример такого подхода — работа «Социальная структура и аномия» [2], в к-рой анализируются различ. типы поведенческих реакций на деформации и напряжения социальной структуры: «конформизм», «инновация», «ритуализм», «ретритизм», «мятеж». В 50—60-е гг. под руководством и при непосредственном участии М. осуществляется ряд крупных исследовательских проектов в области социологии науки, изучения массовых коммуникаций, социальной стратификации, бюрократии, социологии профессий, социологии медицины, социальных проблем, различ. аспектов теории и методологии [1]. В последние годы М. наряду с социологами старшего поколения Козером, *Блау* и др. предпринимает попытку возродить методологию структурализма, с позиций к-рой он стремится осмыслить нынешнее состояние зап. социологии [6].

М. С. Комаров

Соч.: 1) Социология сегодня: проблемы и перспективы/Мертон Р. К. и др. М., 1965. 2) Социальная структура и аномия//Социология преступности. М., 1966. 3) Явные и латентные функции//Структурно-функциональный анализ в социологии. Вып. 1. М., 1968. 4) Approaches to the study of social Structure. N. Y., 1975. 5) Sociology of science. N. Y., 1973. 6) Social theory and social structure. N. Y., 1957.

МЕТОДОЛОГИЯ СОЦИОЛОГИЧЕСКАЯ

(от греч. metodos — путь исследования или познания и греч. logos — слово, понятие, учение) — учение о методе социального познания; система филос.-исторических и социально-филос. (*Социальная философия*) принципов, объясняющая пути и обосновывающая способы приращения, построения и применения социол. знания. М. с. может имплицитно содержаться в социальной теории или быть отрефлектированной на саму себя и явл. по отношению к социол.

теории метатеоретическим, филос.-социол. уровнем знания. М. с. близка, но не идентична социологизму, особенно в его претензии на роль универсальной (филос.) методологии *(Вульгарный социологизм)*. М. с. следует отличать от методологии конкретного социол. исследования — учения о методах сбора, обработки и утилизации первичной социальной информации. М. с. зиждется на онтологических постулатах о специфике социальной реальности, поэтому в зависимости от мировоззренческих парадигм в социологии может быть типологизирована различ. образом, напр. по главным течениям совр. филос. мысли Запада, послужившим основой для М. с. *(Антропологическое направление в социологии; Знания социология; Историцизм; Натурализм в социологии; Неокантианство (методология социальных наук); Неомарксизм; Позитивизм социологический; Понимающая социология; Психоаналитическая ориентация в социологии; Психологическое направление в социологии; Сциентизм; Структурализм в социологии; Техницизм и антитехницизм; Феноменологическая социология; Формальная школа в социологии; Фрейдомарксизм; Функциональный подход в социологии; Холизм; Этнометодология).*

А. Н. Малинкин

МЕХАНИЦИЗМ в **социологии** — направление, возникшее в 19 в. и являющееся, в сущности, одной из крайних форм *позитивизма*. К нему относятся концепции, к-рые под влиянием классической механики (и физики вообще), а также механистического миропонимания, бывшего весьма влиятельным в течение нескольких веков, стремились свести закономерности функционирования и развития об-ва к механистическим закономерностям, широко используя при этом физическую терминологию и фразеологию. Социальная структура сводилась к сумме ее элементов, об-во, в отличие от органицистских *(Органицизм)* представлений, понималось как механический агрегат. Сторонники М. прибегали к еще более наивным и вульгарным аналогиям, чем органицисты. Так, Г. Ч. Кэри сравнивал обществ. структуры и процессы со структурами и процессами неорганического мира, стремился установить общие для них законы. В 20 в. М. продолжал время от времени возрождаться в новых — «энергетических», «термодинамических» и проч.— формах, соответствовавших новым этапам развития физических наук. Его идеи развивали нек-рые крупные ученые, напр. В. Ф. Оствальд. Концепции М. разделял в значит. мере *Парето*. Для М. этого периода характерна работа А. Барсело «Очерки социальной механики» (Париж, 1925). При всей несостоятельности своей редукционистской методологии представители М., будучи сторонниками количественных и статистических методов, внесли заметный вклад в теорию и методику социальных измерений, их влияние чувствуется и в совр. тенденциях использования в социологии кибернетики и общей теории систем.

С. А. Эфиров

МИД (Mead) **Джордж Герберт** (27.02.1863, Саут-Хэдли, Массачусетс,—26.04.1931, Чикаго) — амер. философ, социолог и социальный психолог; последователь Джемса и Дьюи, видный представитель прагматизма и натурализма. Исходным пунктом философии М. явл. понятие акта, определяющего специфику восприятия объективной реальности действующим субъектом (к-рый понимается в широком смысле — физический «субъект», «живая форма», социальное Я). Содержание объектов определено прошлым опытом индивида во всем его своеобразии и неповторимости, и поэтому они «являются выражением особенных отношений между ними и индивидом» [2, 7]. Объекты различны для индивидов, поскольку связаны с различ. индивидуальными «перспективами». В понятии перспективы выражается специфичность взаимодействий субъекта со свойственной ему средой. Перспективы имеют объективное существование. Реальность есть многообразие возможных перспектив, плюральность разного рода систем взаимодействий. Любой субъект может участвовать или участвует во мн. перспективах одновременно. Факт одновременного участия в разных перспективах М. именует «социальность». Воспринимаемая реальность, в т. ч. и реальность об-ва, «социальна» по своей природе. В то же время «социален» и субъект, ибо он конституируется, как таковой, в силу своего участия в разных перспективах. Ход мысли, свойственный общефилос. концепции М., воспроизводится в его социальной психологии [1]. Центральным явл. понятие межиндивидуального взаимодействия. Совокупность процессов взаимодействия конституирует об-во и социального индивида. Действие индивида (физическое или вербальное) воспринимается др. людьми, будучи опосредованно значением. Значение — редуцированное взаимодействие, существующее в опыте индивидов. Тождество значений в опыте того, кто действует, и того, кто воспринимает действие, предполагает возможность «принятия роли другого». В случае более сложного взаимодействия с участием мн. индивидов учитывается и обобщается мнение группы относительно общего объекта взаимодействия, т. е. принимается роль «обобщенного другого». Стадии принятия роли другого, других, обобщенного другого — стадии превращения физиологического организма в рефлексивное социальное Я. Происхождение Я целиком социально, главная его характеристика — способность становиться объектом для себя самого, что отличает его от неодушевленных предметов и живых организмов. Богатство и своеобразие заложенных в том или ином индивидуальном Я реакций, способов действия, символических содержаний зависят от разнообразия и широты систем взаимодействия, в к-рых Я участвует. Структура завершенного Я отражает единство и структуру социального процесса. В то же время социальный индивид (социальное Я) является источником движения и развития об-ва. М. выделяет в системе Я две подсистемы: «I» и «me». «Me» представляет собой свойственную данному индивиду совокупность установок «других», т. е. интернализованную структуру групповой деятельности. «I», напротив, имеет автономный характер, явл. источником спонтанного, непредсказуемого поведения, отражает специфику реакций индивида на социальные стимулы. Реагируя отклоняющимся от ожиданий образом, «I» вносит в структуру взаимодействий изменения, к-рые, суммируясь, изменяют содержание социального процесса, не давая ему кристаллизоваться в жесткий социальный порядок. Соотношение «me» и «I» в представлениях М. о структуре личности соответствует в целом фрейдовским категориям «сверх-Я» и «Оно». Социальная концепция М. (сам он именовал ее социальным бихевиоризмом, желая подчеркнуть научный, неспекулятивный характер своего подхода, на самом деле имеющего весьма мало общего с традиционным бихевиоризмом) оказала мощное воздействие на последующее развитие социальной психологии и социологии, легла в основу направления, известного как *символический интеракционизм* (Г. Блумер, Т. Кун, И. Гофман, А. Стросс, Т. Шибутани и др.). Большое влияние получили его разработки в области педагогики, педагогической психологии, социальной этики. Ряд исследователей (Г. Уинтер, М. Натансон, П. Мак-Хью) не без оснований сближают представления М. о социальной жизни с идеями экзистенциальной психологии, с одной стороны, и социальной феноменологии — с др. В рамках последней, в частности в трудах *Шюца*, они получили существенное развитие.

Л. Г. Ионин

Соч.: 1) Mind, Self and Society. Chic., 1936. 2) The philosophy of the act. Chic, 1938.

МИД (Mead) **Маргарет** (16.12.1901, Филадельфия — 15.11.1978, Нью-Йорк) — амер. антрополог, проф. Нью-Йоркского, Йельского, Колумбийского ун-тов, видный деятель пацифистского, антирасового, экологического и экуменического движений. Будучи ученицей *Боаса* и *Бенедикт,* М. развивала ведущую тему этой школы — «культура и личность» — по трем направлениям: исследование проблем социализации детей, культурного смысла сексуальных ролей, социального и культурного измерения личности. Центральным для концепции М. явл. утверждение, что культурный характер — это совокупность закономерностей психической жизни, обусловленных культурой. Эмпирическая основа этой концепции — двадцатипятилетние полевые исследования М. архаических культур с применением прожективных тестов, фото- и киноописаний. Исходные мировоззренческие и теоретические установки М. включают: а) предельную релятивизацию критериев культурной нормы вплоть до отказа от дихотомии «примитивное — цивилизованное» как европоцентристского предрассудка в духе функциональной школы (*Малиновский, Радклифф-Браун*); б) неокантианскую гносеологическую модель, рассматривающую науку только как процесс познания различ. истин, в том числе религ.; в) гуманитарно-христианский экуменизм, оценивающий мистику, атеизм и социальный реформизм как различ. виды религ. энергии; г) философскую семантику А. Лавджоя, согласно к-рой характер обществ. сознания в конкретной культуре определяется набором ключевых для этой культуры понятий и их интерпретацией. По рез-там своей первой экспедиции в 1925—1926 гг. на остров Тау (Самоа) М. опубликовала материал, ставший научной сенсацией — вывод об отсутствии в архаичной культуре специфических конфликтов подросткового возраста, из чего следовало, что проблемы молодежи на Западе имеют чисто социальные источники. В 1931-1933 гг. на основании сравнительного изучения трех племен Новой Гвинеи М. выдвинула гипотезу о зависимости сексуального поведения от принципов культуры и, следовательно, относительности норм сексуального поведения, к-рая оказала огромное влияние на идеологию феминизма. В 1936—1950 гг. в рамках этнографических исследований жителей Бали у М. складывается новое отношение к архаическим ритуалам — как к специфическим проявлениям универсального космического чувства, лежащего в основе всех религий, в том числе и христианства. В это время М. вместе с Бенедикт организует сравнительное исследование типов *национальных характеров,* направленное на преодоление культурных стереотипов. Значит. обществ. резонанс получила написанная М. совместно с Дж. Болдуином книга о расовых предрассудках и ряд публикаций-исследований об амер. индейцах, разрушающих сложившийся в массовом сознании образ «дикаря». В 60-х гг. под впечатлением нигилистических тенденций контркультурного движения молодежи М. отказалась от этической концепции функционализма, критикуя свои ранние труды за «абсолютную релятивизацию понятий добра и зла» [2, 30]. Теоретические и культурологические исследования М. кумулируются в утопический проект создания всемирной «культуры участия». На первом этапе, по ее мн., должно быть реализовано семиотическое единство человечества, т. е. созданы универсальная система графов, единый геофизический календарь и т. п.; на втором — выработан единый язык. Переход к этой «живой утопии» М. мыслит как рез-т двух «тихих революций»: технологической модернизации «третьего мира» и «революции метафор» в развитом мире, в ходе к-рой соблазнительный демонизм понятия «ад» вытеснится живым образом «рая», созданным из архаических мифов, детских фантазий и плодов творчества экуменической элиты. Эта революция приведет к созданию «новой человеческой генерации, ориентированной на рай» [2, 49]. Единицей общежития в новой культуре должен стать «очаг средней величины», к-рый больше, чем нуклеарная семья, но меньше, чем родовой клан. Духовное существование его должно обеспечиваться сочетанием литургической соборности и либеральными ценностями индивидуализма. Идеи М. продолжают оказывать серьезное влияние на этнографические и культурологические исследования, а также на социол. школу *символического интеракционизма*, хотя и подвергался критике за апологетичность в анализе примитивных культур.

В. А. Чаликова

Соч.: 1) Культура и мир детства. М., 1988. 2) Toward more vivid utopia (Utopia). N. Y., 1970. 3) Twentieth century faith N. Y., 1972. 4) Coming on age in Samoa. Morrow, 1986.

МИЛЛС (Mills) **Чарлз Райт** (28.08.1916, Уэйко, шт. Техас, США — 20.03.1962, Нью-Йорк) — амер. социолог и публицист леворадикальной политической ориентации. Один из идеологов движения «новых левых», претендовал на создание «новой социологии». Испытал влияние марксизма, а также прагматизма и социологических идей *Веблена* и М. *Вебера*. Призывал обществ. науки обличать пороки капиталистического об-ва. Согласно М., радикально настроенные представители обществ. наук, отстаивающие ценности свободы, творчества и «социологического воображения», т. е. способные понять тенденции обществ. развития и связать с ними свою жизнь, могут изменить совр. антидемократическую, разрушающую осн. человеческие ценности социальную структуру США. М. стоял на позициях интеллектуального просветителя, верящего в самостоятельную силу интеллигенции и видящего в радикальном слове осн. силу, способную низвергнуть господство «властвующей элиты» — союз промышленной, политической и военно-бюрократической элит. Концепцию «властвующей элиты» выдвигал в противовес марксизму. Необходимо отметить, что употребляемое М. понятие элиты отличалось расплывчатостью, что позволяло употреблять его не вполне корректно. Рассматривая буржуазное государство и его военную силу как абстрактное, автономное образование, М. полагал, что оно организует и направляет общественную жизнь. По мн. М., постоянное увеличение военных расходов и централизация средств осуществления власти в совр. эпоху дает право говорить о «политическом детерминизме» или «военном детерминизме», что, с его т. зр., более верно, чем марксистский вывод об «экономическом детерминизме» социальной жизни. М. критиковал две гл. тенденции в амер. социологии: т. наз. «высокую теорию», созданную *Парсонсом*, и «абстрактный эмпиризм», представленный в трудах *Лазарсфельда*. Теория Парсонса была, по его мн., несостоятельна потому, что отвергала идею структурного антагонизма, мятежа, революции и внушала убеждение, что гармония интересов явл. естественной чертой любого об-ва. Кроме того, М. критиковал искусственный язык Парсонса, к-рый считал ширмой, скрывающей нищету реального содержания. «Абстрактный эмпиризм», по убеждению М., также не способен выделить и проанализировать насущные обществ. проблемы, поскольку делает упор на сборе и обработке данных и безразлично относится к выбору объекта исследования, вследствие чего происходит обособление методологии от содержательного знания. Полемически заостряя проблему, М. нередко говорил о ненужности методологии вообще, утверждая, что «каждый сам себе методолог». М. был поборником идеи мирного сосуществования двух систем, выступал против милитаризации США. Идеи М. послужили важным источником формирования оппозиционного сознания в условиях бурж. об-ва и для значит. части совр. амер. социологов явились стимулом к поиску путей радикальных изменений. В наст. время М. считается предтечей радикальной социологии на Западе, одним из гл. вдохновителей движения «новых левых».

Е. В. Осипова

Соч.: 1) Властвующая элита. М., 1959. 2) Power politics and people. N. Y., 1963.

МИЛЛЬ (Mill) **Джон Стюарт** (20.05.1806, Лондон — 08.05.1873, Авиньон) — англ. философ, экономист, политический деятель. Служил чиновником Вест-Индийской компании (1823—1858), впоследствии (1865—1868) — член палаты общин англ. парламента. М.— основатель англ. позитивизма, последователь *Конта*. Значит. место в его творчестве занимала разработка проблем логики и этики. Социол. взгляды М. наряду с его экономическим учением в осн. изложены в работе «Основания политической экономии с некоторыми из их применений к общественной философии» [2], содержащей систематизацию идей, господствовавших в обществ. мысли Англии первой половины 19 в., а также в монографии «Огюст Конт и позитивизм» [3]. Важнейшей чертой социологии М. является *эмпиризм,* основанный на признании разработанной им индуктивной логики в кач-ве единственно возможной методологии социальных наук, позволяющей обобщать наблюдаемые факты в общие правила и законы, не отражающие, однако, истинной сути явлений, недоступной познанию в полном объеме, т. к. знание, полученное даже на основе «истинной» индукции, всегда гипотетично. Стремясь к созданию позитивной науки «о духе», «о человеческой природе», М. в значит. мере психологизировал обществ.-исторические законы развития и деятельности человека и вследствие этого социологию как науку. М. впервые разработал разнообразные схемы логического доказательства наличия или отсутствия причинно-следственных связей явлений, используемые до сегодняшнего дня в социальном эксперименте на основе принципа сравнения двух и более групп. Осн. «четыре метода опытного исследования» — это методы единственного сходства, единственного различия, сопутствующих изменений и остатков. Однако сложность об-ва как объекта исследований, трудности в однозначном детерминировании связей экспериментальных переменных, неразвитость совр. М. научно-экспериментальной базы привели его к признанию ограниченности, а затем и полному отрицанию возможностей применения эксперимента в социальных науках. Важным элементом социально-филос. концепции М. явл. последовательная разработка принципов этического утилитаризма *Бентама* в сочетании с принципами альтруизма, ограничивающими извечный эгоизм человека в интересах достижения всеобщего счастья. М. критиковал пороки капитализма с бурж.-реформистских позиций, сводя возможные социальные преобразования к перераспределению прибылей на путях популяризации взглядов о «добровольном ограничении потребностей». В вопросе о тенденциях роста народонаселения он занимал мальтузианские позиции. М. был одним из первых сторонников женского равноправия.

И. А. Полулях

Соч.: 1) Автобиография Джона Стюарта Милля. СПб., 1874. 2) Основания политической экономии с некоторыми из их применений к общественной философии. Т. 1—2. СПб., 1865. 3) Огюст Конт и позитивизм. СПб., 1906.

МИФОЛОГИЯ СОЦИАЛЬНАЯ — специфический феномен идеологической практики 19—20 вв.; особый тип духовной деятельности по созданию и распространению политических мифов. В идеологии нового и новейшего времени в судьбе мифа произошли существенные перемены. Он стал использоваться как обозначение различ. рода иллюзорных представлений, умышленно применяемых господствующими в об-ве силами для воздействия на массы. Особую роль в осмыслении идеологии как М. с. сыграли работы Шопенгауэра, Ницше, Ж. Сореля, *Парето, Фрейда,* Юнга. Основополагающая мысль Шопенгауэра — утверждение приоритета слепой воли перед разумом. Он анализировал идеологию с позиции субъекта, к-рый пытается определить свои побуждения, придать им осмысленность под углом зрения присущей ему воли. Ницше радикализировал шопенгауэровскую критику идеологии. Изобличению подверглись не только духовные явления как таковые, но и сами логические формы и законы мышления. По мнению Парето, причины предрассудков, получивших широкое распространение, надо искать не в логике, не в разуме, а в эмоциях, тайных вожделениях. Он предпринял попытку инвентаризировать язык пропаганды. Сорель рассматривал идеологию как средство социальной интеграции, сплачивающее и воодушевляющее людей. Фрейд и Юнг видели в идеологии ложное сознание, потому что в психике человека происходит искаженное «проигрывание» бессознательных мотивов и аффектов, присущих индивиду. В послевоенный период в зап. социологии значит. внимание стало уделяться вопросам природы иллюзий, механизмам их воспроизводства, эффективности тех или иных социальных фикций, могущих оказать воздействие на обществ. сознание. Социальные мифы сегодня освящают «вечные» вопросы власти и подчинения, зависимости и свободы, несправедливости и равенства.

П. С. Гуревич

Лит.: 1) *Гуревич П. С.* Социальная мифология. М., 1983. 2) *Debiay R.* Le sorive: Genése du politique. P., 1980.

МИХЕЛЬС (Michels) **Роберт** (09.01.1876, Кёльн — 03.05.1936, Рим) — один из основателей политической социологии. Испытал влияние *Сореля, Парето, Моски,* отчасти М. *Вебера.* Выдвинул идею неизбежности олигархического перерождения всех демократических партий и систем. Невозможность демократии без организации, т. е. без управленческого аппарата и профессионального лидерства, по М., неизбежно ведет к закреплению постов и привилегий, росту непрезентативности руководства, его фактической несменяемости, стремлению к увековечению своего положения. Харизматических лидеров *(Харизма)* сменяют простые бюрократы, революционеров и энтузиастов — консерваторы, приспособленцы, демагоги, заботящиеся только о своих интересах, а не об интересах масс. Массам льстят и одновременно поощряют их неосведомленность и пассивность за исключением случая, когда лидерам угрожает соперничающая группа. Руководство, формально придерживающееся догмы, на деле отходит от первоначальных целей и интересов класса и масс, хотя замена их интересами бюрократии нередко вполне искренне отождествляется с интересами партии и народа. Руководящая группа становится все более изолированной и замкнутой, создает специальные органы для защиты своих привилегий и в перспективе имеет тенденцию к превращению в часть правящей *элиты.* Новая элита с подозрением смотрит на людей, преданных исходным идеям, они мешают ее безопасности, спокойствию и положению. Верхушка чувствует потенциальную угрозу со стороны рядовых членов организации, отбрасывает внутрипартийную демократию, маскируя свои действия необходимостью преодоления трудностей, борьбы с врагами и т. п. Взгляды М. существенно менялись. Его первоначальная приверженность демократическому идеалу была окрашена руссоистско-синдикалистским максимализмом: демократия — это только «непосредственная» демократия, все остальное это вообще не демократия, представительная демократия по своей природе олигархична и явл. господством представляющего над представляемым. Осознание утопичности анархо-синдикалистских идей привело М. к отказу от принципа демократии вообще. Олигархия, по М., предустановленная форма жизни больших обществ. агрегатов, и демократия всегда приобретает олигархическую форму, против к-рой борется. Этот процесс, первоначально рассматривавшийся М. в духе историко-антропологического пессимизма, впоследствии стал трактоваться им в позитивном духе как процесс, открывающий дорогу к правлению «лучших», избранных. От социал-демократизма и анархо-синдикализма, от энергичного антиавторитаризма ранних работ М. пришел к авторитарным, а затем и к профашистским идеям.

С. А. Эфиров

Соч.: 1) Zur Sociologie des Parteiwesens in der modern Democratie. B., 1970. 2) Antologia di scritti sociologici. Bologna, 1980.

МНОГОСТУПЕНЧАТОГО ПОТОКА ИНФОРМАЦИИ концепция — один из фрагментов теории массовой коммуникации, описывающий распространение информации внутри группы. В середине 50-х гг. амер. социологи *Лазарсфельд* и *Мертон* выдвинули гипотезу о том, что сообщение, посланное аудитории, достигает сначала «лидера мнения» (наиболее авторитетного члена группы) внутри группы, а затем уже через него др. членов данной группы. Тезис о двухступенчатом потоке коммуникации положил начало большому количеству экспериментов в области изучения межличностных отношений, начиная с изучения фермеров, выращивающих новые сорта кукурузы, и кончая поведением врачей, выписывающих лекарства. Последующие исследования привели к модификации данной теории. Она стала называться концепцией М. п. и., так как выяснилось, что «лидеры мнений» имеют в свою очередь собственных «лидеров мнений» и обращаются к ним за информацией. По мн. амер. социолога В. Шрамма, межличностные каналы информации функционируют параллельно каналам массовой коммуникации и оказывают значительное влияние на об-во. В последующие годы в теории массовой коммуникации стала складываться т. наз. социокультурная модель убеждения. Она основывается на идее, что эффект массовой коммуникации зависит от социального взаимодействия между членами данной группы. «Лидеры мнения» в бурж. социологии рассматриваются как связующее звено между средствами массовой коммуникации и массой, нуждающейся в ориентации. Названные концепции широко используются в пропаганде, рекламе, в изучении групповой психологии.

П. С. Гуревич

Лит.: 1) Американская социология (Перспективы. Проблемы. Методы). М., 1972.

МОБИЛЬНОСТЬ СОЦИАЛЬНАЯ — переходы людей из одних обществ. групп и слоев в др. (социальные перемещения), а также их продвижение к позициям с более высоким престижем, доходом и властью (социальное восхождение), либо движение к более низким иерархическим позициям (социальное нисхождение, деградация). Термин «М. с.» введен в зап. социологию *Сорокиным* [3]. В дальнейшем широко применялся в исследованиях социальной структуры. Понятие «М. с.» используется для характеристики степени «открытости» или «закрытости» социальных групп и целых об-в. Обычно в кач-ве примера «закрытого» об-ва фигурирует кастовый строй в Индии, «открытого» — бурж. демократия. Различают интергенерационную (между поколениями) и интрагенерационную (внутри поколения) М. с. К первой обычно относят перемену социального положения от отца к сыну (реже — от матери к дочери), ко второй — индивидуальную карьеру, связанную с социальным восхождением или нисхождением. По направлениям перемещений различаются вертикальная (восхождение — нисхождение) и горизонтальная М. с. Эмпирическим показателем М. с. служит индекс мобильности/стабильности, к-рый рассчитывается на основании данных о соотношении наблюдаемых и ожидаемых пропорций между числом мобильных и стабильных лиц в исследуемой группе. Рассчитываются также коэффициенты корреляции между числом мобильных и их полом, уровнем образования, «коэффициентом умственного развития», национальностью, расой, местом жительства, состоянием здоровья и т. д. С помощью этих индикаторов составляются вероятностные матрицы, в кач-ве математического аппарата, используемого при определении и прогнозировании М. с., служат «цепи Маркова» [2]. Для изучения предпосылок и условий М. с. в конкретном об-ве широко применяется факторный анализ. Благодаря многообразным возможностям измерения М. с., ее количественных интерпретаций, исследования этого феномена составляют осн. направление изучения социальной структуры, сравнительного международного анализа тенденций и показателей М. с. в разных странах, в т. ч. с различ. обществ. строем. Уровень М. с. часто рассматривается как один из осн. критериев отнесения того или иного об-ва к «традиционному», «модернизированному», «индустриальному», «постиндустриальному» и т. п. В последние годы наиболее широкую известность приобрели исследования «биографической мобильности», к-рые все чаще выделяют в особую научную дисциплину — «социологию жизненного пути». Популярны, в частности, «висконсинская модель» У. Сьюэлла, сравнительный анализ престижа профессий в 53 странах Д. Треймана и др. Изучение М. с. систематически проводится в США, Англии, Франции, ФРГ, Японии, Нидерландах, Канаде и др. странах. Нек-рые зарекомендовавшие себя методы изучения М. с. с успехом применяются в Болгарии, Венгрии, Польше, а также в СССР.

Ф. Р. Филиппов

Лит.: 1) *Руткевич М. Н., Филиппов Ф. Р.* Социальные перемещения. М., 1970. 2) *Бартоломью Д.* Стохастические модели социальных процессов. М., 1985. 3) *Sorokin P. A.* Social mobility. N. Y., 1927. 4) *Lipset S., Bendix R.* Social mobility in industrial society. Berkeley, Los Ang., 1955. 5) *Sewell W., Houser R.* Education. Occupation and earnings. N. Y., 1975. 6) Handbuch der empirischen Sohialforschung/ Hrsg. von R. König. Bd. 5: Soziale Schichtung und Mobilität Stuttg., 1976. 7) *Treimar D.* Occupational prestige in comparative perspective. N. Y., 1977. 8) Social structure and change: Finland and Poland comparative perspective. Warsz., 1980.

МОДЕРНИЗАЦИИ теории — совокупность концепций обществ.-экономического и политического развития в зап. социологии, объясняющих процесс перехода от стабильного «традиционного» к непрерывно меняющемуся совр. *индустриальному об-ву*. «М.» — нечеткий собирательный термин, к-рый за рубежом относят к разнородным социальным и политическим процессам, как исторически сопровождавшим *индустриализацию* в странах развитого капитализма, так и сопутствующим ей ныне в странах «третьего мира» после крушения колониальной системы. «Первичная» М. охватывает эпоху первой промышленной революции, разрушения традиционных наследственных привилегий и провозглашения равных гражданских прав, демократизации и т. д. Здесь проблемы М., по существу, совпадают с классическими проблемами генезиса капитализма и обычно решаются на стыке социологии и истории либо в духе эволюционизма 19 в., в рамках той или иной концепции всемирно-исторического процесса, либо с т. зр. совр. концепций многолинейной социокультурной эволюции (*Неоэволюционизм*). «Вторичная» М. и индустриализация развивающихся стран, в отличие от первой, протекают при наличии зрелых социально-экономических и культурных образцов в лице более старых промышленных стран. Здесь проблема «прорыва» традиционного образа жизни ставится в М. т. как проблема формирования совр. об-ва в разных странах и частях света под непосредственным влиянием социокультурных контактов с уже существующими центрами рыночно-индустриальной культуры. В этом случае наряду с эволюционистской трактовкой М. как повышения сложности обществ. организации в рез-те роста структурной и функциональной дифференциации, возникновения новых форм интеграции, увеличения адаптивной способности данного об-ва и т. п. привлекаются методы *диффузионизма*. У М. т. нет общепризнанных создателей и четких исходных посылок [3].

Под М. часто имеют в виду более широкие процессы, чем происхождение капитализма или переход к нему, рассуждая в плане философии культуры, цивилизации, эпохальных переворотов в мировоззрении и т. п. Тогда теория капитализма лишь часть М. т. [6]. Внешнее отличие М. т. от др. теорий обществ. развития составляет опред. социально-филос. концепция «современности», выросшая из осевой традиции классической социологии. Ее центральная идея состоит в том, что М. увеличивает индивидуальную автономию, свободу. Ранним аналогом базовой для М. т. дуальной типологии «традиция — современность» явл. различение у Маркса «архаической» (первичной) и «вторичной» обществ. формаций, где традиционные естеств. отношения как непосредственно личные противопоставляются основанным на господстве частной собственности обществ. материально-вещным отношениям, опосредованным товарным обменом, разделением труда и т. п.

Объективную базу «личной независимости», освобождения индивида от принадлежности к ограниченному «природному» сообществу (роду, общине и т. п.) создаёт во вторичной формации именно «вещная зависимость», «система всеобщего общественного обмена веществ, универсальных отношений, всесторонних потребностей и универсальных потенций» [1, 100—101]. Более поздние дуально-полярные социол. типологии («общность — об-во» *Тённиса*, «механическая — органическая солидарности» *Дюркгейма* и др.) с разных сторон и с разными оценками фиксировали сходное направление социальной эволюции: общий отход от всеохватывающей недифференцированной принадлежности людей к конкретным группам, от родственных и др. видов «приписных» (по рождению) отношений как центральных принципов организации об-ва в пользу многообразных ролевых отношений по соглашению, движение от «приписанного» социального положения к «достигаемому» лично, от Статуса к Договору (Г. Мейн), от «первичных» к «вторичным» группам *(Кули)*, от «партикуляристских» к «универсалистским» критериям группового членства *(Парсонс)* и т. п. Важные для М. т. филос.-исторические представления, восходящие к концепциям «рационализации» (М. *Вебер*) или «абстрактизации» *(Зиммель)*, выделяют аналогичные процессы: все отношения совр. мира становятся более абстрактными, формально-рациональными (из-за развития капиталистического рынка, денежного хоз-ва и т. п.) по сравнению с очень конкретными отношениями досовр. об-в; в мировых религиях усиливаются всеобщие этические принципы за счет внешних обрядов (по М. Веберу, первый шаг «рационализации» — замена магии верой в единого Бога с небывало высокими моральными требованиями); принадлежность к конкретной культуре перестает быть необходимым условием личной религиозности: «совр.» вера — частное дело, определяемое свободой выбора, и т. п. Веберианская традиция в М. т. ищет связи между углублением религ. трансценденции, дистанцирования во имя высшего духовного начала от мира (что и позволяет смотреть на него как на неодухотворенный объект рациональных технических манипуляций, позитивного естествознания и проч.) и ростом индивидуальной автономии, свободы вместе с рациональной экономической этикой [5]. В конечном счете и «совр.» свобода хоз-ва, и свобода мысли, требующиеся для М., опираются на один принцип — рационализм. Широко понимаемая «рационализация» нередко переосмысляется в М. т. в духе позитивистского эволюционизма. Вся социальная эволюция (и М. в т. ч.) зависит от эволюции рациональности, рост к-рой продуцирует культурные нововведения. Преодоление эволюционной «отсталости» традиционных об-в мыслится рез-том такого изменения социальных ин-тов, к-рое поощряло бы развитие рациональности европ. типа, вознаграждало индивидуальные усилия, умственную энергию и изобретательность. Наиболее высокий уровень развития опред. форм рациональности (экономической прежде всего) при эффективном сочетании обществ. организации с предпринимательской этикой характеризуют индустриальный капитализм. Ранние версии М. т. исходили из возможности конвергенции и др. культурных систем и об-в с этой «типической формой», раскрывающей в процессе эволюции максимум экономической инициативы, эффективности и т. п. Осн. смысл вышеупомянутых построений — освобождение личности. «Совр.» об-во должно преодолеть присущее мн. традиционным структурам (особенно об-вам Востока) отчуждение человека как производителя и как личности от собственности на средства производства и от власти, преодолеть массовую незаинтересованность в их изменении на пользу делу свободы. Но для успешной М. требуется не всякая, а ответственная свобода, дисциплинированный индивидуализм (так, М. Вебер различал индивидуализм «протестантской этики» и недисциплинированный гипериндивидуализм Просвещения, Дюркгейм — «моральный индивидуализм» и эгоизм и т. д.). Для осуществления такой личной свободы, автономии частного обычно полагают необходимыми два начала: абсолютный характер общечеловеческих моральных норм, способных ограничить тотальные притязания гос-ва или обществ. группы, и плюрализм (прежде всего власти и гражданского об-ва, состоящего из разнообразных объединений, корпораций, профессиональных групп и т. п.). Свободная личность — ядро развитого гражданского об-ва с дифференцированными, федеративно-автономными ин-тами экономической, социально-правовой (внегос.), культурной деятельности. В свою очередь самодеятельное, свободное гражданское об-во — база для политической М., имеющей целью обуздание всевластия гос-ва, создание представительной демократической системы и совр. правового гос-ва. Для зап. капитализма сдвиг в ходе М. от традиционной общинности к индивидуальной автономии подтверждается историческими наблюдениями. Но опыт М. нек-рых об-в Вост. Азии как будто говорит, что возможна вторичная капиталистическая М. без индивидуализации зап. типа, даже при усилении, а не ослаблении традиционной модели культуры. Это ставит под сомнение тезис об индивидуальной автономии как необходимом внутр. кач-ве экономической культуры капитализма и позволяет обсуждать вопрос о возможности «коммунального капитализма» [6, 170], рыночной экономики при коллективной собственности и т. п. Новые вопросы перед М. т. ставит и опыт социалистических стран, где гос-во полностью взяло на себя инициативу экономической М. — индустриализацию, организацию нужной для нее культурной революции, контроль за потреблением и проч. Для всех стран вторичной М. в условиях господства на мировом рынке старых промышленных держав зап. путь первоначального накопления и эволюционного объединения разрозненных действий мелких владельцев капитала труден и долог

без помощи извне. Поэтому гос-во становится главным организатором обществ. усилий. Но в таком случае исследовательские интересы в М. т. перемещаются с жизненных ценностей и склада личности пионеров экономической элиты (проблематика М. Вебера) на проблемы гос. власти и политических элит, формирующих «диктатуры развития». Проблемы вторичной М. во мн. те же, что и у т. наз. «социологии развития» с экономическим уклоном, разрабатываемой для стран с отсталым хоз-вом. Здесь преобладают разные виды системного подхода (эволюционный функционализм, комплексный институциональный подход [2] и др.), в кач-ве первого шага старающиеся изучить, как реально функционируют конкретные «традиционные» об-ва и какой механизм способен регулировать их развитие. Но сверхзадачей ранних М. т. было такое обобщение конкретных моделей развития, к-рое открывало бы универсально необходимые предпосылки экономического роста и обязательные изменения, какие должны произойти в укладе обществ. отношений и в культурных образцах социального поведения, чтобы традиционное об-во преодолело барьер, за к-рым его организация станет способной к самостоятельному развитию, к перестройкам и приспособлениям в быстро меняющемся мире. Перечни необходимых условий появления об-ва с подвижной, высокодифференцированной организацией и сложной многослойной культурой меняются от автора к автору. Но среди таких условий неизменно называют: преобразование местных рынков в рынок всеобщий и безличный, становящийся универсальным посредником между относительно независимыми фрагментами об-ва (это означает прорыв замкнутости и самодостаточности малых социокультурных целостностей общинного типа — родовых и сельских общин, натуральных феод.-вотчинных хоз-в и т. п., лишает смысла внеэкономическое принуждение, развивает независимые средства обмена — деньги, подвижность всех «ресурсов» об-ва и проч.); возникновение рынка труда, создающего условия для разделения ролей производителя и потребителя, отделения производства и рабочего места от семейного хоз-ва, профессионализации и повышения производительности сельского труда; наличие особых «элит», «диктатур развития», «маргинальных групп», инициирующих антиавтаркические процессы и вынуждающих традиционного крестьянина перестраивать хоз-во по меркам рыночной рациональности, и др. Осью всего ансамбля этих процессов обычно мыслится индустриализация, техническое преобразование материальной жизни человека. В 60-е гг. предложены операциональные технологические определения М., к-рые учитывают величину потребления энергии на человека (У. Мур, Д. Медоуз и др.), численное соотношение неживых и живых источников энергии (М. Леви) и т. п. Хотя такой подход к М. намеренно упрощает дело, в известных пределах он полезен, поскольку открывает возможность точных измерений, перепроверок и сравнений. Но односторонность этих подходов увлекает М. т. на путь технологического детерминизма. Подобные М. т. часто не могут преодолеть эволюционного европоцентризма своих предшественников 19 в. За «норму развития», отклонение от к-рой считается мерой отсталости, принимают обобщенные черты обществ. жизни, отвечающие зап. ценностям и критериям рациональности, эффективности и производительности. Отсюда недавние отождествления М. с «вестернизацией» (Д. Лернер и др.), «европеизацией», «американизацией», сближения М. т. с теориями конвергенции и единообразного индустриального об-ва. С 70-х гг. теоретики М. склонны признавать относительную независимость экономического развития от жестко определенных форм идеологии и политической организации зап. типа. Оно возможно в условиях разных национальных традиций, к-рые нет необходимости ломать, ибо они помогают снять угрозу социальной дезорганизации и повернуть развитие на мирный путь. Это связано с усложнением представлений о функциях и изменчивости традиции, неоднородности и подвижности традиционного об-ва. Общий взгляд на М. как на всемирный процесс вытеснения локальных типов традиции универсальными формами современности теперь чаще всего отвергают. М. как «чистая вестернизация» без опоры на национальные традиции признается даже тормозом экономического развития. Подобно неоэволюционистам, отрицающим возможность втиснуть все многообразие социальных изменений в единую последовательность стадий, исследователи отказываются от попыток создать универсальную теорию М. и переносят акцент на изучение специфики протекания ее процессов в зависимости от конкретных исторических условий в конкретных странах [4, 103—108]. Будущее любой страны не кажется больше простым продолжением тенденций «совр.» об-в, даже если ею достигнут некий желаемый уровень индивидуализма, гражданской культуры и промышленного развития. М. все чаще видится как процесс глубоко противоречивый, тяготеющий к постоянному кризису культуры и грозящий катастрофой не только на первых шагах, но и на уровне «наиболее передовых» об-в [5]. В нынешнем виде М. т. скорее напоминают эклектический набор отдельных положений из классических теорий обществ. развития 19—20 вв. (в т. ч. и марксовой концепции возникновения капитализма), чем цельную и оригинальную логическую конструкцию. В самом понятии «М.» до сих пор слабо расчленены: М. как исторический процесс (а внутри его — процессы, относящиеся к разным эпохам: историческая раннекапиталистическая М. в странах зап. цивилизации, М. в условиях бюрократического гос.-монополистического капитализма и совр. изменения в развивающихся и социалистических странах); М. об-ва как системы (синхронный анализ экономической, социально-политической и культурной М.); М. человеческой личности. Комплексная эмпирическая проблематика М. изучается объединенными усилиями социологов, историков, экономистов и политологов.

А. Д. Ковалев

Лит.: 1) *Маркс К.* Критика политической экономии (Черновой набросок 1857—1858 годов)//*Маркс К., Энгельс* Ф. Соч. Т. 46. Ч. I. 2) *Мюрдаль Г.* Современные проблемы «третьего мира». М., 1972. 3) *Старостин Б. С.* Социальное обновление: схемы и реальность (критический анализ буржуазных концепций модернизации развивающихся стран). М., 1981. 4) *Осипова О. А.* Американская социология о традициях в странах Востока. М., 1985. 5) *Bellah R. H.* Beyond belief: Essays of religion in a post-traditional world. N. Y., 1970. 6) *Berger P. L.* The capitalist revolution. N. Y., 1986.

МОДИФИКАЦИЯ ПОВЕДЕНИЯ — исследовательская процедура, применяемая в бихевиористской психологии и социологии с целью формирования желаемого типа поведения. М. п. осуществляется, как правило, в искусственных экспериментальных условиях с помощью специально разработанной системы стимулов, формирующих у подопытных индивидов набор положительных поведенческих реакций, осуществляющих изменение поведения в нужную сторону. Процесс М. п. складывается из следующих шагов: 1) определение специфического типа поведения, к-рого необходимо достичь; 2) определение класса реакций субъекта, подлежащих модификации; 3) обеспечение системы благоприятных стимулов, позволяющих сформировать желательный тип поведения; 4) формирование у субъекта мотивации путем установления позитивных подкреплений; 5) определение специфических реакций, имеющих подкрепление и приближающих поведение к требуемому типу; 6) использование «терапевтом» в процессе реализации модификации подкрепления через увеличивающиеся интервалы, при одновременном стремлении достичь естественных подкреплений. Первоначально М. п. использовались психологами и социологами в узкоприкладных воспитательных целях — для исправления отдельных типов поведения детей, школьников, студентов и др. В наст. время в США и др. капиталистических странах М. п. (с использованием медико-фармакологических средств) нередко применяется правительственными органами для насильственной регуляции различных типов *отклоняющегося поведения*, в разряд к-рых попадают, напр., преступники и психически больные. По мн. ведущего теоретика бихевиоризма *Скиннера* и ряда его последователей, М. п. должна составлять ядро «технологии поведения», с помощью к-рой можно будет создать «запрограммированную культуру», позволяющую манипулировать поведением людей, и тем самым построить устойчивое и «морально здоровое общество». Только создание этой новой культуры, считает Скиннер, дает возможность преодолеть существующий в зап. об-ве духовный и экономический кризис. Имеющихся идеологические ин-ты и различ. обществ.-политические теории не могут решить этой задачи, поскольку исходят из неверного представления о человеке, абсолютизирующего его гуманизм, достоинство и уникальность. Идея создания проектируемой культуры, конструируемой по меркам бихевиористской модели человека, явл. типичным образцом сциентистской утопии.

М. С. Комаров

МОДЫ СОЦИОЛОГИЯ. М.— постоянный объект изучения в зап. социальных науках. Еще *Смит* в «Теории нравственных чувств» (1759) отмечал влияние М. не только на одежду, мебель, но и на нравственность, музыку, архитектуру и т. д. Смит подчеркивал особое значение элитарных слоев как объекта подражания для остального населения, что было связано с возрастанием роли буржуазии в совр. ему об-ве. *Спенсер* на основе анализа большого этнографического и историко-культурного материала выделил два вида подражательных действий: 1) мотивируемые желанием выразить уважение к лицам с более высоким статусом; 2) стимулируемые стремлением подчеркнуть свое равенство с ними. Последний мотив лежит в основе возникновения М. Последователь Спенсера *Самнер* в книге «Народные обычаи» (1906) подчеркивал нормативный и принудительный характер М. Тард считал М. наряду с обычаем осн. видом подражания. Если обычай — это подражание предкам, ограниченное рамками своей общины, то М. — подражание современникам, носящее «экстерриториальный» характер. Особенно значит. вклад в теоретико-социол. осмысление феномена М. внес *Зиммель*, к-рый связывал ее функционирование с необходимостью удовлетворения двойственной потребности человека: отличаться от др. и быть похожим на др. Зиммель утверждал, что М. существует только в об-вах с классовой бессословной структурой, а потому имеет классовый характер. Ее развитие происходит следующим образом: высшие классы стремятся посредством внешних хорошо различимых признаков продемонстрировать свое отличие от низших; последние же, стремясь к более высокому статусу, овладевают этими признаками; тогда высшие классы вынуждены вводить новые отличительные знаки (новые М.), к-рые вновь заимствуются, и т. д. *Зомбарт* рассматривал М. как явление, порожденное капитализмом, служащее интересам частного предпринимательства и вызывающее искусственные потребности в об-ве. *Веблен* анализировал роль престижа, демонстративности и «показного потребления» в функционировании М. Франц. философ Э. Гобло в книге «Барьер и уровень» (1925) проанализировал процесс фиксации и размывания признаков классовой принадлежности в бурж. об-ве посредством М. Амер. лингвист и культуролог Э. Сепир акцентировал роль М. в личностной идентификации, самовыражении и укреплении *Я*, благодаря социально санкционированному отказу от старых и внедрению новых социокультурных норм. Крёбер вместе с Д. Ричардсон в работе «Три века моды в женской одежде: количественный анализ» (1940) провели историко-статистическое исследование изменений нек-рых параметров женской одежды за три века с целью обнаружить зависимость этих изменений от динамики социальной жизни. Существуют попытки психоаналитического (Э. Берглер и др.) и структуралистского (Р. Барт и др.) объяснения феномена М. Изучались связи М. с социальной стратификацией, особенности ее распространения (исследования *Лазарсфельда*, Э. Катца, Б. Барбера и Л. Лобела, *Кёнига* и др.). Из последних наиболее значит. попыток концептуального социол. и социально-психологического анализа М. следует отметить работы Г. Блумера, рассматривающего М. как средство внедрения новых социальных форм и адаптации к ним в изменяющемся мире. Процесс формирования и распространения М., по мн. Блумера, имеет две фазы развития: инновацию и отбор. На первой фазе происходит предложение различ. соперничающих между собой культурных образцов; на второй фазе все социальные группы осуществляют отбор, в рез-те к-рого одобренный образец становится общепринятой нормой. Анализируя социальные функции М., Блумер подчеркивает, что она: 1) создает опред. меру единообразия, необходимую для нормального функционирования об-ва; 2) обеспечивает возможность разрыва с ближайшим прошлым и подготовку к ближайшему будущему, упорядочивая этот процесс; 3) воспитывает и формирует общность восприятия и вкуса. В наст. время в различ. странах осуществляются как теоретические, так и эмпирические, прикладные исследования М. Нередко они тесно связаны с исследовательскими и практическими проблемами маркетинга, дизайна, рекламы и т. д.

А. Б. Гофман

МОЛОДЕЖНАЯ СУБКУЛЬТУРА — см. *Субкультура*.

МОНТЕСКЬЕ (Montesquieu) **Шарль Луи де** (18.01.1689—10.02.1755) — франц. философ-просветитель, историк, правовед и писатель; участник «Энциклопедии». Занимал наследственный пост президента парламента в Бордо, член Бордоской академии. По своим филос. взглядам М.— деист с весьма заметным уклоном в сторону материализма. Осн. сочинения М.— «Персидские письма» (1721), «Рассуждение о причинах величия и падения римлян» (1734), «О духе законов» (1748),— проникнутые пафосом отрицания феод. отношений, пользовались большой популярностью в революционной Франции; для обоснования своих политических программ на них ссылались Марат, Робеспьер, мн. из жирондистов. Разработанные М. принципы разделения властей и трех видов правления (демократия, аристократия, деспотия) впоследствии легли в основу политического устройства бурж.-демократических гос-в. Естеств. законами человека М. считает «мир», «стремление добывать себе пищу», «просьбу, обращенную одним человеком к другому», «желание жить в обществе» [2]. В четырнадцатой книге «Духа законов» М. впервые разработал осн. принципы *«географического направления» в социологии*, согласно к-рым географическая среда, и в первую очередь климат, явл. осн. причиной различ. форм гос. устройства. В историософии и антропологии М. отчетливо просматривается дуализм, унаследованный от метафизики Декарта. В силу этого географические условия жизни народов и действия законодателей, равно как и подчиненность наделенного свободной волей человека законам природы, оказываются независимыми детерминантами социального, нравственного и духовного развития человеческого об-ва и отдельной личности. В рез-те у М. очень часто сливаются понятия объективного и юридического законов, отсюда же дуализм природы и разума, оптимизма и пессимизма его системы. Помимо философов и социологов, идеи М. оказали большое влияние на историков (Э. Гиббон), а в России — благодаря критике русского деспотизма, к-рому посвящено немало страниц в «Духе законов»,— на Радищева, декабристов, Пушкина, Чаадаева, а также на крупнейшего русского представителя «географической школы» — Л. И. Мечникова.

В. В. Сапов

Соч.: 1) Избранные произведения. М., 1955. 2) Oeuvres completes. V. 1—3. P., 1950—1955.

МОРАЛИ СОЦИОЛОГИЯ — отрасль социологии, исследующая эмпирическими методами социальные аспекты морали. М. с.: (1) описывает реальные нравы, их функционирование в совр. зап. об-ве; (2) исследует моральные представления и мнения различ. групп об-ва по моральным проблемам; (3) изучает эволюцию, прогнозирует пути и тенденции развития морального сознания в совр. об-ве. Термин предложен *Дюркгеймом*. Конкретно-социол. методы (крупномасштабные опросы, анкетирования) стали широко применяться в изучении морали только начиная с 20-х гг. 20 в. Полем эмпирических исследований в русле М. с. становятся самые различ. проблемы: что представляет собой мораль совр. об-ва; каковы моральные представления совр. верующих; каковы представления о счастье; каковы моральные идеалы совр. молодежи; каковы требования, предъявляемые совр. людьми к семейной жизни, и т. п. В оценке состояния нравов в последние десятилетия преобладают мотивы критицизма и скептицизма. Критически оцениваются отдельные стороны морали совр. об-ва, поступки отдельных лиц и групп, описываются пороки, различ. проявления аморализма, деградация морального сознания, виды девиантного поведения. Но при этом в М. с. не существует единой теории объяснения явлений морали, позволяющей удовлетворительно истолковать эмпирические данные. Слабость методологической базы объясняется также оторванностью М. с. как от этики, так и от теоретической социологии, что обусловило противоречивость предлагаемых решений вопроса о судьбах морали: одни направления М. с. пророчат гибель морали и деградацию всех моральных ценностей в будущем, др.— провозглашают неизбежность будущего морального возрождения, прихода «новой морали», спасения от моральных пороков. Идею кризиса старой, традиционной морали и необходимости «новой» разрабатывают, напр., Ч. Рейч [2], К. Нэш, Д. Янкелович [3], [4]. Осн. свидетельством кризиса традиционной морали социологи считают все более явное снижение социального престижа старых этических норм, назначение к-рых состояло в том, чтобы сдерживать и ограничивать человека в его желаниях и поступках. «Новая мораль» отбрасывает эти ограничения; два ее главных принципа — «не насилуй себя» и «делай что хочешь». На основании многочисленных лонгитюдных исследований делается вывод, что именно в 80-е гг. происходят кардинальные изменения в моральном сознании об-ва: на место престижного потребления, высокооплачиваемой работы и семейного благополучия приходят ценности самоосуществления, внутр. свободы, общения, любимой (пусть даже и непрестижной) работы, поисков своего собственного неповторимого «Я».

Л. В. Коновалова

Лит.: 1) Ossowska M. Soziologia moralnosci. Warsz., 1963. 2) Reich Ch. The greening of America. N. Y., 1972. 3) Yankelovich D. New morality. A profile of american youth in the 70's. N. Y., 1974. 4) Yankelovich D. New rules: searching of selffunlfiument in the twined unsidedown world. N. Y., 1981.

МОРГАН (Morgan) **Льюис Генри** (21.11.1818, Орора, Нью-Йорк,— 17.12.1881, Рочестер, Нью-Йорк) — амер. этнограф, основоположник научной теории первобытного об-ва, прогрессивный обществ. деятель, исследователь об-ва амер. индейцев. В осн. трудах он утверждает идею всеобщности прогрессивного развития об-ва, доказывает, что родовая организация явл. универсальной для первобытного об-ва, показывает, что частная собственность явл. рез-том исторического развития и носит преходящий характер.

Н. Т. Кремлев

Соч.: Древнее общество, или Исследование линий человеческого прогресса через варварство к цивилизации. СПб., 1887.

МОРЕН (Morin) **Эдгар.** Псевдоним, наст. имя **НАУМ** (Nahoum), Эдгар (р. 08.07.1921, Париж) — франц. социолог и культуролог. Развивая идеи *Фридмана* о конфликте между естеств. и технической средой и неадаптированности человека к миру техники, М. рассматривает совр. массовую культуру как «компенсаторскую» систему, предлагающую символическое удовлетворение подавляемых человеческих импульсов. Большинству направлений и форм совр. духовной культуры присущи «поиски утраченного доиндустриального времени», по его мн., более адекватного природе человека. Разнообразные проявления бунта против технической цивилизации носят, с его т. зр., не ретроградный, а «антропологический» характер, отражая неискоренимую потребность человека в «витальном» мире. М. противопоставляет устаревший техноцентричной концепции образа жизни новую, «дуалистическую», разграничивающую жестко организованное «механическое пространство» труда и пригородную органику быта и досуга.

А. С. Панарин

Соч.: 1) Pour sortir du XX-e ciécle. P., 1981.

МОРЕНО (Moreno) **Якоб** (Джекоб) **Леви** (20.05.1892, Бухарест — 14.05.1974, Бикон, Нью-Йорк, США) — амер. психиатр, социальный психолог. Окончил Венский ун-т по двум специальностям: философия и медицина. В годы учебы в Вене испытал влияние взглядов *Фрейда,* позднее — социол. воззрений *Зиммеля, Визе* и *Кули.* С 1925 г. работал в США. С 1940 г.— руководитель основанного им же ин-та социометрии и психодрамы (ин-т М.). Основоположник *социометрии.* М. исходил из необходимости создания «сквозной науки», к-рая охватила бы все уровни социальной жизни людей и включала бы не только изучение социальных проблем, но и их разрешение. Согласно этому, в понимании М., «социономия» (наука об основных социальных законах) должна реализовывать себя в «социодинамике» (науке более низкого уровня о процессах, происходящих прежде всего в *малых группах*), «социометрии» (системе методов выявления и количественного измерения эмоциональных, межличностных взаимоотношений людей в малых группах) и «социатрии» (системе методов излечения людей, чьи проблемы и трудности связаны с недостаточностью навыков поведения в малых группах). М. наиболее известен как создатель психодрамы (социодрамы) и основатель социометрии. По его мн., психическое здоровье, адекватность поведения человека зависят от его положения во внутр., неформальной структуре отношений в малой группе. Недостаток симпатий порождает жизненные трудности. Социометрические процедуры позволяют определить положение человека в неформальных связях, понять его проблемы. Занимаясь групповой психотерапией, М. создал «терапевтический театр»: пациент получал облегчение благодаря проигрыванию опред. психических состояний и социальных ролей на сцене, обучался необходимым навыкам действия в условиях каждого данного «момента» и «спонтанного творчества». М. оказал значит. влияние на развитие социологии и социальной психологии малых групп. Методы социометрии, психодрамы и социодрамы, будучи отделены от его общесоциол. построений и утопических надежд на «излечение пороков капитализма» и «справедливое переустройство об-ва» по социометрическим законам, стали рабочими инструментами, дающими полезную, хотя и ограниченную информацию, и используются при лечении неврозов, для профилактики и смягчения конфликтов, выявления неформальных лидеров, оптимизации социально-психологического климата в малых группах и т. п.

В. Б. Ольшанский, Д. В. Ольшанский

Соч.: 1) Sociometry and the cultural order. N. Y., 1943. 2) Sociodrama, a method for the analysis of social conflict. N. Y., 1944. 3) Psychodrama. N. Y., 1959—1969.

МОСКА (Mosca) **Гаэтано** (01.04. 1858, Палермо — 08.11.1941, Рим) — итал. исследователь, один из основоположников политологии. Наряду с *Парето* явл. создателем совр. теории *элиты*. С позиций консервативного либерализма развивал идею вечности разделения об-ва — независимо от социально-политических систем, разнообразия обществ. групп и идеологий — на два класса: господствующий «политический класс», к-рый берет на себя все гос. функции и пользуется связанными с этим привилегиями, и управляемый класс, неорганизованное большинство. Реальная власть, по М., всегда в руках «политического класса», несмотря на многовековые иллюзии на этот счет; мифы о народном представительстве и суверенитете, эгалитаризме и т. п. на деле маскируют существование и деятельность «политического класса». Понятие «политический класс» у М. весьма неопределенно: неясны критерии его выделения, генезис, состав, объем и др. характеристики. М. пытался со временем дифференцировать свою схему, стал говорить о более многочисленном классе, к-рый явл. опорой и подножием правящего. Однако и в отношении этого, «среднего», класса у М. отсутствует к.-л. конкретность и ясность. Народовластие, реальная демократия и социализм, по М.,— утопии, не совместимые с законами об-ва и с человеческой природой. М. считал, что власть может быть от народа, для народа, но не может быть властью самого народа. Одну из осн. задач созданной им «политической науки» М. видел в освобождении правителей от этих необходимых для масс мифов, а также в выработке «научной политики», к-рая станет осн. инструментом в руках правящей элиты. Имея в руках такой инструмент, господствующий класс со временем будет формироваться не на имущественной или к.-л. др. основах, а на основе ума, способностей, образования и заслуг своих представителей. Осуществление этой меритократической утопии (*Меритократия*) М. относит в неопределенно далекое будущее. Подобно Парето, М. считает, что без обновления элиты невозможна социальная стабильность, к-рая явл. основой об-ва. Всякая элита имеет тенденцию (если не де-юре, то де-факто) к превращению в «закрытую», наследственную, что ведет ее к вырождению. Предотвратить это может только наличие свободных дискуссий, к-рые вынуждают «политический класс» в необходимой степени обновляться, позволяют держать его в опред. рамках и устранять его в тех случаях, когда он более не отвечает интересам страны. По М., в об-ве всегда существуют силы, готовые заменить старое правящее меньшинство. Постепенный обмен между ними и как рез-т нормальное состояние и функционирование правящего класса — залог «здоровья» обществ. организма при условии преобладания стабилизационной, консервативной тенденции. Возможны три варианта динамики «политического класса»: «увековечение» без обновления, «увековечение» с обновлением (оптимальный, по мн. М., вариант) и чистое обновление. Сочетание этих вариантов с двумя формами гос. правления — автократической и либеральной — дает четыре типа гос-ва: аристократическо-автократическое, аристократическо-либеральное, демократическо-автократическое и демократическо-либеральное. В наибольшей степени к упадку «политического класса», с т. зр. М., ведет предоставление политических прав народу. Он с подозрением относился к всеобщему избирательному праву и парламентаризму, подвергал критике демократические ин-ты.

С. А. Эфиров

Соч.: 1) Elementi di scienza politica. Mil., 1953.

МОСС (Mauss) **Марсель** (10.05.1872, Эпиналь — 10.02.1950, Париж) — франц. социолог и социальный антрополог, заведовал кафедрой истории религий нецивилизованных народов Высшей школы практических исследований (с 1900), проф. социологии в Коллеж де Франс (с 1931). Образование получил в Бордо ун-те. М. был племянником, учеником и сотрудником *Дюркгейма* и принимал активное участие в *дюркгеймовской социол. школе.* После смерти основателя школы он руководил ею в кач-ве главного редактора II серии журнала «L'Année sociologique» (1925—1927). В политическом плане М. был сторонником реформистского социализма. Будучи в целом последователем Дюркгейма, М. тем не менее отказался от антипсихологизма своего учителя, стремясь в своих исследованиях к синтезу социол. и психологического подходов в изучении человека. Он подчеркивал важность исследования «целостного человека» в единстве его социальных, психических и биологических свойств. В отличие от Дюркгейма, М. не был склонен к разработке универсальных теорий, сосредоточившись гл. обр. на *структурно-функциональном* и *сравнительно-историческом* исследованиях конкретных фактов в рамках конкретных социальных систем. Главная работа М., ставшая классической, — «Опыт о даре. Форма и основание обмена в архаических обществах» (1925), в к-рой он на огромном историко-культурном материале обосновывает ключевое значение даров как универсальной формы обмена до развития товарно-денежных отношений. Дары, по М., формально добровольны, реально обязательны; давать, брать и возвращать дар — это обязанности, нарушение к-рых влечет за собой социальные санкции. В этом произведении М. выдвинул идею «целостных социальных фактов»: ориентацию на комплексное исследование фактов и выявление наиболее фундаментальных из них, пронизывающих все стороны социальной жизни и выступающих одновременно как экономические, юридические, религ. и т. д. Большое научное значение имели и др. исследования М., в частности «О некоторых первобытных формах классификации» (1903, в соавторстве с Дюркгеймом), «Опыт о сезонных вариациях в эскимосских обществах» (1906, при участии А. Беша), «Об одной категории человеческого духа: понятие личности, понятие «я» (1938) и др. В области общей социол. теории идеи М., особенно идея «целостных социальных фактов», оказали опред. воздействие на труды *Гурвича* и *Леви-Стросса.* Работы М. и его преподавательская деятельность повлияли на развитие различ. отраслей социального знания, в частности этнологии, фольклористики, исторической психологии, индологии и др.

А. Б. Гофман

Соч.: 1) Manuel d'ethnographie. P., 1947. 2) Sociologie et anthropologie. P., 1950. 3) Oeuvres. T. 1—3. P., 1968—1969.

МУЗЫКИ СОЦИОЛОГИЯ — направление теоретических исследований, изучающее взаимодействие музыки и об-ва. В этом широком смысле истоки М. с. как специфической сферы научных интересов внутри музыкознания и обществ. мысли в целом прослеживаются начиная с эпохи Просвещения. Однако в кач-ве самостоятельной дисциплины, обладающей разработанной методикой социол. исследования особенностей функционирования музыки в об-ве и восприятия ее отдельными социальными группами, М. с. складывается в 40—50-е гг. нашего столетия, хотя нек-рые ее идеи и теории были сформулированы ранее. Огромное влияние на развитие М. с. оказала работа М. Вебера «Рациональные и социологические основы музыки» (1921). Идеи Вебера нашли отражение в исследованиях Адорно, Беньямина, К. Блаукопфа, К. Закса, Э. Хорнбостеля. Ориентируясь на творчество композиторов «новой венской школы» — А. Шенберга, А. Берга, А. Веберна, представитель *франкфуртской школы* Адорно создал концепцию «новой музыки», к-рая разрушает опыт массовой стандартизированной музыкальной культуры. Он предложил также развернутую типологию музыкальной аудитории, в основе к-рой лежит способность адекватно воспринимать структуру художественного произведения. Совр. М. с. рассматривает широкий круг проблем. Она изучает социальные связи музыки, судьбы различных музыкальных стилей и жанров, возможности синтеза различ. художественных традиций, контакты несхожих культур. Все большее внимание привлекают специфика этого вида иск-ва, социальное предназначение и обществ. функции музыки. Растет и интерес к развлекательной ее функции, изучению проблем «*массовой культуры*». Осмысливается воздействие музыки на культуру, на моду, на ценностно-психологические модели поведения людей. Значит. внимание уделяется изучению субкультурных процессов в музыке.

П. С. Гуревич

Лит.: 1) *Гайденко П. П.* Идея рациональности в социологии музыки М. Вебера//Кризис буржуазной культуры и музыка. Вып. 3. М., 1976. 2) *Михайлов А. В.* Музыкальная социология: Адорно и после Адорно//Критика современной буржуазной социологии искусства. М., 1978. 3) *Гуревич П. С.* Музыка и борьба идей в современном мире. М., 1984.

МЭЙО (Мауо) **Элтон** (26.12.1880, Аделаида, Австралия — 07.09.1949, Полсден-Лейси, Суррей, Великобритания) — амер. социолог и психолог, один из основоположников амер. *индустриальной социологии* и доктрины «человеческих отношений». В ун-те специализировался на изучении этики, философии и логики, а позже, в Шотландии — медицины и психопатологии. Большое влияние на формирование взглядов М. оказали идеи *Дюркгейма* и *Фрейда*. Переехав в США, он поступил в Школу финансов и коммерции при Пенсильванском ун-те. С 1926 г. — проф. индустриальной социологии в Гарварде. Значительный вклад в развитие социологии управления и индустриальной социологии внесли знаменитые Хоторнские эксперименты М. в Вестерн Электрик Компани близ Чикаго (1927—1932 гг.) Изучая влияние различ. факторов (условия и организация труда, заработная плата, межличностные отношения и стиль руководства) на повышение производительности труда на промышленном предприятии, М. показал особую роль человеческого и группового фактора. Обобщение эмпирических данных привело его к созданию социальной философии *менеджмента*. В основе концепции М. лежат следующие принципы: (1) человек представляет собой «социальное животное», ориентированное и включенное в контекст группового поведения; (2) жесткая иерархия подчиненности и бюрократической организации несовместимы с природой человека и его свободой; (3) руководители промышленности должны ориентироваться в большей степени на людей, чем на продукцию. Это, по М., обеспечивает социальную стабильность об-ва и удовлетворенность индивида своей работой. Рационализация управления, учитывающая социальные и психологические аспекты трудовой деятельности людей,— основной путь решения классовых противоречий капиталистического об-ва. Социальная практика доктрины «человеческих отношений» основывалась на провозглашенном М. принципе замены индивидуального вознаграждения групповым (коллективным), экономического — социально-психологическим (благоприятный моральный климат, повышение удовлетворенности трудом, практика демократического стиля руководства). Отсюда и разработка новых средств повышения производительности труда: «паритетное управление», «гуманизация труда», «групповые решения», «просвещение служащих» и т. д. По сравнению с *тейлоризмом* изменилось и отношение к профсоюзам — они стали рассматриваться как партнеры в деловых отношениях на предприятии. М. так и не удалось создать непротиворечивую в методологическом плане теорию человеческого поведения в организации. Пренебрежение широким системным подходом привело М., с одной стороны, к фетишизации психологических факторов труда, а с др.— к построению метафизической по своей сущности концепции социального прогресса.

А. И. Кравченко

Соч.: 1) The social problems of an industrāl civilization. L., 1945.

Н

НАТУРАЛИЗМ в социологии — социол. концепции, опирающиеся на методы и познавательные средства естеств. наук. Большинству натуралистических концепций свойственно игнорирование сложной диалектики обществ. развития, вульгарно-материалистическое истолкование ее закономерностей, отрицание сознательного и целенаправленного характера человеческой деятельности. Позитивной стороной Н. выступает стремление выработать объективную и строгую систему знания, аналогичную теориям развитых естеств. наук. История европ. обществ. мысли, начиная с Нового времени, во мн. развивалась под определяющим воздействием естественнонаучной методологии, складывающейся в рез-те выдающихся открытий в механике, астрономии и др. В бурж. социологии 19 — нач. 20 в. существовали две гл. формы Н. — социал-биологизм и социальный механицизм. Господствующим было первое направление, представленное концепциями социального организмицзма (*Спенсер, Шеффле, Вормс* и др.) и *дарвинизма социального* (*У. Беджот, Гумплович, Самнер* и др.). Представители этого направления стремились познать законы фукционирования и развития об-ва путем установления аналогий с биологическим организмом или биологической эволюцией в целом. Сторонники *механицизма* (*Кетле,* Г. Кэри, Л. Винярский, *Парето* и др.) пытались объяснить обществ. жизнь и поведение человека, распространяя на них закономерности, установленные в физических науках. Присущий натуралистическим концепциям антиисторизм, спекулятивный и умозрительный характер теоретических построений, а также консервативная политическая направленность предопределили кризис этих концепций на рубеже 20 в. В совр. зап. социологии можно вычленить две осн. ветви Н. — методологический Н. и онтологический Н. Обе эти версии Н. принимают позитивистский тезис «единства науки», но интерпретируют его различ. образом. Сторонники методологического Н. исходят из признания единого для естеств. и социальных наук «научного метода», распространяют на сферу социального познания наиболее общие принципы и понятия естеств. наук, стремясь учесть вместе с тем своеобразие социальной действительности. Методологический Н. занимает господствующие позиции в гносеологии совр. зап. социологии, он лежит в основе мн. известных концепций — таких, как структурный функционализм (*Функциональный подход*), неоэволюционизм, системные теории, *обмена социального* концепции и др. Приверженцы онтологического Н. настаивают на содержательном, предметном единстве социальных и естеств. наук, пытаются редуцировать обществ. закономерности к природным. Большинство совр. редукционистских концепций — таких, как бихевиористская социология (*Бихевиоризм*), биосоциология, возникают под влиянием достижений в новейших областях естествознания — экспериментальной психологии, этологии, генетики и др. Для всех них характерно игнорирование кач. своеобразия социальных закономерностей, фатализм во взглядах на человеческую историю. В то же время, развиваясь в рамках междисциплинарных исследований, натуралистические подходы способны выявить подлинную роль естеств.-биологических предпосылок социального поведения человека. Обращение к редукционизму и возрождение социал-биологизаторских идей в совр. зап. социологии в значит. мере обусловлено кризисной ситуацией в ней, в частности неспособностью ведущих концепций, опирающихся на познавательные принципы методологического Н., удовлетворительно объяснить противоречия совр. обществ. развития.

М. С. Комаров

НАУКИ СОЦИОЛОГИЯ — социол. направление, изучающее динамику науки и ее взаимоотношения с об-вом. Н. с. в 30-е гг. 20 в. начала формироваться как особое направление исследований научной деятельности, в 60-е гг. сложилась в специальную социол. дисциплину, развивающуюся во взаимодействии с философией и методологией науки, социологией познания, наукометрией, информационным и социальным подходами к анализу науки. Первоначально Н. с. рассматривалась как часть и вспомогательная сфера социологии познания, поскольку традиционно наука философски осмысливалась лишь как опред. тип знания, как предмет теории познания. В теоретических построениях *Дюркгейма*, *М. Вебера*, *Шелера*, *Маннгейма* естеств. и «формальные» науки пользовались особым эпистемологическим статусом; их содержательная сторона считалась не поддающейся исследованию социол. методами. В 30-е гг. социол. подходы к науке разрабатывались в работах Дж. Бернала, *Огборна*, *Сорокина*, *Парсонса*, но наибольшее влияние на последующее развитие Н. с. оказал *Мертон*. В ставшей классической работе «Наука, техника и общество в Англии XVII века» (1933) Мертон выдвинул на первый план роль пуританской религии и морали в становлении науки Нового времени. Позже он сформулировал социол. концепцию науки, которая в 60-е гг. стала доминирующей «парадигмой». Филос. основанием этой концепции были позитивистские идеи социальной нейтральности и кумулятивного характера роста научного знания, а общесоциол.— структурный функционализм, вариант к-рого был разработан самим Мертоном. Социология, согласно Мертону, изучает науку как *ин-т социальный*, охраняющий автономию науки и стимулирующий деятельность, направленную на получение нового и достоверного знания. Научное открытие явл. достижением, требующим вознаграждения, к-рое институционально обеспечивается тем, что вклад ученого обменивается на признание — фактор, определяющий его престиж, статус и карьеру. Функционирование науки как ин-та регулируется совокупностью обязательных норм и ценностей, составляющих этос науки, включающий в себя универсализм (убеждение в объективности и независимости от субъекта положений науки), всеобщность (знание должно становиться общим достоянием), бескорыстность (запрет на использование науки в личных интересах) и организованный скептицизм (ответственность ученого за свои оценки работы коллег). Но поскольку ученый действует в обстановке конкурентной борьбы, в противоречивых условиях, а система норм не определяет однозначно его поведение, оно становится амбивалентным, колеблющимся между полюсами различ., и даже противоположных, принципов. Мертоновская концепция науки опиралась на абстрактную модель «чистой» науки. Работы Мертона оказали серьезное влияние на эмпирические исследования и теоретические разработки в Н. с., к-рые в 60-е гг. тесно переплелись с исследованиями более практического плана, в том числе структуры *научного сообщества* (У. Хэгстром), «невидимых колледжей» (Д. Крейн), сети социальных связей и коммуникаций (Н. Маллинс), социальной стратификации в науке (С. Коул, Дж. Коул), науки как социальной системы (Н. Сторер) и др. В начале 70-х гг. в Н. с. развернулась критика мертонианской парадигмы с позиций, к-рые формировались под влиянием постпозитивистской методологии науки и прежде всего работы *Куна* «Структура научных революций», в к-рой наука рассматривается как парадигма, принятая научным сообществом. На этой филос. основе стала формироваться отличная от нормативной, т. наз. когнитивная Н. с., в к-рой когнитивная (познавательная) сторона науки ставилась в прямую зависимость от социальной. Это направление Н. с. зародилось в Англии, где были разработаны ее концептуальные основы и исследовательские программы, общей чертой к-рых было стремление расширить поле применения социол. методов, включив в сферу их действия научное знание (Б. Бранс, *Блур,* Г. Коллинс, *Малкей,* С. Уолгар и др.). Поскольку осн. препятствием для превращения научного, прежде всего естественнонаучного, знания в предмет социол. анализа была его претензия на относительно истинное отображение реальности, то усилия сторонников когнитивной Н. с. с самого начала были направлены на то, чтобы лишить научное знание этого «эпистемологического статуса», объявив его обычным «верованием», ничем принципиально не отличающимся от др. верований. Тем самым наука представлялась продуктом социальных условий, отношений, интересов и становилась в один ряд с мифом и религией. Научное знание связывалось с социальными условиями, и вопрос о его отношении к объективной реальности отбрасывался. Развитие когнитивной Н. с. дало импульс микросоциологическим исследованиям конкретных ситуаций, возникающих в процессе познавательной деятельности ученых (case studies), к-рые дают ценный эмпирический материал о взаимосвязи когнитивных и социальных аспектов науки. На рубеже 80-х гг. возник целый спектр разнообразных, но близких по своим методологическим основаниям концептуальных схем социального исследования науки. Получили известность «конструктивистская программа» (К. Кнорр—Цетина), рассматривающая науку как социальную конструкцию, релятивистская программа (У. Коллинс), этнометодологические исследования (Г. Гарфинкель, С. Уолгар), дискурс-анализ *(Малкей).* Для них характерен отказ от таких «традиционных» различений, как когнитивное и социальное в науке, т. е. познавательное начало науки в большей или меньшей степени подменяется социальными действиями, переговорами, отношениями ученых. Когнитивная Н. с. встречает критику и со стороны ряда зап. социологов науки за социол. редукционизм и релятивизм. Она также подвергается критике за то, что за конкретикой теряет общие тенденции развития науки. Многообразие концепций в Н. с. оценивается как критиками как следствие противоречия между объективной необходимостью теоретического осмысления изменений, происходящих в процессах производства научного знания, усложняющихся взаимодействий между наукой и об-вом в совр. условиях и отсутствием надежных и адекватных методологических установок в самой Н. С.

В. Ж. Келле

Лит.: 1) *Сторер Н.* Социология науки//Американская социология. М., 1972. 2) *Пельц Д., Эндрюс Ф.* Ученые в организациях. М., 1973. 3) Коммуникации в науке. М., 1981. 4) Perspectives in the sociology of science /S. Blume. New Jercey, 1977. 5) *Merton R.* The sociology of science, N. Y. 1979.

НАУЧНОЕ СООБЩЕСТВО (scientific community) — группа ученых, работающих в одной предметной или проблемной области и связанных друг с другом системой научных коммуникаций. Термин «Н. с.» употребляется и в более широком смысле, тогда выделяются различ. уровни: профессиональное сообщество ученых в целом, дисциплинарное сообщество физиков, биологов и т. д., специалисты в той или иной исследовательской области. В социологию науки понятие «Н. с.» было введено *Поланьи* и использовалось им для характеристики спонтанно возникающей структуры научного труда, отвечающей особенностям и содержанию исследовательской деятельности. Понятие «Н. с.» позволяет рассматривать ученого как относительно самостоятельную единицу, свободную в выборе проблем для исследования. Значит вклад в разработку концепции Н. с. внес У. Хэгстром, давший анализ амер. Н. с. Соперничество ученых в рамках Н. с. за признание своего научного вклада он считал важнейшим условием эффективности науки и проводил идею множественности Н. с. с присущими каждому из них императивами и ценностями, касающимися научного труда. Разновидностью Н. с. явл. «невидимый колледж» (invisille college) — группа ученых, находящихся друг с другом в непосредственных и неформальных научных контактах по поводу разрабатываемой проблемы и обменивающихся информацией по новейшим рез-там ее исследования. Доступ к такого рода информации способствует ускорению исследовательского процесса. Понятие «Н. с.» используется в концепции Куна, к-рый рассматривает нормальную науку как парадигму, принятую Н. с. Несовместимость парадигм означала признание многообразия Н. с., достаточно обособленных друг от друга. Наряду с этим существует проблемы формирования Н. с., включения в Н. с., достижения согласия (consensus) в Н. с. относительно парадигм, целей и средств исследовательской деятельности, или относительно институционализации нового знания.

В. Ж. Келле

НАЦИОНАЛЬНОГО ХАРАКТЕРА концепции — концепции амер. этнопсихологической школы, утверждающие существование у различных этносов специфических национальных характеров, отличающихся стойкими психологическими характеристиками личности, отражающимися на «культурном поведении», что позволяет их авторам строить модели средней личности того или иного народа. Первым выделил в каждом народе «базисную личность», в к-рой соединены общие для его представителей национальные черты личности и черты национальной культуры, А. Кардинер, отметив важность культурного влияния семьи, а также обществ. структуры и обратного влияния «базисной личности» на социальные ин-ты [2]. «Модели культуры» и усредненной личности как уменьшенной копии этой культуры также строила *Бенедикт*, отдавая приоритет в формировании национального характера влиянию на него культурных ин-тов в процессе воспитания ребенка [1]. Амер. психологи, изучая психологию населения в послевоенной Японии и Западной Германии, пришли к выводу о том, что национальная культура оказывает влияние на нацию, на ее иерархию ценностей, формы общения и т. п. В рез-те этих исследований М. *Мид* пришла к заключению, что взгляды, стиль жизни составляют различ. «модели» у разных народов и зависят от обучения ребенка, специфического в культуре каждой нации, определяемого системой ценностей и поведением взрослых [4]. В отличие от них Мертон отмечал, что сам по себе набор черт личности, используемый ученым в исследовании, влияет на рез-т. Исследователи обнаружили далее, что черты характера у представителей масс и элиты различны. Исследования 50-х гг. показали, что на изучение национального характера оказывает влияние восприятие исследователем чужой культуры, его недостаточная компетентность, непонимание, просчеты, ошибочность или недостаточность данных и т. п. В начале 50-х гг. этнопсихологическая школа Н. х. подверглась суровой критике, ее авторитет значительно упал.

Н. Т. Кремлев

Лит.: 1) *Benedict R. F.* Patterns of culture. Boston, 1934. 2) *Kardiner A.* The pshchological frontier of society. N. Y., 1946. 3) *Linton R.* The cultural background of personality. N. Y., 1945. 4) The study of culture at a distance//Ed. by Mead M., Métraux R. Chic., 1953.

НЕГАТИВНАЯ ДИАЛЕКТИКА — неомарксистская программа «критического переосмысления» диалектики, осуществляемого на путях социально-филос. редукции (*Редукционизм социологический*) категорий диалектики Гегеля к тем или иным аспектам обществ.-экономической реальности и подмены логико-гносеологического и онтологического содержаний этих категорий — политэкономическим и социол. Эта программа наметилась у Лукача («История и классовое сознание», 1923), положившего начало «левой» версии неогегельянства; попытки ее реализации предпринимались *Маркузе* («Разум и революция», 1941), Ж.-П. Сартром («Критика диалектического разума», 1960) и *Адорно* («Негативная диалектика», 1966) [2]. Осн. тенденции Н. д.: 1) деонтологизация диалектики, ограничение сферы ее значимости областью человеческой деятельности — отношения человека к природе, данной ему в виде витальных влечений и сопровождающих их переживаний; 2) критика традиционных понятий и категорий диалектики («диалектического разума») как выражения «овеществления» и «отчуждения» теоретического сознания в условиях угнетательски-эксплуататорских об-в с их «рыночно-калькуляторской» рациональностью; 3) гипертрофия разрушительной, отрицательной роли диалектики — абсолютизация принципа негативности, доведенная до вывода о том, что утверждение («синтез») не может рассматриваться даже в кач-ве подчиненного момента диалектики (отсюда и само название Н. д.); 4) отрицание требования систематичности в диалектическом мышлении, логически последовательного развития диалектической мысли. Принципом, на основе к-рого в Н. д. осуществляется ни во что не разрешающееся отрицание, явл., напр., у Адорно, «иное» — некое грядущее в неопределенном будущем (и в то же время доисторическое) состояние слияния чел-ка с природой, к-рое может быть достигнуто лишь ценой преодоления «калькулирующего», а потому «угнетательского» разума, на базе к-рого и сложилась вся человеческая цивилизация, оказавшаяся «неудачной». У Маркузе на месте этого «иного» находится «будущее» (опять-таки тождественное пред-прошедшему), истолкованное в типично авангардистском духе: как «сверх-реальное», дремлющее в подсознании, составляющее содержание фантазий и сновидений и вырывающееся на поверхность человеческой жизни в «революционном иск-ве» (напр., сюрреализме). Однако ни это «иное», ни это «Будущее» не могут быть концептуализированы в логических понятиях, поскольку представляют собой реальность, исключающую «разум угнетения

и подавления», воплотившийся якобы в этих понятиях. Это «иное», постигаемое иррациональным способом (в сюрреалистической фантазии или утопии), может явить себя лишь в «расколотом», разрушенном понятии, причем теоретическим средством его раскола (в отличие от практически-художественного) и явл. Н. д. Поскольку критика «угнетательского и эксплуататорского разума» в Н. д. осуществляется гл. обр. посредством редукции логико-гносеологических понятий к опред. обществ.-экономическим реалиям, характерной чертой этой программы «критического переосмысления» Д. в конечном счете оказывается *вульгарный социологизм*. Так, напр., Адорно рассматривает логический закон тождества как слепок с товарообмена, а само понятие тождества (к-рому он противопоставляет принципиально нерационализуемое «нетождественное», как фундаментальный «негативно-диалектический» принцип) считает «изначальной формой идеологии» [5, 149]. Логическая процедура «отождествления» расценивается им как изначальный акт «подавления и угнетения» нетождественного (и, соответственно, нерационализуемого) в челке, лежащий в основе насилия над природой (в т. ч. и над «внутр.» природой индивидов) и проистекающей отсюда эксплуатации человека человеком. Программа Н. д., к-рая не могла привести к конструктивным рез-там уже «по определению», оставалась, однако, для ее сторонников (в особенности теоретиков *франкфуртской школы неомарксизма*) исходной общетеоретической позицией, с к-рой они подвергали критике не только «традиционную» социол. методологию, но и «традиционную» теорию и научную форму знания вообще. Эта критика, начатая работой *Хоркхаймера* «Традиционная и критическая теория» (1937) [1], получила продолжение в выступлениях Хоркхаймера и Адорно по поводу зап.-герм. социологии (в особенности эмпирической) в 50-х гг.; в борьбе франкфуртцев против «позитивизма» в социологии, достигшей своей кульминации в ФРГ в начале 60-х гг. и в США во второй половине 60-х гг. На гребне антипозитивистской волны в зап.-европ. и амер. социологии, поднятой сторонниками Н. д., и феноменологической социологии происходило оформление леворадик. критической социологии. Начиная с середины 70-х гг. влияние сторонников Н. д. в социальных науках на Западе постепенно падает.

Ю. Н. Давыдов

Лит.: 1) *Horkheimer M.* Traditionelle und kritische Therie//Zeitschrift für Sozialforschung. P., 1937. 2) *Adorno Th. W.* Negative Dialektik. Fr./M., 1966.

НЕЛОГИЧЕСКОЕ ДЕЙСТВИЕ — см. *Парето В.*

НЕОБИХЕВИОРИЗМ в социологии — общеметодологическая ориентация позитивистского плана, распространенная в амер. социологии. Н. возник в психологии в 30-е гг. 20 в. (К. Холл, Э. Толмен), когда стала очевидной несостоятельность классического *бихевиоризма* — невозможность описания поведения человека только посредством наблюдаемых стимулов и реакций на них. В бихевиористскую схему «стимул—реакция» (S—R) Н. ввел опосредствующее звено, т. наз. промежуточные переменные психологического плана и усложнил схему (S—O—R). В остальном Н. разделял принципы классического бихевиоризма. Н. в социологии не вылился в сколько-нибудь оформленные концептуальные формы — его задача заключалась в том, чтобы избежать теоретизирования, сделав упор на позитивистски трактуемом конкретном знании, представленном в виде верифицируемых «протокольных фактов». Это проявилось в потоке многочисленных прикладных исследований отдельных достаточно локальных проблем. Постулируя наличие «промежуточных переменных», сторонники Н. отказывались от их анализа, упрощая свою задачу до фиксации стимулов и наблюдаемых в ответ «элементов социального поведения». В наибольшей степени это проявилось в изучении таких конкретных сфер, как социология организаций, разделения труда, бюрократии и т. п. Немногочисленные обобщения конкретных данных с позиций Н. наиболее полно выражены в т. наз. *обмена социального* теории (Хоманс, Блау, Д. Адамс и др.). Стоя на позициях «предельного психологического редукционизма», Хоманс считает социологию вторичной, производной от психологии наукой. В психологии же для него наиболее продуктивен именно Н., дающий возможность вычленить наблюдаемые «элементарные единицы» поведения. Теория обмена базируется на парадигме научения и оперантного обусловливания *Скиннера* и следует основному для бихевиоризма закону эффекта. Здесь он выступает в виде «закона выгоды», к-рому подчинен социальный обмен — «универсальный принцип обществ. жизни». Поведение человека описывается совокупностью «выплат» (реакций) на те или иные «награды» (стимулы), к-рые он получает: удачный «обмен» закрепляется и воспроизводится, неудачный опыт отбрасывается. Все, что находится «между» стимулами и реакциями, объявляется сторонниками Н. хотя и чем-то существующим, но не поддающимся анализу объективными социол. методами и, следовательно, ненаучным.

Д. В. Ольшанский

Лит.: 1) Ярошевский М. Г. Психология в XX столетии. М., 1974. 2) *Homans J. K.* Sentimentals and activities. N. Y., 1962. 3) *Blau P. M.* Exchange and power in social life. N. Y., 1964.

НЕОКАНТИАНСТВО (методология социальных наук) — влиятельное течение филос. и обществ. мысли последней трети 19 — первой трети 20 в., решавшее осн. мировоззренческие проблемы, исходя из односторонне идеалистического толкования учения Канта. Возникло в 60-х гг. 19 в. в Германии под лозунгом «Назад к Канту» (О. Либман), достигло наибольшего расцвета в 1890—1929-х гг., когда оно стало господствующим в ряде германских ун-тов, распространилось во Франции, России и др. странах. С появлением таких течений, как «философия жизни», феноменология, неогегельянство, экзистенциализм, Н. потеряло лидирующие позиции. Н. в широком смысле включает все школы, ориентированные на «возвращение к Канту», однако к Н. в строгом смысле относят физиологическое направление (Ф. Л. Ланге, Г. Гельмгольц), марбургскую школу (Г. Коген, П. Наторп, Э. Кассирер), баденскую школу (В. Виндельбанд, *Риккерт*, Э. Ласк). Наиболее заметный след в истории философско-социол. мысли оставили две последние. Общие мировоззренческие установки двух указ. школ Н. нашли выражение в критике учения Канта «справа» — с позиций более последовательного идеализма. Главным достижением Канта Н. считало его мысль о том, что формы наглядного созерцания (пространство и время) и рассудка (категории) суть функции познающего субъекта, а главным заблуждением — признание объективно существующей, хотя и непознаваемой «вещи в себе». Последняя была объявлена в Н. «предельным понятием опыта», «задачей чистого мышления» — продуктом рац. мыслительной деятельности познающего субъекта. Отказ от «вещи в себе» в кантовском понимании привел Н. к отрицанию онтологии с позиций рационалистического гносеологизма: активность мышления стала рассматриваться как источник априорных сущностных определений самого бытия и одновременно как деятельность по конструированию человеческой культуры. Вынужденное считаться с требованием объективности познания, Н. обосновывало его на пути трансцендентализма. Обе школы Н. отмежевывались, с одной стороны, от «метафизики» объективного идеализма (прежде всего — Гегеля), с др.— от «психологизма» субъективного идеалистического толка. Но если марбургская школа исходила из «трансцендентально-логического» толкования учения Канта, утверждала примат «теоретического» разума над «практическим» и разрабатывала трансцендентальный метод как «логику чистого познания», имея в виду метод интерпретации «фактов культуры», «заданных» в сферах научного познания, морали, иск-ва, религии, права, то баденская школа исходила из «трансцендентально-психологического» истолкования учения Канта, утверждала примат «практического» разума над «теоретическим», доказывая трансцендентальный статус «ценностей», к-рые хотя и не существуют эмпирически, но «значат». На базе трансцендентализма обе школы Н. строили филос. концепции культуры, ядро к-рых составляла детально разработанная методология исследования культуры, охватывавшая как «науки о природе» (естествознание), так и «науки о культуре», или «науки о духе» (гуманитарное знание, в т. ч. социальное и историческое). Эта исследовательская методология явилась мощным интеллектуальным источником, под влиянием к-рого формировалась германская социально-филос. и социол. мысль конца 19 — начала 20 в. Основатель марбургской школы Коген (1842—1918) в своей теории об-ва исходит из представления о человеке прежде всего как об этическом субъекте и лишь затем как о юридическом лице. Подобно тому как математика, в первую очередь теория бесконечно малых, явл., по Когену, фундаментом естеств. наук, учение о праве служит основой «наук о духе» (соответственно, «логика чистого познания» — это общая методология и социальных наук). Человек подчиняется законам правового гос-ва потому, что оно явл. высшим юридическим лицом. Если юриспруденция — это математика обществ. наук, то этика — их логика. Этику Коген понимает как «логику воли», а религии дает моральное истолкование. Свобода человеческой личности — главная цель социального и исторического развития. Продолжая эти идеи, Наторп (1854—1924) создает программу «социальной педагогики». Ее задача — содействие социализации личности, образованию индивида с целью включения его в мировую культуру, в движение человечества к идеальному об-ву, где личность — не только средство, но и самоцель. Последний крупный представитель марбургской школы, Кассирер (1874—1945), автор глуб. исследований по истории нем. науки, философии и культуры, первоначально разделяет ориентацию «трансцендентальной философии» Когена и Наторпа на математику и математическое естествознание, усматривая в характерных для математики способах образования понятий идеальный образец способа образования понятий вообще. Он критикует «субстанциализм» в традиционной, аристотелевско—локковской теории образования понятий и «теорию отражения» с позиций «функционализма». Понятие, по Кассиреру,— это априорная продуктивная форма рац. мышления, относящаяся к чувственным впечатлениям («материи восприятия»), как математическая функция к числовому ряду. С 20-х гг. Кассирер начинает ориентироваться преимущественно на гуманитарные науки и создает оригинальную философию культуры — «философию символических форм». Переориентация означала отказ Кассирера от узко понятого рационалистического сциентизма Когена и Наторпа. Два ствола человеческого познания — чувственность и рассудок, утверждает Кассирер, имеют «общий корень». Существует некая «медиальная» функция сознания, без к-рой в нем не может произойти ни один процесс,— функция символизации. В концепции «символической функции» Кассирер соединяет и две разведенные у Канта сферы — теоретического и практического разума: регулятивные идеи практического разума, приобретая у него статус конститутивных, превращаются в алгоритмы конструирования мира — символы. Последние есть одновременно и высшие ценности человеческой культуры, поскольку содержат в себе то, что Кант считал «божественным» в человеке. Усваивая старые и творя новые символы, человек выражает духовно-смысловое в материально-чувственном, многое в едином, динамичное в стабильном; тем самым он добивается индивидуальной свободы и «бессмертия», поскольку таковые мыслимы только через включение в культуру посредством усвоения и умножения им «общезначимых» человеческих ценностей. Символическая функция находит специфическое выражение в автономных сферах культуры — «символических формах» (язык, миф, религия, иск-во, наука, историческое знание). Постижению, толкованию манифестаций духа в различ. «символических формах» и призван учить, в трактовке позднего Кассирера, «трансцендентальный метод». Философия «символических форм» Кассирера оказала влияние на совр. культурологию (*Культуры социология*), способствовала формированию *антропологического направления в социологии, функционального подхода в социологии, знания социологии*. Наиболее значит. влияние на *методологию социологическую* оказала философия знания баденской школы Н. Согласно Виндельбанду (1848—1915), философия есть «критическая наука об общеобязательных ценностях», к-рая должна устанавливать правила оценки в логической (научной), этической и эстетической сферах, проникая путем объективного исследования в сущность «нормативного сознания». Оценка (Bewertung), по Виндельбанду,— это «реакция чувствующей и желающей личности на определенное содержание познания», событие душевной жизни, обусловленное состоянием ее потребностей, с одной стороны, и содержанием ее представлений о мире — с др. А т. к. последние «включены в общее течение жизни», т. е. заимствуются из жизни социальной, то индивидуальная психология не способна объяснить генезис и сущность нормативного сознания. Это объяснение, касающееся *отнесения к ценности* (Wertgebung), находится на «трансцендентально-психологическом» уровне и базируется на истории не индивида, а рода — на истории культуры и об-ва [7, 28]. Трансцендентальный метод исследования отличается от обычного научного метода тем, что просто выявляет сам феномен «значимости» тех или иных ценностей в тот или иной исторический период для тех или иных сфер человеческой жизнедеятельности, включая само научное познание. Науки, считал Виндельбанд, по своей методологии делятся на два вида — «науки о природе» и «науки о культуре», естеств. и исторические. Для первых характерен *номотетический* (генерализирующий) *метод*, ориентированный на установление законов, для вторых — *идиографический* (индивидуализирующий) *метод*, ориентированный на установление неповторимых в своей индивидуальности событий и явлений действительности. Трансцендентальный же метод, выявляя «ценности», раскрывает смысл научного познания, напр. объясняет отнесенность к ценностям как существенную черту исторического познания. Эти идеи были систематически развиты и углублены Риккертом (1863—1936). Риккерт выделяет шесть сфер человеческой жизнедеятельности (научное познание, иск-во, пантеизм и мистика, этика, эротика и «блага жизни» вообще, теизм как вера в личностного бога) и соответствующие им ценности (истина, красота, сверхличностная святость, нравственность, счастье, личностная святость). Действительность, данная как непосредственное бытие, представляет собой, по Риккерту, нечто иррациональное, поскольку, с одной стороны, континуальна, с др. — гетерогенна. Познание же есть рационализация иррациональности непосредственной жизни, к-рая происходит двумя путями: «...для науки открывается два пути образования понятий. Содержащуюся во всякой действительности разнородную непрерывность мы оформляем либо в однородную непрерывность, либо в разнородную прерывность» [4, 68]. Первым путем идут науки, предмет к-рых — чистое количество (математика) и кач-во, существенно зависимое от количества (естествознание) — «науки о природе»; вторым — науки, желающие «удержать» качество, «науки о культуре». Первый путь — генерализирующего познания, второй — индивидуализирующего. В работах последнего периода Риккерт рассматривает возможность построения рационалистической онтологии (метафизики) как учения о видах мирового целого. Методология баденской школы Н. была адаптирована М. *Вебером* в его концепции *понимающей социологии*, к-рая ставила задачу понять смысл *действия социального* в различ. историко-культурных контекстах. Влияние Н. испытали мн. крупные социологи, напр.

Дильтей, Зиммель, Маннгейм, Шелер и др. Методология социальных наук Н. продолжает оказывать влияние на совр. социол. мысль, прежде всего ФРГ *(Аксиология)*.

А. Н. Малинкин

Лит.: 1) *Риккерт Г.* Границы естественнонаучного образования понятий. СПб., 1903. 2) *Риккерт Г.* Введение в трансцендентальную философию. Предмет познания. К., 1904. 3) *Риккерт Г.* Философия истории. СПб., 1908. 4) *Риккерт Г.* Науки о природе и науки о культуре. СПб. 1911. 5) *Наторп П.* Социальная педагогика. СПб., 1911. 6) *Кассирер Э.* Познание и действительность. Понятие о субстанции и понятие о функции. СПб., 1912. 7) *Виндельбанд В.* Прелюдии. СПб., 1914.

НЕОКОНСЕРВАТИЗМ — направление в зап. социологии, возникшее в процессе пересмотра идей и ценностей либерализма и консерватизма и фактически представляющее собой их новый синтез. Подъем Н. в середине 70-х гг. явился реакцией на распространение леворадик. идей и движений протеста в промышленно развитых странах капиталистического Запада. В это время произошла дискредитация сложившихся на либеральной основе оптимистических социально-филос. концепций *«об-ва изобилия»*, *«благоденствия»* и т. д., приверженцам к-рых вменяется в вину переоценка возможностей регулирования в экономической и социальной сферах об-ва, порождающая побочные эффекты деструктивного характера, разрушение традиционных социальных ин-тов, увлечение абстрактными идеями и прожектами. Исходя из основополагающего убеждения в несовершенстве человека и созданных им ин-тов, представители Н. считают бедность, страдание, несправедливость неизбежным злом, к-рое можно смягчить, но не устранить. Согласно Н., универсальных идеальных политических ин-тов не существует, хороши только те, к-рые соответствуют данному этапу развития об-ва. Принимая либеральные рыночные принципы, как и логику индивидуалистического выбора, неоконсерваторы не считают их единственным критерием формирования политики. Соответственно их отношение к гос-ву двойственно — наряду с требованием ограничения его вмешательства в социально-экономическую сферу неоконсерваторы выступают за укрепление гос. авторитета в деле поддержания порядка и законности, поскольку несовершенное человеческое об-во легко может оказаться во власти анархии. Теоретики Н. активно возражают против его отождествления со старыми формами консерватизма, направленными на сохранение «статус-кво» или реставрацию старых порядков, в их воззрениях отсутствует ностальгия по феодально-аграрному прошлому, к-рую сменил призыв к дальнейшему развитию индустр. об-ва. Не отрицают они и необходимости ограниченных социальных реформ, хотя и считают политику *«государства всеобщего благоденствия»* ошибочной. Сторонники Н. стремятся дать культурно-филос. обоснование капитализма, подчеркивая его этический аспект. Их объединяет стремление к возрождению авторитета таких социальных ин-тов, как семья, школа, церковь, различ. ассоциации, выполняющие посредническую функцию между индивидуумом и об-вом. Именно в таких структурах, связывающих человека в его частной жизни со сферой гос. власти, предотвращая его отчуждение, они усматривают основу «плюралистического» об-ва, надежную преграду бюрократии, тоталитарным поползновениям, посягательствам на права личности. Н. не может быть отождествлен с традиционными консервативными и совр. правыми партиями, не вписывается в схему «левые—правые» в вопросе о путях дальнейшего развития об-ва, т. к. заимствует у «левых» ряд тем и оказывает воздействие на реформистские партии. Выдвигая задачу «формирования консервативного большинства нации» из представителей всех социальных слоев и политических партий, представители Н. стремятся противопоставить это большинство своему политическому противнику — «левой интеллигенции», именуемой «новым классом». Н.— сложное, внутренне дифференцированное, политическое и идеологическое образование. Существует культурфилософский Н. интеллектуальных кругов и партийно-политический Н. Характерная черта Н.— острый интерес его сторонников к политике.

Т. М. Фадеева

Лит.: 1) *Кепеци Б.* Неоконсерватизм и новые правые. М. 1986. 2) Neokonservativen und «Neue Rechte»: der Angriff gegen sozialstaat und liberale demokratie in den Vereinirgten Staaten. Westeuropa und der Bundesrepublik/Fetscher I. Münch. 1983. 3) *Barry N. P.* The New Right. L., 1987.

НЕОЛИБЕРАЛИЗМ (от лат. liber— свободный) — термин, обозначающий совр. модификации связанного с именами *Локка, Монтескье, Смита, Милля* и др. либерализма 17—19 вв., к-рый обосновывал идею свободы и самодостаточности личности, свободы инициативы, конкуренции, торговли, свободы от вмешательства гос-ва в экономическую, социальную и частную жизнь. Либеральная идеология начинает меняться на рубеже веков (Дж. Хобсон, Т. Грин, *Хобхаус,* Ф. Науманн). Наряду с традиционным индивидуализмом в ней появляются обществ., «коллективистские» и этатистские акценты, к-рые в дальнейшем значит. усиливаются. Н. стремится обосновать и осуществить гос. регулирование экономической и социальной жизни (Дж. Кейнс, Гэлбрейт и др.). Посредством налогов, социальных программ, пособий и др. мер по социальному обеспечению неолибералы пытаются сгладить имущественное неравенство, создать *«государство всеобщего благоденствия»*. Социально-политический дирижизм, по их мн., не ущемляет, а, напротив, укрепляет права и свободы граждан. В сравнении с либерализмом прошлого подвергаются инверсии не только отношения личности, об-ва и гос-ва, но и соотношение свободы и равенства. Если прежде приоритет отдавался свободе и существовал очевидный антагонизм между эгалитарными и либеральными принципами, то теперь существенную роль стали играть умеренно эгалитаристские устремления *(Эгалитаризм).* Вместе с тем усиливается настороженность к массовой демократии, по отношению к к-рой либерализм всегда занимал двойственную позицию, признавая ее «необходимым злом», единственным орудием против абсолютистской тирании, грозящим в то же время «тиранией большинства». Основанный на технократическом оптимизме, вере во всемогущество научного регулирования и управления социально-экономическими процессами, Н. потерпел ряд неудач в своих программах, и с середины 70-х гг. его начал теснить *неоконсерватизм,* вернувшийся к идее минимализации вмешательства гос-ва в социально-экономическую жизнь, к-рое, по мн. неоконсерваторов, нарушает ее «естеств.» течение, а также к антиэгалитаристским идеям. Термин «Н.» иногда употребляется для обозначения неоконсервативных теорий, поскольку те восприняли мн. осн. принципы классического либерализма.

С. А. Эфиров

Лит.: 1) *Freeden M.* The new liberalism. L., 1978. 2) *Burdeau G.* Le liberalism. P., 1979. 3) *Arblaster A.* The rise and the decline of Western liberalism. Oxf., 1984. 4) *Kolm S.* Ch. Le liberalism moderne. P., 1984.

НЕОМАРКСИЗМ — течение зап. социально-филос. мысли, представители к-рого, интерпретируя философию Маркса в духе неогегельянства, фрейдизма, «философии жизни», экзистенциализма и структурализма, выступают с критикой «слева» позитивистского истолкования марксизма теоретиками II Интернационала (К. Каутским и др.). Основоположниками Н. считаются *Лукач* («История и классовое сознание», 1923) [3] и К. Корш («Марксизм и философия», 1923) [4]. С конца 20 — начала 30-х гг. Н. активно развивался теоретиками франкфуртской школы — *Фроммом, Маркузе, Хоркхаймером* и *Адорно.* Во Франции после второй мировой войны к Н. примыкают А. Лефевр, Ж.-П. Сартр, *Гольдман.* В англоязычных странах Н. формировался под влиянием нем. и франц. его версий на почве социальной философии и социологии (*Миллс, Гоулднер,* И. Горовитц, *Бирнбаум, Боттомор* и др.) [1]. Осн. тенденция Н. как социально-филос. направления заключается в соединении филос. понятий с политэкономическими и общесоциол. В кач-ве центральной и основополагающей в Н. выступает категория *«отчуждение»,* понимаемая в социально-экономическом смысле. Рез-том «отчуждения» оказывается не только социальная структура антагонистических обществ. форм, но и субстанциальное содержание мира, его предметно-вещественный характер. Отсюда — тенденция к социоморфизму и релятивизму, характеризующая Н. [2]. Сторонникам Н. свойствен нигилизм в отношении духовной культуры, в к-ром прослушиваются ницшеанские обертоны и политический экстремизм, противоречивым и эклектичным образом сочетающийся с концепцией фатализма «капиталистической цивилизации».

Возводимая в своих истоках к гомеровским временам (и т. обр. отождествляемая с зап. цивилизацией и культурой в целом), история «капиталистической цивилизации» предстает в Н. как фатально-необходимый процесс прогрессирующего «сумасшествия» разума. В связи с этим антикапиталистическая революция предстает в апокалиптическом свете как «конец истории», всемирный катаклизм, вселенская катастрофа, рез-том к-рой должно стать появление чего-то «радикально иного», отменяющего все предшествующее развитие человечества как являющего собой «сплошное недоразумение». Отсюда расчет неомарксистских теоретиков на тех, кто люмпенизируется «зап. цивилизацией», оттесняется на ее «периферию», отбрасывается на дно социальной жизни и не имеет с этой «неудавшейся цивилизацией» никаких точек соприкосновения, кто бы они ни были: жители «третьего мира», не вовлеченные еще в орбиту «модернизации»; наркоманы; «враждебные интеллектуалы», агрессивно противостоящие зап. культурной традиции, или представители «сексуальных меньшинств» (люди с различ. отклонениями от нормы половых отношений); нетрудоустроенная молодежь; инфантилы, не желающие включаться в трудовую жизнь взрослых; безработные или преступники [1; 2]. Отмеченные особенности Н., с одной стороны, обеспечили его широкую популярность в 60-е гг., когда в общеcтв. сознании Запада законодателями моды были «новые левые», поднявшие неомарксистов на щит в кач-ве своих идеологов, а с др. — вызвали его углубляющуюся критику в 70-е гг., когда движение «новых левых» потерпело крах, зайдя в тупик левого экстремизма и терроризма. Попытки *Хабермаса* и Боттомора трансформировать Н., «либерализировав» его и освободив от «экстремистских» крайностей, не предотвратили утраты им прежнего значения, а скорее способствовали «размыванию» его изнутри [5].

Ю. Н. Давыдов

Лит.: 1) Неомарксизм и проблемы социологии культуры. М., 1980. 2) Буржуазная социология на исходе XX века (Критика новейших тенденций). М., 1986. 3) *Lukacs G.* Geschichte und Klassenbewusstsein: Studie uber marxistische Dialektik. B., 1923. 4) *Korsch K.* Marxismus und Philosophie. Fr./M., 1966. 5) *Habermas J.* Theorie des kommunikativen Handelns. Fr./M., 1981. Bde 1—2.

НЕОПОЗИТИВИЗМ в социологии — теоретико-методологическая ориентация в немарксистской социологии, опирающаяся, осознанно или неосознанно, на филос. положения логического позитивизма. Несмотря на кризис последнего в 60-е гг., его основополагающие идеи, в частности т. наз. «стандартная концепция науки», остаются главной методологической базой Н. с., хотя предпринимаются попытки использовать отдельные концепции постпозитивистской философии науки. Осн. принципы Н. с. заключаются в признании того, что: 1) социальные явления подчиняются законам, общим для всей действительности — природной и социально-исторической *(натурализм)*; 2) методы социального исследования должны быть такими же точными, строгими и объективными, как методы естествознания (сциентизм); 3) «субъективные аспекты» человеческого поведения можно исследовать только через открытое поведение *(бихевиоризм)*; 4) истинность научных понятий и утверждений должна устанавливаться на основе эмпирических процедур (верификационизм); 5) все социальные явления должны быть описаны и выражены количественно (квантификация); 6) социология как наука должна быть свободна от ценностных суждений и связи с идеологией (методологический объективизм). Однако третий, четвертый и пятый из указанных принципов оспариваются сторонниками постпозитивистской методологии, отстаивающими приоритет теоретического знания в социологии. Н. с. не представляет собой единой школы, это скорее некоторая общая и весьма влиятельная ориентация, сторонники к-рой называют себя представителями «научной социологии» или «естеств.-научного» направления в социологии. Возникнув первоначально на базе Венского кружка («физикализм» и концепция *эмпирической социологии* О. Нейрата) и независимо от него в русле эмпирической социологии США (Ландберг, С. Чэпин, С. Додд, Р. Бейн и др.), это течение, отказавшись от своего первоначального ригоризма, оказало значит. влияние на развитие эмпирической социологии. Усвоение зап. эмпирической социологией неопозитивистской концепции логического эмпиризма продолжалось на всем протяжении 40—60-х гг. Неопозитивистские установки разделяют мн. видные социологи-методологи (*Лазарсфельд*, Г. Зеттерберг, *Блейлок*). Их влияние на практику социол. исследования было двойственным. С одной стороны, Н. с. подвергает справедливой критике объективно-идеалистические, иррационалистические концепции, отстаивает применение научных, в частности математических, методов исследования. С др. стороны, он суживает границы и возможности социол. исследования, пытается оторвать социологию от политики, выступает против историзма и абсолютизирует математические методы, нек-рые логические процедуры и естеств.-научные данные о поведении человека (бихевиоризм и социал-биологизм). Идеологически это течение теснее всего связано с либерализмом и технократизмом. Нек-рые его представители ведут систематическую борьбу с марксизмом *(Поппер)*. В период после второй мировой войны Н. с. получил широкое распространение в странах Зап. Европы и особенно в США, что было обусловлено расширением масштабов эмпирических исследований, использованием рез-тов социальных исследований в технократических и либерально-реформистских программах. Завершившийся в этот период процесс институционализации социологии, превращение ее в независимую научную дисциплину в значит. степени связаны с популярностью идей Н. с., сторонники к-рых вели решительную борьбу за применение «научного метода» в социологии, отстаивали идеал точной и строгой социальной науки. Кризис бурж. социологии на рубеже 60—70-х гг. выявил имплицитно присущие Н. с. консервативные политические ориентации, ограниченность защищаемого его сторонниками идеала «научной социологии». В последующие гг. наблюдается усиление позитивистских тенденций в зап. социологии, к-рые стимулировались финансовой поддержкой эмпирической социологии со стороны гос-ва и частного капитала, усилением прикладной функции социальных наук, распространением математических методов анализа с использованием ЭВМ, формированием ряда новых областей биологии, занимающихся исследованием поведения (этология, *социобиология*). Все это привело к возникновению в русле Н. с. ряда новых концепций (методологический позитивизм, эмпирический структурализм, бихевиористская социология, социобиологические и постпозитивистские концепции). Распространение позитивистских идей порождает широкую оппозицию к ним со стороны представителей леворадик. и гуманистических концепций (*Антипозитивизм* и *Антисциентизм*), справедливо указывающих на узость методологической базы Н. с., на пренебрежение спецификой социальных явлений, на абсолютизацию методов естеств. наук, игнорирование мировоззренческой функции социального знания.

И. С. Кон, М. С. Комаров

Лит.: 1) *Кон И. С.* Позитивизм в социологии. Л., 1965. 2) *Комаров М. С.* Новейшие тенденции развития позитивистско-натуралистической социологии//Новейшие тенденции в современной немарксистской социологии. М., 1986. 3) *Halfpenny P.* Positivism and sociology. L., 1982. 4) *Blalock H.* Dilemmas of Social science. N. Y., 1986.

НЕОТЕХНОКРАТИЗМ — термин, используемый для обозначения процесса обновления технократического мышления, происходящего с конца 70-х гг. Осн. смысл этого процесса выражается в стремлении преодолеть некритичность позиций технологического детерминизма и технократического обоснования социального администрирования, вырваться из плена представлений о технике как щедром божестве или как злом демоне, несущем гибель человечеству. Н. представляет собой попытку исправить положение, при к-ром техника вообще выпадает из сферы социол. анализа, вытесняемая, с одной стороны, размышлениями «по поводу» техники (последствий ее развития, положительных и отрицательных для человека, об-ва, природы), а с др. — распространением социологизма, рассматривавшего человеческое общение в отрыве от его материально-технического «предмета» и носителя. С т. зр. Н., технократическая идеология, лежащая в основе совр. индустриального и социального управления (*Детерминизм технологический, Техницизм и антитехницизм, Технократия*), служила «научным» обоснованием варварского отношения к природе, к человеческому фактору и привела совр. человечество вплотную к проблеме выживания. В русле Н. осуществляются попытки критико-социол. анализа технической рациональности, ее тупиков и парадоксов; ставится проблема гуманизации техники на основе изучения социальных механизмов ее развития. При этом известные представления классического технократического сознания оказываются как бы «снятыми», вобравшими в себя рациональное зерно его критики. Технике в Н. по-прежнему отводится центральная роль в жизни об-ва, но ей отказывается в способности к саморазвитию, самокоррекции. Ставится вопрос об обществ. контроле над техническим развитием. В большинстве вариантов Н. отчетливо виден отход от прогрессистских иллюзий, но все же зло, причиняемое техникой, связывается только с ее временным отставанием от собственных возможностей. Изначальный принцип власти знания и технических специалистов остается, хотя и смягчается за счет включения в «правящую элиту» новых специальностей, имеющих более гуманные устремления. В лит-ре по Н. ставится вопрос о создании новой, адекватной системы представлений о технике, возможной только на путях включения техники в социол. измерение; утверждается, что от рассуждений «по поводу» техники надо перейти к изучению механизмов развития техники, расшифровать мифы о технике-монстре, технике-титане, о техническом прогрессе как самореализующейся рациональности; НТП должен рассматриваться как совокупность конкретных инноваций и решений относительно этих инноваций, подлежащих как технологическому, так и социол. анализу (Дж. Уайнстейн). Конкретные варианты Н. представлены: в индустриальной социологии, в исследованиях *риска технологического*, в компьютерной футурологии, в теоретической социологии неовеберианцев. Неовеберианцы рассматривают научно-техническое развитие как углубляющий процесс взаимодействия двух видов рациональности — формальной (т. е. чисто технической рациональности выбора средств для достижения опред. цели) и материальной (содержательной, субстанциальной, ценностной). С этой т. зр. существенным пороком классического технократизма было полное отождествление мира техники с первым видом рациональности; рез-том было резкое размежевание функций научной экспертизы (специалист, технократ) и критической оценки (свободный интеллектуал), обособление первой функции и вытеснение второй из процесса принятия решений. В совр. условиях должны существовать эксперты иного типа, к-рые должны действовать одновременно и как специалисты, и как критически мыслящие интеллектуалы, в каждом конкретном случае заново творящие синтез формальной (целевой) и материальной (ценностной) рациональности — «истинную рациональность» (Зейфарт) или «системную рациональность открытого типа» (В. Бюль). В рамках индустриальной социологии совр. неотехнократические представления формируются на основе веберовской социологии *социального действия* и теории бюрократии (Г. Шмидт). Социол. рассмотрение техники должно исходить из того, что развитие техники — не анонимный процесс, а один из компонентов социального действия, т. е. реализации той или иной стратегии развития техники. Вырабатывают эти стратегии и осуществляют их иерархически организованные аппараты управления, к-рые оказываются ответственными за то, что технико-технологическое развитие проходит в такой, а не в иной форме. Задача социологии, прямо вытекающая из таких теоретических установок,— определение степени реального господства различ. групп технократов на различ. уровнях организации производства.

М. С. Ковалева

Лит.: 1) Буржуазная социология на исходе XX века. М., 1986. 2) ФРГ глазами западногерманских социологов. М., 1989.

НЕОФРЕЙДИЗМ — направление в совр. философии и психологии, получившее распространение гл. обр. в США. Термин «Н.» возник в конце 30-х гг. как название течения, развившегося из ортодоксального фрейдизма. Осн. представители — *Хорни*, Г. С. Салливан, *Фромм* и др. Н. сформировался в процессе соединения психоанализа с амер. социол. и этнологической теориями (в частности, школой *антропологии культурной*). Исходным положением Н. явился т. наз. принцип социального (Фромм) или культурного (А. Кардинер) детерминизма, к-рый, в отличие от биологизма *Фрейда,* исходит из личности как обществ. феномена. Центр тяжести психоанализа переносится с внутрипсихических процессов на межлич. отношения; отклоняется учение о либидо и сублимации. Психические нормы истолковываются как приспособление личности к социальной среде, а всякое нарушение «социальной идентичности» трактуется как патология. Отвергая представления психоанализа о внутрипсихической структуре, Н. заменяет их учением о защитных формах поведения в духе *бихевиоризма*. Н. или вообще отрицает роль бессознательного, или же рассматривает его как связующее звено между социальными и психическими структурами («социальное бессознательное» Фромма). Показательна для Н. концепция межлич. отношений, к-рую развивает Салливан: в психике нет ничего, кроме отношений к др. лицам и объектам или смены межлич. ситуаций. Существование личности как таковой рассматривается как миф или иллюзия: личность трактуется лишь как сумма отношений между искаженными и фантастическими образами («персонификациями»), возникающими в процессе социального общения. Н. не представляет собой единого учения. Если Салливан полностью растворяет индивида в межлич. среде, то *Хорни* признает в человеке известные возможность самодвижения («стремление к самореализации»). Фромм порывает с позитивистскими установками, сохранившимися еще у Хорни и Салливана, развивая социально-критическую антропологическую теорию и превращая Н. в теорию утопического «коммунитарного социализма». В работах М. *Мид*, Кардинера и др. Н. объединяется с культурантропологией, нередко приводя к идеям культурного релятивизма, психологической несоизмеримости отдельных культур. Проблемы психопатологии получили в Н. наибольшее развитие у Хорни. Рассматривая иррациональность невроза как отражение иррациональных аспектов об-ва, Хорни считает движущей силой невроза состояние «основного страха», порожденного враждебной средой. Как реакция на страх возникают различ. защитные механизмы: рационализация или преобразование невротического страха в рациональный страх перед внешней опасностью, всегда несоразмерно преувеличиваемой; подавление страха, при к-ром он замещается другими симптомами; «наркотизация» страха — прямая (с помощью алкоголя) или переносная — в виде бурной внешней деятельности и т. п.; бегство от ситуаций, вызывающих страх. Эти средства защиты порождают четыре «великих невроза» нашего времени: невроз привязанности — поиски любви и одобрения любой ценой; невроз власти — погоня за властью, престижем и обладанием; невроз покорности и, наконец, невроизоляция, или бегство от об-ва. Но эти иррациональные способы решения конфликтов лишь усугубляют, по Хорни, самоотчуждение личности. Цель психотерапии Н. видит в выявлении дефектов в системе социальных связей пациента для лучшей адаптации его к существующему образу жизни. Н. оказал значит. влияние на работы представителей т. наз. *психоаналитической ориентации в социологии*.

Д. Н. Ляликов

НЕОЭВОЛЮЦИОНИЗМ — термин, с 50-х гг. 20 в. применяемый в англоязычном обществоведении для обозначения разных вариантов ревизии идей классического *эволюционизма* 19 в. Выделяют три гл. вида Н.: неодарвинизм или «культурный селекционизм», «культурный материализм», эволюционный функционализм. Неодарвинизм, пропагандируемый новой социобиологией [3], рассматривает об-ва как совокупности дискретных изменчивых явлений и свойств (напр., форм политической власти, типов поселения, институтов родства, брака, наследования и т. д.). Социокультурные вариации среди них возникают потому, что при передаче культуры от поколения к поколению и от человека к человеку случаются ошибки и новации, аналогические генетическим мутациям. Некоторые вариации будут лучше других приспособлены к социальной — или природной, опосредствованной культурой — среде и рано или поздно вытеснят менее приспособленные формы. Направление социальной эволюции оказывается рез-том избирательного воздействия среды на случайные процессы возникновения новшеств в об-ве. Это позволяет обойти ключевую для функционализма проблему прямого объяснения того, как люди в обществ. группах порождают функционально и адаптивно эффективные ин-ты; избежать споров о телеологии, ортогенезе и т. п. Все, что нужно,— это разнообразие вариаций (новых случайных сочетаний социокультурных свойств) как сырья для эволюции и сито естеств. отбора, устраняющее плохо адаптированные сочетания путем проб и ошибок. Против неодарвинизма выдвинут ряд серьезных возражений. Механизм биологического наследования, производный от дифференциального размножения и смертности отдельных особей, в корне отличен от информационно-смыслового наследования (передачи) культуры независимо от органической жизни индивидов. В об-вах, где процессы воспроизведения (размножения) и самосохранения, онтогенез и филогенез неразличимы, нет и не может быть материальной «основной единицы» социального воспроизводства, сравнимой с геном, а значит, нет и соответствующих единиц отбора. Бесплодны поиски «социальных генов», «атомов культуры» и в кач-ве общезначимых единиц информации («культурных инструкций», «образов культурной памяти», «идей» и пр.), конкурирующих в борьбе за выживание. На роль «культургенов» может равно претендовать любой аналитический аспект мысли или поведения, ибо до сих пор никто не указал критериев их выделения и отличения от др. похожих «единиц». Имеет смысл говорить лишь об «осн. единицах» опред. социальных подсистем (для демографической совокупности такой единицей явл. индивид, для подсистемы родства— роль известного типа и т. д.). Искусственная всеобщая единица игнорировала бы эти подсистемы, т. е. сложную организацию об-ва. Применение модели случайного отбора к эволюции даже простейших об-в как целых встречает непреодолимые трудности, ибо число возможных комбинаций дискретных свойств невообразимо огромно, а время эволюции (не более 10 000 лет после одомашнивания животных и начала земледелия) и число известных за это время исторических об-в слишком малы. Для действия случайного отбора в дарвиновском смысле здесь нет ни времени, ни материала, чтобы объяснить зримый высокий темп социальной эволюции. Нет глубоких сходств между мутацией как источником биологической изменчивости и социальным изобретением (нововведением), целенаправленным, реагирующим на запросы извне и способным к заимствованию и распространению в др. обществ. «организмах». Если биологическую вариацию уместно рассматривать как случайное событие, могущее при наличии достаточного времени произойти среди миллиардов особей на протяжении миллионов поколений, то социальная «вариация» — продукт конкретного об-ва и опред. культурных традиций и, как правило, очень далека от слепой случайности [5]. Два др. вида Н. изначально исходят из направленности социальной эволюции, обусловленной так или иначе понимаемой структурной организацией об-ва. Они ближе к спенсеровскому обобщенному понятию эволюции как движения от однородности к большему разнообразию, от простых к сложным формам организации, к локальной специализации форм и т. п. *(Спенсер)*. В отличие от теорий эволюционизма 19 в. в Н. все эти особенности эволюции толкуются не как онтологический закон, а как полезное эмпирическое обобщение. «Культурный материализм», особенно заметный с середины 20 в. в амер. культурантропологии и археологии (Л. *Уайт*, Г. Чайлд, М. Салинс, Э. Сервис, М. Харрис и др.), больше др. внимателен к развитию технико-экономической базы культуры, к технологическим реакциям об-в на требования среды, к влиянию эффективности потребления энергии на социальные институты и т. п. [4]. Не отрицая важности естеств. отбора, этот вид Н. при установлении направления эволюции переносит центр тяжести на взаимодействие между различ. аспектами об-ва, один из к-рых признается ключевым по отношению к др. Салинс и Сервис [1] под влиянием биолога Дж. Хаксли предложили различать специфическую эволюцию, характеризуемую возрастающей дивергенцией и адаптивной специализацией конкретных об-в, и общую эволюцию, выражающую тенденции развития человеческой культуры в целом, но, однако, не тождественной «прогрессу человечества», как он понимался в социологии 19 в. Больший «эволюционный потенциал» они приписывают культурным типам, к-рые предварительно имели относительно обобщенные, а не высокоспециализированные адаптивные характеристики. Эволюционный функционализм (*Парсонс*, Н. Смелсер, С. Эйзенштадт и др.) ориентирован на модель развития не популяции (как неодарвинизм), а организма. Об-ва — это естеств., адаптивные, функционально интегрированные системы, где новации появляются и выживают потому, что удовлетворяют функциональным требованиям об-ва как целого, тем самым определяя и направление эволюционного процесса. Здесь гл. затруднение заключено в вопросе, как, посредством каких социальных процессов массы индивидов, каждый из к-рых не сознает всех последствий своей деятельности, тем не менее развивают «нужные» ин-ты, адаптивного и функционального значения к-рых в об-ве сами не понимают. Осн. ответы сторонников эволюционизма восходят к известным из истории социологии решениям, обнаруживающим свою уязвимость для критики: «нормативная гипотеза» (идущая от *Конта*) объясняет интеграцию индивидуальных и социальных целей в ходе эволюции интернализацией членами об-ва общих норм и ценностей, «гипотеза рациональности» допускает существование за кулисами индивидуальных действий скрытой мотивации, опирающейся на нек-рое адекватное знание социальных целей и лучших средств их достижения. Этот вид Н. охотно использует принципы *дифференциации* и интеграции Спенсера и *Дюркгейма* в кач-ве формулы общих структурных закономерностей разнородных изменений. Так, Парсонс [2] выделяет пять стадий в общей социальной эволюции, каждая из к-рых характеризуется опред. уровнем дифференциации и способом социальной интеграции. Сравнительно недавно этот подход преобладал в *модернизации теориях*. Критические поправки в него вносят: отказ от «органицистских иллюзий» функционализма, т. е. от представлений о фактуре об-ва как цельной ткани, где обязательно действуют непосредственные и тесные связи между различ. сферами обществ. жизни и развития, где каждая часть пригнана к др. и исполняет некую жизненную задачу для блага об-ва как целого; разработка т. наз. «открытого» системного подхода, изначально исходящего из гораздо более слабой, чем организмическая, «лоскутной» взаимосвязанности между различ. социальными подсистемами, из относительной автономности и неравномерности их развития, и т. д. Идея эволюции как направленного процесса ставит проблему его стадий, с учетом специфики социальной эволюции (она имеет «открытый», неочевидный конец, и не все об-ва подвергаются изменениям того рода, к-рые мы обобщаем в стадии эволюции). Н. умеет находить стадиеподобные характеристики развития, когда рассматривается ограниченное число связанных переменных или конкретное явление социальной организации или культуры (история техники, денег и т. п.). Однако универсальные притязания в духе теорий 19 в. на то, что все аспекты социальной эволюции можно подытожить в единственной последовательности стадий, большинством сторонников Н. признаются малополезными или неосуществимыми. Новейшие течения в теории социальной эволюции [5] критикуют адаптационизм всех видов Н. Ин-ты, обычаи и т. д. выживают и распространяются вовсе не из-за своих адаптивных преимуществ. Это могут быть весьма неэффективные по критериям европ. рационализма социальные установления, к-рые легче всего найти, проще воспроизвести или к-рые явл. рез-том каких-то общечеловеческих наклонностей. При отсутствии в социуме настоящей конкуренции в дарвиновском смысле (из-за малого числа вариантных социальных форм, нейтрализующего действия взаимопомощи и пр.) эти ранние учреждения способны долго держаться силой своего рода исторического предания. Тогда в эволюционном процессе исследователя должны интересовать не мнимые адаптации к меняющейся среде, по сути априорно удостоверяемые самим фактом существования данных социальных явлений, а те из прежних нововведений, к-рые показали наибольший исторический потенциал развития. Задача заключается в том, чтобы выделить ограниченное число социальных и космологических принципов, длительно воздействующих на эволюционное направление каждого об-ва. Н. отказывается от постулата универсальности эволюции, признавая существование своего рода вечных ценностей и социальных явлений, не поддающихся упорядочению в ту или иную последовательность развития. В кач-ве такой константы, выходящей за рамки эволюционного способа мышления, признается этика, рассматривающая мораль, абсолютную нравственность как нечто данное до всякой эволюции и лишь раскрывающееся в процессе обществ. развития.

А. Д. Ковалев

Лит.: 1) Evolution and culture/M. Sahlins. Ann Arbor, 1960. 2) *Parsons T.* The evolution of societies. Englewood Cliffs, 1977. 3) *Alexander R. D.* Darwinism & human affairs. L., 1979. 4) *Harris M.* Cultural materialism. The struggle for a science of culture. N. Y., 1980. 5) *Hallpike C. R.* The principles of social evolution. Oxf., 1986.

НЕСОИЗМЕРИМОСТИ ПРИНЦИП — принцип, сформулированный в 60-е гг. 20 в. в рамках т. наз. постпозитивистской философии и социологии науки (*Кун*, П. Фейерабенд, Н. Р. Хэнсон, *Малкей* и др.), согласно к-рому последовательно сменяющие друг друга теории: (1) обладают различ. «языками наблюдения»; (2) в этих теориях употребляются различ. по содержанию понятия; (3) используются различ. методы исследования. На этой основе делается вывод о невозможности сравнения конкурирующих теорий. Н. п. отрицает представление о науке как процессе кумуляции знаний о природе. Теоретическими предпосылками Н. п. явл. концепция «онтологической относительности» У. Куайна и «лингвистический релятивизм» Э. Сепира-Б. Уорфа. Н. п. основывается на тезисе о теоретической «нагруженности» утверждений наблюдения. Предпосылкой этого тезиса явл. исследования представителей гештальтпсихологии, к-рые подчеркивали особое значение установок в процессе восприятия. Отказ от позитивистского противопоставления теоретических терминов и терминов наблюдения привел к выводу, что никакое утверждение наблюдения не явл. теоретически нейтральным. Сторонники тезиса о теоретической «нагруженности» утверждений наблюдения целиком отвергают позитивистскую трактовку познавательного процесса, в к-рой факты выступают некими «кирпичиками» научного знания. Они подчеркивают, что осмысление любого явления предполагает акт интерпретации с помощью опред. системы понятий. Следовательно, не факты сами по себе, а рез-т их теоретического анализа может служить аргументом в пользу той или иной концепции. «Решающий» эксперимент, так же как и «чистое» наблюдение, «неинтерпретированные» факты, оказывается мифом позитивистской философии науки. Эксперимент подтверждает или опровергает не отдельно взятую гипотезу, а систему знания в целом. Согласно Н. п., значения всех дескриптивных терминов последовательно сменяющих друг друга теорий оказываются полностью различными. И поскольку несоизмеримые теории не могут сравниваться по содержанию, то нельзя судить и о сравнительной близости к истине той или иной теории. Т. обр., в основе выбора теорий могут лежать лишь эстетические вкусы и личные, субъективные соображения. Такова «радикальная» трактовка Н. п., однако на Западе существуют и иные, более «умеренные» интерпретации проблемы несоизмеримости. (1) Положение о «теоретически свободных» утверждениях наблюдения, допускающих возможность сравнения конкурирующих теорий (Дж. Марголис). (2) Концепция, согласно к-рой новые научные термины передаются через поколения ученых с помощью метафоры («поздний» *Кун*). Н. п. в своей «радикальной» трактовке означает очевидную уступку релятивизму в философии и социологии науки. Это послужило почвой для обвинения основателей Н. п. в иррационализме. По мн. представителей т. наз. «социокультурного» направления в социологии науки (М. Малкей, *Блур,* Б. Барнз и др.), социальный компонент присутствует в любом знании, и, следовательно, утверждения наблюдения во мн. определяются тем социальным контекстом, в к-ром работают ученые. На этой основе сторонники данного направления пытаются существенно расширить область социологии науки, превратив ее в знания *социологию.*

О. В. Летов

НИСБЕТ (Nisbet) **Роберт** (30.09.1913, Лос-Анджелес, США) — амер. социолог неоконсервативной ориентации, проф. Колумбийского ун-та. Большое место в научных исследованиях Н. принадлежит изучению истории зап.-европ. обществ. мысли, особенно «классическому» периоду формирования бурж. социологии — второй половины 19 - начала 20 в. В работе «Социологическая традиция» [1] он стремится доказать, что сформулированные классиками социологии: *Дюркгеймом,* М. *Вебером, Теннисом, Зиммелем* — понятия *«аномия», «классы», «отчуждение», «*власть*»* и др. предназначались в первую очередь для понимания кризисных явлений зап.-европ. культуры, к-рые вслед за Теннисом Н. определяет как «закат сообщества», выразившийся в ослаблении социальной солидарности, уменьшении роли традиций, фрагментации межлич. отношений, дегуманизации личности и т. д. Социология, по Н., несмотря на ее бесспорную сопричастность научному прогрессу и духу модернизма и на либерально-демократические устремления ее виднейших представителей, представляет собой, по крайней мере в ее главной традиции, консервативную реакцию на возникновение капиталистической формации. В этом заключается «парадокс социологии» [1]. На мировоззрение Н. большое влияние оказали идеи Дюркгейма, к-рому он посвятил специальное исследование, и Тенниса. Подобно им, он сосредоточивается на изучении проблем моральных оснований социальной солидарности и сплоченности в совр. бурж. об-ве, на поиске корней «сообщества». Тема «заката сообщества» приобретает у Н. драматическое звучание, отож- дествляется с кризисом мировой цивилизации в целом. В работах «Сумерки авторитета» и «Идеи прогресса» доминирует пессимизм в оценке совр. этапа обществ. развития, воспроизводятся идеи Ф. Ницше, А. Шопенгауэра, *Шпенглера.* Совр. «сумеречная эпоха», считает Н., демонстрирует «тупики прогресса», проявляющиеся в падении роли авторитета социальных институтов и гос. власти, моральной деградации личности, инфляции осн. человеческих ценностей и т. п. Не видя социально-экономических причин кризиса капиталистической формации, в к-ром он винит либеральную политику и порожденную ею леворадик. идеологию, Н. ограничивается констатацией кризисных явлений в сфере обществ. сознания и политической надстройки. В соответствии с духом неоконсервативной идеологии он ищет пути выхода из кризиса в возрождении и укреплении традиционных бурж. ценностей: ратует за ослабление центральной гос. власти и усиление личной свободы, расширение прав местных общин и свободных ассоциаций, способствующих формированию «нового гражданства», выступает против равенства, в защиту частной собственности [5]. Социол. познание трактуется Н. как «форма искусства». Признавая своеобразие исследовательских методов социологии, он тем не менее сближает процесс социального познания с психологией художественного творчества, проводит параллель между социол. описанием и художественным ландшафтом, понятием социальной роли и портретом в искусстве и т. д. [3]. Антипозитивистские установки социол. концепции Н. связаны с негативной оценкой им роли науки как одного из источников кризиса совр. зап. культуры. Подобно др. социологам неоконсервативной ориентации *(Белл, Бергер, Белла),* он стремится выработать новую методологию социального исследования, преодолевающую ограниченность господствующей в зап. обществознании позитивистско-эмпирической концепции для того, чтобы лучше уяснить своеобразие социокультурного кризиса. Этот подход для него совпадает с социол.

традицией, толкуемой как проявление консервативной идеологии.

М. С. Комаров

Соч.: 1) The sociological tradition. N. Y., 1961. 2) Twilight of authority. N. Y., 1975. 3) Sociology as an art form. L., 1976. 4) History of the idea of progress. N. Y., 1980. 5) Conservatism dream and reality. Stratford, 1986.

НОВОГО КЛАССА концепции — концепции, утверждающие, что в социальной структуре совр. капиталистического об-ва под влиянием НТР сформировался новый класс. Идея нового класса родилась как попытка связать изменения в экономике с изменениями в профессиональной структуре и общими политическими, социальными и культурными направлениями развития зап. об-ва. Под термином «новый класс» большинство зап. ученых понимают группу не обладающих частной собственностью высокообразованных специалистов, чей доход зависит от применения полученных знаний, профессионального мастерства и творческих способностей. В последнее время эту социальную группу стали также называть интеллигенцией. Термин «новый класс» принадлежит югославскому философу М. Джиласу, к-рый, исследовав социальную структуру Югославии 50-х гг., пришел к выводу, что в стране сформировался новый социальный класс, состоящий из представителей бюрократии и партийных функционеров [1]. Идея нового класса, или новой социальной общности, а также осмысление роли интеллигенции в структуре капиталистического об-ва привлекали многих зап. социологов. В период 40—50-х гг., когда в зап. социологии преобладали технократические теории, для них была характерна абсолютизация роли технократов, а особенно менеджеров в развитии об-ва. Существующее отчуждение управления от частной собственности послужило тому, что в зап. социологии возникло представление о менеджерах как новом классе, сосредоточившем в своих руках всю реальную власть над управлением об-вом и полностью вытеснившем на этом поприще класс капиталистов. Нек-рые социологи выделили менеджеров в осн. революц. силу об-ва и провозгласили, что нынешняя эпоха — эпоха революции менеджеров. *(Веблен,* Бернхейм). В 60-е гг. концепция *постиндустриального* об-ва вместо менеджера выдвинула на первый план ученого, исследователя-профессионала. *Белл* обозначил эту группу как новую социальную общность, имеющую тенденцию стать новым классом в новом постиндустриальном об-ве. Совр. концепции, рассматривающие интеллигенцию как новый класс, развиваются в двух направлениях — неоконсервативном (Белл, И. Кристол, *Липсет,* Н, Подгорец, М. Новак) и радикальном *(Гоулднер).* Одним из первых среди неоконсерваторов развил идею нового класса Д. Мойнихен, считавший, что выделение интеллигенции в кач-ве нового класса основывается на общности сознания, идеологических установок, системы ценностей. Гоулднер ввел дополнительно два новых параметра для определения интеллигенции как класса: обладание культурным капиталом и культурой критического *дискурса.* Кроме того, важнейшей характеристикой нового класса явл. его культурная позиция. Как утверждает Дж. Киркпатрик, новый класс характеризует не столько общность социоэкономического положения, сколько отношение к культуре [2]. Белл считает, что новый класс нельзя рассматривать с т. зр. социальной структуры, его определяет прежде всего культурная позиция опред. части об-ва. Совр. социология продолжает идущую от Маннгейма традицию, к-рая рассматривает интеллигенцию как носительницу бесклассовой идеологии. В силу того что она рекрутируется из различных социальных слоев, а также в силу полученного широкого образования, дающего беспристрастный, объективный взгляд на мир, она менее привержена какой-либо идеологии [4]. Совр. социологи разделяют интеллигенцию на две различно ориентированные группы — научно-техническую интеллигенцию и гуманитарную, или интеллектуалов. Эти группы различаются не только по сфере деятельности, но и по социально-психологическим установкам, по ориентации на различ. социальные цели. Научно-техническая интеллигенция, осн. сфера деятельности к-рой непосредственно находится в экономической области, тесно связана со старым классом капиталистов, сориентирована на сохранение статус-кво. Гуманитарная интеллигенция (или интеллектуалы) несет потенциальный заряд разрушения. По мн. зап. социологов, совр. культура носит антиинституциональный, антиномичный характер. Интеллектуалы, чья сфера деятельности находится в осн. в культурной области, оказываются в глубоком противоречии с существующей социальной системой. Это противоречие отражается в той критической функции, к-рую они выполняют в об-ве. Именно эта черта заставляет определить эту интеллектуальную группу как «враждебную» к истеблишменту. Однако оценка «враждебной культуры» интеллектуалов различ. социол. направлениями неодинакова. Для неоконсерватизма характерно отрицательное отношение не только к критической функции интеллектуалов, но и к ней самой как социальной группе. Для радикализма эта «враждебность» носит позитивный характер, поскольку она направлена на радикальное изменение об-ва. Для радикалов интеллектуалы являются «гегемоном совр. политической революции» [3], основной преобразующей силой об-ва.

В. Н. Фомина

Лит.: 1) *Djilas M.* The new class. L., 1957. 2) The new class?/B. Bruce-Briggs. N. Y., 1976. 3) *Gouldner A. W.* The future of intellectuals and the rise of the new class. N. Y., 1979. 4) *Brym R.* Intellectuals and polities. L., 1980. 5) *Moynihan D. P.* Counting our blessing: reflection on the future of America. Boston, 1980.

«НОВЫЕ ЛЕВЫЕ» — совокупность идейно-политических течений конца 60 — начала 70-х гг. в капиталистических странах, представители к-рых выступали с критикой теории и практики «старых левых» — коммунистических и рабочих партий, обвинявшихся в недооценке роли вооруженного насилия и устаревших представлениях о движущих силах совр. революционного движения. Словосочетание «Н. л.» вошло в широкий обиход после «Письма к новым левым» Ч. Р. Миллса, опубликованного в кач-ве программного документа в 1961 г. По утверждению Миллса, «потерпели крах» именно те «движущие силы исторического развития» (прежде всего рабочий класс), на к-рые ориентировались «старые левые», стремившиеся «изменить структуру» капиталистического об-ва; по его мн., студенческие выступления начала 60-х гг. в Турции, Южной Корее, Японии, Англии и США, а также кубинская революция («средний возраст» руководителей к-рой составлял 30 лет) позволяют заключить, что движущей силой коренных социальных изменений становится молодежь. Наряду с ростом политической активности молодежи, сопровождавшейся появлением на Западе множества студенческих организаций «лево»-анархистского и троцкистского толка, решающим для формирования «Н. л.» стал подъем национально-освободительного движения в колониальных и зависимых странах Африки и Латинской Америки. Осмысление особенностей этого движения в новой исторической обстановке, стратегии и тактики его вождей привело идеологов «Н. л.», таких, как Ф. Фанон и Р. Дебре, [2] к выводу о том, что осн. революц. силой современности явл. крестьянство, «деревня» вообще, не коррумпированная еще «зап.-бурж.» цивилизацией; городская интеллигенция и студенчество смогут возглавить это движение в том случае, если, сыграв роль «детонатора» крестьянского восстания, они откажутся от своего образа жизни, уйдут «в горы» и будут создавать партизанские отряды, вовлекая в них крестьян. При этом особый акцент «Н. л.» делали на насильственные политические методы борьбы, в особенности на вооруженное насилие, критикуя за их недооценку «старых левых». У Фанона, чьи идеи были переведены на язык «левой» политической богемы Ж.-П. Сартром, эта тенденция получает гипертрофированный характер. Преувеличению «всеобщего» значения стратегии и тактики крестьянских вооруженных восстаний, предложенных «Н. л.» в кач-ве «модели» и для индустриально развитых капиталистических стран, способствовала тенденциозная интерпретация «Н. л.»

«китайского опыта», к к-рому они особенно часто апеллировали. В этой связи популярность среди «Н. л.» получили идеи создания «партизанского очага» как базы революции и «великого похода» как средства ее распространения по всей стране. В тех странах, где о крестьянстве в традиционном смысле говорить было трудно, «крестьян» должны были заменить «революционные интеллектуалы» и «студенты»; там, где не было африканских или латиноамер. джунглей, стали говорить о «каменных джунглях» больших городов, где также должны быть созданы партизанские отряды («городские герильи»). Значит. толчок развитию мысли «Н. л.» в этом направлении дал Дебре, к-рый ссылался на опыт кубинской революции. Большую роль в переосмыслении представлений о совр. революц. процессе в духе переориентации на восточный образец сыграл неомарксизм с его идеей «поражения» зап. культуры и цивилизации, зап. «типа рациональности» вообще. Если «закат Европы» уже состоялся (*Адорно*), а либерально-демократические «декорации» совр. капиталистических стран лишь прикрывают их «фашизоидную» сущность (*Маркузе*), «света» приходится ожидать лишь с Востока и вообще от сил, находящихся за пределами — на периферии или на дне — «позднекапиталистической цивилизации». В Зап. Европе этот комплекс идей вылился, с одной стороны, в движение «внепарламентской», гл. обр. студенческой, оппозиции (его лидеры — Р. Дучке, Кон-Бендит, У. Бергман и др.), а с др.— в «прямые действия» левоэкстремистских групп, превратившихся со временем в террористические организации («Красные бригады» в Италии, «Фракция Красной Армии» в ФРГ и пр.). Сразу же после «пика», наступившего в конце 60-х гг., движение «Н. л.» резко пошло на спад. Осн. причиной этого было негативное впечатление, к-рое вызвали у зап. общественности левоэкстремистские «прямые действия» «Н. л.», зачастую выливавшиеся в акты вандализма и терроризма, а также парадоксы «практики» соединения социальной революции с сексуальной, ассоциирующиеся с неприемлемым образом жизни.

Ю. Н. Давыдов

Лит.: 1) *Давыдов Ю. Н.* Эстетика нигилизма (искусство и новые левые). М., 1975. 2) *Уоддис Дж.* «Новые» теории революции (Критический анализ взглядов Ф. Фанона, Р. Дебре, Г. Маркузе). М., 1975. 3) *Bergmann, Deutsche, Lefevre, Rabehl.* Rabellen der Studenten oder die neue Opposition. Reinbek bei Hamb. 1968. 4) *Habermas J.* Protestbewegung und Hochschulreform. Fr./M., 1969.

НОМИНАЛИЗМ в социологии — теоретическая и методологическая ориентация, сущность к-рой заключается в том, что источником и единственным субъектом социального объявляются индивид и его социальное действие, в связи с чем отрицается онтологическое содержание понятий, выражающих любое социальное целое (об-во, организация, группа и т. д.). В методологическом плане это означает, что исходным элементом социол. анализа признается не социальное образование как самостоятельное целое, а индивид и его социальное действие, из к-рых должны выводиться характеристики социального процесса. Классическое выражение социол. Н. получил у М. *Вебера*, к-рый считал, что любое социальное образование нужно рассматривать «как продукт и способ организации, связи специфических действий отдельных людей, так как только люди могут быть носителями ориентированного действия, имеющего смысл». Такими понятиями, как об-во, феодализм и т. д., социология обозначает «определенные виды человеческого совместного действия, и, следовательно, ее задача состоит в том, чтобы свести их к осмысленным действиям, что означает целиком свести их к действиям участвующих отдельных индивидов» [1, 102]. В совр. зап. социологии номиналистическая ориентация осуществляется прежде всего в «теории социального действия», где социальная система рассматривается как система социальных действий индивидов, как система мотивированного человеческого поведения. В то же время нек-рые интерпретации социального действия, напр. структурно-функциональная (*Парсонс*), связаны с опред.

нарушением номиналистических принципов. Это выражается, напр., в утверждении, что отдельные деятели могут объединяться в системы, свойства к-рых невыводимы из свойств самих деятелей, или что в сложных социальных системах в кач-ве единиц структуры (т. е. «деятелей») выступают не индивиды, а коллективы или «комплексы норм и ценностей».

Н. Ф. Наумова

Лит.: 1) Weber M. Schriften zur theoretischen Soziologie. Fr./M., 1947. 2) Weber M. Wirtschaft und Gezellschaft. Köln — B., 1964.

НОМОТЕТИЧЕСКИЙ МЕТОД (от греч. nomo-tetéo — издавать законы, устанавливать законы) — способ познания, целью к-рого явл. установление общего, имеющего форму закона. Понимание общего как закона явлений, предписываемого им «законодательствующим», «законополагающим» человеческим разумом, восходит к Канту. Однако в специфическом смысле, противополагаемом *идиографическому методу,* понятие «Н. м.» введено В. Виндельбандом [1, 320] и последовательно развито *Риккертом* [2; 3]. Если «номотетическое мышление», по Виндельбанду, имеет целью отыскание общих законов, то «мышление идиографическое» ищет «отдельные исторические факты»; если первое исследует «неизменную форму реальных событий», то второе — «их однократное, в себе самом определенное содержание» [1, 320]. В то же время он, как и Риккерт, подчеркивал, что здесь «речь идет о методологической противоположности», касающейся лишь приемов познания, но не его содержания, и противоположность между неизменным и «единожды свершающимся» в известной степени относительна» [1, 321]. Констатируя эту противоположность, Виндельбанд утверждал, что до конца 19 в. она не была осознана методологически и что развитие логической теории свидетельствует о предпочтении номотетических форм мышления. Этот факт, по его мн., объясняется тем, что, поскольку научное изучение и рассуждение совершаются в форме понятий, ближайшим и самым важным интересом логики всегда останутся исследование сущности, анализ и применение категории общего. Естествоиспытатель, озабоченный отысканием законов, стремится от констатации частного случая перейти к пониманию общей связи; для него отдельный объект наблюдения не имеет научной ценности — он имеет в его исследовании значение «типа», лишенного индивидуальных черт, к-рые интересны ему не как характеристики уникальной целостности этого объекта, а как выражение общей закономерности, объединяющей данный объект со множеством др. Знание этих законов дает возможность человеку предсказывать будущие состояния объектов и целесообразно воздействовать на ход вещей. Номотетическое знание, следовательно, дает возможность создавать орудия, с помощью к-рых человек обеспечивает себе возрастающую власть над природой. Противопоставляя дисциплинам, руководствующимся Н. м., «идиографические науки», имеющие целью воссоздание объекта в его единичности и уникальности, Виндельбанд подчеркивал, что последние, со своей стороны, нуждаются в общих положениях, к-рые могут быть сформулированы корректно лишь в рамках «номотетических наук». Идиографические науки, не пользующиеся Н. м., хотя бы в кач-ве подчиненного, рискуют впасть в релятивизм (неокантианцы называли его «историзм»). И наоборот, номотетические науки, не учитывающие границ своего метода и предлагающие его как единственно возможный, неизбежно впадают в «методологический натурализм». Эта т. зр., намеченная у Виндельбанда, была всесторонне развита в работах Риккерта, утверждавшего, что «методологический натурализм» возникает в силу того, что Н. м., или «генерализующий метод», празднующий блестящую победу «именно в естественных науках», рассматривается в кач-ве «универсального метода» [3, 25]. Между тем, хотя вся действительность и может быть подчинена Н. м., из этого нельзя делать вывод, что построение общих понятий «тождественно с научной работой вообще» [3, 25—26]. Согласно Риккерту, в науках, руководствующихся Н. м., постепенно вытесняется первоначальный тип отделения существенного от несущественного, для к-рого была характерна целостная т. зр.,— существенное в «генерализующих науках» совпадает с общим как таковым. Уничтожение всякой связи между объектами и ценностями, т. е. «свободное от ценностей» понимание действительности, неокантианцы считают существенно важной стороной Н. м., определяющей его своеобразие. С этим и связана, в частности, та особенность Н. м., что для него объекты выступают лишь как примеры общих родовых понятий, причем каждый из них может быть заменен в этой его функции др. «Только логическая цель генерализирования вытесняет и заменяет вместе с тем связь объектов с ценностями, на к-рой, вообще говоря, основывается различие существенного от несущественного, причем достигается это тем, что общее, как таковое, является вместе с тем существенным» [3, 51—52]. Отправляясь от такого понимания Н. м., Риккерт считал, что для социологии, цель к-рой — установление обществ. законов, этот метод явл. осн. и решающим. Ту же т. зр. разделял и ученик Риккерта М. *Вебер*, когда формулировал осн. понятия своей «понимающей социологии», стремясь отличить ее от исторической науки [4, 427—474, 527—565]. Однако в кач-ве историка, широко пользовавшегося привычными для него способами анализа и в области социологии, Вебер указывал на необходимость сочетания Н. м. с противоположным ему — идиографическим, индивидуализирующим. «Понимающий» аспект социологии Вебера также требовал достаточно широкого применения идиографического метода. Стремление наряду с Н. м. шире использовать и логически противоположный ему идиографический метод было характерно для послевеберовской нем. социологии в 20-е гг. Но в целом в зап. социологии, в особенности англо-амер. (но также и франц.), Н. м. по-прежнему остается осн. и ведущим.

Ю. Н. Давыдов

Лит.: 1) *Виндельбанд В.* Прелюдии. СПб., 1904. 2) *Риккерт Г.* Границы естественнонаучного образования понятий. Логическое введение в исторические науки. СПб., 1903. 3) *Риккерт Г.* Философия истории. СПб., 1908. 4) *Weber M.* Gesammelte Aufsätze zur Wissenschaftslehre. Tüb., 1951.

НОРМАТИВИЗМ СОЦИОЛОГИЧЕСКИЙ — методологический подход при изучении обществ. явлений. Н. с. возник в результате синтеза идей ряда социол. школ: изучения «традиционного общества» и механизмов его функционирования в трудах *Спенсера, Самнера, Боаса, Дюркгейма*, психологической схемы объяснения человеческих действий на основе «подражания» (*Тард* и др.) и типологии форм рациональности человеческого поведения, разработанной М. *Вебером*. Концепция Н. с. наиболее полно развита в теории социального действия *Парсонса*. Согласно Парсонсу, в понятии социальной нормы находит теоретическое объяснение факт единообразия человеческого поведения, имеющий место несмотря на бесконечную вариабельность индивидуальных мотивов действия. Это не только представление людей о должном, желательном и т. п., но прежде всего стандарт действия, регулирующий поведение людей в опред. социальной сфере и характеризующий принадлежность человека к конкретной социальной группе. Социальная норма — это то, что, независимо от индивидуальных оттенков, к-рые остаются за пределами социол. анализа, делает поступки разных людей с различ. субъективным значением этих поступков для каждого индивида действием опред. типа. Это и есть «социальное» в действии, делающее врача — врачом, ученого — ученым, офицера — офицером и т. д. Нормы устанавливают допустимые границы деятельности, к-рые явл. вместе с тем и условиями принадлежности к группе. Т. обр., социальная норма есть (1) общезначимое правило поведения, причем общезначимость колеблется в самых широких пределах — от малой группы до об-ва в целом. За этим правилом обязательно стоит (2) санкция — награда или наказание, одобрение или порицание; (3) норма содержит постоянную возможность отклонения (неисполнения или нарушения), иначе она была бы независимой от выбора субъекта; (4) субъективная сторона нормы проявляется не только в решении субъекта следовать ей, но и в ожиданиях аналогичного поведения от др. людей. Эти ожидания и лежат в основе того свойства человеческого поведения, к-рое на психологическом языке называется «привычкой». В действительности же за этим психологическим обозначением скрывается нормативная упорядоченность человеческих действий. Сложный характер поведения личности и социальной группы требует для своего объяснения различ. норм, связанных между собой в системы (5). Сложное переплетение социальных связей отражается в плюрализме нормативных систем (6), таящем в себе постоянную возможность конфликта (7). С др. стороны, в процессе быстрых и значит. социальных изменений нормативные системы теряют стабильность, частично разрушаются и утрачивают свою регулятивную функцию, порой с самыми печальными последствиями для индивидуумов. Это явление исследовал Дюркгейм, называя его *аномией*).

М. А. Киссель

НУЛЕВОГО РОСТА концепция — теория, отвергающая принцип экономического роста, а также роста рождаемости, потребления, использования природных ресурсов и т. п. Эти принципы рассматриваются как опасные в экологическом и гуманитарном отношении, как вероятная причина будущей катастрофы. В различ. форме идеи, предваряющие концепцию Н. р., развивали

Монтескье, Руссо, Мальтус, Милль, пессимистические, эсхатологические и антитехницистские теории 19 и 20 вв. В совр. виде эта концепция была выдвинута в начале 70-х гг. Д. Медоузом и Дж. Форрестером в рамках исследований Римского клуба. Развивалась затем исследователями различ., гл. обр. консервативных, направлений (*Хейлброннер*, Э. Мишан, Э. Шумахер и др.). Нек-рые варианты концепции Н. р. не отвергают совр. технологии, предполагая в духе постиндустриализма (*Постиндустриальное общество*) существенную переориентацию произв. потенциала из индустр. сектора в сектор услуг, образования, культуры, досуга и т. д. Др. варианты предусматривают отказ от совр. крупномасштабной промышл. базы, от новых технологических и научных разработок в пользу традиционных, «альтернативных» технологий, превращение сферы обслуживания из индустр. и гос. отрасли в отрасль общинную и домашнюю. Технологическому оптимизму, взгляду на экономический рост и эффективность как на универсальную панацею, принципу максимизации производства и выживания сторонники концепций Н. р. противопоставляют идеи глобального равновесия, стабильности, выживания, простого воспроизводства, *антипроизводительности*, экзистенциальные ценности, а иногда и аскетические императивы.

С. А. Эфиров

Лит.: 1) *Дж. Форрестер*. Мировая динамика. М., 1978. 2) *Лейбин В. М.* «Модели мира» и образ человека. Критический анализ идей Римского клуба. М., 1982. 3) *Щелкин А. Г.* В плену новых иллюзий. М., 1983.

О

ОБМЕНА СОЦИАЛЬНОГО концепция — направление в зап. обществоведении, представители к-рого рассматривают обмен различ. типами деятельности как фундаментальную основу обществ. отношений, на к-рой вырастают различ. структурные образования (власть, статус, престиж, конформизм и др.). Различ. варианты О. с. теорий получили распространение в социологии, социальной психологии, экономике, социальной антропологии, политологии. Интеллектуальные основы О. с. концепций восходят к утилитаристской традиции классической бурж. политэкономии, родоначальники к-рой (*Бентам, Смит* и др.) считали движущим мотивом человеческой деятельности стремление к полезности и получению выгоды. Др. источником явились работы известных представителей социальной антропологии (*Малиновский*, Дж. Фрейзер, *Мосс*), обнаруживших важную роль обменных сделок в жизни первобытных народов. Совр. версии в значит. мере базируются на принципах необихевиористской психологии и микроэкономики. Существуют две исходные предпосылки теорий О. с., общие для различ. ее вариантов. Первая исходит из допущения, что в поведении человека преобладает рац. начало, побуждающее его стремиться к получению опред. «выгод», таких, как деньги, товары, услуги, престиж, уважение, одобрение, успех, дружба, любовь и др. Различ. типы «выгод» концептуализируются по-разному — «подкрепление» в психологии, «ценность» в социологии, «полезность» в экономике, «награда», «результат», «плата» в социальной психологии [3].

Второе допущение раскрывает смысл названия данной концепции: процесс социального взаимодействия истолковывается как постоянный обмен между людьми различ. «выгодами». «Обменные сделки» рассматриваются как элементарные акты, из к-рых складывается фундаментальный уровень обществ. жизни, а все более сложные структурные образования (социальные ин-ты и организации) объясняются как вырастающие из обменных отношений. Социол. вариант концепций О. с., отстаиваемый *Хомансом, Блау*, Р. Эмерсоном, претендует на дальнейшую разработку концепции социального действия в русле натуралистической методологии, игнорирующей субъективно-психологические аспекты поведения. Важнейшей для сторонников социол. теорий О. с. явл. проблема взаимосвязи микро- и макроуровней социальной реальности. Хоманс редуцирует ценностно-нормативный уровень социальных отношений (нормы, роли, статус и др.) к психологическим принципам взаимного обмена «наградами», отрицая кач. своеобразие социальных структур и ин-тов. Последователи Хоманса (Блау и Эмерсон), пытаясь смягчить его редукционизм, стремятся выработать более гибкие концептуальные средства для преодоления разрыва между микро- и макроуровнями. Блау видит решение этой задачи на путях синтеза принципов социального обмена с понятиями макросоциол. концепций (структурного функционализма и теории конфликта). В отличие от др. сторонников концепций О. с., он осн. внимание уделяет нормативно-ценностной стороне процессов обмена, чтобы объяснить крупномасштабные социальные процессы, но при этом эклектически смешивает понятия и принципы различ. теорий. Более последовательной выглядит концепция О. с., развиваемая Эмерсоном, к-рый расширяет ее концептуальную базу, вводя понятия «сетей социального обмена» и «продуктивного обмена», позволяющие переходить от дидактических отношений в малой группе к более широким структурным связям. Несмотря на очевидные недостатки теорий О. с. (психологический редукционизм, игнорирование субъективно-психологических аспектов при объяснении поведения человека, тавтология в интерпретации ряда исходных понятий и др.), они привлекают внимание исследователей стремлением найти переходные звенья между микро- и макроуровнями социальной реальности, ориентацией на изучение наблюдаемых и экспериментально фиксируемых факторов поведения. Последнее обстоятельство позволяет концепциям О. с. конвергировать с др. методологическими концепциями эмпирической социологии — *анализом социальных сетей, ролей теории,* формально-математическим подходом и др.

М. С. Комаров

Лит.: 1) Тэрнер Дж. Структура социологической теории. М., 1984. 2) Institution and social exchange/Ed. H. Turk and R. Simpson. N. Y., 1971. 3) *Emerson R.* Social echange theory //Social Psychology. Sociological Perspective. N. Y., 1981.

ОБРАЗ «Я» — см. *«Я» (образ «Я»).*

ОБРАЗОВАНИЯ СОЦИОЛОГИЯ — отрасль социологии, изучающая систему образования как социальный ин-т, ее взаимодействие с об-вом (производством, социально-классовой структурой, идеологией, политикой, моралью и т. д.). Возникла в начале 20 в. гл. обр. в связи с концепциями социальной стратификации, разделения труда, образования и воспитания как обществ. процесса (*Уорд, Дюркгейм,* Дж. Дьюи и др.). Не имея собственных методов исследования, О. с. применяет ту или иную общую теорию и методику к познанию изучаемой сферы обществ. жизни. Интерес к О. с. в индустриально развитых капиталистических странах резко возрос в 60—70-е гг. в связи с отставанием сложившихся систем образования от новых требований НТР и на фоне массовых выступлений студентов и трудящихся за демократизацию высшей и средней школы. Ситуация, обозначенная Ф. Кумбсом как «кризис образования», вызвала к жизни многочисленные исследования доступности различ. ступеней образования, образа жизни учащейся молодежи, ее взаимоотношений с педагогическим персоналом, положения в системе обществ. отношений, интересов и ожиданий. Началось широкое изучение роли образования как фактора «выравнивания шансов» и канала *мобильности социальной (Будон),* с позиций структурно-функциональной теории анализировалась роль школьного класса как социальной системы *(Парсонс).* В 80-е гг. возросло внимание к социальным проблемам непрерывного образования, эффективности различ. форм переподготовки и повышения квалификации работников, положению выпускников учебных заведений различ. типов на рынке труда. Изучается также взаимодействие университетов с их социокультурной средой *(Турен),* пределы влияния об-ва на систему образования и значение ее автономии, позволяющей нейтрализовать последствия изменений экономической конъюнктуры, смены политических режимов, идеологические факторы (О. Альборнос). Выдвигается предложение о выделении из О. с. «социологии образовательных систем» как самостоятельной научной дисциплины (М. Арчер), об исследовании особенностей возникновения, развития и функционирования этих систем в условиях различ. об-в. Исследования во Франции (Р. Будон, *Бурдьё,* Л. Танги, Я. Маркевич-Ланьо и др.), США (К. Дженкс, У. Сьюэлл и др.), Нидерландах (Й. Дронкерс) выявили социально-селективную роль средней и высшей школы, классовое и расовое неравноправие учащихся в капиталистическом об-ве, дали толчок к разработке и осуществлению нек-рых компенсирующих программ, «либерализации» систем образования.

Неоконсервативное направление в О. с. отстаивает селективную, элитарную модель образования, выступая против его демократизации, осуждая массовые выступления учащихся. О. с. активно разрабатывается в освободившихся и развивающихся странах, прежде всего в Индии (С. Шукла, С. Читнис, К. Ахмад и др.), ряде стран Латинской Америки. Изучается роль образования в преодолении последствий колониализма, феодально-кастовых пережитков, экономической и культурной отсталости. С 1970 г. в Международной социол. ассоциации действует исследовательский комитет «Социология образования».

Ф. Р. Филиппов

Лит.: 1) *Филиппов Ф. Р.* Социология образования. М., 1980. 2) Образование в современном мире: состояние и тенденции развития. М., 1986. 3) *Durkheim E.* Education et sociologie. P., 1968. 4) Education in a changing society. L., 1977. 5) *Coombs P. H.* The world crisis in education: the view from the eighties. N. Y.— Oxf., 1985.

ОБЩЕСТВЕННОГО МНЕНИЯ теории — совокупность концепций, взглядов философов, политологов, социологов, в к-рых предпринимаются попытки рассмотреть природу, роль и значение в об-ве оценочных осуждений групп людей относительно проблем, событий и фактов действительности. Активная разработка социол. и социально-психологических подходов к О. м. начинается со второй половины 19 в.; особенно важную роль в этом сыграла работа *Тарда* «Общественное мнение и толпа». В ней, в частности, утверждается, что О. м. порождается «публикой». Основой для возникновения последней явл. чисто духовные процессы, общение. Одновременно зарождается и политологическое направление в исследовании О. м. (усилиями гл. обр. юристов). Это направление развивается как в Зап. Европе, так и — особенно — в Северной Америке. Значит. влияние на формирование теоретических представлений о природе и методах изучения О. м. оказала работа А. Л. Лоуэлла «Общественное мнение и народное правительство». В центр своих теоретических исследований Лоуэлл поставил вопросы о границах компетентности О. м. при принятии решений, о соотношении мнений большинства и меньшинства, о формах выражения О. м. Лоуэлл пришел к заключению, что в процессе гос. управления О. м. имеет ограниченную сферу влияния, что в реальности существуют проблемы, к-рые нельзя решить непосредственным голосованием или апелляцией к О. м. Эту идею далее развил У. Липман, к-рый подверг резкой критике миф «о всеведущем и всемогущем гражданине». Ограниченность О. м. Липман видит в неспособности «среднего человека, осознать свои интересы, в широком использовании им материалов прессы, информация к-рой неполна или искажена. В данной связи Лимпан вводит понятие *стереотип* для обозначения упрощенных представлений, форм выражения О. м. по поводу политических деятелей, партий, персонажей рекламы, различ. социальных, профессиональных и этнических групп. Согласно Липману, стереотипы внутренне присущи человеческому общению и поэтому они явл. неотъемлемой частью «ходячего мнения». В совр. период наибольший интерес зап. специалистов вызывает вопрос о связи О. м. с поведением граждан в период избирательных кампаний. Обострение борьбы за власть между *партиями политическими* вызывает необходимость знаний о том, какие механизмы лежат в основе оценки кандидатов на выборах, их избирательных программ и т. д. Возрастающее внимание уделяется анализу «внешних факторов», определяющих мнение людей в отношении кандидатов на выборах; изучается иерархия причин, влияющих на поведение людей во время избирательных кампаний: отношение к внутр. проблемам страны, давление со стороны малой группы (*Коллективного поведения концепции*), личные черты избирателя, политические традиции и т. д. Для объяснения изменения отношения избирателей в ходе подготовки к выборам выдвигаются и разрабатываются различ. концепции поведения избирателей: концепция «воронки» (суть ее заключается в том, что по мере приближения к выборам мнения становятся более персонализированными, конкретными и политизированными); концепция, известная под названием «спираль молчания» (к-рая фиксирует следующее состояние: ожидания победы одной из партий постоянно растут, а намерения голосовать за данную партию остаются неизменными) и т. д.

В. С. Коробейников

Лит.: 1) *Тард Г.* Общественное мнение и толпа. М., 1905. 2) *Коробейников В. С.* Пирамида мнений. М., 1981. 3) *Lippman W.* Public opinion. N. Y., 1922. 4) *Lowell A. W.* Public opinion and popular government. N. Y., 1926. 5) *Noet-Neuman E.* Turbulences in the climat of opinion: Metodological applications of the spiral of silence theory//Public opinion quaterly. 1977. V. 41. N 2. P. 143—158.

ОБЩЕСТВЕННЫЙ ДОГОВОР — переход разрозненных индивидов, находящихся в естеств. состоянии, к социально-гос. состоянию через взаимное ограничение и перенесение прав друг на друга в договоре. Идея О. д., встречающаяся уже в глуб. древности, нашла полное выражение в естест.-правовых учениях Нового времени, к-рые непосредственно отталкивались от средневековых учений о «гос. договоре» народа (понимаемого как изначально существующая целостность) с властелином. Этот договор рассматривался как исторический факт, к-рому давалась теологическая интерпретация, освящавшая верховную власть. На рубеже Нового времени усилиями сторонников концепций, оспаривавших божественный характер мирской власти в пользу священного характера власти духовной, была подготовлена почва для появления светских трактовок «гос. договора», в центре внимания к-рых оказалась проблема самоконституирования народа через взаимные соглашения отдельных людей. Постепенно формируется концепция *естественного права*, предполагающая наличие у людей до соглашения опред. прав, к-рые могут быть ими взаимно ограничены или перенесены на иной субъект, и возникает идея народного суверенитета: права принадлежат народу как целому, к-рый может передать их властелину. В зависимости от признания О. д. расторжимым или нерасторжимым, а осн. индивидуальных или народных прав отчуждаемыми или неотчуждаемыми, учение об О. д. по-разному трактовалось в учениях Г. Гроция, *Гоббса, Локка,* Б. Спинозы, *Руссо* и др., к-рые во все большей мере рассматривали О. д. не как действительный исторический факт, а как эвристическую научную фикцию. Учение Руссо о неотчуждаемости народного суверенитета стало самой радикальной версией концепции О. д. С конца 18 в. рац. договорные отношения между гражданами стали рассматриваться как существенный признак гражданского об-ва, отличного от семьи и гос-ва *(Общество)*. О. д. предстал не единовременным актом, а постоянным воспроизведением особой социальной связи. В этой неклассической форме идея О. Д. перекочевала в оппозицию «статус контракт» (договор) у Г. Мейна, *Спенсера, Тённиса* и др. В ослабленном виде она присутствует во всех концепциях, где в основу социальности кладется рационалистически окрашенный утилитаризм и «взаимообмен», применяются формально-юридические понятия.

А. Ф. Филиппов

ОБЩЕСТВО (социальность, социальное) — (1) в широком смысле: совокупность всех способов взаимодействия и форм объединения людей, в к-рых выражается их всесторонняя зависимость друг от друга; (2) в узком смысле: структурно или генетически определенный (а) тип (род, вид, подвид и т. п.) общения, предстающий как исторически определенная целостность или (б) относительно самостоятельный элемент (аспект, момент и т. п.) этой устойчивой целостности. О.— важнейшая, основополагающая (как правило) категория социальной философии и теоретической социологии. По мере того как данная категория обособлялась от др. генетически сопряженных с ней понятий социальной теории, социология выделялась в кач-ве самостоятельной области знания: теоретическая социология конституировалась в лоне социальной философии, а затем эмпирическая социология — в лоне теоретической социологии. На протяжении долгого периода в зап. социальной мысли

О. практически отождествлялось с гос-вом. О. и гос-во не получают артикулированного различения ни в античности, ни в средние века. Хотя уже Платон задает парадигму, открывающую возможность такого различения, связывая необходимость в гос-ве с явно «неполитическими» потребностями людей (в пище, жилье, одежде и т. д.). По Платону, совместное поселение людей для взаимопомощи и удовлетворения этих потребностей и называется гос-вом. «Обществообразующими» оказываются тут чисто политические (в совр. понимании) функции гос-ва: защита населения и прежде всего территории, к-рой оно обладает, от внешних врагов, поддержание порядка внутри страны. Сила, обеспечивающая структурную связь людей, нуждающихся в совместном существовании, имеет политическую природу: ее носитель — сословие воинов («стражей»). Методологически решающую роль играет полная аналогия между устройством гос-ва и индивидуальной человеческой души (так что гос-во — это своего рода «макрос антропос», «громадный человек»), отсутствие категориального различения гос-ва и семьи и фактически растворение второй в первом. Платоновская идея гос.-политического структурированного О. была развита Аристотелем, осмыслявшим под углом зрения «власти» и «господства» не только его «макро»-, но и «микроструктуру». Поэтому в «Политике» осн. тип социальной связи — отношение «господства — подчинения». Вид отношений зависит от объекта власти («раб», «жена», «дети», «свободные граждане»); «властвование и подчинение не только необходимы, но и полезны», ибо такова природа людей, среди к-рых одни «от рождения» предназначены к подчинению, «другие — к властвованию» (Политика, 1254 а, 20—25). Исходя из этих отношений и подчеркивая самоопределенность предмета, Аристотель отличает от гос-ва семью и селение как особые типы общения (Политика, 1252 b, 1—18). Но гос-во, рассмотренное телеологически, превалирует над ними. Точно так же как «койнония политике́» (политическое общение) есть высший вид общения, основанного на власти, «политика» есть высший вид гос. устройства (хотя под понятие «койнонии» подпадают все виды общения, а под понятие «политии» — все, включая неправильные, виды правления). Однако у Аристотеля есть и др. конструкция социальных связей, где на первый план выходит этически окрашенное взаимоотношение индивидов как таковых: отношения дружбы (дружественности). Здесь впервые открывается возможность описания «чисто социальных» связей независимых друг от друга людей; дружба в собственном смысле есть высший вид взаимного общения, ориентированного на высшее благо дружащих, при том, что есть и дружба утилитарная, ориентированная на пользу или удовольствие. Благодаря этому Аристотель смог толковать семейные (родственные) и гос. связи как особые виды дружбы. В дружбе на разных уровнях как бы реализуется естественное право, ведь дружба относится к тем же вещам и бывает между теми же людьми, что и правосудие, ибо своего рода правосудие и дружба имеют место на всех вообще общественных взаимоотношениях, т. е. в сообществах. Тем самым подчеркивается гражданско-правовой «подтекст» дружбы: дружба как связь одинаково свободных и в этом смысле равных друг другу людей, какими в те времена могли быть лишь граждане греческого полиса. Исходная трактовка О. в социальной философии Нового времени — концепция «естественного состояния». Впервые определив его нетрадиционным образом, *Гоббс* тем не менее исходил из традиционного отождествления О. и гос-ва. «Естественное состояние», по Гоббсу,— антиобществ. «война всех против всех», причины к-рой: «абсолютная свобода», изначально присущая каждому, равенство как способность взаимного нанесения равного ущерба, «естественное» желание зла друг другу. Спасение от этого состояния — мирный *общественный договор:* взаимный отказ граждан от посягательств на свободу, собственность и жизнь друг друга. Гарант его соблюдения — гос-во, воплощенное в суверене, в пользу к-рого все граждане отказываются от части своей «естественной свободы». О. как гос. организм есть «смертный бог», не только всемогущий, но и «всеблагой»: гос. власть есть источник всех этических норм (так была впервые «социологизирована» мораль как регулятор социальной связи). Новаторство Гоббса состояло не только в новой трактовке естественного состояния; в отличие от предшественников, он — с риском «освободить» государя от ответственности перед гражданами — стал говорить не о гос. договоре (граждан с сувереном), а об общественном (граждан между собой), акцентировав тем самым внутр. конституирование О., трансцендентным гарантом к-рого явл. суверен. Наконец, он, по существу, поставил задачу сохранения жизни индивида, его тела выше гос. интересов. В отличие от Гоббса (и *Локка*, давшего несколько смягченный вариант концепции «естественного состояния») Шефтсбери настаивает, что «человек по природе — существо общественное», что О. «неизбежно и естественно для него», а то, что описано Гоббсом и Локком,— это картина «противоестественного состояния». Т. обр., с конца 17 в. по конец 18 в. вырисовывается (хотя и не всегда четко) конфронтация двух подходов: с одной стороны, теоретики, для к-рых О. — искусственное образование, по меньшей мере «диссонирующее» с естественными склонностями людей, с др.— концепции, в к-рых О. есть развитие и выражение прирожденных влечений и чувств человека, являющихся обществ., а потому моральными по своей сути. Соответственно «естественное» применительно к человеку понимается противоположно: либо как его животная, либо же как обществ. природа. В первом случае она называется «злой» (в морально-религ. аспекте), во втором — «доброй». В первом случае «обществ. состояние» оказывается выражением необходимости, заставляющей людей объединяться, а во втором — свободы, побуждающей их стремиться к этому. Первый мотив усилился в русле традиции, ведшей от Гоббса к Локку, у к-рого он был акцентирован в связи с выделением неполитических («хозяйственных») аспектов необходимости, толкавшей людей к созданию «гражданского» О. Второй мотив кульминации достиг уже у Б. Мандевиля, «снявшего», как и Шефтсбери, противоположность «естественного» и «обществен.» состояний, но в совершенно ином смысле.

Мандевиль стремился доказать, что в «гражданском» состоянии мотивы поведения человека столь же своекорыстны, сколь и в «естественном». Это не мешает О. функционировать, точно так же как не препятствовало его возникновению с объективной (своего рода естеств. исторической) необходимостью. О. возникает не как рез-т человеческих действий, учитывающих «общее благо», а как следствие работы механизма, соединяющего насущные потребности (соответственно интересы) каждого человека с потребностями О. как целого. О.— сфера объективно необходимого межчеловеческого взаимодействия, в к-рой каждый «может найти свою цель, работая на других», «добро возникает и прорастает из зла», причиняемого людьми друг другу. В рез-те не только последовательно «деполитизируется» и «секуляризируется» теоретическое представление об основополагающей социальной связи, но и происходит радикальное очищение категории О. от любых этических аспектов, а значит, и всего того, что связано с сознательным целеполаганием, осознанной социальностью человеческого действия. В контраверзе «Шефтсбери — Мандевиль» видны два фундаментально противоположных понятия О.: в одном случае этический момент считается важнейшим для внутр. структуры основополагающей социальной связи, в др.— не имеет к ней никакого отношения: обществ. связь, в лучшем случае, этически нейтральна. Попытки решить эту антиномию в русле англ. моральной философии (Д. Юм и ранний *Смит*) привели к дальнейшему расщеплению на «этически-идеалистическую» и «экономически-реалистическую» тенденции. Вторая, получив собственный теоретический импульс, быстро оформилась в особую дисциплину —

политическую экономию. Юм, как и Шефтсбери, исходит из того, что «самое естественное состояние людей» — это «общественный строй без наличия государственной власти». Состояние, вполне упорядоченное с помощью «справедливости» и основывающихся на ней «естественных законов», «касающихся стабильности собственности, ее передачи посредством согласия и исполнения обещаний», осуществление к-рых предшествовало «учреждению правительства». Сама же справедливость выводится тут из «общего чувства общественного интереса», «общего чувства взаимной выгоды». Поскольку справедливость необходима для поддержания О. и эта необходимость имеет универсальный характер, то «нравственный долг» — быть справедливым — «находится в прямом соответствии с *полезностью*», причем полезностью непосредственно обществ., исключающей своекорыстное истолкование. Зафиксированное Гоббсом противоречие между индивидуальным и обществ. «снимается» приписыванием человеку «социального чувства» как непосредственного чувства обществ. полезности, более мощного в конечном счете, чем все вместе антиобществ. чувства. Смит продолжает эту линию в рамках политической экономии, в основание к-рой лег тезис Юма, что «все на свете приобретается посредством труда». У Смита этот тезис разворачивается в идею О. как трудового и вместе с тем «менового» союза людей, связанных разделением труда — единственным способом удовлетворить их многообразные потребности. Это связь такого рода, что каждый индивид, работая на себя, вынужден работать на др. и, наоборот, работая на др., работает на себя: механизм, к-рый Кант впоследствии назвал «автоматом» и к-рый обеспечивает существование О. как целого, независимо от гос. власти. Как и у Юма, здесь утверждается единство индивидуального и обществ.; оно возникает потому, что «общественное» каждому индивиду заранее задается той связью, в к-рая укореняет избранный им род деятельности в общей системе разделения труда, что и побуждает его служить О. так же, как юмовское «чувство справедливости» — добродетель, одновременно «искусственная» (не вытекающая непосредственно из инстинкта самосохранения) и «естественная» (нам естественно одобрять благодетельное для О.). Система разделения труда, как продукт собственно человеческой истории, — тоже «искусственного» происхождения, но функционирует она «естественным» образом, «за спиной» людей, независимо от целей, преследуемых каждым работающим человеком в каждом отдельном случае. Продуктивная деятельность, чем бы она ни мотивировалась, «благодетельна» для О., если система разделения труда уже сложилась и получила характер «самодвижущейся». Но Смит увидел и то, что это разделение труда крайне отрицательно сказывается на антропологическом состоянии промышленно развитых наций: острота ума, возвышенность чувств, нравственность в частной жизни становятся жертвами односторонности, порожденной разделением труда. Смит не увидел здесь иного выхода, кроме просветительского — «образование простого народа в цивилизованном и торговом обществе». Т. обр., главной проблемой стало новое обоснование связи между «этическим» и «механическим» аспектами развития О. Кант сформулировал ее как задачу «патологически вынужденное согласие в обществе превратить в конце концов в моральное целое», истолковав ее как осн. цель человеческой Истории, приближающейся к этому идеалу, хотя и никогда полностью не достигающей его. Идея О. была расшифрована как идея Человечества, взятого в историческом развитии, к-рое в свою очередь представало как развернутый во времени процесс воспитания человеческого рода. Ту же проблему Гегель пытался решить в своей «Философии права». Он последовательно различает семью (как нравственную сферу), гражданское О. (как «систему всесторонней зависимости», где «пропитание и благо единичного лица и его правовое существование переплетены с пропитанием, благом и правом всех, основаны на них и лишь в этой связи действительны и обеспечены»), и, наконец, гос-во (как синтез семейной нравственности и гражданского О.: «осуществление свободы», к-рая «есть абсолютная цель разума», «осуществляющего себя как волю»), т. е. свободно осуществляющего свою волю народа, взятого в кач-ве «исторической действительности». В гегелевской концепции в снятом виде присутствуют отклик и концепция О. англ. мыслителей и руссоистское (*Руссо*) толкование О. как морально-политического единства, выражения «общей воли». В этом своем кач-ве гос-во оказывается не только единством, но опять-таки этическим масштабом. Недаром гражданское О. Гегель называет «внешним гос-вом», «основанным на нужде гос-вом рассудка». Идея «образумления» гражданского О. решается и в русле утопически-социалистической версии франц. Просвещения. *Сен-Симон*, развивая принципы, установленные «бессмертным Смитом», стал рассматривать О., взятое в политических рамках отдельного гос-ва («национальную ассоциацию»), «как промышленное предприятие, имеющее целью доставить каждому члену общества соответственно его вкладу возможно больше удобств и благосостояния», а потому «промышленники», т. е. все те, кто непосредственно занят в системе производства, в т. ч. и земледельцы, фабриканты, инженеры, рабочие, торговцы и др., должны занять в О. соответствующее их реальному вкладу положение. Социальная заостренность этого положения была связана с тем, что большинство «промышленников» оказалось на положении пролетариев, т. е. людей, лишенных всякой собственности. Отсюда отмеченная Сен-Симоном антиномия между целями «промышленного» О., вытекающими из экономического анализа Смита, и реальной ситуацией в европ. странах, к-рую Сен-Симон пытается снять, ссылаясь на то, что оно находится еще в стадии «становления». В результате из действительного, каким оно было у Смита, «промышленное» О. превращается в идеал будущего, в к-ром должны быть разрешены социальные и этические проблемы гражданского О. как такового. Двигаясь в направлении, определенном сен-симонистской перспективой «завершения перехода» от феодального («военного») О. к «промышленному» («мирному»), соответственно проблемой одновременно социально-политического и этического преобразования О., создал свою социологию О. *Конт*, подводящий теоретический итог социально-филос. развития от Юма и Смита до *Руссо* и Сен-Симона. В его социологии «синтезируются» понятия и методологические подходы психологии, политэкономии, этики и философии истории. При этом с помощью понятий «социальная статика» и «социальная динамика» резюмируются два центральных мотива теоретических размышлений об О. в англ. и франц. социальной философии конца 17 — первой половины 19 в.— идея прогресса (О. как рез-т органического развития моральных чувств, скрепляющих воедино семью, народ, нацию, наконец, все человечество) и идея социального порядка (О. как автоматически действующий «механизм», состоящий из взаимосвязанных «частей», «элементов», «атомов»). Идея прогресса нашла у Конта выражение в «законе трех стадий» (обобщении философии истории Сен-Симона), а также в специфически контовской концепции поступательного развития разумности и симпатии (альтруизма) в человеческом роде, целью к-рого явл. полное слияние человека с Человечеством как единственным достойным поклонения божеством. Отсюда «религия Человечества» как высшего существа, включающего в себя всех умерших, живущих и будущих людей, послуживших прогрессу и общечеловеческому благу. Отсюда же и приоритет этики над социологией (и, следовательно, над др. науками) у позднего Конта. Идея социального порядка также развивается Контом под доминирующим влиянием англ. моральной философии, пытавшейся интегрировать в своем лоне возникающую политэкономию. Зачатки социальности он выводит из полового инстинкта, влекущего животных друг к другу, а затем побуждающего заботиться о потомстве. Не отвергая у человека существенной роли инстинкта самосохранения и связанного с ним личного интереса, всю полноту значения к-рого должна учесть политическая экономия, Конт настаивает на том, что постепенно социальные (альтруистические) наклонности берут верх над эгоизмом. В общем же индивид со своими особыми интересами для него это лишь абстракция. Последний неразложимый элемент социальности — не человек, а семья, единица О. как «социального организма». В ней господствует непосредственное единение людей, а не их связь («ассоциация»). Весьма важным (особенно с учетом последующего развития социологии) оказалась аналогия О. не с человеческим организмом, как прежде, а с биологическим организмом вообще. Отсюда постоянное акцентирование необходимости рассматривать все социальные явления в связи с «общим состоянием цивилизации». Отсюда же интерес к функциональной дифференциации социального организма. Политическое правление оказывается при этом лишь одной из функций, хотя и весьма существенной, ориентированной на противодействие распадению частей О., односторонне специализированных разделением труда. Солидарность О. поддерживают также разделяемые всеми общие идеи, представителем к-рых может оказаться и специфически духовная, и политическая (к чему Конт относится отрицательно) власть. В целом социология Конта оказалась реставрацией этического подхода к О., противостоящего наметившейся тенденции к отделению «специфически обществ.» реальности не только от политического, но и от нравственно-религ. ее измерения. Органицистский подход к О. получает развитие у *Спенсера*. Аналогия О.— организм (*Органическая школа в социологии, Органицизм*) проводится у него не всегда последовательно, но детально и с учетом новейших достижений биологии. Важным условием гармоничной организации О. оказывается у него разделение труда: «Разделение труда, впервые задержавшее на себе внимание политэкономов как феноменом социальный, а затем признанное биологами феноменом, присущим живым телам, каковой они назвали «физиологическим разделением труда», и есть то, как в обществе, так и в животном, что делает его живым целым» («Основания социологии», § 217). Однако индивидуализм Спенсера оказался существенным препятствием для последовательного проведения концепции органицизма: части животного рассматриваются им как «конкретное», а части О.— как «дискретное». И хотя Спенсер отчасти пытается сгладить это различие, он вынужден, развивая его, констатировать: «В одном — сознание сконцентрировано в небольшой части агрегата, в другом — распространено по всему агрегату: все его единицы обладают способностью испытывать наслаждение и страдание, если и не в равной степени, то все же приблизительно одинаково. А поскольку нет общественного чувствилища (sensorium), постольку благосостояние агрегата, взятого отдельно и независимо от составляющих его единиц, не может быть целью, к которой должно стремиться. Общество существует для блага своих членов, а не члены — для блага общества». Человек, т. обр., впервые становится подлинной проблемой социологии; О. как целое помещено Спенсером в ряд природных феноменов, его эволюция рассматривается как естеств. процесс роста и дифференциации частей и функций (от орды к племени, от племени к союзу племен, нации и т. д.), но удовлетворение индивидуальной потребности в счастье утверждается как *естеств. право* каждого его члена. Несообразность («естественное право» сильного не вяжется с равным правом всех) Спенсер пытается, в частности, разрешить, конструируя идеальное («просто социальное») состояние, соответствующее людям «идеальной нравственности». Приблизить к нему О. должна все та же эволюция, описание к-рой выглядит тут очень неубедительно. Но Спенсер дал важный импульс последующим теоретическим построениям, указав, что этико-социальная проблема гармонизации прогрессирующего индивидуализма есть именно новейшая проблема, т. к. в менее дифференцированном О. индивид, как таковой, подавлен, его потребности слабо артикулированы и могут не учитываться. Эволюция должна разрешить ею самой порожденную проблему. В 19 в. происходит постепенное наполнение самого понятия «О.» новым содержанием, призванным более активно отразить природу социальности, способное объединить «механически» структурное и «органически» эволюционное толкования О., явно расходившиеся друг с другом. Путь к решению проблемы социологи 19 в. искали в русле превращения чисто исторической констатации различия двух типов О. (напр., «военного» и «промышленного» у Сен-Симона, Конта и Спенсера) в идеально-типическую (*Идеальный тип*) противоположность двух его разнонаправленных тенденций, из к-рых одна признается доминирующей в традиционном, а др.— в совр. О. Этот поворот отмечен именами *Тённиса* и *Дюркгейма,* развившими идею дихотомии «статуса» и «контракта» («договора»), предложенную Г. Мейном. В ней получила нечто вроде рационального истолкования дихотомия гипотетического «естеств. состояния» и состояния общественно-договорного. Тённис решающим образом проблематизировал органицистскую методологию (обнаружив ее внутр. антиномичность) своей дихотомией *община* (сообщество, «гемайншафт») *и общество.* В его концепции речь идет уже не об отношении индивида к целому или индивидов внутри целого, а о возникновении любой социальной целостности всякий раз только из взаимоотношения индивидов, определяемых их сознательной волей. Воля эта может быть либо «сущностной», либо «избирательной», сообразно типам воли выделяются чистые типы общины и О. Единство «воли сущности» есть «самость», «подобно организму и органическим частям»; когда каждая часть выражает это единство

и живет ради него — это сфера общины — гемайншафта. «Напротив, каждое общественное отношение представляет собой начало и возможность вышестоящего искусственного лица, в распоряжении которого есть определенная сумма сил и средств, в соответствии с чем и само общество мыслится как деятельное целое». Эту дихотомию, предполагающую двойственное понимание О.— в широком смысле, включающем и «общину», и в узком, исключающем ее,— Тённис приложил к анализу самых разных социальных связей и образований. При этом, следуя в русле нем. классической философии, он заострил дихотомию «органической» общины и «механического» О. до их полной противоположности (чему способствовало ее идеально-типическое толкование), но в отличие от этой традиции он не пытается прийти к синтетическому пониманию О., напр., на путях понимания О. в узком смысле как «отчужденной» «общины», предполагающего (в более или менее неопределенной перспективе) его «снятие». Однако, несмотря на определенно заявленное идеально-типическое толкование дихотомии, Тённис предполагает и нечто вроде социально-филос. «онтологизации» выражающих ее понятий, предлагая схему исторического развития О. (в широком смысле) от состояния с преобладанием отношений типа «общины» к состоянию с преобладанием отношений типа «общества». Сначала — семья, соседские, дружеские отношения, к-рые самоценны, естественны и органичны; поэтому с ними не связано понятие гос-ва. Но за естественным сообществом следует социальная структура с преобладанием О. (в узком смысле), где даже в самые интимные связи проникает рац. расчет (напр., в отношения родителей и детей). Прогрессирующая рационализация делает социальные связи все более внешними, случайными для их носителей, что находит высшее выражение в «концепции универсального общества и универсального государства». Поскольку гос-во Тённис связывает именно с О. (в узком смысле), постольку —

в исторической перспективе — он усматривает «тенденцию к единству и завершению суверенной власти в развитии всех крупных государств». Характерным образом воспринял эту дихотомию *Дюркгейм* (а вслед за ним П. Барт), не придавший особого значения тому, что Тённиса интересует не объективное сходство общины с организмом, а различие способов рассмотрения О., т. е. различие представлений о виде социального единства, определяемых типом воли. Поэтому Дюркгейм воспринял указ. дихотомию как противопоставление органического и механического типов социальной связи (против чего резко возражал Тённис) и (приняв тезис об историческом приоритете общины, взятой в том виде, как она описана у Тённиса) объявил О. (в узком смысле) более естеств. и органичным типом социальности. Поскольку солидарность в О. Дюркгейм трактует как «чисто моральное явление», то именно моральные скрепы О. становятся в центр исследования. Различая солидарность механическую и органическую, он подчеркивает, что в этих двух случаях О. не рассматривается с одной и той же т. зр. В первом оно есть более или менее организованная совокупность верований и чувств, общих всем членам группы, и представляет собой коллективный тип. Во втором О. — это «система различных специальных функций, соединенных определенными отношениями». Решающим моментом, позволяющим отличить органическую солидарность от механической оказывается *разделение труда*. Настаивая на том, что это все же не два типа О., а «две стороны одной и той же действительности», Дюркгейм рассматривает О. как всеохватывающую реальность, обладающую самоценностью и определяющую все остальные ценности. Разделению труда как выражению обществ. солидарности высшего (органического) типа приписывается при этом этической функции: оно обеспечивает возникновение и развитие «личной индивидуальности», гарантируя каждому свое уникальное место, отличное от всех остальных, но именно потому органически вписывающееся в обществ. целое. Однако при этом он пытался толковать «гармонию» целого так, чтобы она не исключала и опред. уровень «отклоняющегося поведения». В ходе повторяющихся попыток определить О. (в широком смысле) так, чтобы под него можно было подвести различные исторические типы О., само это понятие в новейшей зап. социологии толкуется все более абстрактно — так, что под него практически подпадает любая социальная связь. У *Зиммеля* эта тенденция выразилась наиболее резко, приведя его к попытке заменить понятие «О.» понятием «обобществление» («социация»), означающего фактически все возможные формы взаимодействия индивидов, содержанием к-рых и оказываются самые разнообразные цели, влечения, интересы. О., по Зиммелю,— это прежде всего «комплекс обобществленных индивидов, общественно оформленный человеческий материал, составляющий всю историческую действительность». Но кроме того, оно явл. и «суммой тех форм отношений, в силу к-рых из индивидов возникает общество...». Та же тенденция утверждается и в англоязычной социологии (*Чикагская школа, Парк, Томас, Знанецкий, Дж. Г. Мид, Кули*), к-рая все более далеко идущим образом сосредотачивалась на анализе природы и форм социального взаимодействия. Понятие «О.» начинает утрачивать свой изначальный смысл и, как правило, употребляется чисто инструментальным образом: для обозначения вторичного, безличного уровня общения, в противоположность первичному, непосредственно индивидуальному. На этом фоне теорию *Парсонса* можно рассматривать как попытку вернуть понятию «О.» более содержательный смысл. В центре его внимания оказывается понятие общей *системы действия,* одной из подсистем к-рой явл. социальная система, О. как особый вид социальной системы. О стремлении Парсонса восстановить в рамках этого подхода элементы «субстанциалистского» понимания О. свидетельствует тот факт, что сугубо социологическую проблематику О. Парсонс вписывает в свою общую «неореалистическую» концепцию бытия, в к-ром вычленяются «аналитически абстрагируемые» эмерджентные уровни реальности. При этом система взаимодействия людей рассматривается как «аналитический аспект», к-рый может быть абстрагирован от всего процесса деятельности его участников, причем «эти «индивиды» суть также организмы, личности и участники культурной системы». Используя критерий, восходящий, по его мн., по меньшей мере к Аристотелю, он определяет О. как «тот тип социальной системы в любом универсуме социальных систем, который достигает высшего уровня самодостаточности как система в отношении к ее окружающим средам». В этом кач-ве социетальное сообщество исполняет интегративную функцию в более обширной системе, где, согласно развитой Парсонсом «четырехфункциональной парадигме» (*Функциональный подход в социологии*), экономика исполняет функции адаптации, политика — целедостижения, а культурные символы (не полностью принадлежащие О.), институционализированные на уровне, достаточном для удовлетворения социетальных потребностей, выполняют функцию поддержания образца взаимодействий в системе. Самодостаточность О. состоит в его способности институционализировать опред. культурные компоненты (задаваемые извне — системой культуры), предоставить широкий репертуар ролей и обеспечить личную мотивацию действующих в нем индивидов, а также в достаточной мере контролировать «технико-экономический» комплекс и опред. территорию. Концепция Парсонса — это уникальная попытка совместить классические подходы к политике, экономике, этике («культуре») и личности (одновременно «природной» и «свободной»). Однако многим западным социологам эта схема кажется слишком гармоничной, чтобы быть убедительной, а аналогию системы — биологический организм, играющую столь значит. роль у Парсонса, не приемлет большинство совр. зап. социологов. Последовательную «десубстанциализацию» парсоновской концепции О. предложил *Луман,* рассматривающий изменение представлений об О. как следствие изменений в способе его дифференциации, первоначально сегментарного, затем стратификационной и, наконец, ныне — функциональной. В ходе этих изменений первоначальная слитность заменяется выдвижением на передний план политической системы, к-рая, пользуясь своим приоритетом, отождествляет себя со всем О. Затем приходит черед функционального приоритета системы хозяйства, к-рая отождествляет себя с О., а политическую систему — с гос-вом. Наконец, наступает ситуация, когда функционального приоритета уже нет ни у одной системы. О. выступает как наиболее обширная, «охватывающая» система: фактически, это предельное условие социальности. Политика, хоз-во, наука, религия, воспитание суть его частные функциональные системы, каждая из к-рых воплощает в себе О. Т. к. социальные связи — это связи смысловые, то О. кончается там, где исчезает предполагаемая возможность коммуникации; следовательно, в связи с учетом особенностей совр. сферы общения О. есть «мировое О.». Вместе с тем в него уже не входят, как и у Парсонса, целостные личности: они — среда социальных систем. Бессмысленны и этические критерии: высшего уровня порядка в об-ве нет, нет и самодостаточности в классическом смысле, т. к. каждая из его подсистем ориентирована лишь на собственные критерии и не способна занять универсальную совокупно-обществ. позицию. Т. обр., классическое понятие О., выкристаллизовавшееся в ходе длительного развития социальной мысли, оказывается полностью утраченным, а тем самым совершается и «распредмечивание» социологии, угрожающее полной утратой ее специфического предмета.

Ю. Н. Давыдов, А. Ф. Филиппов

ОБЩЕСТВО ИЗОБИЛИЯ — термин, применяемый зап. социологией для обозначения совр. состояния капиталистического об-ва, возник в контексте теорий об-ва «всеобщего благоденствия» и «об-ва потребления». Наибольшее распространение получил в 50—60-е гг., в период, когда в зап. идеологии господствовали идеи о возможности достижения социальной однородности об-ва за счет экономического роста и технологических нововведений. Предполагалось, что изобилие и доступность приобретения товаров массового потребления уже сами по себе должны дать возможность благополучного, счастливого существования каждого гражданина и бесконфликтного состояния об-ва в целом. Однако радикальные движения 60-х гг., подвергшие критике потребительские идеалы капиталистического об-ва, экономический кризис 70-х гг. сделали термин «О. и.» редко употребляемым.

В. Н. Фомина

ОБЩЕСТВО ОТКРЫТОЕ и ЗАКРЫТОЕ — понятия, введенные Поппером для описания культурно-исторических и политических систем, характерных для различ. об-в на разных этапах их развития. Открытое об-во — демократическое, пронизанное духом критики, легко изменяющееся и приспосабливающееся к обстоятельствам внешней среды,— противопоставляется закрытому — догматически-авторитарному, застывшему на достигнутой стадии развития. Для закрытого об-ва характерны магическое мышление, догматизм и коллективизм, для открытого — рац. постижение мира, критицизм и индивидуализм. На этом противопоставлении строится социальная и политическая философия Поппера, а также его философия истории. Развитие совр. цивилизации, начавшееся в период «греческой революции» в 5—4 вв. до н. э., по мн. Поппера, идет от закрытых к открытым обществ. системам. Как пример закрытых систем он приводит такие разнообразные по своей социальной и политической организации об-ва, как Спарта, Пруссия, царская Россия, нацистская Германия, Советский Союз эпохи сталинизма. Образцы открытого об-ва — древние Афины, ныне — т. наз. зап. демократии. Концепция открытого и закрытого типов об-в обладает опред. эвристической ценностью, дает возможность концептуального описания важных идеологических, политических и социально-психологических процессов, реально наличествующих в совр. мире. В то же время игнорирование роли эволюции форм собственности, типов экономической и политической организации ограничивает возможности ее применения как универсальной концепции исторического процесса.

Л. Г. Ионин

Лит.: 1) *Popper K.* The open society and its enemies. L., 1942.

ОБЩЕСТВО ПОТРЕБЛЕНИЯ — понятие, не имеющее строгого теоретического или прикладного, эмпирического определения. Оформилось в амер. социальной мысли в 40—50-х гг. в связи с массовым распространением представлений о возможности на совр. уровне развития производства обеспечить высокий жизненный уровень каждому члену об-ва. Предпосылкой возникновения О. п. явилось распространение неокейсианства с его упором на проблему спроса, представлений о социальной — а не личной — ответственности за тяжелое материальное положение малоимущих слоев. Индивидуальное потребление тем самым выступило в обществ. сознании важным показателем гуманности и справедливости социального устройства, а недопотребление — как устойчивый признак маргинальности. Понимание совр. бурж. об-ва как О. п. отразило усиление процесса монополизации и гос. регулирования экономики, когда все более важной становится роль сбыта потребительских товаров в кач-ве канала извлечения прибыли через рынок, когда интересы экономического господства буржуазии заставляют ее использовать все более широкие социальные слои (в т. ч. рабочий класс, стоимость рабочей силы к-рого возрастает) в кач-ве специфического «инструмента потребления». Обострение проблемы сбыта в условиях все большего раскручивания «потребительской карусели», способствуя распространению представлений о «естественности» высокого уровня массового потребления, стремительно подняло манипуляторскую роль рекламы, к-рая в кач-ве средства убеждения выносит на первый план «престижную» (символическую) ценность приобретаемого товара как показателя устойчивости положения индивида во внутрикорпоративной конкуренции «*массового общества*». Ориентация индивида на О. п. в превращенной форме воплотила характерную для капитализма «предпринимательскую» установку массового сознания, выступив своего рода компенсацией за утрату «прежней деловой самостоятельности». Представление об О. п. как олицетворении целой экономической эпохи стимулировало реформистские надежды (Дж. Катона, *Ростоу, Тоффлер*). Его укоренение в социол. обиходе отразило не только эволюционистские взгляды на капитализм, но и образование мощного механизма повседневного разогревания массовых потребительских ожиданий, включающего наряду с рекламой моду и маркетинг. Универсализация О. п. рассматривается как путь уменьшения военно-политической конфронтации в совр. мире (*Рисмен*). Вместе с тем понятие «О. п.» играет заметную роль и в социол. теориях, критически относящихся к совр. бурж. об-ву. В зап. социологии существует, напр., понимание О. п. как об-ва массового отчуждения — Ж. Бодрияр, П. Гудмен, *Фромм;* как опоры «властвующей элиты» — *Миллс;* как формы усиления «рационального характера иррациональности» и способа «одномерной» интеграции трудящихся в «совр. индустриальную цивилизацию» — *Маркузе;* как формы обеспечения воспроизводства экономических отношений совр. капитализма — *Дюверже;* как средства самозащиты окостеневших социальных институтов — *Горц*. О. п. подвергается критике с позиций *неоконсерватизма* в связи с проблемами кач-ва жизни (Э. Кюнг), объявляется ответственным за бесконтрольное развитие производства, ведущее к разрушению окружающей среды (Г. Брукман, Г. Свобода).

В. П. Терин

Лит.: 1) *Packard V.* The hidden perscuaders. N. Y., 1957. 2) *Baudrillard J.* La système des objets. P., 1968. 3) *Katona G.* The mass consumption society. N. Y., 1968. 4) *Gorz A.* Les chemins du paradis. P., 1983.

ОБЩЕСТВО ТРАДИЦИОННОЕ —

докапиталистические (доиндустриальные) обществ. уклады аграрного типа, для к-рых характерны высокая структурная устойчивость и способ социокультурной регуляции, основанный на традиции. В зап. исторической социологии, социологии развития и модернизации как О. т. рассматриваются и малодифференцированная (общинная, родо-племенная, существующие в рамках «азиатского способа производства») и дифференцированно-гетерогенная, многоструктурная и классовая (типа европейского феодализма) стадии доиндустриального об-ва, в основном по следующим соображениям: (1) по сходству отношений собственности: в первом случае непосредственный производитель имеет доступ к земле только через род или общину, во втором — через феодальную иерархию владельцев, что равно противостоит капиталистическому принципу неделимой частной собственности и делает немыслимой «свободную личность», не имеющую какого-то опред. отношения к земле и свободно распоряжающуюся своим трудом по законам рынка; (2) по нек-рым общим особенностям функционирования культуры: громадная инерционность однажды принятых культурных образцов, обычаев, способов действия, трудовых навыков, неиндивидуальный характер творчества, преобладание предписанных моделей поведения и т. п.; (3) по наличию в обоих случаях относительно простого и устойчивого разделения труда, тяготеющего к сословному или даже кастовому закреплению. Всем этим смазываются границы между указанными стадиями, но зато достигается теоретическая цель категории О. т.: подчеркнуть отличие всех прочих типов обществ. организации от индустриально-рыночных, капиталистических об-в (*Аномия, Модернизации теория, Феодализма концепции, Индустриальное общество*).

А. Д. Ковалев

Лит.: 1) Эволюция восточных обществ: синтез традиционного и современного. М., 1984. 2) *Осипова О. А.* Американская социология о традициях в странах Востока. М., 1985.

ОБЩИНА И ОБЩЕСТВО — противопоставление общины и общества как двух типов социального устройства явл. основой «чистой» социологии *Тённиса*, исследующей *идеальные типы*. Социальность он рассматривал как взаимодействие «воль» индивидов, в ходе к-рого происходит их взаимоутверждение. Если возникающие отношения явл. «органическими», то можно говорить об общине. Община, по Тённису, отличается единством «сущностной воли». Воля индивидов в общине может быть разумной, но не рациональной, поскольку главную роль играют эмоциональные отношения: матери к детям, братьев и сестер между собой, мужа и жены. Наряду с кровным родством к общинным связям относятся соседство и дружба. В противоположность общине для об-ва характерна «механическая» связь отношений индивидов, построенных на рациональном расчете. Согласно Тённису, в отличие от общины в об-ве царит целерациональная воля и, соответственно, произвол. В реальности невозможно выделить идеальные типы общины и об-ва. Для нее характерно сочетание социальных образований, в к-рых преобладающим явл. тот или иной тип отношений. Концепция Тённиса часто истолковывалась в духе романтического консерватизма и служила основанием для призывов вернуться от об-ва к общине, выдвигавшихся в Германии правоконсервативными кругами. Дихотомия «община — общество» играла заметную роль в зап. социологии первой половины 20 в. Согласно *Фиркандту*, вследствие «разрыхления» и ослабления общинных форм связи для об-ва стали характерными «более холодные» отношения между индивидами. По *Гайгеру*, община и об-во различаются как «внутр.» и «внешний» аспекты социальной связи (единение в сознании и единение через порядок) и представляют собой ограничивающие друг друга коррелятивные структурные элементы, существенно необходимые для каждой социальной группы. Рассмотрение общины и об-ва предпринималось *Дюркгеймом*, различавшим «механический» и «органический» типы солидарности, причем в противоположность Тённису, характеристику «механической» получила солидарность общинно-родового типа. В США дихотомия общины и об-ва оказала влияние на категориальный аппарат представителей *чикагской школы*. У *Парсонса* в его схеме «структурных переменных», т. е. дилемм, к-рые тем или иным образом решаются лицами, действующими в социальной системе, в каждой паре соотнесенных понятий можно найти черты общины и об-ва (напр., «универсализм» — партикуляризм»). В совр. зап. социологии дихотомия общины и об-ва воспроизводится в связи с различением *«традиционного»* и «совр.» об-ва; свое место она занимает в социол. концепциях развития слаборазвитых стран.

Ю. Н. Давыдов, А. Ф. Филиппов

Лит.: 1) Беккер Г., Босков А. Современная социологическая теория в ее преемственности и изменении. М., 1961. 2) *Tönnies F*. Gemeinschaft und Gesellschaft. Lpz., 1887.

ОДНОМЕРНОГО ЧЕЛОВЕКА концепция — теория, получившая название по одноименной книге *Маркузе* [3]. По существу, возникла значит. раньше и связана с исследованиями *конформизма социального* и социально-психологических типов и характеров, деформируемых совр. обществ. системами. Существенную роль в становлении концепции О. ч. сыграли идеи *Фрейда, Райха, Хорни, Хоркхаймера, Адорно, Фромма, Рисмена* и др. исследователей, изучавших различ. варианты, механизмы и следствия отчуждения и стереотипизации человека. «Массовый человек», «человек организации», «извне-ориентированная личность», «авторитарная личность», «автоматически конформная личность» — нек-рые из исследовавшихся психологических типов, в большей или меньшей степени близкие типу О. ч. Всем им в той или иной степени свойственны: некритическое отношение к существующей действительности, к поведенческим и пропагандистским стереотипам, отсутствие индивидуальности, манипулируемость, консерватизм; конформизм и т. д.

Согласно концепции Маркузе, социокультурная одномерность, одномерность мышления — необходимые производные *индустриального об-ва*, основанного на сциентистско-техницистских императивах, принципе «производительности», извращающих естеств. влечения и потребности человека. Потребительская ориентация, все убыстряющаяся гонка за материальными благами лишает человека социально-критического измерения. О. ч. присуще искаженное видение мира; отчуждение, «сублимированное рабство» он воспринимает как «естеств.», желанный, единственно возможный, а иногда и как высший из всех возможных способ существования. Отвечающие интересам правящей элиты принципы и нормы индустр. об-ва кажутся ему выражением свободы и социальной справедливости. О. ч. лишен способности к радикальной оппозиции существующему режиму, полностью интегрирован в «систему». Прорыв универсальной одномерности совр. об-ва возможен, согласно Маркузе, посредством формирования новых влечений и потребностей, «новой чувственности». Носителями революц. потенциала он считает социальных аутсайдеров и маргиналов (*Маргинальная личность*). В силу такой социальной ориентации идеи Маркузе в скрытом виде содержат в себе возможность экстремистской интерпретации. Концепция О. ч. полезна для понимания нек-рых социально-психологических характеристик социальной и духовной жизни в совр. промышленно развитых странах.

С. А. Эфиров

Лит.: 1) *Баталов Э. Я.* Философия бунта. М., 1973. 2) *Marcuse G.* One-demensional man. Boston, 1964.

ОКРУЖАЮЩЕЙ СРЕДЫ ИССЛЕДОВАНИЯ — см. Экологии социальной концепции.

ОРГАНИЗАЦИИ СОЦИАЛЬНОЙ теории — теории, связанные с проблемами управления и менеджмента и направленные на изучение условий более эффективного функционирования социальных систем. Первые исследования такого рода были предприняты в начале 20 в. и носили преимущественно эмпирический характер (*Тейлоризм*, «*Человеческих отношений*» доктрина). Существенный вклад в исследование проблем организации, ее структуры, функций, в т. ч. бюрократической организации (*Бюрократия*), внес М. *Вебер*. В зап. О. с. т. организация представляется как произвольное соглашение людей, к-рые объединились в процессе работы, распределив и закрепив за каждым членом опред. функции для наиболее эффективной деятельности всей организации в целом. У всех объединившихся людей предполагается наличие общих интересов, а в идеальном типе организации, кроме того, совпадение целей организации с целями каждого ее члена. Критерием, отличающим социальную организацию от всех др. видов социального группирования, с т. зр. зап. социологов, явл. опред. структура социальных отношений индивидов и система разделяемых ими верований и мотивирующих ориентаций. В О. с. т. выделяются два типа организации: формальная и неформальная. Всякая формальная организация имеет специальный административный аппарат, осн. функцией к-рого явл. координирование действий членов организации в целях ее сохранения. Члены такой организации рассматриваются функционально: не как личности, а как носители опред. социальных ролей. Чем сложнее и больше организация, тем более сложные функции выполняет административный аппарат. Каждая организация в опред. степени явл. бюрократической. Степень бюрократизации организации в большей степени зависит от количества усилий, направленных на разрешение административных проблем, чем усилий по достижению целей организации. Иногда происходит смещение целей, и административные цели полностью вытесняют первоначальные цели организации. Наряду с бюрократическими принципами организационной иерархии в организациях существуют и неформальные отношения, к-рые в условиях жесткой системы административных правил повышают эффективность организации и выполняют следующие позитивные функции: служат средством сглаживания возможного конфликта между подчиненными и вышестоящими должностными лицами, способствуют сплоченности членов организации, сохраняют чувство индивидуальной целостности, самоуважения и т. д. В зап. социологии можно выделить три осн. подхода к анализу организации: рац., естеств. и, синтезирующий два первых,— неорациональный. С т. зр. рац. модели организация мыслится как «инструмент», рац. средство достижения четко поставленных целей. Организация в данном случае рассматривается как совокупность отдельных самостоятельных частей, способных изменяться и заменять друг друга, не нарушая при этом целостности структуры организации. Рац. подход к исследованию организации часто игнорирует роль неформальных отношений в ней. В отличие от этого подхода, сторонники естеств. модели представляют организацию как «естеств. целое», как некий организм, к-рому присущ органический рост, стремление к продолжению своего существования и сохранению равновесия системы. С данной т. зр. организация может продолжить свое существование даже после успешного достижения поставленных перед ней целей. Для представителей этого направления главной задачей явл. поддержка равновесия организации. Естеств. модель организации больше внимания уделяет неформальным отношениям. Попытку соединения положительных черт этих двух моделей предприняли представители т. наз. неорациональной модели организации (*Блау*, Крозье, *Гоулднер*, Д. Марч, Г. Саймон, Ф. Селзник и др.). От рац. модели неорационализм взял акцент на рациональность, от естеств. модели — внимание к неформальным отношениям. Осн. задачу представители неорационализма видят в определении условий, к-рые влияют на степень эффективности организации, поэтому для них характерна разработка частных вопросов управления организацией.

В. Н. Фомина

Лит.: 1) *Weber M.* The theory of social and economic organisation. N. Y., 1947. 2) *Merton R. K.* Social theory and social structure. N. Y., 1957. 3) *Etzioni A.* A comparative analysis of complex organisation; on power, involvement and their correlates. N. Y., 1961. 4) *Blau P. M., Scott W. R.* Formal organisation. S. F., 1962.

ОРГАНИЧЕСКАЯ ШКОЛА в социологии — направление в зап. социологии конца 19 — начала 20 в., рассматривавшее об-во как аналог природного организма и пытавшееся объяснить социальную жизнь посредством прямой проекции биологических закономерностей. О. ш. имела глубокие корни в истории — сравнение об-ва с организмом использовалось мн. авторами (Платон, *Гоббс, Конт, Спенсер* и др.). В отличие от предшественников, сторонники О. ш. (П. Ф. Лилиенфельд в России, *Шеффле* в Германии, *Вормс* и А. Эспинас во Франции и др.) утверждали, что об-во и есть организм; занимались поиском все новых аналогий между об-вом и организмом. По мн. Лилиенфельда, торговля выполняет в об-ве те же функции, что и кровообращение в организме, а функции правительства аналогичны функциям головного мозга. Шеффле анализировал экономическую жизнь об-ва как прямую проекцию обмена веществ в организме, используя понятие «социальное тело». Вормс рассуждал о половых различиях разных типов социальных институтов и обществ. организмов (в основном примитивных об-в), об их органах и продуктах выделения и т. д., уделяя особое внимание таким понятиям, как, напр., «*гигиена социальная*». В начале 20 в. концепции О. ш. утратили популярность на фоне новых подходов, отличавшихся меньшей описательностью и большей объяснительной силой.

В. Б. Ольшанский, Д. В. Ольшанский

ОРГАНИЧЕСКОЕ ОБЩЕСТВО — концепция социальной философии, легшая в основу *органической школы* в бурж. социологии конца 19 — начала 20 в., методологической ориентацией к-рой явл. *органицизм*, отождествляющий об-во с организмом. Придя на смену социальному механицизму, рассматривающему об-во как агрегат элементов, исследуемых независимо друг от друга, социальный органицизм рассматривает об-во в динамике, как состоящее из разнородных элементов, обладающих относительной автономией, но действующих согласованно и управляемых единым принципом. Параллель между человеческим организмом и организацией, обеспечивающей функционирование обществ. организма, встречается в трудах Аристотеля, ряда средневековых мыслителей, *Гоббса* и *Руссо*. К концу 18 — началу 19 в. оно укрепилось благодаря успехам наук о природе. В начале 20 в. концепция О. о. была взята на вооружение правоконсервативной мыслью. В трудах Берка, де Местра, де Бональда идеальное об-во мыслится как подобие живого организма, деятельность к-рого регулируется естеств. порядком. Состоящее из разнообразных ячеек (семья, профессиональные корпорации, коммуна, регион) социальное тело предполагает преобладание целого над частью, об-ва над индивидом, к-рый имеет по отношению к нему не столько права, сколько обязанности. В противовес рационалистически-индивидуалистической философии Просвещения ультраконсерваторы-традиционалисты рассматривали об-во не как механическую совокупность индивидов, вступающих друг с другом в договорные отношения: О. о. присущи социальная иерархия, неравенство, коллективные ценности, традиции и обычаи, посягательство на к-рые приводит к дезинтеграции социального корпуса. Рост пролетариата и социальной напряженности вызвал обращение к идее О. о. представителей социального католицизма, а на рубеже веков ее ставят на научную основу социологи, стремящиеся преодолеть растущую идеологическую и социально-политическую дифференциацию об-ва на основе органической солидарности всех его частей. Отталкиваясь от консервативной концепции О. о. и опираясь на позитивистский органицизм *Сен-Симона*, для к-рого разделение функций социального организма есть фактор прогресса, *Конт* стремился выработать синтез этих двух направлений. *Спенсер* сравнивал социальную систему с организмом, подлежащим закону эволюции. Помимо сходства он подчеркнул и различия: так, в социальном организме части сосуществуют, оставаясь раздельными, они способны на чувства, мысли и т. п. Вслед за Спенсером мн. исследователи акцентировали тождество между об-вом и организмом, ссылаясь на биологию, подыскивая все новые черты сходства. П. Ф. Лилиенфельд (Россия) считал, что роль кровообращения выполняет торговля, функции головного мозга — гос-во, единственный врач, способный бороться с болезнями социального тела. Для *Шеффле* (Германия) экономическая жизнь об-ва была равнозначна обмену веществ в организме. Стремясь избежать такого рода крайностей, большинство теоретиков предпочли идею аналогии между об-вом и организмом, подчеркивая человеческую, т. е. сознательную, природу последнего. Согласно *Дюркгейму*, социальная система существует как целостность в коллективном сознании и не обладает физической реальностью, в то же время само коллективное сознание несводимо к сознанию отдельных образующих социум индивидов. Дюркгейм указывал на появление органической солидарности, к-рая связывает индивидов в индустриальное об-во, отличающееся высокой степенью разделения труда. Отсюда важность социальной психологии, объединяющей индивидов в социальное тело, цель к-рой — изучение коллективных представлений. Для совр. исследований характерно скорее образное сравнение об-ва с организмом как одной из моделей, благодаря к-рой становится возможным построить общую теорию социальной системы. Подменяя социальные закономерности биологическими, объявляя социальные конфликты и классовую борьбу «болезнями» об-ва, концепция О. о. в конечном счете служила апологии капитализма. В то же время органический подход во мн. явл. предшественником совр. системных подходов в социологии.

Т. М. Фадеева

Лит.: 1) *Bouvier—Ajam M.* La doctrine corporative//Histoire des doctrines économiques. P., 1952. 2) *Laszlo E.* Le systémisme. P., 1981. 3) *Random M.* La tradition et le vivant. P., 1985. 4) *Bouvier M.* L'Etat sans politique: Tradition et modernité. P., 1986.

ОРГАНИЦИЗМ — методологическая ориентация концепций об-ва на аналогии с понятием организма как неразложимого целого, в отличие от механицистских моделей об-ва как агрегата элементов, к-рые можно изучать независимо друг от друга. История обществ. мысли знает: (1) филос. О. (Шеллинг, Гегель, романтики, А. Н. Уайтхед и др.), производный от древней идеи одушевленного макрокосмического порядка, всеединства и противостоявший номинализму и механицизму франц. просветителей, социальных физиков, англ. экономистов, утилитаристов и т. п.; (2) биоорганические теории об-ва как сверхорганизма, ориентированные на эволюционную биологию и аналогии со строением и функциями живого организма (*Органическая школа*); (3) социально-психологический О., полагавший, что целостность об-ва заключается в коллективном разуме, сознании, волеизъявлении как самостоятельной реальности, несводимой к сознанию образующих социум индивидов (*Социологизм*). О. в свое время способствовал переходу от схем взаимодействия изолированных индивидов («робинзонад») к изучению целостных социальных образований (гос-ва, ин-тов, организаций и т. п.), поведение к-рых неразложимо на локальные события и индивидуальные действия, и в этом смысле был предшественником совр. системных подходов в социологии. Но как в своих метафизических, так и в псевдопозитивных (ставшие на место объективного духа законы природы и биологического организма) формах О. обычно преувеличивал степень культурного, нормативного, морально-целевого и т. п. единства об-ва, а также органичность и единообразие исторического процесса. Консервативный О. (де Местр и др.) принижал в своих теориях активность исторического субъекта, фактор личности и свободной воли. Он акцентировал необходимость иерархии в об-ве (единого управляющего центра) и такую принудительную взаимозависимость его частей, к-рая из боязни расстройства целого, «смерти» обществ. организма подавляла бы мн. «нормальные» формы деятельности индивида. Либеральный О. мог совмещаться с индивидуализмом (*Спенсер* и его школа), опираясь на др. органические аналогии. Подобно тому как контролирующие функции тела не все сосредоточены в одном органе, но рассеяны по всему организму, социальный организм подлинно скрепляют не внешний авторитет и политическая верховная власть, а распространение моральных, демократических, гражданских и др. социальных чувств в об-ве. Центр больше зависит от частей, чем они от него. Совр. социология признает нек-рые сходства между об-вом и организмом, напр.: (1) социальные ин-ты взаимосвязаны подобно органам тела и живут, несмотря на смену своего «персонала», как это происходит при обновлении клеток в органах; (2) в обоих случаях действуют процессы самосохранения и обратной связи как адаптивные реакции на окружение; (3) обществ. разделение труда находит нек-рые аналогии в специализации органических функций. Но об-ва совершенно не походят на организмы в др. отношениях: (1) связи в об-ве культурно-информационные, идейные, смысловые, а не чисто материальные, как в организме; (2) об-ва состоят из автономных индивидов, к-рые могут использовать социальную систему для собственных целей, а не для блага и продления жизни целого. Сами об-ва не имеют интересов, потребностей или целей, но лишь влияют на мысли и действия членов своей организацией, структурой; (3) об-ва имеют гораздо менее четкие границы, различаясь, напр., только политически, но не культурно, религиозно и национально; (4) структуры и функции гораздо менее тесно связаны в об-вах, чем в организмах, об-ва не размножаются и т. д. Все это делает органические аналогии полезными скорее в метафорическом, чем в реальном научно-поисковом плане. Проявления О. в совр. социологии (в структурном функционализме, в социобиологии и др.) — часть более широкого процесса сближения биологии с обществ. науками.

А. Д. Ковалев

Лит.: 1) История буржуазной социологии XIX — начала XX в. М., 1979. Гл. 4. 2) *Hallpike C. R.* The principles of social evolution. Oxf., 1986. P. 33—36.

«ОСТАТКИ» — см. *Парето В.*

ОРТЕГА-И-ГАССЕТ (ORTEGA Y GASSET) **Хосе** (9.05.1883—18.10.1955) — исп. философ, социальный мыслитель и публицист, в мировоззрении к-рого противоречивым образом сочетались мотивы неокантианства, философии жизни и феноменологии. В основе эстетико-социол. воззрений О., характеризовавшего свой способ философствования как рациовитализм, лежит мысль, согласно к-рой иск-во «расширяет нашу реальность», вовлекая «неизменную материю» в процесс «ирреализации», обособляющей формы живой жизни от их вещественного содержания путем погружения их в «вихрь» творческой субъективности художника, мир его чувств и переживаний. Кантовское требование относиться к человеку так, чтобы он был для нас не средством, а целью, самоценным и автономным субъектом, О. распространяет — в кач-ве требования эстетического — на всю сферу человеческих отношений к миру. Он утверждает, что все «увиденное изнутри» есть «я», т. е. обладает нек-рым необъективируемым содержанием, понять и выразить к-рое можно лишь «став» этим «я». Постичь окружающий мир, т. обр., может лишь художник, открывающий в «объектах» — будь то человек это или любой др. «предмет» — необъективируемое, в эмпирически реальном — «ирреальное», т. е. идеальное бытие [3]. Способ, каким О. предлагает осуществлять такую «ирреализацию», напоминает гуссерлевский метод «редукции» («вынесения за скобки»). Осн. эстетический акт О. видит в том, что художник поворачивается «спиной к вещам», оборачивает свой глаз «зрачком внутрь»,

чтобы взять образы этих вещей безотносительно к ним самим — так, как они рождаются и переживаются в его душе, в его эмоциональном мире, в стихии его «чистой субъективности». Иск-во, согласно О.,— это, по сути дела, ирреализация, художественный мир идеальной «предметности», не имеющей ничего общего с их повседневным, привычным обликом. Этот тезис лежит в основе ортегианской концепции *дегуманизации иск-ва* [2], являясь связующим звеном между философско-эстетическими и социально-филос., социол. воззрениями О. В работе «Дегуманизация искусства» (1925) утверждается, что способностью к восприятию «нового», т. е. «дегуманизированного», иск-ва обладает особая категория людей, отличных от всех др. своей специфической восприимчивостью к художественным достоинствам подлинно «совр.» произведений. А главным их достоинством, достигаемым как раз на путях эстетического «обесчеловечивания» (и «распредмечивания») эмпирической реальности с целью создания «ирреального» мира, находящегося за пределами обычной, «слишком человеческой» (Ницше) действительности, явл. как раз оторванность от этой действительности, враждебное противостояние ей. Такие произведения не могут быть поняты обыкновенному «среднему» человеку, вызывая у него раздражение именно этой своей непонятностью. Область «нового иск-ва» создается, следовательно, как особая (и даже «высшая») область реальности, доступная лишь избранным художественным натурам, утверждающим в процессе наслаждения произведениями этого иск-ва и свою особенность, и свое единство друг с другом — единство элиты. В создании такого иск-ва О. видит выход из ситуации социальной нивелировки («омассовления»), аморфности и т. д., в какой, по его мн., оказалась Зап. Европа («Восстание масс», 1930) [1]. На место специфически классовой формы структурирования об-ва должна прийти социокультурная, предполагающая деление об-ва на массу и элиту, осуществляемое на основе культурного, а точнее, эстетического критерия: отношения к совр. авангардистски-модернистскому иск-ву.

Ю. Н. Давыдов

Соч.: 1) Восстание масс//Вопросы философии. 1989. № 3—4. 2) Gesammelte Werke. Stuttg., 1955. Bd. 2. 3) Gesammelte Werke. Stuttg., 1956. Bd. 3.

ОТКЛОНЯЮЩЕЕСЯ (девиантное) ПОВЕДЕНИЕ (лат. deviatio — отклонение) — поступок, деятельность человека, социальное явление, не соответствующие установившимся в данном об-ве нормам *(стереотипам, образцам)* поведения (правонарушения, преступность, пьянство, наркомания, самоубийство, проституция и др.). Возникновение концепции О. п. обычно связывают с именем *Дюркгейма,* выдвинувшего категорию *аномии,* с помощью к-рой обозначалось состояние об-ва, характеризующегося отсутствием четкой моральной регуляции поведения индивидов, когда старые нормы и ценности уже не соответствуют реальным отношениям, а новые еще не утвердились. *Томас* и *Знанецкий* усматривали в социальной дезорганизации универсальный процесс, неотъемлемую часть социальных изменений. Р. Фэрис, *Тириакьян,* Т. Шибутани и др. расценивают различ. формы О. п. как следствие социальной дезорганизации. Проблемы О. п. обсуждаются и в рамках теории *социального конфликта.* Козер полагал, что наличие реальной угрозы для социальной группы, увеличивая ее сплоченность, уменьшает отклонения ее членов от групповых норм и усиливает репрессии в отношении тех, кто проявляет отклонения. Согласно теории конфликта, культурные образцы поведения в социальной системе явл. отклоняющимися, если они основаны на нормах др. культуры. Как специальная социол. теория концепция О. п. складывается в недрах *структурного функционализма.* Мертон, используя категорию аномии, объясняет О. п. как следствие несогласованности между порождаемыми культурой целями и социально-организованными средствами их достижения (напр., в бурж. об-ве такая цель, как обогащение, не обеспеченная средствами ее достижения, порождает аномию). По его мн., неодинаковая для различ. групп возможность легального достижения целей обусловлена официальной структурой об-ва, функциональные недостатки к-рой приводят к образованию неофициальных структур, служащих для достижения целей. Различ. отношение к целям и средствам определяет возможные типы поведения: 1) подчинение (принятие целей и средств), 2) инновация (принятие целей, отрицание средств), 3) ритуализм (отрицание целей, принятие средств), 4) ретретизм, уход (отрицание целей и средств), 5) мятеж (отрицание целей и средств с заменой их новыми). Р. Клауорд, Л. Оулин попытались соединить концепции аномии и теории дифференцированной связи (Э. Сатерленд), объясняющую О. п. как рез-т обучения, передачи норм делинквентной (способствующей совершению проступков) субкультуры входящим в нее лицам. Широкое распространение имеет теории, объясняющие О. п. следствием негативной социальной реакции, стигматизации (клеймения), «наклеивания» на лиц, чье поведение отклоняется от норм, ярлыка «девианта» (Ф. Таненбаум, *Беккер,* Э. Лемерт, Г. Хофнагель и др.). К ним близки взгляды представителей *феноменологической социологии* (Д. Силвермен, Д. Уолш, М. Филлипсон, П. Филмер и др.), к-рые полагают, что социол. анализ должен сосредоточиваться на процессе «наклеивания ярлыков», поскольку отклонение — не внутренне присущее опред. действию кач-во, а рез-т социальной оценки и применения санкций.

Я. И. Гилинский

Лит.: 1) Anomie and deviant behavior/Clinard M. N. Y., 1966. 2) *Cohen A.* Deviance and control. N. Y., 1966. 3) *Taylor J.* Deviance, crime and social legal control. L., 1973. 4) *Thu A.* Deviant behavior. Boston, 1978.

ОТНЕСЕНИЕ К ЦЕННОСТИ — принцип связи объектов познания с ценностями, введенный в исторические науки *Риккертом* и развитый применительно к социологии М. *Вебером.*

Риккерт считал принцип О. к ц. важнейшим в процессе образования идиографических, т. е. индивидуализирующих, понятий и суждений, играющих определяющую роль в историческом познании: «Если мы понимаем какой-нибудь объект индивидуализирующим способом, то особенность его должна быть связана каким-нибудь образом с ценностями, к-рые ни с каким другим объектом не могут находиться в такой же связи...» [2, 49]. В этом заключается принципиальное отличие *идиографического метода* от *номотетического*, т. е. генерализующего, метода, к-рый уничтожает «всякую связь между своими объектами и ценностями». По Риккерту, «логическая цель» индивидуализирующего понимания действительности сама по себе еще не дает указания на то, «индивидуальность каких именно объектов существенна и что именно из их индивидуальности должно быть принято во внимание историческим изложением». Такие указания может дать только О. к ц., ибо индивидуальное может стать существенным «лишь под углом зрения какой-нибудь ценности», а потому уничтожение «всякой связи с ценностями» означало бы и «уничтожение исторического интереса и самой истории» [2, 52]. Риккерт акцентирует различие, существующее, по его убеждению, между О. к ц. и «практической оценкой», признавая факт их сопряжения в процессе исторического познания. Придерживаясь риккертовского понимания О. к ц., Вебер дал свою версию этой концепции, выделив в акте О. к ц. стадию «оценки объектов», осуществляемой на основе «ценностных точек зрения» ученого, и стадию «теоретико-интерпретативного» размышления о возможных «отнесениях» этих объектов к ценности [3]. Первая стадия представляет собой, по Веберу, не «понятие», а сложное «ощущение» или «воление», в высшей степени индивидуальное по своей природе. На второй стадии, по его мн., осуществляется преобразование объектов первоначальной (волевой) оценки в «исторические индивидуумы». Соотнося объект с определенной системой ценностей, ученый доводит «до своего сознания и сознания других людей» его конкретную индивидуальную и «неповторимую форму», в к-рой воплотилось ценностное содержание исследуемого объекта. Т. обр. утверждается его универсальное «значение». Поскольку Вебер выделял в рез-те такого различения двух стадий О. к ц. его нелогические (волевые) источники, возникала необходимость создания нек-рого противовеса возможному иррациональному истолкованию процедуры образования «исторической индивидуальности» и усиления ее логических моментов. С этой целью он разделял объект исторического познания на «первичный» исторический объект (культурная индивидуальность, возникшая в рез-те отнесения объекта к опред. ценности) и «вторичные» исторические данные, рассматриваемые как причины, к к-рым сводится «ценностное своеобразие» исследуемого объекта. Вебер считал О. к ц. «чисто логическим методом», используемым в процессе «эмпирического исследования» культурно-исторических объектов. Предполагая различие не только между «практической оценкой» и О. к ц., но и между этой оценкой и «интерпретацией ценности», Веберу приходилось также учитывать связь между актом «практической оценки» и процессом О. к ц. При этом возникала альтернатива: либо вместе со «сферой ценностей» включить в процесс теоретического формирования «культурно-исторической индивидуальности» также и «практические оценки», либо вместе с этими оценками исключить из вышеупомянутого процесса и всю ценностную сферу. К последнему случаю Вебер склонялся тогда, когда, исключая, напр., из социологии иск-ва все, что касалось эстетической ценности художественных произведений, он ограничивал ее задачи изучением одной лишь «техники» иск-ва. Первым шагом на пути подобной «редукции» проблем социологии культуры к чисто техническим вопросам было обоснование «гетерогенности» ценностной сферы и области «практических оценок» даже в тех случаях, когда «практические оценки» выносились на основе тех же ценностей, к-рые предполагались соответствующим актом О. к ц. Представления Вебера о соотношении в реальном процессе исторического познания принципа О. к ц. и *принципа свободы от оценочных суждений* стали предметом острой дискуссии в истории зап. социологии, в основе к-рой лежало принятие или отказ от одного из этих принципов.

Ю. Н. Давыдов

Лит.: 1) *Риккерт Г.* Границы естественнонаучного образования понятий. Логическое введение в исторические науки. СПб., 1903. 2) *Риккерт Г.* Философия истории. СПб., 1908. 3) *Weber M.* Gesammelte Aufsätze zur Wissenschaftslehre. Tüb., 1951.

ОТЧУЖДЕНИЕ — отношения между социальным субъектом и какой-либо его социальной функцией, складывающиеся в рез-те разрыва их изначального единства, ведущего к обеднению природы субъекта и изменению (извращению, перерождению) природы отчужденной функции, а также сам процесс разрыва этого единства. В совр. социологии все концепции О. в той или иной мере связаны с разработками данного понятия в философии Гегеля и Маркса, а также с идеями *Руссо*. Феномен О. может возникнуть в отношениях любого социального субъекта с его функциями, однако совр. зап. социальные науки интересуются в первую очередь такими явлениями, субъектом О. в к-рых выступает человек, лишенный части своих сущностных характеристик, потеря к-рых ведет к утрате им своей природы, к обесчеловечиванию. В конце 19 — начале 20 в. *Дюркгейм*, противопоставляя совр. промышленное об-во традиционному, отметил утрату членами первого чувства общности, рост в нем индивидуализма и дезинтеграции и развил концепцию *аномии,* в к-рой описал состояние О., порожденного *индустриализацией*. Этот же процесс разрушения и О. традиционных связей проанализирован и в работе *Тённиса* «Община и общество». В дальнейшем данную тему развили М. *Вебер* и *Зиммель*. Первый подчеркнул формализацию социальной организации, ее бюрократизацию, сопровождающуюся обезличиванием человека, утратой им индивидуальной свободы. Второй же, отметив тенденции «интеллектуализации» обществ. жизни и О. индивида от социальных и культурных образований, перехода его в рац. «одномерность», считал, что они сопровождаются ростом свободы и ответственности человека. Отмеченные выше подходы к анализу О. были развиты и углублены в середине и второй половине 20 в. в работах социологов различ. направлений. Дюркгеймовская концепция аномии была использована *Мертоном* при анализе *отклоняющегося (девиантного) поведения*. Веберовская теория рационализации получила дальнейшее развитие в работах теоретиков *франкфуртской школы,* к-рые считали О. неизбежным спутником и атрибутом рационализации. В этот период на социол. концепции О. оказали заметное влияние *неофрейдизм* и экзистенциализм. Под их воздействием (а также под несомненным влиянием идей марксизма) складывались представления об О. Маркузе, Фромма, Аренд и др. Маркузе разработал концепцию массового *одномерного человека,* к-рый, включившись в навязанную ему потребительскую гонку, оказался отчужден от таких своих социальных характеристик, как критическое отношение к существующему об-ву, способность революционной борьбы за его преобразование. Фромм в своей концепции типов социальных характеров развивал идею о соответствии каждому типу *социального характера* определенного типа самоотчуждения человека. Аренд связывала О. с двумя историческими процессами: экспроприацией собственности у значит. количества «рабочей бедноты», лишившей представителей последней их «семейно-собственной частной доли мира», и укреплением совр. гос-ва, к-рое становится субъектом мн. жизненных процессов, ранее регулировавшихся самим индивидом. В противоположность взглядам Маркузе, Аренд считает, что развитие О. человека связано с лишением его частной собственности, к-рая, во-первых, обеспечивает необходимую человеку степень «скрытности», «приватности», а, во-вторых, его социализацию. Критика О. занимает значит. место и в идеологии *контркультуры,* в частности, в концепциях Т. Роззака и Ч. Рейча. Распространенность О. в совр. об-ве столь широка, что те или иные его формы фиксируются большинством социологов и социальных психологов (так, напр., амер. социальный психолог М. Макоби выделил особый психологический тип личности — «воин в джунглях», человек, абсолютно отчужденный от всех др. людей и воспринимающий их как потенциальных врагов). Однако никому из совр. исследователей не удалось предложить такие пути снятия О., к-рые одновременно не вели бы к развитию каких-либо др. форм О.

Д. М. Носов

ОХЛОКРАТИЯ (от греч. òchlos — толпа и kratos — власть) — редко употребляемый термин, означающий власть толпы. Встречается у древнегреч. историка Полибия. Соответствующее явление было описано Аристотелем, отчасти Платоном. Рассматривая различ. виды демократии, Аристотель говорит, в частности, о том из них, когда гос. управление основано не на законах, а исключительно на меняющихся прихотях толпы, постоянно попадающей под влияние демагогов. В собственном смысле О. встречалась в истории редко (в основном в переходные, смутные, кризисные периоды) и не отличалась устойчивостью и долговечностью. Однако проблема О. не утратила значения и в наст. время.

С. А. Эфиров

П

ПАРАДИГМА в социологии — термин, введенный в науковедение амер. историком науки и философии Куном и означающий признанное всеми научное достижение, к-рое в течение опред. времени дает научному сообществу модель постановки проблем и их решений [1]. *Кун* выступил против метафизической позитивистской концепции науки, лишавшей последнюю внутр. динамики и развития. С т. зр. куновской концепции развитие научного познания представляет собой процесс революционной смены П.: накопление «аномалий» — фактов, противоречащих принятой П. исследования, подрывает ее авторитет, стимулирует выдвижение новых конкурирующих теорий, ведущих между собой борьбу за лидерство, к-рая заканчивается победой одной из них, превращающейся в новую П. В совр. зап. социологии это понятие используется для диагноза ее совр. состояния и определения перспектив создания единой П. Преобладает т. зр., что социология относится к разряду «мультипарадигматических» дисциплин, для к-рых характерно наличие не одной, а нескольких П. Так., напр., амер. исследователь Дж. Ритцер выделяет три основные П. зап. социологии [2]: «фактуалистскую П.», куда он включает структурный функционализм (*Функциональный подход в социологии*) и *конфликта социального концепции*; «дефиционистскую П.» (*символический интеракционизм, феноменологическая социология, этнометодология*) и парадигму социального *бихевиоризма* (обмена социального концепция и бихевиористская социология).

М. С. Комаров

Лит.: 1) *Кун Т.* Структура научных революций. М., 1977. 2) *Ritzer G.* Sociology. A multiple paradigm science. Boston. 1976.

ПАРЕТО (Pareto) **Вильфредо** (15.07.1848, Париж — 20.08.1923, Селиньи, Швейцария) — итал. социолог и экономист, изложивший свою теоретическую социол. концепцию в «Трактате всеобщей социологии». Пафос позитивистской по своей сущности методологии П. состоял в критике априорных, метафизических суждений и понятий в социологии, в сведении ее к эмпирически обоснованному знанию об об-ве, базирующемуся на описании фактов, и формулированию законов, выражающих функциональные зависимости между фактами. П. постулировал также математическое выражение этих зависимостей. Исходным пунктом социол. теории П. была концепция нелогического действия. Отказавшись от рационализма философии Просвещения, П. подчеркивал иррациональный и алогичный характер человеческого поведения, отчетливо проявляющийся, по его мн., в ходе истории. Врожденные психические предиспозиции толкают индивида к определенного рода поведению, истинные мотивы к-рого он маскирует при помощи псевдоаргументов, составляющих сущность всех без исключения обществ. теорий. Любые теоретические построения, любые идеологии явл., по П., оправданием действия и имеют целью придать последнему внешне логический характер, скрыв его истинные мотивы. П. назвал идеологические системы, обладающие ложным содержанием, деривациями, т. е. производными от чувств (названных им «остатками»), коренящихся в иррациональных пластах человеческой психики. Они являются внутр. биологическими импульсами, детерминирующими социальное поведение человека. На основе шести главных классов «остатков», подразделенных на множество подгрупп, П. пытался объяснить все многочисленные варианты человеческого поведения. К классам «остатков» П. относит: инстинкт комбинаций, лежащий в основе всех социальных изменений; постоянство агрегатов, выражающее тенденцию поддерживать и сохранять однажды сформировавшиеся связи; стремление человека проявлять свои чувства в обществ. действиях и поступках; чувства социальности, собственности и, наконец, половой инстинкт. «Нелогические» действия, совершаемые на основе «остатков», рассматривались им как главная клеточка обществ. жизни, определяющая собой ход циклических изменений и возвращений к прошлому. В основе концепции *действия социального* П. лежала определенная концепция человека. Подчеркивая иррациональную природу человека, он считал, что специфически человеческое состоит не в разуме, а в способности использовать разум в корыстных целях. В проблеме соотношения чувств и разума П. отдавал приоритет чувствам, считая их истинными движущими силами истории. Исторические закономерности он сводил к закономерностям иррациональной психической жизни отдельных индивидов, а идеологии называл «языками чувств». Поскольку психика человека, ее черты и особенности истолковывались вне и независимо от социально-экономического контекста, а эмоции полагались основой динамизма социальной системы, под последнюю подводился биологический фундамент. Утвердив основополагающую роль сфер человеческой психики, П. выводил из них теории идеологии, социальной стратификации и смены правящих элит. Противопоставляя деривации (идеологии) истине, П. вместе с тем подчеркивал, что их логическая несостоятельность вовсе не уменьшает их социального значения, их ценности для об-ва в целом и для отдельных действующих лиц. Так, он подчеркивал активную роль идеологий в об-ве, их мобилизующую силу, раскрывал механизм манипулирования массовым сознанием. Подчеркивая роль неосознанных элементов человеческой психики, П. сформулировал нек-рые идеи психологии подсознания, хотя и не был знаком с трудами Фрейда. Разоблачая, демистифицируя различ. деривации, П. показывает, что юридические теории явл. не обоснованием действительного применения законов, а всего лишь использованием ложных аргументов в соответствии с корыстными целями. Моральные деривации служат сокрытию аморальных целей, религ.— прикрывают низменные чувства, общие всем эпохам и народам. В разоблачительном пафосе П. чувствуется влияние борьбы Маркса с идеалистическими идеологическими конструкциями, деформирующими действительность. Но у П. нет объяснения, в силу каких причин ненаучные идеологии искажают действительность. П. рассматривает об-во как систему, находящуюся в состоянии динамического равновесия, придает детерминирующее значение «остаткам», лежащим в основе как дериваций, так и деления об-ва на *элиту* («лучшие») и неэлиту. Социальная гетерогенность обосновывается биологически, т. е. наличием определенных биопсихологических кач-в индивидов. Деление на способную к управлению элиту и неэлиту П. считает существенной чертой всех человеческих об-в, а «круговорот» элит, т. е. их стабилизацию и последующую деградацию,— движущей силой обществ. развития, лежащей в основе всех исторических событий. Согласно этой концепции, индивиды, наделенные от рождения «остатками», т. е. предрасположенностью к манипулированию массами при помощи хитрости и обмана («лисы») или способностью применения насилия («львы»), создают два различ.

типа правления, к-рые приходят на смену друг другу в рез-те исчерпания соотв. «остатков» с последующей деградацией элиты, приводящей ее к упадку. Если правящая элита не противодействует этому путем кооптации новых членов из низших классов, в изобилии обладающих соотв. кач-вами, то наступает социальная революция, весь смысл к-рой, по П., заключается в обновлении персонального состава правящей верхушки — элиты об-ва. В области хозяйственной деятельности «львам» и «лисам» соответствуют типы «спекулянтов» и «рантье», прототипами к-рых явл. бизнесмены и их противоположность — робкие вкладчики, живущие стрижкой купонов. Преобладание в об-ве «рантье» — свидетельство стабилизации об-ва, переходящей затем в загнивание. Преобладание «спекулянтов» предопределяет развитие в социальной и экономической жизни. Чередование экономических и политических циклов связано в концепции социального равновесия П. с циклами духовного производства — интеллектуального, религ., художественного и т. п. Здесь происходит ритмическая смена периодов веры и скептицизма, в основе к-рых в конечном счете лежат «остатки» первого и второго классов. Теория «круговорота элит» строится П. на основе исследования врожденных биопсихологических свойств индивидов. Однако политические, идеологические и экономические изменения не явл. простым следствием изменений в личном составе правящего меньшинства. Процесс циркуляции элит выражает глубокие обществ. процессы, прежде всего социально-экономического характера. Политические изменения происходят тогда, когда правящие группировки не в состоянии разрешить социально-экономические проблемы, возникающие в ходе обществ. практики, и вынуждены прибегнуть к политическому маневрированию. П. ценил нек-рые социол. концепции Маркса, в частности деления об-ва на классы, ведущей роли классовой борьбы в истории. Однако в целом он был противником научного социализма и резко критиковал исторический материализм, неправомерно отождествляя его с «экономическим материализмом». Он ставил перед собой задачу «превзойти» марксизм при помощи «более широкой» социол. концепции, построенной не на экономическом, а на психологическом фундаменте, к-рый казался П. более универсальным. Мн. идеи П. заимствованы структурным функционализмом. Среди зап. политологов популярна его концепция идеологий как теоретических построений, призванных маскировать эмоции и предрассудки. Большое влияние имеет и его теория элит, послужившая отправным пунктом для исследований механизмов власти с различ. теоретических позиций.

Е. В. Осипова

Соч.: 1) Trattato di sociologia generale. Mil., 1964. V. 1—2. 2) Scritti sociologici. Torino, 1966. 3) Complendio di sociologia generale. Torino, 1978.

ПАРК (Park) **Роберт Эзра** (14.02.1864, Рэд Уинг, Миннесота,— 05.02.1944, Нэшвилл, Теннесси) — амер. социолог, один из основателей *чикагской школы*, автор «классической» социально-экологической теории. Учился в ун-тах Миннесоты, Мичигана (в тот период сильно влияние на П. Дж. Дьюи); в Гарварде (влияние психологии У. Джемса, Г. Мюнстерберга, философии Дж. Ройса и Дж. Сантаяны), ун-тах Берлина, Страсбурга, Гейдельберга, где изучал социологию *Зиммеля*. Окончательно его филос. взгляды оформились под влиянием В. Виндельбанда. Работал семь лет секретарем Б. Т. Вашингтона. П. занимался расовыми проблемами в южных штатах; в 1913—1914 преподавал в Чикагском ун-те; в 1936—1944 — в ун-те Фиск (Нэшвилл, Теннесси). Президент Амер. социол. об-ва (1925). Социология, по П., изучает образцы коллективного поведения, формирующиеся в ходе эволюции об-ва как организма и «глубоко биологического феномена». Поэтому об-во имеет помимо социального (культурного) уровня биотический, лежащий в основе всего социального развития. Движущей силой этого развития явл. конкуренция, к-рая по мере продвижения об-ва от биотического уровня к социальному принимает различ. сублимированные формы: от борьбы за выживание через конфликт и адаптацию до ассимиляции. Социальная эволюция проходит четыре стадии, и любой социальный организм имеет четыре соотв. порядка: экологический (пространственное, физическое взаимодействие), экономический, политический и культурный. По мере продвижения к культурному порядку усиливаются социальные связи (пространственные, экономические, политические и, наконец, моральные), ограничивается свобода конкуренции, сдерживается биотическая стихия, и об-во достигает оптимальной «соревновательной кооперации» и «согласия». Здесь вступает в силу формула «об-во как взаимодействие». Взаимодействуют «социальные атомы», наделенные биосоциальной природой и конкурентоспособностью. Их социализация явл. основой и прообразом деления на «биотическое» основание и социальную надстройку в развитии об-ва. Если на макроуровне биотические силы проявляются в экологическом порядке, пространственном размещении социальных ин-тов, то на микроуровне биотическая природа человека (как условие его изначальной свободы) выражается в способности к передвижению, в пространственном взаимодействии, миграции. Миграция как коллективное поведение образует экологический порядок об-ва. Надстраивающиеся над ним экономический, политический и культурный порядок представляют собой в совокупности «организацию контроля» посредством экономических законов, права, нравов, обычаев — словом, «согласия». Т. обр., по мн. П., об-во есть «контроль» и «согласие», а социальное изменение связано прежде всего с изменением моральных норм, индивидуальных установок, сознания, «человеческой природы» в целом. Эти изменения основываются (и должны начинаться) на глубинных, биотических изменениях и связаны прежде всего с физической, пространственной (затем и социальной) мобильностью. Социальные перемещения, изменения социоэкономического статуса явл. предметом теории социальной дистанции П.; исследования культурной мобильности позволяют П. сформулировать понятие маргинальной личности. «Классическая» социальная экология П. послужила теоретическим основанием исследовательской программы по изучению локальных сообществ в Чикаго; ее прикладной вариант для социологии города был разработан Э. Берджессом и сохраняет свое значение до сих пор. Социально-экологическая теория П. играла значит. роль в самых различ. исследованиях чикагской школы и повлияла на дальнейшее развитие социально-экологического теоретизирования *(Социальной экологии теории);* ее содержание изложено в работах П. «Социальная экология», «Человеческая природа и коллективное поведение», «Социология и современное общество» и др., а также в учебнике «Введение в науку социологии» (совместно с Э. Берджессом).

С. П. Баньковская

Соч.: 1) A biography of a Sociologist with Raushenbush W. N. Y., 1979.

ПАРСОНС (Parsons) **Толкотт** (13.12.1902, Колорадо-Спрингс — 08.05.1979, Мюнхен) — амер. социолог-теоретик. Получил образование в Амхерстском колледже, Лондонской школе экономики, Гейдельбергском ун-те. С 1927 г. преподавал в Гарвардском ун-те. Избирался президентом Амер. социол. ассоциации (1949). Создатель теории действия и системно-функциональной школы в социологии. П. пытался построить общую аналитическую логико-дедуктивную теоретическую систему, охватывающую человеческую реальность во всем ее многообразии. На первом этапе теоретического конструирования такой системы П. отталкивался от работ М. *Вебера, Дюркгейма, Парето* и англ. экономиста А. Маршалла, стремясь выявить в них элементы нового общего подхода, к-рые свидетельствовали о кризисе утилитаристских и позитивистских интерпретаций человеческого бытия в об-ве [1]. На основе этого анализа П. приходит к пониманию человеческого действия как самоорганизующейся системы, специфику к-рой, в отличие от системы физического и биологического действия, он усматривал, во-первых, в символичности, т. е. в наличии таких символических механизмов регуляции, как язык, ценности и т. п.; во-вторых, в нормативности, т. е. в зависимости индивидуального действия от общепринятых ценностей и норм; наконец, в волюнтаристичности, т. е. в известной иррациональности и независимости от условий среды и в то же время зависимости от субъективных «определений ситуации». Детальную разработку эти идеи получили в совместной с *Шилзом,* Г. Олпортом, Р. Шелдоном и рядом др. исследователей монографии «К созданию общей теории действия» [3], в к-рой исходными понятиями выступают понятия «деятель», «ситуация» и «ориентация деятеля на ситуацию». Подразумевается, что субъект действия (будь то индивид или коллектив) способен вычленять из окружающей среды отдельные объекты, различая и классифицируя их по месту, свойствам и т. д. (познавательная или когнитивная ориентация); что он различает в ситуации объекты, имеющие для него положительное или отрицательное значение с т. зр. удовлетворения его потребностей (катектическая ориентация); что среди познавательно и катектически оцененных объектов он вынужден производить дальнейший отбор и сравнительную оценку в плане первоочередности удовлетворения тех или иных своих потребностей (оценочная ориентация). Кроме того, ориентация деятеля на объекты ситуации имеет временно́е измерение, т. е. связана с представлением деятеля о том, какие изменения будут иметь место в ситуации в случае того или иного его действия (или бездействия). Это представление лежит в основе способности деятеля ставить перед собой цель (не обязательно реалистическую) и стремиться к ее достижению. Далее П. и его соавторы исследуют ситуацию взаимодействия социальных субъектов, связанных между собой системой «взаимных ожиданий» в том смысле, что их действия ориентированы на ожидания партнера. Вследствие этого к когнитивной, катектической и оценочной ориентациям, образующим т. наз. структуру «потребностных диспозиций» деятеля или его мотивационную структуру, добавляется ценностная ориентация как область не зависящих от каждого данного деятеля «внешних символов», регулирующих образ действия всех принадлежащих одному культурному полю деятелей. Четкое аналитическое различение потребностей и ценностей, не исключающее их взаимопроникновение, позволило П. развести и разграничить такие относительно автономные подсистемы действия, как личность и культура, и показать несостоятельность как представлений о полностью независимой спонтанной личности, так и представлений о жестко культурно запрограммированных индивидах. С др. стороны, П. проводит различение понятий личности как целостной психологической структуры, с одной стороны, и социального деятеля как абстрактного комплекса ролей, аналитически вычленяемого из этой целостной структуры,— с др., и на этой основе формирует представление о социальной системе. Так образуется формализованная модель системы действия, включающая культурную, социальную, личностную и органическую подсистемы, находящиеся в отношениях взаимообмена, что явл. одним из главных теоретических достижений П. Другим важным компонентом теории действия явл. переменные стандартов ценностных конфигураций (*Типовые переменные действия*), к-рые, по мн. П., исчерпывающим образом описывают в наиболее общем виде ориентацию любого социального действия с учетом того обстоятельства, что оценка деятелем ситуации основывается не только на его индивидуальных потребностях, но и сообразуется с опред. общими для данной культуры стандартами. В это же время (50-е гг.) теория П. обогащается системными представлениями, почерпнутыми гл. обр. у биологов (Л. Гендерсона, У. Кеннона). В рамках этих представлений П. совместно с Р. Бейлзом и Шилзом формулирует инвариантный набор функциональных проблем, решение к-рых обязательно, если система действия действительно сохраняет свои границы: проблема адаптации системы к внешним объектам, проблема целедостижения (получения от внешних объектов с помощью инструментальных процессов удовлетворения или консумации), проблема интеграции (поддержания «гармонического» бесконфликтного отношения между элементами системы) и проблема воспроизводства структуры и снятия напряжений (сохранения интернализованных и институционализованных нормативных предписаний и обеспечения следования им). Между этими проблемами и способами ориентации, описываемыми с помощью переменных, обозначающих ценностные стандарты, была установлена связь в том смысле, что каждой из проблем соответствует опред. комбинация переменных. С др. стороны, оказалось возможным анализировать системы действия любого уровня в терминах функциональных подсистем, специализированных на решении одной из названных проблем. Так, на уровне самой общей системы человеческого действия личность оказывается специализированной на выполнении функции целедостижения, социальная система обеспечивает интеграцию действий множества индивидов, культура содержит наиболее общие образцы действий, принципы выбора целей, ценности, верования, знания — иными словами, «смыслы», реализуемые в действии, а также символические средства, обеспечивающие коммуникацию этих смыслов, сообщая, т. обр., действию упорядоченный характер и освобождая его от внутр. противоречий. Наконец, организм в этой схеме может быть рассмотрен как подсистема, обеспечивающая функцию адаптации, т. е. дающая системе действия физические и энергетические ресурсы для взаимодействия со средой. На уровне социальной системы функцию адаптации обеспечивает экономическая подсистема, функцию целедостижения — политическая, функцию интеграции — правовые ин-ты и обычаи, функцию воспроизводства структуры — система верований, мораль и органы социализации (включая семью и ин-ты образования). Поскольку каждая из подсистем рассматривается как специализированная на выполнении одной из функций, от к-рых зависит сохранение границ более широкой системы, рез-ты деятельности каждой подсистемы могут быть интерпретированы как вход в более широкую систему. В свою очередь каждая подсистема зависит от рез-тов деятельности остальных подсистем, интерпретируемых как вход в данную подсистему. В сложных системах взаимообмен осуществляется не прямо, а опосредованно, с помощью обобщенных эквивалентов или символических посредников. К числу таких эквивалентов П. относит на самом общем уровне системы действия — язык, во взаимообмене между организмом и личностью — удовольствие, между культурой и социальной системой — эмоции; на уровне социальной системы — деньги, власть, влияние, ценностные приверженности. В работах 60-х гг. П. обратился к проблемам эволюции об-в, положив в основу своей эволюционной доктрины идею *дифференциации*. Он отстаивает представление о всеобщем направленном развитии об-в в сторону повышения «обобщенной адаптивной способности» в рез-те функциональной дифференциации и усложнения социальной организации. П. различает три типа об-в: «примитивные», «промежуточные» и «совр.». На примитивном уровне дифференциация отсутствует. Развитие происходит путем последовательного развертывания *универсалий эволюционных*. Переход к «промежуточной» фазе определяется появлением письменности, социальной стратификации и культурной легитимизации. Переход к «совр.» типу совершается с отделением правовой системы от религ., формированием административной бюрократии, рыночной экономики и демократической избирательной системы. За «промышл. революцией», означающей у П. дифференциацию экономической и политической подсистем, следует «демократическая революция», отделяющая «социальное сообщество» от политической системы, а затем «образовательная революция», начавшаяся ныне в США и призванная отделить от социального сообщества подсистему воспроизводства структуры и поддержания культурного образца. Своими эволюционистскими работами П. завершил построение общей теории социальной системы и в 70-е гг. сосредоточился на завершении разработки теории системы человеческого действия, а затем на анализе ее взаимосвязей или «взаимообменов» со средой, т. е. такими подсистемами мироздания, как мир физических объектов, биосфера (включая самого человека как биологический организм и вид) и трансцендентный мир «конечных смыслов бытия» (по П., «телическая» система, от греч. telos — «результат», «завершение», «цель»). Введенная П. система понятий оказала значит. влияние на зап. социологию, в т. ч. на эмпирические исследования. Теоретические и методологические положения П. продолжают разрабатываться и подвергаться критическому осмыслению и уточнению в работах нового поколения амер. и европ. социологов. Вместе с тем его теория подвергается критике со стороны радикально мыслящих бурж. социологов за ее усложненность и консерватизм *(Миллс)*.

Л. А. Седов

Соч.: 1) The structure of social action. N. Y., 1937. 2) The social system. N. Y., 1951. 3) Societies: evolutionary and comparative perspectives. New Jersey, 1966. 4) Social system and the evolution of action theory. N. Y.— L., 1977, 5) Action theory and the human condition. N. Y., 1978.

ПАРТИЯ ПОЛИТИЧЕСКАЯ (лат. pars — часть) — устойчивая политическая организация, объединяющая лиц с общими социально-классовыми, политико-экономическими, культурно-национальными и иными интересами и идеалами. Основоположниками немарксистского политико-социол. рассмотрения партий явились в начале 20 в. русский ученый М. Острогорский и нем. социологи М. *Вебер* и *Михельс*. В наст. время исследования П. п. (в числе ведущих исследователей — Г. Бюрдо, К. фон Байме, Ф. Гогель, Дюверже, Дж. Лапаломбара, Р. Маккензи, Дж. Сартори, Э. Шаттшнайдер, Л. Эпштейн и др.) составляют особые разделы и концепции в немарксистской *политической социологии* и политической науке (напр., такие, как концепции «правления партий», «партийного гос-ва»), а также осуществляются частично в рамках изучения (и соотв. концепций) демократии, политических организаций, гос. управления, поведения избирателей, политического участия и др. Разнообразные П. п. и партийные системы в совр. мире анализируются социологами на Западе с различ. позиций и под различ. углами зрения. Так, напр., различаются «классовые» П. п., выражающие прежде всего интересы того или иного класса или слоя (рабочие, крестьянские, помещичьи, средних слоев, буржуазные), и «избирательные», или межклассовые, а также П. п. промежуточных слоев. Партийные системы делятся немарксистской политической социологией с количественной т. зр. на однопартийные, двух- и многопартийные. Этот формальный признак корректируется анализом характера П. п. и их взаимоотношений. Так, однопартийные системы («системы неконкурирующих партий») подразделяются на квазиавторитарные (или однопартийно-плюралистические), авторитарные и тоталитарные. Двухпартийная система отличается неизменным нахождением у власти одной или двух П. п. Если же существуют др. П. п., то они по разным причинам доступа к власти не обладают. Внутренне многообразны и многопартийные системы. Одни из них раздроблены, с постоянно изменяющимися коалициями различ. П. п. (их иногда называют партийной системой многополярного плюрализма). В др. взаимоотношения П. п. более упорядочены на основе относительно стабильной кооперации и блокирования (обычно вокруг двух центров или полюсов) этих П. п. (их иногда называют партийной системой биполярного плюрализма). Третьи отличаются длительным доминированием одной из П. п. в такой системе. К числу осн. функций П. п., по мн. немарксистских социологов, относится обеспечение в об-ве опред. типа распределения власти (в т. ч. экономической), взаимоотношения гос-ва и об-ва, функционирования всей политической системы. П. п. осуществляют также политическое воспитание и политическую социализацию граждан, завоевание их поддержки, выражение своих интересов — обычно в виде партийных программ и манифестов, политическую мобилизацию граждан (прежде всего избирателей) на их реализацию преимущественно посредством выборов на политико-гос. посты политических лидеров и контроля за их деятельностью, связь между гос. ин-тами (особенно законодательными), их членами и избирателями, урегулирование конфликтов. Они участвуют в выработке и реализации курсов внутр. и внешней политики своих гос-в. В последние десятилетия политическая социология на Западе уделяет особое внимание сравнительному анализу П. п. и партийных систем, выявлению их своеобразия и сходства в развивающихся об-вах, где отмечается, в частности, тенденция к широкой этатизации П. п. и оттеснению их армиями, к-рой противостоит в ряде стран (прежде всего латиноамериканского региона) процесс редемократизации. Падение роли П. п. фиксируется социологами не только в развивающихся странах, но и в нек-рых капиталистических, особенно в США.

В. В. Смирнов

Лит.: 1) *Даниленко В. Н.* Политические партии и буржуазное государство. М., 1984. 2) *Марченко М. Н., Фарукшин М. Х.* Буржуазные политические партии (Социально-философский анализ). М., 1987. 3) Политические партии: Справочник. М., 1987. 4) *Sartori G.* Party and party systems. N. Y., 1976. 5) *Katz R. S.* A theory of parties and electoral systems. Baltimore. L., 1980. 6) *Steiniger R.* Soziologische Theorie der politischen Parteien. Fr./M., N. Y., 1984.

ПЕНОЛОГИЯ (от лат. роепа — наказание) — наука о наказании. Термин введен амер. юристом Ф. Либером в 1838 г. Вопросы о целях, средствах, основаниях и рез-тах карательной деятельности, составляющие содержание П., обсуждались и в глуб. древности, но их систематическая разработка начинается в эпоху Просвещения (*Монтескье*, 1748; Ч. Беккариа, 1764; *Бентам*, 1775; Дж. Говард, 1777) и получает наиболее яркое выражение в книге Беккариа «О преступлениях и наказаниях», направленной против жестокости и произвола феод. юстиции, щедрой на колесование, четвертование, сожжение и др. жестокие наказания. Согласно Беккариа, цель наказания заключается только в том, чтобы воспрепятствовать виновному вновь нанести вред об-ву и удержать других от совершения того же, а препятствия, сдерживающие людей от совершения преступлений, должны быть тем сильнее, чем важнее нарушаемое благо и чем сильнее побуждения к совершению преступлений. Следовательно, должна быть соразмерность между преступлениями и наказаниями, к-рые при этом производили бы наиболее сильное и наиболее длительное впечатление на души людей и были бы наименее мучительными для тела преступника. Дальнейшее развитие П. происходит под знаком укрепления законности, основанной на морали и разуме. Ж. Бриссо де Варвиль (1781), Л. Лепелетье де Сан-Фаржо (1791), А. Фейербах (1799), К. Цехарие (1801) доказывают, что наказание должно предусматриваться и назначаться за строго опред. преступления в строгом соответствии с причиняемым преступлению вредом и виной совершившего его лица и служить щитом, прикрывающим гражданина от гос-ва. Такое наказание рассчитано на рац. индивида, у к-рого предполагается свобода воли. На первый план, соответственно, выдвигается задача удержания неустойчивых лиц от совершения преступлений — т. наз. общее предупреждение (Г. Филанджери, 1788; Дж. Романьози, 1791; А. Фейербах, 1799). В эти же годы движение амер. квакеров реформирует тюрьму, стремясь превратить ее в исправительное учреждение: в 1786 г. возникает филадельфийская (пенсильванская) система одиночного заключения, где преступник наедине с собой и богом должен осознать свою вину и раскаяться; затем оборнская и др. системы. Спустя примерно 100 лет рост преступности, особенно рецидивной, перемещает акценты в П.: наказание теперь должно соответствовать не преступлению, а преступнику, поведение к-рого считается детерминированным природными дефектами и неблагоприятными условиями его жизни. Идея преступной воли (К. Грольман, 1799) получает вторую жизнь в понятиях опасности преступника (Р. Гарофало, 1885) и опасного состояния (А. Принс, 1898). Наказание, содержащее моральное осуждение, уступает место санкциям (Э. Ферри, 1881) и мерам социальной защиты (А. Принс, 1905), означающим торжество целесообразности над справедливостью: преступник подобен больному, на него надо воздействовать, как лечат, до выздоровления, т. е. исправления. Соответственно П. интересуется не столько общим, сколько специальным предупреждением, осуществляемым посредством некарательного воздействия на преступника. Довольно быстро некарательное воздействие обнаруживает свою несостоятельность. Изучение скрытой преступности показало, что между преступниками и непреступниками нет личностных различий (И. Анттила, 1971), а изучение рецидива показало, что его уровень не снижается под воздействием различ. сроков тюремного заключения, повышения образования, профессиональной подготовки, психологического, психиатрического, медицинского или любого иного известного нам некарательного воздействия (Р. Мартинсон, 1974). Этот печальный рез-т, подчеркиваемый правовой необеспеченностью приговоренных к некарательному воздействию «в их же интересах», вызвал переоценку исправления-лечения: мы можем использовать наше умение исправлять, чтобы помочь заключенному приспособиться к жизни в об-ве, но мы не должны искать оправдания расширению своей власти над ним по тем основаниям, что это может повысить вероятность его исправления (Н. Моррис, 1974). Воздаяние по заслугам рассматривается как единственно обоснованная реакция на преступление с учетом его тяжести, а также смягчающих и отягчающих вину обстоятельств (Э. Хирш, 1976). Соответственно специальное предупреждение уступает свою ведущую роль общему (И. Анденес, 1974). Параллельно этим исследованиям, ориентированным на борьбу с преступностью, изучалась связь наказания с об-вом. *Дюркгейм* сформулировал законы эволюции наказания — количественный и качественный: интенсивность наказания тем выше, чем менее развито об-во и чем ближе к абсолютному характер центральной власти; лишение свободы становится нормальным средством *контроля социального* (1901). Исследование С. Спитцера, охватившее 48 об-в, не подтвердило существования этих законов (1975). Тенденцию гуманизации наказания, хотя и с сильными флуктуациями, обнаружил и *Сорокин:* от неограниченной мести к талиону (возмездие по принципу «око за око, зуб за зуб»), от обязательного талиона к факультативному, от обязательной мести к допускаемой, от разрешаемой мести к системе композиций и прощения; аналогичным образом прослеживается смягчение мотивов наказания от устрашения и возмездия к исправлению и лечению (1914). Однако изучение уголовного права Франции, Германии, Австрии, Италии и России почти за тысячу лет, проведенное Сорокиным совместно с *Тимашевым,* привело его к выводу, что тенденции гуманизации наказания не существует — есть лишь флуктуации суровости в довольно узких пределах (1962), объяснение к-рых он предложил раньше: интенсивность кар находится в прямой зависимости от уровня развития об-ва и степени антагонизма в психике и поведении его членов (1914). Частично тому подтверждением могут служить рез-ты сравнительного исследования Л. Ленке, охватившего 19 стран, включая США, Англию, Францию, ФРГ, Канаду, Швецию, Японию. Оказалось, что существует положительная корреляция между коэффициентом заключенных и коэффициентом рабочих дней, потерянных вследствие забастовок (1980). Пытаясь объяснить изменения в содержании наказания, Руше Г. и Киркхаймер О. нашли, что эти изменения тесно связаны с экономикой. Наказание рабством невозможно вне экономики, основанной на рабстве; тюремный труд невозможен без мануфактуры. Переход к феодализму знаменуется использованием казней и телесных наказаний, т. к. рабства уже нет, но еще нельзя штрафовать. Переход к индустр. об-ву, нуждающемуся в свободном труде, сводит экономическую роль труда заключенных к минимуму; фискальные интересы получают простор, и формируется совр. наказание — штраф (1939). Что же касается суровости наказания, то она определяется не его содержанием, а его восприятием (Б. Врублевский, 1926). В П., как и в экономике, ценности представляют собой переменные эмпирического характера. Реформы уголовного права пытаются привести наказание в соответствие с господствующими ценностями данного об-ва, включая ценность охраняемых благ и тех благ, к-рых лишает осужденного наказание (Н. Кристи, 1968).

В. М. Коган

Лит.: 1) *Бентам И.* Изб. соч. СПб., 1867. Т. 1. 2) *Дюркгейм Э.* О разделении общественного труда. О., 1900. 3) *Познышев С. В.* Основные вопросы учения о наказании. М., 1904. 4) *Ферри Э.* Уголовная социология. СПб., 1910. 5) *Принс А.* Защита общества и преобразование уголовного права. М., 1912. 6) *Сорокин П.* Преступление и кара, подвиг и награда. СПб., 1914. 7) *Беккариа Ч.* О преступлениях и наказаниях. М., 1939. 8) *Ансель М.* Новая социальная защита. М., 1970. 9) *Анденес И.* Наказание и предупреждение преступлений. М., 1979. 10) *Кристи Н.* Пределы наказания. М., 1985.

ПЕЧЧЕИ А.— см. *Римский клуб.*
ПЛЕСНЕР (Plessner) **Хельмут** (04. 09. 1892, Висбаден — 12.06.1985, Геттинген), нем. (ФРГ) философ и социолог, один из основоположников филос. антропологии как специальной дисциплины. Ученик В. Виндельбанда, Э. Ласка, Х. Дриша, Э. Гуссерля. С 1926 г.— проф. в Кёльне. В годы нацизма — в эмиграции, первый проф. социологии в Нидерландах (Гронинген). С 1951 г.— проф. в Геттингене. Филос. антропология строится у П. на основе «научной философии жизни», дающей феноменологическое описание «ступеней органического». Живое отличается от неживого тем, что само определяет свою границу, переступая через себя вовне, и определяет себя внутри этой границы, идя внутрь, к себе как таковому, т. е. полагает само себя. Отсюда осн. характеристика живого — «позициональ-

ность». Традиционным образом П. различает растительную, животную и человеческую организацию, причем принцип более низкой организации, проведенный до крайних пределов, давал уже возможность более высокой формы. Животное, в отличие от растения, опосредованно включено в окружающую среду. У него есть органы для контакта с ней и сугубо внутр. органы. Для их взаимоопосредования нужен центр. Позициональность животного — центрическая. Центр как бы дистанцирован от живого тела, к-рое воспринимается центром как плоть. Но этот центр не осознает себя как центр. Чтобы это было возможно, нужно «зашедшее за себя Я» человека, «необъективируемый полюс субъекта». Эта эксцентрическая позициональность — главная характеристика человека. Т. обр., человеческое укоренено вне мира, вне наличного бытия. Но оно поставлено не на божественную первооснову, как у *Шелера,* а на «ничто». Человек, по П., неизбежно находится в борьбе со своей рефлексией и имманентностью всех своих определений, борьбе, возобновляемой с той же необходимостью, с какой каждая следующая попытка терпит провал. Это показывают установленные им «основные антропологические законы». Закон естеств. искусственности означает, что человек вынужден уравновесить свою «поставленность на ничто» результатами своей деятельности, квазиприродными по весомости и объективности. Но по второму закону — закону «опосредованной непосредственности» — эксцентричность человека сказывается в том, что он сознает свое сознание мира, видит, что все объективное явл. таковым лишь для его сознания, и разочаровывается в его непосредственности. С этим связано и необходимое несоответствие намерений и их выражения и реализации. В среде действительности все намерения «преломляются», и, видя это, человек вынужден вечно выходить за пределы сотворенного и вновь выражать себя и пытаться осуществить намерения. Отсюда третий закон — закон «утопического местоположения»: человеку необходима идея мироосновы, но столь же необходимо отрицание абсолютного. Существуя как тело, в теле («внутренний мир») и вне тела на эксцентричной позиции, человек в единстве этих трех определений есть психофизическое лицо. Но чтобы быть «лицом», человек — и это возможно лишь в силу эксцентричности — должен различать в себе индивидуальное и всеобщее «я», т. е. отличать первое, второе и третье лицо единственного и множественного числа, понимать, что и на себя, и на другого он должен смотреть, выходя за. пределы единичного в сферу «мы», иначе говоря, «совместного мира», или духа. Т. обр., и социальность («мы»), и историчность (неуспокоенность самореализации), и экспрессивность (самовыражение, в т. ч. и через язык) суть важнейшие антропологические определения человека и одновременно — социол. категории, позволяющие создавать сложный понятийный аппарат. Концепция П. оказала влияние на становление социологии *Бергера* и *Лукмана*, а также др. авторов в ФРГ и Нидерландах.

А. Ф. Филиппов

Соч.: 1) Gesammelte Schriften. Fr./M., 1980—1983. Bde. 1—5.

ПЛЮРАЛИЗМ СОЦИАЛЬНО-ПОЛИТИЧЕСКИЙ (от лат. pluralis — множественный) — один из принципов обществ. устройства, согласно к-рому обществ.-политическая жизнь должна включать множество различ. взаимозависимых и вместе с тем автономных социальных и политических групп, партий, организаций, установки идеи и программы к-рых находятся в постоянном сопоставлении, соревновании, конкурентной борьбе. П. с.-п. неразрывно связан с культурным плюрализмом, он утверждает право каждого человека придерживаться любых взглядов и проповедовать их, уважение к инакомыслию, принципы дискуссий и компромисса в политическом процессе. Традиции П. с.-п. восходят к античности, но широкое распространение и систематическое обоснование он получил в период становления бурж. обществ. системы. П. с.-п. в зап. социол. мысли противопоставляется этатизму, монополизации политической власти, идеологическому абсолютизму, к-рые явл. определяющими чертами *тоталитаризма*. Согласно доктрине П. с.-п., индивид и группа первичны по отношению к политическим структурам, к гос-ву. Эта система в той или иной мере тяготеет к децентрализации, к плюрализации центров власти, к-рая в идеале должна быть распределена между обществ. группами. Никакая отдельная организация не может и не должна представлять все об-во и навязывать ему свою волю. Обществ. интересы формируются на основе баланса частных интересов. Согласно принципам П. с.-п., никто не может обладать монополией на окончательную, высшую истину, на единственный рецепт достижения всеобщего благосостояния и счастья. Свободная борьба идей и интересов считается естеств. состоянием здорового социального организма. Всякое нарушение этого принципа содержит опасность тирании, ведет к стагнации и неэффективности. Эти идеи неоднозначно трактуются в плюралистических доктринах. Так, в совр. *неолиберализме* произошла существенная инверсия традиционных либеральных приоритетов в отношениях индивида, с одной стороны, об-ва и гос-ва — с другой. Сохраняя общую плюралистическую ориентацию, нынешние неолиберальные концепции стали гораздо более этатистскими. Они выдвигают идею, согласно к-рой «естеств.» социально-экономическое развитие должно в опред. мере регулироваться и корректироваться посредством гос. вмешательства ради индивида и защиты его прав. Существуют и др. подходы и трактовки П. с.-п. Несмотря на многозначность и недостаточную определенность, ограниченность мн. совр. форм П. с.-п., этот принцип содержит нек-рые сформировавшиеся на протяжении мн. веков общечеловеческие, гуманистические моменты.

С. А. Эфиров

ПОДРАЖАНИЯ теории — ряд концепций, составивших направление на стыке социологии и социальной психологии, к-рое объясняло социальное поведение и обществ. жизнь через П.—

имманентно свойственное человеку стремление воспроизводить воспринимаемое поведение др. индивидов и групп. Традиция П. теорий идет от Аристотеля, приписывавшего П. важнейшую роль в формировании человека. Эти взгляды интенсивно развивались и оформились концептуально в середине 19 в. *Тард* видел в П. основу развития об-ва, в частности главный механизм распространения инноваций. Он считал, что социальная динамика определяется П., повторением до уровня массового новых образцов чего бы то ни было. П. имеет тенденции к бесконечному распространению; идет развитие от внутр. П. к внешнему, все более очевидному П., от одностороннего — к взаимному и всеобщему. П. имеет три формы: П. др. человеку; П. совр. (мода) или привычному (обычай) образцу; П. самому себе (привычка). Тард объяснял посредством П. язык, право, традиции и др. социальные явления. Об-во, по Тарду, живет по закону всемирного повторения; это осн. закон всей жизни, выражающийся в постоянном П. С. Сигеле с помощью П. объяснял изменения, происходящие с человеком в толпе, в частности нивелировку личности. У. Мак-Дугалл настаивал на врожденном характере П., считая его одной из форм духовного взаимодействия людей наряду с симпатией и внушением. В рамках ассоцианизма П. считалось особым видом воздействия, при к-ром реакция объекта П. становится условным стимулом для собственных реакций субъекта П. на стимул. В *бихевиоризме* П. стало одной из основ научения, рез-том подкрепления успешных реакций. Понятие «П.» использовалось в социологии *Томасом* и *Знанецким* для объяснения нек-рых способов адаптации (*Адаптация социальная*) польского крестьянина-переселенца в Европе и Америке. С годами П. теории утратили былую привлекательность и распространенность — вскрылась недостаточная объяснительная сила понятия «П.». Оно сохранило частное значение и используется в отдельных областях психологии для описания нек-рых форм зависимого поведения человека, напр. *конформизма* как проявления податливости человека феномену группового давления или поведения ребенка в процессе обучения и *социализации*. В палеопсихологии варианты П. теорий объясняют поведение первобытного человека на ранних стадиях развития человечества. Считается, что для взрослого совр. человека П. имеет меньшее значение в силу большей развитости его индивидуального сознания.

Д. В. Ольшанский

Лит.: 1) *Тард Г.* Законы подражания. СПб., 1892. 2) *Выготский Л. С.* Развитие высших психических функций. М., 1960. 3) *Miller N., Dollard I.* Social learning and imitation. New Haven.: L., 1962. 4) Social facilitation and imitative behavior. Boston, 1968.

ПОЗИТИВИЗМ социологический — ведущее направление в социологии 19 в., программные методологические и мировоззренческие установки к-рого были сформулированы *Сен-Симоном*, а осн. концепции разработаны в трудах *Конта*, *Милля*, *Спенсера*. Как филос. и общесоциол. доктрина П. сложился в противовес спекулятивному, в частности социально-филос., теоретизированию. Главное устремление П.— отказ от умозрительных рассуждений об об-ве, создание «позитивной» социальной теории, к-рая должна была стать столь же доказательной и общезначимой, как естественнонаучные теории. Спекулятивной метафизике и основанной на ней философии истории П. стремился противопоставить метод наблюдения, сравнительный, исторический и в опред.— хотя и в меньшей — степени математические методы. Характерными чертами раннего П. были *натурализм, органицизм, эволюционизм* и *феноменализм*. Его моделью служили биология, анатомия и физиология человека, а также отчасти механика. Органицизм иногда сополагался, а иногда и уступал место социол. индивидуализму. П. постулировал наличие неизменных законов функционирования и развития об-ва, к-рые рассматривались как часть или как продолжение природных законов и наряду с последними трактовались феноменалистически, т. к. исключалась возможность познания причин и сущности социальных явлений. Феноменализм в раннем П. сочетался с элементами естественнонаучного и вульгарного материализма, П. постоянно тяготел к различ. формам редукционизма. Органицистские и эволюционистские компоненты раннего П. получили развитие в позитивистских течениях второй половины 19 в. Исследуя об-во не столько в динамике, сколько в статике (как систему, находящуюся в состоянии равновесия), органицизм нередко доводил до крайности весьма вульгарные аналогии между об-вом и человеческим организмом. Биологический редукционизм характерен и для *дарвинизма социального*, делавшего акцент на изучение социальных процессов и конфликтов, трактовавшихся согласно принципам естеств. отбора и борьбы за существование. Кроме указанных течений к П. относятся также механицистская, географическая, *расово-антропологическая школа* и нек-рые др. Несостоятельность биологического и механицистского редукционизма, ставшая достаточно очевидной к концу 19 в., привела к кризису П. и способствовала развитию психологизма в социологии, к-рый, впрочем, сохранил многие черты П., а также возникновению различ. форм антипозитивистской реакции в философии и социологии (*Антипозитивизм*). Однако позитивистская традиция не угасла и была продолжена в 20 в. в существенно преобразованном виде в рамках *неопозитивизма* в социологии.

С. А. Эфиров

ПОЛАНЬИ (Polanyi) **Майкл** (1891—1976) — австр. химик и социолог. Получил образование в Будапеште. С 1923 по 1933 г. П. работал в Институте кайзера Вильгельма в Берлине (с 1945 г.— Институт Макса Планка), но приход фашистов к власти в Германии заставил его поселиться в Англии, в Манчестере, где он занял кафедру физической химии местного ун-та. С 1944 г.— член Королевского общества. В 1948 г. П. перешел на кафедру социологии Манчестерского ун-та и работал проф. этой кафедры до 1958 г. В 1959 г. был избран членом Мертон-колледжа в Оксфорде. Первые работы П. в области социальных наук появились в 30-е гг. Эти и более поздние публикации П. оказали существенное влияние на развитие филос. и социальных исследований науки на Западе. В период, когда в этих сферах доминировал позитивизм, П. выступил против тезиса о беспредпосылочности эмпирического знания, противопоставления науки и философии и исключения из нее мировоззренческих проблем. Как и *Поппер*, П. критиковал индуктивизм, но если первый рассматривал научное знание как безличный «третий мир», то П. акцентировал внимание на субъективной личностной стороне знания. Обоснованием этого подхода явл. его концепция неявного знания. Согласно П., существует некое скрытое, опирающееся на неосознанные ощущения, слабо поддающееся прямому выражению и потому сугубо личностное знание. А уже над ним возвышается в фокусе сознания и хорошо эксплицируемое формальными средствами явное знание. Но, учитывая важное значение для овладения предметом исследования неявных знаний, передаваемых неформальными способами и в непосредственных контактах, П. считает, что для развития науки этих формальных средств недостаточно. Наличие и значимость неявного личностного знания делает необходимым общение ученых, их совместную деятельность в рамках *научного сообщества* — понятия, введенного П. в социологию науки. П. был противником планирования в области науки, считая, что оно нарушает ее свободу. П. не принимал марксизма. Его концепция подверглась критике за неспособность адекватно отразить диалектику явного и неявного знания, за недооценку роли методологии в развитии науки и за переоценку значения веры в выработке отношения ученого к конкретным системам научного знания.

В. Ж. Келле.

Соч.: 1) Личностное знание. М., 1986. 2) Knowing and being. 1969. 3) Scientific thought and social reality//Psychological issues. Vol. VIII. N 4. Monograf. 32. New Jersey, 1974.

ПОЛИТИЧЕСКАЯ СОЦИОЛОГИЯ — отрасль социологии, исследующая политику и политические отношения. Осн. предметом П. с. явл. власть политическая, форма и методы ее функционирования и распределения в гос. организованном об-ве, рассматриваемые в корреляции с изучением реального политического сознания, интересов и поведения индивидов, социально-классовых групп, этнических общностей и их организаций. Хотя как специализированная отрасль немарксистская П. с. утверждается на Западе только в 30—50-е гг. 20 в., ее предметная область и социол. ви́дение политики были намечены древнегреч. мыслителями, прежде всего Платоном и Аристотелем. Последний внес особенно заметный вклад в создание основ социол. теории гос-ва *(Государства социологические концепции)* и сформулировал идею и нек-рые принципы политической науки — наиболее родственной П. с. дисциплины. В дальнейшем различ. аспекты социол. понимания политики и гос-ва разрабатывались такими видными теоретиками Нового времени, как *Макиавелли*, Ж. Боден, *Гоббс*, *Монтескье*, *Токвиль* и др. Однако решающий вклад в становление собственно П. с. внесло первоначально теоретическое различение гражданского об-ва и гос-ва французскими энциклопедистами, Сен-Симоном, *Локком*, А. Фергюссоном и Гегелем. Названное различение создало предпосылки для выделения политики и ее теоретико-методологического осмысления в относительно автономные сферы жизни и области науки и одновременно — для изучения политики через ее взаимодействие с социальной сферой. Эти предпосылки в зап. социологии были реализованы М. *Вебером*, творцами концепций элит *(Парето, Моска), партий политических* (М. Острогорский, *Михельс*), заинтересованных групп и групп давления (А. Бентли, Д. Трумен), представителями *чикагской школы* (Ч. Мерриам, *Лассуэлл*, Г. Госнелл и др.) и рядом др. школ и направлений. Становление немарксистской П. с. на Западе происходило в тесной связи с развитием общей социологии и во взаимовлиянии и соперничестве с политической наукой. П. с. выступила вначале как отрасль научного знания, связывающая проблематику и подходы этих двух дисциплин. Так, *структурный функционализм* и теория социальной системы *Парсонса* и его последователей в общей социологии адаптируются П. с. в теорию политической системы, а такие центральные концепции и понятия социологии, как *институализация, социализация, дифференциация социальная* и социальное развитие, политизируются (становятся политической институализацией, политической социализацией и т. д.), преобразуются в инструменты анализа политики. Др. предшественница П. с.— политическая наука утвердилась в кач-ве самостоятельной академической дисциплины значительно раньше: первые ее кафедры возникли в Зап. Европе и США в конце 19 — начале 20 в., вскоре образовались национальные ассоциации, а в 1949 г.— Международная ассоциация политической науки (МАПН) при ЮНЕСКО. Политические социологи и социологически ориентированные политологи предложили рассматривать политику в перспективе анализа социальной структуры и неформальных социальных ин-тов, обществ. мнения и поведения, всего комплекса социально-политических процессов, норм и отношений, через исследования личности и малых групп во всем многообразии их психологических и социокультурных характеристик. Они обратили внимание на необходимость изучения конфликтов и изменений, а не только согласия и стабильности; бюрократии и процедур принятия решений, а не только органов управления и его аппарата; всех обществ. организаций и движений, неформальных объединений, а не только политических партий и профсоюзов; разнообразных способов вовлечения граждан в политику, а не только их участия в выборах; политических лидеров различ. уровней, а не только руководителей гос-в; политической культуры и традиций, а не только политической идеологии; политических систем и политических режимов, а не только гос-в и их форм; взаимоотношений народов, состояния международной среды, региональных и глобальных проблем, а не только внешней политики гос-в и их взаимодействий в рамках международного права. Они же внесли в исследования политики такие используемые социологией понятия, как актер, роль, статус, позиция, аттитюд, ценность, ожидания, ориентация и т. д. В 50—60-е гг. политическая наука на Западе (прежде всего в США) быстро социологизируется, особенно вследствие утверждения в кач-ве господствующего позитивистско-бихевиористского мировоззрения и методологии, широкого применения эмпирических методов анализа. В свою очередь политические социологи признали необходимость изучения, хотя и собственными методами, официальных политических ин-тов и норм. Поэтому сегодня немарксистская П. с. и политическая наука в теоретико-методологическом и категориально-понятийном плане малоразличимы. В институциональном аспекте следует отметить существование многочисленных факультетов и кафедр политической науки, в то время как П. с. изучается и преподается почти исключительно в рамках общей социологии. Наблюдаемая в наст. время неоднородность предметной области немарксистской П. с., многообразие и противоречивость ее теорий, понятийного аппарата, методов исследования и эмпирических интерпретаций объясняются не только отмеченными истоками ее возникновения, но и путями развития, различ. пониманием политики, спецификой теоретико-мировоззренческой позиции ученого, расширением и изменением самой сферы политики в 20 в. Немалую роль в этом играют отсутствие на Западе общепризнанных теоретико-методологических основ обществ. наук, национальные особенности этих наук и их соотношений (особенно взаимоотношение и взаимовлияние П. с. и политической науки с государствоведением, политической философией и историей, политической экономией), а также смены в зап. социальных науках господствующих парадигм. Так, для П. с. США, продолжающей доминировать в зап. П. с., характерна сугубо эмпирическая ориентация, повышенное внимание к проблеме конфликтов и структуре политической власти в плюралистско-элитистской парадигме. Западногерманские политические социологи находятся под сильным влиянием государствоведения и политической философии, а британские — политической истории и политэкономии.

В. В. Смирнов

Лит.: 1) *Дмитриев А. В.* Политическая социология США: Очерки. Л., 1971. 2) *Вятр Е.* Социология политических отношений. М., 1979. 3) Современная буржуазная политическая наука: проблемы государства и демократии. М., 1982. 4) *Бурлацкий Ф. М., Галкин А. А.* Современный Левиафан: Очерки политической социологии капитализма. М., 1985.

ПОНИМАНИЕ — см. *Дильтей В.*

ПОНИМАЮЩАЯ СОЦИОЛОГИЯ — одно из осн. теоретико-методологических направлений в немарксистской социологии, сформировавшееся в конце 19 — начале 20 в. в борьбе с *позитивизмом* и *натурализмом в социологии* и сосредоточивающееся на анализе значимых, смысловых элементов социальной жизни. П. с. ведет свое происхождение от идей философии жизни и неокантианства. В новейших версиях П. с. отразилось воздействие феноменологии и лингвистической философии. Основополагающую идею П. с. сформулировал *Дильтей*, разграничивший природу и об-во как онтологически чуждые друг другу сферы. Об-во, полагал он, конституируется индивидами в их духовном бытии. Отсюда делался вывод о необходимости специфического метода познания в социальных науках, отличающего их от дисциплин естественнонаучного цикла. Об-во как человеческое порождение, выступая в кач-ве объекта наблюдения, должно открываться внутр. чувству человека. В дальнейшем, несмотря на существенные различия во взглядах представителей П. с., для каждого из них оказывается в большей или меньшей степени характерным признание специфического метода и специфического объекта познания в социальных науках. Понимание, прямое постижение противопоставляется свойственному естеств. наукам непрямому, выводному знанию, объяснению. Автором самого термина «П. с.» и первой концептуальной разработки П. с. явился М. *Вебер*. По Веберу, социология явл. наукой, к-рая, «интерпретируя, понимает социальное действие и тем самым пытается причинно объяснить его течение и результаты» [2, 1]. При этом под действием подразумевается человеческое поведение, «когда и поскольку оно имеет для действующего или действующих субъективный смысл» (ibid.). Вебер подчеркивает, что имеется в виду не какой-то объективно «правильный» или метафизически «истинный», но субъективно переживаемый самим действующим индивидом смысл действия. Социальным действием считается действие, субъективный смысл к-рого соотносится с поведением др. людей. Сочетание социальных действий порождает «смысловую связь поведения», к-рую Вебер выдвигал в кач-ве объекта понимающего исследования в социальных науках. В то же время, по Веберу, рез-т понимания не мог самостоятельно представительствовать в завершенной системе социол. знания. Рез-т понимания — всего лишь «особо очевидная каузальная гипотеза». Чтобы стать научным положением, она должна быть верифицирована объективными научными методами. Др. словами, понимание играет в социологии Вебера вспомогательную роль, оно — лишь источник гипотез, на основе к-рых строится объективное объяснение поведения. В этом смысле обозначение социол. концепции Вебера в целом как П. с. представляется неправомерным. В первой половине 20 в. позиции П. с. разделяли в большей или меньшей степени *Зиммель*, *Фирканд*, Т. Литт, *Знанецкий*, Р. Макайвер, *Томас* и др. крупнейшие социологи. Самым последовательным выражением т. зр. П. с. стали *феноменологическая социология* Шюца, а также основывающаяся на идеях «позднего» Л. Витгенштейна концепция социальной науки, выдвинутая П. Уинчем. С т. зр. *Шюца* и его многочисленных последователей, понимание (в веберовском смысле, т. е. постижение субъективно подразумеваемого смысла действий др. индивидов) — не столько специфический метод социальных наук, сколько универсальная предпосылка всех и всяческих социальных взаимодействий и формирующихся на их основе социальных структур и ин-тов, в т. ч. науки. «Тематизировав» понимание, следовательно, можно обрести доступ к «корням» любого социального феномена, в т. ч. и объективного научного познания. Попытка феноменологической «глобализации» понимающего подхода не привела, однако, к желаемым результатам — П. с. в феноменологическом варианте превратилась в род *знания социологии*. П. с. дала ряд ценных рез-тов в познании природы социальных взаимодействий, природы и социального функционирования различ. форм знания (религии, права, науки). Она играла и продолжает играть роль идеологического «противовеса», заставляющего воздерживаться от крайностей позитивизма и натурализма и учитывать диалектику субъективного и объективного в социальных явлениях и процессах.

Л. Г. Ионин

Лит.: 1) *Ионин Л. Г.* Понимающая социология. Историко-критический анализ. М., 1978. 2) Weber M. Wirtschaft und Gesellschaft. Tüb., 1922. 3) *Dilthey W.* Gesammelte Schriften. Lpz.— B., 1925. Bd. V. 5) *Schütz A.* The phenomenology of the social world. L., 1972.

ПОРЯДОК социальный — предельно общее понятие, выражающее идею организованности обществ. жизни, упорядоченности социального действия или социальной системы. Понятие «П. с.» содержит ряд логически взаимосвязанных оттенков значения: мысль о неслучайности социального поведения индивида, о существовании взаимности, согласованности, дополнительности и, следовательно, предсказуемости в действиях людей (они могут действовать социально, только если в какой-нибудь мере знают, чего ожидать друг от друга); представление об устойчивости и исторической длительности форм обществ. жизни; о существовании ограничений насилия в ней и т. п. П. с. был осознан как проблема в Новое время в форме парадокса *Гоббса:* как возможно об-во, если «человек человеку — волк». До того существование П. с. в общем принималось без доказательств как проявление божественной воли или природно-космического порядка вещей, несмотря на присутствие в европ. культуре со времен античной софистики противопоставления «искусственных» социальных установлений естеств. порядку. Первоначально объяснения П. с. почти неотличимы от теорий происхождения об-ва. Осн. типы этих объяснений, сложившиеся в 17—19 вв., прослеживаются в бурж. социологии до наших дней. Линию Гоббса продолжают теории принуждения. Предельно сближая понятия об-ва и гос-ва, они объясняют П. с. преимущественно как продукт власти, монополизировавшей средства принуждения, чтобы добиться от людей согласованных социальных действий. Просветительско-утилитаристские теории пытались вывести П. с. из индивидуальных интересов. Так, теория *обществ. договора* (*Руссо* и др.) приписывает П. с. сознательному договору между людьми, понявшими, что в их интересах объединить усилия и согласиться на опред. социальные установления. Др., более сложные варианты, разрабатываемые в теориях обмена и игровых концепциях социально-экономического поведения, трактуют П. с. как непреднамеренный рез-тат действий мн. людей, в отдельности преследующих собственные интересы (физиократы, англ. экономисты, утилитаристы и др.). Весьма распространенные в совр. бурж. социологии теории ценностного согласия считают, что П. с. основан на внутр. согласии членов об-ва на нек-рый минимум общих интересов, ценностей (в первую очередь моральных) или норм. Достижение этого согласия рассматривается как плод либо переговоров (символического взаимодействия) между индивидами (*Символический интеракционизм*), либо коллективного сознания, разума, духа как такового, взятого в кач-ве самостоятельной реальности (социологизм *Дюркгейма*). Теории П. с. как ценностного согласия в конечном итоге восходят либо к христианской традиции обоснования трансцендентности духовных и этических ценностей, либо к секулярно-либеральным обоснованиям совместимости незыблемости нравственного закона со свободой индивидуальной совести (традиция Канта). Начиная с *Конта*, в «социальной статике» к-рого проблема П. с.— центральная, вопрос о его происхождении отодвигается на второй план, а главное внимание уделяется инертности, устойчивости и самосохранению П. с., его способности сопротивляться внутр. и внешним давлениям к изменению благодаря системе взаимоподдерживающих процессов. Условия разрушения и изменения П. с. изучала контовская «социальная динамика». Эту линию в объяснении П. с. продолжила функционалистская ориентация в теоретической социологии. Наиболее развитые теории П. с. в совр. бурж. социологии опираются на подобные инерционные системные модели, вводя в них различ. комбинации факторов принуждения, индивидуального интереса, ценностного согласия и пр. Одна из самых известных таких синтетических теорий П. с. принадлежит *Парсонсу*. Ныне в зап. социологии проблема П. с. часто ставится как вопрос об условиях, при к-рых формируются, поддерживаются и разрушаются различ. образцы социальной организации. Многообразные процессы, к-рые формируют организацию индивидов, групп и пр., преобразуя их взаимодействия в социальную систему, обычно обозначают общим термином «институциализация», а проблему П. с. формулируют как задачу объяснения комплексных процессов институциализации и деинституциализации.

А. Д. Ковалев

Лит.: 1) *Parsons T*. The social system. Glencoe. 1951. 2) *Cohen P. S.* Modern social theory. L., 1968. 3) *Alexander J. C.* Theoretical logic in sociology. L., 1982.

ПОСТИНДУСТРИАЛЬНОЕ ОБЩЕСТВО — широко распространенный в зап. социологии термин, применяемый для обозначения совр. об-ва. На формирование концепции П. о. существенное теоретическое влияние оказали теории *индустриального об-ва* (в особенности концепции *Арона* и *Ростоу*). Концепция П. о. была разработана амер. социологом *Беллом*. Своеобразие историко-культурного развития капитализма в различ. странах обусловило формирование различ. вариантов концепции П. о., среди к-рых можно выделить два осн.: либеральное, опирающееся на амер. модель капиталистического развития (среди ее представителей Белл, *Гэлбрейт*, З. Бжезинский, *Кан*, *Тоффлер*, *Боулдинг* и др.), и радикальное, основывающееся на европейской модели (наиболее ярко выражена в концепциях *Турена*, Арона, *Фурастье*). В основе концепции П. о. лежит разделение всего обществ. развития на три этапа: доиндустриальное, индустриальное и постиндустриальное. В доиндустриальном об-ве определяющим являлась сельскохозяйственная сфера, с церковью и армией как гл. ин-тами об-ва; в индустриальном об-ве — промышленность, с корпорацией и фирмой во главе; в П. о.— теоретические знания, с ун-том как гл. местом его производства и сосредоточения. Переход от индустриального к постиндустриальному об-ву определяется рядом факторов: изменением от товаропроизводящей к обслуживающей экономике, что означает превосходство сферы услуг над сферой производства; изменением в социальной структуре об-ва (классовое деление уступает место профессиональному); центральным местом теоретического знания в определении политики в об-ве (ун-ты как центры сосредоточения этого знания становятся гл. ин-тами об-ва); созданием новой интеллектуальной технологии, введением планирования и контроля над технологическими изменениями. С т. зр. представителей концепции, возникновение П. о. связано прежде всего с изменениями, происходящими в социальной структуре об-ва, т. е. изменениями в экономике и профессиональной системе, обусловленными новой ролью науки и техники. В П. о., утверждает, например, Белл, исчезает класс капиталистов, а его место занимает новая правящая *элита*, обладающая высоким уровнем образования и знания. Собственность как критерий социальной стратификации об-ва теряет свое значение, решающим становится уровень образования и знания. В отличие от индустриального об-ва, где осн. конфликт между трудом и капиталом обусловлен сосредоточением собственности в руках капиталистов, в П. о. основной конфликт проявляется в борьбе между знанием и некомпетентностью. В конце 60-х гг. концепция П. о. была подвергнута критике со стороны «новых левых», которые увидели в ней не новую стадию обществ. развития, а идеализированный вариант капиталистического об-ва.

В. Н. Фомина

Лит.: 1) *Touraine A.* La societe postindustrielle. P., 1969. 2) *Bell D.* The coming of postindustrial society. N. Y., 1973.

ПОСТПОЗИТИВИЗМ (постэмпиризм) **в социологии** — направление в бурж. социологии, возникшее под влиянием постпозитивистской философии науки, включающей в себя весьма разнородные концепции — критический рационализм (*Поппер*, И. Лакатос, П. Фейерабенд), историческое направление (*Кун*, Дж. Холтон), научный реализм (Р. Арре) и др. В работах, посвященных проблематике социального познания и претендующих на создание постпозитивистской методологии, можно выделить несколько течений. Первое из них не имеет четко очерченных граней, общим для его представителей выступает антипозитивистская направленность, стремление пересмотреть основополагающие принципы позитивистской социальной науки путем комбинации отдельных положений критического рационализма, философской герменевтики, экзистенциализма и др. [4]. Второе направление, получившее распространение гл. обр. в Англии, основывается на положениях реалистической философии науки. Его представители (Р. Кит, Р. Бхеннер, Т. Бентон и др.), заимствуя отдельные идеи исторического материализма, стремятся выработать концепцию «социального реализма», продолжающую традиции натуралистической методологии и стремящуюся наряду с этим преодолеть крайности *позитивизма* социологического и *понимающей социологии* [1]. Представители третьей т. зр., отождествляя постэмпиризм с любой формой критики логического позитивизма, подчеркивают преемственность между ними. Они ставят своей целью расширить методологическую платформу классического позитивизма и выработать более гибкую стратегию формирования теоретического знания [2]. Из числа постпозитивистских концепций зап. философии науки, оказавших прямое воздействие на бурж. социологию, заслуживает упоминания теория Куна. Сформулированное им понятие *парадигмы* породило бурные дискуссии по фундаментальным проблемам социального познания. Многообразие и разобщенность различ. концепций постпозитивистской философии и социальной науки не позволяют говорить о существовании единой методологической концепции, но тем не менее можно выделить две наиболее общие ее характеристики. Во-первых, это реабилитация «метафизики», признание важной роли филос. допущений в социальном исследовании, против чего решительно протестует традиционный позитивизм. С признанием роли филос. и мировоззренческих идей связано и стремление сторонников П. включить ценностные суждения в кач-ве специфического для социального исследования компонента познавательного процесса. Во-вторых, новая методологическая ориентация целиком воспринимает постпозитивистский тезис о кач. своеобразии теоретического уровня знания и его определяющей роли в познании. Этому положению отводится ключевая роль в методологии П., поскольку оно дает возможность признать научный статус традиционного типа социол. анализа, к к-рому классический позитивизм относится пренебрежительно. Интерес к П. зап. обществоведов может быть объяснен тем обстоятельством, что его методология позволяет учесть ряд специфических сторон социального познания, игнорировавшихся традиционным социол. позитивизмом. Вместе с тем следует иметь в виду присущие постпозитивистской философии науки слабости и недостатки, к-рые присутствуют также и в базирующихся на ней концепциях социального познания. К их числу можно отнести релятивистскую трактовку научного знания, отрицание объективной истины, субъективизацию процесса познания, отсутствие общепринятой модели исследовательского процесса и единых требований к формированию теории. Методология П. получает опред. признание прежде всего в сфере теоретической социологии, где она используется в русле «стабилизационных» тенденций, имеющих своей целью преодоление теоретического плюрализма и создание единой логики научного знания, способной стать основой интеграции различ. исследовательских ориентаций [3].

М. С. Комаров

Лит.: 1) *Keat R., Urry J.* Social theory as science. L., 1975. 2) *Thomas D.* Naturalism and social science. Camb., 1979. 3) *Alexander J.* Theoretical logic in sociology. N. Y., 1982. 4) Epistemology, methodology and the social science/Ed. by R. S. Cohen, Wartofsky M. W. Dordrecht, 1983.

ПРЕДРАССУДОК, ПРЕДУБЕЖДЕНИЕ (англ.— prejudice) — разновидность социального *стереотипа*, форма проявления *этноцентризма*. П. как социальное явление одним из первых в европ. философии исследовал Фома Аквинский, к-рый дал ему следующее определение: «Предрассудки — это дурные мысли о других людях без достаточных на то оснований». В совр. бурж. социологии П. составляет предмет специального исследования в этнологии и социальной психологии. Как социальный стереотип П. способствует сохранению социальной дистанции между группами; в этом смысле П. разделяются на расовые, этнические, религ. и собственно социальные (классовые). Большинство социологов обязательным признаком П. считает наличие в нем опред. элементов иррационализма, что, собственно, и делает его предрассудком. П. не только способствует сохранению социальной дистанции, но и сам во многом является плодом этой дистанции. В социальной психологии существуют два противоположных подхода к проблеме П. Одни исследователи (Н. Аккерман, *Адорно*) считают, что наличие и возникновение П. связано с опред. нарушением нормальной психики человека, другие (М. Шериф) полагают, что П. составляет часть «нормального» процесса интернализации групповых норм и ценностей.

В. В. Сапов

ПРЕСТАРЕЛЫХ СОЦИОЛОГИЯ (геронтосоциология, социальная геронтология) — одно из направлений науки, исследующее комплекс проблем, связанных с демографическими, социально-экономическими, политическими, религ. и др. аспектами старения. П. с. возникла в начале 20 в. Ее формированию способствовало резкое увеличение в возрастной структуре индустриально развитых стран числа людей пожилого возраста, обусловленное естеств. приростом населения, уменьшением рождаемости, возрастанием продолжительности жизни. Развитию П. с. как науки предшествовало появление биологических и психологических исследований процессов старения, к-рые способствовали привлечению интереса к проблемам П. В 40-50-е гг. появились теоретические разработки по мн. направлениям социальной геронтологии (работы *Берджесса* и Р. Хавигхерста, К. Тиббитса). В 60-е гг. проводились прикладные исследования. Вместе с тем отсутствие собственной теоретической основы тормозило развитие П. с., что вынуждало зап. геронтологов прибегать к использованию концепций и понятий осн. общесоциол. направлений исследования, таких, как структурно-функциональный анализ и интеракционизм. Теорией, сыгравшей значит. роль в становлении и развитии П. с., была «теория освобождения» Э. Камминга и У. Генри, дающая общее теоретическое объяснение социальных и психологических аспектов старения человека. Исходным ее пунктом является идея «освобождения от дел», к-рой подчиняется вся жизнь индивида после выхода на пенсию. При этом подчеркивается, что отстранение индивида от работы носит двоякий характер: с одной стороны, в нем участвует об-во, а с др.— сам индивид. Камминг и Генри утверждали, что старые люди благосклонно относятся к процессу своего освобождения от прежних социальных ролей. В противоположность им, такие ученые, как Хавигхарст, Ньюгартен, Тобин и др., выдвинули «активную теорию оптимального старения», согласно к-рой ухудшение социального взаимодействия в рез-те прекращения трудовой деятельности престарелых людей происходит против их желания и вытекает из факта отстранения от них об-ва. Опред. роль в развитии П. с. сыграла теория «зависимости» М. Блекнера, согласно к-рой зависимость есть постоянное, причем не патологическое, а нормальное состояние стариков. Блекнер выделяет четыре осн. типа зависимости: экономическую, физическую, психологическую и социальную. Экономическая зависимость обусловлена получением доходов, производимых работающей частью об-ва, а также материальной помощи детей и родственников. Физическая зависимость связана с угасанием физиологических функций организма. Психологическая зависимость имеет причиной изменения, происходящие в психике стариков, ослабление их умственной деятельности. Социальная зависимость определяется комплексом факторов, осн. из к-рых — потеря социальных ролей, статуса, власти, снижение активности. В области прикладных исследований социальных проблем геронтологии можно выделить два осн. направления. Первое характеризуется концентрацией внимания на жизненных циклах старения индивидов (адаптация к новым ролям; изменение мотиваций, реакций на внутр. и внешн. стимулы; смена интересов, потребностей, жизненных установок и т. д. в старом возрасте). Второе направление характеризуется комплексным подходом к изучению возрастного состава об-ва, его трудовых ресурсов, структуры доходов населения, системы социального и медицинского обеспечения.

В. Н. Фомина

Лит.: 1) *Tibbits C.* Handbook of social gerontology. Chic., 1960. 2) *Kamming E., Henry W.* Growing old: the process of disengagement. N. Y., 1961. 3) Aging in mass society. Camb., 1977.

ПРЕСТУПНОСТИ СОЦИОЛОГИЯ — отрасль социологии, занимающаяся изучением преступности и ее причин. Берет свое начало в исследованиях рус. статистика К. Ф. Германа (1824), бельгийского — Э. Дюкпетьо (1827), франц.— А. Герри (1833). Мощный толчок к развитию П. с. дали работы *Кетле*. В «Социальной физике», получившей высокую оценку Маркса, он, опираясь на статистический анализ, приходит к выводу, что всякий социальный строй предполагает опред. количество и опред. порядок преступлений, к-рые вытекают из его организации (1835). Рост преступности в бурж. Европе и распространение *позитивизма социол.* вызвали к жизни *уголовного права социол. школу,* уделившую особое внимание эмпирическому изучению факторов преступности. Э. Ферри в «Уголовной социологии» разделил эти факторы на антропологические, физические и социальные, включив в число антропологических классовое положение, род занятий, образование (1881). Ф. Лист показал, что антропологические факторы производны от социальных: обществ. среда сначала влияет на родителей преступника, а затем на него самого в процессе его развития и учинения им преступления (1895). Первостепенное значение среди факторов преступности придавалось широко понимаемой нищете. Лист отмечал, что бедственное положение трудящихся в финансовом, физическом, духовном и политическом отношении обусловливает высокие показатели преступности (1900). Неудовлетворенность факторным анализом стимулировала поиски монистического объяснения преступности. Рассматривая неоднозначное влияние бедности на поведение, А. Жоли, А. Принс, Ф. Лист показали, что криминогенную роль играет ослабление связи между индивидом и социальной группой, названное «деклассированием» (А. Жоли, 1889). Др. монистическое объяснение предложил В. Бонгер: частная собственность, классовое расслоение, конкуренция возбуждают и развивают у эксплуататоров и эксплуатируемых преступное намерение — единый непосредственный источник преступлений (1905). Изучение внутригородских различий в уровне преступности, проведенное *чикагской школой* в русле *экологии социальной,* привело исследователей к выводу, что «преступные» районы — это районы социальной дезорганизации (К. Шоу, 1929; К. Шоу, Г. МакКей, 1931). Разработка понятия *«аномия» (Дюркгейм,* 1897) привела к созданию теории, объясняющей преступность расхождения между целями, к-рые об-во ставит перед своими членами, и средствами, к-рые оно им для этого предоставляет *(Мертон,* 1947). Разработка понятия «конфликт культур» (Т. Селлин, 1938) привела к выделению делинквентной, конфликтной, преступной и иных *субкультур* (А. Коэн, 1955; У. Миллер, 1958; Р. Клауорд, Л. Оулин, 1961). Теория дифференцированной связи сделала упор на этиологии индивидуального преступления. Согласно этой теории, преступному поведению учатся в процессе непосредственного *взаимодействия,* усваивая технику совершения преступлений, специфические мотивы и способы самооправдания; превращение индивида в преступника зависит от того, какое отношение к закону преобладает в его окружении (Э. Сатерленд, 1939). Теория стигматизации сместила исследовательский интерес с причин поведения на его оценку. Согласно этой теории, никакое поведение не явл. преступным само по себе; оно становится таковым в рез-те реакции на него со стороны законодателя, судов и полиции, действующих в интересах власть имущих. Признание человека преступником затрудняет его социальную жизнь и способствует тому, что он действительно становится преступником (Ф. Таненбаум, 1938; Э. Лемерт, 1951; *Беккер,* 1953). Еще дальше в этом направлении пошла радикальная, или критическая криминология, рассматривающая бурж. об-во как «преступную систему», к-рая объявляет преступлением кражу, но не эксплуатацию, убийство, но не агрессивную войну. В рамках этой теории преступление — это бунт против системы (И. Тейлор, П. Уолтон, Дж. Янг, 1975). Э. Ферри полагал, что существует «закон насыщения преступностью», определяющий ее величину в конкретной стране (1881). По мн. Дюркгейма, существование преступности нормально, пока она не превышает определенного для каждого социального типа уровня (1895). По тому же пути пошел Ф. Лист: существование преступности — норма, ее рост — патология (1903). Поэтому решающее значение в борьбе с преступностью П. с. придает социальным мерам сдерживающего характера, позволяющим поставить ее под контроль. Кетле считал, что преступность можно сокращать, исправляя людей при помощи изменения обществ. учреждений, привычек, состояния просвещения и вообще всего того, что влияет на их образ жизни (1835). А. Принс писал о воспитательных, благотворительных, содействующих и заглаживающих мерах (1898, 1912). Г. Ашаффенбург выделял два направления «социальной гигиены» — борьба с алкоголизмом и с экономическими бедствиями (1906). Ф. Лист пришел к выводу, сохраняющему свое значение и в наши дни, что улучшение положения трудящихся — лучшая уголовная политика (1900), ибо по-прежнему актуальна всеобщая и решительная атака на нищету и социальное неравенство (Э. Шур, 1977).

В. М. Коган

Лит.: 1) Социология преступности: (Современные буржуазные теории). М., 1966. 2) *Гернет М. Н.* Избранные произведения. М., 1974. 3) *Шур. Э.* Наше преступное общество. М., 1977. 4) *Фокс В.* Введение в криминологию. М., 1980.

ПРИВИЛЕГИИ СОЦИАЛЬНЫЕ (лат. privilegium) — исключительные права и преимущества, к-рыми де-юре или де-факто обладают отдельные лица, группы, классы, учреждения и к-рые недоступны для большинства людей. Политически и юридически закрепленные П. с. характерны для рабовладельческого и феод. об-ва. Уничтожение сословных привилегий не привело к ликвидации П. с. Они стали порождаться имущественными различиями, положением в гос., партийной и др. иерархиях, к-рые иногда юридически санкционируются, но чаще происходят де-факто. Этот процесс связан, в частности, с различием «стартовых возможностей» — имущественных, культурных, образовательных. Социал-демократические и неолиберальные *(Неолиберализм)* теоретики выступают за смягчение имущественного и статусного *(Статуса социального* концепции*)* неравенства, за сокращение П. с. посредством различ. социальных программ, льгот, пособий, прогрессивного налогообложения и др. форм социальной регламентации. Консерваторы и неоконсерваторы развивают антиэгалитаристские идеи *(Эгалитаризм)*, стремятся максимально сократить гос. вмешательство в социально-экономическую сферу, полагая, что конкурентная борьба и неравенство на всех уровнях — основа «естеств.» развития об-ва, здорового и эффективного функционирования обществ. организма. Симпатии к социальному иерархизму и П. с. прямо или косвенно вытекают из консервативных концепций и связаны с характерной для нек-рых консервативных теоретиков медиевистской ностальгией.

С. А. Эфиров

ПРИКЛАДНАЯ СОЦИОЛОГИЯ (англ. applied sociology) — совокупность теоретических моделей, методологических принципов, методов и процедур исследования, а также социальных технологий, конкретных программ и рекомендаций, ориентированных на практическое применение, достижение реального социального эффекта. В США П. с. называют также «проблемно ориентированной», «прикладной социальной наукой», «ориентированной на клиента», в то время как академической социологией считается фундаментальная, базисная, чистая, «ориентированная на дисциплину» наука. П. с. — это социол. работа, сделанная для кого-то. Обычно это клиент или заказчик: гос. учреждение, правительственные организации, частная фирма, федеральные органы власти и др. П. с. в США отличается от академической не только содержанием и характером научной деятельности. Главное здесь — ориентация на практическую пользу, а не на прирост знания, научный вклад в фундаментальные открытия. Она иначе связана с заказчиком, здесь приняты др. критерии оценки конечного рез-та, оплаты труда и профессиональной карьеры, в гораздо большей степени прикладники зависят от экономического положения компании-работодателя и конъюнктуры на рынке труда. Исторические корни П. с. восходят к работам от *Токвилля, Дюркгейма, Смолла*. Последний еще в 1895 г. высказал идею о необходимости прикладных работ в амер. социологии.

Именно с этого момента специалисты начинают периодизацию П. с. и выделяют три этапа. Для ранней фазы (1895—1920) характерен интерес к социальным реформам, понимание научной теории как совокупности филос. рассуждений об идеальной модели об-ва, а ее практического использования — скорее как подвижнического акта одиночки, чем запланированной системы мероприятий. С 1920 по 1950 г. приоритетным направлением в амер. социологии становятся эмпирические исследования, начало к-рым положили представители *чикагской школы*. Интенсивно разрабатываются методология, статистические методы анализа и техника сбора информации. Большая заслуга в институционализации эмпирической и П. с. принадлежит *Лазарсфельду*. В начальный период своей деятельности он основал в Германии небольшое частное предприятие под названием «Экономико-психологический исследовательский ин-т», в к-ром со своими коллегами-студентами бихлеровского семинара проводил коммерческие исследования. Эмигрировав в 1934 г. в США, Лазарсфельд перенес на амер. почву принципы организации научного предприятия неуниверситетского типа. В послевоенный период ин-ты П. с. быстро появляются при амер. и европ. ун-тах. Ныне в США насчитывается большое число организаций (крупных и мелких, гос. и частных), занимающихся исследованиями, рез-ты к-рых оформляются в социоинженерные проекты, системы управленческих решений и практические рекомендации. Нек-рые крупные учреждения подобного типа содержат в своем штате больше ученых с докторской степенью, чем мн. признанные ун-ты. В 1980 г. около 14,5 тыс. социологов (69,5% их общего числа) трудились в ун-тах и колледжах США, а 6,8 тыс.— в П. с. (частный бизнес, неприбыльные организации, правительство и т. д.). В ближайшее время, как ожидают, количество социологов-прикладников будет быстро возрастать. Все более популярными в стране становятся курсы по П. с. Если в 1970 г. из 241 социол. отделения в ун-тах и колледжах только 11% имели такие курсы, то в 1979 г.— уже 44%. Студенты практикуются как в полевых исследованиях, так и по месту будущей работы (напр., госпиталь, юридическая фирма). В амер. социологии прикладников различают в зависимости от того, какими методами они оперируют. Выделяются два главных — *социальная инженерия* и клиническая социология. Инженер-социолог чаще пользуется маломасштабными дешевыми опросами, сериями полевых экспериментов, разрабатывает проекты социальной перестройки небольших сообществ (напр., молодежных кемпингов или производственных бригад), занимается планированием и дизайном. Задача «клинического социолога» — поставить диагноз, предложить альтернативу, проконсультировать и наметить «терапевтические» меры. Так, социоинженер разрабатывает новую форму брачного контракта, а «клиницист» просвещает молодоженов о том, как им лучше распределить обязанности по уходу за ребенком. Первый, обобщив данные о финансовом положении компании, делах на рынке сбыта и технологии производства, предлагает перестроить управленческую структуру, а второй проводит психологический тренинг с менеджерами с целью переориентировать их сознание. Как правило, оба специалиста работают в тесном контакте. Информация, полученная социологом,— это собственность корпорации, к-рая вольна поступать с ней так, как считает нужным: сдать в архив или библиотеку, принять к сведению, запретить публикацию или, наконец, внедрить в практику.

А. И. Кравченко

Лит.: 1) *Кравченко А. И.* Прикладные исследования в США//Социологические исследования. 1987. № 3. 2) Applied sociology: opportunities and problems. N. Y., 1965. 3) Applied sociology: roles and activities of sociologists in diverse settings. S. F., 1983. 4) *Freeman H. E., Rossi P. H.* Furthering the applied side of sociology//American sociology review. 1984. V. 49. N. 4.

ПРОМЫШЛЕННОЕ ОБЩЕСТВО — см. *Спенсер Г.*

ПСИХОАНАЛИТИЧЕСКАЯ ОРИЕНТАЦИЯ в **социологии** — направление, включающее в себя социально-филос. и социол. идеи и концепции *Фрейда*, фрейдистов и неофрейдистов (*Неофрейдизм*), нек-рые социол. теории, в к-рых значителен удельный вес фрейдистских компонентов и конкретные социол. исследования, основанные на принципах психоанализа. В процессе своего развития психоаналитические доктрины как у самого Фрейда, так и у ряда его последователей все больше «социологизировались» (А. Адлер, *Райх*, *Хорни*, Г. С. Салливан, *Фромм*, А. Кардинер, *М. Мид*, *Рисмен*, Г. Рохайм и мн. др.). При этом нек-рые исходные постулаты (био- или антропопсихологический редукционизм, доминирующая роль бессознательного и др.) сохранялись, хотя и претерпевали иногда существенную трансформацию, др. (гиперсексуализм, концепция либидо, эдипова комплекса и др.) нередко отвергались. Различ. тенденции и течения П. о. возникли на почве исходной «амбивалентности» фрейдовских концепций, в к-рых переплетались сциентистско-рационалистические и иррационалистические, гуманистические и антигуманистические, демократические и элитаристские, оптимистические и пессимистические, критические и конформистские, консервативные и радикалистские идеи. Осн. проблема П. о.— проблема конфликта личности и об-ва. По мн. большинства сторонников П. о., цивилизация, социальные и моральные нормы, запреты, санкции, социальный контроль и репрессивность, искажая, подавляя, вытесняя исходные влечения или потребности человека, ведут к прогрессирующему отчуждению, неудовлетворенности, деформации характеров, развитию неврозов и т. п. Вместе с тем существующие социальные нормы и ин-ты рассматриваются как необходимое условие выживания человечества. Психоаналитическая терапия предназначается для разрешения этой драматической ситуации, выступая в кач-ве средства, облегчающего приспособление к ней. Адаптационная направленность характерна и для ряда социол. доктрин, к-рые лишь в нек-рых аспектах могут быть присущи к П. о., напр. для структурного функционализма *Парсонса*. Последний стремился интегрировать ряд элементов фрейдизма, напр. концепции динамической структуры и защитных механизмов личности; решающего значения первых лет жизни в процессе социализации человека; эдипова комплекса и др. По мн. Парсонса, разрешение ряда аффективно-эротических проблем в жизни ребенка дает ему первичное представление о ролевой структуре об-ва, в рез-те чего формируется связь личности и социальной системы. Мотивационная структура и динамика не может, с его т. зр., адекватно анализироваться чисто социол. средствами, без обращения к психоанализу, к-рый, в свою очередь, должен быть «социологизирован», избавлен от исходного атомарно-идивидуалистического принципа. Наряду с консервативными в рамках П. о. существовали также либеральные и радикалистские течения (*Рисмен*, *Фромм*, *Маркузе*, *фрейдомарксизм*). В основе последних лежит идея полного уничтожения существующих социальных, моральных, политических норм и ин-тов, высвобождения первичных человеческих влечений, трансформации характеров посредством двуединой — сексуальной и социальной — революции либо посредством коммунитарного движения и психоаналитической техники. Начиная с 20-х гг. П. о. заняла заметное место в сфере конкретных социол. исследований, особенно в таких областях, как социология семьи, девиантного поведения, культуры, расовых отношений, войны, лидерства, обществ. мнения, массовых коммуникаций. Значит. внимание уделялось исследованию социализации индивида, социальных и политических типов и характеров, тоталитарных диктатур и др.

С. А. Эфиров

Лит.: 1) Психоаналитическая социология// История буржуазной социологии первой половины XX в. М., 1967. 2) Psychoanalysis and social science. N. Y., 1962. 3) *Roazen* P. Freud: political and social thought 1., 1968.

ПСИХОЛОГИЗМ В СОЦИОЛОГИИ — см. *Психологическое направление в социологии*.

ПСИХОЛОГИИ НАРОДОВ школа — одно из первых социально-психологических направлений, сложившееся в Германии в середине 19 в. Создателями П. н. ш. были философ М. Лацарус, языковед Х. Штейнталь. Первоначальный замысел концепции был изложен в редакционной статье первого номера «Журнала сравнительного исследования языка» (1852). В 1859 г. был основан журнал «Психология народов и языкознание» (издавался до 1890 г.), где была опубликована программная статья Лацаруса и Штейнталя «Вводные рассуждения о психологии народов». Осн. идея П. н. ш. заключалась в том, что главной силой истории явл. народ, или «дух целого», выражающий себя в искусстве, религии, языках, мифах, обычаях и т. д. Индивидуальное сознание есть продукт этого целого, звено в некой социально-психологической связи. Задача П. н. как отдельной науки заключалась в том, чтобы психологически познать сущность духа народа, открыть законы, по к-рым протекает духовная деятельность народов. Эти идеи были развиты и систематизированы В. Вундтом в «Лекциях о душе человека и животных» (1863) и в десятитомной «Психологии народов» (1900—1920, рус. изложение — 1912 г.). В раннем варианте П. н. отстаивала субстанциональное существование «надындивидуальной души», подчиненной «надындивидуальной целостности», каковой явл. народ (нация). Теоретические источники таких взглядов — филос. учение Гегеля о «народном духе», идеалистическая психология И. Ф. Гербарта, синтезировавшая монадологию Лейбница и английский ассоцианизм. Вундт отказался от неопределенного понятия «дух целого» и придал П. н. более реалистический вид, предложив программу эмпирических исследований языка, мифов и обычаев — своего рода социологию обыденного сознания. В его варианте П. н. становилась описательной наукой, не претендующей на открытие и создание законов, но фиксирующей особенности «глубинных слоев» духовной жизни людей. В России идеи П. н. ш. развивались в трудах лингвиста А. А. Потебни. П. н. ш. послужила отправной точкой для развития понимающей психологии Дильтея и Э. Шпрангера, а также франц. социол. школы. Задавшись вопросом о природе социальности, П. н. ш.

решала вопрос о соотношении индивидуального и социального сознаний в пользу последнего. Согласно Штейнгелю, все индивиды одного народа имеют черту специфической природы, к-рая накладывает отпечаток как на физические, так и на духовные характеристики представителей данного народа. Воздействия «телесных влияний» на душу вызывают появление общих социально-психологических кач-в у разных представителей одного народа, вследствие чего все они обладают одним и тем же «народным духом». Это психологическое сходство индивидов проявляется в их самосознании. Природа его метафизична, и понимание ее затруднительно — возможно лишь описание его проявлений. Для Вундта народное сознание представляло собой «творческий синтез» индивидуальных сознаний, порождавший качественно новую реальность, обнаруживаемую в продуктах надындивидуальной деятельности. Постановка социол. проблем и попытка их комплексного решения с привлечением психологии, этнографии, лингвистики и филологии относятся к заслугам П. н. ш. Идеализм, эклектичность и отсутствие последовательного концептуального решения поднятых проблем — к числу недостатков. Отдельные положения школы П. н. использовались националистическими и даже расистскими направлениями политической мысли.

Д. В. Ольшанский

Лит.: 1) *Ярошевский М. Г.* Психология в XX столетии. М., 1974. 2) *Вундт В.* Введение в психологию. М., 1912.

ПСИХОЛОГИЧЕСКИЙ ЭВОЛЮЦИОНИЗМ в социологии — одно из направлений конца 19 — начала 20 в. в зап. социологии, представители к-рого вслед за *Спенсером* рассматривали развитие об-ва как этап космической эволюции, в к-рой каждая последующая ступень аккумулирует достижения предыдущих и строится на них; причем — в отличие от биологизаторских тенденций *органической* школы — видели в усложнении форм обществ. жизни рез-т развития сознательного начала, выдвигая лозунг «направленной эволюции» — разумного управления социальными процессами. Так, *Уорд* соединял спенсеровский принцип космической эволюции с ценностно окрашенной идеей прогресса. Социальные институты были для него следствием развития скорее психических (сознательных), чем витальных (биологических, неосознанных, инстинктивных) сил. Высшая, собственно человеческая ступень эволюции — «социогения» — оказывалась для Уорда синтезом всех природных сил, сложившихся в ходе космо-, био- и антропогенеза. Она характеризовалась появлением «чувства и цели», к-рых не было в действиях слепых природных сил и к-рые детерминируют собственно социальную реальность. Генетические, природные основы человека («первичные желания», в частности голод и жажда, связанные с поддержанием жизни; половые потребности, связанные с продолжением рода, и др.) под влиянием «чувства и цели» преобразуются в «телические» (целевые), т. е. в социальные, процессы, имеющие форму целенаправленных действий людей. На этой основе появляются сложные интеллектуальные, моральные и эстетические «вторичные» желания, выступающие непосредственной побудительной силой социального развития. Будущее человечества в П. э. связывается с преодолением индивидуального целеполагания и с переходом к «коллективному телезису», носителем к-рого является гос-во, обеспечивающее сознательную кооперацию индивидов. Такая организация, как об-во, явл. синтезом бессознательной эволюции и «сознательного плана». Соотношение этих двух факторов определяет характер и уровень развития любого об-ва. Представители П. э. считали социологию агрегативной наукой, в основе к-рой должна лежать психология. Отдельные идеи П. э.— прежде всего эволюционизм и частично психологизм — в более позднее время были восприняты *Фроммом* и отчасти *Парсонсом* и *Мамфордом*.

Д. В. Ольшанский

ПСИХОЛОГИЧЕСКОЕ НАПРАВЛЕНИЕ в социологии образовалось в конце 19 — начале 20 в. на фоне общей тенденции к психологическому обоснованию научного знания. Наряду с психологическим обоснованием логики, гносеологии, эстетики, истории, литературоведения и т. п. стала развиваться психологическая социология. На смену примитивным биолого-натуралистическим теориям, характерным для индивидуальной психологии, пришли теории, требующие учета сложной совокупности социальных факторов. Интерес к проблемам мотивации человеческого поведения и ее социальным механизмам породил несколько разновидностей П. н. в с. Объединяющим моментом для всех них был главный принцип, разделяемый представителями всего П. н.,— стремление искать ключ к объяснению всех обществ. явлений и процессов в психических процессах и явлениях индивида или об-ва. Разновидности П. н. в с. выделяются в зависимости от выбора ключевых объяснительных понятий или принципов. Стремление найти психические факторы цивилизации характеризовало психологический эволюционизм (*Уорд, Гиддингс*). Развитие об-ва рассматривалось как часть космической эволюции, к-рая носит направленный характер, т. е. развивается на основе разумного, сознательного управления социальными процессами. Первичными социальными фактами объявлялись либо желания индивида (голод, жажда, половые потребности и т. п.), либо «сознание рода», «коллективный телезис», делающие возможным сознательное взаимодействие индивидов. Инстинктивизм (У. Мак-Дугалл) искал основу обществ. жизни в биологически наследуемых инстинктах, сопровождаемых соответствующими эмоциями. Представители школы *психологии народов* (М. Лацарус, Х. Штейнталь) осн. исторической силой объявляли «народный дух», выражающий психическое сходство индивидов одной нации. В рамках П. н. разрабатывались также проблемы групповой психологии (*Лебон*) — анонимности, внушаемости, психического заражения и подобных явлений, происходящих в толпе. С ними были связаны нередко крайне реакционные выводы о тождественности народных масс и «иррациональной толпы» и др. Сторонники теории подражания (*Тард*, Дж. Болдуин) усматривали элементарный обществ. факт в подражании одного индивида др. Сторонники раннего *интеракционизма* (*Кули*) в кач-ве первичных фактов об-ва рассматривали представления, к-рые люди составляют друг о друге. Сконцентрировав внимание на непосредственном взаимодействии индивидов в рамках «первичных групп», Кули отождествил обществ. отношения с межиндивидуальными отношениями, а личность отождествил с ее самосознанием. Заслугой представителей П. н. явл. то, что они привлекли внимание к проблеме обществ. сознания в его соотношении с индивидуальным сознанием.

Е. В. Осипова

ПУЛАНТЦАС (Poulantzas) **Никос** (21.09.1936, Афины — 03.10.1980, Париж) — социолог и политолог, представитель леворадик. мысли. С 1960 г. жил и работал в Париже, преподавал социологию в ун-те «Париж-VIII», вел научную работу в Школе исследований по обществ. наукам. П. доказывал необходимость обновления стратегии левых сил, нацеленной на завоевание власти в капиталистическом об-ве. Подводя под это положение теоретическую базу, стремился развивать марксизм с учетом социальных перемен второй половины 20 в. и увязать его выводы с нек-рыми подходами политической социологии М. *Вебера* и *Михельса*. В своем анализе особое внимание обращал на разработки А. Грамши. П. стремился показать, что в совр, капиталистическом об-ве гос-во значит. расширило свои функции, оно тем не менее не покрывает всю совокупность отношений власти, сохраняя опред. автономию по отношению к социальной сфере. Границы, или «пределы», гос-ву устанавливают «сфера индивидуально-частной деятельности», классовая борьба, массовые движения. От соотношения сил между ними зависит характер гос-ва в каждый исторический период. Поэтому стратегия прихода левых сил к власти должна строиться, во-первых, с учетом необходимости изменить соотношение сил внутри гос-ва в рез-те расширения ин-тов представительной демократии, а во-вторых, в расчете на подъем массовых демократических движений, развертывание к-рых будет сопровождаться возникновением очагов прямой демократии. Согласно П., оба процесса будут развиваться параллельно: неснимаемая напряженность между ними призвана обеспечить динамику перехода об-ва к демократическому социализму. В этот период массовые социальные движения призваны, с одной стороны, поддерживать «снизу» левое правительство, а с др.— служить своеобразным «пределом» для гос-ва, противодействовать его возможному тоталитарному расползанию и обеспечивать внедрение самоуправленческих начал в устройство об-ва. По П., активизация массовых социальных движений явл. рез-том выхода на политическую сцену «новой мелкой наемной буржуазии». В эту категорию П. включал инженерно-технических и др. работников умственного труда, занятых в производстве и сфере обслуживания. П. считал их главным союзником рабочего класса по антимонополистической коалиции. П. доказывал, что новые формы вмешательства гос-ва в социальную жизнь, а также развитие массовых социальных движений стали осн. причинами кризиса традиционной партийно-политической системы капиталистического об-ва, к-рый захватил и представительные организации рабочего класса. П. считал, что выход из этого кризиса требует внутр. перестройки политических партий левого лагеря, изменения их отношений с массовыми социальными движениями, их «активного присутствия» в этих движениях. Настаивая на необходимости демократизации партий рабочего класса, П. предостерегал их от опасности вырождения во «всеядную партию популистского типа». Одновременно П. отмечал, что взаимодействие с левыми политическими партиями для массовых демократических движений чревато угрозой их растворения в аморфной социальной базе этих партий.

С. Г. Айвазова

Соч.: 1) Sur Gramchi. P., 1965. 2) Pouvoir politique et classes sociales de l'etat capitaliste. P., 1970. 3) La Crise de l'état. P., 1976. 4) L'Etat. le pouvoir, le socialisme. P., 1978.

Р

РАВНОВЕСИЕ СОЦИАЛЬНОЕ — принцип, положенный в основу позитивистских представлений об об-ве как целостном образовании, в к-ром гармонически взаимодействуют его части или элементы. Сторонники этого принципа подчеркивают роль саморегулирующих механизмов обществ. жизни, поддерживающих устойчивость системы. Центральное место в их социальных теориях занимают такие механизмы, как вознаграждения и санкции, законы, моральные установления, традиции и т. п., что порождает представление об об-ве как об интегрированной системе с высокой степенью *консенсуса*. В теории *Парсонса* Р. с. аналогично принципу гомеостазиса в биологии. Р. с. выступает здесь не как эмпирическая характеристика системы, а как аналитическая точка отсчета, допускающая исследование условий «дезэквилибриума», вплоть до необходимости переструктурирования системы или даже ее разрушения. В оценочно-нейтральной формулировке Парсонса «наиболее общим и основным свойством системы служит взаимозависимость частей или переменных; взаимозависимость заключается в существовании детерминированных отношений между частями или переменными в противовес случайному непостоянству; другими словами, взаимозависимость — это порядок в отношениях между входящими в систему компонентами; этот порядок должен обладать тенденцией к самоподдержанию, к-рое в весьма общих чертах выражается в понятии равновесия» [1, 107]. В таком виде понятие «Р. с.» может играть важную эвристическую роль в изучении динамических развивающихся систем. В теоретическом плане проблемы изменения системы могут решаться только в терминах тех способов, к-рыми она обеспечивает свои функциональные потребности, а представление о таких потребностях неотделимо от понятия равновесия и условий его поддержания. Когда речь идет о конкретных эмпирических системах, становится необходимым операциональное определение количественных рамок, в к-рых могут изменяться те или иные системные параметры и переменные без изменения структуры самой системы.

Л. А. Седов

Лит.: 1) Toward a general theory of action/ Parsons T. and Shils E. Camb. (Mass.). 1951, 2) *Parsons T.* The social system. Glencoe, 1959.

РАДИКАЛИЗМ СОЦИОЛОГИЧЕСКИЙ — присущая нек-рым направлениям совр. зап. социологии тенденция превращения политического радикализма в абстрактно-теоретический (метафизический) «радикализм», обращаемый против социологии и принципа научности социол. знания. Как правило, возникает в условиях общего спада леворадик. движения на Западе по мере утраты радикалистски ориентированной социологией собственного политического пафоса. Склонность к Р. с. проявляли неомарксисты 20—30-х гг. и «критические» социологи в 60-х гг. 20 в., но наиболее отчетливые формы он принял в 70-е гг., в период вырождения «*нового левого*» радикализма, сдававшего свои политические позиции перед лицом наступающего *неоконсерватизма* [2]. По мере того как менялись представления «левых» социологов о возможностях «культурной революции в духе Мао», возникала необходимость ограничить ее сферой самого социол. знания, где «культурная революция» приобретала все более «сублимированную» форму, превращаясь в радикально-социол. критику социологии, ее методологии и общетеоретических предпосылок. Критикуя «политические импликации», содержащиеся в концепциях теоретиков «официальной социологии», приверженцы Р. с. приходят к критике «искажений и извращений», к-рым социология подвергает свой предмет, пользуясь научным языком, его семантикой и синтаксисом (*Гоулднер*) [4]. На этом пути в рамках Р. с. происходит сближение неомарксистской *«критической социологии» с феноменологической социологией,* согласно к-рой стремление к научности, к-рым отмечена позитивистская или вообще «натуралистическая» социология (*Натурализм в социологии*), ориентирующаяся на модель естествознания, ведет к решительному «овеществлению» предмета социол. исследования. Такого рода критика не предлагает никакой положительной альтернативы критикуемой ею научной «строгости» и определенности социол. понятий, оказываясь в конечном счете чисто деструктивной. Ее рез-том явл., как правило, с одной стороны, разрушение инструментария конкретного социол. исследования, а с др.— распредмечивание социологии, утрата связи с социальной реальностью, происходящие в процессе сведения ее к чисто «языковому» аспекту: решающим оказывается не то, что говорится, а то, кто говорит, какую корыстную цель, подлежащую «социол. разоблачению», он при этом преследует. В повторяющихся процедурах такого «разоблачения», выдаваемого за радикальную критику «угнетательского духа» социол. науки и принципа научности вообще, на передний план выступает стремление свести («редуцировать») все слова и термины, понятия и представления социол. науки к их «глубинно»-психологической подоплеке [3].

Ю. Н. Давыдов

Лит.: 1) Новые направления в социологической теории. М., 1978. 2) Буржуазная социология на исходе XX века: (Критика новейших тенденций.) М., 1986. 3) *Friedrichs R. A.* Sociology of sociology. N. Y.— L., 1970. 4) *Couldner A.* For sociology: Renewat and critique in sociology today. L., 1973.

РАДКЛИФФ-БРАУН (Radicliffe-Brown) **Альфред Реджиналд** (17.01.1881, Бирмингем — 24.10.1955, Лондон) — англ. этнограф, один из создателей «социальной антропологии» как теоретич. дисциплины на базе сравнительного изучения на месте «примитивных» человеческих обществ в их целостности. Осн. влияние на Р.-Б. оказали У. Уэвелл, *Спенсер, Дюркгейм.* Р.-Б.— глава формально-структурного крыла англ. антропологического функционализма, инициатор позитивистско-индуктивистской программы «естеств. науки об об-ве» и системного подхода в антропологии. Базовые данные для такой науки должны быть эмпирическими фактами о социальной и культурной жизни человека, собранными «в поле», в прямом контакте с изучаемыми об-вами (известны полевые исследования Р.-Б. на Андаманских островах). Р.-Б. разделял общую склонность функционализма к трактовке социальных систем как неких суперорганизмов, к-рые имеют интересы, цели или «необходимые условия существования» [2, 178] и из чьих «потребностей» в выживании и эффективности возникли опред. социальные ин-ты.. Но в отличие от *Малиновского,* у к-рого идея функциональной связи последних с осн. биологическими потребностями человека явл. ведущей, в центре интересов Р.-Б. находится «структура» об-ва по аналогии с механической структурой, каркасом тела. В примитивном об-ве структура обществ. отношений между людьми относительно выражена и доступна изучению в туземной терминологии родства, возрастных классов и т. п., характеризующей уклад взаимных ожиданий и обязанностей. В «структурах» отображены природные ограничения на социокультурную изобретательность человека, на вариативность социальных установлений и правил, в частности на степень свободы в организации систем родства. Наблюдая в огромном разнообразии обществ. учреждений, разделенных временем и пространством, повторяющиеся необходимые образцы и связи, антрополог как систематик-компаративист ищет «естеств. классификацию» структур примитивных об-в. Анализ структуры об-ва неотделим от исследования социальных функций его ин-тов и др. структурных элементов. Человеческая деятельность (стратегическими узлами к-рой являются ин-ты) существенно объяснима вкладом, к-рый она вносит в воспроизводство данного образца обществ. отношений. Видеть об-во как целое и показать слаженную работу его частей — задача антрополога. Устойчивая структурная подоснова обществ. жизни выявляется синхронным срезом, «сечением» об-ва. Объяснение изменений самой этой подосновы требует привлечения теорий эволюции, к-рые Р.-Б. одобрял, отвергая в них только «псевдоисторические спекуляции» [2]. Р.-Б. и его последователям не удалось выполнить программу строгого структурно-функционального описания всей системы примитивного об-ва в ее динамике. Функционалистские объяснения посредством анализа прямого вклада явления в сохранение социальной структуры не могли быть строгими, ибо нельзя установить точной связи между чрезвычайно общими проблемами, приписываемыми об-ву, и конкретными ин-тами наследования, рода, возрастных обязанностей и т. п., многофункциональными по своей природе. Эти трудности возросли при переносе методов Р.-Б. с предмета примитивной антропологии на сложные совр. обществ. системы, к-рый пыталась осуществить *чикагская школа социальной антропологии* (Л. Уорнер, С. Такс и др.) и амер. социол. функционализм (*Мертон, Парсонс* и др.).

А. Д. Ковалев

Соч.: 1) A natural science of society. Glencoe, 1948. 2) Structure and function in primitive society. L., 1952.

РАЗДЕЛЕНИЯ ТРУДА теории — концепции, объясняющие природу и механизм дифференциации трудовой деятельности, роль Р. т. в обществ. развитии. Классики бурж. социологии 19 в. *Конт* и *Спенсер* считали, что Р. т. аналогично разделению функций организма и явл. основанием обществ. солидарности, существования и усложнения социального организма. Р. т., писал Спенсер, «есть именно та особенность, как в обществе, так и в животном, которая делает каждое из них живым и целым» [1, 280]. Основанием Р. т., по мн. Конта, явл. биологические особенности человека и его социальное положение. Работа должна быть распределена т. обр., чтобы каждый занимался трудом, к-рый он может выполнить лучше всего в силу своей природы, воспитания, положения и особенностей характера. Конт предполагал, что Р. т., вызывая умственные и нравственные различия между людьми и обособление частных интересов от общих, неизбежно приводит к конфликту между индивидом и об-вом. Шмоллер, рассматривая социальные аспекты Р. т., на большом историческом материале прослеживает генезис и разложение различ. форм Р. т., выясняя их связь с такими социальными явлениями, как семья, собственность, социальная группа, образование и мораль. Наиболее развернутую социол. концепцию Р. т. дал *Дюркгейм*, к-рый считал, что Р. т.— «необходимое условие материального и интеллектуального развития общества: оно источник цивилизации» [2, 38]. Р. т. создает тип общности индивидов, формирует высшую форму социальной связи между ними — «органическую солидарность». В отличие от существовавшей на первых порах человеческой истории «механической солидарности», при к-рой человек полностью растворен в коллективности, для органической солидарности характерно то, что здесь каждый человек, выполняя опред. функцию, имеет свою собственную сферу действия. Обладая в силу этого индивидуальностью, своеобразием, независимым кругом деятельности и относительной самостоятельностью, каждый человек в то же время глубоко зависит от др. людей в силу ограниченности своей деятельности. Эта зависимость выражается в существовании Р. т. Чем больше разделен труд, тем больше каждый зависит от об-ва, тем выше уровень органической солидарности. Если при механической солидарности индивид непосредственно связан с об-вом, то при органической он связан с об-вом через опред. опосредующие звенья — социальные группы и подкультуры. Дюркгейм отмечал, однако, что в совр. об-ве существуют паталогические формы Р. т., к-рые разрушительно влияют на органическую солидарность, порождая конфликты и *аномию*. Однако в принципе Р. т. остается здесь главным основанием не только органической солидарности, но и смягчения борьбы за существование, расширения сферы человеческой свободы. Одновременно с Дюркгеймом выдвинул свою теорию Р. т. К. Бюхер, он подчеркнул, что разделение и объединение (кооперация) труда — это два взаимосвязанных аспекта одного и того же процесса. М. *Вебер,* рассматривая историю хозяйства, указывает, что расчленение профессий, дифференциация людей по производственным призваниям явл. осн. фактом всякой развитой хозяйственной жизни. Профессию он определяет как «постоянное выполнение определенных функций одним лицом, как основание его обеспечения или заработка» [4, 10]. Осн. Р. т. в совр. об-ве, к-рое указывает Вебер,— это разделение на распорядительный и исполнительный труд. Кроме того, формы разделения и объединения труда могут различаться по виду функций, к-рые соединяет в себе одно лицо, по виду совместного действия нескольких лиц, по виду взаимодействия работника с вещными средствами труда. *Зомбарт* на основе анализа различ. исторических форм Р. т. охарактеризовал особенности промышленного Р. т. Возникновение капиталистического предприятия связано с появлением двух сторон Р. т. Первая — дифференцирование трудовых операций, возникшее вследствие умножения видов продуктов. Вторая — «дифференцирование, к-рое произошло как бы изнутри — вследствие разложения труда на его отдельные частичные операции» [3, 6]. Именно эта сторона Р. т.— расчленение его на частичные операции — оказалась в центре внимания совр. зап. социологии. Тот способ организации труда, к-рый наиболее четко выражен в системе Ф. Тейлора и к-рый предполагает все большую автоматизацию и рационализацию процесса производства, расщепление трудовых операций, выявил отрицательные социальные и социально-психологические последствия совр. форм промышленного труда. Исследованием этих проблем и поиском тех социально-психологических и технико-организационных мер, к-рые содействовали бы преодолению возникающих в результате расчленения труда психологической напряженности, неудовлетворенности и аномии, занимается ряд бурж. социологов: *Фридман,* П. Навиль, *Турен,* Р. Дабин, Р. Блаунер и др. В рамках индустр. социологии проблема Р. т., как правило, сведена к проблеме расчленения труда, дифференциации производственных функций внутри предприятия, к-рая определяется особенностями развития техники совр. промышленного производства. Более широкие социальные аспекты Р. т. рассматриваются в бурж. социологии в рамках теорий социальной стратификации и социальной мобильности.

Н. Ф. Наумова

Лит.: 1) Основание социологии. СПб., 1898. 2) О разделении общественного труда. О., 1900. 3) Промышленность. СПб., 1906. 4) История хозяйства. Пг., 1923.

РАЙХ (Reich) **Вильгельм** (24.03.1897, Добжциница, Галиция — 03.11.1957, Льюисбург, Пенсильвания) — австр. психолог и социальный мыслитель, основатель *фрейдомарксизма.* Преобразовал доктрину *Фрейда* в леворадик. духе, освободив ее от элементов, к-рые считал «консервативными». С этой целью, в отличие от большинства др. последователей Фрейда, довел до крайних пределов фрейдовский гиперсексуализм. Считал сексуальность (точнее, оргазм) осн. жизненным и социальным принципом, центральным регулирующим механизмом индивидуальной и обществ. жизни. Стремясь соединить марксистскую концепцию революции с фрейдовской критикой сексуальной репрессивности, Р. утверждал, что социальная революция невозможна без сексуальной революции, поскольку сохранение сексуального подавления формирует консервативный тип характера, человека, склонного к слепому подчинению. Это подавление, осуществляемое сначала традиционной формой семьи, а затем политической и культурной системой, в целом явл. основой эксплуатации и с необходимостью обусловливает существование авторитарных режимов. Осн. задача психоаналитической терапии и одна из осн. задач революции, по Р.,— освобождение подавленной сексуальности, первичных глубинных инстинктов, к-рые он, в отличие от Фрейда, расценивал как однозначно позитивное начало. В футурологических проектах Р. центральное место отводится сексуальному «раскрепощению», к-рое должно проводиться с детского возраста. В последний период деятельности Р. переходит от леворадикалистских к праворадикалистским идеям. Абсолютизация сексуальности доводится им до фантастических масштабов, переносится в космическую плоскость. Р. пытается обнаружить «оргонную энергию», лежащую, по его представлениям, в самой основе бытия. Идеи Р. оказали большое влияние на последующие леворадик. движения, как бунтарские, так и коммунитарные.

С. А. Эфиров

Соч.: 1) Massenpsychologie des Faschismus. Kopenhagen. Prag — Z., 1933. 2) Charakteranalyse. Wien, 1933. 3) The function of the orgasm. N. Y., 1964. 4) Die sexuelle Revolution. Fr./M., 1971.

РАСОВО-АНТРОПОЛОГИЧЕСКАЯ ШКОЛА — реакционное течение в зап. социологии второй половины 19 — начала 20 в.; разновидность натуралистического, биологического направления в социальной мысли. Осн. положения Р.-а. ш. сводятся к следующим: 1) социальная жизнь и культура явл. рез-том действия расово-антропологических факторов; 2) расы, т. е. множества людей, объединенных общими наследственными физико-антропологическими признаками, явл. осн. субъектами социально-исторических процессов; 3) расы не равны между собой в отношении интеллектуальных, творческих и др. способностей; 4) расовые смешения вредны с т. зр. социального и культурного развития; 5) социальное поведение человека целиком или преимущественно детерминировано расовой наследственностью. Возникновение Р.-а. ш. связано с концепциями *Гобино*. Др. представитель этого направления — Х. Чемберлен, отвергая фатализм и пессимизм Гобино, призывал к возрождению мифического «арийского духа». В соч. «Основы девятнадцатого столетия» (1899) он представил поверхностный и тенденциозный обзор европ. истории, высшим «достижением» к-рой объявил создание «тевтонской» культуры. В третьем рейхе эти концепции обеспечили Х. Чемберлену титул «народного мыслителя». Одной из разновидностей Р.-а. ш. была т. наз. «антропосоциология», представленная О. Аммоном (Германия) и Ж. В. де Лапужем (Франция). В их работах, основанных на ложном истолковании антропометрических данных, содержалась попытка установления прямой зависимости между классовой принадлежностью и антропологическими параметрами индивидов — величиной т. наз. головного указателя (процентного отношения наибольшей ширины головы к ее наибольшей длине). Присущая «антропосоциологии» связь расизма с концепциями социального дарвинизма была характерна и для работ *Вольтмана*, к-рый, в отличие от «антропосоциологов», отрицал расовые основы социальной иерархии и провозглашал себя сторонником социализма. Будучи одним из ранних идеологов национал-социализма, Вольтман грубо фальсифицировал исторические факты, приписывая важнейшие достижения мировой культуры влиянию «германской расы». Идеологические функции концепций Р.-а. ш. состояли в обосновании привилегий господствующего класса и империалистической экспансии. В научной социологии концепции Р.-а. ш. рассматриваются гл. обр. как рационализация расовых и этнических предрассудков, как социальные мифы, пагубно влияющие на развитие об-ва и культуры. Тем не менее на Западе время от времени предпринимаются попытки возрождения тех или иных положений Р.-а. ш. в форме тенденциозных истолкований данных антропологии, генетики, психологии, истории и др. наук.

А. Б. Гофман

Лит.: 1) Расовая проблема и общество. М., 1957. 2) *Токарев С. А.* История зарубежной этнографии. М., 1978. 3) История буржуазной социологии XIX — начала XX века. М., 1979. 4) *Montaqu A.* Man's Most Dangerous Myth: The Fallacy of Race. Sth ed. L., etc., 1974.

РАТЦЕЛЬ (Ratzel) **Фридрих** (30.08.1844, Карлсруэ — 09.08.1904, Аммерланд) — нем. географ и этнограф, представитель *диффузионизма*, основатель «политической географии», иногда ошибочно признаваемый основателем «антропогеографической школы». Р., выступившему против *эволюционизма* в этнографии, удалось проследить нек-рые закономерности влияния природных условий на развитие народов и их культур в разных географических зонах. Идеи географического детерминизма Р., переносившего законы биологического развития на развитие народов, близки к идеям социал-дарвинистов. В «Политической географии» и в последующих работах Р. фетишизировал влияние природно-географической среды на гос. политику, считая, что для увеличения народонаселения необходимо расширение территории, и поэтому оправдывал колониальную политику Германии. Эти идеи Р. были развиты «геополитиками»: Ю. Р. Челленом, К. Хаусхофером, Э. Обстом, О. Мауллем и др. Вместе с тем сам Р., высоко ценивший вклад разных народов в мировую культуру, шовинистом или расистом не был.

Н. Т. Кремлев

Соч.: 1) Anthropogeographie. Stuttg., 1882—1891. Bd. 1—2. 2) Politische Geographie. Münch.— Lpz., 1897. 3) Raum und Zeit in Geographie und Geologie: Naturphilosophische Betrachtungen/ Hrsg. v. P. Barth. Lpz., 1907.

РАЦИОНАЛИЗАЦИИ ПРОЦЕСС (лат. ratio — счет, рассудок) — термин, возникший в начале 19 в. в политэкономии для обозначения приемов интенсификации ведения хозяйства. В социологию понятие «Р. п.» введено в работах *Тенниса*, *Зиммеля* и, гл. обр., М. *Вебера*, придавшего ему значение последовательного упорядочения и оформления социальных интересов группы опред. идеями. Р. п. может быть представлен как систематическое вытеснение (в форме прояснения структуры «цель—средства») иррациональных (и в этом смысле случайных, не соответствующих «разумным», идеальным основаниям), аффективных или рутинно-традиционных компонентов действия, а также как исключение противоречащих осн. принципам и доктринальным канонам версий или интерпретаций (при кодификации права, создании систематического учения в сфере идеологии, науки и т. п.). Предпосылкой Р. п. является фиксация распадения идеологических представлений о социальной реальности (выступающей вследствие этого как поле борьбы «слепых» интересов) на сферу должного (идеального ценностно-нормативного порядка) и сущего (эмпирически реального). Подобная проблематизация существующих ин-тов ставит перед социальной группой — носителем Р. п.— задачу достижения, исходя из своих интересов, внутренне согласованной и непротиворечивой системы отношений. Методическое планирование и регламентация деятельности требуют ранжирования ценностей, определяющих порядок выбора целей и адекватных им средств, учета возможных последствий их реализации. Подобное толкование Р. п. было в дальнейшем усвоено зап. социологией. В исследованиях по *религии социологии*, *права социологии*, социологии хозяйства, *искусства социологии* Вебер описывал те моменты взаимосвязи социальных, экономических и политических структур и смысловых культурных образований («констелляции идей и интересов»), к-рые обусловили возникновение феноменов Р. п., прослеживая их дальнейшее развитие, выявляя в ходе исторического анализа факторы, препятствующие или стимулирующие Р. п., а также механизмы трансформации Р. п. в традиционные ин-ты. Частный характер рационализации, относительная автономия ее сфер объясняются тем, что сам процесс затрагивает всегда лишь опред. ценности культуры (реконструкция их позволяет говорить о «перспективе» или «оси» Р. п.) и совершается только по свойственным ей нормам расчета и мышления. Следует различать рационализацию как смысловую структуру индивидуального действия (напр., «этика ответственности» как техника методического самоконтроля) и норму внешнего поведения внутри сложившихся ин-тов. В первом случае можно говорить о формировании опред. образа жизни, этоса, во втором — о появлении рац. социальных структур — системы управления, экономики, науки и проч. Структуры второго типа обладают чрезвычайной устойчивостью, разрушаясь лишь вместе с соответствующей культурой. Институционализация рационализации выражается в разделении видов деятельности, ее нормировании, стандартизации, к-рые являются предпосылкой образования формальных организаций. В технологии Р. п.— условие механизации и автоматизации производства. В психологии понятие рационализации — синоним когнитивной фиксации психологического переживания и эмоциональных состояний. В социальной психологии под рационализацией (термин введен в 1906 г. психоаналитиком Э. Джонсом) понимают один из механизмов психологической защиты личности, заключающийся в выдвижении «приемлемых» (в отношении обыденных моральных или культурных норм) объяснений для «неприличных» или недопустимых бессознательных реакций, действий, желаний. «Внутр. оправдание», основывающееся на мнимой логике, действительных и фантастических моментов, имеет целевой характер, т. е. на проявления бессознательного накладывается цензурирующая схема рац. истолкования. Видимость «рационального» как значимого культурного образца или эталона (наиболее одобряемая структура мотивации) служит легитимирующей нормой для бессознательных влечений. Рационализация не просто псевдообъяснение индивидом своих мотивов действия окружающим, но и «невозможность» постижения реального положения вещей для него самого. Как идеологическую защиту консервативной системы культурных или моральных установлений, препятствующих раскрытию новых фактов или их критическому рассмотрению, Р. п. в этом смысле обычно противопоставляют научному исследованию.

Л. Д. Гудков

РАЦИОНАЛЬНОЕ (от греч. ratio — разум) — в общем значении — соответствующее разуму, поддающееся интерпретации в терминах разума. Гносеологическая определенность Р. существует только как противоположность иррационального-стихийного, случайного, необъяснимого разумно или объяснимого ссылками на обычай, традицию, авторитет. Гегель представлял Р. как процесс вытеснения иррационального из сознания и бытия, при этом Р. понималось как свойство надындивидуальных структур: гос-ва, об-ва. В либеральной мысли 18—19 вв. Р., наоборот, было связано с индивидуальным интересом, представляло собой равнодействующую конкуренции и кооперации независимых индивидов. Осознанию условности оппозиции Р.— иррационального в 19 в. способствовал анализ иррациональности капиталистического производства в историческом материализме, а также выдвинутая психоанализом концепция амбивалентности сознания. В 20 в. на фоне переосмысления ряда природных и психических явлений в плане Р.— иррационального формируется установка на отказ от поиска объективно Р. и прагматическую рационализацию отдельных явлений. Возникшее в этом контексте социол. понятие Р. ограничивает его сферой социального действия, к-рое, напр., у *Парсонса,* считается Р., если «оно преследует цель, достижимую в данных условиях с помощью средств наиболее выгодных автору и на основании соображений, поддающихся верификации средствами современной науки». В *знания социологии* и школах, ориентированных на символические аспекты поведения, Р. определяется как действие рац. существа, т. е. имеющего интенции (а не просто желания); самосознание (а не только сознание); ценности и цели (а не только предположения); надежды (а не ожидания). Р. как свойство социальной системы означает оптимальный способ интеграции индивидов вокруг общих ценностей. Представление о Р. как отличном от прагматически целесообразного разработано М. *Вебером* в рамках его теории рационализации, описывающей историю Запада как процесс нарастания регуляции в социальной жизни, калькуляции в экономике и применения научных методов в производстве. Зародившись как тип поведения в ранней протестантской элите, Р. действие становится в зап. культуре массовым, формируя универсальную этику — духовную основу капитализма. В процессе рационализации все виды поведения уподобляются экономическому; с определенного момента это приводит к вытеснению ценностно Р. начала прагматическим и нарастанию анонимно-функциональных моментов в социальных отношениях. Формально Р. становится, т. обр., сущностно иррациональным: экономические нормы не соответствуют потребностям, законы — интересам, обществ. мораль — нравственному чувству. Под влиянием М. Вебера и на основе эмпирических исследований в совр. социологии управления и организации сложилось представление, что наиболее эффективны социальные структуры, сочетающие рациональные, традиционные и харизматические элементы. В социологии знания методологическая установка на анализ поведения в терминах Р. в последние десятилетия дополняется требованием учета его иррациональных моментов.

В. А. Чаликова

РАЦИОНАЛЬНОЕ ДЕЙСТВИЕ — см. *Целерациональное действие; Ценностно-рациональное действие.*

РЕАЛИЗМ социологический — одно из двух основополагающих общетеоретических и методологических воззрений, противоборствующих в зап. социальной философии и социологии, согласно к-рому об-во в целом, равно как и отд. социальные ин-ты (гос-во, семья и т. д.), выступает как самостоятельная сущность, своего рода субстанция, несводимая к взаимодействию отдельных индивидов; противостоит социологическому *номинализму,* вообще отказывающемуся признавать за реальность как об-во, так и социальные ин-ты, считая, что таковой обладают лишь отдельные индивиды. Понятие «Р. с.» (как и полярно противоположное ему — «социол. номинализм») образовано по аналогии с понятием реализма в средневековой философии, где оно было связано с представлением о независимости реального существования абстрактно-всеобщих понятий (универсалий) от единичных вещей, к-рым, т. обр., отказывалось в истинной реальности. Точно так же и для сторонников Р. с. истинными носителями социальной реальности явл. над- или сверхиндивидуальные целостности (об-во, гос-во, народ, семья и т. п.), а не конкретные («эмпирические») индивиды; не надындивидуальные целостности получают свое кач-во социальности от конкретного взаимодействия индивидов, наоборот, эти последние обретают социальное кач-во, приобщаясь к сверхиндивидуальным формам. К числу представителей Р. с., к-рый имел место как на почве позитивистской, так и на почве антипозитивистской социологии, относятся, с одной стороны, *Спенсер,* биоорганическая школа, нек-рые социал-дарвинисты (напр., *Гумплович*), *Дюркгейм* и его последователи, а с др.— *Тённис, Шпанн, Фрайер* и др. Среди сторонников Р. с. можно выделить крайнюю и умеренную тенденции. Для представителей первой из них, к-рых больше всего было среди сторонников гегельянски (и неогегельянски) ориентированной социологии, характерно более радикальное противопоставление социальной реальности конкретным индивидам, предстающим как нечто совершенно случайное, как бессущностная материя формирующих ее социальных «тотальностей». Для представителей второй тенденции, к к-рым отчасти можно отнести даже *Конта* (хотя он и стремился отвести упрек в Р. с.), специфично стремление, рассматривая об-во как «высшую действительность» (и даже — по представлению Конта и Дюркгейма — как «высшее существо»), учитывать связь, сопрягающую об-во и индивидов. В целом Р. с., как и социол. номинализм, можно считать лишь идеальным типом опред. социол. подхода, никогда не выполняемого в исследовании целиком и полностью, однако весьма полезного при историко-теоретической классификации различ. методологических устремлений в зап. социологии.

Ю. Н. Давыдов

РЕАЛИЗМА (силовой политики) **концепция** — распространенный в совр.

англо.-амер. политологии подход к политике как к реальности, обладающей своими законами, определяемыми не отвлеченными «идеалами» альтруизма и гуманизма, а нек-рым набором «реальностей»: военно-экономической силой, национальными интересами той или иной страны и т. д. Традиция Р. идет от Платона («концепция Фрасимаха» в «Государстве»), а в Новое время — от *Макиавелли* и *Гоббса,* согласно к-рым сила — основа права, а сущность внутр. или внешней политики заключается в плюрализме разнообразных ценностей и интересов различ. индивидов, общностей, гос-в, их «балансе». Войны между ними считаются «судьей в последней инстанции», утверждающим «высшую» справедливость. Каждый индивид или гос-во: (1) имеет право на все, что может взять или захватить; (2) обладает своим пониманием справедливости. Высшей же справедливости, абсолютного права и божественного творения, по Гоббсу, в вопросах политики не существует. Международные отношения основываются на грубой силе, низменных интересах и непостоянных союзах — таково «реальное» положение дел в политике. Исследователи Р. к. выводят этимологию этого понятия из термина «Realpolitik», восходящего ко временам Бисмарка [2]. Впервые он, очевидно, был использован нем. автором А. Л. фон Рохау в 1850-е гг. и первоначально ассоциировался именно с политическими идеями Бисмарка. Реанимация Р. в совр. зап. политических и социол. концепциях начинается с конца 30-х гг. и обычно связывается с выходом в свет в 1939 г. книги Э. Х. Карра «Двадцатилетний кризис» [1]. В этой книге подвергнута уничтожающей критике «идеалистическая» концепция политики, поскольку эта политика оказалась неспособной предотвратить вторую мировую войну. Карр призвал к созданию подлинной науки международной политики, к-рая должна строиться на исследовании «действительного» положения вещей (т. е. «реальности»), а не на рассмотрении того, что «должно быть». К числу наиболее известных сторонников Р. в теории международных отношений и мировой политики принадлежат: Ф. Шуман, Г. Никольсон, Р. Нибур, Дж. Шварценбергер, Н. Спайкмен, М. Уайт, Х. Дж. Моргентау, Дж. Ф. Кеннан, Х. Баттерфилд, Дж. Розенау, Р. Раммель, М. Каплан, С. Брамс и др. Наиболее законченное и системное изложение Р. к. в международной политике содержится в книге Х. Моргентау «Политика среди наций» [2], оказавшей сильное влияние на мн. представителей политического руководства США. Осн. положения Р. к., по Моргентау, состоят в следующем: (1) чтобы правильно понять международные отношения, необходимо выделить в них главное — это прежде всего национальные гос-ва или их правители; (2) существует громадное различие между внутр. и внешней политикой той или иной страны; (3) международные отношения — это борьба за власть и обладание миром. Целью теории международных отношений явл. понимание того, как и почему происходит эта борьба, а также выработка средств, способных регулировать этот процесс. «Реалисты» (в отличие от «идеалистов») пытаются переместить исследования из чисто нормативной области анализа в область эмпирического анализа. Концентрированное выражение эти установки находят в концепции «силовой политики», в к-рой во главу угла ставится приоритет национальных интересов гос-ва, его влияние на мировую политику, способность оказывать военно-экономическое давление на международные отношения и применять силу. Под воздействием сдвигов в международных отношениях в последние годы влияние Р. к. в наст. время уменьшается.

В. И. Шамшурин

Лит.: 1) *Carr E. H.* The twenty years crises: an introduction to the study of international relations. L., 1948. 2) *Morgenthau H. J.* Politics among nations: the struggle for power and peace. N. Y., 1949. 3) *Vasquez J. A.* The power of power politics: a critique. L., 1983. 4) *Kennan G. F.* Morality and foreign affairs. N. Y., 1986. Vol. 64. N 2.

РЕВОЛЮЦИИ СОЦИАЛЬНОЙ концепции — концепции, к-рые объясняют закономерности возникновения и протекания Р. с., исходя из положений бурж. общесоциол. теорий обществ. развития.

В развитии концепций Р. с. можно выделить несколько этапов. Истоки совр. бурж. концепций Р. с. восходят к началу 20 в., когда появились труды Б. Адамса, *Лебона*, Ч. Эллвуда и др. социологов, рассматривавших Р. с. в рамках исследования проблем социальной нестабильности, *конфликта социального* и его разрешения. Следующий этап связан с Октябрьской революцией, вызвавшей новую волну интереса бурж. ученых к этой проблеме. Работы социологов «второй волны» — *Сорокина*, Д. Йодера, Л. Эдвардса, Дж. Питти, К. Бринтона, С. Неймана, Ф. Гросса и др. — способствовали формированию в период 20—50-х гг. целой отрасли в бурж. социологии, т. наз. «социологии революции». Возникновение ее связано с именем Сорокина [3]. В 1925 г. он опубликовал книгу «Социология революции», название к-рой стало нарицательным для обозначения направления в зап. социологии, занимающегося изучением Р. с. Заметным рубежом в развитии бурж. концепций Р. с. явились 60-е гг., отмеченные крупными социальными конфликтами на Западе. В эти и последующие гг. особенно широкие программы исследований по проблеме Р. с. развертываются в США, в т. ч. по заданию правительственных учреждений [5, 7]. Социологи «третьего» поколения, выступившие в последние десятилетия (Ч. Джонсон, Д. Дэвис, Р. Тантер, М. Мидларский, Б. Мур, С. Хантингтон, Т. Скокпол, Ч. Тилли и др.), стремятся преодолеть схематизм «классической» социологии революции путем исследования конкретных революц. процессов. В последние годы заметен также переход к созданию обобщающих обзоров ведущих бурж. концепций Р. с. с целью показать развитие этих концепций в более широкой теоретической перспективе (работы М. Хагопиана, А. Коэна, С. Андриоли, Г. Хоппли, С. Тейлора и др.). Теоретико-методологическую основу совр. бурж. концепций Р. с. составляют такие приобретшие популярность на Западе теории обществ. развития, как теории *элиты, модернизации, массового об-ва* и др. *Парето* принадлежит наиболее разработанная из элитарных теорий революц. процесса концепция Р. с. как способа, обеспечивающего «циркуляцию элиты». Стабильность об-ва, согласно Парето, должна поддерживаться непрерывной циркуляцией элиты. В состав элиты должны переходить все новые лица из др. слоев, обеспечивая ее высокий уровень, а некомпетентные лица — выходить из нее. Как форма «циркуляции элиты», Р. с. выполняют, согласно его взглядам, жизненно необходимую социальную функцию — способствуют очищению каналов *мобильности социальной*. Если эта «циркуляция» не обеспечивается вовремя мирным путем или при помощи принудительного действия, об-во должно погибнуть вследствие или распада, или потери национальной независимости. В наше время широкое распространение, прежде всего в США, получили элитарно-технократические концепции консервативного толка, типа концепции технотронного об-ва З. Бжезинского, концепции *Кана*, А. Винера, в к-рых на первый план выдвигаются антидемократические, тоталитарные аспекты технократии. В рамках теории модернизации авторитетной явл. концепция Р. с. как кризиса процесса политической модернизации амер. социолога и политолога С. Хантингтона. Согласно его взглядам, наиболее благоприятная почва для Р. с. существует в тех об-вах, к-рые уже вступили на путь модернизации, но еще не осуществили ее. Р. с. призвана ликвидировать разрыв между растущим уровнем политического развития широких слоев об-ва и отстающим от него уровнем модернизации политических ин-тов, их демократизации. Согласно концепциям Р. с., построенным на базе теорий массового об-ва, выдвижение масс на авансцену политической и обществ. жизни приводит к социальным кризисам, политической нестабильности, дестабилизации всей совокупности обществ. отношений. В концепции «источников мобилизации революции» Ч. Тилли действие масс ввергает об-во из состояния мира и покоя в атмосферу беспорядка и насилия, что приводит к политической нестабильности, а затем к Р. с. Говоря о направлениях в разработке концепций Р. с. в бурж. лит., можно выделить три осн. подхода: (1) политико-правовой; (2) психологический; (3) социально-структурный. Их авторы исходят из разных критериев, выдвигая на первый план различ. группы факторов, определяющих, по их мнению, облик Р. с. Авторы, принадлежащие к первому направлению, делают особый акцент на политических и правовых аспектах Р. с. и включают в сферу рассмотрения изменения гос. власти, произведенные незаконным и насильственным путем. В таком духе разрабатывают концепции Р. с. К. Бринтон, Э. Каменка, Дж. Питти, *Аренд*, С. Хантингтон, Ч. Тилли и др. Представители психологического направления указывают на уязвимость теоретических схем, построенных на анализе только политических и правовых аспектов, фиксирующих лишь внешние признаки Р. с., упуская ее скрытые внутр. черты. Суть перемен, порождающих Р. с., кроется, по их мн., в проблемах психологического порядка, в меняющейся психологии масс. Психологический подход тесно связан с изучением поведения масс в Р. с., воздействием мифов на их психологию. Его развивали бурж. исследователи разных поколений: Ч. Элливуд, *Лебон*, Д. Йодер, Сорокин, П. Аман, С. Нейман, Дж. Дэвис, Р. Тантер, М. Мидларский и др. Третье направление в изучении Р. с. (Ч. Джонсон, Б. Мур, Т. Скокпол) возникло сравнительно недавно и связано прежде всего с именем амер. социолога Ч. Джонсона и его концепцией «равновесия» или «баланса» социальных систем. Важнейшим показателем, определяющим, по мн. Джонсона, само существование любой социальной системы, явл. ее сбалансированность. Р. с. есть состояние социальной системы, выведенной из положения равновесия, т. к. дестабилизация системы создает условия для дефляции власти. Идея революции, пишет Ч. Джонсон, возникает, когда об-во начинает осознавать близость непредвиденной социальной катастрофы [4, 12]. Характерная особенность совр. зап. Р. с. к.— игнорирование общих законов истории, абсолютизация или ложное истолкование отдельных сторон сложного процесса обществ. развития. Революц. процесс рассматривается изолированно от функционирования, развития и смены обществ.-экономических формаций, замалчиваются или остаются в тени социально-экономические преобразования, составляющие главное содержание Р. с.

М. Л. Гавлин, Л. А. Казакова

Лит.: 1) *Красин Ю. А.* Революционный устрашение. М., 1975. 2) *Гавлин М. Л., Казакова Л. А.* Современные буржуазные теории социальной революции. М., 1980. 3) *Sorokin P.* The sociology of revolution. N. Y., 1925. 4) *Johnson Ch.* Revolutionary change. L., 1968. 5) *Taylor S.* Social science and revolutions. L.—N. Y., 1984.

РЕВОЛЮЦИЯ МЕНЕДЖЕРОВ — одна из основополагающих социально-филос. концепций амер. социологии и *менеджмента*, согласно к-рой новый класс наемных работников — управляющих — все больше вытесняет старую элиту — капиталистов-собственников и играет решающую роль в развитии совр. зап. об-ва. Идея Р. м. и сам термин принадлежат Бернхейму. Теория Р. м., по мн. нек-рых амер. социологов, восходит к идеям Гегеля и Маркса о сущности и роли корпораций в капиталистическом об-ве. Второй этап ее развития обычно относится к концу 19 — началу 20 в. (к эпохе «семейного капитализма»), когда теоретики германской социал-демократии Э. Бернштейн и К. Шмидт пытались показать, что собственность в своей корпоративной форме есть признак наступающего процесса отчуждения сущности капитализма. Согласно этой теории, класс капиталистов постепенно вытесняется административной стратой, интересы к-рой противоположны интересам собственников. Интерес к проблематике управления достиг апогея в середине 50-х гг. В 1953 г. *Сорокин* заявил о трансформации капиталистического класса в менеджерский, а *Парсонс* — о переходе контроля над производством, принадлежавшим когда-то семьям собственников корпораций, к управленческому и техническому персоналу. В 1958 г. Белл ввел термин «молчаливая революция» для обозначения Р. м., подчеркнув при этом, что собственность и формальный контроль отныне разделены окончательно и поэтому традиционная теория классов потеряла какую-либо аналитическую ценность. В 70-е гг. «менеджмент-бум» оканчивается, растет недоверие к официальной доктрине Р. м. Новое поколение амер. социологов проводит серию конкретных исследований для проверки эмпирической достоверности и теоретической обоснованности концепции Р. м. В частности, М. Цейтлин, М. Аллен, Д. Джеймс и М. Сореф показали, что базисные положения этой концепции и следствия из них представляют собой гипотетические допущения, а не доказанные утверждения.

А. И. Кравченко

Лит.: 1) *Кравченко А. И.* Социология труда в XX веке: Историко-критический очерк. М., 1987. 2) *Burnham J.* The managerial revolution. N. Y., 1941. 3) *Zeitlin M.* Corporate ownership and control: the large corporation and the capitalist class//American journal of sociology. 1974. V. 79. P. 1073—1119. 4) *Allen M. P.* Management control in the large corporation: comment on Zeitlin//American journal of sociology. 1976. V. 81. P. 885—894.

РЕДУКЦИОНИЗМ социологический (от лат. reductio — возвращение назад, приведение обратно, восстановление, задерживание) — теоретическая и методологическая ориентация, сущность к-рой заключается в сведении специфики человеческого бытия к его социальному аспекту и в стремлении объяснять все без исключения формы культуротворческой деятельности человека в понятиях и категориях социологии. Р. с. явл. рез-том неверного применения логической процедуры — сведения социол. данных к более простым формам выражения, облегчающим их анализ. Выводя социолога за пределы его научной дисциплины в область, подлежащую изучению иными, несоциол. методами, Р. с. толкает его на путь метафоризации социол. понятий, что ведет к утрате ими своего теоретического смысла. Гносеологическим источником Р. с. явл., как правило, своеобразный пансоциологизм (аналогичный гегелевскому панлогизму) — представление, согласно к-рому специфическая сущность человека и его сознания адекватно постигается лишь в социол. понятиях. Особенно опасен Р. с. в области гуманитарных наук, поскольку он склонен сводить их понятия к понятиям одной-единственной науки — социологии. Рез-том подобной тенденции неизбежно оказывается *вульгарный социологизм,* печатью к-рого отмечены на Западе мн. исследования в области социологии религии, морали, науки, права и иск-ва. Формы Р. с. различаются в зависимости от того, как понимается сущность социальности. Поскольку здесь существуют два противоборствующих теоретико-методологических воззрения — номиналистическое (*Номинализм социологический*) и реалистическое (*Реализм социологический*), постольку можно выделить и два осн. направления Р. с. Номиналистический Р. с. отмечен стремлением объяснять специфику всех проявлений человеческой жизнедеятельности конкретными взаимодействиями индивидов, отправляясь от них как от нек-рых «социальных атомов». Реалистический Р. с. характеризуется стремлением свести эту специфику к тем или иным надындивидуальным формам социального существования человека, выделяемым и иерархизируемым в зависимости от того, какая из них принимается за основополагающую.

Ю. Н. Давыдов

РЕДФИЛД (Redfield) **Роберт** (04.12.1897, Чикаго — 16.10.1958, Чикаго) — амер. культурантрополог, проф. Чикагского ун-та. В сферу теоретических интересов Р. входили проблемы предмета и метода социальных наук, вопросы их взаимодействия, в частности взаимодействия социологии и культурантропологии. Следуя теоретической перспективе, намеченной *Парком,* и опираясь на материал своих полевых исследований в Мексике и Гватемале, Р. разрабатывал понятия «народного об-ва» и «городского об-ва». Эти понятия (*Идеальные типы*) описывали две противостоящие друг другу модели организации социальных отношений. Народное об-во отличается, согласно Р., отсутствием письменной традиции, изолированностью, социальной однородностью, развитым чувством групповой солидарности, специфической народной культурой. В более поздних его работах упоминается еще один идеальный тип — «сельское об-во», фиксирующий промежуточный этап на пути от об-в народного типа к совр. городскому об-ву. Р. придавал решающую роль городу в развитии совр. цивилизации и культуры. В теоретическом пути, проделанном Р., отразился начавшийся процесс переориентации культурантропологии с изучения «примитивных» об-в на исследование совр. об-ва. Р. стоял у истоков нового направления в культурантропологии, сложившегося к концу 60-х гг.,— городской антропологии, или антропологии города.

О. Е. Трущенко

Соч.: 1) The folk culture of Yucatan. Chic., 1942. 2) Human nature and the study of society: The papers of R. Redfield. Chic., 1962.

РЕИДЕОЛОГИЗАЦИИ концепции — теоретические построения, обосновывающие необходимость и активную социальную роль идеологии в жизни об-ва, возникшие в зап. социологии в конце 70 — начале 80-х гг. 20 в. и пришедшие на смену концепциям *деидеологизации*, утверждавшим неизбежность «заката идеологии». Различают Р. как процесс, характеризующий усиление активности социальных ин-тов, политических партий, и как теории, в к-рых отмечается возросшая роль социальных идей в совр. мире. В кач-ве теоретиков Р. часто выступают те же социологи, к-рые в прошлом разрабатывали концепции деидеологизации: *Арон, Белл, Липсет, Шилз* и др. Существует множество версий Р. В концепциях совр. *либерализма* фиксируется «взрыв идеологий», порожденный совр. духовной ситуацией, ставится вопрос о выработке всеохватной, «глобальной идеологии», могущей синтезировать различ. умонастроения и культурные веяния. Более усложненную версию Р. предлагает совр. *неоконсерватизм*. В отличие от либерализма он не признает возможность относительно плавного преобразования разрозненных взглядов в «глобальную идеологию». По мн. неоконсерваторов, «возрождение духа» предполагает возрождение забытых, утраченных ценностных ориентаций. Р. в трактовке левых радикалов представляет собой поиск альтернативных форм сознания и путей обществ. развития. Р. усилила исследовательскую работу в области идеологических процессов. В зап. социологии возникают попытки создать «социологию идеологии», новые варианты теории идеологии. Будучи сложным и многоплановым явлением, Р. к. взяты на вооружение различ. совр. зап. идейно-политическими течениями.

П. С. Гуревич

Лит.: 1) *Гранов В. Д., Гуревич П. С., Семченко А. Т.* В поисках духовной опоры. М., 1981. 2) *Lurrain J.* The concept of ideology. L., 1979.

РЕЛИГИИ СОЦИОЛОГИЯ — одно из направлений социологии, задачей к-рого явл. изучение религии. Основоположниками зап. Р. с. считаются *Дюркгейм* и *М. Вебер*. От Дюркгейма идет традиция функционального изучения Р. как «коллективного представления». Р., по Дюркгейму, есть осн. средство сплочения об-ва, установления связи между индивидом и социальным целым. Традиция, идущая от М. Вебера, трактует Р. прежде всего как мотив социального действия, выявляет ее роль в процессе тех или иных обществ. изменений. В зап. Р. с. можно выделить два уровня изучения религ. феноменов: теоретический, к-рый рассматривает Р. как целостную подсистему и выявляет ее взаимодействие с иными социальными структурами, и эмпирический, предполагающий изучение религиозности социальных и демографических групп и отдельных личностей. В теоретической Р. с. существует несколько течений, среди к-рых вплоть до 70-х гг. 20 в. господствовала функциональная школа. Исходя из общих теоретических посылок функционализма, разработанных *Парсонсом* и *Мертоном*, представители этого направления (Т. О. Диа, Л. Шнайдер, *Йингер*) пытались применить их к изучению Р. Общим для них явл. идеалистическое сведение социальной структуры об-ва к взаимодействию людей в рамках опред. ин-тов, регулирующих поведение людей с помощью установленных норм поведения. Р., по их мн., создает систему верований, норм и ценностей, к-рые сплачивают членов об-ва, обеспечивают его целостность и единство. Следуя за Дюркгеймом, функционалисты считают Р. важнейшим фактором, интегрирующим об-во. Значит. место в теоретических построениях функционалистов занимает проблема социальных функций Р., к-рые они пытаются интерпретировать, полностью абстрагируясь от вопроса об ее истинности или ложности. В конце 60 — начале 70-х гг. все более заметные позиции в зап. Р. с. начали занимать представители феноменологического направления. К их числу относятся прежде всего амер. социолог *Бергер* и зап.-германский ученый *Лукман*. Пытаясь опереться на нек-рые филос. положения Э. Гуссерля, они рассматривают об-во и социальные ин-ты как продукты интерсубъективного сознания людей. Ими постулируется плюрализм «социальных реальностей», причем главной объявляется «реальность повседневной жизни», над к-рой надстраиваются системы «символических универсумов» в виде науки, иск-ва, религии, философии. Кроме того, широко используется принцип «интенциональности» сознания, т. е. его направленности на опред. предмет, позволяющий уйти от вопроса о реальности или иллюзорности предмета религ. веры. Исходя из этих общих предпосылок, Лукман в книге «Невидимая религия» сформулировал свое понимание Р. Он различает церковные формы религиозности и «неспецифическую», т. е. всеобщую социальную форму Р. Последняя существует, по мн. Лукмана, благодаря «трансцендированию» биологической природы человека и усвоению им различ. систем значений, выработанных об-вом. Т. обр., истоки Р., по Лукману, лежат в антропологической природе человека. Одной из важных проблем, активно обсуждаемых в зап. Р. с., явл. проблема секуляризации. Неоднозначное отношение к ней связано, в частности, с пониманием Р. Те из социологов, кто принимает расширительные определения Р. (Йингер, *Белла,* Лукман и др.), считают понятие секуляризации несостоятельным, а те социологи, кто связывает существование Р. с верой в сверхъестественное (Б. *Уилсон, Глок* и др.), рассматривают секуляризацию как важнейший социальный процесс, в корне меняющий положение Р. в совр. об-ве. Неодинаковы и попытки объяснения секуляризации. Б. Уилсон, напр., объясняет ее исчезновением прежних, докапиталистических общностей людей (community), деперсонализацией и формализацией межличностных отношений. Противники секуляризации (Белла, Э. Грили и др.) используют идею Парсонса, согласно к-рой в об-ве происходит не секуляризация, а лишь структурная и функциональная дифференциация ин-тов. Значит. место представляет разработка зап. социологами методологии и методики эмпирических исследований религиозности. Наибольший вклад в решение этой проблемы внес амер. социолог *Глок,* разработавший т. наз. «многоизмеримые» модели религиозности.

Д. М. Угринович

Лит.: 1) *Weber M.* Gesammelte Aufsätze zur Religionssoziologie, Tüb. 1921—1922. 2) *Stark R., Ylock Ch.* American Piety: The Nature of Religious Commitment. Berkeley, 1968. 2) *Bellah R. W.* Beyond belief. N. Y. 1970.

РЕФЕРЕНТНАЯ ГРУППА — социальная группа, на к-рую индивид ориентирует свое поведение. Термин введен в оборот амер. социопсихологом Г. Хайменом. В кач-ве Р. г. могут выступать различ. социальные общности — от семьи до класса. Как правило, Р. г. становится для индивида группа, к к-рой он принадлежит сейчас, принадлежал в прошлом или хотел бы принадлежать в будущем. Выбирая себе Р. г., индивид учитывает такие ее характеристики, как образ жизни, престиж, доход и др. Все Р. г. делятся на два типа: (1) «компаративная» Р. г., т. е. группа, представляющая собой стандарт, с помощью к-рого индивид оценивает себя и др. Понятие компаративной «Р. г.» легло в основу концепции «относительной депривации», выдвинутой амер. социопсихологом С. Стауффером; (2) «нормативная» Р. г. играет регулятивную роль по отношению к поведению индивида. Теория «нормативной» Р. г. получила развитие в работах А. Стросса и Т. Шибутани, определяющих Р. г. как любой коллектив, реальный или воображаемый, оцениваемый высоко или низко, с к-рым индивид соотносит свое поведение и будущее. Такое понимание Р. г. имеет немало общего с понятием «обобщенный другой», нашедшим широкое применение в работах амер. социопсихолога Дж. *Мида*. В соответствии с его теорией, стремясь обрести внутр. единство, интегрировать в единое целое свое мозаичное «я», человек соотносит себя с опред. социальной группой. Дж. Мид представил развитие индивида как процесс, состоящий из трех фаз: (1) «простая игровая фаза», когда индивид усваивает роль одного другого; (2) «сложная игровая» фаза, в к-рой индивид ассимилирует роли и установки нескольких других; (3) фаза «обобщенный другой», наступающая тогда, когда индивид идентифицирует себя со всей общностью.

М. Ф. Черныш

РИККЕРТ (Rickert) **Генрих** (25.05. 1863, Данциг — 28.07.1936, Гейдельберг) — основатель (совместно с В. Виндельбандом) баденской школы неокантианства, представитель трансцендентального идеализма, оказавший влияние на формирование теоретико-методологических позиций М. *Вебера*. Проф. Фрайбургского (с 1894) и Гейдельбергского (с 1916) ун-тов. Не отрицая самого факта существования действительности, по своему содержанию не зависящей ни от человека, ни от человечества, Р. утверждал, однако, что само по себе это содержание абсолютно иррационально и не может быть предметом познания. В кач-ве познаваемого оно выступает, лишь будучи оформленным, т. е. поставленным в опред. отношение к человеческому сознанию, но не индивидуальному («эмпирическому»), а всеобщему («чистому») или трансцендентальному, от к-рого это содержание, по Р., и получает свои изначальные формы. Согласно первоначальному варианту этой филос. концепции, изложенному в работе «Предмет познания» (1892), глубинным источником всех этих форм, превращающих иррациональное содержание в рационально постижимый предмет познания, явл. «трансцендентальное долженствование». Под ним Р. понимал необходимость, имеющую скорее «этический», чем «логический», корень, к-рая побуждает человека выносить суждение относительно чего-либо, утверждая или, наоборот, отрицая его. Поскольку эта необходимость имеет, по Р., не психологический характер, то она гарантирует независимость рез-та познавательного процесса от субъективизма. Трансцендентальный идеализм Р. означал примат практического (т. е. этически ориентированного) разума по отношению к теоретическому, ориентированному чисто познавательно. Это побуждало Р. гораздо шире, чем это было у неокантианцев марбургской школы, ориентировавшихся на естествознание, включить в круг своего филос. рассмотрения гуманитарные науки, подвергнув далеко идущей критике их методологическую зависимость от естеств. наук. Уже в работе «Предмет познания» система категорий, определявших («конституировавших»), по Р., форму «данности» содержания познающему субъекту, истолковывалась таким образом, чтобы, с одной стороны, последующая конкретизация этих категорий в эмпирических науках не исключала научного рассмотрения человеческого поведения, а с др. стороны, не утрачивалось бы понимание специфики этого поведения в отличие от «поведения» объектов естественнонаучного познания. Р. подверг критике кантовскую систему категорий, недостаток к-рой он видел в том, что она в кач-ве «конститутивной обосновывающей действительность категории» предполагала «понятие закономерности» [2, 229], в соответствии с чем рассмотрение человеческого поведения признавалось научным лишь в том случае, когда оно подводилось под это понятие, т. е. рассматривалось под углом зрения «всеобщности», а не индивидуальности. Между тем, утверждал Р., «в с е чисто конститутивные категории должны быть такого рода формами, что они могут быть применимы к единичному индивидуальному содержанию» [2, 232]; в этом их отличие от тех понятийных форм, к-рые «по своему понятию уже формы всеобщего» и относятся к «методологическим формам», разрабатываемым в рамках естествознания. Опираясь на это различие, Р. предложил трансцендентально-филос. обоснование специфики «индивидуализирующих» исторических наук, к-рые он, вслед за В. Виндельбандом, решительно противопоставлял «генерализирующему» естествознанию, отстаивая одновременно их научный статус. «Если мы... отделим закономерность как методологическую форму от причинности,— писал Р.,— то все же, хотя всякая действительность обусловлена причинно, могут существовать науки, которые вовсе не интересуются законами, но стремятся познать индивидуальные причинные ряды. Да, эти науки тогда по отношению к индивидуальному содержанию своих понятий объективной действительности, которая всегда индивидуальна, стоят даже ближе, чем науки о законах, и могут в противоположность им быть названы именно науками о действительности» [2, 238]. Этот круг идей получил дальнейшую разработку в работах «Границы естественнонаучного образования понятий» (1896) [1], «Науки о природе и науки о культуре» (1899), «Философия истории» (1904) [3] и др., сыгравших весьма важную роль в методологическом самоопределении гуманитарных наук и социологии. Хотя Р. и отказал социологии, толкуемой им как «чисто естественнонаучное трактование человеческой социальной духовной жизни» [3, 481], в праве считаться исторической наукой, его ученик Вебер выдвинул программу развития социологии как «универсально-исторической» науки. Результом методологического самоопределения, осуществляемого в русле риккертовской постановки вопроса о логическом обосновании наук, занимающихся изучением «человека в истории», стало возникновение «универсально-исторической» — понимающей социологии Вебера (разрабатываемой как противоположность «понимающей психологии» Дильтея с категорией социального действия как исходной). В свою очередь, понимающая социология Вебера с ее методологически отрефлектированными понятиями сыграла значит. роль в развитии той линии амер. социологии, к-рая получила свое завершение у *Парсонса*. Через веберовскую понимающую социологию риккертовская постановка вопроса о специфике методологии исторических наук продолжала и продолжает оказывать влияние и на последующее развитие социол. мысли.

Ю. Н. Давыдов

Соч.: 1). Границы естественнонаучного образования понятий: Логическое введение в исторические науки. СПб., 1903. 2) Введение в трансцендентальную философию. К., 1904. 3) Философия истории. СПб., 1908. 4) О системе ценностей// Логос, 1914. Вып. 1. Т. 1. С. 45—79.

РИМСКИЙ КЛУБ — международная неправительственная организация, выдвинувшая в конце 60-х гг. 20 в. программу изучения глобальных проблем, тесно затрагивающих сами основы человеческого существования: гонка вооружений и угроза развязывания ядерной войны, загрязнение окружающей среды и Мирового океана, истощение природных ресурсов, рост народонаселения на планете, углубление неравенства в развитии отдельных стран, регионов, расширение зон бедности, нищеты. Возникла в 1968 г. по инициативе итал. экономиста, обществ. деятеля, бизнесмена А. Печчеи (1908—1984). Р. к. объединил усилия ученых, политических и обществ. деятелей из разных стран мира. Вся деятельность Р. к., к-рый юридически зарегистрирован в Швейцарии, направляется исполнительным комитетом. На ежегодных собраниях, симпозиумах и семинарах, деловых встречах заслушиваются доклады, к-рые становятся объектом обсуждения. За прошедшие годы Р. к. претерпел определенную эволюцию. Выступив в начале 70-х гг. с провозвестием катастрофы, грозящей технической цивилизации (т. е. цивилизации, основанной на использовании машин и индустриальной технологии), члены клуба в конце 70-х и начале 80-х гг. сосредоточили свое внимание на разработке конкретных проблем будущего цивилизации «информационного об-ва». С 1984 г. на посту президента А. Печчеи сменил франц. ученый А. Кинг. Широкую известность приобрели исследовательские проекты, получившие концептуальную завершенность в докладах: «Пределы роста», 1972 (руководитель Д. Медоуз); «Человечество у поворотного пункта», 1974 (руководители М. Месарович и Э. Пестель); «Цели для человечества», 1977 (руководитель Э. Ласло); «Нет пределов обучению», 1979 (руководители Дж. Боткин, М. Эльманджра, М. Малица); «Третий мир: три четверти мира», 1980 (руководитель М. Герньe); «Маршруты, ведущие в будущее», 1980 (руководитель Б. Гаврилишин). С середины 80-х гг. деятели Р. к. стали переходить к выдвижению разнообразных программ трансформации обществ. систем, совершенствования политических ин-тов власти. Особое внимание уделяется сейчас изменениям «культурного этоса» и ценностей жизни в глобальном масштабе. В этом русле лежит работа Й. Галтунга «Альтернативы есть!» (1984), а также поиски «глобального гуманизма» (С. Менделович). Деятельность Р. к. смыкается с работой др. ин-тов и организаций, занятых глобалистикой. За последние годы в состав Р. к. наряду с представителями капиталистических и развивающихся стран вошли ученые из социалистических стран (Венгрии, Польши, Румынии, СССР).

П. С. Гуревич

Лит.: 1) *Лейбин В. М.* Римский клуб. М., 1980. 2) *Лейбин В. М.* Зарубежная глобалистика: проблемы и противоречия. М., 1988. 3) *Meadows D., Richardson J., Bruckmann G.* Groping in the dark: The first decade of global modelling. Chichester. 1982.

РИСК ТЕХНОЛОГИЧЕСКИЙ — понятие, характеризующее кач. изменения социально-экологической среды, к-рые произошли к середине 70-х гг. 20 в. в индустриально развитых странах. К этому времени господство ценностей «производства — потребления» и экспансия техноиндустриального обновления привели к появлению новой постоянной угрозы для человеческой жизни. В понятие «Р. т.» входят все виды пагубного влияния рез-тов или самого процесса производства на здоровье человека, на природную среду: транспортные катастрофы; применение пестицидов, минеральных удобрений, стимуляторов роста биомассы, медикаментов; загрязнение воздуха и воды; накопление отходов химического производства, атомной энергетики и мн. др. В совокупности с природным риском (землетрясения, наводнения, пожары, эпидемии) и человеческим фактором ошибочного решения (при управлении, создании или эксплуатации техники) Р. т. создает на планете в целом необратимую ситуацию неизбежного риска (т. зр. таких исследователей, как Дюландер Б.— Дания; Диркес М., Коппок Р.— ФРГ; Нелкин Д., Мазур А.— США и мн. др.), к-рая ставит на повестку дня новую научную проблему — как обеспечить выживание человечества, как удерживать риск в допустимых пределах. Глобальная ситуация Р. т. требует выработки нового мышления, вводящего в мир техники общечеловеческие экологические, нравственные и гуманистические императивы. В совр. концепциях Р. т. оценивается критически (что было совершенно чуждо классическому техницизму), ставится под сомнение тезис о безусловно прогрессивном содержании научно-технического развития, акцентируется амбивалентность технических инноваций. Признание техники не только материальным предметом, но и формой власти, совокупностью человеческих действий ведет к убеждению, что безопасность новых технологий нельзя обеспечить с помощью одной только технической экспертизы (т. е. средствами технической рациональности); в равной степени необходима социол. экспертиза (т. е. ценностно-рациональная, нравственная оценка). В новой области научного исследования (рискологии, сформировавшейся на Западе в течение последних 15 лет) делаются попытки объединить принципы объективного эмпирического познания (принципы ценностной нейтральности, верифицируемости, измеримости точного знания) с принципами социально-нравственной (обществ.) и субъективной (личностной) оценки, не поддающейся точной калькуляции в общезначимых единицах. Цель этих попыток — достижение целостного представления о риске конкретных нововведений и установление пределов допустимого риска (наиболее разработанная концепция допустимого риска принадлежит амер. ученому У. Роуву). Появление рискологии — показатель того, что риск вышел за пределы обычных экономических и организационных структур, за пределы «техники безопасности», к-рая целиком находилась в подчинении этих структур. Ее появление означает коренную ломку определений самого процесса управления техникой, осн. вопрос к-рого исследователи Р. т. видят не в том, какой и сколько техники производить, а в том, зачем, для кого, с каким риском (в т. ч. материальным, экологическим, социальным) осуществлять технологические инновации, какое решение будет истинно рац. Совр. понятие оценки Р. т., помимо рез-тов экспертизы технических специалистов, экономистов, финансистов, экологов, географов, медиков, философов, социальных психологов, социологов, политиков, предполагает также проведение экспертизы нерациональных, субъективных компонентов человеческого фактора, прежде всего изучение различий восприятия допустимого риска (напр., новой АЭС или новой сверхскоростной транспортной магистрали). Все больше утверждается т. зр., что нельзя пренебрегать мнением населения, даже если оно, в силу некомпетентности, значительно завышает степень риска. Принятие решения остается правом и делом политики, но ему должна предшествовать независимая (в финансовом, организационном и др. отношениях) экспертиза риска, зондаж обществ. мнения, открытая дискуссия в прессе сторонников и противников нововведений, проведение референдумов в особо сложных случаях. Соответственно должен измениться образ научного эксперта — вместо профессионально-бесстрастного, нейтрального поставщика объективных данных утверждается тип занимающего активную позицию ученого-гражданина — жителя планеты Земля. Эксперт Р. т. должен быть участником политических дебатов, находиться не вне или над конфликтом, а внутри его (Коллингридж Д.). В связи с этим особое значение приобретает социология техники, призванная связать два мира, две области знания — по сути противостоящие еще сегодня (Дж. Уайнстейн) — для того, чтобы человеческое об-во научилось управлять технологическим прогрессом, удерживать развитие техники в пределах допустимого риска (*Неотехнократизм*).

М. С. Ковалева

РИСМЕН (Riesman) **Давид** (22.09. 1909, Филадельфия) — амер. исследователь, представитель либерального крыла *психоаналитической ориентации* в социологии. Автор пользующихся широкой известностью социол. и социально-психологических работ. Значит. внимание уделял анализу «социальных характеров», что, подобно *Райху* и *Фромму*, считал одним из ключевых пунктов, позволяющих понять социальную реальность и социальные процессы. Р. описывает три осн. типа характеров, соответствующих трем типам обществ. устройства. Первый тип — «традиционно-ориентированный», консервативный, приверженный обычаям и традициям, устоявшимся образцам поведения, конформный (*Конформизм социальный*) по отношению к сословию, касте, клану. Второй тип — «изнутри-ориентированная» личность — характерен для периода развития индустр. об-ва, к-рому свойственна социальная атомизация, обусловленная ослаблением силы традиций, внутригрупповой интеграции, контроля со стороны первичных групп, а также неразвитостью средств *массовых коммуникаций*. Поведение человека определяется здесь интернализованными в детстве принципами, личность становится динамичной, целеустремленной, предприимчивой, более открытой по отношению к нововведениям и переменам, хотя роль традиционных норм и ценностей остается еще достаточно значит. Потребительское об-во, где эта роль фундаментально ослабевает, формирует третий тип — «извне-ориентированную» личность. Ее поведение определяется не традициями и принципами, а «другими» — разного рода влияниями, системой связей, модой, авторитарной бюрократией и т. п. Человек такого типа становится космополитом и великим потребителем информации. У него отсутствует не только сильное «сверх-Я», т. е. интернализованная система норм, но и сильное самостоятельное «Я».

Он обезличен, стандартизован, является объектом манипулирования, жертвой отчуждения, чувствует себя дезориентированным, опустошенным, иногда апатичным либо циничным. У этого типа есть и позитивные качества: он хочет вновь обрести человеческое тепло, любить и быть любимым, ему претят обман и угнетение. Но подлинно позитивным «социальным характером», по Р., явл. стоящая особняком в его типологии «автономная личность» — неконформная, имеющая ясные рац. цели, не навязанные др. людьми, более независимая в отношении воздействий своей культурной среды. Все типы характеров, по Р., в опред. степени сосуществуют и в совр. об-ве, но удельный вес каждого из них зависит от экономических, социальных и демографических факторов, степени урбанизации и т. п. В свете психоаналитических принципов Р. рассматривает и др. проблемы — труда, игры, героизма, трусости, религии, свободы, власти, лидерства. «Изнутри-ориентированный» человек требует или осуществляет «позитивное лидерство», когда же лидером становится «извне-ориентированный» индивид, то он фактически не руководит, все идет само собой, подобно заранее заведенному механизму. Р. склонен к некоторой идеализации «классического» капитализма. Его социальный критицизм, иногда весьма острый, направлен против совр. бюрократизированного потребительского об-ва, к-рое представляется ему универсальным.

С. А. Эфиров

Соч.: 1) The lonely crowd: a study of the changing American character. N. Y., 1950. 2) Faces in the crowd. N. Y., 1952.

РИТУАЛ СОЦИАЛЬНЫЙ (от лат. ritualis — обрядовый) — форма социально санкционированного упорядоченного символического поведения, совокупность регулярно совершаемых действий и их установленный порядок. Р. с. играет коммуникативную и символическую роль в бытовых и официальных отношениях, существенную роль в социальном воспитании и социальном контроле, в осуществлении власти и т. д. Понятие «Р. с.» часто употребляется в кач-ве синонима таких понятий, как обычай, этикет, церемониал. Однако иногда подчеркиваются и нек-рые различия. Так, Р. с.— менее широкое понятие, чем обычай, лишен утилитарно-практических черт. Церемония, в отличие от Р. с., может быть связана с единичным событием. Этикет не связан с верой в вовлеченность в совершаемые действия сверхъестественных сил или в их глубинный, ценностный смысл, что имеет место в Р. с. Чаще всего ритуал относят исключительно к сфере религии и магии. Этой т. зр. придерживается большинство этнографов, религиоведов, ряд социологов (напр., *Дюркгейм*). Иногда его рассматривают как символический аспект рутинного поведения, как элемент почти всех видов действий. Существует и промежуточная т. зр., согласно к-рой понятие «ритуал» следует относить как к религ.-магическим, так и к нек-рым др. видам действий.

С. А. Эфиров

РОЛЕЙ теория — название, применяемое в отношении ряда социол. построений, как функционалистских, так и интеракционистских, использующих понятие социальной роли в кач-ве одного из своих ключевых концептов. Классическое определение социальной роли в ее функционалистском понимании применительно к синхронному описанию социальных отношений было дано Р. Линтоном в 1936 г. Понятие роли относится к таким ситуациям *взаимодействия социального*, когда регулярно и на протяжении длительного времени воспроизводятся опред. стереотипы поведения. Конкретные индивиды выступают во множестве ролей; роль, т. обр., есть лишь отдельно взятый аспект целостного поведения. С понятием роли тесно связаны такие понятия, как институционализированные ролевые ожидания (экспектации), ролевой конфликт, ролевая напряженность (role-strain), ролевой набор (role-set), адаптация к роли и т. п. Понятие роли широко используется в антропологии социальной (Р. Линтон, *Малиновский, Радклифф-Браун*, С. Ф. Нейдл), в *малых групп* теории (*Томас,*

Знанецкий, Кули, Э. Джекобсон), в социальной психологии (Т. Шибутани, Э. Зандер и др.), в теориях *среднего уровня (Мертон),* в теории межлич. отношений (К. Рицлер, *Шелер),* в *социометрии (Морено),* в теории *социализации (Фрейд, Парсонс),* в психиатрии. Р. Линтон дал социол. интерпретацию понятия роли, выделив в структуре социальных отношений статуса, т. е. опред. позиции и связанные с ними совокупности прав и обязанностей, и определив роль как динамический аспект статуса. Фрейд исследовал психологические аспекты усвоения человеком социальных ролей и в своей теории утраченных объектов — источников удовольствия (объектов катексиса) показал, как в рез-те усилий индивида сохранить в своей фантазии приносящее удовлетворение отношение роль Другого становится частью личностной структуры индивида, его «Я». Фрейдистской трактовке проблем социализации следовал Парсонс, по мн. к-рого первичное представление о ролевой структуре об-ва ребенок получает в ходе опыта решения проблем, возникающих в раннем детстве, когда и закладываются изначальные связи личности и социальной системы. В Р. т. Парсонса преодолеваются утилитаристские представления о социальной системе как системе рац. ролевых отношений и раскрываются механизмы эмоционального (аффективного) и нормативного регулирования ролевых взаимодействий. Роль определяется как нормативно регулируемое на основе общепринятых ценностей поведение, компонент социальной структуры. Роли подразделяются на предписанные по естеству (аскриптивные), т. е. определяемые рождением, возрастом, полом, принадлежностью к касте и т. п., и достигаемые личными усилиями (достижительные). В интеракционистских концепциях различаются конвенциональные роли, к-рые стандартизованы и безличны, строятся на основе прав и обязанностей, независимых от того, кто эти роли исполняет; и межлич., в к-рых права и обязанности целиком зависят от индивидуальных особенностей участников взаимодействия, их чувств и предпочтений. Социальные психологи необихевиористского направления *(Хоманс)* отмечают ограниченность Р. т., ее неспособность учитывать отклоняющееся поведение, ведущее к созданию новых ролей, и, следовательно, непригодность для объяснения процессов социального изменения. Эти возражения частично опровергаются функционалистами путем выделения в ролевой структуре об-ва ролей, предполагающих новаторское поведение таких индивидов, как предприниматели в экономике или пророки в религии. Интеракционистские концепции пытаются добиться большей гибкости за счет перенесения акцента со стандартизованного ролевого поведения на конкретные ситуационные свойства взаимодействия живых людей. Важными категориями Р. т. при этом подходе явл. «ролевое поведение», «действие в роли», коммуникация, согласие. Анализ принятия человеком роли как сложного процесса, включающего коммуникацию, замещающую идентификацию с др. человеком и проекцию на него своих собственных тенденций поведения, содержится в работах *Шюца,* Р. Уильямса, *Тернера* и др. представителей *феноменологической социологии.*

Л. А. Седов

Лит.: 1) Шибутани Т. Социальная психология. М., 1969. 2) Role/J. A. Jackson. Camb., 1972. 3) Role theory: concepts and research/B. J. Biddle and E. Thomas. Huntington, 1979.

РОСС (Ross) **Эдвард Олсворт** (12.12. 1866, Верден, штат Иллинойс,— 22.07. 1951, Мадисон) — один из основателей амер. социологии и социальной психологии. На формирование взглядов Р. оказали влияние *Вико, Спенсер, Морган, Дюркгейм, Смолл, Лебон,* особенно же *Уорд* и *Тард.* В основе социального развития, по мн. Р., лежит внеисторически понимаемая «интеракция» индивидов, ведущая к образованию социальных групп и подчиненная опред. социальному контролю и порядку. Число категорий, используемых им для определения этих процессов, достигало у Р. 11 (при 32 субкатегориях), потом сократилось до 4: ассоциация, доминация, эксплуатация и оппозиция. Процессы, способствующие достижению промежуточного положения между социальной стабильностью и индивидуальной свободой, Р. считал «прогрессивными», выступая за внутр. этический социальный контроль над поведением индивида, основанный на усвоении личностью обществ. ценностей, вместе с тем он признавал все возрастающее значение внешнего политического контроля, опирающегося на воспитание, религию, обществ. мнение, социальные и легислативные санкции и т. д.

Н. Т. Кремлев

Соч.: 1) Social psychology: An outline and sourcebook. N. Y., 1918. 2) Foundations of sociology. N. Y., 1920. 3) Social control: A surwey of the foundations of order. N. Y., L., 1928.

РОСТОУ (Rostow) **Уолт Уитмен** (07.10.1916, Нью-Йорк), амер. экономист, социолог, политический деятель. Получил образование в Йельском и Оксфордском ун-тах. В 1940—1941, 1946—1947, 1949—1960 гг. преподавал экономическую историю в ряде высших учебных заведений США и Великобритании, в частности был проф. Массачусетского технологического ин-та. В 1945—1946, 1947—1949, 1961—1969 гг. находился на гос. службе, в частности был главой Совета планирования политики при госдепартаменте США, специальным советником президента Л. Джонсона. С 1969 г. проф. экономики и истории в ун-те штата Техас. В конце 50-х — начале 60-х гг. наряду с *Ароном* явл. одним из создателей совр. варианта теории *индустриального общества*. В историю социологии вошел как автор концепции «стадий экономического роста» [1]. Проблема выделения стадий, через к-рые должна проходить всякая экономика в процессе своего развития, историками экономики начала 20 в. решалась через проведение аналогий с жизнью человека (рост, зрелость, упадок). Затем в середине столетия австралийский теоретик К. Кларк описал этот процесс как последовательную смену господства первичного (сельскохозяйственного), вторичного (обрабатывающая промышленность)

и третичного (торговля и сфера услуг) производств. Р. предложил выделить в истории об-ва пять этапов, характеризующихся различ. уровнем технологического развития: (1) «традиционное об-во» — аграрное об-во с примитивным сельскохозяйственным производством, иерархической социальной структурой, властью, сосредоточенной в руках земельных собственников, «доньютоновским» уровнем науки и техники; (2) «переходное об-во» — период создания предпосылок «сдвига» (увеличение капиталовложений в расчете на душу населения, рост производительности сельского хоз-ва, появление «новых типов предприимчивых людей», выступающих как движущая сила об-ва, рост «национализма», стремящегося обеспечить экономический фундамент национальной безопасности, возникновение централизованного гос-ва); (3) стадия «сдвига» (take-off) — период «промышленной революции», ведущей к повышению доли накопления капитала, быстрому росту осн. отраслей промышленности, радикальному изменению методов производства (на этой стадии, по Р., Англия находилась в конце 18 в., Франция и США — в середине 19 в., Германия — во второй половине 19 в., Россия — в 1890—1914 гг., Индия и Китай — с начала 50-х гг. 20 в.); (4) стадия «зрелости» — индустриальное об-во, характеризующееся бурным развитием промышленности, возникновением новых отраслей производства, повышением уровня капиталовложений до 20% национального дохода, широким внедрением достижений науки и техники, ростом городского населения до 60—90%, увеличением доли квалифицированного труда, изменением структуры занятости (по Р., для достижения стадии зрелости необходим переходный период в 50—60 лет); (5) эра «высокого массового потребления» — осн. проблемами об-ва становятся проблемы потребления, а не производства, осн. отраслями промышленности — сфера услуг и производства товаров массового потребления, а не традиционные отрасли. Концепция стадий экономического роста, рассматриваемая Р. как альтернатива марксизму, должна была, по его замыслу, вытеснить исторический материализм из совр. социологии. Взгляды Р. в дальнейшем послужили одним из источников теорий *постиндустриального общества*.

Д. М. Носов

Соч.: 1) The stage of economic growth. A non-communist manifesto. Camb., 1960. 2) Politics and the stages of growth. Camb., 1971.

РУССО (Rousseau) **Жан Жак** (28.06.1712, Женева — 02.07.1778, Эрменонвиль, близ Парижа) — франц. философ, деятель Просвещения, писатель. Социологические взгляды Р. выражены в его трактатах: «Способствовало ли возрождение наук и искусств улучшению нравов» (1750); «Рассуждение о происхождении и основаниях неравенства между людьми» (1755); «Об общественном договоре» (1762) и др. Р. критиковал совр. ему об-во, используя в качестве эталона для сравнения, во-первых, «естеств. состояние» дообществ. человечества, во-вторых, идеальную модель возможного обществ. устройства. И то и др. постигалось гл. обр. методом рац. дедукции, хотя и с привлечением большого исторического материала. Р. продолжил традицию «робинзонад» в обществознании, беря за исходный пункт изолированного индивида. Согласно Р., человек в естеств. состоянии находится в гармонии с природой. Он не испытывает потребности ни в прочных обществ. связях, ни в труде, ни в разуме, ни в морали. Но ему равно присущи стремление к самосохранению и сострадание. Поэтому Р. не считает, в отличие от *Гоббса*, естеств. состояние «войной всех против всех». Рост населения и географические причины ведут к развитию способностей людей и возникновению сотрудничества и соперничества. Появление новых способностей стимулирует новые потребности, и наоборот, вплоть до развития, помимо естеств. «потребностей тела», искусственных «потребностей духа». Решающий шаг в замене естеств., антропологического неравенства неравенством политическим, т. е. обществ.,— установление частной собственности. «Один только труд, давая земледельцу право на продукты земли, им обработанной, дает ему, следовательно, право и на землю, по меньшей мере, до сбора урожая,— и так из года в год: что, делая обладание непрерывным, легко превращается в собственность» [2, 80]. В этих условиях неравенство сил и дарований людей приводит к неравенству в собственности, к-рое затем само начинает оказывать определяющее воздействие. Постоянные столкновения могущественных и обездоленных приводят, гл. обр. первых, к потребности в гражданском мире, к-рый обеспечивается заключением *обществ. договора*. Возврат к естеств. состоянию невозможен. Развитие неравенства проходит три этапа: установление и узаконение богатства и бедности; могущества и беззащитности; господства и порабощения — «а это уже последняя ступень неравенства и тот предел, к к-рому приводят в конце концов все остальные его ступени до тех пор, пока новые перевороты не уничтожат Власть окончательно или же не приблизят ее к законному установлению» [2, 92]. Такое законное установление всегда имеет в виду два момента: неотчуждаемость свободы как важнейшего определения человека и неотчуждаемость «народного суверенитета». Обществ. договор состоит в том, что «каждый из нас передает в общее достояние и ставит под высшее руководство общей воли свою личность и все свои силы, и в результате для нас всех вместе каждый член превращается в нераздельную часть целого... По Общественному договору человек теряет свою естественную свободу и неограниченное право на то, что его прельщает и чем он может завладеть; приобретает же он свободу гражданскую и право собственности на все то, чем обладает» [2, 161, 164]. Общая воля не тождественна воле всех: народ как политический организм и суверен может обладать иными интересами, чем совокупность интересов отдельных людей. Т. обр., любая политическая власть имеет законную силу лишь благодаря некоему «первоначальному соглашению». Ей не может быть передано ни право суверена, ни даже право представлять суверен. Любые правители — лишь уполномоченные народа, наследственное единовластие — самая извращенная форма правления. Изменение формы правления — компетенция народа как суверена, в любой момент правомочного отказаться от любого законодательного решения и принять новое. Политический организм, как и всякий организм, смертен. Продлить его здоровье и существование могут удачное правление и законодательство. Идеал Р.— небольшие гос-ва, жители к-рых могут непосредственно осуществлять волеизъявление и контроль уполномоченных правителей. Чтобы предотвратить неравенство в правах, требуется обеспечить имущественное равенство и запретить роскошь. Но т. к. столь демократический строй невозможен среди нравственно несовершенных людей, Р. склоняется к аристократии: «...именно тот строй будет наилучшим и наиболее естественным, когда мудрейшие правят большинством, когда достоверно, что они правят им к его выгоде, а не к своей собственной» [2, 202]. Порче же нравов содействуют науки и иск-ва, порождающие честолюбие, препятствующие естеств. поведению людей. Взгляды Р. решающим образом повлияли на идеологию наиболее радикально настроенных лидеров Великой французской революции, положили начало совр. критике цивилизации, во многом определили дальнейшее развитие социальной философии и философии права. Ему многим обязан весь органицистский *социологизм*.

А. Ф. Филиппов

Соч.: 1) Избр. соч. М., 1961. Т. 1—3. 2) Трактаты. М., 1969.

С

САМНЕР (Sumner) **Уильям Грэм** (30.10.1840, Патерсон, штат Нью-Джерси,— 12.04.1910, Инглвуд, штат Нью-Джерси) — амер. социолог, экономист и публицист, проф. политической и социальной науки Йельского ун-та, представитель *социального дарвинизма*. Определяющее влияние на формирование его концепций оказали труды *Спенсера*. В своих работах С. исходил из двух осн. принципов: 1) естеств. отбор и борьба за существование имеют решающее и универсальное значение; 2) социальная эволюция носит автоматический и неуклонный характер. Идея естеств. отбора в его интерпретации выступала как идея естественности социального отбора, поэтому социальное неравенство он рассматривал как нормальное состояние и необходимое условие развития цивилизации. С. отстаивал стихийность в социальном развитии и выступал против всех форм гос. регулирования социально-экономических отношений. Взгляды С. выражали интересы средних слоев амер. буржуазии, требовавшей благоприятных условий для свободной конкуренции и обеспокоенной развитием государственно-монополистических тенденций в об-ве. В работе «Народные обычаи» (1906), основанной на анализе большого этнографического материала, С. разработал понятия, впоследствии широко применявшиеся в социальных науках: «мы — группа», «они — группа» и «этноцентризм» (понятие, использовавшееся ранее *Гумпловичем*). Взаимоотношения в «мы — группе» С. упрощенно трактовал как согласие, а взаимоотношения между «мы — группой» и «они — группой» — как враждебность, базирующуюся на этноцентризме: склонности человека воспринимать и оценивать различ. явления на основе культурных стереотипов своей этнической (социальной) группы. Эта работа вошла в историю социальных наук не исходными социально-дарвинистскими установками С., а анализом нормативных аспектов социальной жизни, роли обычая и этнических стереотипов в социальном взаимодействии.

А. Б. Гофман

Соч.: 1) The challenge of facts and other essays. New Haven L., 1916. 2) Folkways. L., 1958. 3) The Science of Society. New Haven, 1927—1929. Vol. 1—4.

СВОБОДЫ ОТ ОЦЕНОЧНЫХ СУЖДЕНИЙ принцип — требование четко отделять в ходе конкретного социол. исследования констатацию эмпирических фактов от их оценки как достойных порицания или одобрения, желаемых или нежелаемых. Этот принцип, ставший предметом острой дискуссии в зап. социологии, был сформулирован и развит *М. Вебером* [4], к-рый исходил из убеждения в том, что достоверность и истинность эмпирически констатируемых фактов, с одной стороны, и их значимость в кач-ве практических императивов (этических, правовых, эстетических, политических) — с др., находятся в совершенно различ. «гетерогенных» плоскостях. По убеждению Вебера, в социологии, как и в др. науках о человеческом поведении, исследуемый предмет должен рассматриваться в соответствии с *принципом отнесения к ценностям*. При этом отнесение той или иной группы исследуемых социальных явлений к опред. общечеловеческим ценностям, что, по мн. Вебера, явл. «чисто логическим методом», следует отличать от конкретных практических оценок этих явлений: различение между отнесением к ценности и оценкой должно быть углублено до различения между оценкой и истолкованием ценности. Это методологическое требование, казавшееся само собой разумеющимся применительно к естествознанию, неизбежно должно было встретить ряд серьезных возражений со стороны обществ. наук, изучающих целесообразно действующего человека, к-рый не может не оценивать факты, находясь в ситуации выбора действий. В бурж. социологии веберовский принцип С. о. о. с. был подвергнут критике со стороны неогегельянски ориентированных социологов, основанием для к-рой послужило: 1) отсутствие в социологии примеров последовательного проведения этого принципа; 2) опасение, что следование данному принципу чревато отрывом социологии от обществ.-политической жизни, к-рая стимулирует прогресс социол. знания; 3) использование филос.-методологических установок, отличных от тех, на основе к-рых Вебер сформулировал и развил свой принцип. Одним из первых, кто подверг критике принцип С. о. о. с., был нем. социолог *Фрайер* [1], полагавший, что в его основе лежит неокантианский дуализм, противопоставляющий «сущее» и «должное», суждения о фактах и оценочные суждения. С его т. зр., оценочные суждения неотъемлемы от процесса социол. познания, поскольку в них находят свое выражение «волевые» устремления самого исследователя, основанные на жизненных реалиях. В условиях нацизма в Германии гипертрофия подобной т. зр. привела к «тотальной политизации» социологии, полностью подчиненной «национал-социалистскому мировоззрению». После краха гитлеризма в нем. социологии возобладала тенденция, возвращавшая социологов к веберовскому требованию С. о. о. с. Этому способствовал также сциентизм, повсеместно распространившийся после первых успехов НТР и побуждавший социологов ориентироваться на гносеологическую модель «точных наук». В 50—60-х гг. принцип С. о. о. с. был отвергнут *неомарксизмом* и *феноменологической социологией*.

Ю. Н. Давыдов

Лит.: 1) *Freyer H.* Soziologie als Wirklichkeitswissenschaft. Lpz., B., 1930. 2) *Habermas J.* Zur Logik der Sozialwissenschaften. Materialien. Fr./M., 1970. 3) *Parsons T.* Wertfreiheit und Objectivitäat//Stammer O. [Hrsg.] Max Weber u die Soziologie von heute. Tüb., 1965. 4) *Weber M.* Der Sinn der «Wertfreiheit» der soziologischen und ökonomischen Wissenschaften//*Weber M.* Gesammelte Aufsätze zur Wissenschaftslehre. Tüb., 1951.

СВЯЗЬ СОЦИАЛЬНАЯ — понятие, обозначающее любые социокультурные обязательства индивидов или групп индивидов по отношению друг к другу. Введено в социологию *Дюркгеймом*. Дюркгейм считал, что можно говорить о С. с. в группе, организации и об-ве в целом. В совр. зап. социологии не существует общепризнанной дефиниции понятия С. с. Чаще всего его применяют для характеристики малых групп, подразумевая под С. с., во-первых, некое системное кач-во, позволяющее индивидам квалифицировать себя как членов именно данной группы; и во-вторых, опред. социальные силы, побуждающие индивидов дорожить своим членством в данной группе. О наличии С. с. в группе можно говорить, если она обладает тремя признаками: 1) личные обязательства каждого члена группы выполнять общие для группы нормы и оберегать общие ценности; 2) зависимость членов группы друг от друга, возникающая на почве общего интереса; 3) идентификация индивида с группой. Нек-рые социологи предпочитают давать определение С. с., избегая понятие «группа». Напр., *Этциони* определяет С. с. как «любое положительное эмоциональное взаимоотношение между двумя и более действующими лицами». Такая дефиниция предполагает лишь один признак наличия С. с.: соблюдение индивидом общих для группы норм.

В. В. Сапов

СВЯЩЕННОЕ И СВЕТСКОЕ — понятия, характеризующие два противоположных способа упорядочения социального поведения. Истоки такого противопоставления можно найти в классификации видов господства и легитимного порядка (*Легитимность*) у М. *Вебера* и *Дюркгейма*. Понятийное различение С. и с. ввел *Парк*, у *Беккера* оно получило развернутое теоретическое обоснование. С. и с. для Беккера — не эмпирически фиксируемые образования, но *конструированные типы*. Типология С. и с. оказывается применимой у него к анализу всего спектра социальных образований, поскольку здесь мы имеем дело с поведением, ориентированным на нормы и ценности. Если об-во требует от своих членов эмоционального сопротивления изменению оценок, оно, по Беккеру, священно. Напротив, в оценках членов светского об-ва заложена готовность к постоянному изменению. Священное не тождественно святому, как и вообще религиозному. При градации священного по степени интенсивности эмоционального переживания святое выступает как самая высокая ступень. За святым по нисходящей идут: эмпирически трудноотличимая от него лояльность, «интимность», затем моралистическая священность, «прилично-священное»; на грани исчезновения, у «нулевой точки» священное совпадает с «обычным», «нормальным». Менее детально разработаны Беккером градации светскости. Важным видом светского является об-во, в к-ром главные предписания постепенно приобрели абстрактный характер. Это т. наз. «принципиальное» об-во: принципы в нем имеют священный характер, но могут применяться чрезвычайно широко и подвергаться неожиданным изменениям. Др. разновидность светского способа организации обществ. жизни — крайне светское об-во, в к-ром нет иных ограничений, кроме инструментальной эффективности действий. Примером крайне светского об-ва, по Беккеру, может служить амер. об-во. Типология С. и с. широко применялась последователями Беккера, особенно в 50-е гг., делались попытки совместить ее с др. подходами (напр., с нек-рыми «структурными переменными», как их понимал *Парсонс*).

А. Ф. Филиппов

СЕКСУАЛЬНАЯ РЕВОЛЮЦИЯ — процесс радикальной ломки традиционных норм, ограничений и запретов в сфере сексуальных отношений, связанный гл. обр. с молодежными бунтарскими и коммунитарно-эскапистскими движениями. Идея С. р. формировалась в рамках *фрейдизма* и приняла законченную форму во фрейдомарксизме, прежде всего у его основателя *Райха*, одна из осн. работ к-рого носит название «Сексуальная революция». Идеи С. р. получили развитие в концепциях *Маркузе* и нек-рых др. теориях фрейдомарксизма, а также у теоретиков молодежных движений конца 60 — начала 70-х гг.

С. А. Эфиров

СЕКУЛЯРИЗАЦИИ теории — социол. концепции, так или иначе объясняющие процесс освобождения об-ва и различ. его сфер и групп от религии. Зап. социологи, признающие факт С., по-разному объясняют причины этого явления. Напр., *Парсонс* связывал изменения в сфере отношений людей к религии со структурной дифференциацией обществ. ин-тов, приводящей к отделению религии от политики, права, морали. Эту т. зр. разделял амер. социолог Грили. Схема эволюции религии, предлагаемая *Беллой*, исходит из того, что религиозность все более индивидуализируется, выбор тех или иных верований становится актом свободного решения каждого члена об-ва. Англ. социолог *Мартин*, опубликовавший в конце 70-х гг. книгу «Общая теория секуляризации», наличие или отсутствие С. в той или иной стране объясняет влиянием трех осн. факторов: наличием или отсутствием в стране религ. монополии; спецификой опред. конфессии; наличием в стране внутр. социальных конфликтов, способствующих С., или внешних конфликтов (напр., борьбы за независимость), препятствующих С. Заслуживают внимания работы социологов феноменологического направления *Бергера* и *Лукмана*, опубликованные в 60-х гг., признававших С. всеобщей социальной тенденцией. Занимаясь выявлением специфики С. в США, они пришли к выводу о существовании «скрытой секуляризации», проявляющейся в этой стране гл. обр. в «обмирщении» деятельности церкви, в переносе внимания с проблем культовой деятельности на проблемы воспитания детей, организации досуга молодежи, благотворительности и т. п. Содержательный анализ процесса С. дает в своих работах англ. социолог Б. Уилсон. Он связывает прогрессирующую С. с распадом прежних докапиталистических общностей, с деперсонализацией обществ. отношений. Попытки дать «синтетическое» понимание С. предпринял К. Доббелер. По его мнению, она включает три «измерения»: 1) «лаицизацию», т. е. вытеснение религ. ин-тов из социальной жизни; 2) изменения в содержании самой религии (вероучения, культ), совершающиеся под воздействием совр. жизни; 3) уменьшение влияния религии на отдельных людей (ослабление культовой активности, утрата веры в нек-рые мифы и догмы и т. п.).

Д. М. Угринович

Лит.: 1) Wilson B. Religion in Sociological Perspective. Oxf.— N. Y., 1982. 2) *Dobbelaere K.* Secularization: a Multidimensional Concept//Current Sociology. 1981. Vol. 29. N 2.

СЕМЬИ СОЦИОЛОГИЯ — направление в социологии, изучающее семью как *институт социальный*. Гл. проблемы С. с.— исследование характера выполнения семьей своих осн. функций, образа жизни семей различ. типов, причин и последствий разводов и т. д. Развитие С. с. прошло ряд следующих осн. этапов (классификация амер. социолога Г. Кристенсена): 1) «предысследовательский» период (до середины прошлого столетия), в осн. посвященный изучению семейных традиций, фольклора, филос. и художественной лит.; 2) период «социального дарвинизма» (конец 19 в.), для к-рого было характерно изучение в первую очередь эволюции семейного ин-та, появлением работ, содержащих широкие теоретич. обобщения в исторической и социокультурной перспективе; 3) период т. наз. «спонтанной науки» (первая половина 20 в.), в к-ром, с одной стороны, появляется большое число спекулятивных работ о семье и ее роли в об-ве, с др.— накапливаются эмпирические данные о различ. типах брачно-семейных отношений и их отдельных стадиях (выбор супруга, развод и т. д.); 4) период планомерного построения теорий (с середины 20 в. до наст. времени), к-рый можно описать как «период самосознания», основанного на систематизации рез-тов предшествующих исследований и анализе перспектив развития семьи. К этому времени обнаружилась тривиальность и некумулятивность большинства существующих теорий семьи, противоречивость принятых схем исследования. Явной стала необходимость разработки стратегии построения и формализации теории брачно-семейных процессов. В разных странах существуют свои исследовательские традиции. С т. зр. социологов Р. Хилла и Д. Хансена, осн. подходы к исследованию семьи можно объединить в следующие пять групп: 1) Интеракционистский подход, в рамках к-рого исследуется взаимодействие членов семьи, занимающих опред., связанные с соответствующими ролями позиции внутри семьи. В большинстве исследований семья рассматривается как относительно закрытая система, имеющая слабую связь с окружающими ин-тами, организациями и даже группами. Институциональный и культурный аспект семьи практически не анализируется. Для этого подхода базовыми явл. такие понятия, как статус (*Статуса социального* концепции) и межстатусные отношения в процессе коммуникации, конфликт, принятие решений и т. д. 2) Структурно-функциональный подход, для к-рого характерен анализ семьи как социальной системы. С этой т. зр. семья состоит из индивидов, имеющих свои статусы и роли. Связь между семьей и об-вом определяется через понятие функции. В рамках этого подхода рассматривается система соотнесения семьи как с внешними системами, так и с внутр. подгруппами (такими, как брачная пара, братья или сестры, отдельные индивиды внутри семьи). Индивид в рамках этого подхода рассматривается скорее как «пакет» статусов и ролей, чем как активный, инициирующий свои действия человек. Семья анализируется с т. зр. ее приспособления к более широкой системе. Осн. для этого подхода явл. понятия «структура», «функция», «определение ситуации», «референтная группа» и т. д. 3) Ситуационный подход, фиксирующий внимание не на взаимодействии между членами семьи, а на ценностях и нормах в сфере брачно-семейных отношений, рассматривающий их как социальную ситуацию, определяющую функционирование различ. типов семей. Для последователей данного направления центральными явл. понятия социальной ситуации и роли. 4) Институциональный подход, связанный с наиболее ранними исследованиями брака и семьи и поэтому близкий к культурно-историческому анализу брачно-семейных отношений. Институционалисты рассматривают семью как социальную систему, к-рая явл. одним из осн. социальных институтов. При этом они отмечают, что мн. важные функции семьи перешли об-ву. В этих исследованиях центральными понятиями оказываются индивид и культурные ценности, к-рые он разделяет. 5) Эволюционный подход, представляющий собой попытку свести различ. подходы С. с. в одну общую систему. «Стадии и циклы в семейной жизни», «эволюция потребностей и целей», «социальные роли» и «образцы поведения» — все эти понятия широко используются сторонниками этого направления. По мере развития эмпирических исследований в течение 50—60-х гг. все больше разработок С. с. выполнялось в рамках групповой парадигмы. В наибольшей степени социол. исследования семьи распространены в США (И. Най, И. Рейс, В. Берр и др.), во Франции (А. Жирар, Л. Руссель, М. Бекомбо), в Скандинавских странах (Э. Хаавио-Маннила — Финляндия).

М. С. Мацковский

Лит.: 1) Contemporary theories about the family: General theories/W. Burr e. a. N. Y.— L., 1979. 2) *Thornes B., Cobard J.* Who divorces. L., 1979. 3) *Chipman G.* Handbook for family analysis. Toronto, 1982.

СЕН-СИМОН (Saint-Simon) **Клод Анри де Рувруа** (17.10.1760, Париж — 19.05.1825, там же) — франц. мыслитель, социолог, социалист-утопист. Ученик Д'Аламбера, неудовлетворенный бурж. революцией, С.-С. замыслил «исправить» ее результаты с помощью научной социол. системы, призванной служить орудием создания рац. об-ва. Начав с идей «социального физицизма», построенного на механическом распространении ньютоновского закона тяготения на обществ. явления, С.-С. разрабатывал затем концепцию *физиологии социальной,* в к-рой рационалистические воззрения 18 в. сочетались с *историзмом* в истолковании обществ. явлений. Объясняя развитие об-ва в конечном счете сменой господствующих в нем философско-религ. и научных идей, С.-С. полагал, что определяющее значение в истории имеют «индустрия» (под к-рой он подразумевал все виды экономической деятельности людей) и соотв. ей формы собственности и классы. Каждая обществ. система, согласно С.-С., развивает постепенно и до конца свои идеи и господствующие формы собственности, после чего эпоха созидательная, «органическая», сменяется «критической», разрушительной эпохой, ведущей к построению более высокого обществ. строя. Т. обр., С.-С. сделал первый шаг по пути рассмотрения обществ. явлений как различ. сторон закономерно развивающегося целостного организма. Понимание всемирной истории у С.-С. пронизано мыслью о прогрессе как поступательном движении человечества от низших обществ. форм к высшим по стадиям религ., метафизического, и позитивного, научного, мышления. Осн. ступенями прогресса С.-С. считал переход от первобытного идолопоклонства к политеизму и основанному на нем рабству, а затем смену политеизма монотеизмом христианской религии, что привело к утверждению феодально-сословного строя. С 15 в., согласно С.-С., наступила новая критическая эпоха: феодально-богословско-сословная система пришла к своему глуб. кризису, возникло научное мировоззрение с его носителями — светскими учеными и «индустриалами». Франц. революция была закономерным этапом утверждения этой прогрессивной исторической смены, однако она уклонилась от правильного пути построения научной обществ. системы. С.-С. создает утопический план построения рац. обществ. уклада как «промышленной системы». Путь построения нового об-ва лежит через расцвет промышл. и сельскохозяйственного производства, через всемерное развитие произв. сил об-ва и искоренение в нем всякого паразитизма, через введение обязательного для всех произв. труда, открытие равных для всех возможностей применить свои способности и введение распределения «по способностям», гос. планирование промышл. и сельскохозяйственного производства, превращение гос. власти в орудие организации производства, постепенное утверждение всемирной ассоциации народов и всеобщий мир при стирании национальных границ. С.-С. не противопоставлял интересы пролетариата и буржуазии, объединяя их в единый класс «индустриалов». В «промышл. системе» С.-С. буржуазия, сохраняющая собственность на средства производства, призвана обеспечить трудящимся рост обществ. богатства. Разработанная С.-С. религ. концепция «нового христианства» призвана была дополнить материальные стимулы «промышл. системы» моральными требованиями новой религии с ее лозунгом «все люди — братья». С.-С. оказал большое влияние на передовую обществ. мысль и развитие социалистических идей во Франции, Германии, Италии, России и ряде др. стран. Ученики С.-С.— Б. П. Анфантен, С. А. Базар, О. Родриг и др.— образовали школу сен-симонизма, к-рая систематизировала, а в ряде вопросов продолжила разработку учения С.-С., развивая его социалистические тенденции. Однако она вскоре выродилась в религ. секту и в начале 30-х гг. 19 в. распалась. Учение С.-С. явилось одним из идейных источников научного социализма.

Н. Е. Застенкер

Соч.: 1) Избранные сочинения. М.— Л., 1948. Т. 1—2.

СИМВОЛИЧЕСКИЕ ПОСРЕДНИКИ (symbolic media) — важнейший элемент теоретической конструкции *Парсонса (Взаимообмена парадигма)*, к-рый заключается в утверждении того, что при достаточной дифференцированности тех или иных сфер человеческой деятельности их взаимодействия начинают носить характер взаимообменов и регулироваться с помощью специальных символических средств. Так, в случае дифференциации экономической деятельности возникает рыночный обмен и такой символический регулятор поведения, как деньги. Обособление политической сферы порождает «рынок» политической поддержки, на к-ром в кач-ве С. п. выступает власть в ее символическом выражении, т. е. не опирающаяся непосредственно на насилие и принуждение, а имеющая институциализированный вид добровольно принимаемого подчинения. Двумя др. С. п., функционирующими на уровне социальной системы, Парсонс полагает влияние и ценностные приверженности (value committments). Распространяя представления о С. п. на более высокий уровень системы человеческого действия, Парсонс показывает, что эмоции (affect) могут анализироваться как С. п., регулирующие взаимодействия социальной системы с ее окружением — культурой, личностью, организмом. Для системы культуры в подобном роли функционируют определения ситуации в том значении, в каком это понятие фигурирует у Томаса. Личность, согласно Парсонсу, регулирует свои взаимодействия посредством «обращения» такого С. п., как обобщенная способность к действию (performance capacity) или, согласно его последователю психологу М. Эдельсону, посредством символических представлений объектов внешнего мира в сознании (object representations), куда относятся и образные, и языковые, и эмоциональные представления. Наконец, в кач-ве обобщенного посредника, укорененного в поведенческом комплексе, выступают интеллектуальные способности в том смысле, какой вкладывали в это понятие *Фрейд* и Ж. Пиаже. Отнесение столь различн. на первый взгляд явлений человеческой реальности к одному классу регулирующих механизмов позволило Парсонсу и его последователям применять к каждому из них методы анализа и понятия, разработанные в исследовании наиболее прототипических из них — языка и денег. В частности, власть, влияние, деньги и т. п. могут быть рассмотрены как специализированные языки, с одной стороны, и как некие «всеобщие эквиваленты» и «средства обращения», с др., что обогащает понятийный аппарат, необходимый для понимания их функционирования.

Л. А. Седов

СИМВОЛИЧЕСКИЙ ИНТЕРАКЦИОНИЗМ (от англ. interaction — взаимодействие) — теоретико-методологическое направление в совр. зап. социологии и социальной психологии, сосредоточивающееся на анализе социальных взаимодействий преимущественно в их символическом содержании. Последним объясняется усиленное внимание, уделяемое представителями С. и. анализу языка — главного символического «медиума» взаимодействия. Предшественниками С. и. явились *Кули*, Дж. Болдуин, *Томас* в Америке, *Зиммель* в Германии. Наиболее весомым вкладом в развитие С. и. явилось творчество Дж. Г. *Мида*. В совр. С. и. принято выделять две школы: чикагскую (Г. Блумер, А. Стросс, Т. Шибутани и др.) и айовскую (М. Кун, Т. Партленд). Для первой характерен интерес к процессуальному аспекту взаимодействия, к моменту становления социальных вещей и явлений, для второй — акцент на изучение стабильных, «ставших» символических структур. К С. и. примыкает т. наз. социодраматический подход, сторонники к-рого (К. Берк, И. Гофман, Х. Данкен) объясняют социальную жизнь как реализацию «драматической» метафоры, анализируя взаимодействие в таких терминах, как «актер», «маска», «сцена», «сценарий» и т. п. Для С. и., особенно в варианте, представленном чикагской школой, выражающем самый дух этого направления, характерно индетерминистское ви́дение социального процесса, трактуемого как процесс выработки и изменения социальных значений, как постоянное определение и переопределение ситуаций взаимодействия их участниками. В ходе этого переопределения, полагают сторонники С. и., меняется и объективная (с т. зр. взаимодействующих индивидов) среда социальной деятельности. «Человеческие существа... живут в мире значимых объектов... Этот мир имеет полностью социальное происхождение, ибо значения возникают в процессе социального взаимодействия. Различные группы вырабатывают различные миры, и эти миры меняются, когда объекты, их составляющие, меняют свои значения» [4, 540]. Несмотря на то что сторонники С. и. внесли опред. вклад в исследование структуры и динамики развития человеческой личности, в изучение микропроцессов социальных взаимодействий, им не удалось выработать последовательной теории социального процесса. Это связано с отказом теоретиков С. и. от анализа материальных факторов жизни об-ва, а также от исследования крупномасштабных социальных структур, детерминирующих социальные значения и смыслы. В нек-рых своих вариантах С. и. сближается с концепциями *феноменологической социологии,* в частности этнометодологии.

Л. Г. Ионин

Лит.: 1) *Шибутани Т.* Социальная психология. М., 1969. 2) Критика современной буржуазной теоретической социологии. М., 1977. Гл. 3. 3) *Mead G. H.* Mind, self and society. Chic., 1936. 4) *Blumer H.* Sociological implications of the thought of G.— H. Mead//American Journal of sociology. 1966. V. 71. N 5. 5) *Blumer H.* Symbolic interactionism. Englewood Cliffs. N. Y. 1969.

СИСТЕМА ДЕЙСТВИЯ (action system) — сложная взаимосвязь элементов действия и связь действий между собой. Понятие «С. д.» было введено в 1937 г. *Парсонсом* в книге «Структура социального действия» вместе с понятием *единичного действия.* Разложив действие на конечные единицы, Парсонс дал и анализ этих последних. «Действие» как особый вид реальности имеет место лишь при взаимосвязи ряда «конституэнт», к-рые уже не явл. действием. В то же время элементы этой реальности, будучи связаны между собой, тоже входят в число «конституэнт», необходимых условий друг для друга. Парсонс предлагает «общую формулу» [2, 76], согласно к-рой С. д. состоит из совокупности единичных действий, а также нескольких видов отношений: элементарных отношений, логически предполагающихся самим понятием системы, поскольку на нее накладывается сетка «координат действия»; отношений, возникающих в системах опред. сложности, где единичные действия сгруппированы в крупные организационные единицы, называемые индивидами или деятелями; отношений, возникающих во взаимосвязи индивидов как членов социальных групп. Система «координат действия» предполагает различение в единичном действии цели, средств для ее достижения, условий, в к-рых происходит действие, и значимой нормы, учитываемой при выборе цели и средств. Способы представления «системы координат» менялись Парсонсом в связи с общим изменением концепции. В понятие «ситуаций» включается и наличие в ней др. единиц действия. Отдельные действия, соотносясь друг с другом, образуют новую («эмерджентную») реальность. Т. обр., оказывается возможным построить сложную аналитическую схему, в к-рой объектом анализа являются и единичные действия, и возникающая из их соотнесений реальность. Если в «Структуре социального действия» ситуация, в к-рой действует индивид, определялась как включающая в себя условия, средства и нормативные моменты, то в «Социальной системе» (1951) главным оказывается ориентация действующего на социальные, физические или культурные объекты. Аналогично подразделяются и системы взаимосвязанных действий. «Действия не являются эмпирически дискретными, но появляются в констелляциях, которые мы называем системами. Мы занимаемся тремя системами, тремя способами организации элементов действия; эти элементы организованы в качестве социальных систем, личностей и культурных систем. Хотя все эти способы абстрагированы от конкретного социального поведения, эмпирические референты этих трех абстракций находятся на разных уровнях. Социальные системы и личности понимаются как способы организации *мотивированного действия*... С другой стороны, культурные системы суть системы символических образцов...» [3, 54]. Физическая ориентация из этого членения выпадает и возникает позднее, когда Парсонс (начиная с 1953 г.) строит концепцию на «четырехфункциональной парадигме» (*Функциональный подход в социологии*). Предполагается, что существует («аналитически вычленимая») общая С. д., подсистемы к-рой суть: поведенческий организм («поведенческая система» в работах позднего Парсонса) с функцией адаптации, система личности с функцией целедостижения, социальная система с интегративной функцией, система культуры с функцией «поддержания образца». При этом общая С. д. помещается между двумя уровнями реальности, к-рые имеют определяющее значение для действия, хотя и не входят непосредственно в его систему: «физико-органической окружающей средой» и «высшей» смысловой реальностью. Контакт с ними происходит через поведенческий организм (на нижнем уровне) и культуру (на высшем). Низший уровень насыщает действие энергией. Высший обеспечивает поступление информации и контроль. На последнем этапе эта схема была преобразована в «общую парадигму условий человеческого существования» [4], в к-рой С. д. оказалась одной из четырех функциональных подсистем, выполняющей функцию интеграции, наряду с системой конечных смыслов (поддержание образца), физико-химической системой (адаптация) и человеческой органической системой (целедостижение). Последовательная расшифровка этих аспектов есть, по существу, ответ Парсонса на главный вопрос социологии: что есть социальное, и на вопрос о месте человека в мире. Он показывает место социального в континууме реальности; его напряженное положение между вечными смыслами и «косной» природой; внутр. самоопределенность (социальный артефакт не менее несомненен, чем природный или смысловой феномен); его неразрывную связь с человеком, «природным» или «свободным», волящим и познающим, хотящим и оценивающим. Понятие «С. д.» широко используют и др. социологи, не принимающие парсоновских схем. Так, Луман рассматривает системы не как аналитически вычленяемую реальность, а как то, что «действительно есть». Но действия как элемент системы не суть «онтологические данности». Это события в системе, конституированные ею самой и элементарные лишь в ней, причем самотождественность элемента-действия предполагает его самоотнесенность с собой именно через связь с др. элементами в системе, ее структуре или процессе. Но Луман решает лишь принципиальный вопрос о совместимости в социологии аргументации «от системы» и «от действия». В дальнейших его рассуждениях это важной роли не играет. Новое оживление интереса к Парсонсу ведет к разработкам понятия «С. д.» в духе его концепции (Дж. Александер, Р. Мюнх).

А. Ф. Филиппов

Лит.: 1) Структурно-функциональный анализ в современной социологии. Информационный бюллетень ССА. Серия: переводы и рефераты. № 6. Вып. 1. М., 1968. 2) *Parsons T.* The Structure of social action. N. Y., 1937. 3) Toward a general theory of action/T. Parsons and E. Shils (ed.). N. Y., 1952. 4) *Parsons T.* Action theory and the human condition. N. Y.— L., 1978.

СИТУС — термин, используемый в концепции *постиндустриального об-ва Белла* в кач-ве одной из характеристик положения индивида в об-ве. Согласно Беллу, элементом социальной структуры по горизонтальной оси явл. статус (*Статуса социальной теории*), по вертикальной — С., обозначающий объединение людей по профессиональной деятельности и общности интересов независимо от их сословной принадлежности. По мн. Белла, в постиндустриальном об-ве разрушается общее «сословное сознание», а общий этос и общие сословные интересы столь слабо выражены, что перестают играть ту определяющую роль, к-рую они играли в *индустриальном об-ве*. В постиндустриальном об-ве это место занимает С. (расположение по месту профессиональной деятельности), к-рый и формирует общность интересов, политических целей и сплоченность социальных групп и в конечном счете определяет политику в об-ве. Белл утверждает, что в постиндустриальном об-ве основными политическими единицами будут не статусы, а С.

В. Н. Фомина

СКИННЕР (Skinner) **Беррес Фредерик** (20.03.1904, Саксуэханна, штат Пенсильвания) — амер. психолог, с 1974 г. проф. психологии Гарвардского ун-та, представитель *бихевиоризма*. Разработал оригинальную технику и методику изучения поведения животных и человека, внес значит. вклад в развитие теории и методики обучения, в т. ч. программированного, создал философию «науки человеческого поведения». Для социального бихевиоризма С., сформировавшегося под влиянием воззрений представителей ортодоксального *неопозитивизма* и отчасти *утилитаризма*, характерно отождествление механизмов коллективного поведения животных и людей, к-рое рассматривается как «оперантное», т. е. имеющее в качестве регулирующего фактора «психологическое подкрепление» (взаимовыгодное, справедливое отношение индивидов друг с другом в процессе общения). Идеями оперантного бихевиоризма С. руководствуется как при анализе об-ва и его ин-тов, так и при построении идеальных моделей обществ. устройства. По его мн., в об-ве не может быть независимого, «автономного человека», т. к. поведение индивидуума обусловливается и контролируется социальной средой через язык, обычаи, социальные ин-ты, средства массовой коммуникации и т. д. Это воздействие среды в большинстве случаев не носит систематического, скоординированного и целенаправленного характера и не всегда отвечает интересам индивидуума и об-ва в целом, однако освободиться от него практически невозможно. Единственной реальной ему альтернативой, по С., явл. создание социальных форм общностей людей, основанных на идеях оперантного бихевиоризма. Все члены такого рода социальных общностей должны быть полностью интегрированы в «систему позитивного подкрепления через поведение», вследствие чего отпадает необходимость в каких-либо репрессивных ин-тах. Идеи С. легли в основу *необихевиоризма* в социологии, были использованы представителями теории *социального обмена*.

А. И. Чупрынин

Соч.: 1) The behavior of organisms. N. Y., 1938. 2) Science and human behavior. N. Y., 1956. 3) Reflections on behaviorism and society. N. Y., 1978.

СМИТ (Smith) **Адам** (05.06.1723, Керколди, графство Файфшир,— 17.07.1790, Эдинбург) — шотландский экономист и философ, один из крупнейших представителей классической бурж. политической экономии. С. оказал значит. влияние на развитие социологии. Ему принадлежит одно из первых углубленных исследований психологии человека, живущего в общине (The theory of moral sentiments). Он предпринял попытку раскрыть природу человеческих страстей, объяснить социальными факторами стремление человека оценивать себя и других. Сама способность человека к нравственному переживанию, утверждал он, ниспослана человеку свыше, однако формы и интенсивность ее проявления целиком и полностью определяются социальным окружением индивида. Человеку присущи два желания: (1) оценивать поступки окружающих людей и (2) завоевывать их одобрение. Весь комплекс чувств взаимодействующих между собой индивидов С. называет «сочувствованием». Оно становится возможным в силу того, что каждый человек явл. одновременно «внешним» и «внутр.» наблюдателем. С одной стороны, он наблюдает и оценивает поступки др. людей, с др.— глядит на себя глазами окружающих и с этой позиции судит себя и свое поведение. Согласно С., ключевую роль среди всех человеческих эмоций играет чувство справедливости, понимаемое как воздержание от причинения зла другому. Именно справедливость, с т. зр. С., позволяет сдерживать порывы пагубных страстей, использовать свою энергию во благо других. Огромный импульс развитию социологии, как и др. общеcтв. наук, дал осуществленный С. всеобъемлющий анализ капитализма как экономической системы. С. близко подошел к раскрытию сущности таких понятий, как «капитал», «труд», «стоимость», «прибыль» и др. Осн. источником обществ. богатства, по С., явл. индивидуальное стремление к благополучию, а также присущее каждому индивиду желание добиться более высокого положения в об-ве. Главным условием процветания гос-ва С. считал: (1) господство частной собственности; (2) невмешательство гос-ва в экономику; (3) отсутствие препятствий для развития личной инициативы. Согласно С., важным фактором, способствующим экономическому росту, явл. разделение труда, позволяющее расширить применение машин. Признавая, что разделение труда обедняет его, С. предлагал компенсировать эти негативные последствия путем введения всеобщего образования. С. делил об-во на три класса: (1) наемных рабочих; (2) капиталистов и (3) крупных землевладельцев; отмечал, что в условиях капитализма интересы рабочих противоположны интересам имущих классов, однако считал такое положение неизбежным и естеств. Работы С. стали одним из теоретических источников политической экономии марксизма.

М. Ф. Черныш

Лит.: *Смит А.* Исследование о природе и причинах богатства народов. М., 1962.

СМОЛЛ (Small) **Албион Вудбери** (11.05.1854, Бакфилд — 24.03.1926, Чикаго) — амер. социолог, один из зачинателей социологии в США. Его концепции, носившие эклектический характер, сформировались гл. обр. под влиянием социального дарвинизма и психологизма *Уорда*. По С., осн. предмет социол.

исследования — интересы. Социальную жизнь он рассматривал как рез-т взаимодействия шести классов интересов, направленных на здоровье, благосостояние, общение, познание, красоту и справедливость. С. считал, что социология должна давать практические рекомендации в форме «социальной технологии», призванной способствовать совершенствованию социальных ин-тов. С этой позицией тесно соприкасался его бурж. политический реформизм. С. был основателем и руководителем первого в мире социол. факультета Чикагского университета (с 1892) и Американского социологического об-ва, а также журнала «American Journal of sociology» (1895). Совместно с Дж. Винсентом издал первый амер. учебник по социологии (1894).

А. Б. Гофман

Соч.: 1) General Sociology. Chic.— L., 1905. 2) The meaning od social science. Chic., 1910.

СОЛИДАРНОСТЬ МЕХАНИЧЕСКАЯ И ОРГАНИЧЕСКАЯ — см. *Дюркгейм Э.*

СОЛИДАРНОСТЬ СОЦИАЛЬНАЯ — понятие, используемое для обозначения социальной сплоченности. Начиная с *Конта,* понятие «С. с.» применялось гл. обр. во франц. социологии. Согласно его представлениям, «социальная солидарность создается в основном постоянным распределением различных видов человеческого труда» [1, 315]. В концепции *Дюркгейма* С. с.— одно из центральных понятий. Он различал два вида С. с.: механическую и органическую (*Солидарность механическая и органическая*). Для Дюркгейма С.— синоним общественного состояния, а ее отсутствие — социальная патология. Л. Буржуа, франц. политический деятель конца 19 в., основатель «солидаризма» во Франции, различал солидарность-факт и солидарность-долг [2, 160]. С. с.— важный элемент социальной интеграции, но не тождествен ей, т. к. существуют альтернативные интегрирующие элементы (экономическое принуждение, политическое насилие и т. д.). Понятие «С. с.» часто используется в документах социальных, политических, профессиональных движений. В совр. зап. социологии оно применяется сравнительно редко, сосуществуя с такими близкими по смыслу и более употребительными понятиями, как «социальная сплоченность» и «социальное согласие».

А. Б. Гофман

Лит.: 1) *Cote A.* Cours de philosophie positive. P., 1908. T. 4. 2) *Bourgeois L.* Solidarité. P., 1912.

СОРЕЛЬ (Sorel) **Жорж** (02.11.1847, Шербур — 30.08.1922, Булонь) — франц. социальный мыслитель, теоретик анархо-синдикализма, автор работ по политическим и экономическим проблемам, истории, этике, философии науки и др. Большое влияние на С. оказали идеи П. Ж. Прудона, Ф. Ницше, А. Бергсона. К анархо-синдикализму С. пришел от первоначальных либеральных воззрений и последующего увлечения марксистскими идеями. В последний период деятельности обратился, хотя и не без колебаний, к некоторым правонационалистским и монархистским течениям. Вместе с тем выступил в поддержку Октябрьской революции в России. Социально-политические концепции С. органично вытекают из разделяемых им интуитивистско-волюнтаристских посылок. Он отвергал рационалистическую интерпретацию об-ва и истории, идею социального прогресса; стихийное, иррациональное движение масс противопоставлял организованной политической борьбе, насилие (как высшее творческое начало истории) — силе (как выражению авторитарной государственности). Фундаментальным компонентом сознания класса и социальной группы, согласно С., явл. миф. Это понятие, играющее важнейшую роль в его концепциях, С. трактует весьма широко и неопределенно как объединяющий и побуждающий к действию эмоционально-психологический императив, близкий к религ., поскольку он основан не на знании, не на детерминистских схемах, а на вере. В этом, согласно С., отличие мифа от утопии, к-рая может быть подвергнута рац. анализу, критике, опровержению, разложена на составные элементы. Миф же представляет собой неразложимую социально-психологическую целостность, в к-рой выражаются стремления, чувства, интересы, интуитивная убежденность социальной группы. К числу т. обр. понимаемых мифов С. относил идеи революции и всеобщей забастовки, занимающие центральное место в его воззрениях. Единственной приемлемой формой организации пролетариата С. считал профсоюзы, к-рые рассматривал как прообраз будущих негос. обществ. форм. Любые формы лидерства, партийной и гос. организации им отвергались. Идеи С.— один из источников фашистской идеологии и совр. левацкого и неофашистского экстремизма.

С. А. Эфиров

Соч.: 1) Размышления о насилии. М., 1907. 2) Введение в изучение современного хозяйства. М., 1908.

СОРОКИН Питирим Александрович (21.01.1889, Жешарт, ныне Коми АССР,— 10.02.1968, Уинчестер, США) — амер. социолог рус. происхождения. После эмиграции в 1922 г. занял видное положение в зап. социологии. С. критиковал господствующую в США эмпирическую тенденцию и развивал учение об «интегральной» социологии, охватывающей все социол. аспекты широко понятой культуры. Социальная действительность рассматривалась С. в духе социального реализма, постулировавшего существование сверхиндивидуальной социокультурной реальности, несводимой к материальной реальности и наделенной системой значений. Характеризуемая бесконечным многообразием, превосходящим любое отдельное ее проявление, социокультурная реальность охватывает истины чувств, рац. интеллекта и сверхрац. интуиции. Все эти способы познания должны быть использованы при систематическом исследовании социокультурных феноменов, однако высшим методом познания С. считал интуицию высокоодаренной личности, при помощи к-рой были, по его мн., совершены все великие открытия. С. различал системы социокультурных феноменов мн. уровней. Самый высокий из них образуют социокультурные системы, сфера действия к-рых распространяется на мн. об-ва (суперсистемы). Они организуются вокруг фундаментальных предпосылок реальности и осн. методов ее познания, т. е. мировоззрений. Из них он выделяет следующие: (1) «чувственная» суперсистема (реальность воспринимается непосредственно чувствами); (2) «умозрительная» (реальность познается при помощи интуиции); (3) и «идеалистическая» (рассматриваемая как комбинация двух первых). Им соответствуют три формы истины — чувственная, духовная (интуитивная) и рац. В различ. периоды истории эти базовые предпосылки и соотв. им суперсистемы находятся в различ. фазах своего развития. В то же время в любой период истории сосуществуют пять осн., стремящихся к постоянству культурных систем низкого уровня: язык, этика, религия, иск-во, наука. Создавая концепцию всемирно-исторического развития человеческой культуры, С. в кач-ве ее филос. базы полагает идеалистическое понимание истории, опирающееся на интуитивный метод познания. В то время, когда проблема социального изменения почти не привлекала внимание зап. социологов, С. предложил своеобразную теорию социокультурной динамики. Он рассматривал действительность как процесс закономерного изменения, к-рый внутри социокультурных систем носит диалектический характер. Доминирующее мировоззрение и обусловленные им осн. принципы восприятия действительности постепенно исчерпывают свои возможности и заменяются одним из двух др. альтернативных мировоззрений. Соответственно сменяются тотальные типы культурных суперсистем. При помощи диалектики С. стремился объяснить ритмическую периодичность социокультурных изменений, искал их источники. Процесс перехода суперсистемы от одного доминирующего мировоззрения к др. (подобно изменениям в движении часового маятника) сопровождается радикальной трансформацией социальных ин-тов и нормативных образцов. Три главных типа таких образцов (семейные, договорные и принудительные) С. расположил в континууме солидарность — антагонизм. Разрушение интегративной базы и возникновение альтернативного доминирующего культурного этоса сопровождается длительными периодами социальных и культурных кризисов, войн и др. бедствий. Согласно С., первая мировая война и Октябрьская революция — рез-т огромных переворотов в социокультурной системе зап. об-ва, предвосхищающий дальнейшие социальные и культурные потрясения. Исследовав влияние социальных потрясений на поведение личности, С. выдвинул «принцип поляризации», согласно к-рому тенденция к моральной индифферентности и рутинному поведению усиливается в периоды обострения обществ. кризисов, когда большинство ищет гедонистического удовлетворения, в то время как меньшинство ориентировано на альтруистическую, религ. и т. п. активность. Когда социальное потрясение минует, поведение возвращается к прежнему, «нормальному» распределению. С. не верил, что Запад выйдет из фазы имманентного кризиса и вступит в период гармонического международного развития. Он остался острым критиком тех социальных тенденций, к-рые считал ответственными за кризис,— концентрации власти в руках безответственных личностей и анархизации моральных норм, типичных для последней фазы чувственных систем. Зап. Европа, обогатившая чувственную культуру, по убеждению С., уже прошла пик своего творческого развития. Исходя из этого, он фокусировал свои исследования после второй мировой войны на способах поведения, значение к-рых, по его мн., возрастало на позднесенситивной стадии: на формах и проявлениях любви и альтруизма, их распределении и социальном выражении. Знание этого жизненно важно для подготовки к следующей за сенситивной эпохе. В зап. социологии высоко ценятся как концепция социокультурной динамики С., так и его эмпирические исследования *мобильности социальной* и социальной стратификации. Значителен и его авторитет как критика чрезмерного увлечения количественными методами и др. формальными процедурами в социологии в ущерб содержательному анализу.

Е. В. Осипова

Соч.: 1) Система социологии Пг., 1920. Т. 1—2. 2) Social and cultural dynamics. N. Y., 1962. V. 1—4.

СОЦИАЛИЗАЦИЯ — процесс усвоения индивидом на протяжении его жизни социальных норм и культурных ценностей того об-ва, к к-рому он принадлежит. Истоки совр. теории С.— работы известного франц. социолога *Тарда*, первым попытавшегося описать процесс интернализации норм через *взаимодействие социальное*. В основу своей теории он положил принцип подражания, а отношение «учитель — ученик», воспроизводящееся на различных уровнях, провозгласил типовым социальным отношением. Само подражание Тард возводил как к психологическим основаниям (желаниям, биологическим потребностям), так и к социальным факторам (престижу, повиновению и практической выгоде). В 20 в. в зап. социологии утвердилось понимание С. как той части процесса становления личности, в ходе к-рого формируются наиболее общие распространенные, устойчивые черты личности, проявляющиеся в социально-организованной деятельности, регулируемой ролевой структурой об-ва. Ключевое понятие при описании процесса обучения социальным ролям — «имитация». Развернутая социол. теория, описывающая процессы интеграции индивида в социальную систему посредством интернализации общепринятых норм, содержится в работах *Парсонса*. Согласно его взглядам, индивид «вбирает» в себя общие ценности в процессе общения со «значимыми другими», в рез-те чего следование общезначимым нормативным стандартам становится частью его мотивационной структуры, его потребностью. Основным органом первичной С. Парсонс считает семью, где, по его мн., закладываются фундаментальные мотивационные установки личности. С. происходит благодаря действию психологических механизмов катектической оценки познавания и усвоения ценностей. Механизм работает на основе сформулированного Фрейдом принципа удовольствия — страдания, приводимого в действие с помощью вознаграждений и наказаний, и включает в себя также процессы торможения (аналог фрейдовского вытеснения) и субституции (переноса или смещения). Познавательный механизм включает процессы имитации и идентификации, опирающиеся на чувства уважения и любви. Усвоение ценностей происходит в ходе формирования супер-эго, к-рое закладывается в структуре личности в рез-те идентификации с фигурой отца, если буквально следовать Фрейду, или интернализации структуры семьи как интегрированной системы, если придерживаться формулировок Парсонса. Эмпирические исследования убедительно подтверждают зависимость отклоняющегося поведения от ранней С.: процент лиц с отклоняющимся поведением выше в тех случаях, когда С. происходила в условиях семейных конфликтов или в безотцовских семьях. Согласно Парсонсу, любая С. в ролях, даже если это половые или возрастные роли, влечет за собой появление у социализируемого чувства неполноценности, т. к. его исполнение роли неизбежно подвергается оценке сначала со стороны социализатора, а в конечном счете и собственной самооценке. Особенно распространено это чувство в культурах с явно выраженным достиженческим комплексом — таких, как совр. зап. культура с ее «инструментальным активизмом». Чувство неполноценности находит выражение как в индивидуальном отклоняющемся поведении, так и в создании субкультур, компенсирующих (подростковая субкультура в колледжах), вовсе отвергающих (хиппи) или переориентирующих («новые левые») достиженческий ценностный комплекс. Сформулированная Парсонсом концепция С. уточняется и развивается. В поздних работах самого Парсонса большее внимание уделяется более продвинутым «ученическим» фазам С. В работах социальных антропологов (Т. Тернер и др.) показывается, что первичный социализирующий коллектив не всегда совпадает с семьей.

Л. А. Седов

Лит.: 1) *Parsons T.* The social system. N. Y., 1951. 2) *Parsons T., Bales P.* Family, socialixation and interaction process — 1956. 3] Explorations in general theory in social science Loubser J. J. et al. N. Y.— L., 1976.

СОЦИАЛЬНАЯ ИНЖЕНЕРИЯ (англ. social engineering) — совокупность подходов прикладных социальных наук, или прикладной социологии, ориентированной на целенаправленное изменение организационных структур, определяющих человеческое поведение и обеспечивающих контроль за ним. Хотя, по мн. *Гоулднера,* в кач-ве научно устоявшегося термина С. и. появилась в амер. социологии только в 60-х гг., сама идея и принципы ее практической реализации сложились гораздо раньше, до второй мировой войны — в рамках т. наз. «человеческой инженерии» (human engineering), ставившей своей целью использование научных данных о потребностях, возможностях и недостатках человеческого организма при конструировании и проектировании машин и машинных систем. Осн. круг проблем, изучаемых «человеческой инженерией»,— повышение безопасности труда и сокращение производственного травматизма, повышение эффективности работы машин, снижение утомляемости работника и обеспечение комфортности в системах «человек—машина». Специалисты в области С. и. занимаются гл. обр. социальными проблемами на производстве и, как правило, имеют комплексную подготовку по ряду наук, применяя в своей исследовательской и практической деятельности данные социологии, социальной психологии, физиологии, психологии, экономики и др. Наиболее часто применяются такие методы, как лабораторные и полевые исследования, наблюдения и моделирование (включая использование макетов и тренажеров), исследование критических (экстремальных) ситуаций, эксперимент, теория игр, линейное программирование, теория информации, тестирование и т. д. В послевоенный период мотивы С. и. стали широко применяться в авиационной и оборонной промышленности США, а также в прикладных научных областях: *индустриальной социологии,* военной социологии, исследованиях пропаганды и коммуникаций, *групповой динамики.* Если до 1949 г. в стране действовала лишь одна научная группа по «человеческой» и С. и., то к середине 60-х гг. их насчитывалось более 130, и в их составе трудилось более 1,5 тыс. специалистов. Большинству из них финансовую поддержку оказывало правительство. В наст. время значит. часть специалистов по С. и. работает в сфере частного бизнеса. При ун-тах и колледжах США функционируют многочисленные курсы подготовки по С. и. Помимо психологии на становление С. и. опред. влияние оказала прикладная антропология, к-рая имеет дело с описанием изменений в сфере человеческих отношений и разработкой принципов контроля над ними. В 50-е гг. было особенно распространено применение прикладной антропологии в промышленности, к-рая рассматривалась как своего рода социальная технология (Е. Чэппл, Г. Телен, *Кребер* и др.). По мн. *Парсонса,* С. и. особенно успешно развивается не в те периоды, когда наблюдается непосредственное приложение теоретических принципов чистой, или академической, науки в сфере клинической практики, а, напротив, когда прикладная область развивается за счет собственных теоретико-методологических инноваций. Сегодня С. и. занимаются в осн. частные фирмы по «управленческому консультированию», исследующие удовлетворенность зарплатой, условиями и организацией труда, а также стиль руководства. Полученные резты оформляются в научном отчете в виде процентных распределений, эмпирических закономерностей и обобщаются в систему практических рекомендаций по улучшению политики в сфере трудовых отношений. Научные выводы консультант обязательно обсуждает с менеджерами и руководством предприятия, формулируя это на языке, доступном для их понимания. В отличие от др. специалиста-прикладника — социального клинициста, социальный инженер имеет дело гл. обр. не с рядовыми рабочими, а с верхним эшелоном власти. Если первый чаще использует глубинное интервью и нестандартные методы анализа, то второй ограничивается статистической информацией и выборочными опросами, полагаясь на здравый смысл и традиционные технологии обследования. Клиентов инженера-социолога, т. е. администрацию, интересует не столько научная истина, сколько практическая выгода.

А. И. Кравченко

Лит.: 1) Энциклопедия по безопасности и гигиене труда. МОТ. М., 1986. Т. 2. 2) Encyclopedia of management. N. Y., 1963. 3) Appied sociology: opportunities and problems. N. Y., 1965.

СОЦИАЛЬНАЯ ПСИХОЛОГИЯ —

наука о внутр., психологических причинах, механизмах и закономерностях социального поведения людей в группах и общностях, а также о психологических характеристиках отдельной личности, групп и общностей. С. п. как самостоятельная наука возникла в середине 19 в. на стыке психологии и социологии. Ко второй половине 19 в. относятся первые попытки построения собственно социально-психологических концепций: «психология народов» (М. Лацарус, X. Штейнталь, В. Вундт), «психология масс» (С. Сигеле, Г. Лебон), теория «инстинктов социального поведения» У. Мак-Дугалла. Точкой отсчета в существовании С. п. считается 1908 год, когда одновременно появились на свет работы Мак-Дугалла и *Росса,* в названия к-рых был включен термин «С. п.». Первоначально С. п. не могла точно определить свой объект. Одни авторы, считая ее отраслью социологии, ограничивали С. п. задачами дополнительной, психологической интерпретации изучаемых социологами явлений и процессов. Др., рассматривая С. п. как часть общей психологии, сводили ее назначение к привнесению социальных поправок в общепсихологическое знание. Третьи относили к С. п. все то во взаимоотношениях человек — об-во, что не охвачено социологией и общей психологией, тем самым признавая за С. п. статус как бы временной науки, правомерной до тех пор, пока социология или общая психология не найдут решения тех или иных вопросов. В рез-те восторжествовала кумулятивная т. зр., относящая к С. п. опред. аспекты тех вопросов, к-рые изучает социология, опред. аспекты общепсихологических проблем, а также круг явлений и процессов, оставшихся «между» социологией и психологией. Особый, не социол. и не общепсихологический характер этих проблем определяет самостоятельный научный статус С. п. Совокупность изучаемых С. п. явлений представляет собой опред. систему. Центральным, системообразующим элементом выступает личность («социальный индивид») как социально-психологическое образование и психологические механизмы ее социального поведения. Подсистема первого порядка — С. п. малых групп (семья, производственный коллектив), образованных функциональными связями общения и взаимодействий отдельных социальных индивидов. Подсистема второго порядка — большие группы (классы, нации), социальные институты, организованные общности людей (политические партии), конституированные функциональными связями образующих их малых групп. Наконец, подсистема третьего порядка — массы и массовые движения, массовые явления психики (мода), обществ. мнение и массовые политические настроения, массовые коммуникационные процессы и феномены массового стихийного поведения (толпа, слухи). Такое понимание, имеющее корни в наиболее влиятельном интеракционистском направлении С. п., не является единственным. В последнее время усиливается тенденция обратного порядка, выводящая на первое место С. п. масс и массовых настроений, затем — больших групп, малых групп и, наконец, личности. В 20 в. С. п. наибольшее развитие получила в США. Развиваясь в русле экспериментальной традиции, ориентируясь на решение практических задач, С. п. достигла значительных рез-тов в изучении целого ряда конкретных явлений: структуры и динамики малых групп, форм взаимодействия людей, межлич. отношений, воздействия групппы на индивида, формирования социальных установок личности, способов принятия групповых решений, средств коммуникации и т. п. Однако недооценка общетеоретического знания привела к тому, что С. п. стала рассыпаться на прикладные отрасли: С. п. управления, рекламы, пропаганды и т. п. Упор на лабораторный эксперимент и моделирование поведения малых групп давал надежные, но ограниченные рез-ты. С. п. стала индивидуализироваться в ущерб традиции анализа больших групп, общностей и масс. Совр. состояние С. п. на Западе противоречиво. В кач-ве осн. теоретических ориентаций сосуществуют *необихевиоризм, неофрейдизм*, когнитивизм и *интеракционизм*. Старые направления продолжают развиваться в условиях жесткой критики со стороны новых, однако критика носит скорее деструктивный, чем конструктивный, характер. Сегодня для С. п. характерно обостренное внимание к наиболее актуальным проблемам обществ. развития. На передний план выдвигаются такие направления, как психология политики, включающая С. п. политических лидеров, механизмов власти, массовых социально-политических движений, социально-психологические вопросы поведения электората на президентских выборах, образ власти у различных слоев населения, механизмы управления ими и т. п. С др. стороны, все большее значение приобретают труды обобщающего теоретического характера.

Д. В. Ольшанский

Лит.: 1) *Шибутани Т.* Социальная психология. М., 1969. 2) Социальная психология. М., 1975. 3) Социальная психология. Л., 1979. 4) *Freedman J. L., Carlsmith J. M., Sears D. O.* Social psychology. New Jersey, 1974.

СОЦИАЛЬНАЯ ФИЛОСОФИЯ — 1) в широком смысле: раздел философии, включающий рассмотрение кач. своеобразия об-ва (отличие от природы; отношение к гос-ву, религии, морали, духовной культуре), его целей (обществ. идеалов), генезиса и развития (социальной истории), судеб и перспектив; 2) в узком смысле: раздел общей социологии, содержащий исследования названных проблем с помощью категорий теоретической социологии и пограничных с нею научных дисциплин — политической экономии, антропологии, психологии, культурологии и т. д. С. ф. возникла и развивалась одновременно с философией. Как одно из направлений общей социологии С. ф. складывалась по мере становления специфических научных дисциплин, таких, как политическая экономия, антропология и социология. Основоположниками этого направления С. ф. можно считать, с одной стороны, Сен-Симона и *Конта*, а с др.— Маркса и Энгельса. Свое наибольшее развитие в зап. социологии оно получило в 20 в. в неомарксизме, объединившем социол. подход к анализу категорий и понятий обществ. науки с психологическим и философско-антропологическим подходами. Неомарксистам (*Хоркхаймер*) принадлежит дефиниция С. ф., согласно к-рой она понимается как рефлексия обществ. теорией своей собственной социальной обусловленности, что и делает эту теорию, по их мн., истинно критической (*Критическая теория*). Эта идея была сформулирована также представителями неогегельянски-антропологической ориентации в социологии, напр. *Фрайером* (*Антропологическая ориентация в социологии*). В 70-х гг. С. ф. получает свое развитие в радикальной социологии (напр., «рефлексивная социология» *Гоулднера*), а также в постструктурализме (*Фуко*).

Ю. Н. Давыдов

Лит.: 1) *Давыдов Ю. Н.* Критика социально-философских воззрений франкфуртской школы. М., 1977. 2) Неомарксизм и проблемы социологии культуры. М., 1980. 3) Буржуазная социология на исходе XX века. Критика новейших тенденций. М., 1986.

СОЦИАЛЬНОГО ХАРАКТЕРА концепции

— концепции, возникшие в резте попыток социально-психологического и социол. истолкования нек-рых специфических особенностей человеческого характера, связанных с социокультурными условиями формирования индивидов и своеобразием их образа жизни. Большое значение для развития понятия «С. х.» имели этнографические исследования, к-рые выявили, что люди, живущие в одном об-ве и принадлежащие к одной культуре, обладают нек-рой суммой одинаковых черт Х. Эти черты проявляются в фольклоре, в мифах, в правилах этикета, социальных нормах и проч. Ряд. С. х. концепций сформировался в ходе полемики с натуралистическим истолкованием Х., предложенным *Фрейдом* и разработанным в его типологии орального, анального и генитального характеров, основывающейся на идее о том, что поведение человека явл. рез-том его природных либидозных влечений. Совр. неофрейдисты (*Неофрейдизм*), критикуя Фрейда за биологизм, ревизуют его представления, пытаясь соединить психоаналитический и социол. подходы. *Фромм* определяет С. х. как «ядро структуры характера, свойственное большинству членов опред. культуры, в то время как индивидуальный характер — это то, чем люди, принадлежащие к одной и той же культуре, отличаются друг от друга» [1, 78]. С. х., полагает он, представляет собой форму кристаллизации психической энергии человека, к-рая позволяет использовать ее в кач-ве производительной силы в социальной жизни. Рассматривая С. х. как посредника между социально-экономической системой и идеалами об-ва, способствующего стабилизации и нормальному функционированию социальной системы, Фромм выявляет типы С. х. Классическому капитализму свойственны такие черты С. х., как стремление к накоплению, индивидуализм, агрессивность; в совр. бурж. об-ве возникает С. х., ориентированный на рынок, в к-ром центральным оказывается стремление к потреблению, чувство неуверенности, одиночества, скуки и озабоченности. Фромм отмечает такие особенности С. х. рабочего, как пунктуальность, дисциплина, способность к совместному труду; С. х. крестьянина отличается индивидуализмом, упорством, слабым чувством времени, противоборством всем попыткам изменить его С. х. Фромм связывает С. х. авторитарной личности с групповым нарциссизмом. *Рисмен*, определяя С. х. как «более или менее постоянную, социально и исторически обусловленную организацию стремлений индивидуума и его возможностей их удовлетворить» [3, 4], отмечает, что С. х. способствует осуществлению индивидом тех требований, к-рые ставит перед ним данное об-во, господствующий в нем класс и обеспечивает конформизм членов об-ва. Фиксируя несовпадение в реальности С. х. и индивидуального Х., к-рое явл. истоком движения культуры и об-ва, Рисмен вычленяет три исторических типа С. х.: ориентирующийся на традицию, внутренне ориентированный (ориентированный «изнутри») и внешне ориентированный (ориентированный «извне»); в последних двух случаях используется юнговское различение «интровертного» и «экстравертного» типов личности. Господство в совр. об-ве личности, ориентированной внешним образом (экстравертной личности), он объясняет условиями жизни, структурой власти, способами воспитания детей в семье. Осн. задачу современности он усматривает в выработке автономного С. х., к-рый не был бы ориентирован лишь на одобрение со стороны окружающих, на потребление, а способствовал формированию внутренне самостоятельной и активной личности. Специфические черты совр. С. х., присущего капитализму, зафиксировал У. Уайт, к-рый, противопоставив протестантскую этику раннего капитализма, проповедовавшую бережливость, честность, трудолюбие, умеренность, инициативу, совр. социальной этике, описал новый тип личности — «человека организации», отличающегося экстравертностью, духом корпоративности и интериоризовавшего стереотипы потребительской идеологии. Если Фромм для обозначения культурного «ядра» личности использовал понятие «С. х.», то Д. Хониман и А. Инкелес пользовались в этих целях понятием «модальная личность», а Р. Линтон и А. Кардинер — понятием «основной тип личности». Кардинер подчеркивает, что в формировании осн. типа личности решающую роль играют механизмы, к-рые он называет «проективными системами» и к-рые возникают в рез-те проекции первичных влечений, связанных с потребностью в пище, в ласке и т. д., на воспринимаемые ребенком предметы и образы людей. Воспитание детей Кардинер называет «первичным ин-том» и придает ему существенное значение в формировании типа личности, ее «проективных систем». Конфликт между «проективной системой» и «системой внешней реальности», к-рый возникает уже в зрелом возрасте человека, связан с необходимостью адекватного рационального отношения к действительности и разрешается с помощью нек-рых защитных механизмов. Среди них наиболее значительна, по мн. Кардинера, роль идеологии. Отличие культур и об-в друг от друга заключается в степени господства «проективных систем», во взаимоотношении их с «системами внешней реальности». Европ. цивилизация связана с уменьшением веса проективных систем и преобладанием «систем внешней реальности». Исследуя осн. тип личности европ. культуры, Кардинер отмечает, что длительная эмоциональная забота матери, жесткая сексуальная дисциплина формируют в человеке пассивность, интравертность, неспособность найти новые формы адаптации и проч. Линтон использует статистическое понятие моды для обозначения типа личности, к-рый наиболее часто встречается среди членов данного об-ва. В совр. зап. социологии анализ различ. типов С. х. занимает большое место, что находит свое выражение в исследованиях по этнопсихологии, в социологии этнических и расовых отношений, в социологии средств *массовой коммуникации* и *общественного мнения*.

А. П. Огурцов

Лит.: 1) *Fromm E.* The sane society. 1959. 2) *White W.* The organization man. L., 1963. 3) *Riesman D.* Lonely crowd. A study of the changing american character. N. Y., 1967.

«СОЦИАЛЬНЫЙ ФАКТ» — см. *Дюркгейм Э.*

СОЦИАЛЬНЫХ ГРУПП теории — теории, разрабатывающие проблемы функционирования в об-ве различ. социальных общностей. Под социальной группой понимается любая совокупность индивидов, объединенных общими интересами, находящимися во взаимодействии, оказывающих друг другу помощь в достижении личных целей. Внешние отличительные признаки социальной группы: (1) она развивается; (2) для нее характерен определенный набор социальных норм, регулирующих взаимодействия; (3) группа имеет свою ролевую структуру. Существует значит. число критериев, характеризующих специфический способ действия каждой группы: группы разделяются по числу входящих в них индивидов, по индивидуальным признакам входящих в них индивидов, по характеру внутр. структуры, по уровню сплоченности, по степени взаимодействия членов, по тем задачам, к-рые они ставят перед собой, по их культурологическим признакам. Одним из основоположников С. г. т. явл. нем. социолог *Зиммель*, раскрывший целый ряд важных аспектов взаимодействия микро- и макроструктур. Значит. вклад в С. г. т. внес амер. социолог *Кули*, указывавший на ту огромную роль, к-рую играет в об-ве семья и детская игровая группа. Дальнейшее развитие С. г. т. получила в работах *Мэйо*, подчеркнувшего значение производственных коллективов, и *Морено*, к-рый ввел в оборот методику измерения характера и уровня межлич. взаимодействия, известную в социологической практике как *социометрия*. Общие проблемы взаимодействия С. г. с об-вом в рамках функциональной теории изучались амер. социологом *Парсонсом*.

М. Ф. Черныш

СОЦИОБИОЛОГИЯ — один из разделов совр. биологии, задача к-рой усматривается в изучении биологических основ всех форм социального поведения животных, включая человека [2], [3]. С. возникла в русле интегративных тенденций совр. науки, из попыток естествоиспытателей сформулировать единые теоретические принципы, позволяющие синтезировать различ. дисциплины, изучающие поведение живых существ. Краеугольным камнем С. выступает тезис об эволюции социальности, о прогрессивном развитии и совершенствовании под влиянием естеств. отбора различ. стереотипов поведения и форм кооперативных действий животных. Основные понятия С. («итоговая приспособленность» (inclusive fitness), «родственный отбор», «взаимный альтруизм» и ряд др.) были нацелены на объяснение различных феноменов коллективного поведения животных, и в первую очередь явлений альтруизма, не вписывавшихся в классическую дарвинистскую концепцию эволюции. С т. зр. осн. постулата С. индивидуальная приспособляемость животных особей измеряется не только успешным выживанием самой особи, но и увеличением шансов на выживаемость ее ближайших родственников. Любые образцы социального поведения животных, напр. стратегия брачного поведения, альтруизм, родительская опека детенышей и др., объясняются под углом зрения «итоговой приспособленности», способствующей коллективной кооперации действий животных и выживанию родственных групп. Ведущие представители С. (Э. Уилсон, Р. Триверс, Р. Александер, Д. Бэреш) выступают с идеей нового синтеза биологических и социальных наук, полагая, что сформулированные ими принципы поведения животных могут быть распространены и на понимание эволюции человеческого об-ва, будут способствовать выяснению биологических основ исходных форм социального поведения человека, таких, как семейно-родственные отношения, общение, альтруизм, агрессия, половозрастное разделение труда, социальное неравенство и др. Решающее основание для этой экстраполяции усматривается в том, что человек явл. типичным представителем животного мира, его поведение имеет ряд черт, общих для всего класса приматов [3]. Эта натуралистическая трактовка человека составляет исходный фундамент «социобиологии человека», к-рой отводится решающая роль в синтезе биологических и социальных знаний о человеке. Претендуя на пересмотр человеческой истории, сторонники С. рассматривают ее как эволюционный процесс, в ходе к-рого происходит взаимодействие специфических человеческих генов с возникающими культурными формами, опосредующим фактором этого процесса выступают человеческое сознание и психика (т. наз. «эпигенетические» правила поведения) [4]. Претензии социобиологов на новый синтез биологии и социологии вызвали широкую оппозицию среди представителей обществ. наук. Противники С. справедливо указывают на ущербность натуралистической трактовки человека, необходимость учета кач. особенностей человека и культуры. В зап. социологии идеи С. нашли поддержку гл. обр. среди позитивистски ориентированных ученых (У. Кэттон, Л. Эллис, *Ван ден Берге*, М. Розенберг, Р. Уоллас и др.), к-рые усматривают истоки кризиса зап. социологии в абсолютизации её принципов *детерминизма культурного*, игнорировании биологических основ поведения, неэффективном использовании естественнонаучной методологии. Выход из кризисной ситуации, по их мн., состоит в том, чтобы перевести социологию целиком на рельсы естественнонаучной дисциплины и включить ее в разряд биологических наук.

М. С. Комаров

Лит.: 1) *Комаров М. С.* Социобиология и проблема человека//Вопросы философии. 1985. № 4. 2) *Wilson E. O.* Sociobiology. A new synthesis. Camb., 1975. 3) *Wilson E. O.* On human nature. Camb., 1978. 4) *Lumsden Ch., Wilson E. O.* Genes, mind and culture. The coevolutionary process. Camb., 1981.

СОЦИОГЕОГРАФИЯ — социол. дисциплина, к-рая анализирует географический аспект социальной жизни конкретных обществ. групп: их территориальную дифференциацию, пространственное распространение, влияние деятельности человека на природу, окружающую среду. Термин, близкий по смыслу, был введен в научный оборот в 1913 г. Р. Штейнмецем, предложившим выделить в кач-ве особой социол. дисциплины социогеографию, или «социальную географию», к-рая в противоположность абстрактно-теоретической социологии должна дать полное описание жизни народа той или иной эпохи. С. формировалась под влиянием франц. *географического направления* в социологии; его ранний представитель Видаль де Ля Блаш усматривал цель «социальной географии» в анализе ландшафта, представляя его как «открытую книгу», к-рая позволяет выявить способ жизни тех или иных человеческих коллективов. Существенный вклад в С. внесла амстердамская социол. школа, представители к-рой, критикуя географический детерминизм, делали главный акцент на исследовании связей между социологией и географией. Задачу С. они видели в изучении географического контекста жизни социальных групп, считая, что различие между нею и географией ландшафта состоит в том, что последняя изучает не группы, а ландшафт. Л. Февр обращал внимание на отличие социальной морфологии, изучающей то, как географически выражено социальное состояние, от географии, анализирующей воздействия человека на географическое окружение. Близкой т. зр. придерживался М. Сорр, считавший, что хотя С., так же как и социология, исследует активность социальных групп, однако в отличие от последней ее предметом явл. экстериоризация (овнешнение) деятельности человека в предметах ландшафта. Не ограничиваясь исследованием влияния человека, его деятельности на природный ландшафт, С. включает в круг своей проблематики социальное пространство, отношения между населением и территорией, зависимости социальной жизни от окружающего природного мира, влияние освоения природы на развитие внутриобщинных и межобщинных связей, а также изучает отношения человека и пространства, роли пространственно-географических компонентов в социальной жизни и т. д.

А. П. Огурцов

СОЦИОГРАФИЯ (лат. societas — об-во и греч. graphō — пишу) — термин, введенный в научный оборот датским этнологом С. Р. Штейнмецем для обозначения особой социол. дисциплины, охватывающей область эмпирических исследований в изучении об-ва (*Социогеография*). С.— одна из осн. составных частей социол. учения *Тённиса*, полагавшего, что «чистая» социология исследует путем понятийного конструирования социальную статику; прикладная социология исследует путем гипотетико-дедуктивных построений социальную динамику; С. с помощью индуктивного метода изучает совр. исследователю об-во. Исходным материалом для С. является статистика: оригинальные данные, полученные в ходе социол. обследований, и официальная статистика интерпретируются и анализируются в соответствии с целями и задачами осуществляемого социол. исследования. Социальные факты рассматриваются в самом широком контексте путем наблюдения и производимого на его основе сравнения. Используя принципы С., Тённис изучал различ. проблемы *девиантного (отклоняющегося) поведения, демографии,* экономики, политики. В совр. социологии термин «С.», не будучи общепринятым, используется для обозначения эмпирических, описательных социальных исследований как количественного, так и кач. характера.

А. И. Чупрынин

Лит.: 1) *Tönnies F.* Einführung in die Soziologie. Styttg., 1931.

СОЦИОЛОГИЗМ — филос.-социол. концепция, зародившаяся в конце 19 в., утверждающая первостепенное и исключительное значение социальной реальности и социол. методов в объяснении бытия человека и его среды. Идеи С. развивались в работах *Дюркгейма* и его последователей, *Гумпловича,* нем. философа *Шпанна* и др. С. сочетает в себе два аспекта: онтологический и методологический. Онтологический аспект состоит в утверждении, во-первых, автономии социальной реальности по отношению к др. видам реальности, в особенности биологической и психической; во-вторых, в трактовке об-ва как вне- и надындивидуальной реальности (такая позиция получила название «социальный реализм»). Методологический аспект С. заключается в признании социологии самостоятельной наукой со своим собственным арсеналом методологических средств, независимой от др. наук, в частности от биологии и психологии, а также социол. экспансионизме (иногда обозначаемом как «социологический империализм»), стремлении растворить в социологии др. науки. В процессе становления социологии как самостоятельной научной дисциплины С. служил средством самоутверждения новой науки, ее эмансипации от биологического и психологического редукционизма в интерпретации социальных явлений. Этим, а также полемикой с биологическим и психологическим направлениями в социологии объясняется экстремизм ряда положений раннего С. Утверждение специфичности объекта и методологии социологии — основополагающий принцип С., обосновывающий саму возможность социол. знания. Важно различать соседствующие в С. плодотворную идею специфики социальной реальности, форм и методов ее познания, с одной стороны, и неоправданный экспансионизм — с др., отрицающий необходимость взаимодействия и интеграции социологии и др. наук.

А. Б. Гофман

СОЦИОЛОГИИ ИСКУССТВА теории — теории, в основе к-рых лежит представление о социальной зависимости иск-ва, фиксируемой с помощью средств и методов, находящихся в распоряжении социол. науки. Основополагающим для С. и. т. явл.: а) осознание опред. корреляции между состоянием об-ва в целом (или тех его аспектов, к-рые детерминируют иск-во) и иск-вом как специфической сферой общественно значимой деятельности; б) разработка методики социол. исследования, позволяющей выразить степень этой корреляции в достаточно строго очерченных понятиях, поддающихся математической обработке. Первым обратил внимание на зависимость, существующую между состоянием об-ва и состоянием иск-ва, Платон, явившийся основоположником традиции социальной критики иск-ва, к-рая получила дальнейшее развитие у Августина, *Руссо* и Ницше. Опред. аспекты связи между иск-вом и политическим состоянием об-ва (иск-вом и политической свободой) пытались установить, с одной стороны, И. Винкельман и Г. Лессинг, с др.— *Монтескье* и Д. Дидро. Традиция Винкельмана и Лессинга прослеживается в работах Ф. Шиллера, соединившего понятие свободы с понятием гармонического развития личности и поставившего иск-во в зависимость от этого развития. *Тэн* («История английской литературы», 1871) стремился выявить связь между содержанием произведения иск-ва и такими социальными факторами, как умонастроение людей и социальная среда. *Гюйо* («Искусство с точки зрения социологии», 1887) пытался установить, каким образом в произведении иск-ва отражается социальная интеграция. Под влиянием марксизма с конца 19 в. С. и. т. приобрела в зап. искусствознании и литературоведении характер моды. Одним из представителей С. и. этого времени был В. Гаузенштейн — автор ряда книг, посвященных общесоциологическому анализу иск-ва, а также социальному истолкованию его новейших тенденций. Согласно Гаузенштейну, считавшему, что «искусство есть форма», С. и. может быть только «социологией формы». Признавая, что «социология содержания» также необходима, он вместе с тем утверждал, что она не явл. «специфической социологией искусства». Иск-во, по Гаузенштейну,— это «формирование духа своего времени», где форма играет роль как бы «идеологии», высвобождающей опред. содержание — «жизнь», и в этом сказывается зависимость формы, подлежащей социол. анализу, от содержания, выходящего за его рамки. Работы Гаузенштейна свидетельствуют о том, что С. и. стремилась определить специфический аспект своего подхода к иск-ву в отличие от традиционно искусствоведческого. Однако теоретики С. и., оказавшись в русле пансоциологических устремлений начала 20 в., слишком широко толковали социол. аспект, подменяя собственно искусствоведческие методы анализа художественного произведения социол., к-рые оказывались, т. обр., единственным способом анализа произведения, что не могло не вести к вульгарному социологизму в теории С. и. Оставаясь только в рамках социол. подхода, оказалось невозможным объяснить всеобщую значимость художественных произведений, поэтому теоретики С. и. предприняли попытки определить пределы социол. анализа иск-ва. Согласно *Хаузеру*, художественная деятельность имеет различ. уровни мотивации, причем С. и. фиксирует лишь один из них — социальную среду, не рассматривая др. (напр., психологический уровень стилевой мотивации). Недостаток социол. подхода, по его мн., состоит в том, что при генетическом объяснении художественных произведений всегда существует опасность свести иск-во к социальному аспекту. По убеждению Ш. Лало, социальная среда — это необходимое, но недостаточное условие появления иск-ва. Проводя различие между эстетическими и неэстетическими условиями развития иск-ва, он отмечал, что хотя неэстетические факторы играют роль в развитии иск-ва, однако и они не явл. достаточными для понимания его специфической природы: оно нуждается в материале, предоставляемом жизнью, взятой во всем ее многообразии. Более конкретной связи тех или иных форм иск-ва с социальной жизнью способствовало разделение С. и. на ряд отдельных дисциплин. В течение первой трети 20 в. окончательно формируется, выделяясь в относительно самостоятельную область исследования, социология лит-ры, в 40—50-х гг. — социология музыки. Разработкой проблем С. и. занимались также теоретики неомарксизма франкфуртской школы, для к-рых было характерно тяготение к более широкому, близкому к социально-филос. истолкованию лит-ры и иск-ва. Ярким представителем этой тенденции был *Беньямин*, к-рому принадлежат эстетико-социол. эссе, посвященные анализу не только лит-ры, но и фотографии, кино и т. д. Полученные данные позволили ему соотнести отд. области иск-ва с художественной культурой той или иной эпохи в целом. Традиция Беньямина получила свое развитие в работах *Адорно* [2] и Х. М. Энценсбергера [1]. Наряду с неомарксизмом франкфуртской школы в этот период в зап. теории С. и. доминировали франц. неомарксизм *Гольдмана*, а также идеи

Ж.-П. Сартра. В произведении «Социология романа» (1964) Гольдман, используя понятия генетического структурализма, пытался (на примере творчества А. Мальро, Н. Саррот и А. Роб-Грийе) социологически объяснить сущность романа, выявив «гомологическое отношение» (взаимосвязь) между его структурой и социальной действительностью. В последнее время на Западе в С. и. т. наблюдается ситуация «взвешенности парадигм», а также поиск ею новых путей корректного социол. анализа художественной ткани произведения.

Ю. Н. Давыдов

Лит.: 1) *Enzensberger H. M.* Einzelheiten I—II (Bewusstsein-Industrie; Poesie und Politik). Fr./M., 1962. 2) *Adorno Th. W.* Einleitung in die Musiksoziologie: Zwölf theoretische Vorlesungen Fr./M., 1962.

СОЦИОМЕТРИЯ (от лат. societas— об-во и греч. metréo — измеряю) — (1) отрасль социальной психологии, изучающая межлич. отношения в малых группах количественными методами с акцентом на изучение симпатий и антипатий внутри группы; (2) прикладное направление, включающее изучение, совершенствование и использование соответствующего инструментария для решения практических задач. В первом, теоретическом значении понятие «С.» появилось в 19 в. в связи с попытками применить математические методы для изучения социальных явлений. В 20 в. его использовали сторонники микросоциологии (*Гурвич* и др.), пытавшиеся объяснить социальные феномены, исходя из изучения межлич. отношений индивидов. Однако эти попытки оказались малозаметными для того времени, пока *Морено* не придал понятию «С.» новое значение. Он ограничил его объем, сузив до набора прикладных методик изучения структуры и динамики «неформальных» взаимоотношений между индивидами. Морено поставил С. как набор социол. и социально-психологических инструментов в ряд с соционимией (общесоциол. наукой об общих принципах обществ. устройства), социодинамикой (наукой о малых группах) и социатрией (системой методов разрешения социальных конфликтов с помощью изучения и улучшения межлич. отношений). Позднее возобладала инструментальная трактовка С. как совокупности опред. методов исследования взаимоотношений в малых группах. Социометрический тест, аутосоциометрия, ретроспективная социометрия и ряд др. процедур основаны на вербальных отчетах испытуемых о внутригрупповых межлич. предпочтениях (выборах) в опред. ситуациях. Помимо обобщенной картины симпатий-антипатий (социограммы) эти методы позволяют описать индивидуальные самооценки положения человека в группе, выделить неформальных лидеров и «отверженных». Получаемые с помощью расчетов групповые индексы показывают степень связанности индивидов в группе, ее интегрированность, объем и интенсивность взаимодействия входящих в нее людей и т. д. Продолжение С.— психодрама и социодрама. В первом случае создается экспериментальная группа, выступающая аналогом театральной труппы. «На сцене» проигрываются опред. ситуации взаимодействия людей, испытуемые тренируются в исполнении межлич. ролей. В социодраме «играют» естеств. группы (семья, производственный коллектив и т. п.), в к-рых исполнители могут меняться ролями (напр., сын принимает роль отца, начальник — подчиненного и т. п.). Проигрываются реальные жизненные ситуации, отрабатываются навыки исполнения социальных ролей и понимания др. людей, исполняющих те или иные социальные роли.

В. Б. Ольшанский, Д. В. Ольшанский

Лит.: 1) *Морено Д. Л.* Социометрия: Экспериментальный метод и наука об обществе. М., 1958. 2) *Волчков И. П.* Социометрические методы в социально-психологических исследованиях. Л., 1970. 3) *Коломинский Я. Л.* Психология взаимоотношений в малых группах. Минск, 1976. 4) *Moreno J.* Who shall survive? Beacon, 1953. 5) Sociometry and the science of man. N. Y., 1956. 6) Sociometry reader. N. Y., 1960.

СПЕНСЕР (Spencer), **Герберт** (27.04.1820, Дерби — 08.12.1903, Брайтон) — англ. философ. и социолог-позитивист. С. вслед за *Контом* положил в основу социологии идею эволюции. Сущность эволюции он, основываясь на трудах К. Бэра, видел в переходе от гомогенности к гетерогенности, возрастающей связности и специфической определенности. Эти идеи С. дополн. тезисом о всеобщей тенденции к росту внутр. дифференциации, сопровождающимся усовершенствованием процесса интеграции органов. Все эти морфологические признаки эволюции С. находит и в обществ. развитии. Стержень гл. труда С. «Основания социологии» составляет систематически проведенная аналогия между биологическим и социальным организмами. В этом вопросе С. вступает в полемику с такими представителями «организмического» взгляда на об-во, как Платон и *Гоббс*, утверждая, что эта аналогия неполная, поскольку индивидуальный организм обладает «конкретностью», тогда как социальный — «дискретен». Это значит, что об-во не может и не должно поглощать отдельную личность. Существенным измерением социального прогресса С. считает переход от об-ва, в к-ром личность целиком подчинена социальному целому, к такому состоянию, при к-ром социальный организм «служит» составляющим его индивидам. Осн. типологическое различие социальных структур, по С., состоит в том, явл. ли сотрудничество людей в достижении общей цели добровольным или принудительным; именно это определяет противоположность об-в «военного» и «промышленного» типов. С., в отличие от своих предшественников, ясно видит, что «военное» об-во нельзя считать пройденным этапом истории и что само противоположение «военной» и «промышленной» социальной организации имеет характер типологической абстракции, изолирующей отдельные фрагменты и тенденции более сложной социальной реальности. Эволюционно-историческй подход соединяется у С. со структурно-функциональным и системным (в его время последние еще были неразличимы). По С., социальный организм состоит из трех гл. «систем»: «регулятивной», «производящей средства для жизни» и «распределительной». Источником классовых различий С. считает завоевание: победители образуют господствующий класс, побежденные становятся рабами (sclaves) или крепостными (servs). С. различает первоначальную, более мягкую форму «домашнего рабства» и последующую стадию массового использования рабского труда в сельском хозяйстве и ремесленном производстве, сопровождавшуюся резким ухудшением положения рабов. Рабство связано и с развитием разделения труда, к-рое с течением времени порождает и психологические стимулы сохранения существующего порядка вещей. «Первоначально работник физически, а зачастую и умственно уступает тому, кто заставляет его работать; так труд становится признаком неполноценности. Затем развивается чувство гордости, укрепляющее праздность. Впоследствии прибавляется и третье чувство: сражаться с врагами и дикими зверями считается единственным занятием, достойным мужчин. Так три стимула объединяются, чтобы утвердить различие между правящим военным классом и подчиненным производительным классом» [1, 465]. Анализируя «регулятивную систему», С. привлек внимание к механизмам «социального контроля», причем рассматривал собственно политическое управление как лишь один из его видов. По С., в конечном счете весь социальный контроль держится на «страхе перед живыми и перед мертвыми». «Страх перед живыми» поддерживает гос-во, а «страх перед мертвыми» — церковь. Эти ин-ты возникли и постепенно развились из «эмбриональных» форм, существовавших еще в первобытном об-ве. Всякий социальный ин-т складывается как устойчивая структура «социальных действий», к-рые, по С., составляют первичный материал для социол. исследований. Социальный контроль за повседневным поведением людей осуществляется «церемониальными институциями», к-рые старше, чем церковь и гос-во, и часто даже эффективнее, чем они, выполняют свою функцию. «Церемонии» регулируют общение, символизируя «статус» и «ранг» субъектов, вступающих в отношения, и культивируя «чувство субординации». При наложении эволюционной модели на ход исторического процесса С. столкнулся с трудностью объяснения ряда новых явлений, связанных с закатом эры капиталистической свободной конкуренции, к-рые делали все более сомнительной перспективу гармонического увязывания социально-экономического прогресса с потребностями развития личности, в чем С. видел высшую цель эволюции и главный критерий прогресса. С. изобразил грозную опасность, таящуюся в милитаризованном и бюрократизирующемся гос-ве, а также картину «будущей федерации высших наций, которая своей верховной властью может запретить войны между народами и остановить процесс развития варварства, постоянно подрывающий цивилизацию... С другой стороны, в результате постоянного подавления агрессивных инстинктов и упражнения социальных чувств, а также постепенного ослабления внешних ограничений должен возникнуть новый тип человека, который, удовлетворяя собственные стремления, в то же время реализует общественные потребности» [1, 600, 601]. С. защищал позиции сциентизма, постулирующего тождественность НТП биологической эволюции и реализации социально-гуманитарных идеалов. Многие идеи С. были заимствованы совр. зап. социологией, в частности структурно-функциональным анализом *Парсонса*, культурантропологией (этнографией) и социобиологией.

М. А. Киссель

Соч.: 1) The principles of sociology. L., 1896.

СРАВНИТЕЛЬНО - ИСТОРИЧЕСКИЙ МЕТОД — научный метод, с помощью к-рого путем сравнения выявляется общее и особенное в исторических явлениях, достигается познание различ. исторических ступеней развития одного и того же явления или двух разных сосуществующих явлений; разновидность исторического метода. С.-и. м. позволяет выявить и сопоставить уровни эволюции изучаемого объекта, происшедшие изменения, определить тенденции его развития. Существуют различ. формы С.-и.м.: сравнительно-сопоставительный метод, к-рый выявляет природу разнородных объектов; историко-типологическое сравнение,

объясняющее сходство не связанных по своему происхождению явлений одинаковыми условиями генезиса и развития; историко-генетическое сравнение, когда сходство явлений объясняется как рез-т их родства по происхождению; сравнение, при к-ром фиксируются взаимовлияния различ. явлений. С.-и. м. становится общепризнанным в 19 в., получив разнообразное применение во мн. науках. В зап. социологии 19 в. интерес к С.-и. м. связан с влиянием *Конта* и *Спенсера*, к-рые считали С.-и. м. осн. методом социол. исследования, истолковывая его в духе эволюционистской линейно-поступательной трактовки развития. *Дюркгейм* видел в сравнительной социологии сущность социологии вообще. В это же время предпринимались попытки соединить С.-и. м. в социологии с др. методами, в частности со статистическими методами (*Кетле*). Однако ранний функционализм (*Малиновский* и др.) противопоставил С.-и. м. и изучение структур и систем. Совр. зап. социология ориентируется на связь С.-и. м. со структурно-функциональным анализом в выявлении процессов изменения различ. социальных структур. Критика культурно-исторической школы *Дильтея*, осуществленная в социологии *Трёльчем* и М. *Вебером*, привела к преобразованию в их теориях С.-и. м. в сравнительно-типологический метод. Во второй половине 20 в. С.-и. м. находит применение в различ. обществ. науках. При сравнительном изучении разнообразных культур, исторических типов (*Сорокин, Тойнби*) каждая культура предстает как замкнутое целое, процесс их развития не рассматривается. Эта линия продолжается в сравнительном исследовании ряда социальных ин-тов, напр. семьи (*Бенедикт, Мид* и др.).

А. П. Огурцов

СРЕДНЕГО УРОВНЯ теория — термин, характеризующий степень общности социол. концепций. Предложен амер. социологом *Мертоном* в 1947 г. в ходе полемики с *Парсонсом*, ратовавшим за создание в социологии «всеохватывающей» теории, опирающейся на концепцию социального действия и структурно-функциональный метод. По мн. Мертона, создание подобных теорий преждевременно, ибо для них нет еще надежной эмпирической базы. Главное направление развития социол. знания, подчеркивает он, заключается в создании С. у. т., к-рые выполняют роль «посредников между малыми рабочими гипотезами, развертывающимися в изобилии в повседневных исследованиях, и широкими теоретическими спекуляциями, понятийная схема к-рых позволяет производить большое число эмпирически наблюдаемых закономерностей социального поведения» [2]. Такого рода теории, используя строго определяемые термины и операциональные понятия, аккумулируют эмпирические данные. Формируя теоретическое мышление исследователя, они явл. противовесом эмпиризму и социографии. В то же время С. у. т. не должны ограничиваться уровнем эмпирического обобщения, им предписывается учитывать теоретические разработки более высокого уровня абстракции. Главная цель построения С. у. т.— обеспечить гибкую связь между эмпирическим и теоретическими уровнями социол. исследования. Эти теории, по мысли Мертона, могут возникать в отдельных областях социологии как специальные теории или же могут быть рез-том обобщения группы фактов. Методом построения С. у. т. он считал структурно-функциональный подход, разработке к-рого уделял большое внимание. Примером такой теории может служить созданная им концепция *аномии*, объясняющая различные типы *отклоняющегося поведения*. Призыв Мертона к построению в социологии С. у. т. был широко популярен в 50—60-е гг., он сыграл положительную роль в борьбе с «чистым» эмпиризмом, стимулировал интерес социологов к построению теоретических объяснений. Однако в последующие годы позитивистски ориентированные методологи (Г. Зеттерберг, Д. Уиллер и др.) модифицировали его идеи, отождествив С. у. т. с эмпирически проверяемыми гипотетико-дедуктивными теориями; провозгласили полный разрыв с «большими» теориями на том основании, что те не соответствуют естественнонаучным критериям построения проверяемых теорий. В наст. время понятие «С. у. т.» употребляется по аналогии с термином «специальная или частная социол. теория», под к-рой понимают установление логико-эмпирических связей между отдельными группами изучаемых переменных [3].

М. С. Комаров

Лит.: 1) *Андреева Г. М.* Современная буржуазная эмпирическая социология. М., 1965. 2) Social theory and social structure. N. Y., 1957. 3) *Menzies K.* Sociological theory in use. L., 1982.

СТАБИЛИЗАЦИОННОЕ СОЗНАНИЕ — тип сознания, отличающийся стремлением к укреплению основ культуры и социального порядка совр. зап. об-ва; противостоит кризисному сознанию (Кризисная тенденция в зап. социологии), характеризуя эволюцию обществ. сознания Запада в 20 в. В противоположность кризисному сознанию, изначально тяготеющему к иррационализму, С. с. тесно связано с верой в разум и соответственно с той или иной формой рационализма и *сциентизма*. С. с. было заложено в фундамент зап. социологии *Контом,* предлагавшим свою «положительную философию» (увенчиваемую социол. знанием) в кач-ве «твердой основы» для «социальной реорганизации», к-рая должна была вывести из «состояния кризиса» наиболее «цивилизованные нации». Подобно франц. просветителям, он был убежден, что миром «управляют и двигают» идеи, а «социальный механизм» основывается «на мнениях». Контом делался вывод, что «политический и нравственный кризис совр. об-в» имеет своим главным источником «умственное безначалие», несогласие людей относительно «всех осн. начал», «твердость и определенность» к-рых явл. первым условием «истинного обществ. порядка» [1]. На основании этого в социологии задача стабилизации социального порядка сопрягалась с задачей рационалистического обоснования фундаментальных принципов культуры. При всех изменениях, к-рые претерпела в 20 в. контовская традиция понимания С. с. в зап. социологии, ее ядро — стремление к «стабилизации» социокультурных устоев социального порядка, предполагающих их научное обоснование, т. е. «рационализацию», оставалось неизменным. Об этом свидетельствует ориентированная на «точные» науки форма С. с., доминировавшая в зап. социологии после второй мировой войны в период бурного развития НТР. Приверженцы С. с. в социологии утверждали, что обществ. прогресс может и должен быть осуществлен на основе технологического применения науки, и в частности социального знания, структурированного по образу и подобию совр. физики, биологии, кибернетики или теории информации [2]. В рамках этого умонастроения сформировалось и окрепло структурно-функционалистское направление в социологии, несмотря на то что его виднейшие представители, напр. *Парсонс* [4], стремились выйти за рамки позитивизма, пытаясь «синтезировать» его с идеализмом. Ориентация Парсонса на С. с. выражалась в акцентировании им проблематики социальной интеграции (в ущерб проблемам конфликта и дезинтеграции). Критика С. с. сторонниками кризисной тенденции, входившей в моду в конце 60-х гг., была направлена в осн. на общую методологию С. с.— чрезмерное восхваление сциентистски-технократического «овеществления» и «отчуждения» человека в условиях «потерпевшей неудачу» «зап. цивилизации» [3]. С середины 70-х гг. на Западе нарастала волна «антикритики» (критики критиков, выступавших против С. с. с позиции кризисного сознания), начало к-рой было положено, с одной стороны, «реабилитацией» Парсонса, а с др.— попыткой предложить выход из «кризиса социологии» посредством обновленного истолкования социол. учения М. Вебера («*Веберовский ренессанс*»). Эта тенденция вылилась в новую форму С. с., получившую название «неоконсерватизма».

Ю. Н. Давыдов

Лит.: 1) *Конт О.* Курс положительной философии. Спб., 1900. Т. 1. 2) *Давыдов Ю. Н.* Критика социально-философских воззрений Франкфуртской школы. М., 1977. 3) Буржуазная социология на исходе XX века: (Критика новейших тенденций). М., 1986. 4) *Parsons T.* The Social system. N. Y.— L., 1966.

СТАДИЙ РОСТА теория — теория, предложенная *Ростоу* [1]; содержит анализ исторического развития в Новое и Новейшее время, осуществляемый на основе «метода стадий» — идеально-типологического выделения (*Идеальный тип*) этапов хозяйственного роста об-ва. Эти этапы, находящиеся в логически необходимой связи друг с другом, различаются в зависимости от социокультурных условий рассматриваемых стран и регионов. В основе С. р. т. лежит дихотомия традиционного и совр. об-ва. Особенность традиционного об-ва заключается в существовании «нек-рого предела» роста выработки продукции на душу населения; специфика совр. об-ва состоит в отсутствии этого предела. Традиционное об-во, ограниченное производственными функциями, опирающимися на «доньютоновскую науку и технологию», определяется в кач-ве первой «стадии роста». Вторая стадия, переходная от традиционного об-ва к совр., рассматривается как период создания предпосылок для подъема производства. Осн. из них явл. возрастание влияния науки на производственные процессы в сельском хоз-ве и промышленности при одновременно быстром расширении мировых рынков и развитии международной конкуренции. Третья стадия — период подъема, когда силы, поддерживающие традиционный уклад и сопротивляющиеся «систематическому росту», т. е. проникновению модернизации во все сферы об-ва, «окончательно преодолеваются», тенденция «роста» побеждает везде. Четвертая стадия — стадия быстрого созревания, характеризующая такое состояние хоз-ва, при к-ром возможно эффективное использование наиболее передовой техники и технологии. Период продвижения об-ва от начальной стадии до «состояния зрелости», по мн. Ростоу, 60 лет. Пятая стадия — период «высокого массового потребления», когда ведущими становятся отрасли, производящие товары массового потребления и услуги. В этот период об-во перестает считать своей главной целью развитие совр. технологии; наблюдается тенденция переориентации хоз-ва на производство продуктов длительного пользования и существенное развитие сферы услуг, имеющих массовый спрос; растет рост ассигнований на социальное благосостояние и безопасность; возникает особый тип гос. политики, получившей название «гос-ва обществ. благосостояния». С. р. т., оформившаяся к концу 50-х гг., была подвергнута критике за «технологический детерминизм», хотя Ростоу подчеркивал, что введение новых технологий обусловлено целой системой взаимозависимых факторов — экономического, политического, культурного; причем значение экономики (и экономических мотивов) в жизни об-ва постоянно меняется в зависимости от исторической ситуации.

Ю. Н. Давыдов

Лит.: 1) *Rostow W. W.* The stages of economic growth. N. Y., 1961.

СТАТИСТИКА МОРАЛЬНАЯ — направление эмпирических исследований (с середины 19 в.), цель к-рых состояла в сборе количественных данных о нравственных и интеллектуальных характеристиках (преступность, образование и др.) различ. слоев населения. Ее возникновение было обусловлено бурным ростом городов, процессом урбанизации об-ва. Чаще всего обследования касались рабочих и городской бедноты, а также санитарных условий их жизни и работы (*Социальная гигиена*). Понимая бедность как препятствие к моральному совершенствованию индивидов, представители этого направления не ставили своей целью реорганизации об-ва, ограничиваясь требованиями улучшения условий жизни людей. В истории статистики С. м.— начало дифференциации социальной информации. В истории социологии — это начальный период выработки установок эмпирической социологии. Программы исследователей этого направления, основанные на отказе от интеллектуально-критической деятельности, от теорий, от мнений, содержащих оценочные суждения, опирающиеся на достоверные количественные данные о социальной реальности, подготавливали будущее понимание функций социологии как социальной инженерии. Интересных результатов в С. м. достигли Дж. Кей-Шаттлуорт, А. Герри, А. Вагнер. В 20 в. С. м. развивается как направление, обеспечивающее не только научную оценку состояния об-ва, но и разработку решений в области социальной и культурной политики, социального планирования, формирования урбанистических зон и т. п. Данные С. м. в это время становятся предметом концептуального осмысления, сам термин «С. м.» часто употребляется как совокупность показателей нравственного состояния об-ва. Исследования проблем урбанизации начала 20 в. зафиксировали закономерное снижение показателей С. м. по мере развития городов, обусловленное анонимным характером городского образа жизни, ослаблением институциональных связей и норм («выпадением» индивида из общины), дезадаптацией, появлением «пограничной личности» (*Маргинальная личность*). Социол. объяснения этого процесса предпринимались Дюркгеймом, Моссом, Фурастье, Знанецким и др.

М. С. Ковалева, А. С. Панарин

Лит.: 1) *Georges R.* Hétérogéneité culturelle et communications. P., 1978. 2) *Lecaillon Z.* La société de conflicts: Les tensions entre l'économique, le social et le politique. P., 1979. 3) *Poniatowski M.* Le socialisme à la française. P., 1985.

СТАТУСА СОЦИАЛЬНОГО теории — теории, к-рые явл. составной частью *стратификации социальной концепции*, в к-рых разрабатывается понятие статуса (от лат. status — состояние, положение). В социол. смысле понятие С. с. (первоначально означавшего правовое положение юридического лица) впервые употребил англ. историк Г. Д. С. Мейн [1]. Впоследствии развернутые С. с. теории создали Р. Линтон, Ф. Мерилл, представители социально-психологической школы интеракционистов Т. Шибутани, *Тернер* и др. В наиболее общем смысле социальный статус — это положение личности, занимаемое в об-ве в соответствии с возрастом, полом, происхождением, профессией, семейным положением. Различают прирожденный (социальное происхождение, национальность) и достижимый (образование, квалификация и т. п.) статусы; С. с. следует отличать от статуса личного, т. е. положения, к-рое занимает человек в первичной группе в зависимости от того, как он оценивается в кач-ве человеческого существа. Линтон указал на «двойственное значение» понятия С. с.: каждый человек обладает опред. социальным статусом (в соответствии с к-рым занимает опред. место в обществ. иерархии) и в то же время совмещает в своем лице несколько статусов, будучи, напр., одновременно отцом, мужем, губернатором, членом политической партии, капитаном футбольной команды и т. д. Иногда эти статусы приходят в противоречие друг с другом: в таком случае индивид, выполняя ту или иную свою социальную роль, оказывается вынужденным предпочесть один статус другому. Для описания подобной ситуации нек-рые социологи вводят понятие маргинального статуса. Понятие С. с. тесно связано с понятием социальной роли. В этом смысле последняя оказывается динамической стороной С. с., его функцией, «ожидаемым поведением в зависимости от данного положения человека в об-ве». С помощью С. с. теорий бурж. социологи интерпретируют понятие классовой борьбы как борьбу индивидов за лучшую социальную роль в условиях, когда высшие роли и статусы численно ограниченны и спрос на них превышает предложение.

В. В. Сапов

Лит.: 1) *Maine H. J.* S. Ancient law. N. Y., 1885. 2) *Linton R.* The study of man. N. Y.— L., 1936. 3) *Merill F.* Society and culture. N. Y. 1957.

СТАТИКА СОЦИАЛЬНАЯ — см. *Конт О.*

СТЕРЕОТИП (социальный) — упрощенный, схематизированный образ социальных объектов или событий, обладающий значит. устойчивостью; в более широком смысле — традиционный, привычный канон мысли, восприятия и поведения. Термин введен в социологию и социальную психологию амер. публицистом и исследователем У. Липпманом в работе «общественное мнение» (1922). Стереотипизированные формы трактовались им как «выжимка» из свода моральных норм, социальной философии и политической агитации. В повседневной жизни человек, как правило, лишен возможности подвергать критическому сомнению традиции, нормы, ценностные ориентации и правила обществ. поведения. Он не располагает также полной информацией о событиях, по к-рым ему приходится высказывать собственное мнение и оценку. Поэтому в обыденной действительности люди часто поступают шаблонно, в соответствии со сложившимся С. Последний, стало быть, помогает человеку ориентироваться в тех обстоятельствах, к-рые не требуют от него аналитической мысли, индивидуального ответственного решения. Вместе с тем С., безотчетные стандарты поведения играют негативную роль в ситуациях, где нужна полная и объективная информация, аналитическая ее оценка. В массовом сознании складываются различные С. Они способствуют возникновению и закреплению предубеждений, неприязни к нововведениям. В создание и насаждение С. (с.) большой вклад вносит манипулятивная пропаганда. В совр. зап. социологии и теории пропаганды С. рассматривается как универсальная, эмоционально окрашенная установка.

П. С. Гуревич

СТРАТИФИКАЦИИ СОЦИАЛЬНОЙ концепции. Основы совр. подхода к изучению С. с. были заложены М. *Вебером*, рассматривавшим социальную структуру об-ва как многомерную систему, в к-рой наряду с классами и порождающими их отношениями собственности важное место принадлежит статусу (*Статуса социального теории*) и власти. Наиболее разработанной явл. функционалистская С. с. к. (*Парсонс, Шилз,* Б. Барбер, К. Дэвис, У. Мур). С т. зр. функционалистской методологии стратификационная система об-ва, представляющая собой дифференциацию социальных ролей и позиций в нем, явл. «эволюционной универсалией», т. е. объективной потребностью любого развитого об-ва. С одной стороны, она обусловлена разделением труда и социальной дифференциацией различ. групп, а с др.— есть рез-т действия господствующей в об-ве системы ценностей и культурных стандартов, определяющих значимость той или иной деятельности и узаконивающей складывающееся социальное неравенство, возникающее в силу неравномерного распределения наград и поощрений. Функционалисты подчёркивают в первую очередь значение С. с. для *социальной интеграции* об-ва. «Инструментальная» роль С. с. заключается в том, что она призвана обеспечить адекватное восприятие и выполнение социальных ролей посредством санкционируемой системы поощрений, призванных быть стимулом различ. типов деятельности. В теории социального действия Парсонса предпринимается попытка разработать универсальные критерии С. с., в кач-ве к-рых выделяются: 1) «качество», т. е. предписывание индивиду определённой характеристики, позиции, напр. ответственность, компетентность и др.; 2) «исполнение», т. е. оценка деятельности индивида в сравнении с деятельностью др. людей; 3) «обладание» материальными ценностями, талантом, мастерством, культурными ресурсами. Оценка этих трёх универсальных объектов ранжирования осуществляется в соответствии с господствующим в об-ве ценностным образцом (*Типовые переменные действия*). В 50—60-е гг. критики функционализма (*Дарендорф*, Дж. Рекс, Дж. Тьюмин) в кач-ве недостатков его С. с. к. называли чрезмерно абстрактный уровень определений и понятий, игнорирование классового характера господствующей политической власти, в значит. мере определяющей существующую систему С. с., игнорирование конфликтов между классами и стратами, ведущими между собой борьбу за власть, престиж, материальные ценности. В *эмпирической социологии* выделяется три различ. подхода к изучению С. с.: 1) «самооценочный», или метод «классовой идентификации», когда социолог предоставляет право респонденту отнести самого себя к нек-рой условной шкале классового состава населения; 2) метод «оценки репутации», при к-ром опрашиваемым предлагают выступить в кач-ве судей (экспертов), т. е. оценить социальное положение друг друга или известных им социальных групп; 3) «объективный подход», при к-ром исследователь оперирует нек-рым объективным критерием социальной дифференциации; чаще всего основывается на социально-классовой шкале, связанной с понятием социально-экономического статуса, включающего обычно три переменные — престиж профессии, уровень образования и уровень дохода. Этот «объективный подход» как раз и явл. предпосылкой широко распространённого в зап. социологии деления классов по их социально-экономическому статусу. При изучении *мобильности социальной* часто используется семиклассовая вертикальная стратификация: 1) высший класс профессионалов, администраторов; 2) технические специалисты среднего уровня; 3) коммерческий класс; 4) мелкая буржуазия; 5) техники и рабочие, осуществляющие руководящие функции; 6) квалифицированные рабочие; 7) неквалифицированные рабочие. Обобщением многомерной стратификации явл. её геометрическая модель, условно представляющая социальное пространство как состоящее из рядов взаимосвязанных осей, образуемых различ. измеряемыми признаками (профессия, доход, образование, жилище и др.), вдоль к-рых перемещается индивид или коллектив. Предполагается, что любая социальная позиция имеет свой аналог в этой модели. Существенным недостатком «объективного» подхода явл. то, что он не имеет разработанной теоретической базы. По этой причине мн. исследования, несмотря на высокую точность используемой техники и методики, явл. описательными.

М. С. Комаров

Лит.: 1) *Барбер Б.* Структура социальной стратификации и тенденции социальной мобильности//Американская социология. М., 1972. 2) *Eisenstadt S. N.* Social differentiation and stratification. Illinois, 1971.

СТРУКТУРАЛИЗМ в социологии — применение структурного анализа к социальным явлениям, преимущественно явлениям культуры. Наиболее широкое распространение находит к середине

60-х гг. в работах таких франц. исследователей, как *Леви-Стросс*, Ж. Лакан, Р. Барт, *Фукс*, Ж. Деррида и др.; они изучают этнографические, психологические, историко-научные, историко-культурные, эстетические образования как совокупности взаимосвязанных и взаимодействующих элементов, смысл к-рых определяется не их собственным содержанием или внешними связями, но их местом в социальной системе. С. как общеметодологическое течение исходит из представления о преобладании, преимуществе структурного измерения в любых явлениях окружающего мира и, следовательно, из примата структурного анализа как метода познания природы и об-ва. В социальных феноменах С.— в противовес своему непосредственному предшественнику и антиподу — экзистенциализму и др. субъективистским течениям — пытается отыскать нечто объективное, не подверженное субъективным влияниям и изменениям. Такую объективность С. усматривает в структурах: они не зависят от сознания, воплощают устойчивый момент действительности и создают тем самым возможность научного исследования. В социологии С. снимает важнейшую проблему взаимодействия между субъективным и объективным, ограничиваясь анализом структур, применительно к к-рым субъективное выступает только как эпифеномен. Объективность в социуме, по мнению представителей С., представлена языком, в к-ром структуры существуют и функционируют изначально и формируются независимо от воли и желания людей. Т. обр., на практике структурный анализ в социологии — это поиск аналогий со строением языка во всех сферах культуры и социума. Метод структурного анализа в социологии и генетически, и содержательно связан с методами структурной лингвистики, семиотики и описывающими их нек-рыми разделами математики. Старшее поколение представителей С.— Леви-Стросс и Лакан — используют структурный метод в этнографии и психоанализе. Для Леви-Стросса исследование систем родства, тотемизма, мифов, ритуалов, масок как особого рода языков становится средством постижения в многообразии, казалось бы, несходных явлений общих структур человеческого духа. Лакан пытается проникнуть в структуры бессознательного в человеческой психике, исходя из гипотезы о том, что бессознательное структурировано как язык, а значит, предоставляет субъекту набор возможностей для выражения его желаний, стремлений, побуждений. Структуралисты следующего поколения — Барт, Фуко, Деррида — углубляют анализ языковых феноменов и само понимание пронизанности всех социальных явлений знаково-символическими механизмами, хотя субъективно они не всегда разделяют принципы С. и зачастую (Фуко, Деррида) протестуют против отнесения себя к С. Работы Барта сосредоточены вокруг определения социального смысла семиологии. Начав с утверждения, что наука о знаках может и должна активизировать социальную критику, показывая искусственность, «произведенность», «произвольность» якобы естеств. стереотипов языка, мысли, восприятия, он в поздних своих работах обосновывал идеи «политической семиологии», возлагая на язык ответственность за неискоренимую вездесущность власти, поскольку власть, по Барту, изначально вписана в язык. Для Деррида, к-рого в известном смысле можно отнести уже к постструктуралистам, главное — это «деконструкция» текстов культуры (прежде всего философских), т. е. выявление в них незаметных на первый взгляд внутр. противоречий. Фуко исследует дискурсивные (*Дискурс*) формации в психиатрии, медицине, гуманитарных науках, т. е. изучает способы восприятия, классификации, распределения «здоровья», «знания» в социальном пространстве. Любое разграничение здоровья — болезни, нормы — патологии, истины — лжи зависит, по Фуко, от распределения «символической собственности» или иначе — от права различ. социальных групп говорить, называть, высказываться о чем-то. Именно эти возможности высказывания, сосредоточенные в различ. «очагах власти», лежат в основе всякой теории и всякой практики — всего, что воспринимается и осознается в данный исторический период. Концепция речи (дискурса) как того общего, на чем основываются отношения между языком, соц. реальностью и опытом, определяет собой творчество Фуко 60-х гг. В более поздних работах, посвященных истории пенитенциарных систем и сексуальности в Европе, на первый план выходят отношения власти и знания. Поскольку самый смысл социальности — ее историчность — не может быть адекватно отображен посредством структуралистских методов, предпринимались попытки преодолеть изначальную ограниченность С. и приспособить его к исследованию социальных процессов (*Генетический структурализм Гольдмана* и др.). Представители С. продолжают оказывать влияние на совр. развитие франц. обществ. мысли («новая философия», политология, социология, социальная психология и др.). Существует амер. вариант С. (*Структуры социальной концепции*).

Н. С. Автономова

Лит.: 1) *Грецкий М. Н.* Французский структурализм. М., 1971, 2) *Фуко М.* Слова и вещи. М., 1977. 3) *Автономова Н. С.* Философские проблемы структурного анализа в гуманитарных науках. М., 1977. 4) *Леви-Стросс К.* Структурная антропология. М., 1983. 5) Structuralism and scince from Lévi-Strauss to Derrida/Ed. by J. Sturrock. Oxf., 1982.

СТРУКТУРЫ СОЦИАЛЬНОЙ концепции — различ. теории зап. социологии, имеющие в кач-ве главного объекта изучения социальную структуру. К ним относится большинство ведущих социол. концепций, за исключением «гуманистического направления», представители к-рого делают упор на изучении сознания человека, методов понимания и интерпретации действий др. людей. В противоположность «гуманистическому направлению» С. с. к. носят антипсихологический, объективистский характер, стремятся объяснить поведение индивида или группы с т. зр. их места в социальной структуре. С этим же связана др. особенность С. с. к.— признание детерминирующей роли социальной структуры по отношению к составляющим ее элементам. Для совр. С. с. к. характерно также понимание структуры не как застывшей конфигурации, а как динамичного целого, обладающего эмерджентным характером, т. е. порождением закономерностей системы взаимодействием составляющих ее элементов [2]. Среди различ. С. с. к. можно выделить два осн. направления: теоретическое и эмпирическое. Представители первого описывают и анализируют социальную структуру, исходя из опред. теоретических допущений о функционировании и развитии об-ва, сторонники второго направления включают в содержание социальной структуры только наблюдаемые и фиксируемые эмпирическими методами образцы социального взаимодействия. В сфере теоретической социологии условно можно выделить две осн. модели социальной структуры — нормативно-ценностную и категориальную. Первая представлена структурным функционализмом (*Функциональный подход в социологии*) и примыкающими к нему концепциями. Главной ее особенностью явл. аналитическое разделение социальной системы и культурной системы. Социальную структуру образуют различ. рода нормативно-ценностные образования — социальные ин-ты, ролевые статусные отношения и т. п. Предполагается, что источником изменений социальной структуры выступает система культуры, в к-рую включаются ценности, значения, верования, символы и т. п. Категориальная модель социальной структуры представлена в настоящее время неомарксизмом и различ. версиями *детерминизма технологического*, к-рые в кач-ве осн. компонентов социальной структуры выделяют классы, социальные слои, профессиональные группы и т. п. Сторонники неомарксизма подчеркивают обусловленность социальной структуры господствующим способом производства и обращают внимание на противоречия в социальной структуре, тогда как представители концепции технологического детерминизма источником изменения в структуре считают технологические инновации и полагают, что технический прогресс способен разрешить все противоречия капитализма. Эмпирические

С. с. к. также имеют множество вариаций, из к-рых отчетливо выделяются две осн. модели: дистрибутивная и сетевая. Первая представляет социальную структуру в виде систем взаимосвязанных социальных позиций, обладающих различ. измеряемыми признаками (профессия, возраст, доход, образование и т. п.). Вариации поведения индивидов и групп объясняются занимаемой ими социальной позицией. В центре внимания исследователей стоят вопросы социальной мобильности и интегративные аспекты социальной дифференциации. Сетевая модель социальной структуры (*Анализ социальных сетей*) объясняет поведение индивида и группы различными конфигурациями социальных сетей, в к-рые они включены. Главными компонентами системы социальных сетей выступают «блоки» и «узлы» связей, отличающиеся интенсивностью и плотностью (*Стратификации социальной концепции*).

М. С. Комаров

Лит.: 1) Approaches to the étudy of social structure. N. Y., 1975. 2) Continuities in structural inquiry/Ed. by P. Blau and R. Merton. N. Y., 1981.

СТРАТА — см. *Стратификации социальной концепции.*

СТРУКТУРНО - ФУНКЦИОНАЛЬНЫЙ АНАЛИЗ — см. *Функциональный подход в социологии.*

СУБКУЛЬТУРА (англ. subculture) — (1) совокупность нек-рых негативно интерпретированных норм и ценностей традиционной культуры, функционирующих в кач-ве культуры преступного слоя об-ва (делинквентная подкультура); (2) особая форма организации людей (чаще всего молодежи) — автономное целостное образование внутри господствующей культуры, определяющее стиль жизни и мышления ее носителей, отличающееся своими обычаями, нормами, комплексами ценностей и даже ин-тами (М. Брейк, Р. Швендтер); (3) трансформированная профессиональным мышлением система ценностей традиционной культуры, получившая своеобразную мировоззренческую окраску. По мн. Д. Даунса, следует различать С., возникающие как позитивная реакция на социальные и культурные потребности об-ва (профессиональные С.), и С., явл. негативной реакцией на существующую социальную структуру и господствующую в об-ве культуру (делинквентные и нек-рые молодежные С.). Принадлежность к С. непременно подразумевает и ее связь с какой-либо классовой культурой, в к-рую С. может быть включена целиком, а может находиться к ней в полной оппозиции (М. Брейк, У. Б. Миллер). В амер. социологии с 20-х гг. 20 в. доминирует традиция исследования делинквентных С. (А. К. Коэн, Д. Маца, У. Б. Миллер). Наиболее распространенной явл. та т. зр., к-рая утверждает, что преступная С., характеризующаяся прежде всего комплексом антиправовых норм поведения, весьма устойчива в среде молодежи низших слоев об-ва. В Великобритании доминирует более поздняя традиция исследования мировоззренческой дифференциацией внутри альтернативного молодежного движения (Ф. Коэн, М. Брейк, Д. Хебдидж, С. Фрит). Хебдидж и Фрит выделяют два осн. типа отношений неконформной молодежи к жизни и об-ву: (1) отношения молодых людей из среды рабочего класса и (2) отношения групп «богемной молодежи» (т. е. молодых людей из средних классов). Общим между ними явл. лишь то, что и те и др. ориентированы на досуг. Однако если первые фокусируют свою жизнь на досуге ввиду проблематичности их трудоустройства, то для вторых — это результат свободного выбора. С. первых нигилистичны, С. вторых, напротив, выражают собой связь тинейджеров (подростков) с совр. традиционной культурой. В целом совр. С. представляют собой специфический способ дифференциации развитых национальных и региональных культур, в к-рых наряду с осн., классической тенденцией существует ряд своеобразных культурных образований, как по форме, так и по содержанию отличающихся от ведущей культурной традиции, но явл. в то же время прямым генетическим порождением последней. Социальной базой формирования С. могут быть возрастные группы, социальные слои, крупные неформальные объединения; различают официальные и неофициальные С. Молодежные С. характеризуются обязательными попытками формирования собственных мировоззрений, оппозиционных (хотя и не обязательно враждебных) мировоззрениям старших поколений, и своеобразными манерами поведения, стилями одежды и прически, формами проведения досуга и т. д. Важнейшим элементом молодежных С. современности явл. рок-культура.

Н. Д. Саркитов

Лит.: 1) Социология преступности: (Современные буржуазные теории). М., 1966. 2) *Schwendter R.* Theorie der Subcultur. Fr./M., 1976. 3) *Hebdige D.* Subculture: The meaning of style. L., 1979. 4) *Brake M.* The sociology of youth culture and youth subcultures: sex and drugs and rock'n'roll? L., 1980.

СЦИЕНТИЗМ (от лат. scientia — знание, наука) — абсолютизация науки, реакция на противоречивые социальные последствия ее развития и использования в зап. об-ве. С.— европ. культурная традиция, входящая в комплекс идей бурж. прогрессизма и рационализма и связанная с направленностью на *модернизацию, инновации,* т. е. с антитрадиционалистской идеологией. С. свойственна инструментальная трактовка науки в кач-ве средства решения проблем, ее противопоставление философии и др. формам *культуры.* С. существует в полярной противоположности с антисциентизмом, к-рый явл. романтической культуркритицистской реакцией на С., преуменьшает (а в своих крайних формах отрицает) позитивную роль науки в об-ве и культуре. С. стал формироваться в социологии с 30-х гг. 19 в (*Конт*), образ к-рой связывался либо с физикой (*механицизм* Г. Кэри, *Кетле, Милля*) либо с биологией (*органицизм Спенсера, Шеффле, Дюркгейма, Парето*). На рубеже веков позитивистскому С. противопоставляется антисциентистское «понимание» *Дильтея* и М. *Вебера.* С 20-х по 50-е гг. 20 в. тенденции С. в социологии доминируют в разных странах, базируясь на неопозитивистской методологии и воплощаясь в физикализме Дж. Ландберга и органицизме структурно-функционального подхода. Со С. конфронтируют различ. версии критической и *понимающей социологии,* опирающиеся на экзистенциализм, феноменологию, социальную философию *франкфуртской школы.* В 60-е гг. С. переживает кризис, борьба между С. и антисциентизмом достигает большой остроты (спор о позитивизме в западногерманской социологии, критика структурного функционализма в США леворадикальными социологами), на первый план выдвигаются направления, к-рые разрабатывают методы, специфические для социальных наук, стремятся преодолеть крайности С. и антисциентизма (*историческая социология* и *психологическое направление в социологии знания, символический интеракционизм* и др.). В наст. время активное взаимодействие обоих направлений привело к смягчению их конфронтации, что во мн. явилось рез-том пересмотра филос. оснований науки, формирования ее нового «гуманизированного» образа. Осн. типы С.: (1) аксиологический, согласно к-рому наука есть высшая культурная ценность, человек в своей деятельности должен опираться только на эту форму культуры, прогресс науки обусловливает социальный и культурный прогресс; (2) методологический, считающий методы точных и естеств. наук универсальными и предлагающий распространить их на все остальные науки. Характерные черты С.— отождествление специально-научного знания с единственно аутентичной формой познания, антиисторизм, натурализм и эмпиризм, элиминация филос. и социально-этической проблематики. С.— идеология опред. слоев зап. об-ва: новой «нетрадиционной» элиты, бюрократически-технократической верхушки, части научно-технической интеллигенции. Социологи-сциентисты, как правило, аполитичны, осн. критериями своей деятельности считают профессиональную компетентность и эффективность. На практике С. обычно сочетается с технократизмом, управление социальными процессами сциентисты понимают как организационно-манипулятивную деятельность (*Инженерия социальная*).

Особая форма С.— абсолютизация роли социологов как просветителей и экспертов. Сциентисты-социологи утверждают кач. однородность социальных и природных явлений, наличие в об-ве неизменных законов, подобных законам природы, социологию трактуют как естественнонаучную дисциплину, служащую для описания социальной реальности — «какова она есть». Социол. исследование для них — средство выявить устойчивые и объективные характеристики изучаемого объекта. Объект познания при этом полностью отстраняется от субъекта познания, в силу чего исследователь выступает как сторонний наблюдатель, не оказывающий якобы никакого влияния на изучаемую ситуацию и придерживающийся позиции ценностной нейтральности. Назначение социального знания, согласно С., — осуществление контроля над социальным миром, при к-ром допускается манипулирование непосвященными, причем отрицается ответственность социолога за последствия своих действий перед изучаемыми им людьми. В сциентистских методах исследования абсолютизируются квазиматематические и кибернетические модели, математическая статистика и экспериментальная техника, подчерпнутая из естеств. наук, с присущими ей критериями научности, утверждается эмпирическая тенденция, узкая специализация, недооцениваются индивидуальные различия, ситуация сводится к теоретической схеме, а образ человека как объекта исследования — к набору наблюдаемых реакций на предложенные стимулы. Осознание бурж. социологами невозможности сведения социального мира к его рац. реконструкциям, подчеркивание ими иррациональности обществ. жизни, утверждение ограниченности позитивистских интерпретаций научного познания привели к развитию противоположных С. тенденций. Антисциентизм противостоит С. в трех формах: (1) антропологической, (2) гуманистической, (3) иррационалистической. Разброс в антисциентистских позициях крайне широк, ту или иную форму антисциентизма могут проповедовать как сторонники лево-радик., так и правого экстремизма. Гуманистически ориентированные антисциентисты выдвинули проблему ответственности ученого перед об-вом, проекты создания «гуманизированной», «экологизированной», «альтернативной», включающей этические измерения науки. Иррационалисты идут по пути отрицания науки, обнаруживая при этом идеализацию добурж. форм культуры (религия, миф), а также иск-ва. Антисциентисты-социологи трактуют социальный мир как развивающийся процесс, создаваемый, поддерживаемый и изменяемый людьми, однако сводят его к символической реальности, миру значений, а социологию воспринимают в кач-ве нормативной дисциплины, дающей представление о том, «что должно быть». Социол. исследование для антисциентистов — один из способов человеческого взаимодействия, а социолог — агент социального изменения, «человек среди людей»; вместо ценностной нейтральности выдвигается позиция включенности ученого в жизнь об-ва, ценностные и нормативные суждения признаются равными логическим высказываниям, вместо микросоциол. проблематики с упором на количественные анализы делается ставка на поиск путей изменения всего об-ва с акцентом на исторические и сравнительные методики; утверждаются методы исследования, специфические для социальных наук, признается влияние исследователя на изучаемую ситуацию и на рез-ты исследования, обратная связь между объектом познания и познавательной деятельностью. Характер и степень влияния С. и антисциентизма на социологию определяется развитием науки, ростом ее воздействия на обществ. жизнь, сменой лидирующих наук в их общей системе, а также социальными факторами.

С. Я. Матвеева

Лит.: 1) *Замошкин Ю. А.* Отношение к науке и технике в современном капиталистическом обществе. М., 1976. 2) *Швырев В. С., Юдин Э. Г.* Мировоззренческая оценка науки: критика буржуазных концепций сциентизма и антисциентизма. М., 1978. 3) *Федотова В. Г.* Критика социокультурных ориентаций в буржуазной философии. Сциентизм и антисциентизм. М., 1981.

Т

ТАЙЛОР (Tylor), **Эдуард Бернетт** (02.10.1832, Лондон — 02.01.1917, Уэллингтон) — англ. этнограф и исследователь истории культуры, первобытного об-ва и религии. Испытал влияние *Конта*. Один из основоположников *эволюционизма*. Исходя из эволюционной концепции поступательного прогрессивного развития человечества и решительно выступая против утверждений о регрессе отдельных народов, Т. считал, что народы всего мира, стоящие на разных стадиях эволюции, вносят свою лепту в единую общечеловеческую культуру. Развитие культуры Т. уподоблял биологическому развитию, подходя к нему с естественнонаучных позиций. Отстаивая однолинейную эволюцию, он рассматривал ее как саморазвитие идей: технических изобретений, научных знаний и т. п. Строя эволюционные ряды отдельных элементов культуры, Т. нередко воссоздавал истинную картину развития того или иного предмета или явления, особенно когда их развитие не было связано с революционными скачками. Т. считал, что корни религии лежат в психической жизни людей и доказывал, что монотеизму предшествовал политеизм, а на заре человечества существовал дорелигиозный период. Из учеников Т. наиболее известен англ. этнограф Дж. Фрейзер.

Н. Т. Кремлев

Соч.: 1) Доисторический путь человечества и начало цивилизации. М., 1868. 2) Введение к изучению человека и цивилизации: (Антропология). СПб., 1882. 3) Первобытная культура. М., 1989.

ТАРД (Tarde) **Габриэль** (12.03.1843, Сарла — 13.05.1904, Париж) — франц. социолог, один из основоположников социальной психологии и главных представителей *психологического направления в социологии*. Стремился освободить социологию от биологизма и *органицизма*, полемизировал с *Дюркгеймом* и его школой с позиций номинализма. Т. сравнивал об-во с мозгом, клеткой к-рого явл. сознание отдельного человека. В противоположность Дюркгейму считал об-во продуктом взаимодействия индивидуальных сознаний через передачу людьми друг другу и усвоение ими верований, убеждений, желаний, намерений и т. д. Исходя из этого, поставил своей целью создать науку — социальную (коллективную) психологию, к-рая должна изучать взаимодействие индивидуальных сознаний и тем самым выступать в роли фундамента социологии, науки об об-ве. От индивидуальной психологии *социальная психология* отличается, по Т., «тем, что занимается исключительно отношениями нашего «Я» к другим «Я», их взаимными влияниями, столь непрестанными и столь незамечаемыми... В этом действии одного духа на другой и следует видеть элементарный факт, из которого вытекает вся социальная жизнь, хотя социальная действительность и выходит далеко за пределы умственного мира и заключает в себе вместе с действиями интердуховными, о которых идет речь, множество действий интертелесных» [4, VI]. Обществ. процессы Т. объяснял действием психологического механизма подражания, на к-ром строятся человеческие взаимоотношения. Задачу социол. науки видел в изучении законов подражания, благодаря которым об-во, с одной стороны, поддерживает свое существование в кач-ве целостности, с др.— развивается по мере того, как в различ. областях социальной действительности возникают и распространяются изобретения. Изобретения Т. считал актом индивидуального творчества, полагал, что именно они создали язык, хоз-во, правительство, религию и т. д. Поставленную им перед социологией задачу пытался реализовать, описывая развитие языка, религии, экономики, иск-ва, политической жизни об-ва. При жизни идеи Т. и выдвинутая им программа создания новой науки не получили широкого одобрения и поддержки со стороны научного сообщества, в частности, из-за того, что в этот период социология и психология стремились к обособлению и самоопределению. Сегодня Т. считается одним из родоначальников социальной психологии, внес значит. вклад в развитие науки о межлич. отношениях и их механизмах. Т. исследовал проблемы обществ. мнения, психологии толпы, механизмы психологического заряжения и внушения. Т. способствовал включению в арсенал социологии эмпирических методов исследования — анализа исторических документов и статистических данных.

О. Е. Трущенко

Соч.: 1) Законы подражания. СПб., 1892. 2) Социальная логика. СПб., 1901. 3) Общественное мнение и толпа. М., 1902. 4) Социальные этюды. СПб., 1902.

ТЕЙЛОРИЗМ — одно из направлений амер. теории управления (менеджмента), связанное с именем амер. инженера и исследователя Фредерико Уинслоу Тейлора (1856—1915). Т. как система рационализации труда и управления производством, направленная на увеличение эффективности предприятия, рост производительности труда, интенсификацию трудового процесса, возник и получил широкое распространение в конце 19 — начале 20 в. Тейлор считал, что рост производительности труда возможен лишь путем стандартизации методов, орудий, приемов труда, причем эта стандартизация должна вводиться принудительно, поскольку рабочий ленив, невежествен, пассивен. Необходимые операции должны выполняться рабочим чисто механически. Мышление лишь может нарушить автоматизм движений и снизить производительность труда. Контроль должен осуществляться группой инициативных, образованных лиц, составляющих администрацию предприятия. Процесс стандартизации касался прежде всего строгой регламентации всего рабочего времени, отработки приемов каждой операции, введения поточных линий и конвейера, темп к-рого должен диктовать ритм труда рабочего. В основу своей теории Тейлор положил принцип материальной заинтересованности, считая, что с помощью оплаты можно предельно интенсифицировать труд рабочего. Тейлор исходил из того, что коренные интересы рабочих и предпринимателей одинаковы. Социальная философия Тейлора послужила фундаментом амер. философии менеджмента. Среди ее основополагающих принципов выделяются следующие: цель производства — увеличение комфорта и благосостояния человечества; миссия научного управления состоит в конструктивном вкладе в экономический и социальный прогресс об-ва; ответственность лидеров бизнеса перед об-вом за соблюдение интересов частного капитала будет расти. Эти идеи, инкорпорированные затем в официальную идеологию амер. об-ва, повлияли на становление распространенной сегодня социол. теории «революции менеджеров». Центральным моментом тейлоровской социально-филос. концепции выступает принцип разумного эгоизма, согласно к-рому филантропия не должна иметь места ни в одной системе управления, построенной по научным правилам. Иными словами, люди не должны получать больше того, что они заработали. Отсюда вывод: оплата в конечном счете должна соответствовать вкладу в производство, вести к расширению последнего; необходимо повышать индивидуальную ответственность человека за собственное благополучие. Создавая свою концепцию, Тейлор использовал методы конкретного социального исследования (интервьюирование, анкетирование, наблюдение). Мотивы поведения он считал таким же важным фактором производства, как способы труда, инструменты, но только основанным на более сложных закономерностях. К постановке проблемы роли человеческого фактора и малой рабочей группы Тейлор подошел раньше Э. Мэйо, к-рому приписывается это открытие. Но правильно осмыслить явление групповой эффективности и дать ему научное обоснование Тейлору не удалось. Представляет интерес анализ Тейлором феномена «работы с прохладцей» (сознательное снижение выработки при работе малой группы), разработка дисциплинарной системы и дифференцированной оплаты в зависимости от содержания (характера) работы и производительности труда, комплекс мер по повышению квалификации работников, распределению и служебному продвижению кадров и, наконец, концепция «психологической революции», представляющая систему практических мероприятий по преодолению психологической инертности людей в отношении к крупномасштабным нововведениям. В известной степени его идеи опередили свое время, и только в последние годы в амер. социологии разработано специальное направление, к-рое изучает механизм и этапы социально-экономических нововведений.

В. Н. Фомина, А. И. Кравченко

Лит.: 1) Тейлор о тейлоризме. Л.—М., 1931. 2) *Taylor F.* Scientific management. N. Y., 1947.

ТЕЛЕОЛОГИЯ (от греч. télos — цель, завершение, и logos — учение) — учение о цели и целесообразности. Иногда понятие Т. употребляется для обозначения целесообразности, присущей нек-рому предмету или области рассмотрения. В социологии Т. присутствует в двух видах. (1) Различ. концепции, к-рым в той или иной мере присущ органицизм; в частности, реализующие системный и *функциональный подход в социологии*. Т. находит тут выражение в понятиях «системные потребности», «функциональные императивы», «целенаправленная организация» и «саморегуляция». (2) Концепции целенаправленного человеческого поведения. Они восходят к типологии действия М. *Вебера,* к взглядам *Парето.* Здесь речь идет о предпочтении человеком тех или иных целей, выборе средств для их достижения, действиях на основе предпочтений и выбора. Поскольку действия могут быть нецеленаправленными и даже немотивированными, Т. не носит здесь характера столь всеохватывающего объяснительного средства, как у большинства функционалистов. Т. в обоих видах — предмет острой полемики. Предпринимались попытки соединить в рамках одной концепции оба вида Т., т. е. объяснить каким образом человек действует ради своих целей, но в то же время — в интересах системы. Однако они не увенчались успехом. В последние два десятилетия нарастал скептицизм относительно любых биологических аналогий в социологии. Тем не менее сохранение традиций функционализма, оживление интереса не только к М. Веберу, но и к Парето делает Т. пусть не всегда явной, но постоянной составляющей социологических концепций на Западе.

А. Ф. Филиппов

ТЕРНЕР (Turner) **Ральф Герберт** (15.12.1919, Эффингхем, штат Иллинойс, США) — амер. социолог. Образование получил в Южнокалифорнийском ун-те, доктор философии (с 1948), проф. социологии и антропологии в ряде ун-тов США, Израиля, Египта. Представитель амер. социально-психологической школы интеракционистов; разрабатывает проблемы семейных и групповых коммуникаций (в основном на примере студенческих групп), занимается также вопросами теории ролей и ролевого поведения, *статуса социального теории* и др. В области методологии Т. опирается на идеи, разработанные Дж. Г. *Мидом;* вместе с др. интеракционистами разделяет убеждение, что отношения, складывающиеся в обве, явл. продуктами коммуникации. Собственные теоретические выводы Т. базируются на рез-тах продуманных и тщательно проведенных конкретных социально-психологических исследований. Так, напр., он установил, что индивид, как правило, стремится сохранить свой социальный статус только в том случае, если ему удается сохранить статус личный. По мн. Т., моральным следует считать такое поведение, при к-ром сохранение личного статуса предпочтительнее сохранения статуса социального [1].

В. В. Сапов

Соч.: 1) Self and other in moral judgment//American Sociological Review. 1954. V.XIX. 2) Role-taking, role standpoint and reference-group dehavior//American Journal of Sociology. 1956. V. 61. 3) Family interaction. N. Y., 1970.

ТЕОРИИ ОРГАНИЗАЦИИ — см. *Организации социальной теории*.

ТЕОРИЯ КРИТИЧЕСКАЯ — см. «Критическая теория».

ТЕХНИЦИЗМ и АНТИТЕХНИЦИЗМ — две противоборствующие установки в оценке роли техники в человеческом об-ве, перспектив ее развития и т. д., основывающиеся на одном фундаменте — *детерминизме технологическом* с его представлениями об автономии технической рациональности, ее «трансцендентной» сущности, способности к саморазвитию и определяющем характере воздействия техники на об-во. Т.— выражение некритической веры в безусловную благотворность развития техники для человечества. Его представители считают, что каждое новое поколение технических устройств расширяет сферу влияния техники в социальной жизни, а значит — увеличивает общую сумму благ. В силу ограниченности индивидуального разума мы не можем предвидеть пути развития техники, но именно своей непредсказуемостью, равной самозаконности, она внушает веру в то, что ее развитие ведет человеческое об-во ко всеобщему гармоническому счастью. И задача человека состоит лишь в том, чтобы не мешать самореализации высшего Разума (или научного знания), лежащего в основе технического обновления. На опред. стадии технико-индустриального развития происходит замена лозунга ранней стадии «laissez faire» (свободы предпринимательства) на лозунг «laissez innover» (свободы нововведений). Такова техницистская утопия эпохи индустриализма, господствовавшая более полутора веков, к-рая во второй половине 20 в., когда стало невозможным не замечать вреда, приносимого людям техникой, была дополнена еще одним положением: социальное зло, порожденное техникой, стали объяснять ее исторически обусловленным несовершенством, слабостями ее конкретных форм. Новый техницизм считает, что наступление гармонического об-ва гарантировано человечеству развитием техники, но для этого нужно время, поскольку техника развивается через опред. этапы, связанные с такими технико-технологическими нововведениями, к-рые все глубже революционизируют социальную сферу. Различ. социологи-техницисты связывают историческую периодизацию человеческой цивилизации с опред. аспектами техники, такими, как смена орудий труда (Дж. Ленский), средств связи (*Маклуэн*) или источников энергии. В последнем случае развитие об-ва связывается с последовательной сменой мускульной энергии, паровой, электрической, атомной. К 80-м гг. стало очевидным, что надежды, возлагавшиеся на развитие атомной энергетики (*Фридман*), не оправдались. Сегодня атомная энергетика связывается с уходящей в прошлое эрой супериндустриализма, отмеченной крайне негативным воздействием техники на природу и об-во (*Риск технологический*), а техницистский оптимизм — с рядом др. технических средств — гл. обр. информационно-коммуникативных (*Компьютеризация*) [1]. Тем не менее техницизм 80-х гг. все же отличается от своих предыдущих форм (*Неотехнократизм*). Прямым продолжением техницизма явл. идеология *технократии*. Антитехницистская система — выражение технофобии, недоверия, боязни и страха перед очевидными и непредсказуемыми опасностями новых технологий, появление и распространение к-рых рассматривается (в соответствии с технологическим детерминизмом) как идущее по возрастающей. Согласно антитехницистам, в машинизированном, технизированном мире (в трудовой, а позже и бытовой, досуговой деятельности) над человеком властвует рациональность окружающих его устройств: технологическая логика их работы определяет поведение человека. Механизация природы с принудительностью объективного закона превращается в механизацию человека. Наиболее распространенный вариант А. характеризуется «героическим пессимизмом» (термин Ф. Ницше), с его представлением о том, что нашествие техники и зла, ею порождаемого, неизбежно, как и правление техников и технократов. Человечеству остается только одно — подчиняться, стоически претерпевая свою судьбу. Др. вариант А.— позиция радикальной враждебности к технике, суть к-рой усматривается в неукротимой «воле к власти», в изначальной агрессивности рационального знания, к-рую человек не в состоянии преодолеть (*Неомарксизм, Франкфуртская школа, Маркузе, Адорно, Хоркхаймер*). Отсюда — утопические проекты создания «нерепрессивной» техники, сопровождающиеся идеей бунта против ее наличного состояния. В конце 60-х гг. эти воззрения были систематизированы в идеологии *контркультуры* (Т. Роззак), согласно к-рой все совр. политические силы — «левые», «правые», «центр» — ведут борьбу за власть, основанную на одних и тех же ценностях технократического об-ва, на религ. вере в техническую рациональность. Технократия, как земное воплощение злой воли к власти, рассматривается идеологами контркультуры не как порождение позднего капитализма, как считают неомарксисты, но как судьбу цивилизации: не капитализм породил технократию, но технократия (а еще раньше наукократия) — индустриализм, а значит, и капитализм [2]. Чтобы преодолеть всю бесчеловечность совр. цивилизации, надо встать в оппозицию к идеологии техницистско-технократического оптимизма, освободиться от «репрессивного разума». В 80-х гг. критика техницизма и технократии приобретает новые формы.

М. С. Ковалева

Лит.: 1) Новая технократическая волна на Западе. М., 1986. 2) Социология контркультуры. М., 1980.

ТЕХНОКРАТИЯ (от греч. techno и kratos — буквально власть ремесла, мастерства) — термин, к-рый в совр. обществознании употребляется для обозначения теоретической концепции власти опред. типа; для характеристики реальных политических режимов, практически реализующих принципы этой концепции; для обозначения реально существующей прослойки технических специалистов из числа высших функционеров управления. Концепция Т. включает в себя теоретические представления о технике вообще, о ее роли в социальном развитии и в этом смысле представляет собой наиболее логически завершенный вариант технологического детерминизма в его оптимистическом толковании. (*Детерминизм технологический, Техницизм.*) Центральной в концепции Т. явл. идея о возможности власти, основанной на знании, компетентности; о возможности замены политического решения рац. техническим решением. Идея особого предназначения людей, обладающих нужным для эффективного достижения обществ. целей знанием, была выдвинута *Сен-Симоном*. В его системе политического устройства эта роль отводилась «промышленникам», к-рые знали, что и как надо производить для блага об-ва [1]. В ходе индустриализации проходили процессы разделения обществ. труда, дифференциации знания, развития технического оснащения об-ва, менялись и представления о том, какие именно специалисты наиболее соответствуют задачам рационализации управления и повышения уровня жизни. На смену промышленникам пришли технократы в собственном смысле слова, т. е. технические специалисты, к-рые в силу своего образования явл. объективными носителями технической рациональности, способствуют ее саморазвитию, тем самым осуществляют власть от имени техники, на основе технических средств. Эта идея нашла наиболее полное выражение в книге *Веблена* «Инженеры и система цен» (1919). Его рассуждения основаны на критическом отношении к реально действовавшей в начале 20 в. системе крупной машинизированной индустрии. В этой системе было обнаружено противоречие между ее целями, отождествляемыми с целями всего об-ва (расширение и совершенствование производства), с одной стороны, и целями бизнеса (получение предпринимателем прибыли) — с др. Уникальная роль в об-ве индустриального производства, рост численности инженеров, их природный инстинкт «мастерства» и стремление к рациональному управлению создают, по Веблену, реальную возможность установления совершенного социального механизма. Ход его рассуждений сводился к следующему. Совр. об-во не может существовать без индустрии, а индустрия, в свою очередь, не может работать без технических специалистов. Поэтому стоит только им, объединившись, поставить гос-во под угрозу всеобщего саботажа, как произойдет мирная революция — отказ частного капитала, т. е. промышленников, от своей власти и передачи ее совету техников. В 30-х гг. амер. последователи Веблена попытались осуществить его идею создания строго централизованной иерархической организации технических советов. Однако попытки энтузиастов рац. социального порядка быстро обнаружили утопичность идеи о замене политических структур технократическими и были преданы забвению уже к концу 40-х гг. В послевоенное время технократы стали пониматься и изучаться как своего рода новый класс, вошедший в традиционные структуры управления на правах кооптации и занявший в них ведущие позиции. В этом духе идею Т. развивали в послевоенные годы А. Берл, А. Фриш и мн. др. Такое понимание Т. совпадало с представлениями о возможности дальнейшего самосовершенствования капитализма (на основе техники) — на путях создания гармонического индустриального об-ва, от к-рого ожидали осуществления идеала всеобщего благоденствия. В 60-х гг., в эпоху развитого индустриализма, идея Т. как активной передовой силы об-ва стала предметом теоретического анализа *Гэлбрейта* [2], [3]. В отличие от Веблена он не проектирует будущее, а стремится констатировать реальное, по его мн., положение вещей. Гэлбрейт утверждает примат в об-ве технической рациональности, индустриально-экономического комплекса. Он считает, что внутри экономики главенствует крупнокорпоративный сектор, успешное функционирование к-рого научно обеспечивается усилиями техноструктуры. Интересы последней тождественны интересам фирмы, от процветания к-рой зависит благосостояние нации в целом. По Гэлбрейту, техноструктура — «носитель коллективного разума» — обширная иерархическая организация, объединяющая людей, владеющих специальным знанием, — от рядовых инженеров до профессиональных управляющих и директоров. Учитывая многоступенчатость процесса принятия решений и его строгую подчиненность научной экспертизе, Гэлбрейт делает вывод о том, что «техноструктура» в совр. мире — это «властвующая элита» (термин *Миллса*). Он считает, что сфера влияния Т. распространяется и на социализм, где главным ин-том также явл. индустрия, а реальная власть распределена между специалистами производства и управления (*Конвергенции теория*) [4]. Начало 80-х гг. дало новый всплеск технократических идей в связи с появлением новой техники — компьютерной (*Неотехнократизм, Информационное общество, Компьютеризация*). Т. можно определить более широко как власть на основе научной экспертизы или экспертократию. В истории социологии 20 в. помимо Т., основанной на технологической экспертизе, известны концепции *революции менеджеров* (управленческая экспертиза — адекватно управлять могут только специалисты управления), *постиндустриального об-ва* (экспертиза ученых, снимающая узость экспертизы первого и второго типа). В 80-е гг. на передний план выдвигаются экспертизы иного профиля: критическая свободная мысль интеллектуалов (*Нового класса концепции*), программирующий коллективный разум «архитекторов» сверхбольших компьютерных систем, гуманизированный калькулирующий контроль экспертов рискологии (*риск технологический*). Технократическая идеология в послевоенное время в той или иной форме укоренилась практически во всех обществ. слоях индустриализованного мира. Однако живучесть ее стереотипов, пагубность основанной на ней политики, близость ее к тоталитарным способам правления (*техницизм и антитехницизм, Тоталитаризм*) вызвали протест социальных критиков (*Неомарксизм, Миллс, Гоулднер, Контркультура*). Как правило, Т. в этом случае отождествляется с реально действующими аппаратами промышл. и гос. управления, к-рые цель своей политики видят в постоянном расширении индустриально-экономического комплекса. Воля к власти, к-рой обладала, по мн. антитехницистов, сама техника, в наше время персонифицируется: все издержки научно-технического развития приписываются ими технократам, технобюрократии. Сегодня протест против Т. находит свое выражение в русле новых социальных движений (альтернативные, «зеленые»), в концепциях *антипроизводительности, нулевого роста, исчерпания ресурсов* (*Римский клуб*).

М. С. Ковалева

Лит.: 1) *Сен-Симон А.* Избранные сочинения. М.—Л., 1948. 2) *Гэлбрейт Дж. К.* Новое индустриальное общество. М., 1969. 3) *Гэлбрейт Дж. К.* Экономические теории и цели общества. М., 1976. 4) *Корякин А. Г., Фролов Б. И.* Социальная утопия Дж. Гэлбрейта. М., 1978. 5) *Деменчонок Э. В.* Современная технократическая идеология в США. М., 1984.

ТЕХНОЛОГИЯ СОЦИАЛЬНАЯ — (1) по аналогии с промышленной технологией совокупность приемов, методов и воздействий, применяемых для достижения поставленных целей в процессе социального планирования и развития, решения разного рода социальных проблем (повышение производительности труда, совершенствование организации управления, целенаправленное воздействие на обществ. мнение через средства массовой коммуникации и т. п.). Т. с. базируется на эмпирическом опыте и теоретических закономерностях, открытых социальными науками. (2) В концепции Поппера — способ применения теоретических выводов социологии в практических целях. Он различал два вида Т. с.— «частичную» Т. с. (piecemeal engeneering) и «холистскую», или «утопическую», Т. с. Последняя стремится перепланировать и, соответственно, преобразовать об-во в целом, за один прием, революц. путем, а потому, по мн. Поппера, не способна вовремя учесть и предотвратить нежелательные последствия предпринятых преобразований. Первая отличается от последней не столько масштабом целей и дел (Поппер допускает в кач-ве задач частичной Т. с., напр., совершенствование социальной структуры, предотвращение экономических кризисов и т. п.), сколько трезвостью в постановке целей, пониманием того, что может, а что не может быть достигнуто при помощи имеющихся средств, учетом возможных отрицательных последствий, осторожностью и постепенностью преобразований, постоянным их контролем, дающим возможность пересмотреть и скорректировать в случае необходимости как заданные цели, так и теоретические принципы, их обосновывающие, вовремя ликвидировать непредвиденные последствия предпринятых преобразований. Программа частичной Т. с. разрабатывалась Поппером как методология социально-реформистской деятельности, альтернативная по отношению к марксистской революц. методологии социальных изменений.

Л. Г. Ионин

Лит.: 1) *Popper R.* Open society and its enemies. L., 1942. V. 1—2. 2) *Popper K.* The poverty of historicism. L., 1967.

ТЁННИС (Tönnies) **Фердинанд** (26. 07.1855, Рип, близ Олденсворта, Шлезвиг,— 11.04.1936, Киль) — нем. социолог и историк философии, один из основоположников социологии в Германии, один из основателей Нем. социол. об-ва и его президент (1909—1933), соучредитель и президент Гоббсовского об-ва (Societas Hobbesiana). С 1909 — экстраординарный проф., с 1913 — ординарный проф. Кильского ун-та, где продолжал читать лекции вплоть до отставки нацистами (1933). На формирование взглядов Т. оказали значит.

влияние политическая философия *Гоббса*, иррационалистическая философия Шопенгауэра и Э. фон Гартмана, а также взгляды основоположников марксизма. Им написаны биографии Гоббса и Маркса. Социология Т.— один из первых опытов построения системы формальных, «чистых» категорий социологии, позволяющих анализировать любые социальные явления в прошлом и настоящем, а также тенденции социальных изменений. Т. подразделяет социологию на «общую» и «специальную». Первая им подробно не рассматривается. По замыслу Т., она должна изучать все формы сосуществования людей, включая биоантропологические, демографические и др. аспекты, общие с формами социальной жизни животных. Вторая, подразделяемая на «чистую» (теоретическую), «прикладную» и «эмпирическую» (*социографию*) изучает собственно социальную жизнь. Собственно социальное возникает, по Т., тогда, когда сосуществующие люди находятся в состоянии «взаимоутверждения». В основу социальной связи Т. кладет волю (им же впервые введен термин «волюнтаризм» для обозначения соответствующих филос. учений). Тип воли определяет тип связи. Возможно взаимоотталкивание, взаимооттирание воль, но оно не должно рассматриваться в рамках «чистой» социологии, поскольку там, где вражда играет главенствующую роль, есть некая совокупность людей, но нет подлинно социальной связи. Типология взаимоутверждающей воли подробно разработана Т. в его главном труде «Община и общество» (1887). Т. различает «волю, поскольку в ней содержится мышление, и мышление, поскольку в нем содержится воля» [2, 71]. Первый тип воли Т. называет «сущностной», второй — «избирательной» волей. Сущностная воля явл. «психологическим эквивалентом тела». Поэтому все эмоциональные, аффективные, полуинстинктивные влечения и побуждения, реализующиеся в деятельности, рассматриваются именно в связи с данным типом. Мышление же предполагает, что воля как организм уже вполне сформирована; в ней наличествуют бесчисленные зачатки, представления будущей деятельности. Мышление приводит их в систему, выстраивает иерархию целей. Если сущностная воля предстает в формах инстинктивных влечений, привычки и памяти, то избирательная — в формах «умышленности» (свободного поведения вообще), «произволения» (отдельных действий) и понятия (связывающего само мышление определенным словоупотреблением). Совокупная форма избирательной воли, содержащая в себе элементы воли сущностной, представляет собой мыслительную систему целей, намерений, средств, целый «аппарат», содержащийся в людских головах и называемый «устремлением». Все типы и формы воли находят выражение в нек-рой деятельности или поведении. Социальные, взаимоутверждающие отношения людей возникают из направляющей их деятельность воли. Отсюда — основная типология социальности у Т.: сообщество (община), где господствует первый тип воли, и об-во, где господствует второй. Субъектом сущностной воли Т. называет «самость», т. е. органическое единство, определенное самим собой, но способное включать в себя др., меньшие органические единства или, соотносясь с др., равными себе, единствами, конституировать и репрезентировать целое. Так, при отношениях родства семью как целое репрезентируют ее части: мать и дети, братья и сестры, отец (это различ. виды отношений и позиций в семье), причем каждый человек — самостоятельная органическая единица; лишь в семье как целом он отец или брат, а семья как целое конституирована отношениями ее членов. Одновременно это целое есть форма, не зависящая от данных конкретных людей, к-рые составляют ее преходящую материю. В этом кач-ве она явл. предметом чистой социологии. Наряду с семьей к отношениям «общинного» («сообщностного») типа относятся соседство и дружба. Субъект избирательной воли — «лицо» (что предполагает формально-юридические понятия). Единство «самости» обеспечено ее внутренне необходимым самоопределением. «Лицо» есть внешнее механическое единство, определяемое внешним, случайным образом. Это идеальная конструкция мышления, ищущего единства во множестве проявлений, и как таковая может относиться и к индивиду, и к коллективу. Естеств. представитель «индивидуального лица» — отдельный человек, к-рый в этом кач-ве независим от др. лиц. Они равны, неограниченно свободны в целеполагании и выборе средств — отсюда и рационально-избирательные, а не эмоционально-органические отношения между ними. Множество лиц способно составить систему и конституировать «фиктивное лицо», представленное собранием или опять-таки отдельным индивидом. Если «общинные» отношения предполагают «высшую самость», то «общественные» — «искусственное лицо». Отсюда следует и различие главных экономико-правовых категорий. В первом случае (община) речь идет о «владении», «земле», «территории», «семейном праве»; во втором (об-ве) — об «имуществе», «деньгах», «обязательственном» (торговом) праве. Сюда же Т. добавляет и противоположность статуса (*Статуса социального концепции*) и контракта (договора). Эти оппозиции дают Т. возможность не только построить разветвленную систему «чистых» социол. категорий, но и рассмотреть под этим углом зрения процесс и смысл исторических изменений, что стало задачей второй части его «специальной социологии» — прикладной социологии. Осн. идея Т. состояла в том, что социальность преимущественно «общинная» в ходе истории все больше вытесняется социальностью преимущественно «общественной». Отсюда открывался путь для анализа нравов, права, семьи, хозяйствования, деревенской и городской жизни, религии, гос-ва, политики, обществ. мнения и т. д. С течением времени Т. усложнил схему, предложенную в раннем труде, включив в нее такие характеристики, как плотность социальной связи (большую или меньшую степень единства), количество участников, товарищеский характер связи

в противоположность отношениям господства и подчинения. В рез-те получалась очень подробная схема, в к-рой, напр., отношения могут быть общинно-товарищескими или общинно-смешанными (т. е. основанными на смешении товарищества и господства — подчинения) и т. д. Могли добавляться и др. основания деления (напр., группы могли делиться на естеств., душевные и социальные). В полном виде эта схема представлена в одной из последних работ Т.— «Введение в социологию» (1931) [3]. Т. был широко известен и как социолог-эмпирик, организатор крупных статистических и социографических обследований. Но в истории социологии он остался прежде всего как автор «Общины и общества», оказавшей значит. влияние не только на немецкую, но и на всю зап. социологию.

А. Ф. Филиппов

Соч.: 1) Общение и общество//*Зомбарт В.* Социология Л., б. г. С. 59—66. 2) Gemeinschaft und Gesellschaft. B., 1920. 3) Einführung in die Soziologie. Stuttg., 1965. 4) Soziologische Studien und Kritiken. Jena. 1923—1929. 5) Studien zur Philosophie und Gesellschaftslehre im 17 Jahrhundert. Stuttg., 1972.

ТИМАШЕВ (Timasheff) **Николай Сергеевич** (09.11.1886, Петербург — 09.03.1970, Нью-Йорк) — рус.-амер. социолог и правовед. Проф. Петроградского политехнического ин-та (1916—1920). С 1921 г.— эмигрант; жил сначала в Чехословакии и Франции, с 1936 г.— в США. Осн. сочинения Т. посвящены социологии права, в них заметно влияние Л. И. Петражицкого. Как социолог права Т. явл. представителем т. наз. психологической школы права, в рамках к-рой за основу права принимается психология социальной группы, а не отдельного индивида. Социологию права, как и вообще социологию, Т. относит к разряду «номографических наук», цель к-рых установление законов, регулирующих взаимодействие об-ва и права. С этой т. зр. правовые нормы явл. особым образом оформленными нормами поведения, традиционно сложившимися в данном об-ве. Право возникает с появлением социальной власти и явл. предметом изучения как для юриспруденции, относящейся, по Т., к «идиографическим» наукам, цель к-рой заключается в изучении опред. системы права (римского, франц. права и т. д.), так и для философии права, занимающейся проблемами, к-рые не могут быть разрешены «научными методами». Одна из таких проблем — достижение правом своих «конечных целей» [1]. Взгляды Т. по вопросам общей социологии близки к взглядам *Сорокина*. «Этимологическую дефиницию» социологии он считает неудачной, т. к. само слово «социология», по мн. Т., образовано путем «варварского совмещения» двух разноязычных корней. Неизвестным остается главный термин этой дефиниции: об-во, составляющее предмет не только социологии, но и мн. др. наук: социальной психологии, истории, конкретных социальных наук (к ним Т. относит экономику, этнологию, науку об управлении и др.). Вычленяя предмет социологии из совокупности обществ. наук, Т. определяет социологию как науку об «обществ. взаимосвязях людей (человеческих существ)» — men (human beings) in interdependence. Т.— автор ряда работ по истории социологии, в к-рых рассматривается развитие социологии от *Конта* и *Милля* до середины 20 в. (Т. особенно подчеркивает значение концепций М. *Вебера* и *Парето*), и по истории социально-политического развития России после 1917 г.

В. В. Сапов

Соч.: 1) An introduction to the sociology of law. Camb., 1939. 2) The crisis in teh Marxian theory of law. N. Y., 1939. 3) Three worlds: liberal, communist and fascist society. Milwaukee, 1946. 4) Sociological theory, its natire and grouth. N. Y., 1954.

ТИПОВЫЕ ПЕРЕМЕННЫЕ ДЕЙСТВИЯ (patterns variables of action) — специальный набор парных, дихотомических понятий, используемых в теории социального действия *Парсонса* для описания и анализа структуры действия. К Т. п. д. относятся пять осн. видов ценностных ориентаций, определяющих действие индивида в ситуациях, требующих выбора. Эти пары характеризуют возможность альтернативы между: 1) подчинением индивидами своего поведения какому-то общему правилу и определением его специфическими моментами ситуации («универсализм-партикуляризм»); 2) ориентацией на социальные характеристики др. индивида (профессия, статус) или на имманентно присущие ему кач-ва, такие как пол, возраст и т. п. («достигнутое — предопределенное»); 3) стремлением к удовлетворению непосредственных, сиюминутных потребностей и отказом от последних ради каких-то далеких и важных целей («аффективность — нейтральность»); 4) специфическими и общими характеристиками ситуации в кач-ве объекта ориентации индивида («специфичность — диффузность»); 5) действиями исключительно в собственных интересах и учетом в определении поведения потребностей коллектива («ориентация на себя — ориентация на коллектив»). В теории указанные пять альтернатив действия анализируются на четырех уровнях: для субъекта действия они предстают как различные варианты действия, на уровне личности — как потребности-установки, на уровне социальной системы раскрываются в форме ролевых ожиданий, а в плоскости культурной системы — как нормативный образец (ценность). Введение Т. п. д. явилось важным шагом на пути формирования функционалистской теории, оно позволило связать воедино три исходные системы действия — личность, социальную систему и культуру. В поздних работах Парсонса и его коллег схема Т. п. д. была преобразована в четыре функциональных требования системы действия (адаптация, достижение цели, интеграция и поддержание ценностного стандарта).

М. С. Комаров

ТОЙНБИ (Toynbee) **Арнольд** (14.04.1889, Лондон — 22.10.1975, Йорк) — англ. историк, философ, обществ. деятель. Главный труд его жизни — «Исследование истории» [1] есть обозрение всемирной истории в форме, по его словам, «культурно-исторической монадологии», т. е. на основе представления о самозамкнутых дискретных единицах, на к-рые распадается историческое существование человечества и к-рые он называет «цивилизациями».

Это представление сложилось под определяющим влиянием *Шпенглера*, от к-рого, однако, Т. отличается в двух отношениях. Во-первых, наряду с естеств. необходимостью Т. признает за человеком способность к свободному самоопределению; во-вторых, циклическая модель исторического процесса Шпенглера модифицируется признанием объединяющей роли «мировых проповеднических религий» (буддизм, христианство, ислам), к-рые и явл. высшими ценностями и ориентирами исторического процесса. Согласно Т., динамика цивилизации (ее возникновение, рост, «надлом», упадок и разложение) определяется «законом вызова и ответа», согласно к-рому каждый шаг вперед связан с адекватным «ответом» на «вызов» исторической ситуации. Адекватный «ответ» — заслуга «творческого меньшинства», к-рое властвует сначала силой своего авторитета, а затем превращается в «господствующее меньшинство». Последнее, утрачивая творческие способности, все больше опирается на материальные инструменты власти, и прежде всего на силу оружия. Банкротство «господствующего меньшинства», его неспособность справиться с обстоятельствами и беспрестанно возникающими новыми проблемами приводит к «надлому», а затем (если «болезнь» не получает своевременного лечения) — к окончательной гибели цивилизации. Концепция Т. соединяет испытанные приемы позитивистской историографии (сравнительно-исторический метод, индуктивное обобщение и его экстраполяцию на др. области) с филос. идеями «творческой эволюции» А. Бергсона и теологическими символами («первородный грех», «исход и возвращение»).

М. А. Киссель

Соч.: 1) Study of history. L., 1934—1961.

ТОКВИЛЬ (Tocqueville), **Алексис** (29.07.1805, Париж —16.04.1859, Канны) — франц. политический мыслитель, социолог, гос. деятель, министр иностранных дел Франции в 1848 г. Главная тема его исследований и размышлений — исторический генезис, сущность и перспективы демократии, к-рую он понимал предельно широко как принцип социальной организации совр. об-ва, противоположный феод. По мн. Т., первая фаза генезиса демократии — образование абсолютных монархий. «В определенную эпоху все монархии становятся абсолютными... и все эти похожие явления порождены одной общей причиной. Эта общая причина — переход от одного состояния общества к другому, от феодального неравенства к демократическому равенству. Знать уже сломлена, а народ еще не поднялся, одни находятся слишком низко, другие недостаточно высоко, чтобы вмешиваться в решения власти. В течение полутора веков длился этот золотой век властителей, когда они одновременно наслаждались политической стабильностью и всемогуществом, к-рые обычно исключают друг друга» [1; 368]. Революции сметают абсолютизм, но не уничтожают его наследия — централизованной гос. власти. «Демократическая революция» совершается во имя «свободы и равенства», но между этими двумя лозунгами существует противоречие, что особенно заметно обнаружилось в ходе франц. революции 1789—1794 гг. Ниспровержение старого режима и полная отмена феод. привилегий, торжество идеологии *эгалитаризма* сопровождались неимоверным усилением гос. власти, превратившей отдельную личность в простой инструмент, используемый для служения своим целям. «Машина управления» (une machine de gouvernement) становится все более громоздкой, всюду проникающей и могущественной. Вместо феод. неравенства устанавливается бюрократическая «иерархия функционеров», в системе к-рой каждый человек оказывается всесторонне зависимым от анонимной власти целого. «Эта огромная социальная власть безлична; она больше не исходит от короля, но от Государства... она — продукт и представитель всех, и подчиняет право каждого воле всех... Это особая форма тирании, которую называют демократическим деспотизмом. Нет больше социальной иерархии, нет четкого деления на классы и строго установленных рангов; народ, составленный из абсолютно похожих индивидуумов, эта расплывчатая масса, признаваемая за единственно законный источник верховной власти, но старательно лишенная всякой возможности руководить и даже контролировать свое правительство» [1, 270—271]. Критика формального демократизма бурж. об-ва у Т. несколько опережала свое время, потому что тенденции, о к-рых он писал, в полной мере проявились только в эпоху гос.-монополистического капитализма. Отчуждение социально-политических функций от личности дополняется, как отмечал Т., уходом личности в свой собственный приватный мир, в сторону от обществ. отношений. Этот феномен Т. называл «индивидуализмом» и видел в нем почву нового, романтического стиля искусства, изображающего человека «перед лицом природы и Бога... с его страстями, сомнениями, необыкновенными радостями и невообразимыми несчастьями» [2, 246]. Возникновение политического деспотизма из недр демократии, по мысли Т., объясняет переворот Наполеона III, к к-рому он до конца дней своих относился с непримиримой враждебностью. В этих условиях оплотом свободы Т. считал укрепление общинных учреждений и местного самоуправления, развитие добровольных ассоциаций и строгую ответственность чиновничества. Необходимым условием сохранения свободы, по Т., явл. также распространение религ. убеждений, по природе своей несовместимых с культом гос-ва. Идеи Т. оказали влияние на М. Вебера, исходившего из антитезы индивидуальной свободы и бюрократического рационализма, и теоретиков так наз. «массового общества» концепций.

М. А. Киссель

Соч.: 1) L'ancien Régime et la Révolution. P., 1956.

ТОЛЕРАНТНОСТЬ (от лат. tolerantia — терпение) — терпимость к чужому образу жизни, поведению, обычаям, чувствам, мнениям, идеям, верованиям. Один из осн. демократических принципов, неразрывно связанный с концепциями *плюрализма*, свободы социальной и прав человека. Начал утверждаться в кач-ве общезначимого принципа человеческого общения после бурж. революций, однако до сих пор постоянно нарушается, ограничивается или отвергается на межлич., межгрупповом и гос. уровнях. Целиком или частично отвергается *авторитаризмом* и *тоталитаризмом* в силу их идейного «абсолютизма», веры в обладание высшей и окончательной истиной, единственным рецептом достижения благосостояния и счастья, за чем обычно скрываются корыстные интересы правящей элиты. Диапазон т. зр. сторонников Т. весьма широк — от толкования ее как почти ничем не ограничиваемого принципа в разного рода анархистских концепциях до ограничительной трактовки, принимающей во внимание соображения обществ. и индивидуального здоровья, морали, законности и т. п.

С. А. Эфиров

ТОМАС (Thomas) **Уильям, Айзек** (13.08.1863, Рассел, Виргиния,— 05.12.1947, Беркли, Калифорния) — амер. социолог и социальный психолог. Учился в ун-тах Теннеси, Геттингена, Берлина, где изучал «психологию народов» и этнологию под влиянием М. Лацаруса, X. Штейнталя, В. Вундта; с 1893 по 1918 г.— проф. Чикагского ун-та; президент Амер. социол. об-ва (1927). Социол. теория Т. неоднородна и отличается резким переходом от психологизаторской направленности ранних работ, исследующих установки индивидов и групп, к ситуативным («ценностным») характеристикам человеческого поведения. В первых исследованиях Т. по социологии секса в основе мотивов поведения и установок он усматривает четыре «желания» — нового опыта, безопасности, признания и господства,— к-рые затем считает возможным свести к двум осн.— голоду и сексуальному голоду (т. е. к мотивам инстинктивной природы). Позже в «Польском крестьянине в Европе и Америке» (1918—1920) «желания» (установки) трактуются уже как частично биологические и частично политическое устройство, тем самым способствуя в той или иной мере проявлению принципов «изначальной традиции»: поэтому Т. направлен на постижение и синтез всех духовных традиций (антитрадиционализм, напротив, связан с гипертрофией обособленных тенденций). Избегать всякого разрыва с традицией, поскольку она явл. хранилищем истины, сохранять старые формы и ценности, ибо они есть спонтанное выражение подлинных потребностей об-ва,— такова сущность Т. Разумеется, Т. допускает, что исторически сложившийся социальный порядок может подвергнуться порче, искажению; но исправление положения мыслится как «возвращение к истокам», снятие наслоений, очищение от искажений, приведение в соответствие «неизменной сущности» вещей и адекватной духу времени формы. Образно это выражено в понятии «золотой век» — порядка, существовавшего изначально, с к-рым следует соотносить всякий возникающий во времени порядок. Такое представление, свойственное культурной традиции разных народов, служит в глазах мн. традиционалистов свидетельством существования скрытой, единой, всеобщей традиции, древней как мир, в к-рой берут начало все религии и символы. Верность традициям, скептическое соотношение к обоснованности и легитимности *инноваций* существовали во все эпохи, но складывание Т. в сознательное учение стало возможным только после того, как возникли глубокие сомнения в прежних истинах, внесенные философией Просвещения, и произошел решительный разрыв с прошлым в рез-те Великой французской революции; и первым камнем, заложенным в его основание, считается труд Берка «Размышление о французской революции» (1790), за к-рым в 1796 г. последовали произведения де Местра и де Бональда, а затем, в эпоху Реставрации,— Балланша, Шатобриана, Ламенне и др. Отвергая принципы рационалистической философии Просвещения, бурж. *либерализма* и народовластия, Т., особенно активный во Франции, выступил как контрреволюционное учение, связанное с феодально-аристократической оппозицией. Осн. элементами этого учения стали понятия «органического об-ва» и его корпоративного устройства, к-рые получили дальнейшую разработку в учении социального католицизма, а также в системе *Конта*. В первой четверти 20 в. ряд идей Т.— романтический антипрогрессизм, антииндивидуализм, *органицизм* — были подхвачены и развиты интеллектуалами группы «Аксьон франсез» во главе с ее идеологом Ш. Моррасом и кружком «Консервативная революция» во главе с Меллером ван ден Бруком (Германия), деятельность к-рых способствовала становлению фашистской идеологии. Скомпрометированное политически, традиционалистское направление долгое время существовало в кач-ве малоизвестной школы мышления, но с середины 70-х гг. его идеи привлекают усиленное внимание со стороны идеологов *неоконсерватизма,* средств массовой информации. В процессе обновления совр. Т. опирается на достижения наук о природе и человеке, на новые прочтения таких авторов, как Ницше, Хайдеггер, Дюмезиль, Лоренц и др. Согласно совр. традиционалистской интерпретации гос-ва и об-ва общественно-политическое устройство должно интегрировать противоречия, объединять разнообразное, создавая новый синтез. Совр. Т. отрицает либерально-индивидуалистические принципы, разъединяющие, по его мн., индивидов, превращающие их в не связанные друг с другом «атомы», озабоченные единственно поиском материального успеха, равно как и формы *тоталитаризма,* подавляющие разнообразие, он выступает против *об-ва потребления, массового об-ва:* осуществление принципа «единства в разнообразии» мыслится как соединение в едином ансамбле огромной федерации всевозможных сообществ, функционирующих синергетически, солидарно, подобно организму, в к-ром каждый элемент, выполняя свою функцию, сотрудничает с др. ради обеспечения равновесия целого. Эта модель предполагает децентрализацию на множество сообществ, сравнительно автономных, объединившихся по семейному, профессиональному, региональному принципу, каждое из к-рых явл. «посредническим корпусом», промежуточной ступенью между индивидом и гос-вом. В таком об-ве царит классовый мир при сохранении неравенства, поскольку каждому определено свое место в социальной структуре, а право принятия решений принадлежит компетентной элите, правлению экспертов.

Т. М. Фадеева

Лит.: 1) *Guenon R.* La crise du monde moderne. P., 1968. 2) *Evola J.* Révolte contre le monde moderne. P., 1972. 3) *Benoist A. de.* Vue de droite. P., 1978. 4) *Petitfils J.*— P. L'extrême droite en France. P., 1983.

ТРАДИЦИОННОЕ ДЕЙСТВИЕ — действие, формируемое на основе подражания тем или иным образцам поведения, закрепленным в культурной традиции и не подлежащим рациональной критике. Получая в связи с этим характер почти автоматически протекающего процесса, оно отличается стремлением действующего лица в любых ситуациях ориентироваться на привычное и повторяющееся, а не на то, что открывает новые возможности для Д. Понятие «Т. д.» введено *М. Вебером* для характеристики опред. типа Д., находящегося в одном ряду с *целерациональным, ценностнорациональным* и *аффективным* типами, к-рые составляют веберовскую типологию человеческой деятельности. Подобно аффективному Д., оно находится, по Веберу, «на границе» того, что может быть названо «осмысленно» («рефлексивно») ориентированным Д., и вместе с аффективным Д. решительно противостоит целерациональному Д., характеризующемуся максимальной рефлексивностью — рациональным осознанием его целей, средств и взаимосвязи между ними в каждом отдельном случае, а также (хотя и в несколько меньшей степени) ценностнорациональному Д. Зачастую Т. д. представляет собой лишь «автоматическую реакцию» на привычное раздражение, движущуюся в русле однажды усвоенной установки. Значимость этого типа Д. связана с тем, что к нему близка вообще бо́льшая часть обычного повседневного поведения людей, в к-ром огромную роль играет привычка, причем верность привычке сама, в свою очередь, может быть осознана различ. способами и в различ. мере. Вебер не только отводит Т. д. место в кач-ве «пограничного случая» сознательно-рефлексивного Д., сближающегося в этом отношении с аффективным Д., но и признает за ним (вернее, за приближающимся к этому *идеальному типу* реальным человеческим Д. традиционного типа) и более позитивную значимость. Однако приверженность к целерациональному Д., фигурирующему в его типологии в кач-ве «модели» осмысленного Д. вообще, препятствует этому. Отсюда противоречивость Вебера в характеристике Т. д. и определении его места в общей типологии человеческих Д., дающая основание для различ. интерпретаций данного пункта веберовского социол. учения.

Ю. Н. Давыдов

ТРЁЛЬЧ (Troeltsch) **Эрнст** (17.02.1865, Хаунштеттен, Аусбург — 01.02.1923, Берлин) — нем. теолог-протестант, историк религии, философ, социолог. Проф. Гейдельбергского (1894—1914) и Берлинского (1915—1923) ун-тов. Исследуя эволюцию протестантизма в контексте развития европ. культур, разработал принципы исторической социологии религии, конкретизировал их в работе «Социальные учения христианских церквей и групп» [1]. Отвергая академический историзм, стремился выработать конкретную историческую типологию учения религ. групп («секта», «церковь», «религ. объединения» и др.). Выделял надличностную априорную основу социальных и культурных процессов, заданную условиями коллективной жизни людей. Утверждал интегрирующую функцию совр. христианских религий в жизни европ. об-в. Сохранение религ. ин-тов объяснял их способностью к адаптации к меняющимся условиям. Этику и социальные учения христианских церквей считал адекватным средством преодоления социально-классовых конфликтов. Под влиянием баденской школы неокантианства в конце жизни склонялся к признанию неповторимости исторических процессов и социальных явлений. Социол. идеи Т. широко привлекаются совр. теоретиками социал-демократии и демохристианских движений в ФРГ, Италии, Латинской Америке. Труды Т. признаны на Западе классическим фондом социологии религии.

В. А. Деев

Соч.: 1) Die Soziallehren der christlichen Kirchen und Gruppen. B., 1912—1925. 2) Gesammte Schriften. Tüb., 1912—1925. Bd. 1—4.

ТРУДА СОЦИОЛОГИЯ — см. *Индустриальная социология; Менеджмент*.

ТУРН (Thurn) **Ханс-Петер** (05.08.1943, Крефельд) — нем. социолог феноменологического направления. Проф. Гос. художественной академии и Высшей школы изобразительных иск-в в Дюссельдорфе. На основе феноменологического варианта *знания социологии Бергера* и *Лукмана* Т. предпринял попытку сконструировать социологию иск-ва как теорию символического действия [1]. Хотя задача его социологии иск-ва традиционна — определение социальных детерминант художественного творчества, ее цель, по Т., не редукция иск-ва к социальности, а уяснение степени участия об-ва в процессе функционирования иск-ва. Иск-во — это форма знания, формирующая нашу обыденную действительность, поэтому произведение иск-ва рассматривается как символ или схема того или иного поведения, в нем запрограммированы роли, к-рые принимают на себя те, кто входит с ним в коммуникацию. Критерий распределения ролей диктуется обществ. ролевой практикой. Задача социолога — описать и типизировать эти символы, выяснить закономерности их функционирования. Роли художника, напр., формируются в момент его столкновения с об-вом, при этом конфликт творца и публики усложняется конфликтом тех многообразных ролей, носителем к-рых явл. сам художник (как отец семейства и гражданин,

член социальной группы и т. д.). Несмотря на то что в последнее время предпринимаются попытки преодоления этих конфликтов через академизацию и профессионализацию художественного творчества, их полной ликвидации, по мнению Т., препятствует символический статус иск-ва, где эстетическое противопоставляется реальному [2]. Больше того, усиливающаяся рационализация об-ва грозит оттеснить иск-во как форму нерациональной коммуникации на периферию социального.

А. Г. Вайшестов

Соч.: 1) Soziologie der Kunst. Stuttg., 1974. 2) Gesellschaftstheorie und Kunstbegriff: Zur programmatik der Kunstsoziologie: in Distanz und Nähe. Würzburg, 1983.

ТУРНВАЛЬД (Turnwald) **Рихард** (18.09.1869, Берлин —19.01.1954, там же) — нем. социолог, проф. Берлинского ун-та (с 1923 г.). Изучал эволюцию ин-тов социализации и интеграции в условиях примитивных об-в, психологию межгруппового общения. Интеграцию об-ва связывал с процессом консолидации нравственных ценностей, согласования их в рамках отдельных групп (родства, семьи, нации). Главный труд — «Человеческое общество» [1].

Л. Д. Гудков

Соч.: 1) Die menschliche Gesellschaft. B., 1931—1935.

ТУРЕН (Touraine) **Ален** (03.08.1925, Эрманвиль-сюр-Мер) — франц. социолог, проф. ун-та в Нантере, редактор журнала «Sociologie du travail». Основные сферы исследований — социология труда, социально-экономические концепции общественного развития, методология социального познания, социология молодежи и др. В 60-е гг. Т. — сторонник *структурно-функционального подхода*, с позиций к-рого написаны его первые работы в области социологии труда. Основной сферой исследований в последующие годы для Т. стали проблемы социально-экономического развития об-ва и новые социологические подходы к их изучению. Признавая ту положительную роль, к-рую в прошлом сыграли функционализм и *структурализм*, Т. считает, что для анализа процессов, происходящих в современном динамичном об-ве, они недостаточно эффективны. Т. предлагает социологию действия (акционизм) как наиболее адекватный метод исследования об-ва. В основе концепции Т. лежит понятие *социального действия*, к-рое он связывает прежде всего с трудом, физическим и интеллектуальным, подчеркивая при этом его коллективный характер. Для обозначения субъекта социального действия Т. вводит понятие исторического субъекта, к-рый понимается как некий абстрактный теоретический принцип, подобный понятию об-ва или социальных норм. На социетальном уровне в кач-ве исторического субъекта выступают социальные движения. Т. предлагает образ об-ва как системы действия, в к-ром объектом изучения становятся социальные движения. Особое внимание Т. уделяет структуре социол. знания и роли социолога в мире. Предметом социологии, с его т. зр., являются социальные отношения. Однако Т. считает, что предмет социологии не может быть определен без учета отношения социолога к объекту своего анализа. Перед социологом стоит задача раскрытия об-ву его действий и конфликтов, раскрытии акторам связей, в к-рые они вовлечены, выявлении социальных отношений, скрытых господствующим классом, гос-вом, к-рые и становятся объектом совр. социологии. Социология должна исходить, считает Т., из реальных отношений классов и бороться против усилий господствующей идеологии скрыть свое господство. Но в то же время социология должна соблюдать дистанцию и по отношению к идеологии подчиненных классов, несущих новую власть. Т.— активный сторонник концепции *постиндустриального об-ва*, к-рое он характеризует как об-во, определяемое социальными и культурными, а не экономическими факторами. Для Т. постиндустриальное об-во — это классовое об-во с глубокими социальными конфликтами, проявляющимися прежде всего в борьбе между господствующим классом, *технократией* и профессионалами. Студенчеству как особой социальной группе Т. придавал исключительную революционную силу, а майские события 1968 г. рассматривал как революционную ситуацию, обозначившую для Франции переход от индустриального к постиндустриальному об-ву.

В. Н. Фомина

Соч.: 1) Sociologie de l'action P., 1965. 2) Production de la societe. P., 1973.

ТЭН (Taine) **Ипполит** (21.04.1828, Вузье, Арденны,—05.03.1893, Париж) — франц. философ, эстетик, историк, литературовед, социальный мыслитель. По своим филос. взглядам позитивист Т. испытал сильное влияние Гегеля. Гегелевское понятие «дух времени», по Т., явл. важнейшей объясняющей категорией социокультурных феноменов. Не примыкая ни к одной социол. школе, Т. способствовал утверждению и распространению типологического мышления в социально-гуманитарном знании, требуя отыскивать «формулу» хаотического множества явлений и «доминирующее свойство», определяющее характер как отдельного человека, так и народа или творческую индивидуальность. Выдвигая эти понятия, Т. руководствовался аналогией с биологическим видом. Та же самая аналогия проглядывает и в том значении, какое приобретает в объясняющей схеме Т. понятие «расы» как совокупности врожденных и передаваемых по наследству склонностей, к-рые человек приносит с собой и к-рые обычно связаны с особенностями темперамента и телесной конституции. Это сближает Т. с *Гобино*. Последние 20 лет своей жизни Т. был занят грандиозным замыслом, цель к-рого заключалась в исследовании происхождения совр. Франции. Это занятие привело его к «органической» концепции обществ. развития, близкой консервативному историзму нем. философии права, с той только разницей, что Т.— убежденный противник гос. централизации, особенно в сфере образования. Антитеза бюрократической централизации и местного самоуправления, развернутая Т. на историческом материале, нашла отражение в тезисе о дихотомии органической и механической солидарности *Дюркгейма*.

М. А. Киссель

ТЮРГО (Turgot) **Анн Робер Жак** (10.05.1727, Париж — 20.03.1781, там же) — франц. философ-просветитель, социолог, экономист, гос. деятель. Получил теологическое образование (семинария, Сорбонна), но под влиянием философии Локка, Ф. Вольтера, *Монтескье* отказался от духовного сана и поступил на гос. службу. Был министром финансов и экономики (1774—1776 гг.), где проявил себя как решительный защитник молодой франц. буржуазии. Сотрудничал в «Энциклопедии» Д. Дидро. В философии Т.— сторонник деизма и сенсуализма, один из предшественников *Конта*, завершитель школы физиократов, основанной Ф. Кинэ. Социол. концепция Т. строится на обобщенном материале истории, к-рую, в отличие от мн. физиократов, хорошо знал. Т. явл. автором одной из первых теорий прогресса. Если в природе царит неизменная цикличность — зарождение, гибель и возрождение, то в человеческой истории, по его мн., происходит последовательное движение ко все большему совершенству. Человечество переживает то счастливые времена, то периоды бедствий, но человеческий разум постоянно прогрессирует. Большое место в социол. концепции Т. принадлежит экономическому развитию. Он создал уникальную для своего времени теорию развития об-ва в соответствии с типом производства на каждом историческом этапе. Начальный этап определяется собирательством и охотой. Форма социальной организации на этом этапе — племя, состоящее из отд. семей. Переход к скотоводству означал возрастание богатства и зарождение духа собственности. Возникает потребность в рабах, появляются гораздо более многочисленные обществ. объединения, нуждающиеся в органах власти (вожди). Земледелие порождает собственность на землю и разделение труда: развивается гос-во — «политическое тело», усиливается неравенство, имеющее, по Т., положительное значение в развитии наук и иск-в, т. к. освобождает часть людей от тяжелого физического труда. Анализируя совр. ему социальный уклад, Т. вплотную подошел к осознанию классового антагонизма собственников и наемных рабочих. Прогрессивные для своего времени экономические реформы и соч. Т. по политической экономии получили высокую оценку среди передовых умов Франции, в т. ч. вождей франц. революции. Маркс и Энгельс считали Т. одним из наиболее революционных социально-экономических теоретиков 18 в. Идеи Т. оказали значит. влияние на дальнейшее развитие социологии, философии, истории, политической экономии.

В. Н. Кузнецов, С. М. Митина

Соч.: 1) Избранные философские произведения. М., 1938. 2) Избранные экономические произведения. М., 1937.

У

УАЙТ (Whyte) **Уильям Фут** (р. 1914) — амер. социолог. Закончил Гарвардский и Чикагский ун-ты, проф. Школы индустриальных и трудовых отношений (1948—1978), директор Исследовательского центра социальных наук Корнельского ун-та (1956—1961). Президент Амер. об-ва прикладной антропологии (1964), Амер. социол. ассоциации (1981). Первые работы У. посвящены неформальной организации человеческих коллективов. Его работа «Общество на углу улицы» считается образцом монографического описания и анализа неформальной группы (в данном случае — *клики* молодых людей из бедняцкого итал. квартала небольшого амер. города). Пользуясь методами включенного наблюдения, У. установил, что молодежные «банды» и «клики» обладают опред. структурой, иерархией влияния и престижа, субкультурой с акцентом на ценности, связанные с дружбой, и выяснил взаимодействие этой субкультуры с более широкой социальной действительностью, в частности с политическими организациями и рэкетом. В дальнейшем У. изучал проблемы социальной морфологии труда, напряжения и конфликты, возникающие внутри неформальных групп на производстве в связи с внедрением технологических и организационных новшеств. Рассматривая взаимоотношения профессиональных организаций и администрации предприятия, У. с позиций «теории человеческих отношений» выводит рецепт достижения «классового мира» в промышленности путем предоставления профсоюзам большей инициативы в отношениях с дирекцией, что, по его мн., должно ослабить претензии, выдвигаемые ими в связи с неравномерностью распределения власти и влияния. Вместе с тем У. чужда т. зр. тех представителей «теории человеческих отношений», к-рые стремятся абсолютизировать моральные стимулы в противовес материальным. У. пытается учесть всю сложность взаимозависимости факторов, действующих на рабочего, и показывает, что, хотя между величиной материальной надбавки и ростом производительности труда и нет прямой зависимости, все же реакции рабочих не столь «иррациональны», как это принято считать в традиционной «теории человеческих отношений». С конца 60-х гг. У. занимался теорией трудовых отношений в сельском хоз-ве и вопросами развития аграрных систем на материале латиноамериканских стран.

Л. А. Седов

Соч.: 1) Street corner society. Chic., 1943. 2) Man and organization. N. Y., 1959. 3) Men at work. N. Y., 1961.

УГОЛОВНОГО ПРАВА социологическая школа — одно из ведущих направлений в бурж. науке У. п., возникшее в конце 19— начале 20 в. Предшественниками У. п. с. ш. обычно называют *Кетле* и его учеников. Филос. основой учения У. п. с. ш. явился позитивизм *Конта, Милля, Спенсера*. Наиболее видными представителями У. п. с. ш. на Западе в период ее становления были Ф. Лист, Г. Ашаффенбург (Германия) [3], *Тард* [4], *Дюркгейм*, Ж. Лакассань (Франция), Г. Ван-Гаммель (Нидерланды), А. Принс (Бельгия) [1], Лист [2].

Ван-Гаммель и Принс стояли во главе Международного союза криминалистов. В политическом аспекте У. п. с. ш. не была однородной. Отдельные ее представители выражали либеральные и даже демократические тенденции. Таково было направление «левого крыла» У. п. с. ш., близкого к марксизму (Ф. Турати и Н. Колаянни — в Италии, В. Бонгер и Ж. Ван-Кан [5] — в Нидерландах). С т. зр. криминалистов-социологов, наука У. п. объединяет У. п. в узком смысле слова (уголовная догматика), криминологию (этиологию преступности), уголовную политику (разработка мер борьбы с преступностью) и пенологию (науку о наказаниях). В отличие от представителей антропологического направления, представители У. п. с. ш. усматривают осн. причины преступности не в прирожденных особенностях человеческой натуры, а в об-ве. Социальная среда считается «питательным бульоном» преступности, а преступник — «микробом», существующим и развивающимся в этой среде (франко-бельгийская школа социальной среды). «Общество имеет таких преступников, к-рых оно заслуживает» (Лакассань). Вместе с тем сторонники школы убеждены в «вечности» существования преступности. «Преступление — вечно, как смерть и болезни» [2]. Центральное место в концепции У. п. с. ш. занимает теория факторов преступности. Преступление представляет собой рез-т взаимодействия трех групп факторов: (1) индивидуальных (происхождение, воспитание, уровень образования, профессия, пол, возраст, семейное положение, физические и психические свойства личности); (2) социальных (обществ. положение, безработица, низкий уровень жизни, плохие жилищные условия, потребление алкоголя, проституция, принадлежность к опред. расе и конфессии, урбанизация, миграция и пр.); (3) физические (времена года, климат, температура и т. п.). Решающее значение при этом имеют обществ. факторы. По мн. представителей У. п. с. ш., ликвидация безработицы и нищеты,

борьба с алкоголизмом, снижение цен и устранение др. криминогенных социальных факторов должны привести к снижению преступности. Представители У. п. с. ш. делили всех преступников на две категории: случайных, или «острых», совершающих преступления гл. обр. под влиянием социально-экономических факторов, и привычных, или «хронических», совершающих преступления в осн. в силу особых черт своего характера, психических и физических особенностей. Школой выдвинута теория «опасного состояния преступника», согласно к-рой существуют люди, образ жизни и физические особенности личности к-рых представляют опасность для об-ва (бродяги, алкоголики, нищие, проститутки, рецидивисты, анормальные субъекты). От носителей такого состояния всегда можно ожидать совершения преступлений. В целях защиты об-ва в уголовном законодательстве должна быть разработана система мер безопасности (мер *защиты социальной*), последние должны применяться к указ. лицам независимо от того, совершили они преступление или нет (системы превентивного заключения и неопред. приговоров). В наст. время влияние социол. направления в У. п. весьма значительно, особенно в США.

Э. Ф. Побегайло

Лит.: 1) *Принс А.* Преступность и репрессия. М., 1898. 2) *Лист Ф.* Задачи уголовной политики. СПб., 1905. 3) *Ашаффенбург Г.* Преступность и борьба с ним. О., 1906. 4) Преступник и преступление. М., 1908. 5) *Ван-Кан Ж.* Экономические факторы преступности. М., 1915. 6) Социология преступности (Современные буржуазные теории). М., 1966. 7) «Классическая» школа и антрополого-социологическое направление. М., 1966.

УНИВЕРСАЛИИ ЭВОЛЮЦИОННЫЕ — в построениях *Парсонса* десять свойств или процессов, последовательно возникающих в ходе развития и усложнения любых обществ. систем независимо от их культурной специфики и разнообразия внешних условий. Четыре из этих У. э. присутствуют во всех известных социальных системах: (1) система коммуникации; (2) система родства; (3) опред.

форма религии; (4) технология. Дальнейшее развитие, согласно Парсонсу, связано с поэтапным появлением новых организационных комплексов, каждый из к-рых способствует резкому повышению адаптивной способности системы. Первым шагом обществ. эволюции служит появление *стратификации социальной* (5), за к-рым немедленно следует культурная легитимизация этой стратифицированной общности, осмысление ее как единства (6). Затем возникают: *бюрократия* (7), *деньги и рыночный комплекс* (8), *система обобщенных безличных норм* (9), *система демократических объединений* (10). Отсутствие одного из этих свойств блокирует дальнейшее развитие. Четыре последние У. э. характерны, по Парсонсу, для совр. об-в, хотя, согласно его формулировке, они институциализированы и взаимоувязаны весьма неравномерно, что порождает напряженности в системе, эволюционные задержки и искривления. Концепция У. э. была подвергнута операционализации и эмпирической проверке в исследовании амер. социологов Г. Бака и Э. Джекобсона, поставивших перед собой задачу проанализировать пригодность универсалий для выявления структур развития совр. об-в и группировки их в типы по степени модернизированности и по характеру структурных помех, влияющих на процесс модернизации. Авторы исходили из гипотезы, что последовательность эволюционных стадий, выделенных Парсонсом на историческом материале, должна повторяться и на следующем, совр. витке исторического развития. Результаты работы подтвердили эвристическую ценность парсоновской теоретической конструкции. Ключевым в концепции У. э. явл. понятие адаптационной способности. Подобно тому как развитие двигательной способности у живых организмов повышает их способность реагировать на вызовы среды, возникновение каждой последующей У. э. увеличивает возможности предвосхищать, анализировать, контролировать состояние среды и мобилизовать ресурсы для приспособления

к ней или активного на нее воздействия.

Л. А. Седов

УОЛЛЕРСТАЙН (Wallerstein) **Иммануэль** — амер. историк экономики. Взгляды У. формировались под влиянием амер. исторической социологии и европейской исторической мысли, включая К. Маркса, М. *Вебера* и историков франц. школы «Анналов». В созданной У. теории генезиса капитализма используется метод исторически конкретизированного системного анализа. У. отверг возможность познания на уровне отдельно взятых стран социоэкономических процессов изменения, приведших к становлению совр. капиталистической системы. В его теоретической конструкции страны выполняют роль элементов более широких мировых систем двух типов: централизованно-редистрибутивной системы мировых империй, основанной на связях чисто политического характера, и относительно децентрализованной (капиталистической) системы гос-в, основанной на свободных связях рыночного типа, но включающей зависимую периферию. Согласно У., генезис капитализма, начавшийся в 16 в., в его последующее существование предполагает наличие развитого ядра (в роли к-рого выступали, сменяя друг друга, Голландия, Англия и США), промежуточных зон более низкого уровня развития и подчиненных эксплуатируемых зон, в к-рых усиливаются авторитарные тенденции в сфере политического устройства и рабские и крепостнические формы в экономике. Концепция У. основана на анализе значит. фактического материала и явл. весьма влиятельной среди совр. историков США и Зап. Европы.

Л. А. Седов

Соч.: 1) The modern world system. N. Y., 1974—1980.

УОРД (Word) **Лестер Франк** (18.06.1841, Джолиет, штат Иллинойс,—18.04.1913, Вашингтон) — амер. социолог, основоположник психологического эволюционизма в США, первый президент Амер. социол. об-ва (ныне Амер. социол. ассоциация). Научную деятельность начинал как геолог, палеонтолог, был одним из основателей палеоботаники. В основе социол. воззрений У. лежат эволюционистские идеи *Конта* и *Спенсера*. Не принимая, однако, гипертрофированного натурализма, биологизма и жесткого детерминизма последнего, У. наполнял эволюционизм гуманистическим содержанием. Он полагал, что в основу социологии должны быть положены принципы психологии, а не биологии, и сосредоточивал внимание на изучении психологических механизмов обществ. жизни. От природных процессов социальная жизнь отличается, по У., прежде всего телическим, т. е. целенаправленным и творческим характером. Происходящая в природе на основе естественного отбора слепая стихийная эволюция, «генезис», в об-ве сменяется «телезисом», формирующимся на основе осознанного стремления к прогрессу. В качестве первичной социальной силы У. выделял желания, выражающие природные импульсы, такие, как голод, жажда, половые потребности. На их базе формируются более сложные интеллектуальные, моральные и эстетические потребности, реализация к-рых в творческой деятельности человека и обеспечивает, на уровне «индивидуального телезиса», развитие об-ва. В качестве осн. носителя «коллективного телезиса» он рассматривал гос-во, к-рое возникает, по У., наряду с такими ин-тами, как классы, право и т. д., из борьбы рас. Считая, что различие между производителями и непроизводителями образует наиболее важное социальное деление, У. поддерживал профсоюзное движение, симпатизировал пролетариату и выступал за равенство классов. Однако всеобщее равенство, полагал У., должно быть достигнуто через обязательное всеобщее образование путем социальных реформ, а не через «гос. социализм». Считая необходимым широкое вмешательство гос-ва в обществ. жизнь и усматривая в гос. регулировании инструмент, с помощью к-рого можно преодолеть негативные стороны системы свободной конкуренции и

господства монополий, У. подводил теоретическую базу под политику социального реформизма, направленную на замену частных монополий «сознательной кооперацией». У. популяризировал социологию, подчеркивал значение для будущего процветания человечества осуществляемых социологами научных исследований и социального планирования. Социальные науки, по У., открывая законы обществ. развития, должны обеспечивать теоретическую базу социальных реформ. У. негативно относился к марксистскому учению и, гипертрофируя роль социальных исследователей в об-ве, выступал с идеями социократического толка, возлагая надежды на «коллективный разум» об-ва, к-рый должен с помощью социальных наук направлять ход обществ. развития. Идеи У. получили дальнейшее развитие в работах *Гиддингса*, нашли отражение в первых амер. социол. учебниках, однако в атмосфере доминирования идеологии laissez faire (свободного предпринимательства) не оказали значит. влияния на социологию.

А. И. Чупрынин

Соч.: 1) Психические факторы цивилизации. М., 1897. 2) Очерки социологии. М., 1901. 3) Dynamic sociology or applied social science as based upon statistical sociology and the less complex sciences. N. Y., 1883.

УПРАВЛЕНИЯ СОЦИОЛОГИЯ — прикладная отрасль, изучающая «социологическую надстройку» в *менеджменте*. Хотя понятие «менеджмент» охватывает также экономические, технико-организационные, юридические, психологические вопросы делового предпринимательства, часто оно употребляется как эквивалент У. с.

А. И. Кравченко

УРБАНИЗМ и **АНТИУРБАНИЗМ** — течения зап. обществ. мысли, сложившиеся во второй половине 19 в. под влиянием экстенсивной урбанизации стран Зап. Европы. В наст. время сохраняют свое значение в кач-ве важных элементов массового сознания зап. об-ва. У. и А. согласны в том, что крупный город есть воплощение зап. машинной цивилизации, но занимают противоположные позиции в оценке этого факта. Истоки У. и А. восходят к философии эпохи Просвещения, где оптимистическому взгляду на город (*Монтескье*, Г. Гердер) противостоит тотальное отрицание городской цивилизации (Ж.-Ж. *Руссо*). А. стал феноменом европ. культуры на рубеже 19—20 вв. Наибольшее влияние А. приобрел в Германии, где получил филос. обоснование в трудах *Тённиса* и *Шпенглера*. Характерные черты А.: противопоставление большого города традиционной малой общине; критика города как воплощения бездушия Нового времени, машинной цивилизации, либерализма и пролетарского движения; взгляд на урбанизацию как на нарушение естеств. хода вещей. Критика большого города содержала в кач-ве главного элемента ностальгию по исчезающему миру малых общин с их размеренным ритмом жизни, строгой регламентацией обязанностей, жесткой иерархией, устойчивым домашним и цеховым бытом. В своих крайних формах А. отвергал город как «противную природе, гнусное искусственное образование». А. неоднороден. В нем содержатся элементы социальной утопии, направленной на поиск новых форм человеческого общежития (напр., идея города-сада Говарда). А. явл. идеологическим компонентом различ. политических движений — от крайне правых, в т. ч. фашистских [3, 217], до экологических. В наст. время влияние А. ослаблено. После второй мировой войны одним из ведущих элементов массового обществ. сознания зап. об-ва стал У., теоретическим выражением к-рого явл. социол. концепция, первоначально сформулированная *Виртом* (*Городская социология*). У. трактует городскую культуру как высшее проявление человеческой цивилизации, главный инструмент решения всех социальных конфликтов. В нек-рых совр. социол. теориях У. предстает в кач-ве магической силы, способной привести об-во в состояние *консенсуса*, добиться его культурной, политической и социальной интеграции при помощи распространения городского образа жизни и соответствующей градостроительной политики. У. лежит в основе совр. политики городского социального планирования. Леворадик. критики У. оценивают его как один из мифов, распространяемых господствующими классами [1, 114].

О. Л. Лейбович

Лит.: 1) Castells M. La question urbanie. P., 1973. 2) Dagnaud M. Le myth de la qualité de la vie et la politique urbanie en France. P., 1978. 3) Richard L. Deutscher Faschismus und Kultur. B., 1982.

УСТАНОВКА СОЦИАЛЬНАЯ (attitude) — понятие, употребляемое в социологии и социальной психологии для обозначения устойчивой предрасположенности, готовности индивида или группы к действию, ориентированному на социально значимый объект. В зарубежной социологии этот термин впервые был использован *Томасом* и *Знанецким* в работе «Польский крестьянин в Европе и Америке» [2] для анализа связей между индивидом и социальной организацией. Под У. с. они понимали психологическое переживание индивидом ценности, значения, смысла социального объекта, состояние сознания индивида относительно нек-рой ценности [2]. Решающий вклад в изучение природы У. с. внесли исследования социальных психологов (Г. Олпорт, М. Смит, К. Ховланд и др.), анализировавших ее с позиций взаимодействия личности и социальной среды, тогда как в рамках психологии установка (set) изучалась как психофизиологический феномен. Важную роль в изучении У. с. сыграли попытки ее количественного выражения (измерения установки). Для решения этой задачи было сконструировано несколько специальных шкал (Л. Терстоуна, Р. Ликерта, Л. Гутмана и др.). В рамках социально-психологических исследований сложилась концепция трехкомпонентной структуры У. с.: первый — аффективный — связан с эмоциональной оценкой объекта, второй — когнитивный — выражает осознание человеком объекта У. с., третий — поведенческий — заключает в себе реальные действия, направленные на объект. Однако среди исследователей до сих пор продолжаются споры относительно того, какой из названных компонентов играет решающую роль и какой из них явл. действительным объектом измерения. В кач-ве варианта преодоления этой трудности предложена диспозиционная концепция регуляции поведения личности (Н. Рокич), в к-рой вычленяются различ. уровни У. с., находящиеся в иерархическом соподчинении. В зап. социологии понятие «У. с.» получило широкое признание в прикладных исследованиях, особенно при изучении обществ. сознания и политического поведения избирателей в ходе выборов. Основная проблематика этих исследований (*Мертон, Лазарсфельд*, Э. Катц и др.) связана с выяснением устойчивости установок избирателей, механизмов влияния средств массовой коммуникации на формирование обществ. мнения и изменение установок.

М. С. Комаров

Лит.: 1) *Шихрев П. Н.* Исследования социальной установки в США//Вопросы философии, 1973. № 2. 2) *Thomas W., Znaniecki F.* The polish peasant in Europe and America. Boston, 1918. Vol. 1.

УТИЛИТАРИЗМ (лат. utilitas — польза, выгода) — мировоззренческая и социально-филос. ориентация в науках о человеке, отправляющаяся от принципа полезности как основополагающего. Рассмотрение явлений и процессов обществ. жизни прежде всего с т. зр. полезности, взаимного использования практиковалось еще *Гоббсом*, *Локком*, *Юмом*, а особенно широко Гельвецием и Гольбахом. Наиболее последовательную попытку подчинить все существующие отношения людей отношению полезности предпринимает *Бентам*, считающийся основоположником У. Отождествляя полезность с удовольствием, наслаждением, он полагал, что в основе нравственности должно лежать стремление к наибольшему счастью наибольшего числа людей и цель развития человечества состоит в максимизации всеобщей пользы путем установления гармонии индивидуальных и обществ. интересов. Сводя интересы об-ва к совокупности частных интересов, Бентам применял эти принципы при исследовании экономики, управления, права, используя в кач-ве единственного операционального инструмента баланс пользы (наслаждения) и страдания. Критикуя теорию полярности, Маркс и Энгельс указывали на то, что подмена всего многообразия человеческих отношений отношением полезности явл. малоплодотворной метафизической абстракцией и отражает в превращенной форме доминирование в об-ве системы капиталистической эксплуатации и практическое подчинение всех обществ. отношений денежно-торгашескому отношению [3]. У. оказал значит. влияние на англ. социологию в период ее становления, его принципы широко использовал *Спенсер*; с др. стороны, утилитаристские идеи резко критиковал *Дюркгейм*. В совр. социологии У. не получил широкого распространения; наиболее заметно его традиции прослеживаются в теории социального обмена.

А. И. Чупрынин

Лит.: 1) *Гоббс Т.* Левиафан. М., 1936. 2) *Милль Дж. С.* Утилитарианизм. СПб., 1900. 3) *Маркс К., Энгельс Ф.* Соч. Т. 3. 4) *Bentham J.* Deonthology or the science of morality. L., 1834. V. 1—2.

УТОПИЯ — неологизм англ. писателя и гос. деятеля Т. Мора, допускающий двойную интерпретацию первого из греч. корней: *и*, т. е. нет, либо *еи*, т. е. благо. В сочетании со вторым слогом *topos* — место он, т. обр., означает либо Нигдейя, либо Блаженная страна. Двойственность усиливается композицией написанного на латыни сочинения Мора (1516), где рассказ «вожатого» о прекрасной жизни на острове Утопия обрамлен перепиской автора с друзьями, высмеивающей тех, кто поверил в реальность Утопии. Социол. история У. начинается в XVII в. с появлением рядом с рассказами о путешествиях в идеальные об-ва трактатов, обосновывающих возможность и необходимость таких об-в. Формирование философии истории с ключевой идеей прогресса превратило У. в лабораторию социальных, экономических и правовых идей. С конца XVIII в.

фокусом утопических фантазий становится не место, а время, в основном будущее: у-топия фактически превращается в у-хронию (термин Ч. Ренувье), а в XIX в. по мере психологизации идеала и переноса акцента на свободу и самовыражение личности — в эупсихию (термин А. Маслоу). Большинство совр. исследователей считают утопизм универсальным свойством сознания, однако существует и т. зр. на него как на болезненную реакцию на слишком глубокий разрыв между потребностями и средствами их удовлетворения. Первая интерпретация У. в категориях социологии знания принадлежит *Маннгейму,* определившему У. как процесс мышления, продуцируемый символами и идеями, и отделившему ее от идеологии по критерию отношения к реальности — критическому в У., апологетическому в идеологии. Социол. подход к У. предполагает дифференциацию идеалов. Народные мечты о «молочных реках — кисельных берегах»; буколики и аркадии; «тысячелетние царства» праведных; теократии идеальных правителей — идеалы, в то время как У.— об-во с идеальной организацией, контролирующей несовершенных людей. От политической программы У. отделяет вера в вечность раз отлаженного механизма, а от футурологии — отсутствие конкретных временных расчетов. В совр. социологии принята схема типологического анализа У., разработанная *Мамфордом:* (1) по социально-классовому признаку (напр., феодальная, крестьянская); (2) по содержанию (напр., архитектурная, феминистская); (3) по форме (напр., роман, трактат); (4) по способу реализации (напр., бегство от мира или его переделка). Существуют, кроме того, и др. схемы, напр. представление о трех видах У.: народной (Леденцовая Гора), литературно-теоретической (Город Солнца), официальной («американская мечта»). Общим для всех видов и типов У. явл. не стремление к равенству — в классических У. неравенство допускается (Мор, *Сен-Симон,* Моррис) и даже защищается (Платон, Фурье, Уэллс),— а принцип физической и духовной удовлетворенности индивида, к-рый предполагает обществ. изобилие, достигаемое за счет всеобщего труда, успехов техники, опрощения жизни, перераспределения собственности (в радикальном варианте — через передачу ее гос-ву, коммуне, кооперативу, в реформистском — через ограничение и контроль). Новейший вариант совр. У.— полиутопия (термин Р. Нозика) — проект системы из общин с различ. устройствами: от коммунистического до капиталистического. Наряду с плюрализмом в совр. У. сильны космологические и экуменические тенденции (последние — с акцентом на неевропейский духовный опыт). Угроза ядерной и экологической катастрофы способствовала распространению представлений о том, что человечество может выжить, лишь реализовав на практике идеалы социальной гармонии. У. превращается в «практопию» *(Белл, Тоффлер).* В этом контексте резко изменилась и временная перспектива реализации идеала — неопределенное будущее заменяется конкретной датой — началом третьего тысячелетия (проекты Л. Брауна, М. *Мид, Скиннера, Фромма* и др.).

В. А. Чаликова

Лит.: 1) *Баталов Э. Я.* Социальная утопия и утопическое сознание в США. М., 1972. 2) *Чаликова В. А.* Будущее сквозь призму утопии//Современные буржуазные теории общественного развития. М., 1984. С. 74—121. 3) *Mannheim K.* Ideology and Utopia. L., N. Y., 1936. 4) *Manuel F. U., Manuel F. P.* Utopian thounht in the western world. Camb. (Mass.). 1979.

УЧАСТИЕ ПОЛИТИЧЕСКОЕ — вовлеченность членов социально-политической общности в существующие внутри ее политические отношения и структуру власти (а на опред. стадии — в рамки международного сообщества). Впервые влияние различ. видов У. п. граждан в делах гос-ва (тогда — античного полиса), критериев и способов отбора участников, количества участвующих на гос. устройство и тип правления начали изучать в Древней Греции Платон и в социол. плане Аристотель, а вслед за ними Полибий и в Древнем Риме Цицерон. Интерес к У. п. возрождается в Новое время и находит выражение в описании и создании идеальной модели политической стратегии правителя (*Макиавелли*), носителей суверенитета и различ. образов правления (Ж. Боден), форм и принципов правления (*Монтескье*), природы *общественного договора*, форм правительства и народного суверенитета (*Руссо*) и т. д. Вплоть до 50-х гг. 20 в. У. п. описывалось немарксистской социологией преимущественно как участие в выборах и гос. управлении. В наст. время У. п. граждан рассматривается зап. социологами и политологами (С. Барнз, С. Верба, М. Каазе, М. Конвей, Р. Литтл, Л. Милбр, Н. Най, К. Пейтмен, Г. Перри, Д. Шульц и др.) в кач-ве одного из показателей кач. особенностей совр. и исторически существовавших политических систем, к-рый трактуется как рез-т действия не только политических ин-тов, социально-экономических интересов и сил, но и национально-политических традиций и *культуры политической*. Зап. социологи различают индивидуальное и коллективное, добровольное и принудительное, активное и пассивное, традиционное и новаторское, легитимное и нелегитимное выражение протеста и охранительные виды У. п. Это может быть участие в выборах, в принятии решений, в управлении и самоуправлении, в создании, реализации и охране законов, в политических митингах и собраниях, в восприятии и передаче политической информации, в забастовках, массовых кампаниях гражданского неповиновения, освободительных войнах и революциях, в деятельности политических партий и др. политических обществ. организаций и т. д. По масштабу оно делится на У. п. на местном, региональном (штатном) и национальном (федеральном) уровнях. Понятие «У. п.» используется в числе осн. в социол. концепциях демократии, политической модернизации и политического развития, политической культуры, массового об-ва, политических партий и ряде др. У. п. постепенно приобретает в зап. социологии и политологии статус самостоятельной концепции.

В. В. Смирнов

УЧАСТИЯ СОЦИОЛОГИЯ — направление в социологии, исследующее отношение частного лица к гос. органам управления. У. в зап. странах, как правило, законодательно закрепленная система представительства в управлении об-вом, экономикой, производством. В социологии различают У. *политическое* (система гос. демократии) и У. трудящихся в управлении производством. Речь идет о комплексе мер, направляемых об-вом на контроль за деятельностью как отдельных предприятий, так и отдельных отраслей промышленности и экономики в целом. При этом особо выделяются следующие формы участия: У. в принятии решений; «рабочий контроль»; «производственные комитеты» и т. п. Кроме того, различают такие типы участия, как У. во владении информацией, У. в результатах деятельности предприятия, У. во владении акциями и др.

П. А. Цыганков

Ф

ФЕМИНИЗМА социологические концепции — теории, возникшие на базе движения против социально-экономической дискриминации женщин. Впервые идеи Ф. были изложены О. де Гуж в «Декларации прав женщины и гражданки» (1792) и в книге Т. фон Гиппеля «Об улучшении гражданских прав женщин» (1792). В 19 в. Ф. тесно связан с франц. утопическим социализмом (сен-симонизмом), а также с именем *Милля*. Представители Ф. требовали обеспечения равенства полов посредством социально-экономической и юридической реформ. В развитии идей Ф. немаловажную роль сыграл суфражизм начала 20 в.— движение за предоставление женщинам избирательных прав, к-рые открыли бы им доступ к политической деятельности, обеспечили социальное равенство. Получение женщинами США и Европы избирательных прав, а также рост их занятости привели к спаду феминистского движения, к-рое вновь начинает активизироваться после окончания второй мировой войны. Родоначальницей Ф. с. к. наших дней можно считать амер. исследовательницу Б. Фриден [1], показавшую на широком фактическом материале, к каким негативным последствиям приводит духовная неудовлетворенность совр. женщины, если она занята исполнением только семейных обязанностей. Ф. с. к. развиваются в различ. направлениях. Наряду с традиционными и «либерально-реформистскими» теориями Ф., получившими особую популярность в Англии и Швеции, в 60—70-х гг. возник качественно новый тип Ф. с. к.— «радикальный», интенсивно развивавшийся в США, ФРГ, Франции. Его приверженцы [2; 3] подвергают критическому анализу «патриархальную» культуру, считая об-во и семью ин-том репрессивного подавления женщины, призывают к пересмотру всей существующей системы социальных отношений между полами, к созданию теорий «новой культуры». Причины дискриминации женщины сторонники радикальных Ф. с. к. видят в разделении женщин и мужчин на биологические классы, в основе к-рого лежит репродуктивная функция. По их мн., через посредство культурных символов пол становится орудием власти, фактором социальной стратификации, элементом микрополитики. Поэтому в русле радикальной Ф. с. к. вся сфера сексуальности (половые роли, брак и семья, деторождение) объявляется политической сферой, имеющей непосредственное отношение к власти над женщиной. В системе патриархальных символов, как полагают «радикалки», «мужское» трактуется как «культурное», «женское» — как «природное», «биоидное» (и стало быть, низшее), женщине навязывается «культурная неполноценность», пролонгируемая через разделение труда и систему культурных норм. Анализируя фольклор, мифологию, иск-во, художественную лит-ру, религию, философию, право, радикальный Ф. стремится доказать «андроцентристский» характер зап. культуры, основанной на принципах власти, господства, подавления женщины мужчиной, на отождествлении подлинно человеческих кач-в исключительно с мужчиной и мужскими кач-вами. Представители «социалистической» Ф. с. к. пытаются сочетать радикализм с марксизмом (М. Бенстон, З. Эйзенштейн). Класс и пол с позиций «социалистического» Ф. представляются политическими механизмами, к-рые необходимо устранить, а мужское и женское начала должны быть социально иррелевантны (независимы). Впоследствии феминистский радикализм постепенно идет на убыль (значит. роль в этом процессе сыграли «неоконсервативная волна», антифеминистские выступления «новых правых»). Дальнейшее развитие об-ва и культуры видится представителями Ф. по-разному. Напр., «гинекоцентристки» считают, что главным явл. обществ. признание большей, по сравнению с мужской, ценности «истинно женского, женственного» (С. Гриффин). Сторонницы т. наз. «культурного» Ф. настаивают на развитии отдельно от мужской, сепаратной женской культуры общения, поведения, отношений. «Гуманистические» Ф. с. к. ориентированы на создание об-ва, исключающего любые формы господства, насилия и подавления личности, на перестройку всей системы человеческих отношений (между мужчиной и женщиной, внутри каждой из половых групп, между взрослыми и детьми). Эта программа роднит идеологию Ф. с социальными программами др. альтернативных движений. Появляются даже мужские феминистские группы, к-рые называют себя «партизанами в борьбе против патриархата». На почве зап. Ф. возникает и «альтернативная наука»: феминистская философия М. Хинтикки, «несекситская» социология и психология Дж. Бернард, к-рые пытаются включить женский опыт восприятия в научную картину мира и его объяснение.

О. А. Воронина

Лит.: 1) *Friedan B.* The feminine mystique. N. Y., 1963. 2) *Millet K.* Sexual politics. N. Y., 1970. 3) *Firestone S.* The dialectics of sex: The case of feminist revolution. N. Y. e. a., 1972. 4) Discovering reality: Feminist perspectives on epistemology, metaphysics and philosophy of science/S. Harding, M. Hintikka. Dordrecht, 1981.

ФЕНОМЕНОЛОГИЧЕСКАЯ СОЦИОЛОГИЯ — теоретико-методологическое направление в социологии 20 в.; разновидность *понимающей социологии,* рассматривающей об-во как явление, созданное и постоянно воссоздаваемое в духовном взаимодействии индивидов (на языке новейших версий Ф. с.— в процессах межиндивидуальной коммуникации). Филос. основой Ф. с. послужили идеи феноменологической философии Гуссерля, *Шелера, Мерло-Понти.* Основоположником Ф. с. явился *Шюц,* идеи к-рого, получившие распространение в 60—70 гг., стали исходным пунктом множества концепций Ф. с. («структурная социология» Э. Тириакьяна, социология знания *Бергера* и *Лукмана,* этнометодология Гарфинкеля, когнитивная социология А. Сикурела, многочисленные версии т. наз. социологии повседневности). Сторонники Ф. с., обвиняя *позитивизм* и *натурализм* в отчуждении, объективировании, реификовании (овеществлении) социальных явлений, стремятся теоретически осмыслить социальный мир в его сугубо человеческом бытии, в соотнесении с представлениями, идеями, целями и мотивами практически действующих социальных индивидов. Эта задача, однако, не получила в Ф. с. правильного решения. Феноменологическая методология, по самой своей природе не приспособленная к анализу объективных предметно-деятельностных процессов, ведет к подмене объективности социальных явлений феноменологически трактуемой интерсубъективностью. В конечном счете социальная жизнь, как она изображается в Ф. с., утрачивает объективный характер и оказывается сведенной к представлениям об об-ве и к взаимодействию и взаимовлиянию этих представлений в сознании индивидов. В то же время многим представителям Ф. с. удается достичь подлинной виртуозности в описании взаимодействий, представлений индивидов (особенно на повседневном уровне), что ведет к обнаружению формальных структур общения, ускользающих от внимания исследователей при объективистском подходе. Важнейшей тенденцией развития Ф. с. с конца 60-х гг. стало перенесение интереса многих исследователей (А. Сикурел, П. Саднау, П. Мак-Хью, А. Блам и др.) в этнологию, психологию, лингвистику. Социол. исследование в рамках Ф. с. превращается в психологическое, психо- и социолингвистическое по мере того, как изучение социальных детерминант деятельности подменяется изучением информационных процессов в ходе взаимодействия. Данные исследования дают определенные рез-ты в области проблем языковой социализации, семантической дифференциации, экстралингвистической коммуникации и т. д. Но одновременно происходит и размывание исходных философских принципов Ф. с. Др. актуальной тенденцией развития Ф. с. явл. использование теоретического аппарата, разработанного Шюцем, для целей, свойственных традиционной *знания социологии* (Бергер, Лукман и др.). В ходе своего развития Ф. с. все более утрачивает мировоззренческую определенность и интегрируется в традиционные социол. школы и направления, в свою очередь привнося в них навыки анализа взаимодействий на микроуровне и изначально свойственное феноменологии умение воспринимать и концептуализировать субъективные факторы объективных социальных процессов.

Л. Г. Ионин

Лит.: 1) *Garfinkel H.* Studies in Ethnomethodology, Englewood-Cliffs. New Jersey, 1967. 2) Phenomenology and the social sciences/ M. Natanson. Evanston (Illinois), 1973. V. 1—2. 3) *Cicourel A.* Cognitive sociology. Oxf., 1978.

ФЕОДАЛИЗМА концепции. Как самостоятельное направление в зап. социологии сформировалось в начале 20 в. под прямым влиянием марксизма (в 19 в. преобладали политическая и юридическая трактовки ф. как ленного строя и вассалитета, охватывавшего лишь господствующую часть об-ва). В книге «Феодализм и капитализм» (1929) О. Хинце разработал идеальный тип Ф., включающий наряду с политическим и правовым строем также и военную организацию и, что особенно существенно, социально-экономические отношения и характеризующийся (по М. *Веберу*) харизматическим типом правления. Сочетание военного, социально-экономического и политического факторов, дающее «полноценную систему» Ф., обнаруживается в истории помимо Зап. Европы в России, гос-вах ислама и в Японии. Ф., по Хинце, не продукт имманентного развития и не стадия, через к-рую проходил каждый народ, а рез-т взаимодействия опред. всемирно-исторических обстоятельств, приводящих к «деформации» прямого развития от племени к гос-ву в сторону «преждевременного империализма» и «приспособления молодых народов к формам старой культуры и цивилизации». Наиболее глубокий анализ Ф. как системы принадлежит в зап. историографии М. Блоку и его школе. Блок видел в Ф. структурную взаимосвязь сеньериально-вассальных отношений с опред. способом эксплуатации зависимого крестьянства; т. обр., характерные для Ф. принципы личной зависимости пронизывали, по его мн., все об-во сверху донизу. Помимо этого, как показали Блок и его последователи — представители школы «Анналов», феод. об-ву присущ опред. тип видения мира, духовного склада, культуры. Ж. Дюби, Ж. Ле Гофф и нек-рые др. представители «исторической антропологии» исследуют внутр. взаимосвязь между социальными ин-тами Ф. и системой обществ. сознания, изменения в этике (в частности, этике труда) и в «картине мира» средневековых людей, принадлежащих к разным классам и слоям феод. об-ва, к-рые были связаны с развитием хоз-ва и социального строя и, в свою очередь, активно воздействовали на него. Ж. Дюби, к-рый видит сущность Ф. в «сеньериальном способе производства», вместе с тем утверждает, что Ф. представлял собой специфически средневековый тип ментальности — неотъемлемого компонента социальной системы. «Историческая антропология», разрабатывавшая свою проблематику преимущественно на материале истории доиндустриальных об-в, в особенности Ф.

(отчасти и об-в Нового времени), в последние годы стремится строить универсальные модели социально-культурных систем, охватывающие все без исключения проявления обществ. человека.

А. Я. Гуревич

Лит.: 1) Проблемы феодализма. М., 1975. 2) *Bloch M.* La société féodale. P., 1939—1940. T. 1—2. 3) *Le Goff J.* La civilisation de l'Occident médiéval. P., 1966. 4) *Hintze O.* Feudalismus und Kapitalismus. Gött., 1970. 5) *Duby G.* Juerriers et paysans. P., 1973. 6) *Duby J.* Les trois ordres on l'imaginaire du féodalisme. P., 1978.

ФЕРРАРОТТИ (Ferrarotti) **Франко** (07.04.1926, Палаццоло, Верчелли) — итал. социолог, представитель т. наз. критической или альтернативной социологии, автор многочисленных работ по теоретической и *индустриальной социологии, труда социологии, теории власти,* истории социологии и др. Принадлежит к гуманистическому направлению в социол. мысли, выступает против натуралистических (*Натурализм*) и сциентистско-техницистских (*Техницизм, Сциентизм*) концепций, сторонник принципа «участия», означающего, в частности, невозможность и нежелательность «нейтральности» социолога в отношении объекта исследования, проповедовавшейся *позитивизмом,* как и невозможность нейтральности в отношении социально-политической реальности вообще. Несмотря на содержащуюся в леворадикалистских концепциях Ф. критику террористических эксцессов, его взгляды, апеллировавшие к отсталым, неорганизованным слоям пролетариата, перекликались в опред. мере с идеями неоанархистской разновидности итальянского левого экстремизма, прежде всего движения т. наз. «автономистов». Ф. был сторонником антиэтатизма, спонтанеизма, радикального социально-политического критицизма в духе идей *«новых левых».* В целом очевидно влияние на его взгляды анархизма и *неомарксизма,* особенно *франкфуртской школы,* хотя он подвергает ее весьма резкой критике. Среди его работ наиболее известна неоднократно переиздававшаяся книга «Альтернативная социология».

С. А. Эфиров

Соч.: 1) Una sociologia alternativa: Della sociologia come technica del conformismo alla sociologia critica. Bari. 1972.

ФИЗИКА социальная — термин, применявшийся в 17 в. для обозначения обществоведения согласно существовавшему тогда представлению о об-ве как части природы. Для Ф. с. в первоначальном ее понимании характерно стремление к дедуктивным построениям общих законов социального мира по образцу математики, астрономии и механики. В середине 19 в. термин «Ф. с.» употреблялся *Кетле* для обозначения одной из составных частей его статистически-математической модели об-ва — эмпирического количественного исследования физических характеристик человека и установления статистических закономерностей обществ. явлений. Ф. с. первоначально называлась и позитивная наука *Конта* об об-ве, в отличие от Кетле полагавшего, что она должна быть не описательно-количественной, а теоретической дисциплиной. Позже это название применялось для привлечения физической терминологии, отдельных законов и открытий физики к объяснению социальных явлений. Подобные попытки не оставили значит. следа в истории социол. мысли.

М. С. Ковалева

ФИЗИОЛОГИЯ социальная — понятие, использовавшееся представителями органической школы в социологии (П. Ф. Лилиенфельд, А. И. Стронин в России, *Шеффле* в Германии, *Вормс* и А. Эспинас во Франции и др.) для обозначения функциональной динамики социальных процессов и соответствующего аспекта социол. анализа. Термин «Ф. с.» возник в ряду понятий, отражавших аналогию между об-вом и организмом: социальная анатомия и социальная морфология (строение, структура и элементы социальной организации), социальная патология (асоциальные и антисоциальные проявления) и др. Наибольшее развитие идей Ф. с. получила в трудах Лилиенфельда, к-рый считал, напр., что экономические, политические и юридические феномены обществ. жизни прямо соответствуют физиологическому, морфологическому и ценностному аспектам существования биологического организма. С помощью понятия «Ф. с.» сторонники органицизма трактовали такие явления, как торговля (аналог физиологической функции кровообращения в обществ. процессах) и др. Вормс к Ф. с. относил «органы» и «продукты выделения» социальных институтов и «обществ. организмов». В наст. время считается устаревшим и лишь изредка используется в немарксистской социологии, в основном в образно-метафорическом смысле.

Д. В. Ольшанский

ФИНАЛИЗАЦИЯ НАУКИ — см. *Науки социология*.

ФИРКАНДТ (Vierkandt) **Альфред** (04.06.1867, Гамбург —24.04.1953, Берлин) — нем. социолог и этнолог. Изучал математику, физику, философию и географию в Лейпцигском ун-те; первоначально специализировался по географии (доцентура 1894 г.), затем — по народоведению и сопутствующим областям философии (новая доцентура 1900 г.). В 1910 г.— сооснователь Нем. социол. об-ва. С 1921 г.— внештатный, а с 1925 г.— ординарный проф. социологии в Берлине. С 1934 г.— на пенсии, с запрещением читать лекции. С 1945 г.— председатель Кантовского об-ва, с 1946 г.— возобновление лекций в Берлинском ун-те. До первой мировой войны социол. концепции Ф. строились на базе позитивистской методологии с преимущественным интересом к этнографическим описаниям, культуре и религии первобытных народов. Выступая против чрезмерно рационалистического объяснения этих феноменов, Ф. высоко оценивал иррациональные, неосознанные основы обществ. жизни. Полемизируя с *Тардом*, придававшим исключительную роль в историческом процессе отдельным гениальным новациям, Ф. отстаивает принцип постоянства в культурном развитии. Эта общая тенденция приводит Ф. к акцентированию социальной роли группы, признаком к-рой он считает наличие у ее членов группового сознания. Однако он стремился избежать слишком категоричной однозначности в вопросе об отношении индивида и группы, оговаривая значение индивидуальных действий. Выделяя группу в кач-ве исходного момента об-ва, Ф. рассматривал ее как элемент более крупных социальных объединений с соответствующими типами личности, индивидуальные границы к-рой преодолеваются во взаимодействии с социальным окружением. В целом об-во предстает у Ф. как внутр. взаимосвязь всех включенных в него общностей и групп. После первой мировой войны происходят важные изменения в методологии Ф., стремящегося опереться на филос.-биологическую теорию целостности (*Холизм*), взятую в сочетании с феноменологией Гуссерля. Задачей теоретической социологии оказывается, по Ф., интуитивное усмотрение чистых сущностей социального, независимых от исторического изменения. В этой т. зр. нетрудно увидеть также влияние *формальной социологии* Тённиса и особенно *Зиммеля*, тем более что указанные Ф. «чистые сущности» об-ва сходны с зиммелевскими «формами обобществления». Ф. также принимает тённисовское деление «община — об-во», но смягчает его, отказавшись от резкого противопоставления общины и об-ва и вводя множество промежуточных членов [2].

А. Ф. Филиппов

Соч.: 1) Handwörterbuch der Soziologie. B., Lpz. 1931. 2) Einfuhrung in die Gesellschaftslehre. Familie, Volk und Staat (1936)//Kleine Gesellschaftslehre. B., 1948.

ФЛЕК (Fleck) **Людвик** (1886, Львов —1961, Иерусалим) — медик, социолог, историк науки и медицины — в 20—30-е годы занимался исследовательской деятельностью в области бактериологии. В 1935 г. он опубликовал свою осн. работу «Возникновение и развитие научного факта: введение в учение о стиле мышления и интеллектуальном коллективе» [1]. После войны Ф. утратил интерес к социологии. В 1957 г. эмигрировал в Израиль.

Социол. идеи Ф. оставались неизвестными до конца 70-х годов, когда в США была издана его книга с предисловием *Куна*, взглядам к-рого на «нормальную науку» были созвучны идеи Ф. Критикуя позитивистскую философию науки, Ф. доказывал, что научный факт не есть нечто данное; он развивал концепцию, согласно к-рой наука осуществляет генезис факта, формируя его как совокупность необходимых (объективных) и произвольных (субъективных) связей. Научное знание имеет социальную природу, научное открытие есть продукт коллективного творчества. Существующая в конкретной науке совокупность предположений образует особый стиль мышления (Denksti), разделяемый «интеллектуальным коллективом» (Denkkollektiw), т. е. группой ученых. При этом каждый конкретный стиль мышления рождается в опред. «интеллектуальном коллективе». Он определяет активность и избирательность восприятия, значимость возникающих вопросов и характер ответов. Члены различ. исследовательских сообществ придерживаются разного стиля мышления и защищают его от возможных нарушений. Идеи Ф. предвосхитили нек-рые положения совр. постпозитивистской методологии и социологии науки.

В. Ж. Келле

Соч.: 1) Entstehung und Entwicklung einer wissenschaftlichen Tatsache: Einführung in die Lehre vom Denkstil und Denkkollektiv. Basel. 1935.

ФОРМАЛЬНАЯ РАЦИОНАЛЬНОСТЬ — понятие, введенное в социологию *М. Вебером* для характеристики экономики капиталистического об-ва, противоположное понятию «материальной (содержательной) рациональности», определяющей экономику традиционных об-в [2]. Хоз-во, руководствующееся не только экономическими, но и внеэкономическими критериями — традицией, ценностями, т. е. целями, определяемыми не только экономикой, явл. «материально рациональным»; хоз-во, ориентирующееся только на рентабельность, т. е. не признающее внеэкономических регулятивов, явл. формально-рациональным. Формально-рациональный характер капиталистической экономики означает автономию ее по отношению к человеческим потребностям, удовлетворение к-рых составляло цель хозяйственной деятельности в традиционных об-вах. Хотя Вебер подчеркивал, что Ф. р., как и др. категории социологии, есть *идеальный тип*, к-рый в чистом виде в реальности встречается редко, в то же время в своих исследованиях показывал, что развитие экономики в сторону формальной рациональности составляет объективную тенденцию исторического процесса. Ей соответствует последовательное вытеснение традиционного и ценностно-рационального типов социального поведения и замена их целерациональным (*Целерациональное действие*) [1, 278—282]. Ф. р. как принцип капиталистической экономики проникает, согласно Веберу, и в др. сферы обществ. жизни: в управление, иск-во, науку, образ жизни и мышление людей. Фактором, сыгравшим решающую роль в создании формально-рациональной экономики, был, по Веберу, протестантизм, поскольку протестантская этика придала экономическому успеху, как одной из составляющих практической деятельности людей, религ. смысл [3].

П. П. Гайденко

Лит.: 1) *Гайденко П. П.* Социология Макса Вебера//История буржуазной социологии XIX — начала XX века. М., 1979. 2) *Weber M.* Wirtschaft und Gesellschaft, Halbband I. Köln — B., 1964. 3) *Weber M.* Die protestantische Etnik und der Geist des Kapitalismus. Münch.— Hamb., 1965.

ФОРМАЛЬНАЯ ШКОЛА в социологии — социол. направление, пользовавшееся значит. влиянием в Германии и США в конце 19 в.— начале 20 в., представители к-рого стремились, в противоположность эволюционистскому «субстанционализму» (и связанному с ним *натурализму*), свести социальные отношения к более или менее ограниченному набору их структурных элементов. Главные представители Ф. ш. в с.— *Зиммель*, *фон Визе*, *Тённис*, *Фиркандт* и *Беккер*. Описательности историко-эволюционистских концепций социологии теоретики Ф. ш.

в с. противопоставляли аналитичность, стремясь построить науку об об-ве на аксиоматическом основании, принятом в математических науках. Тённис, а за ним Зиммель выработали детальные классификации социальных форм, к-рые должны были стать фундаментом для широких историко-социол. обобщений. Тённис выделял три типа социальных «сущностей», или «форм», социальной жизни: социальные отношения, группы, объединения. Каждый из этих типов разделялся на целый ряд подтипов. В рез-те складывались многоуровневые разветвленные классификации, к-рые должны были охватить все существующие в об-ве формы социальных взаимодействий. Наряду с формализацией аппарата социол. понятий Тённис придавал значение и содержательному аспекту, стремясь сочетать свой метод с традиционно субстанциалистским подходом. Углубляя классификаторски-формализаторскую тенденцию Тённиса, Зиммель особое внимание уделил самому понятию социальной формы, противопоставляя ее содержанию социальных процессов. Он обособлял материю социального взаимодействия цели, мотивы потребности людей, вступающих в обществ. отношения от простейших структур этого взаимодействия, наиболее часто повторяющихся и характерных для всех эпох. При этом Зиммель часто сочетал по формальному признаку структуры, обладающие различ., а подчас и взаимоисключающим социально-историческим содержанием: христианские секты и раннее коммунистическое движение, супружеский конфликт и военное столкновение, подчинение солдата офицеру и рабочего предпринимателю. В отличие от Тённиса и Зиммеля, видевших в разработке классификаций социальных форм лишь аналитическое основание социологии, фон Визе сосредоточился на изучении и классифицировании социальных форм, вообще «отказав» содержанию в праве представительствовать в социальной науке. «Все, что происходит на Земле, интересует нас лишь постольку, поскольку речь идет о

соединении и разъединении индивидов. Мы не стремимся исследовать что-либо, лежащее за пределами ассоциации и диссоциации» [1, 152]. В рез-те Ф. ш. в с. фон Визе оказалась «аннотированным каталогом» многочисленных типов межиндивидуальных взаимодействий и формирующихся на их основе более устойчивых образований. Будучи позитивистом по своим филос. взглядам, фон Визе считал реально существующими лишь чувственно наблюдаемые взаимодействия, в рез-те чего он объявил «фикцией» понятия и категории, фиксирующие эмпирически неверифицируемые отношения. Концепции представителей Ф. ш. в с. оказали опред. влияние на структурно-функциональный анализ, символический интеракционизм, др. социол. теории.

Ю. Н. Давыдов, А. П. Огурцов
Лит.: 1) Wiese L. von. System der Allgemeinen Soziologie als Lehre von den Sozialen Prozessen und Gebilden der Menschen. Münch.— Lpz., 1933. S. 152.

ФРАЙЕР (Freyer) **Ханс** (31.07. 1887, Лейпциг —18.01.1969, Эверштайнбург) — нем. философ и социолог, представитель *антропологической ориентации* в нем. социологии, один из основоположников теории *индустр. об-ва*. Ранняя работа Ф. «Оценка хозяйства в философском мышлении XIX века» (1921) свидетельствует о его интересе к социально-филос. проблематике, разрабатываемой в духе неогегельянства, отмеченного опред. заимствованиями из марксизма и исторически ориентированной политэкономии [1]. Первым работам Ф. свойственна радикальная антибуржуазность, к-рая в дальнейшем приобрела характер правого радикализма антибурж. толка («Революция справа», 1931) [1; 3]. По Ф., утилитаристский «дух буржуазности» привел к отделению семейно-нравственной сферы от «гражданского об-ва», подчиняющего своему экономическому закону всю человеческую реальность. Это побуждает Ф. возложить надежды на гос-во как единственную силу, способную воссоединить хоз-во и нравственность, избавив об-во от классовой борьбы

(«Государство», 1925). Отправляясь от этой т. зр., Ф. предлагает свое понимание социологии, объявляя ее «наукой о действительности» [2]. По Ф., «социологию логоса» в «социологию действительности» превращает *социальное действие,* трактуемое в экзистенциалистском духе как акт свободного волеизъявления индивидов, противопоставленного социально-экономической необходимости, навязанной людям «бурж. духом» и возникшим из него «бурж. об-вом». Источником такого решения индивидуальных воль является воля гос-ва, «как выражение всеобщей воли народа». Преобразование бурж. социально-экономических структур Ф. связывает в первую очередь с далеко идущими изменениями в области науки и техники, способствующими, по его мн., превращению бурж. об-ва в индустр., утверждающие начала производства, требующие ликвидации существующего отделения «гражданского об-ва» от гос-ва и подчинения хозяйственной жизни гос-ву как выражению не классово-экономической, а всеобщей нравственной воли. Однако после того как национал-социалистская «революция справа», воспользовавшаяся аналогичными концепциями в интересах социальной демагогии, обнаружила их одиозность и несостоятельность, Ф. произвел переакцентировку в рамках своей теории, выдвинув на передний план анализ того нового, что принесла с собой «индустр. культура», представляющая собой, по его утверждению, «экспансию европейской рациональности» в область всех «жизненных форм» совр. человека («Теория современной эпохи», 1955; «Социальное целое и свобода отдельного индивида в условиях индустриальной эпохи», 1965; и «Мысли об индустриальном обществе», 1970) [4]. В отличие от др. бурж. теорий *индустр. об-ва* концепция Ф. характеризуется стремлением акцентировать «антропологические изменения» совр. человека, к-рые принесло с собой индустр. об-во. Эта тенденция, воспринятая сторонниками неомарксизма и леворадик. социологии, была подвергнута решительной критике с различ. сторон. Вместе с тем она до сих пор имеет своих приверженцев, число к-рых растет по мере возрастания интереса к антропологической ориентации в социологии во второй половине 70 — начале 80-х гг.
Ю. Н. Давыдов

Соч.: 1) Die Bewertung der Wirtschaft im philosophischen Denken des 19. Jahrhunderts. Lpz., 1921. 2) Soziologie als Wirklichkeitswissenschaft: Logische Grundlegung des Systems der Soziologie. Lpz., B. 1930. 3) Revolution von rechts. Jena, 1931.

ФРАНКАСТЕЛЬ (Francastel) **Пьер** (1900, Париж — 02.01.1970, Париж) — франц. социолог иск-ва (структуралист), искусствовед. В 1948 г. создал и возглавил первую во Франции кафедру по социологии иск-ва. Искусствоведческие наблюдения над историей европейской живописи привели Ф. к выводу, что точным барометром социальных изменений явл. не столько сюжеты, сколько изображаемое пространство [1]. С помощью введенного им понятия «фигуративный объект» Ф. удалось провести тонкий анализ социального в художественном произведении. На картине оно помещается как бы между физическими объектами и идейным (иконологическим) содержанием. Уподобить его можно «априорным формам чувственности» — это различ. виды изобразительного пространства-системы, рез-т творческого воображения художников, к-рые, изобретая новое видение мира, научают этому публику. Так, меняя восприятие зрителя, новые типы изображенного пространства становятся мощными рычагами социальных изменений. Исследование фигуративного пространства доставляет нам информацию о специфике чувственного восприятия и мыслительных горизонтах художника и его современников [2], оно делает возможным открытие отношений между областями воспринимаемого, реального и воображаемого, не выявляемых др. науками [3]. Поскольку иск-во в об-ве функционирует как автономный язык, несводимый к др., можно говорить о «пластическом мышлении» и изучать его как «семиологию пластических фигур». Этот язык — порядок воображаемого, где художественные произведения, как совокупности элементов значения, движутся по особым правилам, а последние определяются не столько идеями художников, сколько техникой создания произведения. Попытки Ф. проследить эволюцию иллюзорного пространства в кач-ве варианта систематики культуры сближают его с *Маклуэном* и нашли свое продолжение у *Фуко* и *Дювиньо* (*Социологии иск-ва теории*).

А. Г. Вашестов

Соч.: 1) Peinture et societé. P., 1951. 2) La figure et le Lieu. P., 1967. 3) Etudes de sociologie de l'arte. P., 1970.

ФРАНКФУРТСКАЯ ШКОЛА — одно из наиболее влиятельных течений в неомарксизме, организационно оформившееся в 30-е гг. на базе возглавлявшегося *Хоркхаймером* (с 1931 г.) Ин-та социальных исследований во Франкфурте-на-Майне и руководимого им (с 1932 г.) «Журнала социальных исследований». В 1934—1939 гг. институциональный центр Ф. ш. располагался в Женеве, затем в Париже (при Высшей нормальной школе); с 1939 г.— в США (при Колумбийском ун-те); с 1949 г.— в ФРГ, во Франкфурте-на-Майне. Главные теоретики Ф. ш.— Хоркхаймер, *Адорно, Фромм, Маркузе, Хабермас*; ее видными представителями явл. также Л. Левенталь и Ф. Поллок — первое поколение, А. Шмидт, А. Вельмер — второе поколение Ф. ш. Теоретические истоки Ф. ш.— марксизм, «левый» фрейдизм, принявший в Германии форму «фрейдомарксизма», а во Франции — сюрреализма (А. Бретон). На формирование Ф. ш. оказали также влияние идеи, заимствованные из ницшеанства и ницшеански ориентированной «антропологической» социальной философии и социологии (*Фрайер*). Сквозные мотивы теории Ф. ш.— проблематика отчуждения (истолкованного в духе гегелевского и неогегельянского отождествления отчуждения и опредмечивания, отчуждения и объективации) и проблематика рациональности («рационализации»), восходящая к М. *Веберу*, но получившая у теоретиков Ф. ш. иную оценку и сомкнутая с проблематикой отчуждения. Осн. социально-филос. тема Ф. ш.— тема «позднего капитализма» с характерной для него «фашизоидностью» (независимо от того, реализовалась ли она в фашистских режимах или нет). Она представляет собой дальнейшую разработку идеи *индустриального об-ва*, первоначально возникшей в лоне антропологической ориентации в нем. социальной философии и социологии (*Шельски, Фрайер*). Осн. социол. и социально-психологическая тема Ф. ш.— теоретическая концептуализация понятия *«авторитарная личность»* (Фромм, Хоркхаймер) и попытка с помощью конкретно-социол. исследования доказать, что ему действительно соответствует опред. человеческая реальность. Осн. методологическая тема Ф. ш.— *антипозитивизм*, принявший самую крайнюю форму — отрицания всей «традиционной» науки (как естественной, так и социальной), расцениваемой как осн. инструмент капиталистической эксплуатации и угнетения и наиболее адекватное воплощение бурж. идеологии [1; 2]. Влияние Ф. ш. на Западе возрастало с конца 40-х до начала 70-х гг., сначала в области социологии культуры и иск-ва, затем в сфере социол. методологии и «макросоциологии». Ф. ш. оказала большое воздействие на развитие неомарксизма в ФРГ, США, Франции и Италии. В атмосфере «марксистского ренессанса» в зап. обществ. мысли 60-х гг., во мн. инициированного именно теоретиками Ф. ш., сложилась и пробила себе дорогу леворадик. (*«критическая»*) *социология*. Социально-филос. концепции Ф. ш. сыграли значит. роль в идеологическом оформлении движения *«новых левых»* (в особенности его экстремистского крыла). Это движение, обеспечившее Ф. ш. популярность в леворадик. кругах зап.-германской, амер. и франц. интеллигенции в период подъема, в то же время привело к обострению внутр. противоречий Ф. ш. в связи с появлением среди ее представителей экстремистских и нигилистических тенденций. Эти противоречия сопровождались организационным распадом Ф. ш., чему способствовала также смерть ее руководителей и вдохновителей — Адорно и Хоркхаймера, к-рые в конце жизни выступили против экстремизма как в рядах «новых левых», так и среди молодых представителей Ф. ш.

Ю. Н. Давыдов

Лит.: 1) *Давыдов Ю. Н.* Критика социально-философских воззрений Франкфуртской школы. М., 1977. 2) Социальная философия Франкфуртской школы. М., 1978.

ФРАНЦУЗСКАЯ СОЦИОЛОГИЧЕСКАЯ ШКОЛА — см. *Дюркгеймовская социологическая школа*.

ФРЕЙД (Freud) **Зигмунд** (06.05.1856, Фрайберг, Австро-Венгрия,— 23.09.1939, Хэмистед, близ Лондона) — австр. психолог, социальный мыслитель; создатель психоанализа — специфического психотерапевтического метода, принципы к-рого с течением времени были распространены на социальную философию, историю, религиоведение, культурологию и т. д. Прогрессирующая «социологизация» психоанализа продолжалась и после Ф. В широком смысле психоанализ охватывает всю совокупность теоретических концепций и методик различ. направлений фрейдизма и *неофрейдизма*, включая их социально-филос. и социол. аспекты (*Психоаналитическая ориентация*). Разработанные Ф. новые идеи и подходы сыграли большую роль в различ. интеллектуальных, исследовательских и художественных сферах 20 в. Они основаны на гипотезе о доминирующей роли в человеческой жизни бессознательных импульсов, в осн. сексуального характера. На этой гипотезе построена психоаналитическая техника, направленная на выявление бессознательных процессов, импульсов, мотиваций, влечений с целью избавления пациента от неврозов, восстановления его душевного равновесия. Проблема разрешения сексуальных коллизий — в т. ч. на самых ранних этапах — имеет, согласно Ф., решающее значение не только в индивидуальном развитии каждого человека, но и в историческом процессе. В этом ракурсе Ф. рассматривает, в частности, возникновение гос-ва, религии, морали, социального контроля, норм, санкций и т. п. Сублимация сексуальной энергии лежит, согласно Ф., в основе социокультурной, художественной и др. видов человеческой деятельности. Со временем, впрочем, сексуальный «монизм» все больше уступал у Ф. место сексуальному «дуализму»: сексуальные инстинкты превращаются в его доктрине в «инстинкт жизни» — Эрос, наряду с к-рым появляется не менее могуществ. «инстинкт смерти» — Танатос. Борьба этих инстинктов между собой и с цивилизацией, взаимодействие их сублимированных и несублимированных форм, а также бессознательного и сознания и определяют, по Ф., природу об-ва, его функционирование, развитие, конфликты. Представления Ф. о структуре об-ва и его динамике довольно расплывчаты. Социальную структуру он видит преимущественно в патриоцентристском плане, рассматривая, в сущности, только одну стратификационную схему: «вождь — элита — массы» (хотя он говорит иногда и о классовой структуре). Имея в виду лишь авторитарную форму лидерства, Ф. считал, что массы всегда ищут вождя или поклоняются вождю, жаждут отказа от самостоятельности и ответственности. Идеализация вождя и идентификация с ним, с т. зр. Ф., — один из осн. механизмов внутригрупповой солидарности и социального господства. Среди социообразующих факторов первостепенное значение в концепции Ф. имеют принудительные факторы, значит. роль отводится взаимным, в частности трудовым, интересам, еще большая — «социальным чувствам» — несексуальным формам эмоциональных отношений между членами группы — альтруистической любви, дружбе, к-рые, впрочем, представляют собой, по Ф., превращенную форму сексуальных импульсов. Что касается механизмов социального господства и подавления, Ф. выделяет среди них культивирование «нарциссистского» любования социальной системой, в к-рой сформировался индивид, национальными и культурными традициями, что дает иллюзорную компенсацию за подавление, к-рому он подвергается. Др. механизм социального подавления и господства, по Ф., сексуальная репрессивность, выражающаяся в принудительном единообразии форм сексуальной жизни, в лишении многих лиц возможности сексуального удовлетворения, в превращении сексуальной свободы в тайную или явную привилегию господствующих классов. Главная проблема, к-рую пытался разрешить Ф.,— проблема конфликта человека и об-ва. Отношение к социальному контролю, нормам, запретам, санкциям и т. п. у Ф. двойственно. С одной стороны, это, по его мн., необходимый инструмент обуздания инстинктов, без к-рого человечеству грозит самоуничтожение, с др.,— нечто такое, что неизбежно ведет ко все большему извращению личности, к росту неврозов и т. п. Ф. колебался между радикалистским и конформистским подходом к проблеме. Двойственно и отношение Ф. к проблемам социальных изменений. Он склонялся то к пессимистической идее, согласно к-рой неизменность человеческой природы в принципе блокирует возможность существенных социальных трансформаций, то к осторожно оптимистической эволюционистской позиции, согласно к-рой посредством психоаналитической терапии и адекватной социализации личности может все-таки произойти фундаментальное изменение человека и об-ва — массы поднимутся до уровня элиты, разум станет управлять страстями, сексуальные инстинкты окажутся в необходимой степени удовлетворяемыми или сублимированными, а агрессивные инстинкты трансформируются в мирные средства управления об-вом. Двойственность социальных позиций Ф. послужила основой для возникновения в рамках фрейдизма, неофрейдизма и постфрейдизма довольно далеких друг от друга консервативных, либеральных и радикалистских социальных теорий. Несмотря на интересный анализ ряда социально-психологических механизмов и механизмов социального контроля, наиболее значимые элементы доктрины Ф. в целом лежат за пределами его социальных изысканий. Однако историческое значение последних весьма велико. Они оказали значит. влияние на зап. мысль нашего века, из них выросла психоаналитическая ориентация в социологии.

С. А. Эфиров

Соч.: 1) Тотем и Табу. М.— Пб., 1914. 2) Я и Оно. Л., 1924. 3) По ту сторону принципа удовольствия. М., 1925. 4) Будущность одной иллюзии. М.— Л., 1930.

ФРЕЙДОМАРКСИЗМ — леворадик. ветвь фрейдизма, стремящаяся объединить концепции Маркса и *Фрейда*. Виднейшие представители Ф. *Райх* и *Маркузе* утверждали, что социальная революция невозможна без сексуальной революции, к-рая должна высвободить первичные влечения человека. Иначе рез-том может быть лишь новая форма тоталитаризма, поскольку сохранится «сублимированное рабство», не будет создана «новая чувственность», человечество окажется не в состоянии освободиться от конформистских типов характера *(Конформизм социальный)*, к-рые формируются репрессивными системами и обусловливают их. Более радик. версию Ф. отстаивают Гватари и Делез, предложившие заменить психоанализ шизоанализом, к-рый должен полностью освободить людей от конформизма, открыв абсолютный простор их желаниям (концепция «производства желаний»). Без этого всякая революция, даже если она будет сочетанием сексуальной и социальной революций, обречена на неудачу. Антисоциальные моменты психических заболеваний предложили использовать в политической борьбе М. Шнейдер и гейдельбергская организация «Социалистический коллектив пациентов». Эти заболевания, по их мн.,— важнейший компонент революционного потенциала; борьба против них, проводимая существующей обществ. системой, явл. борьбой против пролетарской революции. Имеется и академическое крыло Ф., сосредоточивающее внимание на лингвистических и герменевтических вопросах, проблемах социализации личности, безработицы, психологии наемного труда, политической психологии, педагогики, психотерапии и проч. (Лоренцер, Хорн, Крофоца, Ваккер, Бернфельд, Негт, Ваннан и др.).

С. А. Эфиров

Лит.: 1) *Браун К.-Х.* Критика фрейдомарксизма. М., 1982. 2) *Давыдов Ю. Н.* Критика социально-философских воззрений Франкфуртской школы. М., 1977. 3) Психоаналитическая социология//История буржуазной социологии первой половины XX в. М., 1979.

ФРЕЙНД (Фройнд) (Freund) **Жюльен** (р. 1921, Лотарингия) — философ и социолог; окончил Страсбургский ун-т, где впоследствии преподавал; участник Сопротивления. В дальнейшем отошел от политической и профсоюзной деятельности, опыт к-рой использовал в своем труде «Сущность политического» [1]. Согласно Ф., планирование жизни об-ва в соответствии с тем или иным проектом — утопия. Любые человеческие начинания, движимые лучшими побуждениями, неизбежно отходят от первоначально провозглашенных принципов, порождая социальный слой, извлекающий пользу из сложившейся системы, будь то бурж. демократия или диктатура. В политической концепции Ф. нет места различению «правых» и «левых». Этот принцип, по его мн., не может характеризовать сущность политики и неприменим в науке и философии. «Нет правой или левой социологии, как нет буржуазной или пролетарской биологии» [3, 34]. Если, опираясь на опыт, необходимо учитывать историю двухвекового разделения на «правых» или «левых», то «сам анализ не может быть правым или левым, иначе он перестанет быть философским и превратится в политический, то есть в закамуфлированный инструмент пропаганды» [Там же]. В творчестве Ф. большое место занимает проблема кризиса Европы, понимаемого как упадок духовных, моральных, религ., политических и социальных ценностей, внесенных ею в мировую цивилизацию со времени Ренессанса, и путей его преодоления («Европа без румян», 1967; «Конец Ренессанса», 1980; «О декадансе», 1983). Много внимания он уделяет научному комментированию трудов классиков обществоведения («Социология М. Вебера», 1966; «Право сегодня», 1972; «Утопия и насилие», 1978; «Социология конфликта», 1981, и др.). Ф. причисляет себя к «духовному семейству», в к-рое он включает Гераклита, Аристотеля, Макиавелли, Спинозу, *Токвиля, М. Вебера, Шмитта*, чей «дух и метод» помогли ему уйти от нем. идеализма. По его собственному признанию, более философии его увлекает метафизика, интегрирующая в своих рассуждениях не только философию, но и политику, экономику, право, иск-во и религию, т. е. осн. виды деятельности, присущие человеку, к-рого нельзя понять только с позиций сугубо научного исследования.

Т. М. Фадеева

Лит.: 1) L'essence du politique. P., 1965. 2) La fin de la Renaissance. P., 1980. 3) Etues en l'honneur de Julien Freund//Revue européene des sciences sociales. T. XIX. 1981. N 54—55. Genève, 1981.

ФРИДМАН (Friedmann) **Жорж** (13.05.1902, Париж —15.11.1977, там же) — франц. социолог. Проф. Ин-та политических исследований при Парижском ун-те (1949—1962), директор отдела социол. исследований при Национальном центре научных исследований (1949—1951), президент Международной социол. ассоциации (1956—1959), президент Латиноамер. факультета социальных наук при ЮНЕСКО (1958—1964), основатель Центра исследований массовых коммуникаций, редактор журнала «Sociologie du travail», один из издателей ежегодника «Annales, économies, sociétès, civilisations». Сфера интересов Ф.— социол. проблемы «индустриального об-ва» и его культуры, взаимоотношения сельской и городской культур. Ф. был одним из ведущих представителей франц. школы социологии труда, для к-рой характерно рассмотрение труда не только с т. зр. его функционирования в промышленной организации, но с более широких социально-филос. позиций. Анализируя труд в связи с социальной структурой, эволюцией техники и различ. социальными процессами (рабочее движение, увеличение досуга и проч.), Ф. остро критиковал совр. ему формы труда. Разделение труда, расчленение его на частичные функции приводит, по Ф., к дегуманизации труда и вызывает у рабочего психологическую напряженность и неудовлетворенность трудом. Человек уже не может в процессе труда полностью реализовать свою личность. По мн. Ф., ни прогресс техники, ни изменение формы собственности не решают острых социальных и социально-психологических проблем дегуманизированного труда. Вместе с тем Ф. не отрицал, что социальная структура оказывает существенное влияние на взаимоотношение техники и человека. Смысл социологии труда Ф. видел в том, чтобы в совр. условиях найти формы повышения ценности труда в направлении интеллектуального, морального и социального совершенствования и способы реализации личности вне трудовой деятельности.

С. М. Митина

Соч.: 1) De la Sainte Russie à l'URSS. P. 1938. 2) Villes et campagnes, civilisation urbain et civilisation rurale en France. P., 1953. 3) La puissance et la sagesse. P., 1970.

ФРОБЕНИУС (Frobenius) **Лео** (29.06.1873, Берлин —09.07.1938, Биганцоло Селаска) — нем. филолог, этнограф, историк-африканист и культуролог, основатель культурно-морфологической школы. Первоначально Ф. стоял на позициях *диффузионизма*, затем перешел на позиции биологизма. В соответствии с его культурно-морфологическими воззрениями, каждая культура создается природой в опред. географических условиях под влиянием тех или иных видов хозяйственной деятельности, но независимо от воли человека, являющегося только носителем, но не создателем культуры. Культура подобна живому организму, наделенному мистической «душой», к-рая самостоятельно, по своим внутренним законам родится, живет и умирает. Ф. конструировал культурные круги, подобно сторонникам *культурно-исторической школы,* пользовался методом послойного углубления, предлагая послойно освобождать совр. культуру от привнесений извне, что позволит вычленить древнейшую культуру в чистом виде. Участвуя в многочисленных экспедициях, Ф. собрал богатейший материал по истории, археологии, этнографии и фольклору мн. африканских народов, показал богатство и своеобразие африканской культуры, ее влияние на мировую культуру.

Н. Т. Кремлев

Соч.: 1) Детство человечества. СПб., 1910. 2) Und Afrika sprach. Bd. 1—3. B., 1912—1913. 3) Atlantis: Volksmarchen und Volksdichtungen Afrikas. Bd. 1—4. Jena, 1920—1923. 4) Erlebte Erdteile. Bd. 1—7. Fr./M., 1925—1929. 5) Kulturgeschichte Afrikas: Prolegomena su einer historischen Gestaltlehre. Z., 1933.

ФРОММ (Fromm) **Эрих** (23.03.1900, Франкфурт-на-Майне —18.03.1980, Муральто, Швейцария) — нем.-амер. социальный философ, социолог и психолог, представитель *франкфуртской школы*, один из основателей неофрейдизма, член Нью-Йоркской академии наук, врач-психоаналитик. Социальная теория Ф. основывается на ревизии традиционных положений фрейдизма путем объединения их с положениями филос. антропологии и марксизма. По Ф., история — это развитие человеческой сущности в условиях враждебной ей социальной структуры. Исходя из этого, Ф. разработал учение о *характерах социальных* как форме связи между психикой индивида и социальной структурой об-ва. Каждой ступени развития самоотчуждения человека под влиянием социальной структуры у Ф. соответствует опред. социальный характер — накопительский, эксплуататорский, рецептивный (пассивный), рыночный. Совр. об-во рассматривается Ф. как ступень отчуждения человеческой сущности путем «машинизации», «компьютеризации» и «роботизации» человека в ходе развития НТР. Это обусловливает ярко выраженный антитехницизм Ф. Важной особенностью взглядов Ф. явл. критическое отношение к капиталистическому об-ву как об-ву, доводящему до предела процесс самоотчуждения личности. Поиски идеального типа социальной структуры «здорового» об-ва, позволяющего раскрыться безграничным потенциям человеческой природы, привели Ф. к выдвижению утопической теории «гуманистического коммунитарного социализма».

В. М. Иванов

Соч.: 1) Иметь или быть. М., 1988. 2) Escape from freedom. N. Y., 1941. 3) The revolution of hope. Toward a humanized technology. N. Y., 1968. 4) Greatness and limitations of Freud's thought. N. Y., 1979.

ФУКО (Foucault) **Мишель Поль** (15.10.1926, Пуатье — 25.06.1984, Париж) — франц. философ, социолог, историк науки. Преподавал в ун-тах Парижа, Клермон-Ферранса, Варшавы, Уппсалы, Гамбурга и др., с 1970 г.— на кафедре истории систем мысли в Коллеж де Франс. Главные концептуальные влияния — *Фрейд,* Ницше, Ж. Ипполит, Ж. Кангийем, Г. Башляр. В творчестве Ф. ясно различимы три периода: период т. наз. «археологии знания» (60-е гг.), период исследования «генеалогии власти» (70-е гг.), период преимущественного внимания к «эстетике существования» (80-е гг.). В социол. плане наибольшее значение имеют работы «генеалогического» цикла, и прежде всего «Надзор и наказание» (1975), «Воля к знанию» (1-й том «Истории сексуальности», 1976). Задача «генеалогии власти» — вычленение и анализ специфических комплексов власти-знания, стратегий власти и дискурсивных практик *(Дискурс),* характер взаимодействия к-рых определяет те или иные познавательные подходы к человеку в различ. исторические периоды. Власть *(Власть политическая),* по Ф., никогда не имеет чисто негативного характера (подавление, исключение и проч.): различ. типы власти порождают и саму реальность, и объекты познания, и «ритуалы» их постижения. Типы соотношений власти-знания исторически различны. Совр. «диспозиция» власти-знания возникла на рубеже Просвещения и 19 в.: власть здесь не есть привилегия одного лица (как в монархиях), не имеет центра, не явл. привилегией гос-ва и гос. аппарата, это власть, осн. модальности к-рой — «всеподнадзорность» («паноптизм»), дисциплинирование и нормирование. Она предполагает опред. стратегии управления индивидами *(Физика социальная),* надзора за ними (социальная оптика), процедуры их изоляции, перегруппировок (социальная механика), наказания или терапии социальных недугов *(Физиология социальная).* Наиболее яркое выражение всех этих процедур — тюрьма как социальный ин-т. Однако отношения власти пронизывают всю обществ. структуру и могут быть обнаружены в лицее и казарме, кабинете врача и семье. Совр. индивид, его душа и тело, изучающие его гуманитарные науки — это порождение одновременно действующих механизмов социального нормирования и индивидуализации (чем анонимнее власть, тем «индивидуализированнее» ее объект — он предстает как ребенок, больной, заключенный и проч.,— тем доступнее он эмпирическому контролю и изучению). Концепция «генеалогии власти» оказала большое влияние на «новую философию» во Франции, на младшее поколение сторонников *Франкфуртской школы,* на совр. конкретно-социол. и политологические разработки в ряде европ. стран. В работах 80-х гг. «Пользование наслаждениями» и «Забота о себе» (обе —1984, 2-й и 3-й тома «Истории сексуальности») намечается опред. «индивидуализирующий» поворот в исследовании темы социальной детерминации поведения человека и его познания, поднятой уже в работах первой половины 60-х гг. («История безумия в классический век», 1961; «Рождение клиники», 1963). Перенос внимания с Нового времени на античность и период перехода к эллинизму позволяет здесь изучать поведение «морального субъекта» не только в его подчинении кодам, правилам, *стереотипам социальным,* но и в аспекте более свободного практического выбора собственного отношения к самому себе, своему телу, к окружающим, к обществ. долгу и проч. Социально-практическая позиция Ф.

выражена, в частности, в организации им «Группы информации о тюрьмах» (1971—1973), задачами к-рой были информирование общественности о положении заключенных как маргинальной группы, расширение их социальных прав, и прежде всего — права голоса. Творчество Ф. интерпретируется как в плане леворадик., так и в духе правых идейных ориентаций, однако трезвость и критичность обеспечивают социальной и интеллектуальной позиции Ф. опред. независимость по отношению к этим истолкованиям.

Н. С. Автономова

Соч.: 1) Surveiller et punir. P., 1975. 2) La volonté du savour. P., 1976.

ФУНКЦИОНАЛЬНЫЙ ПОДХОД в социологии — один из осн. методологических подходов в совр. обществоведении. Его сущность состоит в выделении элементов социального взаимодействия, подлежащих исследованию, и определении их места и значения (функции) в нек-рой связи, кач. определенность к-рой делает необходимым ее системное рассмотрение. В том или ином виде Ф. п. присутствовал во всех социальных концепциях, где об-во рассматривалось системным образом. При этом возникла и оказалась очень устойчивой аналогия между об-вом и организмом (*Общество, Органицизм*). Соответственно в об-ве изыскивались подобия органов, функционирование к-рых обеспечивает жизнеспособность целого. С большей или меньшей силой такие идеи артикулированы у Платона и Аристотеля, *Гоббса*, Спинозы, *Руссо*. Вычленение собственно социологии как науки шло с начала 19 в. параллельно превращению биологии в особую науку. Это привело к более широким аналогиям с функционально расчлененным организмом и первым социол. формулировкам понятия функции. Так, *Спенсер* в «Основаниях социологии» доказывает, что об-во есть организм, наличием в нем структурной дифференциации, сопровождающейся дифференциацией функций, говорит о «правильном понимании» функций как «несходных действий несходных частей» политического тела и живого тела. *Дюркгейм* дает уже более тонкие и содержательные определения: «Слово функция употребляется в двух довольно различных значениях. То оно означает систему жизненных движений,— отвлекаясь от их последствий,— то выражает отношение соответствия, существующее между этими движениями и известными потребностями организма. ...Спрашивать, какова функция разделения труда, это значит исследовать, какой потребности оно соответствует...» [3, 37]. Уже это раннее определение содержит в себе проблематику всего последующего функционализма: если в об-ве имеет место нечто отвечающее его потребности, то является ли это следствием надындивидуального осознания и удовлетворения потребности, или же здесь иного (и какого именно?) рода зависимость? В это же время наметилась и тенденция обосновывать преимущества Ф. п. с т. зр. его эвристичности. Дюркгейм в работе «Метод социологии» [2] разводит каузальное объяснение (поиск причины, вызывающей явление) и функциональное объяснение (выяснение той «части работы», к-рую явление выполняет в «установлении общей гармонии»). Эту линию продолжили *Малиновский* и *Радклифф-Браун*. Первый в особенности развил тенденцию укоренять социологию в антропологии. Ф. п. относительно составных частей социального целого предполагает отыскание их функции внутри этого целого. Но функциональное объяснение самого этого целого требует иной точки соотнесения, т. е. того, относительно чего функционально об-во, культура или ин-т. Эту независимую точку отнесения Малиновский находит в базовых органических потребностях человека или расы, а функциональный анализ у него дополняется институциональным — служащим выделению единиц человеческой организации для удовлетворения потребностей. У Радклифф-Брауна преимущество отдается социальному целому, а роль тех или иных явлений в его поддержании называется функцией. Однако фактическая объяснительная сила Ф. п. была не очень высока: не-функциональные явления выпадали из зоны внимания и трудно было избежать тавтологии: все, что функционально, существует потому, что все существующее функционально. Стремясь преодолеть затруднения, *Мертон* дал критический анализ антропологического Ф. п. и сформулировал собственную парадигму. Анализируя взгляды названных антропологов [4, 82—179], он выделяет три главных постулата: (1) постулат функционального единства об-ва (согласованность функционирования всех его частей); (2) постулат универсального функционализма (функциональность — полезность всех социальных явлений); (3) постулат функциональной необходимости. Давая свои более гибкие формулировки, Мертон сосредоточился на теориях *среднего уровня*. Это позволило ему не отождествлять функциональное с полезным и необходимым и, как он полагал, избежать сомнительной *телеологии*. Осн. теорема «функционального анализа», по Мертону, гласит: как одно явление может иметь различ. функции, так одна и та же функция может выполняться различ. явлениями. При этом функциональный рез-т («эвфункция») способствует выживанию системы, ее адаптации к окружающей среде. То, что не способствует выживанию и адаптации, есть «дисфункция». Отсюда возникает возможность различать контексты анализа: исследовать баланс функций и дисфункций (что функционально в одном отношении, может быть дисфункционально в др.); вводить понятие функциональных эквивалентов (альтернатив, заменителей), т. е. различ. явлений, способных выполнить одинаковую функцию; говорить о «диапазоне изменчивости явлений», оставаясь внутри к-рого они способны исполнять опред. функцию. Одновременно Мертон попытался разрешить еще одну трудность, возникшую у основоположников функционализма: ввести конкретного индивида с его психологией в сферу Ф. п. Ф. п. в духе Радклифф-Брауна вообще не акцентирует внимание на индивидуальной психологии и мотивации. Ф. п. в духе Малиновского предполагает гармонию: что полезно для об-ва, то функционально и для индивида. Однако это означало бы, что индивид всецело осознает потребности социальной общности любого уровня и всегда заинтересован в их удовлетворении. Мертон предложил иное объяснение того, почему поступки людей, действующих с самыми разными намерениями, оказываются функциональными. Он ввел различение явных и латентных функций. Явная функция — это следствие поступка, к-рое вызвано намеренно и признано в кач-ве такового. Латентная — следствие, вызывать к-рое не входило в намерение действующего, и он не знает, что вызвал его (при этом оно может оказаться функциональным или дисфункциональным для нек-рой общности). Еще более тонкое различение (напр., у М. Леви) добавляет сюда непреднамеренные, но признанные, и преднамеренные, но непризнанные следствия. Осн. сложности заключаются, однако, не столько в последовательном проведении этих различений, сколько в принципиальном определении того, что может считаться функциональным: если дисфункции тоже в каком-то отношении «полезны», если общий баланс функций и дисфункций в пользу первых и т. д., то при выходе на конечный уровень обобщения социол. высказываний и при сохранении организмической аналогии объяснения опять грозят превратиться в тавтологию. Под знаком этой тавтологии, стремясь избежать ее и доказать свою состоятельность, Ф. п. оформился после второй мировой войны в широкое исследовательское направление — «структурный функционализм». Обществ. жизнь понимается структурными функционалистами как бесконечное множество и переплетение взаимодействий людей. Для анализа их недостаточно указать систему, в к-рой они происходят. Необходимо найти устойчивые элементы в самой системе, аспекты относительно устойчивого в абсолютно подвижном. Это и есть структура. Т. обр., оказывается, что системы не состоят из людей. В системах люди участвуют. Структуры не связаны однозначно с конкретными индивидами, но явл. позициями участия индивидов в системе. Функции есть то, что исполняется структурными элементами. В соответствии с этим само разделение на структуры и функции становится весьма условным: то, что с одной т. зр. выступает как структура, с др.— есть функция, и наоборот. Перечисление требований, выполнение к-рых нужно для выживания системы, ведет к суммированию их в понятиях функциональной (и структурной) необходимости, в более обобщенной форме — функциональных императивов, среди к-рых обычно называют приспособление системы к окружающей среде, организацию межличностного общения между ее членами (участниками), обеспечение контроля и управления конфликтами и напряжениями в системе. Заполнение тех или иных структурных позиций означает для участвующих индивидов приобретение нек-рого *статуса социального* и исполнение *роли* социальной. В свою очередь многообразие статусов-ролей уже само по себе может рассматриваться как момент, имеющий мотивационное значение для индивида, или же предполагается, что занятие более ответственных позиций, требующих больших затрат сил, вознаграждается социальным престижем, и т. п. Так или иначе система должна обеспечить распределение индивидов по структурным позициям, где их деятельность в соответствии с ролевыми предписаниями послужит удовлетворению индивидуальных потребностей и исполнению функциональных императивов. Поскольку роли в свою очередь могут трактоваться как нормативное ожидание ролевого поведения, в кач-ве структуры системы выступают устойчивые образцы поведения в ней, нормативные ожидания относительно действий (и ожиданий) друг друга, имеющие общепризнанную значимость, так что даже отклонение от них рассматривается как своеобразный модус ориентации на эти нормы. Фундаментальные разработки в этом направлении осуществил *Парсонс*. По Парсонсу, любая система имеет две оси ориентации. Первая ось: внутр./внешнее — система ориентируется либо на события окружающей среды, либо на свои проблемы; вторая ось: инструментальное/консуматорное — ориентация связана либо с сиюминутными актуальными «средствами», либо с долговременными потребностями и целями. Из крестообразного наложения этих осей возникает набор из четырех осн. функциональных категорий: во внешней ориентации системы возникают категории адаптации и целедостижения, во внутр.— интеграции и поддержания (скрытого) образца взаимодействий в системе. Эти категории, по Парсонсу, пригодны для описания любых систем на любых уровнях, причем более общие системы дифференцируются, выделяя подсистемы, сосредоточивающиеся на выполнении одного из четырех указанных функциональных императивов. Но частные системы должны выполнять и свои собственные функциональные императивы. В состав окружающей их среды входят и др. частные системы, с к-рыми они находятся в состоянии взаимообмена. Выполнение функциональных императивов ведет их к дифференциации. Эта схема повторяется вплоть до семьи с ее распределением ролей. Парсонс построил сложную концептуальную схему, в к-рой учитывались и особенности личностной мотивации (органические потребности, аффекты, эмоции, познавательная деятельность и т. д.), и функциональные императивы систем. Усиление внимания к мотивированному действию привело его к идее «некоторого нового уровня анализа, на котором парными категориями являются не структура и функция, а структура и *процесс*» [4, 65]. Однако понятие функции при этом не исчезает. Оно «становится тогда исходной точкой для формулировки проблем, которая оказывается общей для обоих подходов и которая связывает их с помощью того, что она устанавливает их значение для главного понятия — системы» [Ibidem]. На любом этапе развития функционализма заимствования из биологии были неизбежны и всякий раз они становились основанием для критики. В структурном функционализме они выразились в заимствовании понятия гомеостатического равновесия, саморегуляции системы, а позже — кибернетической модели иерархических уровней управления. Резкая критика Ф. п., развернувшаяся в конце 50-х — середине 60-х гг., была направлена: (1) против применения биологических понятий к социальным системам, где они теряют однозначный смысл; (2) против логически неудовлетворительного телеологизма; (3) против статичного, внеисторического рассмотрения об-ва; (4) против чрезмерно абстрактного категориального аппарата; (5) против идеологической ориентированности на стабильность, равновесие и интегрированное состояние обществ. целого, неспособности дать адекватное описание и анализ конфликтов; (6) против неспособности учесть индивидуальное в социальном, логически необходимым образом ввести индивида с его мотивами и потребностями в описание саморегулирующих систем; (7) против недооценки проблем зарождения и генезиса социальных норм и ценностей. В связи с этим произошли изменения в самохарактеристике сторонников Ф. п. Первоначально он характеризовался ими как новый, оригинальный и универсальный подход в обществознании. Затем акцент был перенесен на то, что Ф. п. — это общенаучный метод исследования, только примененный в социальных науках [4, 213—226], [8]. В начале 70-х гг., когда кризисные события предшествующего десятилетия поставили под сомнение идею о равновесном состоянии об-ва, структурный функционализм стал резко терять интеллектуальный кредит. Однако в начале 80-х гг. вновь достигнутое состояние относительной стабильности и усиление стабилизационной ориентации в социологии стимулировали

новое обращение к Ф. п., в частности нек-рые социологи говорят о «неофункционализме». Его характерные особенности усматривают в том, что теперь термин «функционализм» не указывает на нечто четко опред.: «некий набор понятий, метод, модель или какую-нибудь идеологию. Скорее он указывает на традицию» [12, 9]. Особая разновидность функционализма сложилась в ФРГ (концепция *Лумана*) [9], [11]. Дискуссии вокруг Ф. п. привлекли внимание логиков и философов науки (К. Гемпеля [6], Э. Нагеля [4, 369—395], А. Стинчкома [7]), а также ведущих социологов др. направлений (Хоманса [4, 261—282], *Дарендорфа, Гоулднера* [4, 227—261], Миллса [4, 395—425] и др.).

А. Ф. Филиппов

Лит.: 1) *Спенсер* Г. Сочинения. Т. 4. Основания социологии. СПб., 1898. 2) *Дюркгейм* Э. Метод социологии К.—Х., 1899. 3) *Дюркгейм* Э. О разделении общественного труда. О., 1900. 4) Структурно-функциональный анализ в современной социологии. Информационный бюллетень ССА и др. № 6. Вып I. Серия: переводы и рефераты. М., 1968. 5) *Малиновский* Б. Научная теория культуры (фрагменты)//Вопросы философии. 1983. № 2. С. 116—124. 6) *Hempel C. G.* The logic of functional analysis//Symposium on sociological theory/L. Gross (Ed.). N. Y., 1959. 7) *Stinchcombe A. L.* Constructing social theories. N. Y., 1968. 8) *Levy M. J. jr., Cancian F.* Functionnal analysis//International encyclopedia of the social sciences. V. 6. N. Y., 1968. P. 21—43. 9) *Luhmann N.* Soziologiesche Aufklärung. Köln — Opladen, 1970. 10) *Giddens A.* Studies in social and political theory. N. Y., 1977. 11) *Luhmann N.* Soziale Susteme. Fr./M., 1984.

ФУНКЦИОНАЛЬНЫЙ ЭКВИВАЛЕНТ — понятие, используемое в функционалистских антропологических и социол. теориях и означающее различ. конкретные формы обществ. практики, выполняющие одну и ту же функциональную роль. Впервые идея Ф. э. была в явном виде сформулирована К. Клакхоном, к-рый в своем исследовании колдовской магии у навахо показал, что она выполняет функцию регулирования проявлений агрессии и тревоги и что в кач-ве эквивалентных ей способов регулирования могут выступать такие виды поведения и психологические процессы, как уход, пассивное бездействие, сублимация. С помощью представления о Ф. э. оказалось возможным строить функциональные типологии, в к-рых по видимости несходные явления объединяются по признаку осуществления ими одинаковой функции. Существенной сложностью в работе с понятием «Ф. э.» явл. практическая неисчерпаемость списка Ф. э. и, следовательно, отсутствие возможности подвергнуть его логической проверке. Мертон включил положение о Ф. э. в свою «основную теорему функционального анализа» (*Функциональный анализ в социологии*). По его мн., можно говорить о необходимости функций, что же касается различ. Ф. э., то они образуют «диапазон изменчивости явлений», в рамках к-рого может выполняться данная функция. Понятие «Ф. э.» приобретает операциональный смысл только в том случае, когда можно выявить причины, по к-рым именно это, а не иное функционально эквивалентное ему социальное явление выступает в роли исполнителя данной функции. Только зная причины происхождения социальных форм и условия их устойчивого существования, можно строить теории смены Ф. э. в ходе тех или иных перестроек, претерпеваемых социальными системами.

Л. А. Седов

ФУНКЦИЯ — см. *Функциональный подход в социологии*.

ФУРАСТЬЕ (Fourastiè) **Жан** (15.04.1907, Сен-Бенен-д'Ази) — франц. социолог, экономист, один из создателей теории *индустриального об-ва*, с к-рой он выступил вскоре после второй мировой войны [1]. Развивая идеи *детерминизма технологического*, Ф. производит дихотомическое деление истории на доиндустриальную (застойную) и индустриальную (динамичную) эпоху. Аналогичное деление он проводит и в области культуры: (1) аффективный, дорациональный тип мышления (отнесенный *Леви-Брюлем* только к первобытному об-ву) Ф. приписал всей гуманитарной традиции, считая ее колыбелью левого радикализма (позже эту тему разовьет *Белл* в работе «Культурные противоречия капитализма»); (2) конструктивный способ осмысления и разрешения своих проблем цивилизация получает только в индустриальную эпоху и воплощает его в НТР, к-рую Ф. противопоставляет *революции социальной*. Осмысливая противоречия индустриальной цивилизации, Ф. первым на Западе сформулировал концепцию постиндустриального об-ва, к-рое видится им как «цивилизация услуг» [3]. Последняя имеет черты, «поразительно близкие традиционному доиндустриальному обществу»: в профессиональной сфере — ручной или полуручной труд, во внепрофессиональной — пригородный образ жизни, в интеллектуальной — реабилитация религ. или даже мистического опыта как альтернативы «холодной безличности» научного знания. В «цивилизации услуг» Ф. предвосхитил концепцию «нулевого роста», выдвинутую впоследствии *Римским клубом*. Нестабильный образ жизни — удел стран со «вторичной» экономикой (где большинство населения занято в промышленности). По мере перехода к «третичной» экономике услуг интенсивный рост прекращается, уровни развития различ. стран выравниваются, мир снова обретает стабильность. В интеллектуальной биографии Ф. выделяется два периода: «техноцентричный» (апологетический) и «культуроцентричный» (критический).

А. С. Панарин

Соч.: 1) Le grand espoir du XX-s siècle. P., 1949. 2) La progrès technique et l'évolution économique. P., 1958. 3) 40000 heures. P., 1965. 4) D'une France à une autre: avant et après les trente Glorieuses. P., 1987.

ФУТУРОЛОГИЯ (от лат. futurum — будущее и греч. logos — учение) в широком смысле — совокупность представлений о будущем человечества; в узком — область научных знаний, охватывающая перспективы социальных процессов; часто употребляется как синоним прогностики (теория разработки прогнозов) и прогнозирования (практики разработки прогнозов).

И. В. Бестужев-Лада

Лит.: 1) Супрун В. И. Современная буржуазная футурология: проблемы, тенденции. Новосиб., 1986. 2) Flechtheim O. K. Futurologie: Der Kampf um die Zukunft. Köln, 1970, 3) Polak F. The Image of the Future. L.— N. Y., 1973.

Х

ХАБЕРМАС (Habermas) **Юрген** (18.06.1929, Дюссельдорф) — нем. (ФРГ) социальный философ. Проф. во Франкфурте-на-Майне (с 1964). Содиректор Ин-та по исследованию условий жизни научно-технического мира в Штарнберге (с 1970). Один из виднейших представителей *неомарксизма* в ФРГ, до распада *франкфуртской школы* представлявший «второе» («среднее») поколение ее теоретиков. Испытал влияние *Хоркхаймера* и *Адорно*, от к-рых его отличает тенденция «амальгамировать» марксизм с новейшими тенденциями совр. бурж. философии и социологии (лингвистическая философия, герменевтика, феноменология и т. д.). В 60-е гг. был одним из идеологов зап.-германских «новых левых», от к-рых начал отмежевываться (вслед за основоположниками франкфуртской школы) по мере того, как в движении получали преобладание культурно-нигилистические и «акционистские» (левоэкстремистские) тенденции. Хотя этот отход и не сопровождался открытой филос.-теоретической самокритикой, фактически он был отмечен попытками Х. придать своей версии неомарксизма более либеральную форму. Ведущей темой социальной философии Х. стала проблема активной, «политически функционирующей», общественности (Offentlichkeit), обострившаяся на Западе в середине 20 в. в связи с завершающим этапом конституирования капитализма в гос.-монополистической форме [1]. Получая на протяжении 60-х гг. все более отвлеченную абстрактно-филос. формулировку, эта проблема предстает у Х. как стержневая, в зависимость от к-рой он ставит др. социокультурные проблемы современности. В поисках пути, к-рый мог бы вывести совр. зап.-европ. «общественность» из состояния глубокого кризиса, обеспечив ей роль носителя структурных изменений в совр. «позднекапиталистическом» об-ве, Х. обращается к проблематике межчеловеческого взаимодействия — «интеракции» (коммуникации), сосредоточиваясь на вопросе об отличии «истинной» коммуникации от «ложной» и условиях, обеспечивающих истинную коммуникацию между людьми. В этой связи Х. на рубеже 60—70-х гг. предлагает широкую (хотя и крайне эклектичную) социально-филос. концепцию, базирующуюся на дуалистическом разделении двух сфер человеческого существования: сферы труда (взаимодействие людей с природой) и сферы «интеракции» (область межчеловеческого взаимодействия). В работе «Познание и интерес» (1968) [2], развивающей идеи, высказанные в его статьях первой половины 60-х гг. («К логике социальных наук», 1970), эта проблематика рассматривается преимущественно в методологической плоскости. В данной связи Х. выделяет три вида интереса: «технический» познавательный интерес, характеризующий естествознание и технические науки («научно-техническая рациональность», имеющая целью овладение «внешней природой»); «практический» интерес, область к-рого — межчеловеческая «интеракция», в сфере к-рой вырабатываются идеалы и цели, определяющие самое общее направление использования и развития науки и техники; наконец, «освободительный» («эмансипационный») интерес, отражающий стремление человека к освобождению от всех и всяких форм «отчуждения» и угнетения, возникающих, по X., в связи с переносом технических средств и методов на область собственно человеческих взаимоотношений («интеракции»). В работах «Техника и наука как «идеология» (1968), «Теория общества или социальная технология?», «Проблемы легитимации в условиях позднего капитализма» (1973) и др. X. дает филос.-историческое, социально-филос. и социокультурное истолкование и обоснование постулированного им разрыва «труда» и «интеракции». В исследованиях конца 70-х — начала 80-х гг., и особенно в двухтомной «Теории коммуникативного действия» [4], в к-рой X. пытается «встроить» свою концепцию в процесс эволюции зап. теоретической социологии от *Вебера* и *Дюркгейма* до *Парсонса*, рассмотренная дихотомия выводится на еще более общий уровень анализа: она растворяется в антиномии неотчужденного «жизненного мира» и отчуждающей «системы» совр. («позднего») капитализма, «колонизирующего», по X., эту жизненную основу межчеловеческой коммуникации, утверждая принцип «технической рациональности».

Ю. Н. Давыдов

Соч.: 1) Strukturwandel der Öffentlichkeit. Neuwied, 1962. 2) Erkenntnis und interesse. Fr./M., 1968. 3) (Mit Luhmann N.) Theorie der Gesellschaft oder Sozialtechnologie — Was leistet die Systemforschung? Fr./M., 1971. 4) Theorie des kommunikativen Handelns. Bd. I—II. Fr./M., 1981.

ХАЛЬБВАКС (Halbwachs) Морис (11.03.1877, Реймс —16.03.1945, Бухенвальд) — франц. социолог и социальный психолог, представитель социол. школы *Дюркгейма*. В политическом плане был приверженцем реформистского социализма, участвовал в Сопротивлении. X. исследовал гл. обр. проблемы потребностей, потребления, образа жизни и психологии социальных классов. Классы, по X., определяются через существование классового самосознания и иерархии, основанной на опред. системе ценностей: «Классы следует определять в соотнесении с благами, считающимися наиболее важными в каждом типе общества» [1, 111]. X. подчеркивал относительность, подвижность и социальную обусловленность потребностей и потребления, необходимость изучения их в рамках целостных социальных структур. Он был одним из немногих в школе Дюркгейма, кто широко применял в своих исследованиях статистические методы. В книге «Причины самоубийства» (1930) X. смягчил антипсихологизм в анализе самоубийства, присущий Дюркгейму, и продемонстрировал взаимодействие социальных и психических факторов этого явления, одновременно подвергнув пересмотру и уточнению нек-рые установленные Дюркгеймом зависимости. В работах, посвященных проблемам памяти, X. показал, что память не только психофизиологическая, но и социальная функция. Индивидуальная память обусловлена «коллективной памятью», воплощенной в традициях, социальных ин-тах и т. д., а социальное взаимодействие и ритмы социальной жизни — важный фактор запоминания. Социальная среда упорядочивает воспоминания в пространстве и во времени, служит источником как самих воспоминаний, так и понятий, в к-рых они фиксируются. Исследования X. в различ. областях социологии и социальной психологии сохраняют свое научное значение.

А. Б. Гофман

Соч.: 1) La classe ouvriere et les niveaux de la vie. P., 1913. 2) La mémoire collective. P., 1950. 3) Classes sociales et morphologie. P., 1972.

ХАРИЗМА (греч. harisma — божественный дар, благодать) — в католической теологии исключительное духовное свойство, ниспосылаемое богом кому-либо ради блага церкви (пророческий дар святых, непогрешимость папы и др.). В социологию термин введен *Трельчем* и анализировался М. *Вебером* в его концепции *идеальных типов* господства. Социально-психологический анализ харизматического лидерства был продолжен в рамках *психоаналитической ориентации в социологии*, где предпринимались попытки изучения бессознательных механизмов связи масс с вождями. Существенную роль сыграли в этом плане также исследования различ. тоталитарных диктатур. Харизматическое господство основано на исключительных кач-вах, приписываемых лидеру. Его считают пророком, гигантской исторической фигурой, полубогом, выполняющим «великую миссию», открывающим новые, невиданные горизонты. Взаимоотношения вождя и масс имеют эмоционально-мистический характер, предполагают полную «самоотдачу», слепую веру, бездумное следование за харизматическим лидером. Эти взаимоотношения характеризуются большим напряжением: требуются непрерывные «свершения», «подвиги», «энтузиазм», «героизм». Сам вождь находится над правовым и институциональным порядком. Социально-психологическая ситуация, связанная с искренней верой в Х., постепенно превращается в чистую форму; харизматическое лидерство в истинном, а не формальном значении чаще всего не может продолжаться долго. Однако его внешние атрибуты могут сохраняться длительное время, маскируя иную форму господства — безлично-бюрократическую.

С. А. Эфиров

ХАУЗЕР (Hauser) **Арнольд** (08.05.1892, Темешвар — 28.01.1978, Будапешт) — англ.-нем. социолог и историк иск-ва венгерского происхождения. С 1925 г.— сотрудник Венского общества кино, с 1938 г.— в Англии, с 1951 г.— проф. ун-та в Лиде. Социальная теория Х. сложилась под влиянием *Зиммеля, Трёльча, М. Вебера* и *Маннгейма* как ответ на кризис в искусствознании первой половины 20 в., в поисках выхода из него через уяснение социальных основ иск-ва. В рез-те многолетних исследований им была написана фундаментальная социальная история иск-ва с древнейших времен до наших дней, первая и доныне единственная работа такого рода [1]. Необходимость создания мировоззренческого фундамента привела его через теоретические работы [2] к высшей систематизации своей теории в «Социологии искусства» [3], к-рая строится на принципах социологии знания Маннгейма. Однако Х. утверждает, что его учение основывается на принципах теоретического марксизма, согласованного с психоанализом, и явл. не эмпирической наукой, а целостным мировоззрением, в к-ром иск-во, подчиняясь законам диалектики, вместе с об-вом входит в органическое единство жизни как ее наиболее адекватное выражение. Художественная картина мира более правдоподобна, и иск-во не отчуждает себя не столь принципиально, как наука. Задача социологии иск-ва — выработать понятия, в к-рых описывается художественная жизнь. За пределы этой науки Х. выводит художественное кач-во и стилевое многообразие, т. к. они несут в себе неповторимую индивидуальность автора и не поддаются социол. типизированию. Однако социология иск-ва изучает и их, хотя и косвенным образом, поскольку художественный процесс, в целом не подчиняющийся закономерности, все же несет в себе преемственность и порядок [3]. Осн. понятия социологии иск-ва Х.— тотальность жизни и тотальность иск-ва, иск-во и историчность, спонтанность и соглашение.

А. Г. Вашестов

Соч.: 1) Social history of art and literature. L., 1951. 2) Philosophie der Kunstgeschichte. Münch., 1958. 3) Soziologie der Kunst. Münch., 1974.

ХЕЙЛБРОНЕР (Heilbroner) **Роберт** (24.03.1919, Нью-Йорк, США) — амер. социолог и экономист, проф. Новой школы социальных исследований в Нью-Йорке. Широко известны его либерально-реформистские работы «Всемирные философы» (1953), «Будущее как история» (1959), «Великий подъем» (1963). В конце 60-х гг. Х. переходит на теоретико-методологическую платформу технологического детерминизма, на основе к-рой (продолжая социально-пессимистическую линию *Шпенглера*) разрабатывает технократические версии социально-экономического развития мира. Первые контуры «катастрофического» сценария будущего очерчены в очерке «Экономический Армагеддон», а также в работе «Исследование перспектив человечества» (1974), где обосновываются идеи фатальной угрозы цивилизации бизнеса со стороны возрастающего по экспоненте процесса загрязнения окружающей среды, сокращения природных ресурсов, прекращения роста экономики. В рамках прогноза «Упадок цивилизации бизнеса» (1976) Х. одним из первых среди зап. футурологов предпринял попытку синтеза методологических основ технологического детерминизма и элементов антропологического подхода. Согласно его предсказаниям, монополистическая технократическая элита, выиграв в борьбе за власть у представителей рыночной экономики, столкнется со следующими неразрешимыми проблемами: 1) исчезновение способности к росту, т. е. прекращение процесса аккумуляции частной собственности; 2) непомерно разросшийся плановый аппарат; 3) разрушение «духа», структурных ценностей капитализма. Конечным результом явится трансформация цивилизации бизнеса в новое «жестко контролируемое» об-во под воздействием «религии этатизма», ориентированной на преобладание обществ. интересов и игнорирование «материальных пут». В более поздних работах «Экономическая трансформация Америки» (1977) и «После бума и краха» (1978) автором предсказывается закат «Американской империи» и, исходя из совр. состояния экономики, политики, морали и обществ. психологии амер. об-ва, конструируются основы концепции перспективной «стационарной» экономики. В 80-х гг. осн. внимание Х. уделяет анализу взглядов К. Маркса, Дж. М. Кейнса и *Шумпетера* на экономику, экономическую политику и экономические функции гос-ва. Он сопоставляет выводы из теоретических концепций этих авторов, пытаясь выработать нек-рую «синтетическую» общесоциологическую модель.

В. П. Селиверстов

Соч.: 1) The nature and logic of capitalism. N. Y., 1985. 2) La capitalism. P., 1986.

ХОБХАУС (Hobhouse) **Леонард Трелони** (08.09.1864, станция Айв, близ Лискеда, Англия,— 21.06.1929, Аленкон, Франция) — англ. философ, социолог, обществ. деятель, журналист. Преподавал социологию в Лондонском ун-те (1907—1929). При его содействии было открыто отделение социологии в Лондонской школе экономики и политических наук, к-рое долгое время было единственным центром социол. мысли в Великобритании. Участвовал в создании национального социол. об-ва (1903). Х.— первый издатель центрального социол. журнала страны «Социологическое обозрение». Обладая энциклопедическими знаниями, Х. принадлежал к первому поколению энтузиастов новой для того времени науки — социологии. Его концепция социологии сложилась под влиянием *дарвинизма социального* и филос. эмпиризма (традиция от Ф. Бэкона до Милля и Конта). В отличие от позитивистской программы, Х. был противником полного отделения социологии от философии. Он провел исследование источников социологии, в т. ч. и филос., к-рые считал осн. Среди указываемых им источников — политическая, моральная философия, философия истории. Появление социологии Х. связывает также с развитием физики, биологии и с общим процессом специализации наук конца 19 — начала 20 в. Тем не менее Х. считал, что первичной характеристикой социологии должна быть эмпиричность методов и мировоззрения в целом (если она хочет дать реалистическое описание человеческого сообщества). При этом он приравнивает контовский позитивный метод к эмпирическому. Однако опыт, по мн. Х., нельзя сводить к чувственному опыту, поскольку наравне с ним факты поставляют и эстетический, и правоведческий, и религ. виды опыта. Социол. трактовка обществ. явлений, по Х., не сводится к обобщению эмпирических данных, но должна объяснять их через категории цели и ценности. Эта концепция «гуманизированного позитивизма», объединявшая в себе объективистский принцип свободы от оценочных суждений и принцип ценностно-нормативного понимания, по-разному оценивалась в истории социологии. Имеются как категоричные заявления о старомодности смешивания фактов и ценностей, о неспособности освободиться от филос. морализирования (Р. Флетчер, 1974), так и утверждения о плодотворности подобного синтеза (Ф. Абрамс, 1968). Большое место в работах X. занимают проблемы понимания социального развития, роли в нем разума и морали. X. продолжал традицию эволюционной этики конца 19 в. (*Эволюционизм, Дарвинизм социальный*). Он выступал против идеи детерминированности социальной эволюции исключительно биологическими факторами, против спенсеровского понимания эволюции как автоматического, механистического и неизбежного процесса. По мн. X., социальный прогресс связан не с жестокой борьбой за существование, а с распространением власти разума и моральным совершенствованием, к-рые способствуют гармонизации человеческих ассоциаций. Его идеал самоконтролирующейся гуманизированной рациональности, т. е. разума, управляющего собственным развитием с т. зр. нравственности и ценностей, очень созвучен совр. неоконсерватизму.

М. С. Ковалева

Соч.: 1) Mind in evolution. L., 1901. 2) Morals in evolution, a study in comparative ethics. L., 1906. 3) Development and purpose. L., 1913.

ХОЛИЗМ (от греч. hó-lon — «целое») — понятие, с помощью к-рого характеризуются теории, акцентирующие (и абсолютизирующие) несводимость исследуемого целого к его частям; связано с именами Я. X. Смэтса (к-рому принадлежит этот термин) и А. Мейер-Абиха, выдвинувших принцип органически понятой целостности, чтобы заменить метафизику «метабиологией». В более широком (и нестрогом) смысле слова термином «X.» обозначаются все философские теории, использующие понятие о «живом целом». В социологии название «холистские» закрепилось за концепциями, к-рые при рассмотрении своего предмета отправляются от постулата: «Целое больше, чем сумма его частей». Холистами считаются представители *органической школы в социологии* и их идейные преемники. Однако позитивисты и критические рационалисты (*Поппер*) склонны иногда называть холистами всех исследователей, отправляющихся от представления о целостности изучаемого объекта, независимо от того, придается ли ей органицистский смысл или нет. В совр. бурж. социологии холистская т. зр. открыто и последовательно никем не разделяется, но обвинение в X. иногда используется в дискуссиях, в т. ч. и как идеологическое, т. к. социально-политические взгляды виднейших представителей X. в прошлом были, как правило, консервативными.

А. Ф. Филиппов

ХОМАНС (Homans) **Джордж Каспар** (11.08.1910, Бостон) — амер. социолог, проф. Гарвардского ун-та, один из авторов *обмена социального концепции*. В своих ранних работах испытал влияние идей *Парето*, выступая как сторонник структурно-функционального подхода (*Функциональный подход в социологии*). В работе «Человеческая группа» [1] выдвинул задачу создания функционалистской теории об-ва, сформулировал ряд принципов системного анализа социальной группы. X. ввел понятия «внешняя система», под к-рой подразумеваются внешние условия групповой деятельности, и «внутр. система», элементами к-рой явл. «деятельность», «чувства», «взаимодействие», и «нормы». Анализируя с этих позиций эмпирический материал пяти различных исследований, X. сформулировал ряд законов (индуктивных обобщений) поведения людей, призванных раскрыть внутр. структуру, процессы интеграции и дифференциации в группе. Концепция социального обмена создается X. в начале 60-х гг. в противовес структурному функционализму. В это время он пришел к выводу, что функционалистская концепция предала забвению человека, игнорировала элементарные процессы социального взаимодействия, образующие реальный фундамент обществ. жизни, гипертрофировала роль макросоциальных структур

и ин-тов. Именно изучение субинституционального уровня, считает Х., позволяет раскрыть механизмы формирования нормативно-ценностной структуры об-ва. Такие понятия социологии, как «роль», «статус», «конформизм», «власть», и др. необходимо объяснять не действием макросоциальных структур, как это принято в функционализме, а с т. зр. порождающих их социальных отношений, суть к-рых Х. видит в стремлении людей к получению наград и выгод и взаимному обмену ими. Второй принципиальный пункт социол. концепции Х.— дедуктивно-номологическая модель объяснения [3], к-рую он заимствовал у позднего логического позитивизма (Р. Брейтвейт, Э. Нагель, К. Гемпель). Отталкиваясь от принятых в ней критериев, он отвергает как ненаучные существующие социол. теории (структурный функционализм, марксистскую теорию и др.), поскольку их понятия не имеют строгих операциональных определений, эмпирически не обоснованы. Выход из создавшейся ситуации он видит в том, чтобы заимствовать из психологии универсальные объяснительные принципы. Т. к. осн. принципы социальных наук могут быть редуцированы к психологическому уровню, их фундаментом должна быть бихевиористская психология (*Скиннер*). Х. тем самым отрицает значимость выдвинутого еще *Дюркгеймом* тезиса о несводимости социологии к психологии, к-рый мн. годы составлял краеугольный камень зап. социологии. Реноменализм Х. выступает в кач-ве эвристического приема, т. к. он не отрицает кач. своеобразия социальных структур и ин-тов, но, в отличие от др. социологов, стремится раскрыть их эмерджентный характер. Опираясь на принципы бихевиористской психологии и некоторые положения микроэкономики, Х. формулирует шесть универсальных закономерностей поведения человека в зависимости от ценностей, «вознаграждений» и «наказаний», из к-рых, по его мн., можно дедуктивно вывести и объяснить различ. типы социальной организации и социального поведения человека. Социол.
концепция Х.— типичный образец *академической социологии*, считающей своей главной задачей чисто познавательную: поиск истины и открытие универсальных социальных закономерностей. С т. зр. Х., социология как наука едина, не может существовать ни бурж., ни коммунистической социологии. Политические симпатии Х., по его собственному признанию, близки к консерватизму, хотя сам он отрицает связь между идеологией консерватизма и созданной им социол. концепцией.

М. С. Комаров

Соч.: 1) The human group. N. Y., 1950. 2) Social behavior: its elementary forms. N. Y., 1961. 3) The nature of social science. N. Y., 1967.

ХОРКХАЙМЕР (Horkheimer) **Макс** (14.02.1895, Штутгарт — 07.07.1973, Нюрнберг) — нем. (ФРГ) философ и социолог, один из основоположников *франкфуртской школы неомарксизма;* директор Франкфуртского ин-та социальных исследований (1931—1965) и издатель «Журнала социальных исследований» (1931—1941). Отправляясь от неомарксистских идей раннего Лукача, Х. разработал специфически «франкфуртскую» версию неомарксизма, названную им *«критическая теория»* [1]. Развивая идею *«авторитарной личности»,* выдвинутую «фрейдомарксистом» Фроммом, предложил (во второй половине 30-х гг.) широкую программу исследований, посвященных проблемам семьи и авторитете, начало к-рых было положено публикацией коллективного труда «Штудии об авторитете и семье» (1936) и продолжено в послевоенный период (сначала в США, а затем в ФРГ). В 1947 г. (совместно с *Адорно*) публикует еще одно программное произведение «франкфуртского» неомарксизма — «Диалектику просвещения», где неомарксистская социальная философия получила вид своеобразной философии истории. В основу социально-филос. и филос.-исторической концепции этой книги была положена идея «сумасшествия» зап.-европ. («бурж.») разума, «повредившегося» якобы в силу изначального противостояния его природе в кач-ве воли к власти, подавляющей все «природное» как вне человека, так и в нем самом. В книге отчетливо прослеживается влияние идей Ницше и Шопенгауэра, ассимилированных на почве характерного для «франкфуртцев» левого неогегельянства. Концепции X. развивались также в книге «Помрачение разума» (1947). В послевоенный период X. публикует ряд работ (часто совместно с Адорно), посвященных критике с позиций критической теории господствовавшей в США и ФРГ социал. методологии. В противоположность «официальной» зап. социологии X. утверждал в кач-ве осн. задач критической теории последовательную «теоретическую рефлексию» социальной обусловленности ее собственных предпосылок, радик. критику всех и всяких проявлений угнетательского, бесчеловечного («антиличностного») характера совр. «позднекапиталистического» об-ва, причем не только в области социально-экономической, но и в культурной сфере (в особенности в «массовой культуре», а также в сфере предметно-вещественного окружения человека). Первоначально X. связывал социальные корни критической теории с пролетариатом, к-рого считал не только «субъектом исторического процесса», но и кем-то вроде гегелевского «абсолютного субъект-объекта». Однако по мере разочарования в «критически-революционных» возможностях рабочего класса, наступившего у него в связи с победой нацизма в Германии, X. возлагал все свои надежды на «критически-мыслящую интеллигенцию», отказываясь, однако, считать ее в духе *Маннгейма* «свободно парящим» в об-ве «сословием истины». Интеллигенция оказывается у него одновременно и социально обусловленной всей «тотальностью» общества. противоречий «позднебурж. об-ва», и свободной от этой обусловленности в силу «критической саморефлексии». Соответственно идея коммунистического будущего вытесняется у него абстрактной тоской по «совершенно Иному», не поддающемуся уже социол. трактовке [3]. Тем не менее в 60—70-е гг. хоркхай-

меровская постановка вопроса обусловленности знания была ассимилирована именно в первоначальном варианте леворадик. социологией, расценивающей «официальную» зап. социологию как «насквозь бурж.» и в силу этого отмеченную печатью неискоренимого позитивизма, заслуживающего одного лишь разоблачения. Мотивы хоркхаймеровской критики «социол. позитивизма» проникли также в феноменологическую (*Феноменологическая социология*) критику господствующей на Западе социол. методологии. Влияние идей X., как и франкфуртской школы вообще, возраставшее с начала 60-х гг., падает к концу 70-х гг.

Ю. Н. Давыдов

Соч.: 1) Traditionelle und kritische Theorie// Zeitschrift für Sozialforschung. 1937. Jg.6. Hft. 2. 2) *Adorno Th. W.* Sociologica II. Fr./M., 1962. 3) Die Sehnsucht nach dem ganz Anderen. Hamb., 1971.

ХОРНИ Карен (1885—1952) — амер. специалист в области социальной психологии и социологии, принадлежит к числу основоположников *неофрейдизма*. Научную деятельность начала в Берлинском психоаналитическом инте, где вела исследования в русле классического психоанализа. В 1932 г. эмигрировала в США, в 1941 г. создала и возглавила Американский ин-т психоанализа. Теория X. сформировалась в полемике с ортодоксальным фрейдизмом. При этом она ставила под сомнение один из исходных постулатов Фрейда — тезис о биологической, инстинктивной природе бессознательного. Вероятнее всего, полагает X., что бессознательные импульсы сообщаются индивиду социальной средой и потому несут на себе отпечаток опред. типа культуры. Будучи проводниками конкретных социокультурных тенденций в психике человека, бессознательные влечения и комплексы в известной мере отвечают обществ. потребностям и выполняют приспособительную функцию. В случае конфликта между этими влечениями психическое здоровье индивида оказывается под угрозой. Внутриличностные конфликты, по X., провоцируются об-вом, являясь фактически отражением социальных антагонизмов на психологическом уровне. Одна из сквозных проблем в творчестве X.— проблема развития личности. Индивидуальное развитие, по ее мн., может идти двумя путями — нормальным и невротическим. Первый представляет собой реализацию задатков человека; второй сводится к накоплению патологических изменений в характере и заканчивается, как правило, самоотчуждением и деперсонализацией личности. Невроз (или патология характера) исследуется X. в нескольких аспектах, в т. ч. в социол. (как порождение «больного» об-ва), генетическом (как рез-т нарушения межличностных отношений, отношений между родителями и детьми) и «сущностном» (как ложная самореализация личности). Оригинальная концепция самореализации разрабатывается X. в поздних работах. Изначальное стремление индивида к своему «реальному Я» делает его, с т. зр. X., автономным по отношению к об-ву и дает шанс справиться с травмирующим воздействием культуры. Задача психоанализа, считает X.,— поддерживать в человеке это здоровое стремление.

О. В. Михайлова

Соч.: 1) The neurotic personality of our time. N. Y., 1937. 2) New ways in psychoanalysis. N. Y., 1939. 3) Neurosis and human growth. N. Y., 1950.

ХОТОРНСКИЙ ЭКСПЕРИМЕНТ — см. *Мэйо Э.*

Ц

ЦЕЛЕРАЦИОНАЛЬНОЕ ДЕЙСТВИЕ — действие, характеризующееся ясностью и однозначностью осознания действующим субъектом своей цели, соотнесенной с рационально осмысленными средствами, обеспечивающими ее достижение; рациональность цели удостоверяется двояким образом: как с т. зр. рациональности ее собственного содержания, так и с т. зр. целесообразности избираемых средств. Наряду с *ценностно-рациональным, аффективным* и *традиционным* Д. понятие «Ц. д.» введено М. Вебером для характеристики одного из четырех «чистых», или «идеальных», типов социального Д. и поведения. От ценностно-рационального действия Ц. д. отличается тем, что оно «насквозь» рационально, тогда как рациональность первого ограничена иррациональной заданностью ценности, к-рой сознательно подчиняет себя ценностно-рациональное Д. Будучи идеально-типическим *(Идеальный тип)* понятием, Ц. д., по Веберу, не есть отражение конкретного Д. опред. человеческого типа, но представляет собой мысленную конструкцию, построенную на основе сочетания — под опред. углом зрения — ряда его специфических характеристик, отвлеченных от реального человеческого поведения; последнее может лишь в большей или меньшей степени «походить» на свой мысленно сконструированный тип, «приближаться» к нему, но между первым и вторым всегда будет существовать разрыв. В кач-ве *действия социального*, т. е. ориентированного на ожидания др. людей, Ц. д. предполагает со своей стороны рациональный расчет действующего субъекта на соотв. реакцию окружающих его людей и использование их поведения для достижения поставленной им цели. В веберовской типологии социального поведения Ц. д. обладает очевидным методологическим преимуществом, играя роль «модели», по отношению к к-рой формулируются, а затем определяются в каждом конкретном случае др. типы человеческого поведения. Вследствие своей «рациональной понятности и однозначности» теоретическая конструкция Ц. д. служит в социологии, по Веберу, «идеальным типом», в соотнесении с к-рым человеческое поведение может быть понято через констатацию отклонения от него. Причем если в одном случае можно будет говорить об «эмпирических» отклонениях в пределах данного типа (т. е. Ц. д.), то в др. пойдет речь об отклонениях, выходящих за его пределы и выводящих к одному из остальных типов социального поведения, т. е. о «типологических» отклонениях. Во всех случаях (в случае ли сопоставления с Ц. д. как «модельным» типом поведения, или в случае сопоставления с любым др. из выделенных типов) установление отличия реального процесса от идеально-типической конструкции облегчает, по Веберу, понимание подлинных мотивов действующего лица. При таком подходе легче идентифицировать «смешанные» типы социального поведения, напр. случаи, когда поведение может считаться Ц. д. лишь по средствам, применяемым для достижения цели, тогда как сама она избрана вовсе не рациональным способом (а способом, характерным, скажем, для др. типа поведения). Вебер видит генетическую связь Ц. д. с тем типом поведения, на к-рый ориентировалась классическая политическая экономия со свойственной ей тенденцией рассматривать его в кач-ве «естеств.» и единственно соотв. «человеческой природе»,— на поведение человека, руководствующегося экономическим интересом. Тот факт, что Вебер выделяет рядом с ним еще и др. типы социального поведения, свидетельствует о попытке преодолеть эту тенденцию.

Ю. Н. Давыдов

ЦЕННОСТЕЙ ТЕОРИЯ — см. *Аксиология*.

ЦЕННОСТНОРАЦИОНАЛЬНОЕ ДЕЙСТВИЕ — действие, основанное на вере в его самодостаточную ценность (религ., этическую, эстетическую или любую др.). Понятие «Ц. д.» было введено М. *Вебером* для характеристики одного из четырех типов социального поведения, к-рый он выделил наряду с *целерациональным, аффективным* и *традиционным* типами, в процессе создания *понимающей социологии*. Согласно Веберу, Ц. д. индивида всегда подчинено опред. требованиям, в выполнении к-рых он видит свой долг. Когда индивид, несмотря на возможные последствия, поступает сообразно этим требованиям, соотнося их с собственным представлением о человеческом достоинстве, красоте, благочестии, правах человека и т. д., можно говорить о Ц. д. Осознанность этой направленности Д. на опред. ценности, последовательность их реализации в поведении, к-рое имеет благодаря этому «планомерный», рациональный характер, отличает Ц. д. от аффективного Д. По сравнению с целерациональным Д., играющим в веберовской типологии роль рациональной «модели» человеческого поведения вообще, «ценностная рациональность» Д. заключает в себе нечто «иррациональное», поскольку абсолютизирует ценность, на к-рую ориентируется индивид. По Веберу, в реальной жизни невозможно последовательное воспроизведение ни одного из *идеальных типов* социального Д., поскольку в человеческом поведении сосуществуют элементы различ. типов Д. Вместе с тем их теоретическое «расчленение», дающее возможность выяснить, к какому из типов фактически тяготеет индивид в той или иной культурно-исторической ситуации, играет опред. эвристическую роль в социол. исследовании.

Ю. Н. Давыдов

Лит. см. при статье *Социальное действие*.

Ч

«ЧЕЛОВЕЧЕСКИХ ОТНОШЕНИЙ» ТЕОРИЯ — возникшее в 20-е годы XX в. одно из направлений теории научного управления. Основателем теории считается амер. социолог и психолог *Мэйо*. Гл. теоретики «Ч. о.» т. в США: У. Мур, Ф. Ротлисбергер, Т. Уайтхед, У. Диксон, во Франции — Ж. Фридман. Осн. положения «Ч. о.» т. были сформулированы в ходе проведения Хоторнского эксперимента. Теория возникла как оппозиция *тейлоризму*. Она подвергла критике тейлоровскую концепцию «экономического человека», считавшую гл. стимулом человеческой деятельности лишь материальную заинтересованность, и заменила свойственный тейлоризму биологический подход к человеку анализом психосоциальной деятельности индивида, выдвинув требование «человек — главный объект внимания». «Ч. о.» т. экспериментально показала, что наряду с материальным стимулом большое значение имеют психосоциальные факторы: сплоченность группы, в к-рой работает индивид, взаимоотношения с руководством, благоприятная атмосфера на рабочем месте, удовлетворенность работника своим трудом и т. д. «Ч. о.» т. разработала понятия формальных и неформальных групп, признав важность влияния последних на формирование благоприятных условий труда и, в конечном счете, на производительность и эффективность работы предприятия. В программу «Ч. о.» т. входило изучение широкого спектра проблем: анализ влияния группы на поведение, мотивы, ценности индивида в процессе трудовой деятельности; исследование структуры и механизмов функционирования неформальных групп; изучение роли и места предприятия в структуре района, города. «Ч. о.» т. включала и социолингвистический аспект: она изучала средства общения и способы передачи информации рабочих в процессе трудовой деятельности, специфику речи, структуру их языка. Рез-ты исследований «Ч. о.» т. оказали большое влияние на развитие зап. индустриальной социологии и социологии труда.

В. Н. Фомина

Лит.: 1) *May* E. The human problems of an industrial orvilization. N. Y., 1933. 2) *Roethlisberger F., Dickson W.* Management and worker. Cambridge, 1939.

ЧЕЛОВЕЧЕСКИЙ КОЭФФИЦИЕНТ — см. Знанецкий Ф.

ЧИКАГСКАЯ ШКОЛА социологии — одна из первых школ в социальных науках, занимала доминирующее положение в амер. социологии в период 1915—1935 гг. и оказала значит. влияние на развитие социологии. Ч. ш. формировалась на базе первого в мире социол. факультета, возглавляемого *Смоллом* (1892). Подготовительный период в развитии Ч. ш. (1892—1915) связан с деятельностью в Чикагском ун-те т. наз. «большой четверки» — Смолла, Дж. Винсента, Ч. Хендерсона, *Томаса*. В этот период Ч. ш. не имела единой исследовательской программы и четкой теоретической направленности. Прослеживается связь с протестантской социально-филос. традицией и значит. влияние европ. социологии. Помимо «отцов-основателей» амер. социологии — *Уорда, Самнера, Гиддингса, Росса, Кули* — значит. влияние на ориентацию Ч. ш. (эмпиризм, реформизм) оказала чикагская школа философии (прагматизм

Дж. Дьюи). В этот же период в Чикаго был основан первый социол. журнал — «American Journal of Sociology» (1895) и Амер. социол. об-во (1905). Осн. отличительными чертами Ч. ш. явл. прежде всего органичное соединение эмпирических исследований с теоретическими обобщениями; выдвижение гипотез в рамках единой организованной и направленной на конкретные практические цели программы. В этом смысле Ч. ш. отличалась как от «движения социальных опросов» (сбор статистических данных по специфическим локальным проблемам без их теоретического осмысления), так и от теоретизирования «академических» социологов. Др. особенностью Ч. ш. явл. широта теоретической ориентации, соединение разл. подходов и методов, среди к-рых нет определенно доминирующих. Поэтому нельзя отождествлять Ч. ш. с к.-л. одним теоретическим направлением (напр., социально-экологической теорией, к-рая играла центральную, но не доминирующую роль в Ч. ш.). Исследования города были основаны на социально-экологической теории *Парка* и *Берджесса*. Первой же заявкой на лидерство Ч. ш. в этой области социологии была работа *Томаса* и *Знанецкого* «Польский крестьянин в Европе и Америке». Немаловажную роль в формировании «классической» концепции социальной экологии Парка-Берджесса и в появлении «школы» в Чикаго сыграли особенности этого города, поскольку развитие локалистских и реформистских ориентаций этой школы связано с решением специфических городских проблем. Соединение исследовательских программ с учебным процессом в ун-те способствовало появлению принципиально нового характера университетского обучения, его связи с решением конкретных эмпирических задач: Чикагский ун-т был третьим амер. ун-том такого типа после ун-тов Дж. Хопкинса и Кларка. Городские исследования были подчинены (в духе реформизма) осн. задаче — установлению «социального контроля» и «согласия». Социол. теории Ч. ш. свойственно противоречие между «реализмом» на макроуровне («развитие об-ва как целостного организма») и «номинализмом» на микроуровне («об-во как взаимодействие»). В целом методологическая ориентация Ч. ш. не противопоставляет «мягкие», этнографические методы и «жесткие», количественные: эти методы, как правило, комбинируются и взаимодополняются. Заметный сдвиг в сторону «жестких» метрических методик наметился с приходом в Ч. ш. Огборна в 1927 г. Наиболее яркой характеристикой Ч. ш. явл. разнообразие междисциплинарных связей с др. чикагскими школами: антропологии (Ф. Старр, Ф. Коул, Э. Сепир, *Редфилд*); философии (Дж. Дьюи, Дж. Тафтс. Э. Мур); политических наук (Ч. Мерриам, Х. Госснелл, *Лассуэлл*, Л. Уайт, Э. Фройнд); психологии (Л. Терстоун, Дж. Энджелл, Б. Рамл, Дж. Уотсон); экономики (Г. Шульц, Дж. Л. Лафлин, *Веблен*, Ф. Найт, У. Митчелл); «социол.» теологии (Ш. Матьюз, Э. Эймс). Немаловажно также и влияние Дж. Г. *Мида*. Влияние Ч. ш. на развитие социологии, в частности амер., сказывается на протяжении 30—40-х гг., после чего инициатива переходит к Гарвардскому и Колумбийскому ун-там. Осн. причины упадка Ч. ш: уход ее лидера — Парка — в 1934 г.; обострение разногласий относительно методов исследования; отсутствие равнозначных Парку и Берджессу последователей в теории; кризис локалистских и регионалистских ориентаций в целом в период экономической депрессии и обострения проблем общенационального значения, потребовавших и новых методов исследования. В дальнейшем значение Ч. ш. сохранилось для социологии города, и в наст. время ее идеи особенно актуальны для т. наз. «инвайронментальной социологии» *(Экологии социальной концепции)*.

С. П. Баньковская

Лит.: 1) *Park R. E., Burgess E. W.* Introduction into the science of sociology. Chic., 1921. 2) *Lewis J. D., Smith R. L.* American sociology and pragmatism: Mend, Chicago school and symbolic interactionism. Chic., 1980. 3) *Bulmer M.* The Chicago school of sociology: institutionalisation, diversity and the rise of social research. L., 1984.

Ш

ШЕЛЕР (Scheler) **Макс** (22.08.1874, Мюнхен — 19.05.1928, Франкфурт-на-Майне) — нем. философ-идеалист, основоположник филос. антропологии и антропологической ориентации в социологии, один из теоретиков феноменологической *аксиологии* и социологии знания как самостоятельных дисциплин. Взгляды Ш. развивались под влиянием неокантианства, философии жизни (Ницше), феноменологии Гуссерля. Обратившись к католической религ. философии [2], Ш. в дальнейшем эволюционировал к иррелигированной антропологической философии и социологии, сохраняющей нек-рые персоналистические и пантеистические мотивы [3, 4]. Социология Ш. базируется на его филос.-антропологической посылке, согласно к-рой всякий «подлинно человеческий акт» изначально «двойственен»: одновременно духовен и инстинктивен, причем в соответствии с этим он может быть направлен либо на духовное содержание (сфера идеального), либо на «жизненное» содержание, «витальное» (область реального). В соответствии с этим Ш. делил социологию на «реальную социологию», к-рую называл также «социологией базиса», и «социологию культуры», называемую также «социологией надстройки» [3]. Первый «конкретный факт», от к-рого должна отправляться «реальная социология»,— это телесная организация индивидов и их отношение к остальной природе, обусловленное этой организацией. Под нею Ш. имел в виду прежде всего инстинктуальную структуру человека: голод и его инстинкты, без к-рых невозможно определить границы хоз-ва; половой инстинкт, без к-рого нельзя понять ин-т брака; «инстинкт власти», без к-рого непостижимо гос-во и подобные ему «образования». В рамках реальной социологии инстинкты должны были рассматриваться, по Ш., лишь в той мере, в какой они позволяют объяснить своеобразие социальных ин-тов, в к-рых кристаллизуются межчеловеческие отношения. Специальному же анализу они должны были подвергаться в рамках филос. антропологии, программу к-рой наметил Ш. в своих поздних работах («Из наследства; философское миросозерцание», 1929). Различая «социологию базиса» и «социологию надстройки», Ш. стремился утвердить независимость и самостоятельность тех сфер практической «жизни» и духовной «культуры», с какими они имеют дело. Если «логика» витально-инстинктуальной человеческой деятельности — это «логика» судьбы (порядок рождения и смерти, развития и старения, к-рому подчинено все живое), то закон, господствующий в идеальной сфере духовной культуры,— это «логика смысла». В соответствии с этими двумя полюсами должны даваться «типологические характеристики» социологически обусловленных явлений. Каждый феномен человеческой жизни, представляющий нерасторжимое единство инстинктивно-витальных и культурно-духовных начал, классифицируется в зависимости от того, какое из этих начал оказалось решающим для его возникновения и функционирования в поле межчеловеческих связей и отношений. Ш. полагал, что социология, предметом к-рой явл. социальные детерминации как витальных, так и культурных явлений, «соопределяет» различ. аспекты (реальный и духовный) человеческого существования. В своей социологии знания Ш. подверг критике «закон трех стадий» *Конта*, согласно к-рому из трех «высших родов знания» (религии, метафизики и науки) первый и второй неизбежно должны отмереть. В этой же связи он выступал с критиками М. *Вебера*, к-рый исключал из этого ряда метафизику, растворяя ее в религии. Ш. признавал необходимость всех родов знания, подчеркивая возможность их неравномерного развития, обусловленного сочетанием различ. факторов, необходимых для нормального функционирования с одной стороны религии, с др.— метафизики и с третьей — науки [1]. По мере отхода от религ. т. зр. сам Ш. толковал религию как «освобождающее» знание вообще. Впоследствии идеи Ш. были развиты *Хабермасом* в его концепции естеств.-научного, практического и критически-освободительного видов «познавательного интереса». Ш. оказал существенное влияние на зап. социальную философию и социологию 20 в., в т. ч. на развитие антропологического направления как в правоконсервативном (Гелен, Шельский и др.), так и в леворадик. (французская школа) вариантах. В условиях «веберовского ренессанса» на Западе альтернативу М. Веберу пытаются искать в шелеровской социологии.

Ю. Н. Давыдов

Соч.: 1) Von Ewigen im Menschen. Lpz., 1921. 2) Wissensformen und die Gesellschaft. Lpz., 1926. 3) Die Stellung des Menschne im Kosmos. Darmstadat, 1928.

ШЕЛЬСКИ (Schelsky) **Хельмут** (14.10.1912, Хемниц — 24.02. 1984, Мюнстер) — нем. (ФРГ) социолог, представитель *антропологического направления в социологии*. Ученик *Гелена*. Преподавал социологию в Гамбурге (с 1948), в Вестфальском ун-те (с 1960), одновременно руководил Центром социальных исследований в Дортмунде. В 1966—1968 гг. спланировал и организовал ун-т в Билефельде и преподавал там с 1968 г. В 1973 г. перевел руководимую им кафедру социологии права в Мюнстер. Ш. эволюционировал от традиций нем. идеализма (националистическое неофихтеанство) через политическую философию англ. эмпиризма и амер. прагматизма к биологически фундированной филос. антропологии и антропологической социологии культуры и социальных ин-тов, а в политическом отношении — от умеренного либерализма (в послевоенные годы) к *неоконсерватизму*, одним из главных представителей к-рого в ФРГ был он. Преимущественная область исследований Ш.— социальные ин-ты. Они возникают для удовлетворения потребностей — сначала «базовых», «витальных», а на основе их удовлетворения — производных, культурных (тут явно влияние *Малиновского*). Ин-ты все более высоких ступеней не только освобождают людей от актуальных забот по удовлетворению потребностей, но и от актуального сознания потребности, удовлетворение к-рой становится само собой разумеющимся, фоном возникновения новых потребностей. Одновременно ин-ты взаимно разгружают друг друга от исполнения каждым всех наличных потребностей. Одна из важнейших черт совр. эпохи — надстраивание над идеологиями и программами ин-тов «дополнительного верхнего слоя критически-аналитических потребностей сознания» [2, 47], исполнения к-рых требует постоянно мерять «тривиальную стабильность» ин-та меркой собственно институционального нормативного идеала («призыв наверх»). Критически-рефлектирующее отношение к ин-ту самим же ин-том и порождается, и вводится в институциональные рамки (стереотипизация индивидуальных проявлений, «институционализация постоянной рефлексии»). Баланс между притязаниями субъективности и стабильностью ин-тов нарушает, по Ш., «элита рефлексии», «интеллектуалы», выступающие как новый господствующий класс и новый клир. Они выполняют необходимую антропологическую функцию, давая людям смысложизненные ориентации, но не удовлетворяются деятельностью служения, а претендуют на господство. При этом подрывается и стабильность ин-тов (т. к. преувеличивается степень институциональной зависимости людей) и субъективная свобода (т. к. вместо индивидуального самоопределения люди понуждаются к слепой вере пророкам нового, «революционного» спасения). Единственный политический механизм, способный подлинно опосредовать субъективную свободу и институциональное принуждение, вызванное объективной необходимостью,— это право. Критика «интеллектуалов» тесно связана у позднего Ш. с критикой социологии, видящей в индивиде не самоопределяющегося субъекта, а момент социального целого, к-рое только и явл. единственной вменяемой инстанцией опеки, вины и ответственности. С годами Ш. отходит от профессиональной социологии, обращаясь к широким интердисциплинарным исследованиям, политической публицистике и т. д. Одновременно переосмысливает структуру и обоснование социологии. В конце 50-х гг. Ш. писал о том, что над эмпирическими исследованиями надстраивается общая социол. теория, обобщающая их в аналитической системе категорий, а над ней — «трансцендентальная теория», «критическая теория социального», осмысляющая условия социол. мышления в связи с условиями социальной действительности как таковой. В конце 70-х гг. Ш. считает необходимым трансцендировать не только социологию, но и научное познание вообще в сторону «поведения и существования самого человека», куда включается и критическая рефлексия субъекта, и его совесть, и деятельность по созданию и поддержанию ин-тов, и добросовестная работа. Ш. создал одну из крупнейших социол. школ в ФРГ. Среди его учеников — ряд весьма влиятельных ныне социологов.

А. Ф. Филиппов.

Соч.: 1) Ortbestimmung der deutschen Soziologie. Köln, 1959. 2) Auf der Suche nach Wirklichkeit. Düsseldorf—Köln, 1965. 3) Die Arbeit tun die anderen. Opladen, 1975.

ШЕФФЛЕ (Шефле) (Schäffle) **Альберт Эберхард Фридрих** (24.02.1831, Нюртинген — 25.12.1903, Штутгарт) — нем. и австр. экономист, социолог и гос. деятель, проф. политэкономии в ун-тах Тюбингена (1860—1868) и Вены (1868—1871), министр торговли Австрии (1871), редактор журнала «Zeitschrift für die gesamte Staatswissenschaft». Будучи сторонником *органической школы* в социологии, Ш. соединил в своей концепции взгляды *Конта* и *Спенсера* с идеями нем. классического идеализма (Гегеля и др.). Ш. считал органическое единство об-ва рез-том превращения взаимодействующих субъективных воль и оценок в «коллективное сознание», в «дух народа». Признаком «социального тела», согласно Ш., является идеальная духовно-психическая связь индивидов, овеществляемая в их символических и технических действиях. Она коренным образом отличается от связи клеток в организме. В переизданиях своего главного труда «Строение и жизнь социальных тел» Ш. все осторожнее пользовался биоорганическими аналогиями, трактуя их как методологический прием. Вместе с тем в его работах усилились идеалистические тенденции. В экономической теории Ш. подчеркивал этико-волевую природу экономической жизни и искал для нее рациональное этико-антропологическое основание. Будучи видным представителем катедер-социализма, Ш. называл «социализмом» всякое вмешательство гос-ва в экономику, призывал к сотрудничеству между пролетариатом и буржуазией.

А. Д. Ковалев.

Соч.: 1) Капитализм и социализм. Ч. 1. СПб., 1871. 2) Квинтэссенция социализма. СПб., 1906. 3) Bau und Leben des sozialen Körpers. Bd 1—4. Tüb., 1875—1878.

ШИЛЗ (Shils) **Эдвард** (р. 1911) — амер. социолог функционалистского направления. Вместе с *Парсонсом* разрабатывал основы структурно-функционального анализа. Значит. вклад Ш. внес в научную разработку макросоциологической теории, проблем дефиниции об-ва. Каждое об-во, по мн. Ш., состоит из центра и периферии, от взаимоотношения к-рых зависит тип об-ва. Ш. выделил и исследовал несколько типов взаимосвязи между ними и соответственно несколько типов об-ва. Совр. об-во, с его т. зр., в отличие от предшествовавших и вост. об-в, где *харизма* чаще всего располагалась в центре, характеризуется более широким ее распределением. Осн. факторами, создающими и сохраняющими об-во, явл., с т. зр. Ш., центральная власть, согласие и территориальная целостность. Особое внимание, как интегрирующему фактору, Ш. придавал культуре, выделяя в об-ве главную (центральную) культуру и вариантные культуры. Для эффектного функционирования об-ва центральная культурная система должна включать продукты культуры, положительно ориентированные к центральной институциональной системе. В случае расхождения между ними центральная институциональная система утрачивает свою законность, что ведет к социальному конфликту и нарушению социального порядка. Ш. — сторонник концепции равновесия, в соответствии с к-рой об-во рассматривается как система, восстанавливающая «социальный порядок» в условиях нарушения его равновесия. Ш. явл. пионером исследований социол. теорий. Он подчеркивает важность изучения социол. традиций, истории социологии для формирования совр. воззрений на об-во. В сфере научных интересов Ш. находятся также социальные группы совр. капиталистического об-ва, в т. ч. интеллектуальные группы и ин-ты, производящие «интеллектуальную продукцию». Ш. первым предложил исследовать метрополии и провинции в связи с различ. положением, составом интеллектуальных групп; проследил становление, развитие, роль и место интеллектуалов как в развитых капиталистических странах США, Великобритании и др., так и в странах «третьего мира». Его работа в этой области оказала заметное влияние на дальнейшее исследование интеллектуальной жизни в зап. социологии. Ш. — один из авторов концепции деидеологизации. Именно он дал название этой концепции, выдвинув лозунг «конец идеологии» как попытку обоснования «чистой», свободной от *ценностных суждений* социальной науки.

В. Н. Фомина

Соч.: 1) Toward a General Theory of Action/ Parsons T., Shils E. Camb., 1951. 2) The Intellectuals and the Power: Other Essays. Chic.; L., 1972.

ШКОЛА «ИНТЕЛЛЕКТУАЛЬНОЙ» ИСТОРИИ — школа, ориентирующаяся на изучение социально-экономических, филос., научных, религ. и др. идей, игравших или играющих ключевую роль в процессе познания. Термин «интеллектуальная история», давший название течению, принадлежит известному амер. историку П. Миллеру, написавшему книгу «Сознание Новой Англии» (1935), в к-рой прошлое опред. социального и культурно-географического региона исследовалось с т. зр. истории идей, распространенных среди поселенцев Новой Англии в Америке, в частности идей пуританизма. Заметное влияние на формирование школы оказала книга А. Лавджоя «Великая цепь бытия» (1936). Окончательно сложилась Ш. «и.» и. во второй половине 70-х гг., когда интерес к теоретико-методологическому обоснованию познания исторических и социально-политических процессов в англоязычных странах, особенно в США, резко возрос в связи с активизацией консервативных настроений с их акцентом на роль исторических ценностей прошлого в современности (*Неоконсерватизм*), а также в связи с общей реакцией на засилье квантификационных методов познания в истории и особенно в социологии. Согласно Ш. «и.» и., в социологии должны исследоваться идеи из познавательной, эстетической или любой др. сферы жизнедеятельности людей, наблюдаемой исследователем, напр., уровень коллективных ментальностей, вер, ожиданий, относящийся к социально-политической истории и истории культуры. Собственно Ш. «и.» и. исследует абстрактно-теоретические системы, в к-рых философски осмысливаются социальные реальности и коллективные ментальности (уровень формальных систем мыслей), осуществляя функцию междисциплинарного анализа в обществ. науках. Совр. представители Ш. «и.» и.: Дж. Хайам, К. Бринтон, Р. Стромберг, Р. Дарнтон, Д. Холлинджер, А. Вэйси, Д. Росс, Дж. Вуд и др.

В. И. Шамшурин

Лит.: 1) *Гаджиев К. С.* Эволюция основных течений американской буржуазной идеологии: 50—70-е годы. М., 1982. 2) *Шамшурин В. И.* История идей и историческое сознание: Р. Дж. Коллингвуд и его последователи//Вопросы философии. 1986. № 5. С. 127—136. 3) New directions in American intellectual history. L., 1979. 4) *Kelley D. R.* Horizons of intellectual history of ideas. Philadelphia, 1987. V. XLIII. N. 1. P. 143—169.

ШМИТТ (Schmitt) **Карл** (11.07.1888, Плеттенберг — 17.03.1985, там же) — нем. (ФРГ) юрист, политолог, социолог. В 1921—1945 гг.— проф. в Грейфсвальде, Бонне, Кёльне, Берлине. Решительный критик политики и философии *либерализма,* теоретик тотального гос-ва, один из первых представителей *знания социологии.* В 1933—1936 гг. тесно сотрудничал с нацистами, затем постепенно оказался в неявной оппозиции к режиму. Наряду с *Фрайером, Шпенглером, Юнгером* и др. Ш. принадлежит к группе консервативных политологов антропологической ориентации, для к-рых политика явл. высшим модусом человеческого существования. Наиболее подробно эта концепция разработана Ш. в 1922—1933 гг., когда его осн. теоретические убеждения характеризовались децизионизмом (от decisio — решение), видящим именно в авторитетном решении последний источник права. На децизионистской основе он конструирует понятие «политическое». Ш. исходит из относительно самостоятельного существования таких областей человеческого мышления и поведения, как «моральное», «эстетическое», «экономическое» и т. д. Для каждой из них характерно «специфическое различие»: доброго и злого, прекрасного и безобразного, выгодного и невыгодного. Осн. политическое различение есть различение друга и врага. При этом понятие друга отодвигается на второй план. Первично понятие врага. «Враг, по меньшей мере... по реальной возможности, есть только *борющаяся* совокупность людей, к-рая противостоит другой такой же совокупности. Враг есть лишь общественный враг, ибо все, что имеет отношение к такой совокупности людей, особенно к целому народу, благодаря этому становится общественным» [1, 5, 6]. Борьба между ними есть борьба на уничтожение, т. е. война: Политическое — не столько сама борьба, сколько та сфера поведения людей, к-рая формируется ввиду реальной возможности борьбы. А поскольку политическое противостояние не основано на экономических, нравственных и т. п. принципах (они могут быть привлечены для мобилизации враждебности или же достигнуть чрезвычайной интенсивности, так что, напр., экономический конкурент становится политическим врагом; но тогда главное, что он — враг, а не то, что он — конкурент), то проблема состоит в том, кто именно принимает решение о политическом или неполитическом характере существующих ассоциаций и диссоциаций. Субъектом такого решения явл. верховная политическая власть, к-рая (но не обязательно) должна принадлежать гос-ву. В 20-е гг. Ш., подобно Фрайеру, Юнгеру и др., высшей политической общностью считал гос-во. В 1933—1934 гг. он приходит к идее «тройного членения» политической общности на «движение» (партию), «гос-во» и «народ», представленный во внегос. и непартийных организациях (напр., профсоюзах). Одновременно он покидает почву децизионизма, переходя к «конкретному мышлению о порядке». После войны он исследует общие вопросы экзистенциального противостояния в глобальных понятиях «земля» и «море», «Восток» и «Запад», проблемы антропологического самоопределения человека через противостояние «брату» как врагу и узрение во враге «брата». Концепция Ш. повлияла на взгляды франц. правых теоретиков (*Фрейнд,* А. де Бенуа), активно используется *неоконсерваторами* в ФРГ.

А. Ф. Филиппов

Соч.: 1) Der Begriff des Politischen//Archiv für Sozialwissemschaft und Sozialpolitik. 1927. Bd. 58. H. 1. S. 1—33. 2) Politische Theologie. Münch.—Lpz., 1934. 3) Positionen und Begriffe. Hamb., 1940.

ШОМБАР ДЕ ЛОВ (Chombart de Lauwe) **Поль Анри** (18.04.1913, Комбре) — франц. социолог, один из наиболее видных представителей социологии города во Франции. Его теоретические воззрения в области городской социологии сложились под влиянием амер. *(Чикагская школа)* и франц. *(Дюркгейм, Мосс, Хальбвакс)* социол. традиций. Они укладываются в рамки т. наз. урбанизма, предполагающего возможность изменения социальных отношений и создания социальной справедливости путем изменения пространственных структур через городское планирование с учетом потребностей различ. социальных слоев. С начала 50-х — середины 60-х гг. школа Ш. де Л. практически не имела конкурентов в области социологии города во Франции. В этот период под его руководством была проведена серия крупномасштабных прикладных исследований, касавшихся социально-пространственного развития Парижской агломерации, жизни рабочих семей в крупных городах, положения работающих женщин. Эти исследования позволили собрать обширный фактический материал и описать ряд социальных противоречий, отличающих развитие урбанизационных процессов в Парижском районе. Однако Ш. де Л. и его коллеги не вышли на объяснение закономерностей и раскрытие противоречий, связанных с общими тенденциями и противоречиями капиталистической урбанизации во Франции, за что в числе др. сторонников урбанизма были подвергнуты критике представителями неомарксистского течения во Французской социологии города, сформировавшегося на рубеже 60—70 гг.

О. Е. Трущенко

Соч.: 1) Paris et agglomeration parisienne. P., 1952. 2) La vie quotidienne des familles ouvrieres. P., 1956. 3) Images de la femme dans la société. P., 1964. 4) La fin des villes: Mythe ou réalité. P., 1982.

ШПАНН (Spann) **Отмар** (01.10.1878, Альтманнсдорф-под-Веной — 08.07.1950, Нойштифт) — австр. экономист, социолог, философ. Основатель школы политической экономии и социологии. С 1919 г.— проф. в Венском ун-те. Создатель «универсалистически-идеалистического» учения об об-ве. Согласно социол. методологии Ш., к-рую он называл «универсалистическим методом», необходимо предварительное рассмотрение того, какие человеческие действия функционально значимы для сохранения и поддержания именно данного типа социальной деятельности, подлежащей конкретному социальному исследованию (напр., какие действия отличают предпринимателя именно как предпринимателя); лишь затем возможна постановка таких вопросов, как: в чем эти действия выражаются, каковы их мотивы и т. д. «Универсалистический метод» вел к признанию примата социальности над индивидуальностью *(Социологизм)*, поскольку обнаруживал, что смысл действий отдельных индивидов включен в некую социально-смысловую тотальность. Отсюда главный постулат социол. теории Ш.: отдельного индивида следует рассматривать с социол. и экономической т. зр. только как члена социальной целостности. Последнюю Ш. идентифицировал с «истинным гос-вом». Ш. выступал с критикой марксистской теории классовой борьбы, полагал, что «истинное гос-во» должно носить не классовый характер, а иметь социально-профессиональную основу. Оказал нек-рое влияние на М. *Вебера, Шелера*.

А. Н. Малинкин

Соч.: 1) System der Gesellschaftslehre. B., 1914. 2) Irrungen des Marxismus. 1928. 3) Hauptpunkte der universalistischen Staatsauffassung. 1929. 4) Der wahre Staat. Jena, 1938. 5) Die Haupttheorien der Volkswirtschaftslehre. Hidb., 1949.

ШПЕНГЛЕР (Spengler) **Освальд** (29.05.1880, Бланкенбург, Гарц — 8.05.1936, Мюнхен) — нем. философ истории и культуры; представитель философии жизни; социальный философ и публицист консервативно-националистического направления, подготовившего интеллектуальную атмосферу для т. наз. «национал-социалистического мировоззрения», к-рое ассимилировало ряд идей Ш.; автор широко известного труда «Закат Европы», в к-ром предсказывал неминуемую гибель зап.-европ. цивилизации. Философия истории Ш. строится на основе специфического истолкования культуры, к-рая рассматривается, во-первых, не как единая общечеловеческая культура, а как расколотая на восемь культур, каждая из к-рых вырастает на основе своего собственного уникального «прафеномена» — способа «переживания жизни»: египетская, индийская, вавилонская, китайская, греко-римская, византийско-арабская, культура майя, а также пробуждающаяся русско-сибирская культура; во-вторых, как подчиненная жесткому биологическому ритму, определяющему осн. фазы ее внутр. развития: рождение и детство, молодость и зрелость, старость и «закат». На основе этой биологической ритмики в пределах общего «цикла» эволюции каждой из вышеупомянутых культур выделяются два главных этапа: этап восхождения культуры (собственно «культура») и этап ее нисхождения («цивилизация»). Первый из них характеризуется «органическим» типом эволюции во всех сферах человеческой жизни — социальной и политической, религ. и этической, художественной и научной, второй — «механическим» типом эволюции, представляющим собою «окостенение» органической жизни культуры и ее распад. Эпоха «закостенения» творческих начал культуры в механически-безжизненных формах «цивилизации» сопровождается, по Ш., процессами «омассовления», проникающими во все сферы человеческой жизни. Символами этого «омассовления» явл. огромные города, приходящие на место разбросанных по земле (и живущих в неразрывном единстве с нею) деревень и небольших городов. Процесс «омассовления», означающий развитие «цивилизации» на основе количественного принципа, заменившего кач. принцип «культуры», находит свое дополнение в «глобализации» форм и способов человеческого существования — хоз-ва, политики, техники, науки и т. д.; а это в свою очередь свидетельствует о господстве в жизни человека «цивилизации» принципа пространства над принципом времени. Это находит концентрированное выражение в мировых войнах, цель к-рых — глобальное господство над миром гос-ва победителя — явл. высшим смыслом существования «цивилизации» и олицетворяющего ее «Цезаря» (фигура, согласно Ш., неизменно возникавшая во всех культур на стадии «цивилизации») [2]. Несмотря на то что бесконечная череда войн, ведущихся за мировое господство, и есть, по Ш., форма самоотрицания и гибели культуры в целом, он относится к подобной перспективе с мрачным воодушевлением, не видя для людей эпохи «цивилизации» никакого более высокого смысла, чем участие в таких войнах («Годы решения. Германия и всемирно-историческое развитие», 1933) [4]. В целом его концепция отмечена «свинцовым» (по выражению Т. Манна) фатализмом, не оставляющим человеку никакой иной перспективы, кроме перспективы следования требованиям, предъявляемым ему культурой, замкнутой в рамках своего способа «переживания жизни» и своего «жизненного ритма»; отсюда и своеобразный «героический пессимизм» Ш., требующий от человека энтузиазма в ситуации фатально предписанной ему перспективы существования — какова бы она ни была («Пессимизм?», 1921). Не являясь автором идеи выделения в рамках культуры «органических» и «механических» начал, Ш. придал этой дихотомии настолько сенсационную форму, что, говоря о «культуре» и «цивилизации», в социально-филос. и социол. лит-ре чаще всего ссылаются именно на него. Социальная философия Ш. неоднократно подвергалась аргументированной и убедительной критике с самых различ. сторон, что, однако, не мешало ее популярности в тех кругах, к-рые ориентировались не на разумность теоретической аргументации, а на эмоциональное впечатление, производимое эстетски-снобистской манерой изложения, получившей характер моды в зап. социальной философии 20 в. [5].

Ю. Н. Давыдов

Соч.: 1) Der Untergang des Abendlandes. Münch., 1918—1922. 2) Jahre der Entscheidung. Münch., 1933.

ШТАРНБЕРГСКАЯ ШКОЛА СОЦИОЛОГИИ НАУКИ — см. *Науки социология.*

ШУМПЕТЕР (Schumpeter) **Йозеф А.** (08.02.1883, Триш, Моравия,— 08.01.1950, Таконик, США) — австр. и амер. экономист и социолог. Испытал значит. влияние идей К. Маркса и М. *Вебера*. Преподавал в Черновицах, Граце, Бонне, в США (Гарвард) — в 1927, 1930 и 1932—1950 гг. В 1919 г.— министр финансов Австр. Республики. Задачу социальных наук Ш. усматривал в сборе, анализе и упорядочивании фактического материала для обнаружения закономерностей. При этом социология, изучающая взаимодействие индивидов и групп в социальном целом, должна не просто описывать факты, но создавать четкие аналитические конструкции, сводящие сложные ситуации к связи немногих простых переменных. В подходе к анализу фактического материала Ш. придерживался *свободы от оценочных суждений принципа*. Первая аналитическая схема, созданная Ш., описывала круговорот экономической деятельности как устойчиво равновесную систему. Центральное место этой статической модели принадлежит «новатору»-предпринимателю (фигуре, свойственной лишь капитализму), к-рый в поисках новых возможностей получения прибыли использует банковский кредит для закупки новых факторов производства, создания новых фирм и тем самым вносит элемент динамики в описываемую модель. Вновь открытые возможности используют др. предприниматели, пока не иссякнут инвестиции и не установится новое равновесие. Т. обр., «предприниматели — это особый тип, а их поведение — особая проблема, движущая сила значительного числа важных феноменов» [1, 82]. Их роль не сводится к чисто личной энергии и напору: помимо опред. институциональной структуры (денежной и банковской системы) предполагается еще традиция предпринимательства, хозяйственный настрой и соотв. ему мотивация. Именно с судьбой предпринимательства Ш. в значит. мере связывает неизбежный, по его мн., закат капитализма и переход к социализму. Во-первых, функции индивидуального предпринимателя переходят к крупным корпорациям. Во-вторых, капитализм создает такую атмосферу, в к-рой непрерывные экономические изменения кажутся самоочевидным делом. Но и помимо этого капитализм обречен. Если на уровне корпорации буржуа — предприниматель и собственник — становится не нужен перед лицом разросшегося бюрократического аппарата управления и теряет способность защищать капитализм, то на уровне об-ва разрушается бюрократический «защитный слой» (унаследованная капитализмом аристократически-феодальная управляющая прослойка) и возникает общая критическая установка к капитализму, находящая своих носителей в особой общест. группе — «интеллектуалах». Капитализм сам производит эту критически-рациональную установку, к-рая, «после того как она разрушила моральный авторитет столь многих других учреждений, обращается, наконец, против своего собственного: к своему удивлению, буржуа видит, что рационалистическая установка не останавливается на полномочиях королей и пап, но переходит к атаке на частную собственность и всю схему буржуазных ценностей» [2, 231]. Критическая установка интеллектуалов — предельное выражение общей враждебности к капитализму, к-рый не имеет в себе ничего «очаровывающего», притягательного. Ее распространению способствует свобода печати — неизбежный спутник бурж. правопорядка, а ее радикализации — необходимость получить доверие у рабочих, к-рым интеллектуалы чужды. Возникающий на этой основе социализм Ш. представлял как царство централизованного, насквозь бюрократизированного управления. Развитая Ш. «социология интеллектуалов» была потом принята и переосмыслена теоретиками разных направлений во мн. странах.

А. Ф. Филиппов

Соч.: 1) The theory of economic development. Camb.; Mass., 1934. 2) Kapitalismus, Sozialismus und Demokratie (1942). Bern, 1946. 3) History of economic analysis. N. Y., 1954.

ШЮЦ (Schütz) **Альфред** (13.04.1899, Вена — 20.05.1959, Нью-Йорк) —

австр. философ и социолог, последователь Гуссерля, один из основоположников социальной феноменологии и *феноменологической социологии;* изучая юриспруденцию в Вене, служил юрисконсультом в банковских фирмах, одновременно посвящая себя научным занятиям, с 1939 г.— в эмиграции в США, с 1953 г.— проф. социологии нью-йоркской Новой школы социальных исследований. В философии Ш. разрабатывал своеобразную версию нетрансцендентальной феноменологии, близкую экзистенциалистской трактовке феноменологии у Хайдеггера. Осн. внимание уделял созданию филос. фундамента социальных наук. Используя описательный феноменологический метод и идеи М. *Вебера,* Дж. Г. *Мида,* Бергсона, У. Джемса, Ш. выдвинул собственную версию *понимающей социологии,* в к-рой прослеживаются процессы становления человеческих представлений о социальном мире от единичных субъективных значений, формирующихся в потоке переживаний индивидуального субъекта, до высокогенерализованных, интерсубъективно обоснованных конструкций социальных наук, содержащих эти значения в преобразованном, «вторичном» виде. Тем самым Ш. пытался решить (применительно к области социального знания) поставленную Гуссерлем задачу — восстановить связь абстрактных научных понятий с *жизненным миром,* миром повседневного знания и деятельности. Фактически задача состояла в необходимости понять процесс становления объективности социальных феноменов на основе субъективного опыта индивидов. Ш. показал, как неизбежная ограниченность и специфичность индивидуального опыта преодолеваются благодаря свойственным повседневному взаимодействию идеализациям («тождества объектов» и «взаимозаменяемости точек зрения»), в силу действия к-рых складывается стандартизованная типологическая структура восприятия объектов, личностей, мотивов деятельности в повседневной жизни. Повседневные типы («конструкты первого порядка») явл. основой формирования объективных научных понятий («конструктов второго порядка»). Последние связаны с первыми генетически и схожи по способу образования. Т. обр., наука связывается с повседневностью, научные понятия обретают фундамент и историю в повседневном знании и деятельности. В то же время наука утрачивает свое привилегированное положение, теряет право на исключительную объективность и истинность суждений о социальной жизни. Она всего лишь один из ин-тов, формирующихся в рамках повседневности и удовлетворяющих потребностям повседневной практической деятельности. По Ш., сфера научного знания — одна из мн. «конечных областей значения», один из мн. «миров опыта», каждому из к-рых может быть приписано свойство реальности. Др. подобные «миры» — мир художественной фантазии, мир религиозной веры, мир душевной болезни и т. д. и т. п. Каждый из этих миров представляет собой совокупность данных опыта, характеризующуюся опред. «когнитивным стилем» и представляющую собой — по отношению к этому стилю — единое и непротиворечивое целое. Когнитивный стиль — сложное образование, сочетающее в себе специфическое решение проблемы существования данных в опыте объектов и явлений, специфическую форму личностной вовлеченности, своеобразие проявления человеческой активности и т. п. Ш. показывает, что наиболее полно и последовательно человеческая субъективность реализуется в мире повседневности. Повседневность — одна из сфер человеческого опыта, характеризующаяся особой формой восприятия и осмысления мира, возникающей на основе трудовой деятельности. Как таковая, повседневность является «высшей реальностью», она неизбежно оказывается основой, на к-рой только и могут формироваться все проч. миры опыта.

Л. Г. Ионин

Соч.: 1) Структура повседневного мышления //Социологические исследования. 1988. № 2. 2) Collected papers. I—III. Hague, 1962—1966. 3) The phenomenology of the social world. L., 1972.

Э

ЭВОЛЮЦИОНИЗМ социальный — концепции обществ. развития 19 — первой половины 20 в., опирающиеся на понятие «эволюция». Как тип филос.-исторического мышления Э. с. имел наивысший авторитет во второй половине 19 в. после распространения дарвинизма. Но сама по себе идея социальной эволюции как закономерного развития об-ва существовала задолго до признания эволюции биологических видов. Элементы теории социальной эволюции в широком смысле развивали Аристотель, Лукреций, *Вико, Тюрго,* Гегель, *Конт* и мн. др. Совр. Дарвину авторы «классических» концепций Э. с. *Спенсер* и *Тайлор* настаивали на своей независимости от него. И наоборот, мн. понятия эволюционной биологии («борьба за существование», «конкуренция», «прогресс» и др.) выросли из социальных прототипов. Именно общекультурной атмосферой, созданной философией обществ. наук, во мн. объясняется массовый быстрый успех дарвинизма. Но уже к концу 19 в. популяризаторы науки переписали ее историю так, будто окончательную победу эволюционного метода «логически и исторически» увенчало его приложение к социологии (в соответствии с иерархией наук *Конта,* где биология — непосредственный исторический предшественник и логическая база социологии). На самом же деле развитие в рамках дарвинизма теории естеств. отбора, теории происхождения человека влияло на первоначальные идеи обществ. развития, и продукты этого сложного взаимодействия составили Э. с. как социол. течение в узком смысле. Осн. принципы, базирующиеся на убеждении, что прошлое человечества можно восстановить, изучая существующие примитивные об-ва, а историческая родословная совр. об-в прослеживается по «пережиткам» внутри них первобытных идей и обычаев, Э. с. заимствовала из социальной антропологии и этнологии того времени. Тогда же Э. с. занял господствующие позиции в «генетической социологии», исследующей вопрос о происхождении обществ. жизни и ее ин-тов (религии, брака и т. д.), а также реконструирующей недокументированный отрезок эволюции, совершившийся до появления письменности. Здесь по частному вопросу эволюции брачно-семейных отношений Дарвин, А. Уоллес, Э. А. Вестермарк использовали теорию полового отбора для критики понятия первобытного промискуитета у ведущих теоретиков матриархата в Э. с. *Моргана,* Дж. Ф. Мак-Леннана и Дж. Леббока. Позднее Э. с. чаще всего критиковали (функционалисты и др.) именно за эту (опиравшуюся на произвольное пользование сравнительно-историческим методом) традицию спекулятивной и часто этноцентричной реконструкции происхождения обществ. ин-тов, за построение стадий эволюции «методом ножниц и клея» (т. е. искусственного подбора примеров из мн. об-в и эпох без должного учета целостного социокультурного контекста, из к-рого эти примеры вырывались). Хотя мн. из содержательных суждений ранних эволюционистов со временем были отвергнуты наукой, это не обесценило саму идею социальной эволюции. Острый теоретический спор, неисчерпанный до сего дня *(Неоэволюцио-*

низм), концентрировался вокруг проблемы применимости дарвиновских принципов к эволюции человеческого об-ва. Строгое их проведение требует рассматривать об-во и любую форму организации как бесструктурную совокупность свойств или элементов, а эволюцию как процесс изменений во времени их относительной частоты благодаря случайным вариациям и естеств. отбору. В рез-те конкуренции в опред. среде нек-рые типы социальных явлений начинают количественно преобладать в силу лучших приспособительных кач-в, а др. вытесняются. Такая трактовка эволюции встретила активное сопротивление со стороны мн. религ. идеологов и философов антипозитивистской ориентации, поскольку казалась отрицанием всякого внутр. смысла, моральной цели и у природы, и у человечества, заменой социального порядка хаосом. Но и позитивистская эволюционная социология (Спенсер и др.) не соглашалась игнорировать очевидные структурные свойства социальных систем, взаимосвязанность социальных изменений и зависимость их направленности от исторически сложившейся внутр. организации об-ва. Наряду с понятием эволюции, управляемой слепой причинностью, эта социология часто прибегала к понятию прогресса, телеологической эволюции, в к-рой коллективный разум соединенных в об-во людей постепенно научается пользоваться природной причинностью для своих целей, так что последняя до неразличимости отождествляется с разумной целесообразностью, пользой, историческим раскрытием цели этой эволюции. Позитивистский Э. с. был убежден в единообразии законов природы в физическом и моральном мирах и, следовательно, в применимости универсальных принципов развития во всех науках. Спенсер сосредоточился на поисках сходств, всеобщих структурных закономерностей в неорганической, биологической и социальной эволюциях. Последняя составляет часть Большой Эволюции, к-рая изначально есть внутренне направленный процесс появления все более сложных форм, благодаря непрерывному взаимодействию двух осн. подпроцессов: дифференциации (постоянно возникающей неоднородности и нарастающего разнообразия структур внутри любых систем) и интеграции (объединения расходящихся частей в новые целостности). Дифференциация неизбежна, ибо одинаковая сила производит несходные изменения в. различ. частях системы, делая однородное многообразным. При интеграции отбираются наиболее устойчивые структурные соотношения между расходящимися частями в направлении наименьших сопротивлений среды. Понятием «прогресс» Спенсер оперировал не в морально-оценочном, а в морфологическом смысле, подобно биологам, различающим «высшие» и «низшие» по уровню организации организмы. Большое эволюционное значение он придавал возрастанию размеров об-в: структурная разнородность, разделение труда и т. п. возможны только при множественности единиц. Массы населения — условие и рез-т усложнения организации. Хотя Спенсер включил понятие естеств. отбора в свою схему эволюции, оно подчинялось у него органическому взгляду на об-во, плохо сочетаемому с принципом случайности. Отбор случайных изменений играет вторичную роль в его теории, и эволюция об-ва больше походит на серию приспособительных реакций структурированного целого (во мн. отношениях подобного организму) на давление конкуренции в его окружении. Спенсер справедливо отверг взгляд на об-во как на беспорядочную совокупность черт, но преувеличил его организмические свойства (*Органицизм*). Тем не менее признание структурных свойств об-ва, существенной взаимозависимости между его составными частями исключало трактовку социальных изменений и нововведений как случайных мутаций, пассивного материала для отбора социальной же средой. Эта среда — организованная, и не только отбирает, но и производит и видоизменяет обществ. нововведения и заимствования. Они оказываются не предметом свободного выбора, но обусловленными всем предществующим ходом обществ. развития, «органичными» для данных порядков. Спенсерову концепцию об-ва, совмещавшую органицизм с индивидуализмом, позднее разделяли *Дюркгейм,* основоположники амер. социологии, М. Ковалевский, *Радклифф-Браун* и структурно-функциональная школа. Для социологии неоламаркизм Спенсера, подчеркивавший прямое влияние социальной среды, оказался более приемлемым, чем классический дарвинизм. Индивиды приспосабливают поведение к ин-там своего об-ва и постепенно приобретают наследственную предрасположенность к опред. типам социального поведения. Оно подчиняется законам естеств. отбора, и, т. обр., «полезные» обычаи должны «выживать» подобно «полезным» физиологическим характеристикам. Характерно, что и сам Дарвин колебался между ламаркизмом и идеей спонтанной вариации, между телеологичностью и непредсказуемостью эволюции. В теории умственной эволюции человека он склонялся к отождествлению развития с прогрессом, считая сложность человеческих способностей потенциально преданной, а историю — средством реализации в ходе постепенной эволюции этой многосторонности человека. Следствием этого была идея некоей психической лестницы эволюции, на к-рой «примитивные расы» занимают низшие ступеньки (*Дарвинизм социальный*). Напротив, Тайлор развивал теорию эволюции, где человеческая природа принята за относительно постоянный фактор в истории. Изменяются обычаи, верования, знание и др. эволюционные переменные культуры. Если почти все теоретики Э. с. соглашались, что интеллектуальный и технический прогресс человечества действительно существует, то «моральную эволюцию» многие, начиная с А. Уоллеса, считали недоказанной. Но в Э. с. были и теории моральной эволюции (т. наз. «эволюционная этика»), допускавшие возможность постоянного морального усовершенствования человечества как субъекта бесконечного прогресса. Эти идеи были уже у Кондорсе, Конта и др., но эволюционная этика хорошо вписалась в англ. эмпирическую традицию поисков «научной» основы морали и социальной ответственности, биосоциальной генеалогии моральных идей. Мн. вслед за Дарвином искали первоначальный базис морали в социальном или родительском инстинктах. Споры здесь шли между теми, кто подчеркивал, что эволюция могла осуществляться только благодаря расширению морального и рационального выбора (Беджгот, Л. Стефен, *Хобхаус* и др.), и теми, кто выдвигал на первый план наследственность (евгеническое движение), бессознательные потребности обществ. организма как критерий социальной полезности морали, ее функциональности в сохранении об-ва и т. п. Нередко оба подхода противоречиво сочетались в одной концепции. Как и совр. функционалисты, теоретики Э. с. конца 19 в. связывали рождение социального порядка с идеями и ценностями долга, взаимных обязанностей, насаждаемыми в головах людей обществ. ин-тами. «Свободная» рациональность человеческого поведения мыслилась не индивидуальной, а подчиненной более высокой социальной рационализации. При этом моральная эволюция не отменяла «борьбу за существование», но вносила в нее мирные, «интеллектуальные» средства. Интеллектуалы рассматривались как проводники прогресса, своей изобретательностью обеспечивающие социальные вариации, расширяющие поле свободного выбора и образцы для подражания. Цель хороших социальных ин-тов, по Хобхаусу,— содействие тому, чтобы «выживали» морально наиболее достойные. Либеральные «прогрессисты» считали доказанным, что мораль не нуждается в санкции религ. веры и что эволюция сопровождалась постоянным ростом рациональности. Это рождало ответную реакцию: стремление показать огромную роль нерациональных факторов, в первую очередь религ. веры, в эволюционном выживании (Б. Кидд). Именно вера, по его мн., увеличивала солидарность и эффективность об-в, санкционируя массовый отказ от эгоистических интересов, что явл. условием обществ. прогресса. Напротив, разум — социально дезинтегрирующая сила, поскольку здравомыслящий «рациональный» человек должен следовать собственному интересу. Даже строя теорию эволюции средствами позитивного знания, мн. приверженцы теории социальной эволюции обращались к поискам трансцендентального морального идеала. Это превращало дарвинскую эволюцию в реализацию через историю некоего вечного морального архетипа. Но поскольку природа «морально лучшего об-ва» составляет предмет неразрешимого спора, то в 20 в. Э. с. отказался от открытых сравнений обществ. ин-тов по моральным критериям. Обобщенно, главные теоретико-методологические споры внутри Э. с. шли между 1) «эндогенизмом», приписывавшим развитие об-в их внутр. свойствам, и «экзогенизмом», выделяющим в первую очередь внешние факторы (*Диффузионизм*); 2) структурализмом (холизмом), упиравшим на свойства целостностей, не сводимые и не объяснимые свойствами частей, и атомизмом (методологическим индивидуализмом), к-рый допускал, что системное целое можно понять как агрегат опред. рода осн. единиц, «строительных блоков», «корпускул культуры» и т. п.; 3) «идеализмом», придававшим решающее значение в развитии сдвигам в «центральном ядре ценностей», нравственных стереотипах, и «материализмом», к-рый приписывал экономическому базису об-ва, способу производства и воспроизводства ключевую роль по отношению к остальным частям об-ва, его ин-там и верованиям; 4) детерминизмом и теориями эволюции, к-рые допускают ведущую роль случайных процессов. Все эти подходы встречались в Э. с. в разнообразнейших исторических сочетаниях. Отношение к наследию Э. с. в совр. зарубежной социологии варьирует от нигилизма, избегающего даже употребления слова «эволюция», до признания прямой теоретической преемственности с ним. Совершенно не приемлют Э. с. концепции исторического и культурного релятивизма и все учения, исходящие из абсолютной непримиримости исторической закономерности с признанием свободы воли. Но и у сторонников Э. с. его притязания существенно уменьшились. Сам принцип эволюции больше не считается универсальным, не распространяется на все социальные явления, поскольку, во-первых, существуют институции, к-рые не поддаются упорядочению в к.-л. последовательность развития; во-вторых, наблюдаются нек-рые «исторические инварианты», устойчивые различения (между «священным» и «мирским» и т.п.) или опред. типы верований и ценностей, существенные черты к-рых сохраняются неизменными сквозь все радик. перестройки др. аспектов социальной организации. В связи с этим ограничению подвергся и принцип беспредельности и непрерывности изменений в эволюции (эти ограничения проистекают из идей формы, целого, системы, утверждающих взаимную связь своих частей и элементов и тем самым полагающих границы их изменениям). В противовес этому утверждаются представления об эволюции как о процессе, посредством к-рого реализуется внутр. мера, скрытый потенциал явления путем выработки его новых структурных форм. В совр. социологии сильнее стали сомнения в плодотворности применения биологических концепций к социальной эволюции. Отсюда стремление строить теории последней на собственной базе обществоведения, не исключая и метафизики.

А. Д. Ковалев

Лит.: 1) *Дарвин Ч.* Происхождение человека и половой отбор. М.—Л., 1935—1959. 2) *Тайлор Э. Б.* Первобытная культура. М., 1989. 3) *Spencer H.* Principles of sociology. L., 1893. 4) *Hallpike C. R.* The principles of social evolution. Oxf., 1986.

ЭГАЛИТАРИЗМ (от франц. égalité — равенство) — концепция всеобщего равенства, получившая широкое распространение начиная с эпохи бурж. революций (*Руссо,* Бабеф и др.). Исторически сложились две осн. концепции Э.— как равенства возможностей и как равенства рез-тов. Существенной для Э. явл. проблема соотношения вклада и вознаграждения, способностей и потребностей, возможности, желательности и меры перераспределения доходов и др. В наст. время в зап. обществ. мысли противостоят друг другу два осн. подхода. Неолибералы (*Неолиберализм*) и социал-демократы придерживаются умеренно эгалитаристских идей, стремятся обосновать и осуществить различ. формы компромисса между концепциями равенства возможностей и равенства рез-тов. Они выступают за известное сглаживание имущественных различий, сдерживание разрыва в доходах посредством гос. регулирования, налоговой политики, различ. социальных программ, дотаций, пособий и т. д. Неоконсервативные теоретики и политики (*Неоконсерватизм*) отвергают Э. По их мн., равенство рез-тов противоречит принципу свободы и природе человека, искусственно насаждаемое равенство рез-тов подрывает эффективное функционирование обществ. организма, порождает иждивенческие настроения.

С. А. Эфиров

Лит.: 1) *Мальцев Г. Ф.* Буржуазный эгалитаризм. М., 1984. 2) *Bouglé Les idées galitaires, étude sociologique.* P., 1925. 3) Ackerman B. Social ustice in the liberal state. N. Y., 1986.

ЭКЗИСТЕНЦИАЛЬНЫЙ МЕНЕДЖМЕНТ (existencial management) — направление в амер. социологии управления, к-рое в противовес формально-аналитическим построениям и эмпирическим исследованиям как осн. инструменту традиционной школы *менеджмента* акцентирует значение личных переживаний и жизненных ситуаций субъектов действия, не поддающихся эмпирической верификации. Теоретическим источником Э. м. явл. экзистенциальная ориентация в социологии, опирающаяся на философию Кьеркегора, Сартра и Камю. Центральная идея, лежавшая у истоков формирования Э. м. (60—70-е гг.), родилась из осмысления того обстоятельства, что в реальной действительности менеджер далеко не всегда соблюдает требования научной организации труда и управления, часто нарушает их и ведет себя самым непредсказуемым образом. Теоретики Э. м., напр. Г. Одиорне, полагают, что существующие школы менеджмента упрощенно трактуют уникальную реальность, в к-рой вынужден действовать руководитель. Последний страдает не столько от недостатка теоретических рекомендаций и отсутствия эмпирических данных, сколько от избытка таковых. В то время как традиционная социология управления движется к сложным формализованным структурам управления крупными организациями, сторонники Э. м. призывают вернуться к реалиям *жизненного мира*, поставить в центр внимания деятельность мелких фирм, где менеджеры в гораздо большей мере, чем в крупных корпорациях, подвержены риску и поведение к-рых с трудом поддается точному математическому описанию и однозначной интерпретации. Свою концепцию Э. м. его сторонники противопоставляют традиционным для амер. социологии управления представлениям о рациональном характере деятельности руководителя и возглавляемой им организации — модели «экономического человека» Ф. Тейлора (*Тейлоризм*), концепции «административного деятеля» Г. Саймона, стратегия планирования персонала и т. д. Все они оперируют системами с четким разделением прав и ответственности, жесткой иерархией и тотальным аппаратом контроля, предполагающими беспрекословное подчинение установленным нормам и стандартам. Однако обнаружившаяся неэффективность такого рода крупномасштабных, линейноштабных структур управления заставляет, по мн. сторонников Э. м., поставить под сомнение общепринятые представления о якобы рациональном характере управленческой деятельности. Согласно Э. м., деятельность менеджера протекает в условиях «пограничных ситуаций», в постоянно меняющейся обстановке со множеством переменных. Деловая удача — это чистая случайность, нечто вроде выигрыша в лотерею. Чтобы управлять фортуной, «сильные мира сего» вынуждены идти на махинации, сделки или подтасовку фактов. Все это — нормальные «правила игры» в неподдающемся планированию мире бизнеса, в мире, где всеобщий конфликт между ограниченными ресурсами и неограниченными притязаниями людей порождает у менеджера неустранимое чувство обеспокоенности, неудовлетворенности. Социально-филос. построения Э. м. опираются на эмпирические исследования Б. Клайнера, С. Джейла, К. Холла, Л. Савери о социально-психологических особенностях деятельности менеджеров, проявляющихся, в частности, в их повышенной предрасположенности к нервно-психическим срывам и психосоматическим заболеваниям.

А. И. Кравченко

ЭКОЛОГИИ СОЦИАЛЬНОЙ концепции (инвайронментализм) — теории, изучающие закономерности и формы взаимодействия об-ва со средой обитания, многообразие связей социальных изменений с изменениями в жизнеобеспечивающих материальных предпосылках социальных процессов. Инвайронментальная социология — дисциплина, использующая социально-экологический подход, ограничивая его рамками локального сообщества. Инвайронментализм в целом — общетеоретическая и мировоззренческая ориентация, в центре внимания к-рой находится взаимодействие социальных образований со средой обитания. Кроме того, инвайронментализм — социальное движение за кач-во среды обитания. Наиболее полное концептуальное развитие его идеи получили в амер. социологии. Социально-экологические концепции во мн. связаны с социал-дарвинизмом, *эволюционизмом,* инструментализмом, *натурализмом.* В условиях перехода от экстенсивного к интенсивному природопользованию в середине 19 в. сформировались четыре осн. социально-реформистские ориентации в решении проблемы взаимодействия об-ва и природной среды: консерватизм, охранительная концепция, экологизм и экономизм. Последняя ориентация отличалась оптимизмом в отношении естеств., стихийного разрешения экологических затруднений, антиреформизмом. Природа, с этой т. зр., существует для частного интереса и индивидуальной инициативы. Сторонники консерватизма (Б. Фернау, Дж. Пиншо и др.) представляли т. наз. «утилитаристское» крыло инвайронментализма, считающее, что реорганизация обществ. ин-тов должна быть направлена на рациональное и продуктивное природопользование, обеспечение экономического роста и эгалитарного распределения природных благ. В целом консерватизм занимался разработкой технологии управления природопользованием. В противоположность консерватизму («техноцентризму») охранительное движение («биоцентризм») выступало за сохранение дикой природы, к-рая, с его т. зр., обладает ценностью независимо от ее возможностей использования. Для биоцентризма («Сьерра Клаб», Дж. Мьюир, Дж. Катлин, Дж. Одюбон, Ф. Паркмен, Э. Эванс и др.), основывающегося на романтических представлениях о природе, заимствованных у «новоангл. трансцендентализма» (Р. У. Эмерсон, Г. Торо), характерно соотнесение об-ва с природой как с наиболее совершенным и наделенной духовными кач-вами сущим. Биоцентристы определяют инвайронментализм как способ (состояние) бытия и опред. тип поведения; по их мн., охрана и рациональное природопользование выступают лишь как внешние проявления более глубоких мотивов и ценностных ориентаций. Экологисты, наиболее близкие к академическим кругам, строят свою модель взаимодействия об-ва с природой на объективных, естеств.-научных закономерностях. Включая во взаимозависимые связи экосистемы и человеческие сообщества, они видят назначение социальной системы в том, чтобы обеспечивать оптимальное функционирование экосистемы и предотвращать нарушения экологических процессов. Представители этого направления предложили три социально-экологические идеи, к-рые до сих пор сохранили значение для инвайронментального теоретизирования: идеи экосистемного холизма (А. Леопольд), «морального сообщества» (соединяющую холизм с индивидуализмом) и биотического функционализма. Последняя заключается в том, что моральные нормы и социальные ин-ты, ими интегрируемые, рассматриваются как функциональные двойники естеств., биологических инстинктов, позволяющие сохранить целостность и гармонию экосистемы. Развитие инвайронментальных идей собственно в социологии связано прежде всего с «классической» социально-экологической концепцией *чикагской школы*. Основой этой концепции послужило представление об об-ве как об организме, о «глубоко биологическом феномене», обладающем помимо социального (культурного) уровня биотическим, к-рый лежит в основе всего социального развития и в конечном счете определяет тип обществ. организации *(Парк)*. Последователи чикагской школы предпринимали попытки переосмысления социально-экологической теории в направлении «социологизации» и преодоления биосоциального дуализма ее концепции *(Вирт,* Р. Маккензи*)*. В функционалистском варианте (40—50-е гг.) «сообщество» понималось уже не как «организм и носитель субсоциальных сил, а как функциональная единица, способная к взаимодействию со средой. Социальный атомизм «классической» концепции был заменен «организационным» функционализмом (А. Холи, *«Экологического комплекса»* концепция). Середину 70-х гг. можно считать началом нового этапа в развитии инвайронментальной социологии. Социально-экологические идеи были восприняты различ. социальными дисциплинами, что способствовало развитию междисциплинарных исследований по экологической проблематике; происходила заметная «экологизация» традиционных идеологических доктрин («экомарксизм», «экофеминизм», «экофашизм» и проч.). В последние десятилетия инвайронментализм перерастает узкие научные и национальные рамки, становится обоснованием глобальной переоценки ценностей, формирования нового мировоззрения, новых целей и приоритетов научного творчества, новым типом рациональности. «Новая инвайронментальная парадигма» в социологии (У. Каттон, Р. Данлап и др.) отрицает т. наз. социол. «герметизм», антропоцентризм в изучении об-ва, необходимость «экспоненциального экономического роста» и возможность непрерывного социального и культурного развития. Авторы «новой парадигмы» считают несостоятельными все предшествующие социол. теории объяснения социально-экологических противоречий обществ. развития, пытаются восстановить в социол. теории принцип гармонии взаимодействия природной и социальной среды. В целом совр. инвайронментальная социология ставит следующие задачи: создать основу для синтеза предшествующих традиций в социол. теории; объяснить на этой основе «новую социальную реальность», суть к-рой заключается в экологическом кризисе; дать направление радик. преобразованию системы ценностей совр. об-ва и соотв. этой системе новые образцы экологически оправданного поведения. К особенностям инвайронментализма можно отнести тесную связь с решением практических (локальных) задач; глобальную гуманистическую направленность, сближающую инвайронментальную парадигму с др. «альтернативными» движениями; попытки преодолеть социол. «герметизм», наладить междисциплинарные контакты, не повторяя при этом редукционистских ошибок в социол. теории. Хотя на совр. этапе развития «новой парадигмы», к-рый ее авторы считают начальным, ей не удалось осуществить задачи «синтеза» и переориентации социол. теории, выдвигаемая ею на первый план проблематика привлекает внимание все большего числа специалистов.

С. П. Баньковская

Лит.: 1) *Petulla J.* American environmentalism: Values, tactics, priorities. L., 1980.

ЭКОЛОГИЧЕСКОГО КОМПЛЕКСА теория — одна из социально-экологических концепций в социологии, описывающая механизм функционирования социоэкосистемы и выявляющая структуру социально-экологического процесса, приспособления организованных человеческих популяций к среде их обитания. Концепция Э. к. впервые сформулирована амер. социологом О. Данканом, затем развивалась в работах Л. Шноре и др. Экологический комплекс состоит из четырех компонентов: население, или популяция (Р); среда (Е); технология (не только овеществленные средства взаимодействия со средой, но и культура в целом) (Т); социальная организация (О; сокращенно — POET). Аналогичную структуру социально-экологического процесса можно найти и у *Парка*. Предполагая взаимосвязь элементов Э. к. и различ. их комбинации, авторы Э. к. т. сосредоточивают внимание на функционировании центрального, с их т. зр., компонента — социальной организации как «коллективной адаптации популяции к среде» и рассматривают ее в кач-ве независимой переменной в контексте трех остальных компонентов как зависимых переменных. Функционализм Э. к. т., уделяющий большое внимание процессу социальной организации и «образцам поведения», противопоставляется ее авторами культурологическому (нормативному) и бихевиористскому (социально-психологическому) подходам в социологии. С их т. зр., этот функционализм обосновывает ее «социологичность» и макросоциологическое значение Э. к. т. Особое значение в последнее время Э. к. т. имеет для т. наз. «инвайронментальной социологии», где он получает расширительную трактовку: социальная организация (О) состоит из культурной системы (CS), социальной системы (SS) и системы личности (PS); акцент исследования перемещается с «организации» на взаимодействие среды (природной) (Е) и собственно «социального комплекса» (РОТ).

С. П. Баньковская

Лит.: 1) *Duncan O. D.* Social organization and the ecosystem: Handbook of modern sociology/ Ed. by R. Faris. Chic., 1964.

ЭКОНОМИЧЕСКАЯ СОЦИОЛОГИЯ — отрасль социол. науки, изучающая взаимоотношения между экономической сферой и др. сферами жизни об-ва. Истоки Э. с. в зап. социол. лит-ре возводятся к трудам представителей классической экономической теории *Смита*, Д. Рикардо, *Милля* и Маркса, а также исторической школы в нем. политической экономии В. Рошера, Б. Гильдебранда, К. Книса, Г. Шмоллера, Л. Брентано, К. Бюхера; создание ее теоретических предпосылок связывают прежде всего с работами Д. М. Кейнса. В истории собственно социол. мысли начала Э. с. находят у *Спенсера* и Маркса; дальнейшее развитие этот круг идей получает в исследованиях проблемы разделения труда *Дюркгейма*, разработках теории социальных и экономических организаций М. *Вебера*, теории предпринимательства *Веблена*. Из работ совр. социологов особенно важное значение в этой связи придается исследованиям в области взаимоотношений экономики и об-ва *Парсонса*, Н. Смелсера и У. Мура. На разных этапах становления Э. с. преимущественное внимание уделяла анализу влияния различ. обществ. ин-тов — политических, правовых, религ. и т. д. на экономическую жизнь об-ва. Совр. Э. с., представляя экономическую сферу обществ. жизни как систему *ролей* и *статусов*, связанных с производством и распределением товаров и услуг, видит в ней лишь одну из подсистем социального целого, существующую наряду с такими его подсистемами, как комплексы политических, образовательных, религ. и т. д. ин-тов. Э. с. рассматривается скорее как одна из интегративных, теоретических отраслей социального познания, нежели как дисциплина, имеющая опред. область исследования. Материалы и выводы специалистов конкретных областей знания — экономистов, экспертов по трудовым отношениям, промышленных психологов, демографов, антропологов и др.— она использует с целью выявления влияния экономических факторов на различ. формы социального поведения, каузальных взаимосвязей между ними такого типа, как, напр., взаимосвязи между уровнем индустриализации данной страны и степенью политической активности тех или иных социальных слоев и групп. Особенно широко Э. с. применяет данные исследований *индустриальной социологии*, концептуально объединенные в рамках изучения социальных отношений в экономических организациях, а также *социологии общностей*, в первую очередь касающиеся проблем анализа структур *власти* и взаимоотношений между экономическими и политическими обществ. ин-тами. Кроме этого, она изучает социальную жизнь под углом зрения анализа взаимоотношений таких социол. феноменов, как *класс*, статус, власть, *малая группа*, *социализация* и др. в рамках экономической сферы как таковой, а также в процессе взаимодействия экономических ин-тов с политическими, образовательными и др., в ходе социальных изменений, связанных с модернизацией отсталых об-в и т. д. Э. с. рассматривает с самых различ. позиций и в самых разных ракурсах экономические системы и теории, существовавшие на протяжении исторического развития человечества. Среди них выделяются *феодализм*, сеньориализм, laissez — faire (эпоха свободного предпринимательства), *капитализм* и коммунизм, к-рые рассматриваются в следующих осн. аспектах: в плане исследования технологических изменений, разделения труда, стадий экономического развития и т. д. В свою очередь исследование, напр., стадий экономического развития совр. об-ва включает изучение традиционной экономики, проблем слаборазвитых стран, развивающихся наций и т. д. В число важнейших направлений Э. с. входит изучение проблем совр. капитализма, связанных с деятельностью транснациональных корпораций, профсоюзов.

А. И. Чупрынин

Лит.: 1) Sociology and economic life. Englewood Cliffs. N. Y., 1950. 2) *Moore W. E.* Industrial relations and social order. N. Y., 1951. 3) *Idem.* Economy and society. Garden City. N. Y., 1955. 4) *Parsons T., Smelser N. J.* Economy and society. N. Y., 1956.

ЭКСПРЕССИВНАЯ ОРИЕНТАЦИЯ — один из аналитически формулируемых способов ориентации деятеля на социальные объекты в теории социального действия *Парсонса*. Согласно Парсонсу, в плане ориентации социальное действие структурируется по двум осям: экспрессивность — инструментальность и подчинение — господство. Э. о., в отличие от инструментальной, подразумевает эмоциональную предрасположенность к объекту, а не просто его оценку в аспекте практической пользы. В дифференцированной системе действия экспрессивно ориентированные подсистемы связаны с внутр. проблемами системы, с поддержанием равновесия внутри системы, нарушаемого в связи с проблемами адаптации к внешним обстоятельствам, т. е. с инструментальными проблемами. В любой малой группе, будь то экспериментальная группа по решению к.-л. задачи или естеств. семья, происходит дифференциация экспрессивных и инструментальных функций и появление проблемного лидера и лидера-специалиста в социоэмоциональных вопросах (иногда эти функции могут совмещаться в одном лице). В рамках совр. зап. семьи, по мн. Парсонса, Э. о. присущи взаимодействию матери и ребенка, в то время как на отце лежат инструментальные функции. В то же время семья в целом выполняет экспрессивные функции в более широком социальном контексте.

Л. А. Седов

ЭЛИТАРНОГО ИСКУССТВА концепции — социально-филос. и эстетические теории, обосновывающие существование специфических форм иск-ва, создаваемых в расчете на то, что они будут понятны лишь небольшой группе людей, обладающих особой художественной восприимчивостью, называемой в силу этого элитой об-ва, заменяющей в своей социальной функции аристократию прежних времен («аристократия духа», «вкуса» и т. д.). Э. и. относится к таким художественным образованиям, теория к-рых сложилась гораздо раньше, чем утвердилась и распространилась соотв. практика. Осн. элементы Э. и. к. (за исключением самого термина «элита», введенного в социологию *Парето*) содержатся в произведениях Шопенгауэра и Ницше, давших образцы интеллектуальной лирики и романистики, на к-рые ориентировалась впоследствии элитарная художественная лит-ра. У первого исходным пунктом соотв. теории явл. антропологическое разделение людей на два типа: «люди пользы» (впоследствии они стали называться «массой») и «люди гения», обладающие особой эстетической одаренностью, предопределяющей их к филос.-художественному творчеству. У второго ядром. аналогичной теории стала идея «сверхчеловека» — «белокурой бестии», наделенной наряду со «здоровой витальностью» зоологической «волей к власти», а также совершенно уникальной эстетической восприимчивостью. В 20 в. эти идеи были резюмированы в концепции *Ортеги-и-Гассета* [1], имеющей эстетико-социол. характер. Авангардистски-модернистские тенденции, пробивавшие себе дорогу в зап. иск-ве в первой четверти 20 в., характеризовались им как элитарные, дающие возможность избранным художественным натурам, осознавшим единство друг с другом, противостоять аморфной толпе, «массе», а тем самым — «омассовляющим» тенденциям в культуре. Осн. парадокс ортегианской Э. и. к. заключался в том, что он объявил «элитарным» иск-во, среди создателей к-рого мн. вообще не хотели иметь дело не только с иск-вом, но и с духовной культурой вообще, считая себя представителями «антиискусства» и «антикультуры», а др. рассматривали свой «бунт» в иск-ве лишь как этап на пути создания «пролетарского», т. е. именно «массового», иск-ва. И лишь впоследствии, когда обнаружилась вся иллюзорность этих авангардистских утопий, а произведения «антиискусства» вновь были зачислены в разряд художественных произведений, искусствоведы начали говорить о них как о произведениях Э. и. Недоступность произведений авангардистски-модернистского иск-ва оказалась не связанной с их изначальной ориентацией на специфически художественную структуру восприятия, отсутствующую якобы у «массовой» публики в силу причин антропологического порядка. Что же касается произведений, отмеченных печатью эстетизма, к-рые действительно были ориентированы на «чистую игру» со способностью художественного восприятия, то их «принципиальная недоступность» оказалась временной и преходящей. Однако из-за отсутствия четких критериев, позволяющих судить об адекватности понимания произведений, оказалось невозможным провести «водораздел» между «элитой» и «массой». Тем более что широкая публика, привыкшая с годами к авангардистским экстравагантностям, обнаружила склонность воспринимать их как законный атрибут совр. образа жизни и перестала демонстрировать невосприимчивость к такому иск-ву. Эти обстоятельства, свидетельствовавшие о несостоятельности Э. и. к. и о невозможности последовательного применения ее на практике, обусловили пересмотр первоначальной идеи Э. и. Попытки придать ей «леворадикалистскую» направленность (художник-авангардист как «изгой» «позднебуржуазного общества» — идея *Адорно* [3]; авангардистски-модернистское иск-во как провозвестник «новой чувственности», взрывающей об-во,— концепция *Маркузе* [4]) не увенчались успехом. Со временем утвердилась более размытая версия Э. и. к., согласно к-рой в каждый данный период в об-ве существуют несколько художественных структур (и соответственно форм иск-ва), хотя, быть может, и неравноценных в эстетическом смысле, однако необходимых «функционально», поскольку в любом об-ве наряду с эстетически развитой публикой существует (и, возможно, составляет большинство) публика эстетически неразвитая, к-рая тем не менее хочет иметь «свое» иск-во. В этом случае снимается с повестки дня осн. тезис Э. и. к.— утверждение о принципиальной недоступности иск-ва, рассматриваемого как «более высокое» той или иной категорией воспринимающей публики. Глубокую противоречивость и утопичность Э. и. к. обнаружили как попытки создания самого Э. и., так и попытки его теоретического обоснования, имевшие место в 20 в. Как правило, то, что получало название «Э. и.», оказывалось лишь временной и преходящей формой эстетического самоутверждения тех или иных обществ. групп, выделяющихся по социальному или возрастному признаку, к-рая довольно быстро отбрасывалась за ненадобностью, превращаясь при этом в объект эстетического освоения далекими от элиты, относительно широкими слоями об-ва.

Ю. Н. Давыдов

Лит.: 1) *Ортега-и-Гассет X.* Дегуманизация искусства//Современная книга по эстетике. М., 1957. 2) *Давыдов Ю. Н.* Искусство и элита. М., 1966. 3) *Adorno Th. W.* Philosophie der neue Musik. Tüb., 1949. 4) *Marcuse H.* An essay on liberation. Boston, 1969.

ЭЛИТЫ теории (от франц. élite — лучшее, отборное, избранное) — социально-филос. концепции, утверждающие, что необходимыми составными частями любой социальной структуры явл. высший, привилегированный слой или слои, осуществляющие функции управления, развития культуры,— Э. и остальная масса людей. Предшественниками совр. Э. т. были Платон, Т. Карлейль, Ницше. Как опред. система взглядов Э. т. были сформулированы в начале 20 в. *Парето, Моской, Михельсом*. Определение Э. в бурж. социологии неоднозначно; ею именуются люди, получившие наивысший индекс в области их деятельности (Парето); наиболее активные в политическом отношении люди, ориентированные на власть, организованное меньшинство об-ва (Моска); люди, пользующиеся в об-ве наибольшим престижем, статусом, богатством; люди, обладающие интеллектуальным или моральным превосходством над массой, наивысшим чувством ответственности (X. Ортега-и-Гассет); люди, обладающие позициями власти *(Этциони)*, формальной властью в организациях и ин-тах, определяющих социальную жизнь (Т. Дай); «боговдохновленные» личности, обладающие харизмой (Л. Фройнд); творческое меньшинство об-ва в противоположность нетворческому большинству *(Тойнби);* сравнительно небольшие группы, состоящие из лиц, занимающих ведущее положение в политической, экономической, культурной жизни об-ва (соответственно политическая, экономическая, культурная Э., как считают сторонники теории элитного плюрализма); наиболее квалифицированные специалисты, менеджеры и высшие служащие в системе бюрократического управления (сторонники технологического детерминизма). До второй мировой войны Э. т. получили наибольшее распространение в Италии, Германии, Франции, после войны — в США. Осн. варианты Э. т.: «ценностный» (Ортега), «макиавеллиевский» (Бернхейм), структурно-функциональный (С. Келлер). Общие черты Э. т.— отрицание исторического прогресса (история рассматривается как совокупность социальных циклов, характеризуемых господством опред. типов Э.); критика идеи народного суверенитета как утопического мифа романтиков; утверждение, что неравенство — основа социальной жизни. Исходный постулат Э. т.— абсолютизация политических отношений, прежде всего отношений господства и подчинения. Первоначально Э. т. были открыто враждебны даже бурж. демократии. В конце 30—40-х гг. *Шумпетер* и *Маннгейм* (эмигрировавшие из Германии) реконструируют Э. т., стремясь совместить их принципы с признанием бурж.-демократических ин-тов. Маннгейм утверждал, что отличительная черта демократии — конкуренция относительно открытых Э. за позиции власти и «демократический оптимум» отношений Э. и масс. В 50—70-е гг. в США превалирует теория «баланса Э.». С резкой критикой узкого слоя «властвующей Э.» в США в 50-е гг. выступил *Миллс*. С позиций плюрализма Миллса критиковали *Рисмен, Белл* и др. В 70—80-е гг. в бурж. социологии полемизируют теория элитного плюрализма и «неоэлитаризма» (Т. Дай, X. Зиглер). Классовые корни Э. т. лежат в разделении антагонистических об-в на эксплуататорское меньшинство и эксплуатируемое большинство. Опред. этап исторического развития, связанный с недостаточным развитием производительных сил и представляющий предысторию человечества, Э. т. рассматривают как всеобщий закон, следствие «человеческой природы» и технологических требований сложного производства.

Г. К. Ашин

Лит.: 1) *Миллс Р.* Властвующая элита. М., 1959. 2) *Нарта М.* Теория элит и политика. М., 1978. 3) *Ашин Г. К.* Современные теории элиты. М., 1985. 4) *Bottomore T. B.* Elites and society. Middlesex. 1966. 5) *Field G. L., Higley J.* Elitism. L., 1980.

ЭЛЛЮЛЬ (Ellul) Жак (06.01.1912, Бордо) — франц. социолог, юрист по образованию, участвовал в движении Сопротивления во Франции, в последнее десятилетие проф. ун-та в г. Бордо. В своих работах затрагивает различ. социол. темы — проблемы техники, гос-ва, революции, политической пропаганды, утопии, информационного об-ва. В 60-е гг., анализируя вопросы техники и гос. власти, выступил как социальный критик индустриального об-ва. В книге «Техника» (1962) (в США издана под названием «Технологическое общество») [2] прослеживал связь техники с рационализмом, с абстрактным мышлением, совр. знанием. В ряде последующих работ, напр. «Аутопсии революции» [4], ставит под сомнение прогрессивно-поступательный характер обществ. развития, дает развернутое обличение прогресса во всех его наличных формах. Э.— член Национального совета протестантской церкви Франции (хотя религиозная тематика не занимает в его исследованиях сколько-нибудь значит. места). Э. считают сегодня одним из видных представителей совр. «христианского гуманизма». Он, так же как и сторонники филос. персонализма, провозглашает в кач-ве ведущей идеи мысль о достоинстве и ценности человеческой личности. Проделал опред. эволюцию от социального критицизма либерального толка к *неоконсерватизму*. Раскрыв в ряде работ («Пропаганда», «Политическая иллюзия» [1, 3]) механизм идеологического манипулирования, ввел в теорию пропаганды понятие «социол. пропаганда», под к-рой подразумевается воздействие на сознание людей через образ жизни, через символику и реальный мир социального окружения. Понятие революции, по мн. Э., утратило реальное содержание. Борьба против неравенства, эксплуатации, колониализма, империализма, как полагает Э., в совр. условиях не может стать основой революции. Нужна иная революция, к-рая изменит не социальные, политические и экономические структуры, а судьбы человека. Утверждая, что в совр. об-ве уже невозможны политические революции, Э. провозглашает наступление эпохи бунтов. Детальное изучение массовых движений 60-х гг., предпринятое Э., приводит его к критике утопии как формы массового сознания. В условиях совр. зап. об-ва, по Э., произошел распад системы ценностей, поэтому необходимо объявить «крестовый поход» за возрождение утраченных идеалов, за воскрешение ценностей раннебурж. эпохи. В последних работах Э. вновь возвращается к либеральной позиции [6], [7], обосновывает появление «информационного об-ва», эры компьютеризации. Историческая роль буржуазии состоит в том, что она ввела в действие механизм *индустриализации*. Освобождение пролетариата и достижение «подлинного социализма» возможно без революции, ибо капитализм перестал быть главным фактором отчуждения человека. Такими факторами в наст. время явл. централизованное бюрократическое гос-во, превратившееся в автономную и независимую силу, и существующая как средство реализации власти и угнетения техническая система. Но как обуздать технический прогресс? По Э., контроля над техническим прогрессом можно достичь путем автоматизации производственных процессов и развития информационных систем. Именно в информатике заключена возможность выработки цивилизации, альтернативной по отношению к индустриальной.

П. С. Гуревич

Соч.: 1) Propagandes. P., 1962. 2) The technological society. N. Y., 1965. 3) L'illusion politique. P., 1965. 4) Autopsie de la revolution. P., 1969. 5] De la revolution aux revoltes. P., 1972. 6) L'ideologie marxiste chrétienne. P., 1979. 7) Changer de revolution: L'inéluctable prolétariat. P., 1982.

ЭМПИРИЗМ социологический — методологический принцип социального познания, формировавшийся одновременно с обоснованием социологии как самостоятельной науки (позитивной науки об об-ве по образцу любой естеств. науки). Идеалы научности, объективности знания Э. (с.) унаследовал от филос. Э. Ф. Бэкона, *Милля*. Главные из них — достоверные факты и индукция — в социологии со временем свелись к конкретным, количественным данным, собираемым из социальной эмпирической действительности научными процедурами (наблюдениями, переписями, опросами и т. д.), и их статистико-математической обработке. Первоначально Э. (с.) был тесно связан с попытками преодоления стиля теоретизирования, характерного для «социальной философии» и «критического журнализма», ущербность к-рых усматривалась в том, что они отягощены моралью, идеологией и, следовательно, лишены объективности. В Э. (с.) научность отождествлялась с позицией ценностной нейтральности. Однако развитие социологии в 20 в. (*Эмпирическая социология, Прикладная социология*) показало, что неукоснительное следование Э. (очищение социологии от теории и нравственности) сводит научные функции социологии к *социальной инженерии*. Функция добывания знаний низводится при этом к комбинационным, техническим операциям с количественными, опытно-верифицируемыми данными, к внутрипрофессиональным заботам о совершенствовании технико-методического обеспечения этих операций.

М. С. *Ковалева*

ЭМПИРИЧЕСКАЯ СОЦИОЛОГИЯ — комплекс социол. исследований, ориентированных на сбор и анализ конкретных фактов обществ. жизни с использованием специальных методов (опросов, анкетирования, интервьюирования, эксперимента, математических и статистических методов и проч.). Исторические истоки Э. с. находятся в ранних эмпирических исследованиях 19 в. (*Статистика моральная, Гигиена социальная,* Кетле, Бут, Ле Пле), к-рые развивались как части социальной статистики, способствовали дифференциации этой области и в конечном счете привели к вычленению собственно социол. количественной информации. Э. с. в совр. ее масштабах и структуре формировалась в 20—30-е гг. 20 в. первоначально в США, а затем распространилась в др. зап. страны. Ее появление было связано с попытками создания социологии на принципах позитивизма: преодоление метафизического теоретизирования, поиск объективного эмпирического обоснования социальных явлений, участие социальной науки в процессе совершенствования социальных отношений. На ранних стадиях становления эмпирические исследования существовали параллельно теоретической социологии в кач-ве частного интереса энтузиастов различ. профессий и отдельных ученых-социологов (напр., *М. Вебера, Дюркгейма, Тённиса*). В 20—30-е гг. 20 в. социологи-эмпирики образовали новый вид профессиональной деятельности, что способствовало процессу вытеснения социол. теории из сферы Э. с., к-рая стала подменять социологию вообще. Главным критерием научности социол. познания являлась отнесенность к методологическим критериям эмпирической науки (*Эмпиризм*). Позже методологическое обоснование и определение стандартов «научного метода» в эмпирическом социол. исследовании было предпринято в рамках неопозитивизма (*Ландберг*, Р. Бейн, *Лазарсфельд* и др.). Характерными чертами Э. с. являются: 1) отождествление научной социологии с эмпирическими исследованиями; 2) разрыв между теоретическими и эмпирическими исследованиями в силу различ. уровней обобщения, особенностей концептуального аппарата теорий; 3) увлечение математическими методами анализа данных, приводящее в нек-рых случаях к сужению горизонта исследования и отказу от теоретических обобщений; 4) теоретический и методологический плюрализм, значительно снижающий эффективность Э. с. из-за отсутствия общепринятых научных стандартов в оценке получаемых рез-тов, приводящий к их несопоставимости и невозможности интеграции эмпирических данных. Внутри Э. с. следует выделять две осн. ветви — академическую и прикладную. Задача первой усматривается в создании системы научного знания об отдельных областях и явлениях обществ. жизни (социология города, семьи, труда, деревни, молодежи, иск-ва и т. д.), к-рые используются в кач-ве методологической основы конкретных эмпирических исследований *(Академическая социология)*. В последние годы стали заметны попытки преодоления грубого эмпиризма, стремление к концептуализации изучаемых явлений, к созданию фактуально обоснованных теорий («исследовательских теорий»), интегрирующих опред. круг полученных фактов (переменных). В рамках методологии позитивизма в 70-е гг. 20 в. сформировалось особое направление («конструирование теорий»), сторонники к-рого разрабатывают логико-методологические приемы создания теорий на эмпирической основе. Прикладные эмпирические исследования, в отличие от академических, направлены на решение четко опред. практических задач и непосредственно связаны с выполнением функций социальной инженерии *(Прикладная социология)*. В 70—80-е гг. 20 в. произошло резкое увеличение объема прикладных исследований. По оценке зап. специалистов, прикладная Э. с. во мн. странах становится особой отраслью индустрии. Для Э. с. в целом остается важной и нерешенной проблема теоретико-методологического обоснования социол. исследований; проблема соотношения статусной позиции (ценностной нейтральности, академической свободы, полной ангажированности) и нравственной ответственности социолога-эмпирика; проблема связи академической и прикладной Э. с. для преодоления фрагментарности, мелкотемья в целях получения всесторонней, унифицированной информации, к-рая в конечном итоге может дать картину социальной жизни в целом.

М. С. Ковалева,
М. С. Комаров

Лит.: 1) *Андреева* Г. М. Современная буржуазная эмпирическая социология. М., 1965.

ЭРИКСОН ГОМБУРГЕР (Erikson Homburger) **Эрик** (15.06.1902, Франкфурт-на-Майне) — влиятельный амер. теоретик неофрейдизма, создатель психоисторической методологии социального познания. В 1933 г. получил диплом Венского психоаналитического об-ва, специализировался по проблемам детского психоанализа под руководством А. Фрейда. В годы нацизма эмигрировал в США, был практикующим психоаналитиком, консультантом ряда психиатрических клиник, разработал теорию жизненного цикла личности, мн. годы был почетным проф. психиатрии Гарвардского ун-та. Под влиянием идей эгопсихологии (Г. Гартман) и «культурантропологии» (М. *Мид*) Э. пришел к выводу о необходимости включения в теорию Фрейда понятия «исторический момент». Такая коррекция психоанализа, по мн. Э., делает возможным ее использование в кач-ве междисциплинарного (психоисторического) средства социального познания. Отвергая психологический редукционизм фрейдистской социологии, Э. подчеркивает служебно-вспомогательную роль новой дисциплины, к-рая не может заменить историко-социол. анализа. Э. отказался от однозначной редукции причин и содержания исторических событий к иррациональным импульсам психики выдающихся личностей. Внутриличностные конфликты он рассматривает как субъективное выражение социально-психологических проблем «исторического момента», а мировоззренческие поиски творческой личности — как наиболее адекватную интериоризацию культурно-исторических коллизий эпохи. Сферой взаимопроникновения социальных и личностных конфликтов Э. считает обществ.-психологический климат «исторического момента», к-рый наряду с исторической биографией составляет осн. предмет психоистории. Сущность исторического величия личности, по мн. Э., состоит в созвучии выдвинутых ею идей умонастроению эпохи, компоненты к-рого включаются в новую мировоззренческую парадигму. Т. обр., творческая личность связана со своей эпохой не только на уровне сознания, но и через неосознаваемые структуры духовной жизни об-ва, а ее социальное новаторство, питаясь интеллектуальной традицией, явл. в то же время оформлением смутных настроений «исторического момента». Вместе с тем Э. преувеличивает относительную самостоятельность обществ. психологии как фактора исторического развития, что в тенденции превращает психоисторию из методологической установки в разновидность идеалистической философии истории. Принципы психоистории, реализованные Э. в ряде работ историко-биографического характера, получили широкое применение в зап. обществоведении 70—80-х гг. В США издается несколько специализированных журналов по проблемам междисциплинарных историкопсихологических исследований, во многих учебных заведениях страны введены курсы лекций по психоистории.

Е. В. Якимова

Соч.: 1) Young man Luther. N. Y., 1958. 2) Gandh's truth. N. Y., 1969. 3) Life history and the historical moment. N. Y., 1975.

ЭРЛИХ (Ehrlich) **Евгений** (14.09. 1862, Черновицы — 02.05.1922, Вена) — австр. социолог, прямой предшественник социологии права в ее совр. виде. Проф. и ректор ун-та Франца-Иосифа в Черновицах (Австро-Венгрия). Свои исходные теоретические установки Э. выразил в следующей формуле: «В наше время, как и во все времена, центр тяжести развития права не в законодательстве, не в науке права, не в судебной практике, а в самом обществе». В об-ве происходит спонтанный процесс правообразования, и это «живое право», в отличие от «права в книгах», и есть предмет социологии права. Методом его изучения должно стать прежде всего непосредственное наблюдение конкретных правовых явлений, юридически значимого поведения людей и их «союзов». Важное значение имеет при этом «документальное исследование» — анализ различ. рода договоров (земельной аренды, ипотечных, брачных), уставов торговых компаний, завещаний и т. д. Опросы населения Буковины, проводившиеся Э., дали ему основание утверждать, что здесь реально действует примерно лишь одна треть статей Австрийского гражданского уложения. Однако организованные им «семинары живого права» оказались малопродуктивными. Не привели к значит. научным рез-там и общетеоретические установки Э., ибо, правильно утверждая, что центр тяжести права следует искать в об-ве, он вместе с тем прошел мимо обусловленности права социально-экономическими факторами и классово-политическими структурами. Взгляды Э. оказали влияние на социол. юриспруденцию США и зап.-германские школы социологии права, сложившиеся после второй мировой войны.

В. А. Туманов

Соч.: 1) Grundlegung der Soziologie des Rechts. Münch.; Lpz., 1913. 2) Recht und Leben. Münch., 1967.

ЭСКАПИЗМ — стремление уйти от действительности, общепринятых стандартов и норм обществ. жизни. Осуществляется, в частности, в форме добровольной маргинализации (*Маргинальность*), индивидуального или группового разрыва с об-вом, сопровождающегося отказом от систематического труда, трудовой этики и др. моральных и культурных ценностей, норм, запретов. Примером такого рода Э. явл. нек-рые религ. секты, коммунитарные движения, контркультурные группы (*Контркультура*), такие, как движения битников, хиппи, панков и т. п. Для этих форм Э. характерны, как правило, тяготение к «освобождению» инстинктов, идеализация «естеств.» образа жизни, не стесненного запретами и условностями цивилизации, бродяжничество, сексуальная свобода (*Сексуальная революция*), нередко наркомания и алкоголизм. Широко прибегают к последним приверженцы др. формы Э., к-рые, не порывая с об-вом, стремятся уйти в мир грез и миражей посредством всякого рода одурманивающих средств, мистики, оккультизма и проч. Являясь протестом против *конформизма социального*, Э. нередко привлекает проповедью любви, братства, взаимопомощи, бескорыстия, неприятием лицемерия, тщеславия, потребительства, стремления к наживе, власти, карьеризму и т. п. Вместе с тем ряд др. его аспектов (культ праздности, социальной пассивности, безответственности) весьма опасны, ведут к деформации и распаду человеческой личности. Концептуальные предпосылки Э. содержатся в нек-рых религ., романтических, фрейдистских, леворадикалистских и контркультурных концепциях.

С. А. Эфиров

ЭССЕНЦИАЛИЗМ методологический (от лат. essentia — сущность) — способ научного познания, объявляющий целью науки открытие и описание истинной «природы вещей» (сущности). Термин введен в научный оборот Поппером для характеристики способа миропонимания и научного познания, восходящего к Платону и Галилею, и противопоставляемого им инструментализму или методологическому номинализму (последний представляют, напр., Беркли, Мах, Дюгем, Пуанкаре). Содержание Э. м. составляют, по мн. Поппера, два мировоззренческих принципа: (1) убеждение в том, что лучшие и истинные научные теории описывают «сущность», или «природу вещей», — те реальности, к-рые лежат за явлениями. Такие теории не нуждаются в дальнейшем объяснении и не допускают его: они явл. окончательными объяснениями, и нахождение их есть конечная цель ученого; (2) вера в то, что ученый может достичь успеха в окончательном обосновании истинности научных теорий — обосновании, не допускающем никакого разумного сомнения. Считая указанные принципы ошибочными, Поппер критикует не только Э. м., но и инструментализм, предлагая «третью» т. зр., к-рая вбирает в себя позитивное содержание обоих принципов. Она сохраняет галилеевское убеждение в том, что ученый стремится к истинному описанию и объяснению наблюдаемых фактов, но соединяет его с «негалилеевским пониманием того, что, хотя истина и является целью ученого, он никогда с уверенностью не может знать, истинны ли его достижения, и он способен с достаточной определенностью обосновать иногда лишь ложность своих теорий» [2, 317].

А. Н. Малинкин

Лит.: 1) Критический рационализм. Философия и политика (Анализ концепций и тенденций). М., 1981. 2) *Поппер К.* Логика и рост научного знания: Избранные работы. М., 1983.

ЭТНОМЕТОДОЛОГИЯ — теоретическое и методологическое направление в амер. социологии, превращающее методы этнографии и социальной антропологии в общую методологию социальных наук. Основателем Э. является Г. Гарфинкель, выпустивший в 1967 г. книгу «Исследования по этнометодологии». Идейные истоки Э. — экзистенциализм, *феноменологическая социология, антропология культурная* и *антропология социальная*. В наши дни Э. распалась на ряд течений: анализ разговорной речи (Г. Сакс, Дж. Джеферсон), этнометодологическую герменевтику (А. Блюм, П. Мак-Хью), анализ обыденной повседневной жизни (Д. Циммерман, М. Поллнер), этнографическое исследование науки и достижения *консенсуса* в диалогах ученых (К. Д. Кнорр-Цетина, Б. Латур, С. Вулгар и др.). Э. пытается превратить методы исследования антропологами примитивных культур и общин в процедуры изучения социальных и культурных явлений. Тем самым Э. универсализирует методы этнографии и способы организации повседневной жизнедеятельности людей в примитивных культурах, пытается увидеть в них основание социол. анализа совр. социальной жизни. Предмет Э. — процедуры интерпретаций, скрытые, неосознаваемые, нерефлексированные механизмы социальной коммуникации между людьми. Все формы социальной коммуникации сводятся Э. к речевой коммуникации, к повседневной речи. Подчеркивая уникальность каждой ситуации повседневного общения, Э. отводит большое место механизмам рефлексии в работе познавательного аппарата: рефлексия, по сути дела, формирует когнитивные структуры различ. уровня — и повседневные представления о социальной реальности, и социол. теории, вырастающие на почве обыденных представлений. Э. основывается на опред. теоретических допущениях: (1) на отождествлении социального взаимодействия с речевой коммуникацией; (2) на отождествлении исследования с истолкованием и интерпретацией действий и речи др.— собеседника; (3) на выделении двух слоев в интерпретации — понимания и разговора; (4) на отождествлении структурной организации разговора с синтаксисом повседневной речи. Э. не приемлет принципиального разрыва между субъектом и объектом описания, полагая, что подобное противопоставление характерно для позитивистской модели научного исследования. Согласно Э., необходимо построить социол. исследование на взаимосопряженности исследователя и исследуемого. Поэтому Э. принимает методы организации речи и жизнедеятельности, характерные для примитивных культур, не только в кач-ве объекта, но и в кач-ве средства описания. Не допуская разрыва между предметом и средствами описания и анализа, между языком-объектом и метаязыком, Э. некритически описывает особенности общения и деятельности исследуемых культур и сообществ, принимает за рациональное то, что таковым не явл. Подчеркивая, что этнометодолог и социолог не может занять позицию отстраненного, дистанцированного наблюдателя, что он всегда включен в контекст повседневного общения и разговора, Э. обращает внимание на то, что коммуникация между людьми содержит более существенную информацию, чем та, к-рая выражена вербально, что существует неявное, фоновое знание, подразумеваемые смыслы, молчаливо принимаемые участниками взаимодействия и объединяющие их. Различая два уровня социального познания — повседневный опыт и социологическую теорию, Э. выражает это различие в различении двух типов суждений — индексных и объективных. Индексные выражения характеризуют уникальные, специфические объекты, причем в непосредственной связи с тем контекстом, в к-ром они возникают и используются. Их значения целиком и полностью определены этим контекстом. Объективные выражения описывают общие свойства объектов независимо от контекста употребления. Объект в этом случае оказывается представителем нек-рого типа, класса, группы явлений. С помощью различения двух видов выражений Э. пытается провести различие между языком обыденным и научным языком. Именно второй тип суждений используется наукой, их значения независимы от контекста и представляют собой формулировку общих утверждений, обладающих универсальной, а не уникальной значимостью. Это различение двух видов выражений не совпадает с общепринятой дихотомией между обыденным знанием и знанием научным. Для представителей Э. социальная реальность (а др. реальности вообще, по их мн., не существуют) не обладает объективными характеристиками. Она их приобретает благодаря тому, что в ходе речевой коммуникации мы представляем значения своих суждений в виде объективных свойств, в терминах объективных признаков, приписываемых нами реальности самой по себе. Социальная реальность конструируема в ходе речевой коммуникации, в ходе онтологизации субъективных значений и смыслов. Социокультурная реальность рассматривается в Э. как поток неповторимых, уникальных ситуаций. С помощью объективных выражений мы преодолеваем эту уникальность социальной реальности, приписываем ей те значения и смыслы, к-рые всплывают из нашего опыта, и тем самым унифицируем и классифицируем ее, объективируя свои описания в кач-ве квазиклассов и квазикатегорий. Научное знание и представляет собой, согласно Э., объективацию и онтологизацию индексных выражений, т. е. оно явл. производной от повседневного опыта, от повседневного общения. Отказываясь от к.-л. дистанцирования субъекта и объекта исследования, отождествляя в конечном счете теоретические конструкты со здравым смыслом, Э. превращает социологию в некую «паранауку», «народную» мудрость, поскольку не только социология, но и вся наука в целом лишь переводит на теоретический язык представления здравого смысла, оказывается тематизацией и прояснением повседневного опыта.

А. П. Огурцов

ЭТНОЦЕНТРИЗМ (от греч. ethnos — группа, племя и лат. centrum — центр, средоточие) — понятие, введенное в науку *Самнером* («Folkways», 1906) и *Гумпловичем* («Rassenkampf», 1883) для объяснения межличностных и обществ. отношений, складывающихся внутри первобытной группы (или примитивного об-ва), и ее отношений с др. группами. Если для отношений внутри группы характерны сплоченность, солидарность, высокое уважение к выработанным внутри группы нравственным и эстетическим ценностям, то для отношений между группами, напротив, характерны враждебность, недоверие, взаимное презрение и т. п. В основе этой двойственности лежит явление, названное Самнером «Э.» и определяемое им как универсальное свойство человека оценивать все явления окружающего мира в масштабе ценностей той этнической группы, к к-рой он принадлежит. В последующие годы термин «Э.» нашел широкое применение в социологии и социальной психологии.

В. В. Сапов

ЭТЦИОНИ (Etzioni) **Амитай Вернер** (04.02.1929, Кёльн) — амер. социолог, последователь М. *Вебера,* сторонник системного подхода; осн. работы в области политической социологии, теории организаций, социальных изменений. Закончил Еврейский ун-т в Иерусалиме (1954) и ун-т Беркли в США (1958). С 1958 г. преподавал в Колумбийском ун-те, с 1980 г.— проф. ун-та им. Джорджа Вашингтона в Вашингтоне. Э. отстаивает системно-кибернетический подход к теории об-ва, в к-ром осуществляется попытка соединения методов системного подхода в социологии с идеями эволюционизма; на рассмотрение же социальных макросистем — об-ва и межгос. систем — распространяются приемы и понятия, полученные при исследовании организаций. При этом акцент смещается с изучения стихийных обществ. процессов на теоретическую разработку планируемых перемен. В работе «Сравнительный анализ сложных организаций» (1961) Э. разрабатывает типологию механизмов социального контроля, близкую по характеру к концепции символических посредников у *Парсонса.* Согласно Э., любая организация может быть проанализирована с т. зр. соотношения применяемых в ней принудительных, утилитарных и социально-нормативных образцов и способов социального регулирования. В своем главном труде «Активное общество: теория социальных и политических процессов» (1968) Э. выступает в кач-ве социального проектанта, стремящегося создать такую схему обществ. устройства, в к-рой наилучшим образом реализовались бы общечеловеческие ценности. Ключевыми понятиями здесь выступают респонсивность (т. е. чувствительность правящих верхов к нуждам членов об-ва, занимающих нижние ступени социальной иерархии) и аутентичность (или подлинность самих человеческих потребностей, к-рые, по Э., едины для всех людей независимо от их культурной принадлежности). Один из главных путей повышения «активности» совр. индустриального об-ва Э. усматривает в усилении централизованного контроля (в кибернетическом смысле) над функционированием системы, понимая под контролем, в отличие от Парсонса, не нормативное регулирование, а сложное взаимодействие власти и информации. В более поздних работах Э. все большее внимание уделяет рассмотрению конкретных социальных проблем и, в частности, созданию системы социальных индикаторов, позволяющих очерчивать и решать эти проблемы.

Л. А. Седов

Соч.: 1) A comparative analysis of complex organizations. N. Y., 1961. 2) Political unification. N. Y., 1965. 3) The active society. N. Y., 1968. 4) Social problems. N. Y., 1976.

Ю

ЮНГЕР (Jünger) **Эрнст** (19.03.1895, Гейдельберг) — нем. писатель, политолог, философ. В годы, предшествующие нацизму — крайне правый публицист, теоретик т. наз. «консервативной революции», автор ходячих политических формул (напр., «тотальной мобилизации»). В годы нацизма находился в скрытой аристократической оппозиции к нему. В послевоенные годы для Ю. характерна модернизация прежних воззрений, освобождение их от наиболее одиозных аспектов. Главное теоретическое произведение Ю.— трактат-эссе «Работник» (1932) и примыкающие к нему небольшие сочинения разных лет («Тотальная мобилизация», 1930; «Мировое государство», 1960; «Максима — минима», 1964, и др.). Как и др. консервативные авторы периода Веймарской республики (*Фрайер, Шмитт*), Ю. усматривает высший тип человеческого общежития в гос-ве, а не в об-ве. Об-во есть принцип бурж. Носителем «нового гос-ва» выступает «работник»: не как класс в системе обществ. отношений, а как «гештальт» («образ», «устойчивая структура»), «покоящаяся и предоформленная мощь», «высшая, задающая смысл действительность». «Власть-мощь» есть осн. характеристика «гештальта» рабочего. Совр. движение есть процесс его манифестации. В ходе его исчезает индивид как уникальная личность и масса как беспорядочное скопление индивидов. Функциональная заменимость человека в процессе труда и на поле боя, маска и униформа как элементы рабочей одежды и одежды воина, с одной стороны, и воинская дисциплина и распорядок — с др., сочетаются с развитием техники, к-рая должна оказаться в столь же тесном соединении с человеком. как органические члены. Новый миропорядок, к-рый предвещает Ю.,— господство, сообразное «гештальту» рабочего. В «рабочем гос-ве» — воинский распорядок. Здесь «выжжено» все, что может стать источником предательства — самой большой опасности в ходе боя. Для воссоздания социальных связей, подорванных в либеральных гос-вах «атомизацией» и «индивидуализацией» людей, нужны меры особой жестокости, к-рые можно провести лишь «именем народа». Переход к такой «рабочей демократии» происходит через мобилизацию «народного решения», «мы наталкиваемся здесь на вступление партий, движений и учреждений в органическую конструкцию — новую форму единства, которую мы называем орденом и отличительным признаком которой является культовое отношение к гештальту рабочего» [1, 272]. Члены ордена в мирное время — работники, в военное — воины. *Обществ.* договор заменяется рабочим планом, завершенным, гибким, ориентированным на подготовку к войне. В послевоенные годы Ю. сместил акценты. Он усматривает в перспективе «мирового гос-ва» возможность устранения военной организации. «Тогда смог бы более чисто выступить человеческий организм как нечто подлинно гуманное, освобожденное от давления организации» [2, 75].

А. Ф. Филиппов

Соч.: 1) Der Arbeiter. Herrschaft und Gestalt [1932]. Stuttg., 1982. 2) Der Weltstaat. Organismus und Organisation. Stuttg., 1960. 3) Maxima — Minima Adnoren zum «Arbeiter». Stuttg., 1983.

Я

«Я» (образ «Я») — центральное понятие целого ряда трактовок личности человека. Имеет богатейшую традицию в рамках философии. В самом общем виде «Я» — самость, т. е. интегральная целостность, «одноличие», «подлинность» индивида, его тождественность самому себе, на основании к-рой он отличает себя от внешнего мира и др. людей. Различаются индивидуальное (включающее биологическое, физическое, физиологическое и психологическое) и социальное «Я». В социологии «Я» означает осознанную принадлежность человека к опред. категории людей («социальная идентичность»), т. е. опред. аспект личности и ее самосознания. Имея множество характеристик, «Я» в целом включает три главных измерения: наличное «Я» (каким человек видит себя в данный момент), желаемое «Я» (каким бы хотел себя видеть), представляемое «Я» (каким он показывает себя др.). Все три измерения сосуществуют в личности, обеспечивая ее целостность и развитие. В становлении «Я» участвуют три осн. механизма: усвоение субъектом оценки его др. людьми, социальное сравнение с др. людьми, самоатрибуция (в первую очередь, самоанализ). К наиболее известным теориям социального «Я» относятся *зеркального «Я» теория*, теория социального сравнения и теория самовосприятия (Д. Бем). Наиболее полной моделью «Я» явл. т. наз. установочная модель, интегрирующая эмоционально-ощущенческие, поведенческие и ценностно-нормативные аспекты «Я». Складываясь как отражение социальных оценок (мнений др. людей, рез-тов оценки продуктов своего труда, данных социального сравнения), социальное «Я» регулирует социальное самочувствие, настроение и поведение личности. Самооценка и самоуважение — наиболее важные регулятивные функции «Я». Подчеркивание отраженной, социальной природы «Я» отличает понятие «образ «Я». Оно подразумевает отказ от мн. филос.-умозрительных проблем сущности «Я», апеллируя к сравнительно более операциональному «образу «Я», что позволяет проследить истоки его становления, характер, отличительные особенности и проявления в поведении. Совр. наука трактует «образ «Я» как рез-т прежде всего интерсубъективного, диалогического («Я» — «ты» — «мы») взаимодействия людей в об-ве. Внимание к понятию «Я» в последние годы усиливается.

Д. В. Ольшанский

Лит.: 1) *Кон И. С.* Открытие «Я». М., 1978. 2) *Кон И. С.* Категория «Я» в психологии // Психологический журнал. 1981. № 3. 3) *Ольшанский Д. В.* «Я сам!» М., 1986. 4) *Wylie R.* The selfconcept. Lincoln, 1974—1979.

УКАЗАТЕЛЬ ИМЕН

Абрамс Ф. 389
Августин 324
Адамс Б. 290
Адамс Д. 210
Адлер А. 159, 277
Адлер М. 107
Адорно Т.* 5, 6, 7, *10—11,* 19, 34, 84, 144, 179, 203, 209, 215, 226, 244, 272, 325, 343, 374, 375, 385, 390, 391, 415
Аккерман Н. 272
Александер Дж. 312
Александр Р. 322
Аллен М. 292
Альберт Х. *14,* 109, 159
Альборнос О. 231
Альтюссер Л. 46
Аман П. 291
Аммон О. 285
Анденес И. 262
Андриоли С. 290
Андруз Ф. 129
Антилла И. 262
Анфантен Б. П. 309
Аппельбом Р. 85
Аптер Д. 124
Аргайл М. 122
Аренд Х. *23—24,* 143, 182, 252, 291
Аристотель 55, 82, 99, 100, 123, 145, 167, 234, 241, 253, 265, 267, 364, 377, 380, 406
Арнольд Ф. 81
Арон Р. *24—25,* 30, 114, 122, 270, 293, 301
Арре Р. 271
Арчер М. 231
Ахмад К. 232
Ашаффенбург Г. 275, 358

Бааде Ф. 122
Бабеф Г. 409
Базар С. А. 309
Байме К. фон 260
Бак Г. 360
Баландье Ж. *28,* 74
Балланш П. С. 353
Балль Ф. 180
Бальтцель Э. Б. 124
Бампасс Л. 81
Баран П. 109
Барбер Б. 198, 332
Бардт Х. П. *29*
Барнз Б. 223
Барнз Г. Э. *28—29,* 123, 124
Барнз Дж. 16
Барнз С. 365
Барсело А. 186
Барт П. 240

Барт Р. 198, 334
Баттерфилд Х. 289
Баум Р. 89
Бауэр О. 107
Башляр Г. 379
Беджгот У. 76, 77, 89, 205, 408
Бейлз Р. Ф. 72, 258
Бейн Р. 216, 418
Беккариа Ч. 261
Беккер Г. П. 19, 26, *29—30,* 80, 91, 123, 124, 136, 137, 250, 274, 306, 371
Беккет С. 140
Бекмен Л. 81
Бекомбо М. 308
Белл Д. *30—31,* 49, 52, 57, 114, 122, 131, 132, 142, 160, 179, 184, 223, 224, 270, 271, 291, 293, 312, 364, 384, 416
Белла́ Р. *31—32,* 223, 294, 306
Бем Д. 425
Бендикс Р. 46, 118, 119, 123, 124,
Бенедикт Р. Ф. *32—33,* 188, 208, 328
Бенстон М. 367
Бентам И. *33,* 158, 190, 230, 261, 363
Бентли А. 267
Бентон Т. 271
Бенуа А. де 401
Беньямин В. *33—34,* 203, 325
Берг А. 203
Бергер П. *34—35,* 109, 164, 223, 264, 294, 307, 355, 367, 368
Берглер Э. 198
Бергман У. 226
Бергсон А. 314, 349, 405
Берджесс Э. *35,* 68, 87, 142, 257, 273, 396
Берельсон Б. 180
Берельсон К. 161
Берк К. 310
Берк Э. 135, 179, 182, 247, 353
Беркли Дж. 163, 421
Берковитц С. 17
Берл А. 114, 344
Бернал Дж. 206
Бернард Дж. 367
Бернард Л. *35—36*
Бернфельд 377
Бернхейм Дж. 224, 291, 416
Бернштейн Э. 291
Берр В. 308
Бест Г. 124
Бехтерев В. М. 37
Беш А. 202
Бжезинский З. 122, 131, 133, 184, 271, 290
Биквей О. 133

Билз Р. 13
Бион У. Р. 72
Бирнбаум Н. *36—37,* 215
Бисмарк О. 289
Битак М. 149
Биттелман А. 71
Блам А. 368
Блау П. *38,* 118, 185, 210, 230, 246
Блаукопф К. 203
Блаунер Р. 284
Блейлер Э. 15
Блейлок Г. М. *38—39,* 216
Блекнер М. 273
Блок М. 368
Блох Э. 106
Блумер Г. 19, *39—40,* 182, 187, 198, 310
Блур Д. *40,* 109, 207, 223
Блюм А. 421
Боас Ф. 12, 22, 32, *40—41,* 170, 188, 228
Богардус Э. 87, 124
Богарт Л. 29
Богатта Е. Ф. 72
Боден Ж. 267, 365
Бодлер Ш. 34, 179
Бодрияр Ж. 243
Бокль Г. Т. *41—42,* 63
Болдуин Дж. 188, 280, 310
Бональд Л. де 135, 160, 247, 353
Бонгер В. 274, 359
Борджа Ч. 168
Босков А. 124
Боткин Дж. 297
Ботт Э. 16
Боттомор Т. Б. *42,* 142, 215, 216
Боулдинг К. *35,* *43,* 142, 271
Бохеннан П. 23
Брамс С. 289
Браун Л. 364
Браун Н. 140
Брейзиг К. *43—44*
Брейк М. 336
Брейтвейт Р. 390
Брентано Л. 127, 413
Бретон А. 176, 374
Брехт Б. 33, 34
Бринтон К. 290, 291, 401
Бриссо де Варвиль Ж. 261
Брукман Г. 243
Брюно Ф. 97
Буагильбер П. 81
Бугле С. *44,* 97
Будон Р. *44—45,* 231
Бультман Р. 23
Бурдо Л. 123
Бурдьё П. *45—46,* 150, 161, 231
Буржуа Л. 314

---

* — курсивом выделены имена социологов, которым посвящены отдельные статьи, а также страницы, на которых эти статьи расположены.

Бурман С. 17
Бут Ч. Дж. *46,* 418
Буш Р. Р. 72
Бхеннер Р. 271
Бэкон Ф. 107, 388, 418
Бэр К. 326
Бэреш Д. 322
Бюлатас Р. 81
Бюль В. 218
Бюрдо Г. 260
Бюро П. 154
Бюхер К. 127, 284, 413

Ваганян Г. 141
Вагнер А. 331
Вагнер Р. 67, 144
Вайс Й. 150
Вайц Г. 22
Ваккер 377
Ван-Гаммель Г. 358, 359
Ван ден Берге П. Л. *48,* 323
Ван Дьюн Дж. 133
Вандриес Ж. 97
Ван Кан Ж. 359
Ваннаи 377
Ванш Г. 81
Вах И. *48*
Вашингтон Б. Т. 256
Вебер А. *49,* 108, 124, 149
Вебер М. 8, 11, 13, 19, 25, 29, 30, 31, 34, 38, 45, 46, 47, *50—51,* 56, 59, 62, 68, 69, 70, 73, 79, 80, 83, 84, 85, 86, 88, 101, 106, 108, 109, 110, 111, 113, 119, 123, 124, 127, 134, 137, 142, 144, 150, 156, 157, 159, 160, 173, 180, 184, 185, 189, 191, 194, 195, 203, 206, 213, 223, 226, 228, 245, 250, 251, 252, 257, 260, 267, 269, 280, 284, 286, 287, 288, 293, 295, 296, 304, 305, 306, 328, 330, 332, 337, 341, 348, 350, 354, 360, 368, 371, 374, 377, 386, 387, 393, 394, 398, 402, 405, 413, 418
Веберн А. 203
Веблен Т. 29, *51—52,* 74, 84, 90, 118, 127, 128, 142, 189, 198, 224, 343, 344, 396, 413
Вейлер Г.-У. 124
Вельмер А. 374
Верба С. 365
Вермирш Э. 23
Вестермарк Э. А. 406
Видаль де Ля Блаш П. 323
Визе Л. фон 25, 30, *53—54,* 87, 106, 142, 159, 200, 371, 372
Визер Ф. 127
Вико Дж. 43, *54—55,* 123, 146, 300, 406
Виленборг Г. 161
Виллерме Л. 63
Винер А. 290
Виндельбанд В. 18, 211, 212, 227, 256, 259, 400
Винкельман И. 324, 325
Винсент Дж. 314, 395
Винярский Л. 205
Вирт Л. *55,* 69, 134, 362, 412
Вирхов Р. 63
Витгенштейн Л. 269

Вольтер Ф. 123, 357
Вольтман Л. *56,* 77, 285
Вольф К. 109
Вольф Х. 101
Вордсворт У. 135
Вормс Р. *57,* 205, 246, 369, 370
Врублевский Б. 263
Вуд Дж. 401
Вулгар С. 421
Вундт В. 278, 318, 350
Вэйси А. 401

Гаврилишин Б. 297
Гайгер Т. *60—61,* 159, 244
Галилей 164, 421
Галлей Э. 24
Галтунг Й. 122, 297
Гальтон Ф. 77
Гантер Р. 290
Гантт Г. 183
Гарофало Р. 262
Гартман Г. 419
Гартман Н. 61
Гартман Э. фон 346
Гарфинкель Г. 207, 367, 421
Гаузенштейн В. 325
Гватари Ф. 376
Гегель Г. В. Ф. 10, 11, 26, 85, 86, 101, 123, 160, 176, 208, 211, 236, 237, 248, 252, 267, 278, 287, 291, 356, 399, 406
Гелен А. 21, 22, *61—62,* 164, 165, 398
Гелнер Э. 133
Гельвеций К. А. 363
Гельмгольц Г. 211
Гемпель К. 383, 390
Гендерсон Л. 258
Генкель Й. 149
Генри У. 273
Гераклит 123, 377
Гербарт И. Ф. 278
Гердер И. Г. 22, 43, 61, 123, 147, 148, 362
Геринг Г. 5
Герлин У. 69
Герман К. Ф. 273
Герньве М. 273
Геродот 22, 82, 159
Герри А. 273, 331
Гершенкрон А. 124
Гессе Г. 140
Гёте И. В. 146
Гиббон Э. 199
Гидденс А. 87
Гидденс Ф. *64,* 142, 146, 279, 361, 395
Гийяр А. 81
Гилбретт Ф. 183
Гильдебранд Б. 413
Гинсберг М. *64—65*
Гиппель В. фон 124
Гиппель Т. фон 366
Гитлер А. 24, 352
Глок Ч. *65,* 294
Гоббс Т. 26, 55, *65—67,* 100, 119, 233, 234, 235, 236, 247, 267, 269, 270, 289, 302, 327, 346, 363, 380
Гобино Ж. А. *67,* 154, 285, 356
Гобло Э. 198
Говард Дж. 261, 362

Гогель Ф. 260
Годэ Г. 180
Голль Ш. де 24
Голомб Л. 149
Гольбах П. А. 363
Гольдман Л. 62, 63, *67—68,* 75, 85, 161, 215, 325, 326, 335
Горц А. 20, *69—70,* 243
Горовиц И. Л. 109, 215
Госнелл Г. 267, 396
Гоулднер Э. 14, 46, 47, *71—72,* 87, 119, 215, 224, 246, 282, 317, 320, 383
Гофман И. 187, 310
Грамши А. 280
Гране М. 97
Грановеттер М. 17
Граунт Дж. 24, 81
Гребнер Ф. 89, 149
Грили Э. 294, 306
Гримм Д. 124
Гримм Р. 160, 161
Грин Т. 214
Гриффин С. 367
Гробстен К. 113
Грольман К. 262
Гросс Р. 290
Гроций Г. 100, 233
Гуд У. 136
Гудмен П. 140, 243
Гузинде М. 149
Гуж О. де 366
Гумплович Л. *73,* 142, 146, 205, 288, 304, 324, 423
Гурвич Ж (Г. Д.) 28, *73—74,* 85, 93, 126, 155, 172, 202, 326
Гуссерль Э. 23, 102, 135, 173, 184, 263, 294, 367, 370, 397, 405
Гутенберг И. 168
Гутман Л. 152, 362
Гэлбрейт Дж. К. (Голбрейт) 52, 71, *74—75,* 113, 122, 127, 133, 214, 271, 344
Гэнс Х. 69
Гюйо Ж. М. *75,* 325

Дабин Р. 284
Дави Ж. 97
Дай Т. 416
Д'Аламбер Ж. Л. 308
Данкан О. 38, 81, 413
Данкан Х. 161, 310
Данлап Р. 412
Дарвин Ч. 76, 406, 408
Дарендорф Р. 15, 66, *77—79,* 114, 142, 333, 383
Даритон Р. 401
Даунс Д. 336
Дебре Р. 225, 226
Дейч М. 72
Декарт Р. 199
Делез Ж. 376
Деррида Ж. 334
Дестют де Траси А. Л. К. 107
Джеймс Д. 292
Джейл С. 411
Джекобсон Э. 300, 360
Джемс У. 104, 116, 146, 186, 256, 405
Дженнингс Г. 159
Дженкс К. 231
Джентиле Дж. 352

Указатель имен

Джефферсон Дж. 421
Джилас М. 224
Джонс Э. 287
Джонсон Л. 301
Джонсон Ч. 290, 291
Дидро Д. 324, 357
Диксон У. 395
Дильтей В. 18, *85—86*, 106, 112, 213, 268, 278, 296, 328, 337
Диа Т. О. 293
Диркес М. 297
Доббелер К. 307
Додд С. 216
Достоевский Ф. М. 15
Дракер П. (Друкер) *91—92*, 115, 128, 183
Дриш X. 43, 61, 263
Дронкерс Й. 231
Дучке Р. 226
Дьюи Дж. 39, 186, 231, 256, 396
Дэвис Дж. 290, 291
Дэвис К. 332
Дюби Ж. 368
Дюверже М. *92—93*, 118, 243, 260
Дювиньо Ж. О. *93*, 374
Дюгем П. 421
Дюкпетьо Э. 273
Дюландер Б. 297
Дюмазедье Ж. 90, *93—94*
Дюмезиль Ф. 353
Дюркгейм Э. 11, 17, 18, 22, 25, 34, 44, 73, 80, 88, *94—96*, 97, 108, 113, 114, 119, 120, 123, 134, 137, 138, 154, 155, 184, 194, 195, 199, 202, 203, 206, 221, 223, 228, 229, 231, 239, 240, 244, 247, 250, 252, 257, 262, 270, 274, 275, 282, 283, 284, 288, 293, 299, 300, 305, 306, 314, 324, 328, 331, 337, 339, 358, 363, 380, 386, 390, 402, 408, 413, 418

Жаккар Д. 81
Жене Ж. 62
Жирар А. 308
Жоли А. 274
Жувенель Б. де *102—103*, 122

Закс К. 203
Залош Б. 173
Зандер Э. 300
Зейфарт К. 218
Зеттерберг Г. 216, 329
Зиглер X. 416
Зильберман А. *104*, 161
Зиммель Г. 43, 44, 68, 85, 86, 87, *105—106*, 124, 137, 142, 150, 159, 194, 198, 200, 213, 223, 240, 252, 256, 269, 286, 310, 322, 370, 371, 372, 387
Знанецкий Ф. 13, 19, 36, 80, *106—107*, 109, 124, 240, 250, 265, 269, 300, 331, 351, 362, 396
Зомбарт В. 74, *109—110*, 127, 198, 284
Зорбо Г. 36
Зюсмильх И. П. 81

Ибн Батут 22
Ибн Хальдун 146

Икскюль Я. фон 43
Инкелес А. 321
Ипполит Ж. 379

Йингер М. *125*, 293, 294
Йодер Д. 290, 291

Каазе М. 365
Каван Р. Ш. 36
Каволис В. 161
Казнев Ж. *126*
Кайя И. 122
Каменка Э. 291
Камминг Э. 273
Кампбелл А. 129
Камю А. 410
Кан Г. *122*, *126—127*, 271, 290
Кангийем Ж. 379
Канман В. 123, 124
Кант И. 51, 55, 68, 101, 158, 210, 211, 212, 227, 236, 270
Кантильон Р. 81
Каплан М. 90, 289
Кардинер А. 83, 208, 218, 219, 277, 321
Карлейль Т. 159, 416
Карр Э. X. 289
Картрайт Дж. 72
Карштедт П. 161
Кассирер Э. 211, 212
Кастельс М. 69
Катлин Дж. 411
Катон Дж. 243
Каттон У. 412
Катц Э. 198, 363
Каутский К. 215
Кафка Ф. 140
Кейнс Дж. М. 71, 74, 127, 214, 388, 413
Кей-Шаттлуорт Дж. 331
Келлер С. 416
Кеннан Дж. Ф. 289
Кеннон У. 258
Керер Г. *129*
Керл А. 122
Кетле А. 81, *129—130*, 152, 205, 273, 275, 328, 337, 358, 369, 418
Кёниг Р. 69, *130*, 198
Кидд Б. 408
Кинг А. 296
Кинг Г. 24
Кинэ Ф. 357
Киркпатрик Дж. 224
Кирккаймер О. 262
Кит Р. 271
Клайнер Б. 411
Клакхон К. 119, 383
Кланферс Ж. 175
Кларк Дж. Б. 51, 127
Кларк К. 301
Клауорд Р. 250, 274
Клемм Г. 22
Клиффорд У. 76
Клозе А. 141
Книс К. 413
Кнорр-Цетин К. Д. 207, 421
Кобб Д. 141
Ковалевский М. М. 123, 408
Коген Г. 101, 211, 212
Козер Л. 142, 185, 250
Кокс X. 141

Колаянни Н. 359
Коллингридж Д. 298
Коллинс Г. 207
Кольридж С. 135
Коммонс Дж. 127
Конвей М. 365
Конверс Ф. 128
Кондорсе А. 123, 139, 408
Конт О. 25, 28, 41, 47, 75, 80, 86, 113, 114, 123, 127, 129, 134, *137—139*, 146, 190, 221, 237, 238, 239, 246, 247, 265, 270, 283, 288, 314, 320, 326, 328, 329, 337, 339, 348, 353, 357, 358, 361, 369, 388, 398, 399, 406, 408
Копперс В. 149
Коппок Р. 297
Корнхаузер У. 182
Корсбум В. 81
Корш К. 215
Коул Дж. и С. 206
Коул Ф. 396
Коэн А. 274, 290, 336
Коэн Ф. 336
Крайсберг Л. 142
Крейгер Э. Т. 36
Крейн Д. 206
Кретчфилд Р. С. 72
Креч Д. 72
Крёбер А. 22, 198, 318
Крисманский Г. 161
Кристенсен Г. 307
Кристи Н. 263
Кристол И. 31, 57, 224
Крозье М. 46, 142, 246
Кропоткин П. 76
Кросленд А. 71
Крофоц 377
Кроче Б. 93, 123
Куайн У. 222
Кули Ч. X. 36, 39, 104, 130, 134, 142, *146—147*, 162, 180, 194, 200, 240, 280, 300, 310, 322, 395
Кумбс Ф. 231
Кун М. 310
Кун Т. *151*, 187, 206, 208, 222, 254, 271, 371
Кьеркегор С. 410
Кэри Г. 186, 205, 337
Кэттон У. 323
Кюнг Э. 243

Лавджой А. 188, 400
Ладриер Ж. 141
Лазарсфельд П. 44, *152*, 160, 161, 180, 181, 185, 189, 191, 198, 216, 276, 363, 418
Лайкерт Р. 183
Лакан Ж. 334
Лакассань Ж. 358, 359
Лакатос И. 271
Лакомб П. 123
Лало Ш. 75, 325
Ламенне Ф. 135, 353
Лампрехт К. 112
Ланге Ф. Л. 211
Ланглуа Ш. 123
Ландберг Дж. Э. 90, 118, 216, 337, 418
Ландман М. 106

Указатель имен

Лапаломбара Дж. 260
Лапи П. 97
Лапуж Ж. В. де 77, 285
Лапьер Р. А. 140
Ласк Э. 173, 211, 263
Ласло Э. 122, 297
Лассуэлл Г. 36, *152—153*, 180, 267, 396
Латур Б. 421
Лафлин Л. Дж. 51, 396
Лацарус М. 277, 278, 279, 318, 350
Леббок Дж. 406
Лебон Г. 77, 80, 116, 134, *154,* 179, 182, 279, 290, 291, 300, 318
Ле Бра Г. *153*
Ле Гофф Ж. 368
Ле Пле Ф. 96, *153—154*, 418
Мак-Кей Г. 274
Левенталь Л. 374
Леви М. 196, 381
Леви Й. 97
Леви-Брюль Л. *154—155*, 384
Леви-Стросс К. 23, *155—156*, 202, 334
Левин К. 72, 142, *156*, 159, 172
Левинсон Д. 7
Ледерер Э. 182
Лейбенстейн Х. 81
Лейбниц Г. В. 101, 278
Лексис В. 81
Лемерт Э. 250, 274
Лендрю Р. 69
Ленке Л. 262
Ленский Дж. 342
Леопольд А. 411
Лепелетье де Сен-Фаржо Л. 261
Лепсиус М. Р. 150
Лернер Д. 196
Лессер А. 12
Лессинг Г. 324, 325
Лефевр А. 179, 215
Либер Ф. 261
Либман О. 210
Ликерт Р. 7, 362
Лилиенфельд П. Ф. 246, 247, 369
Линд Р. С. и Г. М. 90
Линдсей Г. 72
Линнеман Г. 122
Линтон Р. 12, 13, 162, 299, 300, 321, 331, 332
Липит Р. 72
Липман У. 180, 232, 332
Липп В. 150
Липперт Ю. 123
Липсет С. М. 30, 46, 118, 157, *160*, 224, 293
Лири Т. 140
Лист Ф. 274, 275, 358
Литт Т. 269
Литтл Р. 365
Лобел Л. 198
Ложкин Ж. 69
Локк Дж. 26, 55, 66, 100, 119, 134, 158, *162—163*, 214, 233, 235, 267, 357, 363
Лоренц К. 353
Лоренцер 377
Лоуи Р. 12
Лоуэлл А. Л. 232
Лоуэнталь Л. 161
Лукач Д. 19, 62, 68, 75, 106, 107, 108, 173, 174, 184, 208, 215, 390
Лукман Т. 34, 109, *164,* 264, 294, 307, 355, 367, 368
Лукреций 406
Луман Н. 51, 89, *165—166,* 241, 312, 383

Мазур А. 297
Майкелсон Р. 47
Макайвер Р. 19, 80, 269
Макгрегор Д. 114, 183
Мак-Джи У. Дж. 12
Макдональд Р. 77
Мак-Дугалл У. 77, 116, 265, 279, 318
Макиавелли Н. 55, 128, 146, 159, *167—168*, 267, 289, 365, 377
Мак-Кей Г. 274
Маккензи Р. 260, 412
Мак-Кеннел А. 129
Маккини Дж. 136
Мак-Леннан Дж. Ф. 406
Маклуэн Г. М. 92, *168,* 181, 342, 374
Макоби М. 253
Мак-Хью П. 187, 368, 421
Малиновский Б. 12, 22, 119, *170— 171,* 188, 230, 282, 299, 328, 380, 398
Малица М. 297
Малкей М. *171,* 207, 222
Маллинс Н. 206
Мальро А. 326
Мальтус Т. Р. 76, 81, *172—173,* 229
Мамфорд Л. (Мэмфорд) 168, *173,* 279, 364
Мандевиль Б. 235
Манн Т. 403
Маннгейм К. 58, 108, 113, 136, 144, 150, *173—175,* 179, 181, 206, 213, 224, 364, 387, 391, 416
Марат 199
Марголис Дж. 222
Мариампольски Х. 124
Маритен Ж. 141
Маркевич-Ланьо Я. 231
Маркс К. 26, 28, 29, 33, 45, 51, 58, 68, 69, 71, 73, 85, 90, 96, 106, 123, 124, 130, 176, 193, 200, 252, 255, 256, 273, 291, 320, 346, 357, 360, 376, 388, 404, 413
Маркузе Г. 6, 7, 19, 84, 133, 140, 144, 145, *176—177*, 179, 208, 209, 215, 226, 243, 244, 245, 252, 277, 306, 343, 374, 376, 415
Марсель Г. 144
Мартин Д. *177,* 306
Мартин Дж. 132
Мартинсон Р. 262
Марч Д. 246
Маршалл А. 74, 257
Маслоу А. *177—178*, 183, 364
Матцерат Х. 124
Матьюз Ш. 396
Маулль О. 286
Мах Э. 64, 421
Маца Д. 336
Медоуз Д. 122, 196, 229, 296
Мейе А. 97
Мейер-Абих А. 389
Мейн Г. Дж. (Мэйн, Мэн) 194, 233, 239, 331
Меллер ван ден Брук 353
Менгин О. 149
Менделович С. 297
Менерт К. 133
Мерилл Ф. 331
Мерло-Понти М. *184,* 367
Мерриам Ч. 267, 396
Мертон Р. 10, 16, 18, 19, 46, 47, 109, 125, 160, 171, 181, *184— 185,* 192, 206, 208, 250, 252, 274, 283, 293, 300, 328, 329, 363, 381, 384
Месарович М. 122, 296
Месснер И. 141
Местр Ж. де 135, 179, 182, 247, 248, 353
Мечников Л. И. 63, 199
Мид Дж. Г. 30, 34, 35, 36, 39, 104, 131, 134, 147, 162, *186— 187,* 240, 295, 310, 341, 396, 405
Мид М. 12, 83, *187—189*, 208, 219, 277, 364, 419
Мидлбрейт М. 290, 291
Милбрейт Л. 129
Милбр Л. 365
Миллер У. Б. 274, 336
Миллер П. 400
Миллс Р. Ч. 67, 109, 118, 140, 143, 179, 181, *189*, 215, 225, 243, 260, 344, 383, 416
Милль Дж. С. 20, 51, 86, 127, 158, 179, *189—190*, 214, 229, 265, 333, 348, 358, 366, 388, 413, 418
Минз Г. 127
Мирабо Ж. Б. 81
Митчел К. 16
Митчел У. 396
Михелос А. 129
Михельс Р. 56, 168, *191,* 201, 260, 267, 280, 416
Мишан Э. 229
Мозер А. 135
Мойнихен Д. 31, 224
Моль А. 105, 181
Мольтман Ю. 141
Моно Г. 123
Монтескье Ш. Л. 63, 100, 123, 163, *198—199*, 214, 229, 261, 267, 324, 357, 362, 365
Моо М. 81
Мор Т. 363, 364
Морган Л. Г. 123, *200,* 300, 406
Моргентау Х. Дж. 289
Морен Э. *200*
Морено Я. Л. 16, 72, 159, 162, 172, *200—201,* 300, 322, 326
Моррас Ш. 353
Моррис Н. 262
Моррис У. 364
Моска Г. 56, 168, 191, *201—202,* 267, 416
Мосс М. 74, 97, 126, 155, *202,* 230, 331, 402
Мост О. 81
Мур Б. 118, 290, 291

Указатель имен

Мур У. 142, 196, 332, 395, 413
Мур Э. 396
Муссолини Б. 352
Мьюир Дж. 411
Мэйо Э. 91, 114, 172, 183, *203—204*, 322, 341, 395
Мюллер А. 135
Мюллер М. 141
Мюнстерберг Г. 256
Мюнх Р. 67, 312

Навиль П. 284
Нагель Э. 390
Най И. 308
Най Н. 365
Найт Ф. 396
Натансон М. 187
Наторп П. 211, 212
Науманн Ф. 214
Негт 377
Нейлл С. Ф. 299
Нейман С. 290, 291
Нейрат О. 216
Нейсбитт Дж. 122
Нелкин Д. 297
Нибур Б. Г. 123
Нибур Р. 289
Никольсон Г. 289
Нисбет Р. 57, *223*
Ницше Ф. 32, 61, 67, 86, 144, 159, 179, 190, 223, 249, 314, 324, 343, 353, 379, 391, 414, 416
Новак М. 57, 224
Новалис Ф. 135
Нозик Р. 364
Нора С. 132
Норт С. 88
Нуц В. 105
Ньюгартен Н. 273
Ньюком Т. М. 72, 135
Нэш К. 199

Обст Э. 286
Огборн У. В. 29, 84, 148, 206, 396
Одиорне Г. 410
Одюбон Дж. 411
Олпорт Г. 258, 362
Оппенгеймер Ф. 174
Оранский В. 163
Ортега-и-Гассет Х. 57, 79, 179, 182, *249—250*, 415, 416
Оруэлл Дж. 29
Оствальд В. Ф. 186
Острогорский М. 260, 267
Отто Р. 48
Оулин Л. 250, 274

Павлов И. П. 37
Панненберг В. 141
Паран-Дюшатле А. 63
Парето В. 56, 113, 119, 127, 128, 168, 186, 190, 191, 201, 205, *254—256*, 257, 260, 267, 290, 337, 341, 348, 389, 414, 416
Парк Р. Э. 30, 35, 68, 87, 124, 140, 142, 175, 180, 182, 240, *256—257*, 292, 306, 396, 412, 413
Паркер С. Р. 91
Паркмен Р. 411
Парсонс Т. 13, 19, 23, 31, 47, 51, 52, 53, 56, 66, 67, 71, 80, 83,
88, 92, 98, 113, 119, 120, 136, 157, 162, 165, 184, 185, 189, 194, 206, 221, 226, 228, 231, 240, 241, 244, *257—260*, 267, 270, 277, 279, 281, 283, 287, 291, 293, 294, 296, 300, 306, 309, 310, 311, 316, 317, 318, 322, 328, 330, 332, 333, 348, 359, 360, 382, 386, 399, 413, 414, 423
Партленд Т. 310
Паскаль Б. 62, 68, 75
Пейтмен К. 365
Пел Р. Э. 69
Перри Г. 365
Перру Ф. 133
Пестель Э. 122, 296
Петражицкий Л. И. 347
Петти У. 24
Печчеи А. 263, 296
Пиаже Ж. 9, 68, 92, 310
Пиншо Дж. 411
Пипер Р. 69
Пирсон К. 64
Питти Дж. 290, 291
Платнер М. 184
Платон 20, 82, 99, 113, 123, 234, 246, 253, 267, 289, 324, 327, 364, 380, 416, 421
Плеснер Х. 21, 61, 106, 164, *263—264*
Плутарх 159
Победоносцев К. П. 154
Подгорец Н. 224
Полак В. 122
Поланьи М. 207, *266*
Полибий 145, 167, 253, 364
Поллнер М. 421
Поллок Ф. 374
Понятовский М. 132
Поппер К. 14, 19, 109, 123, 159, 171, 216, 242, 266, 271, 345, 389, 421
Потебня А. А. 278
Принс А. 262, 274, 275, 358, 359
Прудон П. Ж. 20, 28, 73, 314
Псевдо-Дионисий Ареопагит 113
Пуанкаре А. 421
Пулантцас Н. *280—281*
Пуфендорф С. 101
Пушкин А. С. 199

Радищев А. Н. 199
Радклифф-Браун А. Р. 16, 22, 119, 188, *282—283*, 299, 380, 381, 408
Райли Дж. 180
Райт С. 129
Райт Ф. Л. 173
Райх В. 143, 244, 277, *284—285*, 298, 306, 376
Рамл Б. 396
Раммель Р. 289
Ранер К. 141
Ранке Л. фон 29, 43, 123
Расин Ж. 62, 68
Рассел Б. 64
Ратцель Ф. *286*
Ратценхофер Г. 142
Редфилд Р. 12, 19, 69, 136, *292—293*, 396

Рей Ж. 97
Рейс И. 308
Рейч Ч. 14, 140, 199, 252
Рекс Дж. 333
Ренан Э. 67
Ренувье Ч. 364
Риггс Ф. 88
Рикардо Д. 128, 413
Риккерт Г. 18, 110, 111, 112, 173, 211, 213, 227, 228, 250, 251, *295—296*
Рисмен Д. 91, 143, 179, 182, 243, 244, 277, *298—299*, 320, 321, 416
Риттер К. 63
Ритцер Дж. 85, 254
Рицлер К. 300
Ричардсон Д. 198
Роб-Грийе А. 326
Робертс К. 90
Робеспьер М. 199
Рогман К. 7
Роджерс К. 172
Роджерс У. 129
Родриг О. 309
Розенау Дж. 289
Розенберг А. 352
Розенберг М. 323
Розенгрен К. 161
Роззак Т. 14, 140, 253, 343
Ройс Дж. 256
Рокич Н. 363
Романьози Дж. 261
Росс Д. 401
Росс Э. О. 131, 140, 142, *300—301*, 318, 395
Ростоу У. 52, 82, 114, 133, 243, 270, *301—302*, 330
Ротлисбергер Ф. 395
Ротхакер Э. 106
Роув У. 297
Роуз Р. 136
Рохайм Г. 277
Рохау А. Л. фон 289
Рошер В. 413
Руссель Л. 308
Руссо Ж.-Ж. 22, 33, 66, 67, 100, 229, 233, 237, 247, 252, 270, *302—303*, 324, 362, 365, 380, 409
Руше Г. 262
Рюмелин Г. 81
Рюшемейер Д. 89

Савери Л. 411
Савиньи Ф. К. фон 123
Саднау П. 368
Саймон Г. 133
Саймон Г. А. 72, 246, 410
Саймонс Дж. 133
Сакс Г. 421
Салинс М. 220
Салливан С. 218, 219, 277
Самнер У. Г. 29, 73, 76, 142, 197, 205, 228, *304*, 395, 423
Сандерс Дж. 133
Сантаяна Дж. 256
Санфорд Р. 7
Сарроут Н. 326
Сартори Дж. 260
Сартр Ж.-П. 69, 85, 184, 209, 215, 225, 326, 410

Указатель имен

Сатерленд Э. 250, 274
Свобода Г. 243
Селзник Ф. 46, 47, 246
Селлин Т. 274
Сенека 99
Сен-Симон К. А. де 25, 46, 113, 114, 137, 139, 237, 239, 247, 265, 267, *308*, 320, 343, 364
Сепир Э. 198, 222, 396
Сервис Э. 220
Серль Дж. 86
Сигеле С. 265, 318
Сикгель Д. 81
Сикурел А. 367, 368
Сильвермен Д. 250
Симиан Ф. 97
Скиннер Б. Ф. 37, 197, 210, *312—313*, 364, 390
Скокпол Т. 290, 291
Смелсер Н. 131, 221, 413
Смит А. 26, 81, 127, 158, 197, 214, 230, 235, 236, 237, *313*, 413
Смит М. 90, 362
Смит Э. 89
Смолл А. 142, 275, 300, *313—314*, 395
Смэтс Я. Х. 389
Сорель Ж. 190, 191, *314—315*
Сореф М. 292
Сорокин П. А. 19, 108, 133, 136, 146, 184, 192, 206, 262, 290, 291, *315—316*, 328, 348
Сорр М. 323
Софокл 98
Спайер Л. 12
Спайкмен Н. 289
Спенсер Г. 64, 76, 80, 88, 101, 113, 114, 123, 142, 146, 158, 197, 205, 220, 221, 228, 233, 238, 239, 246, 247, 248, 265, 278, 282, 283, 288, 300, 304, *326—328*, 337, 358, 361, 363, 380, 399, 406, 407, 408, 413
Спиноза Б. 233, 377, 380
Спитцер С. 262
Стагнер Р. 7
Сталин И. В. 352
Сталь де 160
Старк Р. 65
Старр Ф. 396
Стауффер С. 82, 152, 294
Стефен Л. 76, 408
Стогдилл Р. М. 72
Сторер Н. 206
Стоунквист Э. 175
Стречи Дж. 71
Стромберг Р. 401
Стронин А. И. 369
Стросс А. 187, 294, 310
Сьюэлл У. 193, 231
Сыма Цянь 145

Тайлор Э. Б. 123, 154, *339*, 406, 408
Такс С. 283
Танги Л. 231
Таненбаум Ф. 250, 274
Тантер Р. 291
Тард Г. 57, 64, 80, 89, 95, 134, 140, 146, 159, 179, 182, 198, 228, 232, 265, 280, 300, 316, *339*, 358, 370

Тафтс Дж. 396
Тацит 22
Тейлор И. 274
Тейлор С. 290
Тейлор Ф. У. 115, 183, 284, 340, 341, 410
Телен Г. 318
Тенбрук Ф.-Х. 150
Термоут М. 81
Тернер Р. Г. 131, 300, 331, *341—342*
Тернер Т. 317
Терстоун Л. 7, 87, 362, 396
Тённис Ф. 25, 27, 66, 68, 101, 112, 123, 137, 138, 142, 194, 223, 233, 239, 240, 244, 252, 286, 288, 323, 324, *345—347*, 362, 370, 371, 372, 418
Тиббитс К. 273
Тилли Ч. 290, 291
Тимашев Н. С. 262, *347—348*
Тинберген Я. 133
Тириакьян Э. 250, 367
Тобин У. 273
Тойнби А. 146, 328, *348—349*, 416
Токвиль А. 25, 67, 82, 179, 267, 275, *349—350*, 377
Толанд Дж. 163
Толмен Э. 210
Томас У. А. 13, 35, 36, 39, 107, 124, 147, 240, 250, 265, 269, 299, 309, 310, *350—351*, 362, 395, 396
Томпсон Дж. 56
Томпсон С. 183
Топич Э. 109
Торндайк Э. 37
Торо Г. 411
Тоффлер О. 20, 122, 132, 243, 271, *352*, 364
Трейман Д. 193
Трёльч Э. 328, *354—355*, 386, 387
Триверс Р. 322
Триллинг Л. 57
Троттер У. 77
Троцкий Л. Д. 352
Трумен Д. 267
Турати Ф. 359
Турвиль А. де 154
Турен А. 74, 80, 114, 142, 231, 271, 284, *355—356*
Турн Х.-П. 105, 150, *355*
Турнвальд Р. 12, *355*
Тьюмин Дж. 333
Тэн И. 160, 325, *356—357*
Тюрго А. Р. Ж. 139, *357*, 406

Уайнстейн Дж. 218, 298
Уайт Л. 22, 23, 83, 178, 220, 396
Уайт М. 289
Уайт У. Ф. 72, 143, 321, *358*
Уайт Х. 17
Уайтхед А. Н. 248
Уайтхед Т. 395
Уиллер Д. 329
Уилсон Б. 294, 307
Уилсон Э. 322
Уильямс Р. 300
Уинтер Г. 187
Унич П. 136, 269
Уллман Б. 17
Уоддингтон К. 31

Уолгар С. 207
Уоллас Р. 323
Уоллерстайн И. 123, 124, *360*
Уоллес А. 406, 408
Уоллес Г. 77
Уолс Д. 85
Уолтон П. 274
Уолш Д. 250
Уорд Л. Ф. 142, 146, 231, 279, 300, 313, *360—361*, 395
Уорнер Л. 283
Уорф Б. 222
Уоскоу А. 122
Уотс А. 140
Уотсон Дж. Б. 37, 131, 396
Уэвелл У. 282
Уэллс Г. 364

Фанон Ф. 225
Февр Л. 323
Фейерабенд П. 222, 271
Фейербах А. 261
Фейербах Л. 29
Фелан Дж. 13
Фергюсон А. 267
Феркисс В. 122
Фернау Б. 411
Феррaротти Ф. *369*
Ферри Э. 77, 262, 274
Фестингер Л. 52, 72
Филанджери Г. 261
Филлипсон М. 250
Филмер П. 250
Фиркандт А. 60, 106, 244, 269, *370*, 371
Фитерман Д. 81
Фихте И. Г. 5, 101
Флек Л. *370—371*
Флетчер Р. 389
Флехтгейм О. 133
Флора П. 123, 124
Фоконне П. 97
Фома Аквинский 99, 272
Форрестер Дж. 122, 229
Фортес Дж. 13
Фортес М. 23
Фоусетт Д. 81
Фрайер Х. 19, 21, 27, 288, 305, 320, *372—373*, 374, 401, 424
Франкастель П. *373—374*
Фрейд А. 419
Фрейд З. 6, 15, 16, 68, 116, 140, 143, 159, 176, 190, 191, 200, 203, 218, 244, 255, 276, 284, 285, 300, 310, 317, 320, *375—376*, 379, 391, 419
Фрейзер Дж. 230, 339
Фрейнд Ж. (Фройнд) 377, 401
Френкель-Брюнсвик Э. 7
Френч Дж. 72
Фриден Б. 366, 200
Фридман Ж. 93, 284, 342, *377—378*, 395
Фридмен Р. 81
Фридрих II 168
Фридрихс Р. 85, 109
Фримен К. 122
Фрит С. 336
Фриш А. 344
Фробениус Л. 89, *378*
Фройнд Л. 416
Фройнд Э. 396

Указатель имен

Фромм Э. 6, 7, 10, 84, 143, 145, 179, 215, 218, 219, 243, 244, 252, 277, 279, 298, 320, 321, 364, 374, *378—379*, 390
Фуко М. П. 87, 320, 334, 335, 374, *379—380*
Фулье А. 75
Фурастье Ж. 91, 94, 122, 133, 271, 331, *384*
Фурье Ш. 146, 364
Фэрис Р. Э. 131, 250
Фюген Х. 161

Хаавио-Маннила Э. 308
Хаан А. 150, 160
Хабермас Ю. 20, 51, 80, 86, 87, 133, 135, 157, 166, 216, 374, *385—386*, 398
Хавигхерст Р. 273
Хагопиан М. 290
Хаджес Д. С. 124
Хайам Дж. 401
Хайдеггер М. 23, 46, 62, 144, 176, 353, 405
Хайдер Ф. 135
Хайек Ф. фон 159
Хаймен 7, 294
Хаксли Дж. 32, 220
Хальбвакс М. 97, *386*, 402
Хансен Д. 307
Хантингтон Р. 133
Хантингтон С. П. 124, 290, 291
Харлоу М. 69
Харрис М. 220
Харрод Р. 71
Хаузер А. 58, 325, *387*
Хаузер Р. 81
Хаусхофер К. 286
Хебдидж Д. 336
Хеберле Р. 124
Хейдер Ф. 52
Хейлбронер Р. 122, 133, 229, *387—388*
Хейнс Б. 231
Хеллоуэлл И. А. 23
Хемфилл Дж. К. 72
Хендерсон Ч. 395
Херсковиц М. 12, 13
Херцберг Ф. 114, 183
Хесс П. 81
Хили У. 36
Хилл Р. 307
Хинтикка М. 367
Хинце О. 368
Хобсон Дж. 214
Хирш Э. 262
Хобхаус Л. Т. 64, 76, 214, *388—389*, 408
Ховланд К. 362
Холи А. 412
Холл К. 210, 411
Холланд П. 17
Холлинджер Д. 401
Холтон Дж. 271
Хоманс Дж. К. 38, 39, 52, 72, 87, 130, 210, 230, 300, 383, *389—390*
Хониман Д. 321
Хоппли Г. 290
Хоркхаймер М. 6, 7, 10, 19, 84, 143, 144, 145, 176, 209, 345

244, 320, 343, 374, 375, 385, *390—391*
Хорнбостель Э. 203
Хорн 377
Хорни К. 143, 218, 219, 244, 277 *391—392*
Хоумз У. Х. 12
Хофманн И. 149
Хофнагель Г. 250
Хоффман Л. 81
Хьюз Э. Ч. 19
Хэгстром У. 206, 207
Хэнсон Н. Р. 222

Цапф В. 124
Цезарь 22
Цейтлин М. 292
Цехарие К. 261
Циммерман Д. 421
Цицерон 364

Чаадаев П. Я. 199
Чадуик Э. 63
Чайлд Г. 320
Челлен Ю. Р. 286
Чемберлен Х. 285
Читнис С. 232
Чэпин С. 216
Чэппл Е. 318

Шагал М. 62
Шапера И. 12
Шарден П. Т. де 43, 168
Шарфтвердт Ю. 105
Шатобриан Ф. Р. де 135, 353
Шаттшнайдер Э. 260
Шварценберер Дж. 289
Швендер Р. 336
Шебеста П. 149
Шелдон Р. 258
Шелер М. 21, 53, 58, 61, 108, 155, 164, 173, 174, 176, 206, 213, 263, 300, 367, *397—398*, 402
Шеллинг Ф. В. 248
Шелтинг А. 108, 109
Шельски Х. 21, 22, 66, 133, 374, *398—399*
Шенберг А. 203
Шериф М. 272
Шефтсбери Э. К. 235, 236
Шеффле А. Э. Ф. 146, 205, 246, 247, 337, 369, *399*
Шибутани Т. 187, 250, 294, 300, 310, 331
Шилз Э. 8, 9, 21, 30, 135, 160, 178, 179, 258, 293, 332, *399—400*
Шиллер И. 22
Шиллер Ф. 325
Шиллер Х. 181
Шители 7
Шлегель Ф. 148
Шлейермахер Ф. 34, 86
Шмидт А. 374
Шмидт В. 149
Шмидт Г. 218
Шмидт Р. 291
Шмидт-Реленберг Н. 69
Шмитт К. 66, 158, 377, *401*, 424
Шмоллер Г. фон 43, 109, 283, 413
Шнайдер Л. 293
Шнейдер М. 376
Шноре Л. 413

Шопенгауэр А. 61, 190, 223, 346, 391, 414
Шомбар де Лов П. А. 69, *402*
Шоу К. 274
Шпанн О. 5, 27, 288, 324, *402*
Шпенглер О. 27, 43, 49, 58, 144, 146, 148, 179, 223, 349, 362, 387, 401, *402—403*
Шпрангер Э. 278
Шрайок Х. 81
Шрамм В. 192
Штагль Ю. 150
Штайн Л. Ф. 27
Шталь Ф. 135
Штаммлер Р. 101
Штарк В. 108
Штейнмец С. Р. 323
Штейнталь Х. 278, 279, 318, 350
Штраус Л. 66
Шукла С. 232
Шульц Г. 396
Шульц Д. 365
Шуман Ф. 289
Шумахер Э. 20, 229
Шумпетер И. 82, 127, 128, 388, *404*, 416
Шур Э. 275
Шюц А. 34, 102, 131, 135, 161, 164, 187, 269, 300, 367, 368, *404—406*

Эванс Э. 76, 411
Эдварс Л. 290
Эдельсон М. 309
Эйзенштадт С. 88, 221
Эйзенштейн З. 367
Эймс Э. 396
Эйхорн К. Ф. 123
Элиас Н. 150
Эллвуд Ч. 35, 290, 291
Эллис Л. 323
Эллюль Ж. *417*
Эльманджра М. 297
Эмерсон Г. 115, 183
Эмерсон Р. У. 146, 159, 230, 231, 411
Энгель Х. 81
Энгельс Ф. 29, 320, 357
Энджелл Дж. 396
Энри Л. 81
Энценсбергер Х. М. 179, 325
Эпштейн Л. 260
Эриксон Г. Э. 7, *419—420*
Эрлих Е. *420*
Эррера А. 122
Эспеншейд Т. 81
Эспинас А. 246, 369
Этциони А. 88, 119, 305, 416, *423*
Эшли У. 29

Ювелен П. 97
Юм Д. 163, 235, 236, 237, 363
Юнг К.-Г. 190, 191
Юнгер Э. 401, *424*
Юнгк Р. 122
Юнкер Х. 149

Янг Дж. 274
Янг М. 183
Янкелович Д. 199
Ясперс К. 23, 122, 148
Яусс Х. Р. 160